Schriften zum Strafvollzug, Jugendstrafrecht und zur Kriminologie

Herausgegeben von Prof. Dr. Frieder Dünkel
Lehrstuhl für Kriminologie an der
Ernst-Moritz-Arndt-Universität Greifswald

Band 59

AF208588

Andrea Păroșanu

Jugendstrafrecht in Rumänien

Historische, kriminologische, rechtliche und rechtspolitische Aspekte

MG 2016
Forum Verlag Godesberg

Bibliographische Information der Deutschen Nationalbibliothek

Die Deutsche Nationalbibliothek verzeichnet diese Publikation
in der Deutschen Nationalbibliografie; detaillierte bibliografische
Daten sind im Internet über http://dnb.d-nb.de abrufbar.

© Forum Verlag Godesberg GmbH, Mönchengladbach
Alle Rechte vorbehalten.
Mönchengladbach 2016
DTP-Satz, Layout, Tabellen: Kornelia Hohn
Institutslogo: Bernd Geng, M.A., Lehrstuhl für Kriminologie
Gesamtherstellung: Books on Demand GmbH, Norderstedt
Printed in Germany

ISBN 978-3-942865-64-7
ISSN 0949-8354

Inhaltsübersicht

Vorwort

Das Jugendstrafrecht in Rumänien weist eine besonders interessante Geschichte auf, da es bereits in der langen Periode im Einflussbereich der Sowjetunion einen gemäßigten und stark erzieherisch geprägten Sonderweg ging, andererseits mit einiger Verzögerung nunmehr auf dem Weg zu einem modernen justizmodellorientierten System ist. Jüngste Reformen (2014) des Straf- und Strafprozessrechts, die jeweils die grundlegenden Inhalte des materiellen und formellen Jugendstrafrechts beinhalten, lassen eine Modernisierung in Richtung menschenrechtlicher Standards in der Praxis erwarten. Das Reformpaket von 2014 beinhaltet auch ein neues Strafvollzugs- und Strafvollstreckungsgesetz sowie ein Bewährungshilfegesetz, die gleichfalls neue jugendspezifische Regelungen gebracht haben. Die Verf. bringt dank ihrer rumänischen Abstammung und Sprachkenntnisse die Kompetenz mit, auch Dokumente in der Originalsprache auswerten und damit beispielsweise den parlamentarischen Reformprozess vertieft analysieren zu können.

In der Einleitung verdeutlicht die Verf. ihren umfassenden Forschungsansatz bezogen auf das materielle und formelle Jugendkriminalrecht einschließlich vollzugs- und vollstreckungsrechtlicher Fragen. Dabei liegt ein Hauptaugenmerk auch darauf, ob die rumänischen Reformen dem Anspruch, den internationalen menschenrechtlichen Standards des Europarats und der Vereinten Nationen Rechnung zu tragen, gerecht werden (S. 4). Trotz der erheblichen Schwierigkeiten, an valide Daten zu gelangen, hat die Verf. in beharrlicher Forschungsarbeit sowohl Daten zur registrierten Jugendkriminalität (*Kapitel 3*) wie auch zur Vollzugssituation erhalten (*Kapitel 8*). darüber hinaus hat die Verf. Eindrücke zur rechtstatsächlichen Situation durch zahlreiche Besuche von Jugend(hilfe)einrichtungen sowie Gespräche mit Richtern und Staatsanwälten gewonnen, aber auch eigene empirische Forschungen vor Ort durchgeführt (vgl. z. B. ein Projekt zur Akzeptanz mediativer Verfahren bei der Justiz). Nicht zuletzt geht die Verf. davon aus, dass das heutige Jugendkriminalrecht nur aus der Perspektive seiner historischen Entwicklung und der Betrachtung der 20-jährigen jüngeren Transformationsgeschichte nach dem Ende der *Ceaușescu*-Diktatur zu verstehen ist.

In ihrem historischen Überblick holt die Verf. weit aus und geht auf die Behandlung Minderjähriger in den rumänischen Fürstentümern Mitte des 17. Jh. zurück. Aus heutiger Sicht neurowissenschaftlicher Erkenntnisse geradezu modern ist das schon 1345 in Byzanz geltende Recht interessant, das Strafmilderungen und ein Absehen von Strafe bis zum Alter von 25 Jahren vorsah. Noch zu Beginn des 19. Jh. gab es diese Strafmilderungen für Jungerwachsene. Mit der Erlangung der staatlichen Unabhängigkeit im Jahr 1862 beginnt zugleich die moderne Strafgesetzgebung des Landes. Trotz der seit Anfang des 19. Jh.

spürbaren Anlehnung an das französische Recht waren StGB und StPO in Rumänien bedeutend fortschrittlicher, indem „weder die Todesstrafe noch körperliche Strafen oder die Einziehung von Vermögen" vorgesehen waren (S. 10 f.). Die relative Strafmündigkeit wurde zwar von 12 auf 8 Jahre herabgesetzt, jedoch galten für 15-20-Jährige nach wie vor Strafmilderungsvorschriften aufgrund des jugendlichen Alters (S. 11). Gegenüber Jugendlichen konnten nur Erziehungsstrafen verhängt werden. Für 8- bis 20-Jährige wurden auch im Vollzug besondere Einrichtungen geschaffen, lange bevor z. B. in Deutschland Jugendstrafanstalten geschaffen wurden. Allerdings waren die sog. Besserungshaftanstalten (häufig Klöster) in der Realität wohl kaum besser als die ebenfalls personell schlecht ausgestatteten Vollzugseinrichtungen (vgl. S. 14).

Das Strafgesetzbuch von 1936 unter König *Carol II.* brachte zum ersten Mal eine einheitliche Gesetzgebung auch in den nach dem 1. Weltkrieg hinzugekommenen Gebieten Transsilvanien/Siebenbürgen, Bukowina und Bessarabien (vgl. S. 17, Fn. 74). Mit der Schaffung von Jugendgerichten und speziellen erzieherischen Maßnahmen stand das Gesetz in der Tradition der europäischen Nachbarländer. Nur zwei Jahre später wurde die demokratisch orientierte Monarchie durch eine autoritäre Königsdiktatur ersetzt (S. 26). Im September 1940 wurde ein „Nationaler Legionärsstaat", d. h. eine rechtsgerichtete Militärdiktatur, ausgerufen, die auf deutscher Seite dem Weltkrieg beitrat. Das Strafrecht wurde auch bzgl. Minderjähriger repressiver (ebenso wie in Hitler-Deutschland eine Herabsetzung der Strafmündigkeit von 14 auf 12 Jahre, im oberen Bereich von 19 auf 18 Jahre). 1939 wurde auch die Todesstrafe gegenüber Jugendlichen eingeführt.

Nach 1945 entwickelte sich Rumänien zu einem sowjetischen Satellitenstaat, der politisch die Zwangskollektivierungen etc. umsetzen musste. Im Gegensatz zu anderen sozialistischen Staaten wurden jedoch die alten Gesetze im Strafrechtsbereich weitgehend beibehalten und 1948 das (relativ liberale) Gesetz von 1936 wieder in Kraft gesetzt (S. 28). Allerdings wurden spezialisierte Jugendgerichte wieder abgeschafft. In den 1950er Jahren entwickelte sich das später traurige Berühmtheit erlangende System der Heimerziehung. In entsprechende Einrichtungen kamen nicht nur Straftäter, sondern auch von der Vormundschaftsbehörde Eingewiesene oder von den neuen Straftatbeständen der Bettelei oder des Vagabundentums erfasste Jugendliche (S. 30 f.).

Rumänien wurde nach der Machtübernahme durch *Ceaușescu* Schritt für Schritt zu einem durch Personenkult und „Führerprinzip" charakterisierten diktatorischen Staat, der allerdings einen kommunistischen Sonderweg unter Abgrenzung von der Sowjetunion und freundschaftlichen Beziehungen zu China ging. Für das Jugendstrafrecht brachte die Reform von 1969 allerdings durchaus Fortschritte, indem entwicklungspsychologische Erkenntnisse reflektiert und in das Gesetz inkorporiert wurden (S. 34). Es wurde der Vorrang von Erziehungsmaßnahmen vor Strafe postuliert. Gegenüber unter 14-jährigen Strafunmündigen konnten nur von speziellen Jugendkommissionen angeordnete Schutz- und Erziehungsmaßnahmen angeordnet werden. Diese wurden auch bei 14- bis unter 16-Jährigen angewendet, wenn das „Urteilsvermögen" nicht gegeben war (wofür eine gesetzliche Vermutung galt). 16- bis unter 18-Jährige galten als strafrechtlich voll verantwortlich, jedoch wurde die Rechtsfolgenseite ganz i. S. des Erziehungsgedankens gestaltet. Allerdings waren die Strafen ausgesprochen repressiv, wenn man eine Höchststrafe von 20 Jahren bedenkt (als Alternative zur Todesstrafe bei Erwachsenen). Die Strafzumessungsvorgaben beinhalteten nur eine Herabsetzung der Strafrahmen um ein Drittel (zuvor die Hälfte). Die Sanktionspraxis blieb ausgesprochen repressiv und freiheitsentziehende Strafen oder Erziehungsmaßnahmen waren Anfang der 1970er Jahre prioritär. Durch Gesetzesdekret von 1977 wurden daraufhin kurzerhand alle Strafen gegenüber Jugendlichen abgeschafft. es gab nur noch zwei Erziehungsmaßnahmen, die Unterstellung unter Aufsicht des Arbeits- oder Schulkollektivs und die Überweisung in eine Spezialschule für Arbeit und Erziehung, eine Unterbringung i. d. R. in geschlossenen Heimen. Die Abschaffung von Haftstrafen fand international Beachtung, zumal in jener Zeit auch in Deutschland der Abolitionismus (jedenfalls im akademischen Bereich) eine gewisse Bedeutung hatte. Im Westen schaute man auf die Experimente in Massachusetts. Auch wenn es sich letztlich um einen Etikettenschwindel handelte – die Erziehungsheime hatten ein ausgesprochen hartes Regime, das mit Strafanstalten vergleichbar war (worauf die Verf. zutreffend hinweist, vgl. S. 40) – trug diese Reform dazu bei, dass das autoritäre Regime *Ceaușescus* sich den Anschein von Liberalität geben konnte (was einer der Schöpfer des neuen Rechts, *Basiliade*, zu Recht als „paradoxen Totalitarismus" bezeichnet hat (S. 39).

Nach dem Sturz des *Ceaușescu*-Regimes Ende 1989 wurde 1992 das Gesetzesdekret von 1977 aufgehoben und das StGB von 1996 mit einigen Änderungen wieder in Kraft gesetzt. 1996 wurden auch für Jugendliche Alternativen wie die Strafaussetzung zur Bewährung, Weisungen oder die gemeinnützige Arbeit eingeführt (S. 43). Jedoch dauerte es angesichts politischer Blockaden relativ lange, bis ein substantieller Reformprozess in Gang kam, der mit der StGB-Reform 2004 Gestalt annahm und die Bewährungshilfe bzw. entsprechende Unterstellungsweisungen vorsah. Das Gesetz trat aber nie in Kraft. Im Zuge des Beitritts zur EU 2007 erhöhte sich der Druck, sodass es 2009 zu einer Strafrechtsreform kam, die inhaltlich auf dem Gesetz von 1936 beruhte und Elemente des italienischen und deutschen Rechts sowie anderer Gesetze integrierte.

Im *Abschnitt 2.7* wird dieses bis zum 1.2.2014 gültige Strafrecht ausführlich vorgestellt. Erfasst wurden als spezifische Altersgruppen in diesem Gesetz die 14- und 15-Jährigen und die 16- und 17-Jährigen entsprechend der früheren Gesetze.

Die strafrechtlichen Reaktionsmöglichkeiten gegenüber Jugendlichen werden unter *2.7.3* dargestellt. Hierbei werden insbesondere die richterlichen Maßnahmen von der Verwarnung, Unterstellung unter Aufsicht bis zur Unterbringung in einer Erziehungsanstalt bzw. in einer sog. Heilerziehungsanstalt behandelt (vgl. S. 52 ff.). Eine Diversion in der Tradition des sozialistischen Rechts war das Konzept der mangelnden Gesellschaftsgefährlichkeit der Tat, womit geringfügige Straftaten materiellrechtlich entkriminalisiert wurden. Hier taucht eine weitere Eigenart des sozialistischen Rechts auf: Danach konnten bei Vorliegen leichterer Straftaten, geringer Gesellschaftsgefährlichkeit, oder auch bei erfolgter Wiedergutmachung, Reue u. ä. verwaltungsrechtliche Sanktionen anstatt Strafen verhängt werden („Ersetzung der strafrechtlichen Verantwortlichkeit"). Auch hierbei handelt es sich funktional um eine Art Diversion. Wenngleich grds. subsidiär, so aber doch möglich war die Verurteilung zu Strafen, die anschließend behandelt werden. Die Höchststrafe betrug bei Jugendlichen 5 Jahre, allerdings mit einem Ausnahmefall: Bei Straftaten, bei denen für Erwachsene eine lebenslange Freiheitsstrafe vorgesehen war, sollte eine Freiheitsstrafe von 5-20 Jahre verhängt werden. Anschließend folgen Ausführungen zur Aussetzung der Freiheitsstrafe zur Bewährung, zur Geldstrafe, dann zur Strafzumessung und schließlich zur Anwendung von Sicherungsmaßnahmen.

Im dritten Kapitel geht die Verf. auf die Entwicklung der (vor allem registrierten) Jugendkriminalität ein.

Jugendkriminalität ist in der Transformationszeit – wie in anderen osteuropäischen Ländern – auch in Rumänien ein Thema der Medien und in der Gesellschaft geworden. Da Rumänien sich am International Crime Victims Survey (ICVS) beteiligte, liegen insoweit auch Dunkelfelddaten vor, die eine eher durchschnittliche Opferbelastung aufzeigten. Wie in anderen mittel- und osteuropäischen Ländern zeigten sich die Befragten mit der Arbeit der Polizei nur in einem Drittel der Fälle zufrieden. Eine Besonderheit Rumäniens im Hinblick auf minderjährige Opfer scheint die nach 1989 und insbesondere nach dem EU-Beitritt 2007 spürbare Zunahme von organisiertem Menschenhandel und sexueller Ausbeutung zu sein (S. 73 f.).

Der Verf. gelingt es im Folgenden, die natürlich mit Vorbehalten zu bewertenden Statistiken der „Vorwendezeit von 1950-1988 auszuwerten. Das kommunistische Regime war darauf bedacht, ein positives Bild der Kriminalitätsentwicklung zu zeichnen, die Medien konnten nur eingeschränkt berichten. Immerhin gab es mit dem „Forschungszentrum für die Problemlagen der Jugendlichen" seit 1968 systematische Jugendkriminalitätsforschung, die zwar geheim war, aber nach der Wende zugänglich gemacht wurde. Darauf konnte die Verf. nunmehr zugreifen. Die Forschungen erbrachten westeuropäischen Studien vergleichbare Ergebnisse zu den Ursachen der Jugendkriminalität: Erziehungsdefizite, problematische Familienstrukturen, (durchaus auch strukturell verursachte) Defizite im schulischen und beruflichen sowie im Freizeitbereich etc. (S. 77 f.). Die starken Schwankungen in den 1980er Jahren mit einem drastischen Anstieg und dann wieder Rückgang der Jugendkriminalitäts- und Verurteiltenzahlen führt die Verf. im letzten Fall auf ideologische Bemühungen der Beschönigung der Kriminalitätsentwicklung zurück (S. 78). Hier spielten Amnestien u. ä. eine bedeutende Rolle. Interessant sind die Analysen der Kriminalitätsentwicklung in der unmittelbaren Wendezeit von 1988-1992. Während Eigentumsdelikte gegen privates Vermögen drastisch stiegen (vermutlich eine Auswirkung veränderter Gelegenheitsstrukturen), blieb die Jugendkriminalität im Übrigen weitgehend unverändert (S. 81 f.). Im Zeitraum nach der Wende stieg die Jugendkriminalität (Fallzahlen pro 100.000 der Altersgruppe) bis 1998 stark an, sank aber seither kontinuierlich auf ein Niveau vergleichbar Anfang der 1990er Jahre (vgl. *Tab. 2*). Ein ähnliches Bild ergibt sich, wenn man die Beschuldigtenzahlen nimmt (vgl. *Tab. 4*). Die Ausgangszahl von 1990 dürfte aufgrund der weitgehend mit anderen Dingen in der Umbruchszeit beschäftigten Polizei und Justiz wohl *nicht* verlässlich sein, aber wenn man die Zahlen von 1991 oder 1992 zum Ausgangspunkt nimmt kam es innerhalb weniger Jahre zu einer mehr als Verdoppelung der Belastungszahlen Jugendlicher, danach aber zu einer Reduzierung um ca. ein Drittel. Ein Hinweis auf die deutschen KBZ-Daten für Jugendliche belegt allerdings das „paradiesische" Verhältnis von 1.252 pro 100.000 der Altersgruppe in Rumänien gegenüber einer KBZ in Deutschland von ca. 6.500 im Jahr 2010. D. h., die Jugendkriminalität stellt sich in Deutschland gegenüber Rumänien als etwa fünffach erhöht dar. Auch von daher kann man die Schwankungen in Rumänien als relativ bedeutungslos charakterisieren. Die Verf. verweist unter *3.5* allerdings darauf, dass die Tatverdächtigenzahlen in Deutschland mit den Beschuldigtenzahlen in Rumänien nicht ganz vergleichbar sind. Insofern könnten sich die gezeigten Unterschiede tatsächlich relativieren, aber sicherlich nicht auflösen.

Auch bei Betrachtung der Angeklagten- und Verurteiltenziffern ergibt sich ein paralleler Kurvenverlauf mit einem Anstieg bis 1998 und seither deutlichen Rückgang pro 100.000 der Altersgruppe 2012 auf das Niveau Anfang der 1990er Jahre (vgl. *Tab. 5*). Der Vergleich zu Deutschland ergibt hier ein Belastungsniveau von etwa einem Fünftel für Rumänien ergeben, d. h. in Deutschland und Rumänien wird in etwa vergleichbarem Umfang Kriminalität durch Diversion „abgebaut". Die Gegenüberstellung der Beschuldigten-, Angeklagten- und Verurteiltenzahlen in *Tab. 4* und *5* gibt dazu Hinweise: 2012 gab es 10.482 beschuldigte Jugendliche (1.180 pro 100.000), und 4.035 Angeklagte sowie 3.026 Verurteilte (= 341 pro 100.000; Vergleichswert für Deutschland ca. 1.500). Die Diversionsrate liegt damit vergleichbar zu Deutschland bei ca. 70%. Die Struktur der registrierten Jugendkriminalität ist bei einem Anteil von fast 80% Eigentumsdelikten noch stärker als in Deutschland durch diese Deliktsformen charakterisiert. Nimmt man noch den Raub mit ca. 18% hinzu, wird deutlich, dass Jugendliche in Rumänien fast ausschließlich Eigentumstäter sind (vgl. *Tab. 6*). Ein ähnliches Bild ergibt sich für die Verurteiltenzahlen (vgl. *Tab. 7* und *8*).

In *Kap. 3.2* stellt die Verf. interessante Daten zur Sanktionspraxis vor. Zunächst wird der bereits anhand des Vergleichs der KBZ und VZ angedeutete Befund bestätigt, dass die informelle Erledigungspraxis mit 62% ähnlich hoch wie diejenige in Deutschland ist. In Rumänien hat sich die Diversionsrate seit 1991 (30%) mehr als verdoppelt, ebenfalls eine Parallele zur Entwicklung in Deutschland (dort seit 1981, vgl. *Heinz* 2014).

Interessante Befunde breitet die Verf. auch zur gerichtlichen Sanktionspraxis aus. Hier sind Daten aus den 1980er Jahren verfügbar, die die Sanktionen der Überweisung an ein Arbeits- oder Lernkollektiv und der Überweisung in eine Spezialschule für Arbeit und Erziehung (vergleichbar der Heimerziehung oder wohl eher dem Jugendstrafvollzug) im Verhältnis von ca. 40 : 60% ausweisen (vgl. *Tab. 10*; die Schwankungen in der unmittelbaren Wendezeit sind wohl kaum interpretierbar).

In der Zeit nach 1990 haben die Gerichte vor allem seit 1994 der Freiheitsstrafe ohne Bewährung eine besondere Bedeutung gegeben. Von „ultima ratio" kann bei Anteilen von ca. 45% keine Rede sein. Das deutlich repressivere Vorgehen ging zu Lasten der Erziehungsmaßnahmen. Ein deutlicher Wandel der Sanktionspraxis zeigt sich seit Anfang der 2000er Jahre: Die unbedingte Freiheitsstrafe ging anteilsmäßig auf fast die Hälfte zurück (2012: 26%), die Strafaussetzung zur Bewährung, die 1993 noch knapp 4% der Sanktionen ausmachte, stieg auf knapp 47% an, während die reinen Erziehungsmaßnahmen mit nur noch 11% (Anfang der 1990er Jahre mehr als 40%) nahezu bedeutungslos wurden. Auch die früher häufig angeordnete Unterbringung in einer Erziehungsanstalt (1993 noch 32% aller Sanktionen) ist in der Bedeutungslosigkeit angelangt und auf ein Zehntel gesunken (2012: 3%) Alle anderen Sanktionen spielen praktisch keine Rolle (vgl. *Tab. 12*). Der Bedeutungsgewinn der Strafaussetzung zur Bewährung ist auf die Einführung der Bewährungshilfe sukzessive seit 1996, flächendeckend im Jahr 2000 zurückzuführen (S. 109). Insgesamt wird deutlich, dass ambulante gegenüber stationären Maßnahmen deutlich an Bedeutung gewinnen, was europäischen Standards stärker entspricht als die Sanktionspraxis 15-20 Jahre zuvor.

In einem gesonderten *Abschnitt 3.3* analysiert die Verf. die Ursachen der Jugendkriminalität, wie sie in der rumänischen kriminologischen Literatur diskutiert wurden. Vorrangig wurden Merkmale des Sozialen Umbruchs wie erweiterte Tatgelegenheitsstrukturen einerseits und das sinkende Lebensniveau (Anstieg der Kinderarmut) andererseits in den Fokus genommen. In der Tat scheinen vor allem in den 1990er Jahren anomische Strukturen mit hohen Arbeitslosenzahlen bei gleichzeitig sich entwickelnden Einkommensunterschieden durch die Umverteilung staatlichen Vermögens auf die postkommunistischen Eliten weit verbreitet gewesen zu sein. Korruption war hierbei eine wesentliche Begleiterscheinung (vgl. S. 112). Aber auch soziale Verfallserscheinungen in den Familien, das Aussetzen von Kindern, zunehmende Zahlen von

Straßenkindern, Schwierigkeiten der Integration von Heimkindern etc. werden genannt (zu den Sozialisationsdefiziten ausführlich auch *Abschnitt 3.3.2*). Der Rückblick in die 1980er Jahre zeigt im Zusammenhang mit der politisch gewollten Verdoppelung der Geburtenrate eine desaströse Entwicklung der öffentlichen Erziehung, insbesondere in den durch die Wirtschaftskrise immer schlechter ausgestatteten Erziehungsheimen, die auch in westlichen Medien für Aufsehen sorgten. Die große Zahl verlassener Kinder blieb in der Nachwendezeit ein Hauptproblem und erst seit dem Jahr 2000 ist die Institutionalisierung von Kindern zurückgegangen (S. 115). Die Verf. zeigt in der Folge auch individuelle Risikofaktoren anhand von empirischen Studien aus dem Bereich der Bewährungshilfe etc. (z. T. von UNICEF finanziert) auf, die die bekannten Syndrome von Jugendstraftätern bestätigen.

Bemerkenswert ist, dass auch zur medialen Wahrnehmung der Jugendkriminalität in Rumänien empirische Studien vorliegen (vgl. *Abschnitt 3.4*). Erwartungsgemäß ist das Bild verzerrt, wenngleich nicht so sehr wie möglicherweise in westlichen Ländern, wo Gewalt- und Sexualdelinquenz die Medienberichterstattung noch stärker dominieren.

Interessant sind auch die Studien zur Akzeptanz bestimmter Sanktionen seitens der Öffentlichkeit. Zwar vertraten fast drei Viertel der Befragten die Ansicht, Jugendliche würden zu milde sanktioniert, jedoch war die Mehrheit damit einverstanden, dass alternative Sanktionen wie Bewährungsstrafen, gemeinnützige Arbeit oder wiedergutmachende Sanktionen Priorität genießen sollten (S. 121).

In der abschließenden Zusammenfassung (*3.5*) kritisiert die Verf. die immer seltenere Anwendung von erzieherischen Maßnahmen i. e. S., wenngleich der Bedeutungszuwachs der Bewährungshilfe und der Diversion ebenso zutreffend als Erfolg gewertet und darin eine Parallele zu Deutschland gesehen wird.

Im *4. Kapitel* beschreibt die Verf. zunächst die internationalen Standards der Vereinten Nationen und des Europarats (*Kapitel 4.1*), weil sie diese zum Prüfungsmaßstab der anschließend dargestellten neuen Gesetzeslage seit 1.2.2014 machen will.

Das neue StGB sieht überraschenderweise eine „fast durchgängige Strafrahmenreduzierung" im Besonderen Teil vor, basierend auf der kriminologisch gut begründeten Einsicht, dass härtere Strafen in der Vergangenheit nicht zu einer Kriminalitätsreduzierung beigetragen hätten (S. 128). Im neuen Strafrecht wurde der Begriff der Gesellschaftsgefährlichkeit der Tat gestrichen (S. 129), eine erste Anpassung an westeuropäische Standards, die eher die prozessuale denn die materiellrechtliche Entkriminalisierung der Bagatellkriminalität befürworten.

Ein wichtiger Grund für die Befreiung von strafrechtlicher Verantwortlichkeit ist die Versöhnung zwischen Täter und Opfer, wie sie durch das Mediationsgesetz von 2006 befördert werden sollte. Bevor die juristischen Grundlagen genauer ausgeführt werden, geht die Verf. in dem ausführlichen *Kapitel 4.2.4* zu diesem Thema auf die Modellprojekte und ihre Evaluation (an der sie selbst beteiligt war), ein. Interessant ist, dass eine erfolgreiche Mediation (in den dafür gesetzlich vorgesehenen Fällen), die bereits vor Einleitung des Strafverfahrens abgeschlossen wird, zum Ausschluss der strafrechtlichen Verantwortlichkeit führt (S. 138). Nach Einleitung des Ermittlungsverfahrens erfolgt (für höchstens 3 Monate) eine Unterbrechung und im Falle des Abschlusses einer Mediationsvereinbarung führt dies zur Einstellung des Verfahrens.

Die Altersstufen strafrechtlicher Verantwortlichkeit wurden im neuen StGB beibehalten: Relative Strafmündigkeit bei Vorliegen der „Urteilsfähigkeit" mit 14 bzw. 16 Jahren, wobei für 14- und 15-Jährige bei fehlender Urteilsfähigkeit nur sog. Schutzmaßnahmen, ansonsten freiheitsentziehende und nicht freiheitsentziehende Erziehungsmaßnahmen in Betracht kommen. Bei 16- und 17-Jährigen wird eine strafrechtliche Verantwortlichkeit angenommen, auch hier sind allerdings nur stationäre und ambulante Erziehungsmaßnahmen möglich (vgl. *Tab. 13*). das Konzept der Urteilungsfähigkeit enthält – wie § 3 des deutschen JGG – eine kognitive (Einsichtsfähigkeit) und eine volative Komponente (Fähigkeit nach dieser Einsicht zu handeln, worauf die Verf. zutreffend hinweist, S. 142). Das rumänische StGB enthält leider keinerlei Sonderregeln für Heranwachsende und entspricht damit nicht den europäischen Vorgaben der Empfehlungen von 2003 und 2008 (ERJOSSM), was die Verf. zu Recht kritisiert (S. 143).

Der Sanktionenkatalog ist insofern „revolutionär" als das Gesetz keinerlei Strafsanktionen mehr vorsieht, eine Situation wie es sie in den 1970er Jahren schon einmal gegeben hatte (s. o.). Der Weisungskatalog ist sehr umfänglich und ähnelt in vielerlei Hinsicht den bekannten Maßnahmen des deutschen JGG (z. B. die Betreuungsweisung durch die Bewährungshilfe, vgl. S. 148 f.). Allerdings gibt es auch durchaus einschneidende Maßnahmen wie den Wochenendarrest zu Hause (S. 148; eine elektronische Überwachung ist offensichtlich nicht vorgesehen). Der Vorrang ambulanter Maßnahmen und eine Individualisierung der Strafzumessung vor dem Hintergrund von Sozialberichten der Bewährungshilfe (vergleichbar den JGH-Berichten in Deutschland) werden besonders betont (vgl. S. 155).

Die freiheitsentziehenden Maßnahmen sind die Unterbringung in einer Erziehungsanstalt (für ein bis zwei Jahre; hier geht es um Heimerziehung, die vorrangig in offenen Strukturen stattfindet). Eine definitiv geschlossene Sanktionsform beinhaltet die Unterbringung in einer Strafvollzugsanstalt für Jugendliche für die Dauer von 2-5 Jahren (S. 152 f.). Schon der Terminus Strafvollzugsanstalt und die organisatorische Einbindung in das Justizvollzugs- und nicht Jugendhilfesystem deutet auf einen erneuten Etikettenschwindel hin (S. 153). War bei für Erwachsene angedrohter lebenslanger oder mindestens 20-jähriger Freiheitsstrafe früher eine Jugendstrafe von 5-20 Jahren möglich, so wurde der obere Strafrahmen nunmehr auf 15 Jahre herabgesetzt, im internationalen Vergleich immer noch überdurchschnittlich hoch (vgl. *Dünkel/Stańdo-Kawecka* 2011). Abgesehen von Erziehungsmaßnahmen sind bei gefährlichen Jugendlichen auch den deutschen Maßregeln der Besserung und Sicherung ähnliche Sicherungsmaßnahmen anwendbar (Einweisung in eine Alkohol- oder Drogentherapie, Unterbringung in einer speziellen Medizinischen Einrichtung, in der Regel dem psychiatrischen Krankenhaus, wohl aber keine Form der Sicherungsverwahrung).

Die Jugendgerichtsbarkeit und das Jugendstrafverfahren werden im 5. Kapitel behandelt. Nach einleitenden Ausführungen zur Gerichtsbarkeit allgemein gelangt die Verf. in *Kapitel 5.2* zur Feststellung, dass es „eine eigene Jugendgerichtsverfassung wie in Deutschland" nicht gibt (S. 167). Zwar sind spezialisierte Jugend- und Familiengerichte im Gerichtsorganisationsgesetz seit 2004 vorgesehen, jedoch existiert ein solches bislang lediglich in der Stadt Brașov. Andererseits werden in Jugendsachen zunehmend erfahrene Richter eingesetzt, sodass mit der Weiterentwicklung zu spezialisierten Gerichten für Jugendsachen in absehbarer Zeit gerechnet werden kann.

Eine wesentliche Neuerung ist die gesetzliche Verankerung der Bewährungshilfe seit 1996 und verstärkt im Jahr 2000, die bis 2007 landesweit ausgebaut wurde, und deren Aufgaben in der Folge kontinuierlich erweitert wurden. Die Neustrukturierung der Bewährungshilfedienststellen beinhaltete eine Verselbständigung unter Herauslösung aus der Unterstellung bei den Gerichten (S. 173). Die Bewährungshilfe ist damit – wie etwa in Mecklenburg-Vorpommern – direkt dem Justizministerium unterstellt.

Besonderheiten des Jugendstrafverfahrens existieren bei den Verfahrensbeteiligten (*Kapitel 5.7*) in Form der Beteiligung der gesetzlichen Vertreter (bei unter 16-Jährigen obligatorisch, ansonsten im Ermessen des Gerichts) und der Bewährungshilfe (Sozialberichte). Bei unter 16-Jährigen ist – wie im früheren Recht – auch die Generaldirektion für Sozialhilfe und Kinderschutz zu beteiligen (S. 184). Auch die obligatorische Beteiligung eines Strafverteidigers im Ermittlungs- und Hauptverfahren ist nicht neu.

Detailliert beschreibt die Verf. in *Abschnitt 5.8* den Ablauf des Jugendstrafverfahrens. Soweit es Besonderheiten gegenüber dem allgemeinen Verfahren gibt, werden diese angezeigt, z. T. in Fußnoten auch rechtsvergleichende Hinweise auf das deutsche Recht gegeben. Von Interesse sind die besonderen Vorschriften für Jugendliche bzgl. der vorläufigen Festnahme und Untersuchungshaft (S. 191 ff.). Hier wird der „Ultima-ratio"-Gedanke (ähnlich wie in Deutschland (vgl. § 72 JGG) besonders betont. Abgesehen von diesem allgemeinen Postulat scheint sich die gesetzliche Situation aber eher verschlechtert zu haben. So stellt die Verf. auf S. 191 fest, dass die maximale Dauer der vorläufigen Festnahmen (bisher bei Jugendlichen 10 Stunden) angehoben wurde. Neu gestaltet ist die sog. justizielle Aufsicht, vergleichbar der französischen *contrôle judici-*

aire eine Freilassung mit Weisungen, deren zeitliche Dauer gesetzlich auf 60 Tage begrenzt wurde, mit Verlängerungsmöglichkeiten um jeweils höchstens 60 Tage. Die maximale Dauer im Rahmen des Ermittlungsverfahrens beträgt je nach Schwere der Straftat ein oder zwei Jahre. Generell neu ist der (ggf. elektronisch überwachte) Hausarrest (nach italienischem Vorbild, vgl. S. 193). Hier findet eine Begrenzung auf jeweils 30 Tage, mit Verlängerung auf maximal 180 Tage statt. Für Jugendliche gibt es wie bei der justiziellen Aufsicht keine besonderen Einschränkungen.

Auch bei der Untersuchungshaft gibt es für Jugendliche hinsichtlich der Dauer keine Besonderheiten mehr. Sie wird jeweils für 30 Tage, insgesamt maximal 180 Tage angeordnet (S. 194 f.).

Einzige Besonderheit des Hauptverfahrens ist die Nichtöffentlichkeit der Hauptverhandlung, nicht aber der Urteilsverkündung (S. 199 f.). Nachteilige Veränderungen zu Lasten Jugendlicher gab es insoweit, als nunmehr u. U. auch in Abwesenheit des Jugendlichen verhandelt werden darf (vgl. S. 201). Das Adhäsionsverfahren ist im Gegensatz zu Deutschland zulässig, bei den Rechtsmitteln gibt es (anders als in Deutschland) keine Benachteiligung durch Einschränkungen von Rechtsbehelfen (vgl. § 55 JGG).

Die Zusammenfassung (*5.9*) enthält zahlreiche rechtsvergleichende Hinweise zu Unterschieden und Gemeinsamkeiten mit dem deutschen Jugendstrafverfahren. Ähnlich der Nebenklage im deutschen Recht bestehen in Rumänien Rechte für Verletzte, während es Absprachen (*plea bargaining*) im rumänischen Jugendstrafrecht nicht gibt.

Auch das *6. Kapitel* zu den Grundlagen des Jugendstrafvollzugs beginnt zunächst mit einem Überblick zu den internationalen Standards und Regelungen bzgl. des Jugendstrafvollzugs. Ziel ist es, zu überprüfen inwieweit die rumänische Gesetzgebung diese Standards berücksichtigt und eingehalten hat.

In *Kapitel 6.2* werden die bisherige Rechtslage (*6.2.1*) und sodann die seit 1.2.2014 geltende Rechtslage aufgrund des neuen Strafvollzugs- bzw. Strafvollstreckungsgesetzes dargestellt (*6.2.2*). Im Gegensatz zu Deutschland hatte Rumänien 2006 (mit Ergänzungen 2010) wie andere mittel- und osteuropäische Länder (z. B. Litauen, Russland) ein Gesetzbuch für die Vollstreckung ambulanter und den Vollzug freiheitsentziehender Sanktionen geschaffen. Diese Struktur wurde auch mit dem StVollzG und dem Strafvollstreckungsgesetzbuch von 2014 beibehalten (S. 219). Neu geschaffen wurde die Institution des Strafvollzugrichters, dem die Funktion der Aufsicht über die gesetzmäßige Gestaltung des Vollzugs zukommt. Schon im Vorgriff aus das neue Vollzugsgesetz gab es wiederholte Aktionspläne zur Reform des Strafvollzugs, die insbesondere eine Qualifizierung des Personals, die Entwicklung von spezifischen Behandlungs- und Ausbildungsprogrammen einschließlich eines Übergangsmanagements beinhalteten (vgl. *Kapitel 6.3*). Das neue Vollzugsgesetz sieht besondere Abteilungen für den Vollzug von Erziehungsmaßnahmen, aber auch Jugendstrafvollzugsanstalten vor (S. 224). Ferner gibt es eine Strafvollzugsanstalt für Heranwachsende, worauf in *Kapitel 8* näher eingegangen wird. Im allgemeinen Vollzug gibt es vier unterschiedliche Regime, während es im Jugendvollzug nur das geschlossene und das offene Regime gibt (S. 225, 228).

Sehr modern wird im neuen StVollzG die Prävention erneuter Straffälligkeit als alleiniges Vollzugsziel formuliert, im Gegensatz zum vorangegangenen Gesetz wird die Sicherheit nicht mehr als Ziel erwähnt (S. 226).

Die Vollzugsbedingungen in Jugendstrafanstalten sind auf eine individualisierte Behandlung ausgerichtet, die auf S. 228 f. genannten Kriterien entsprechen ansatzweise dem Katalog der in Vollzugsplänen festzulegenden Maßnahmen (vgl. dazu auch *Kapitel 6.6.1*). Im Abschnitt über den Vollzugsablauf und die Unterbringungsbedingungen prüft die Verf. jeweils die Kompatibilität der gesetzlichen Normen mit den Vorgaben der ERJOSSM bzw. mit CPT-Standards. Danach stehen z. B. jedem Gefangenen 4 qm Wohnfläche zu. Im Übrigen wird ein differenziertes System von Programmaktivitäten vorgesehen, wie es auch die ERJOSSM vorschlagen. Man hat den Eindruck, dass die Europäischen Regelungen der ERJOSSM bei der Gesetzgebung maßgeblichen Einfluss hatten. Vorrangig ist die schulische und berufliche Bildung, jedoch wird auch Arbeit ausdrücklich als Resozialisierungsmaßnahme angesehen (S. 244 ff.). Eine Arbeitspflicht besteht für Jugendliche nicht. Die Arbeitsentlohnung darf jedenfalls nicht unter dem gesetzlichen Mindestlohn liegen, d. h. 2015 umgerechnet bei ca. 238 € (S. 245). Davon stehen dem Jugendlichen 90% zur freien Verfügung, 10% gehen auf ein Überbrückungsgeldkonto. Eine deutliche Verschlechterung hinsichtlich der Vergütungen von an schulischen oder beruflichen Bildungsmaßnahmen Teilnehmenden ergab sich schon durch eine Gesetzesreform von 2010, die die vorherige Gleichstellung von Arbeit und Ausbildung ersatzlos gestrichen hat. Zu Recht kritisiert die Verf. diese Regelung, da damit der Anreiz, an Bildungsmaßnahmen teilzunehmen genommen wird S. 246). Eine Taschengeldregelung für Jugendliche ist nicht vorgesehen.

Hinsichtlich der Freizeitgestaltung legt die geplante Ausführungsverordnung zum Strafvollzugsgesetz dar, dass es individuelle Möglichkeiten des Radio- und Fernsehempfangs gibt (*Kapitel 6.6.6*). Die Internetnutzung zu Freizeitzwecken ist nicht geregelt, allerdings bestehen unter bestimmten Bedingungen Möglichkeiten der Online-Kommunikation. Die vorgesehenen Vollzugslockerungen entsprechen einem modernen Verständnis weitgehender Öffnung (bis zu 45 Tage pro Jahr Hafturlaub zur Familie und unbegrenzt Ausgänge).

Hinsichtlich Disziplinarmaßnahmen scheint es für Jugendliche keine isolierende Maßnahme zu geben wie sie bei Erwachsenen für bis zu 10 Tage möglich ist. Jugendliche dürfen an maximal 5 aufeinanderfolgenden Tagen für bis zu 4 Std. am Tag von anderen Jugendlichen isoliert werden. Diese Regelung entspricht den ERJOSSM mehr als die deutschen Jugendstrafvollzugsgesetze, die den Arrest von bis zu 14 Tagen ganz überwiegend beibehalten haben.

Eine vorzeitige Entlassung kann bereits nach der Hälfte der Strafe gewährt werden, allerdings muss der Jugendliche „evidente Fortschritte" bzgl. der Wiedereingliederung in die Gesellschaft „bewiesen" bzw. ein „konstantes Interesse an der Schul- und Berufsausbildung gezeigt haben" (S. 251). Letztere Formulierung klingt reichlich altmodisch. Mit Einführung der Bewährungshilfe hat die bedingte Entlassung an Bedeutung gewonnen. So lag die Anzahl der vorzeitig Entlassenen insgesamt im Jahr 2012 bei 10.229 (36%).

In diesem Zusammenhang sind die erstmals gesetzlich geregelten Übergangs- bzw. Nachbetreuungsmaßnahmen zu erwähnen (S. 253). Eine spezielle Maßnahme in diesem Sinn ist die Ersetzung der Jugendstrafe durch eine tägliche Betreuung außerhalb der Anstalt (Betreuungsweisung, vgl. *Kapitel 6.11*).

Im *Abschnitt 6.14* geht die Verf. kurz auf den Vollzug der Untersuchungshaft ein. Diese wird im Rahmen des Ermittlungsverfahrens in Einrichtungen des Innenministeriums, während des Hauptverfahrens in Abteilungen der Jugendstrafanstalten oder in Untersuchungshaftanstalten vollzogen, die dem Justizministerium unterstehen.

Ausführungen zum Thema Rechtsmittel, das auch den Widerspruch gegen die Ablehnung einer vorzeitigen Entlassung betrifft, finden sich unter *Kapitel 6.15*. Es wird deutlich, dass ein umfassender gerichtlicher Rechtsschutz gegen alle Maßnahmen der Vollzugsbehörde gewährleistet wird.

In dem kurzen *Kapitel 7* beschreibt die Verf. die Rechtsgrundlagen für die Vollstreckung nicht freiheitsentziehender Maßnahmen. Die gesetzlichen Grundlagen sind in einem speziellen Gesetz (Nr. 253/2013) enthalten, ergänzende Regelungen finden sich im Bewährungshilfegesetz. Dabei geht es um die Vollstreckung der Erziehungsmaßnahme der zivilbürgerlichen Schulung (*Kapitel 7.1*), der Unterstellung unter Aufsicht (*Kapitel 7.2*), des Wochenendhausarrests (*Kapitel 7.3*) und der Betreuungsweisung (*Kapitel 7.4*). Der Fokus dieser Regelungen liegt vor allem auf der Gewährleistung bestimmter erzieherischer, aber auch kontrollierender Programminhalte, weniger auf dem Schutz von Menschenrechtsstandards im ambulanten Bereich. In der Zusammenfassung kritisiert die Verf. zu Recht, dass die wiedergutmachenden Aspekte im Rahmen ambulanter Maßnahmen, wie sie von den ERJOSSM gefordert werden, unberücksichtigt geblieben sind (S. 264). Das rumänische Recht regelt auch die Reaktion auf nicht erfüllte Weisungen u. ä. nunmehr klar und in Übereinstimmung mit den ERJOSSM.

Im *8. Kapitel* zum Vollzug freiheitsentziehender Sanktionen in der Praxis präsentiert die Verf. empirische Daten, insbesondere Statistiken zum Jugendstrafvollzug. Der Überblick in *Abbildung 1* zeigt, dass es am 1.4.2014 in Rumänien eine Anstalt für Heranwachsende, drei Jugendstrafanstalten und zwei Erziehungsanstalten gibt. Daraus resultiert bereits das erste Problem der Umsetzung von Vorgaben der ERJOSSM bzw. des StVollzG, die beide die heimatnahe Unterbringung fordern. Aufgrund der geringen Anzahl von Jugendanstalten ist dies nicht immer möglich (S. 268).

Bezogen auf die in einer Verordnung des Justizministeriums festgelegte Mindestwohnfläche von 4 qm bzw. 6 m^3 gibt es trotz des Belegungsrückgangs im Jugendvollzug immer noch eine Belegungsquote von ca. 150%, was vom Anti-Folter-Komitee des Europarats gerügt wurde (S. 269). Auch in den Polizeigewahrsamseinrichtungen wurden vom Anti-Folter-Komitee Überbelegung und schlechte Haftbedingungen festgestellt (vgl. *Kapitel 8.3*).

Hinsichtlich der Haftbedingungen in Jugendstrafvollzug arbeitet die Verf. sehr schön die Berichte des Anti-Folter-Komitees des Europarats und die Rspr. des EGMR auf (vgl. *Kapitel 8.4.1*). Einerseits zeigen die Berichte nach wie vor bestehende Unzulänglichkeiten der Versorgung, der Trennung von Erwachsenen, der Ausstattung mit Behandlungspersonal und der angebotenen Aktivitäten bzw. Maßnahmen auf, jedoch wurden im Vergleich zum Besuch von 1999 auch erhebliche Fortschritte bescheinigt.

Interessant sind weiter die Berichte des Helsinki-Komitees, das 2009 und 2013 mehrere Jugendanstalten besuchte und ebenfalls erhebliche Verbesserungen feststellte, wenngleich die Überbelegung und extrem enge räumliche Bedingungen erhebliche Kritik fanden (S. 275). Andere NGOs fanden besorgniserregende Zustände einschließlich Folter in Polizeihaft- und Untersuchungshaftanstalten, was auch Gegenstand einer Verurteilung Rumäniens durch den EGMR aus dem Jahr 2008 war (S. 276, Fn. 984). Der EGMR kritisierte auch die Unterschreitung des Mindestwohnraums von 4 qm pro Gefangener. Die Zahl der Verurteilungen durch den EGMR stieg erheblich an von 4 Urteilen 1998-2007 auf jährlich (!) 15-20 in den Jahren 2008-2011 (S. 279). Der rumänische Staat musste nicht unerhebliche Schadensersatzleistungen für Gefangene aufbringen. Mit der Gesetzgebung von 2014 und dem Ausbau von nicht freiheitsentziehenden Sanktionen wird ein Rückgang der Gefangenenzahlen und damit der Hauptbeschwerden bzgl. der Überbelegung erwartet.

Ein Problem des Strafvollzugs allgemein stellt der Drogenkonsum dar, der anzusteigen scheint, auch der Anteil HIV- und TBC-Infizierter wird als bedrohlich angesehen (vgl. *Kapitel 8.4.3*).

Bevor sich die Verf. mit den Belegungszahlen im Längsschnittvergleich befasst, macht sie in *Kapitel 8.5* auf die regelmäßigen Begnadigungen und Amnestien aufmerksam., die insbesondere vor der Wende genutzt wurden, um der Überbelegung einigermaßen Herr zu werden. Das hat nie lange geholfen, jedoch erklären sich drastische Belegungsschwankungen in dieser Zeit durch dieses Phänomen. Auch in der Transformationszeit wurden Amnestien erlassen, mit z. T. erheblichen Zahlen (vgl. S. 282 f.).

Die Betrachtung der Gefangenenraten 1990-2012/13 erscheint hinsichtlich der Steigerungsraten Anfang der 1990er Jahre problematisch, da 1990 genau ein Jahr mit zahlreichen Amnestien und Begnadigungen war und der für 1990 gemessene Ausgangswert daher nicht repräsentativ ist. Darauf verweist die Verf. zutreffend. Dennoch kann man eindeutig eine Zunahme der Gefangenenzahlen bis 1998 und danach ein beständiges Absinken bis 2008 mit einem erneuten Anstieg bis 2012 feststellen. Im Jugendvollzug gab es bereits nach dem Höhepunkt 1992 einen kontinuierlichen Rückgang bis 2012, der sich so auch pro 100.000 der Altersgruppe widerspiegelt, also nicht oder unwesentlich durch demografische Veränderungen bedingt ist (vgl. *Tab. 14*). Für den Anstieg der Gefängnisbelegung in den 1990er Jahren lassen sich mehrere Gründe anführen: Fehlende Rechtsgrundlagen und Infrastruktur für ambulante Sanktionen, gesetzlich erschwerte Bedingungen der bedingten Entlassung (1996), ausbleibende kollektive Amnestien und nicht zuletzt der Anstieg der Kriminalität im Zuge der Wirtschaftskrise (S: 287). Der Rückgang nach 1998 bzw. 2003 hängt u. a. mit Strafprozessrechtsreformen zusammen, die die Zahl von Untersuchungsgefangenen reduzierten. Ob tatsächlich ein nennenswerter Export der Kriminalität in die EU-Länder stattgefunden hat, der zu Hause für Entlastung der Gefängnisse führte, erscheint fraglich, auch wenn die nationale Strafvollzugsverwaltung dies so sieht (S. 286). In jedem Fall hat der Ausbau der Bewährungshilfe im Jahr 2000 einen wesentlichen Beitrag zur Reduzierung der Gefangenenraten geleistet. Der jüngste Anstieg der Gesamtgefangenenrate 2009-2013 (vgl. S. 287 und *Tab. 15*) ist auf vermehrte Verurteilungen u. a. wegen Vermögensstraftaten, Korruptionsstraftaten und Verkehrsdelikten zuruckzuführen. Insbesondere im Bereich der Korruptionsbekämpfung intensivierten sich die Strafverfolgungsaktivitäten der Ermittlungsbehörden. Zu berücksichtigen sind des Weiteren die Auswirkungen der Wirtschaftskrise von 2008, die zu einem Einkommengsgefälle und einem sinkenden Lebensniveau innerhalb der Bevölkerung führte.

Aus *Tab. 16* ergibt sich, dass sich die Verteilung Jugendlicher auf U-Haftanstalten, Erziehungsanstalten und auf Freiheitsstrafe grundlegend geändert hat. Der kontinuierliche Rückgang betrifft insbesondre die U-Haft. Machten 1990 noch knapp die Hälfte der inhaftierten U-Häftlinge aus, so sank dieser Anteil 2012 auf 28%. Mit etlichen Schwankungen stiegen die prozentualen Anteile in Erziehungsanstalten und in der Freiheitsstrafe auf jeweils ca. 30-40% (vgl. *Tab. 16*).

Hinsichtlich der Deliktsstruktur spiegelt sich die polizeiliche und justizielle Statistik wider (vgl. *Kapitel 3*). Nimmt man Diebstahl gegen privates Vermögen und Raub zusammen, so entfallen mehr als 80% der Jugendstrafgefangenen auf diese Gruppe. Im Unterschied zu Deutschland spielen Körperverletzungsdelikte keine Rolle, sie werden statistisch nicht einmal gesondert aufgelistet (S. 294).

Sog. Mehrfachauffällige (mindestens drei schwerere Vorstrafen, vgl. Erläuterung zu *Tab. 18*) zeigen wachsende Anteile an der Gesamtpopulation: 1990 noch lediglich 14%, 2012 dagegen 46%, d. h. eine mehr als Vervierfachung! Leider sind diese Daten nur für den Strafvollzug insgesamt zugänglich, im Jugendstrafvollzug dürfte die Zahl der Mehrfachauffälligen schon wegen der legislativen Vorgabe häufiger Vorverurteilungen zu langen Strafen zwangsläufig erheblich geringer sein.

Roma repräsentieren eine besonders diskriminierte Population, die im Strafvollzug weit überrepräsentiert ist. Aktuelle Untersuchungen hierzu liegen nicht vor, allerdings belegen früheren Studien die Überrepräsentation (vgl. *Kap. 8.6.1*).

Im *Abschnitt 8.7* zum Anstaltspersonal finden sich angesichts einer fast Verdreifachung des Anstaltspersonals in Jugendanstalten durchaus optimistische Einschätzungen. Im gesamten Strafvollzug hat es diese Verbesserungen nicht gegeben, im Gegenteil: Bei gleichbleibenden Personalstellen hat sich die Betreuungsrelation angesichts steigender Gefangenenraten verschlechtert (S. 303). Dies gilt auch für die Strafgefangenenanstalt für Jugendliche und Heranwachsende, die (durch die Zunahme Heranwachsender) 2012 im Gegensatz zur Zeit vor 2011 auf relativ ungünstige Werte kommt (vgl. *Tab. 20*).

In *Kapitel 9* fasst die Verf. die wesentlichen Ergebnisse ihrer Arbeit nochmals prägnant zusammen. Insgesamt wird deutlich, dass die rumänische Strafrechtspflege und die Jugendstrafrechtspflege im Besonderen auf einem guten Weg sind und in einigen Bereichen europäische Standards erreicht haben, wenngleich nach wie vor Defizite hinsichtlich der Infrastruktur für erzieherische oder wiedergutmachende Sanktionen bestehen. Im Jugendbereich hat man es – anders als bei erwachsenen Tätern – jedenfalls geschafft, die Inhaftiertenzahlen nachhaltig zu senken und dadurch qualitative Verbesserungen im Jugendstrafvollzug zu erzielen. Man wird der Verf. in der Hoffnung zustimmen, dass die aktuellen Reformen von 2014 zum Anlass genommen werden, eine intensive Begleitforschung zu etablieren und nachhaltig institutionell abzusichern (S. 312).

Die Arbeit stellt insgesamt eine sehr schöne wissenschaftliche Leistung dar. Das rumänische Jugendstrafrecht wird in seiner historischen Entwicklung und Praxis umfassend dargestellt. Dabei wird sowohl das materielle wie formelle Jugendstrafrecht ebenso wie der Vollzug bzw. die Vollstreckung von Sanktionen behandelt. In dieser Gesamtschau unter Einbeziehung empirischer Erkenntnisse zur Jugendkriminalität, zur Sanktionspraxis und zum Jugendstrafvollzug gibt es selbst in rumänischer Sprache nichts Vergleichbares. Sehr schön ist, dass die Verf. auch die neuesten zum 1.2.2014 in Kraft getretenen Straf-, Strafverfahrens- und Strafvollzugsgesetze mit eingefügt hat, was nochmals erhebliche Umstellungen der kurz vor den Gesetzesnovellen fast fertigen Dissertationsschrift notwendig machte.

Die vorliegende Arbeit wurde im Sommersemester 2014 als Dissertation an der Rechts- und Staatswissenschaftlichen Fakultät angenommen. Die Literatur und vor allem aktuelle Rechtsreformen in Rumänien bis Mitte 2015 wurden aktualisiert bzw. eingearbeitet. Prof. Dr. *Philipp Walkenhorst* von der Universität zu Köln gilt der Dank für die zügige Anfertigung des Zweitgutachtens. *Kornelia*

Hohn und *Dr. Joanna Grzywa-Holten* haben mit großer Sorgfalt die Druckvorlage erstellt. *Ricarda Bans* hat das Manuskript Korrektur gelesen. Dafür gebührt ihnen allen besonderer Dank und Anerkennung.

Greifswald, im März 2016

Frieder Dünkel

Danksagung

Die vorliegende Arbeit wurde im Sommersemester 2014 als Dissertation an der Rechts- und Staatswissenschaftlichen der Universität Greifswald angenommen. Literatur und Rechtsprechung konnten im Wesentlichen für die Drucklegung bis August 2015 berücksichtigt werden.

Die Arbeit ist mit Unterstützung einer Vielzahl von Personen entstanden. Zunächst bedanke ich mich ganz herzlich bei meinem Doktorvater *Prof. Dr. Frieder Dünkel* für seine konstruktiven Anregungen, seine Zuversicht und fortwährende Unterstützung im Rahmen der Dissertation. Über seine Betreuung hinaus verdanke ich ihm die Möglichkeit der Teilhabe an internationalen Projekten und Konferenzen, die zum Austausch mit engagierten Menschen angeregt haben. Ein besonderer Dank gebührt *Prof. Dr. Philip Walkenhorst* für die zügige Erstellung des Zweitgutachtens.

In Rumänien habe ich die freundliche Unterstützung zahlreicher Personen aus Wissenschaft und Praxis erfahren, die mir Einblicke in die verschiedenen Facetten des Jugendkriminalrechts gewährt haben. Ihnen allen gebührt großer Dank für anregende Diskussionen und wertvolle Informationen. Insbesondere bedanke ich mich bei den Mitarbeitenden des Soziologischen Instituts der Rumänischen Akademie, der Soziologischen und Sozialpädagogischen Fakultät der Universität Bukarest, des ehemaligen Instituts für Kriminologie, der Bewährungshilfe, der Strafvollzugsverwaltung sowie verschiedener NGOs. Vielen weiteren Menschen, die ich im Rahmen meines Vorhabens kennengelernt habe und denen ich auch freundschaftlich verbunden bin, danke ich für ihre Bereitschaft meine Arbeit zu fördern. In Memoriam danke ich *Dr. George Basiliade* für die Gespräche, in denen er mich auf eine Reise in die Geschichte des rumänischen Jugendstrafrechts geführt und mir außergewöhnliche Einblicke verschafft hat.

Für das Korrekturlesen, konstruktive Hinweise und Motivation bedanke ich mich ganz herzlich insbesondere bei *Prof. Dr. Ineke Pruin* sowie *Ricarda Bans*, *Katrin Holst* und *Rica Herrig*. Ein besonderer Dank gebührt *Dr. Joanna Grzywa-Holten* für die sorgfältige Fertigstellung der Druckvorlage sowie für unseren freundschaftlichen Austausch in den vergangenen Jahren. Ebenso bedanke ich mich bei *Kornelia Hohn* für ihre Hilfe bei der Überarbeitung der Druckvorlage. Des Weiteren danke ich den Mitarbeitenden am Lehrstuhl für Kriminologie, an dem jederzeit eine offene und freundliche Atmosphäre herrschte. *Ulrike Stentzel* und *Dr. Christian Warnke* ein ganz großes Dankeschön dafür, dass sie mich jederzeit herzlich und mit offenen Armen in Greifswald empfangen haben.

Schließlich möchte ich einen ganz besonderen Dank an meine Familie, insbesondere an meine Eltern, aussprechen, die mich immerzu unterstützt und in meinem Vorhaben motiviert haben. Ich danke meiner Familie und meinen guten Freundinnen und Freunden ich dafür, dass sie mich auf meinen Weg begleitet haben und für mich da waren.

Auckland, im Dezember 2015

Andrea Păroşanu

Abkürzungsverzeichnis

Abb.	Abbildung
Abs.	Absatz
a. F.	alte Fassung
Art.	Artikel
Aufl.	Auflage
Bd.	Band
BewHi	Zeitschrift Bewährungshilfe
B.J.	Buletinul Jurisprudenţei (Bulletin für Rechtsprechung)
bzw.	beziehungsweise
ca.	circa
C.A.	Curtea de Apel (Berufungsgericht)
C.D.	Culegere de decizii (ale Tribunalului Suprem) (Sammlung zu Entscheidungen des Obersten Gerichts)
C.E.D.O.	Curtea Europeană a Drepturile Omului (Europäischer Gerichtshof für Menschenrechte)
C.P.T.	Committee for the Prevention of Torture
C.S.J.	Curtea Supremă de Justiţie (Oberster Gerichtshof)
d.	decizie (Entscheidung)
d.p.	decizie penală (Strafurteil)
d. h.	das heißt
D.I.	Decizie de îndrumare (Grundsatzentscheidung)
Dreptul	Revista Dreptul (Zeitschrift Recht)
ECOSOC	Economic and Social Council (Wirtschafts- und Sozialrat der Vereinten Nationen)
EGMR	Europäischer Gerichtshof für Menschenrechte
EMRK	Europäische Menschenrechtskonvention
EPR	European Prison Rules

ERJOSSM	European Rules for Juvenile Offenders Subject to Sanctions or Measures
etc.	et cetera
EU	Europäische Union
f./ff.	folgende/folgenden
Fn.	Fußnote
gem.	gemäß
ggf.	gegebenenfalls
Hrsg.	Herausgeber
I.C.C.J.	Înalta Curte de Casaţie şi Justiţie (Hoher Kassationsgerichtshof)
i. V. m.	in Verbindung mit
JGG	deutsches Jugendgerichtsgesetz
JStVollzG	deutsches Jugendstrafvollzugsgesetz
Jud.	Judecătoria (Amtsgericht)
Kap.	Kapitel
MschKrim	Monatsschrift für Kriminologie und Strafrechtsreform
m. w. N.	mit weiteren Nachweisen
NK	Neue Kriminalpolitik
Nr.	Nummer
o. J.	ohne Jahr
O.U.G.	Ordonanţă de urgenţă a Guvernului (Eilverordnung)
Plen. T.S.	Plenul Tribunalului Suprem (Plenum des Obersten Gerichts)
rAVStVollstrG	rumänische Ausführungsverordnung zum Strafvollstreckungsgesetz
rAVStVollzG	rumänische Ausführungsverordnung zum Strafvollzugsgesetz
R.D.P.	Revista de drept penal (Zeitschrift für Strafrecht)
rMediationsG	rumänisches Mediationsgesetz

Rn.	Randnummer
Rec	Recommendation (Empfehlung)
R.R.D.	Revista Romană de Drept (Rumänische Zeitschrift für Recht)
rGOG	rumänisches Gerichtsorganisationsgesetz
rStGB	rumänisches Strafgesetzbuch
rStPO	rumänische Strafprozessordnung
rStVollstrG	rumänisches Strafvollstreckungsgesetz
rStVollzG	rumänisches Strafvollzugsgesetz
s.p.	secţia penală (Strafkammer)
S.	Seite/n
s. o.	siehe oben
sog.	sogenannte(s)
StGB	deutsches Strafgesetzbuch
StPO	deutsche Strafprozessordnung
s. u.	siehe unten
T.S.	Tribunal Suprem (Oberstes Gericht)
u. a.	unter anderem/und andere
UN	United Nations
usw.	und so weiter
vgl.	vergleiche
z. B.	zum Beispiel
Ziff.	Ziffer
ZStW	Zeitschrift für die gesamte Strafrechtswissenschaft

Jugendstrafrecht in Rumänien
Historische, kriminologische, rechtliche und rechtspolitische Aspekte

1. Einleitung

Mehr als 20 Jahre nach dem politischen Umbruch in Rumänien ist das Land durch einen anhaltenden Transformationsprozess im gesellschaftlichen, politischen, ökonomischen und rechtlichen Bereich geprägt. Maßgeblich im justiziellen Bereich war in den vergangenen Jahren insbesondere im Zuge des EU-Beitritts eine Harmonisierung legislativer Grundlagen mit dem *acquis communautaire*.[1] So unterlag auch das Strafrecht in den vergangenen Jahren einem grundlegenden Reformprozess, der in der Verabschiedung einer Reihe neuer Gesetze mündete und Auswirkungen auf die Behandlung jugendlicher Straftäter[2] mit sich bringt.[3] Im Bereich des Jugendstrafrechts vollzogen sich grundle-

---

1 Als *acquis communautaire* („Gemeinschaftlicher Besitzstand") werden alle Rechte und Pflichten, die für die Mitgliedstaaten der EU verbindlich sind, bezeichnet. Dazu zählen das Primär- und Sekundärrecht der EU sowie Entscheidungen des Europäischen Gerichtshofs. EU-Beitrittskandidaten müssen den *acquis communautaire* akzeptieren und nach dem Beitritt in nationales Recht umsetzen, vgl. *Zandonella* 2009. Die Umsetzung des *acquis communautaire* war Inhalt einer breit angelegten Strategie zur Reform des Justizwesens 2005-2007, ausführlicher zur Reformstrategie s. u. *Kap. 2.6.*

2 In der vorliegenden Arbeit werden sowohl das generische Maskulinum als auch das generische Femininum verwendet, wodurch jeweils alle Geschlechter miteinbezogen sind. Ist zum Beispiel von Straftätern die Rede, werden sowohl Straftäterinnen als auch Straftäter einbezogen. Dies trifft ebenso im umgekehrten Falle der Benennung von Straftäterinnen zu. Soweit es möglich ist, werden geschlechterneutrale Bezeichnungen verwendet.

3 Am 1. Februar 2014 trat nunmehr ein langwährendes umfassendes Reformpaket in Kraft. Es umfasst ein neues Strafgesetzbuch, eine neue Strafprozessordnung, ein neues Strafvollzugs- sowie ein Strafvollstreckungsgesetz und ein neues Bewährungshilfegesetz. Die Neuregelungen dienen unter anderem der Vereinheitlichung der bisherigen „zersplitterten" Gesetzeslandschaft mit zahlreichen spezialgesetzlichen Bestimmungen.

gende Novellierungen, die auf eine Annäherung an europäische und internationale Standards zielten und einen Teil der Justizreform darstellten.[4]

Ziel der vorliegenden Arbeit ist es, eine umfassende Bestandsaufnahme zum Jugendkriminalrecht in Rumänien zu erstellen und hierbei den Verlauf zu skizzieren, den Gesetz und Praxis in der Transformationszeit erfahren haben. Besondere Schwerpunkte liegen auf der Analyse der materiellen und formellen Bestimmungen des Jugendstrafrechts, den Ursachen der Jugendkriminalität, der Entwicklung der Sanktionspraxis, der Jugendgerichtsbarkeit sowie dem Jugendstrafvollzug. Bezug genommen wurde unter anderem auf die Frage, inwieweit die Regelungen und die Implementierung in die Praxis europäischen und internationalen Standards Rechnung tragen.

Die Untersuchung bezieht sich einerseits auf die Auswertung juristischer, soziologischer, kriminologischer sowie zum Teil politischer Fachliteratur. Anzumerken ist hierbei, dass spezifische Literatur zum Jugendstrafrecht nur eingeschränkt vorhanden und die Kommentierungen zu jugendstrafrechtlichen Grundlagen nicht sehr ausführlich bzw. teilweise veraltet sind. Fachliteratur und Kommentierungen sind weitgehend auf die bisherige Gesetzeslage bezogen, da die strafrechtlichen Reformen über einen längeren Zeitraum andauerten und folglich Ungewissheit über die neue Gesetzeslage bestand. Darüber hinaus erschwerten laufende Ergänzungen und Modifizierungen der in Betracht gezogenen gesetzlichen Grundlagen bis zum Inkrafttreten der novellierten Gesetze die Arbeit.

Des Weiteren beruht die Untersuchung auf der Analyse statistischer Daten zur Jugendkriminalität. Hierbei dienten die Statistiken der Generalstaatsanwaltschaft, des Hohen Rates der Magistratur, des Justizministeriums, der Nationalen Strafvollzugsverwaltung, des Generalinspektorats der Polizei sowie die Trans-MonEE-Datenbasis[5] als Grundlage. Die Statistiken waren teilweise öffentlich zugänglich, zum Teil wurden die notwendigen Daten bei den Behörden angefragt.

Eingeflossen in die Arbeit sind ferner Beobachtungen aufgrund von Besuchen in Jugendstrafvollzugs- und Erziehungsanstalten, bei Nichtregierungsorganisationen und bei Justizbehörden. Die zahlreichen Gespräche mit Mitarbeiten-

---

4   Ergebnis des langjährigen Reformprozesses sind unter anderem Neuerungen im Bereich des Jugendstrafrechts: die auf Jugendliche anwendbaren Reaktionsmöglichkeiten wurden im neuen Strafgesetzbuch komplett neu ausgestaltet. Des Weiteren sind in der neuen Strafprozessordnung, dem neuen Strafvollzugs- und Strafvollstreckungsgesetz und dem Bewährungshilfegesetz neue jugendspezifische Bestimmungen verankert worden. Bereits vor dem EU-Beitritt Rumäniens im Jahr 2007 lag einer der Schwerpunkte auf der Spezialisierung der Gerichte und Spruchkörper, unter anderem in Jugendsachen.

5   TransMonEE bedeutet Transformative Monitoring for Enhanced Equity. Die Datenbasis wurde 1992 von dem UNICEF Innocenti Research Centre initiiert und ist seit 2009 bei der UNICEF Regional Office for Central, Eastern Europe and the Commonwealth of Independent States in Genf angesiedelt.

den von Gerichten, Staatsanwaltschaften, Strafvollzugseinrichtungen und Erziehungsanstalten, kommunalen Behörden, Nichtregierungsorganisationen sowie mit Wissenschaftlerinnen aus den Bereichen Soziologie, Rechtswissenschaft, Kriminologie und Psychologie dienten dazu, ein möglichst umfassendes Bild zum Jugendkriminalrecht in Rumänien zu erhalten.

Dies ist insbesondere vor dem Hintergrund zu sehen, dass Literatur nur in gewissem Umfang zur Verfügung stand und die Gespräche wichtig waren, das Bild zu komplettieren. Zum großen Teil wurden die Informationen bereitwillig erteilt und die Besuche der erwähnten Einrichtungen bewilligt. Lediglich vereinzelt bestanden Schwierigkeiten, an die gewünschten Informationen zu gelangen.

Die vorliegende Arbeit gliedert sich in neun Kapitel. Nach der Einleitung widmet sich das zweite Kapitel der historischen Entwicklung jugendstrafrechtlicher Grundlagen in Rumänien bzw. in den rumänischen Ländern. Besonderes Augenmerk wird in der Rückschau unter anderem auf neuartige Ansätze wie detaillierte formelle und materielle jugendstrafrechtliche Regelungen im frühen 20. Jahrhundert, die Spezialisierung von Richterinnen und Staatsanwälten, die komplette Neugestaltung des Strafensystems mit der Abschaffung der Strafen für Jugendliche in den 1970er Jahren sowie die Reformprozesse in der Transformationszeit gelegt. Die historische Untermauerung dient auch dem weiteren Verständnis der nunmehr geschaffenen gesetzlichen Grundlagen.

Das folgende Kapitel stellt Ursachen, Umfang und Erscheinungsformen der (registrierten) Jugendkriminalität in Rumänien dar. Im Fokus steht die Entwicklung nach dem Zusammenbruch des kommunistischen Regimes 1989 in der Transformationszeit. Punktuell wird, sofern es die Datenlage erlaubt, auch auf die Situation vor 1989 eingegangen. Ein Vergleich vor und nach der Wendezeit ist aufgrund der bestehenden statistischen Schieflage jedoch kaum möglich. Beleuchtet werden in diesem Zusammenhang auch die informelle Erledigungssowie die gerichtliche Sanktionspraxis.

Das vierte Kapitel umfasst eine Betrachtung und Bewertung der jugendstrafrechtlichen Grundlagen, die das Ergebnis eines langjährigen Reformprozesses sind. Hierbei wird der Einfluss internationaler Dokumente auf die Gesetzgebung einbezogen. Das neue Strafgesetzbuch bringt eine Erweiterung der Palette an Erziehungsmaßnahmen und eine Loslösung von den Strafen für Jugendliche mit sich. Es verdeutlicht somit ein tendenziell weniger repressiv geprägtes Normensystem und betont die Individualisierung von Maßnahmen stärker als bislang.

Das darauffolgende Kapitel 5 gewährt einen Einblick in die Jugendgerichtsbarkeit und das Jugendstrafverfahren und zieht einen Vergleich zur bisherigen Gesetzeslage. Neben der Darstellung der Rolle der maßgeblichen Verfahrensbeteiligten und des Ablaufs des Jugendstrafverfahrens wird besonderes Augenmerk auf die Einstellungsmöglichkeiten des Verfahrens gelegt. Dieser Aspekt gewinnt nach der Novellierung des Strafprozessrechts verstärkt an Bedeutung.

Das sechste und das siebente Kapitel widmen sich der Dokumentation der gesetzlichen Grundlagen des Jugendstrafvollzugs bzw. der Vollstreckung nicht freiheitsentziehender Maßnahmen. Hierbei wird auch der Frage nachgegangen, welche Auswirkungen internationale Regelungen bzw. die Europäische Empfehlung für inhaftierte und ambulant sanktionierte Straftäter (*European Rules for Juvenile Offenders Subject to Sanctions or Measures*, ERJOSSM) für die Jugendstrafvollzugsgestaltung in Rumänien haben. Ferner werden bedeutende Reformstrategien im Strafvollzug der jüngsten Vergangenheit beleuchtet und Entwicklungstendenzen aufgezeigt.

Das sich anschließende achte Kapitel stellt den Jugendstrafvollzug in der Praxis in den Mittelpunkt. Neben der Analyse der Belegungssituation in den Strafvollzugs- und Erziehungsanstalten werden die Vollzugsbedingungen näher untersucht. Hierbei wird der Wandel, der sich aufgrund fortwährender Umstrukturierungsprozesse und legislativer Veränderungen vollzogen hat, näher dargestellt. Des Weiteren erfolgt eine Auswertung statistischer Daten im Hinblick auf die Frage, wie sich die Population der Jugendstrafgefangenen entwickelt hat. Da es sich um eine rechtsvergleichende Studie handelt, werden zusammenfassend in den jeweiligen Kapiteln rechtsvergleichende Aspekte zum Jugendkriminalrecht in Deutschland mit einbezogen.

Im letzten Kapitel werden eine zusammenfassende Schlussbetrachtung sowie ein Ausblick auf die Entwicklungstendenzen des Jugendkriminalrechts erläutert. Der Blick wird dabei auch auf Herausforderungen gelenkt, die im legislativen Bereich sowie bei der Umsetzung relevanter Maßnahmen bestehen.

2. Historische Entwicklung der jugendstrafrechtlichen Grundlagen

2.1 Strafrechtliche Regelungen in den rumänischen Fürstentümern Mitte des 17. Jahrhunderts bis 1865

In den Gesetzbüchern der vergangenen Jahrhunderte galten für Kinder, Jugendliche und Heranwachsende besondere Regelungen zur strafrechtlichen Verantwortlichkeit. Sie knüpften an bestimmte Altersgrenzen an und zeigten sich in Form von Strafmilderungen oder dem Absehen von der Strafe. Hierbei galten regionale Unterschiede, da das Land in verschiedene Großfürstentümer[6] aufgeteilt war und deren gesetzliche Regelungen variierten.

Erste Grundlagen zur strafrechtlichen Verantwortlichkeit Jugendlicher und Kinder finden sich in Gesetzessammlungen (*pravilele*) des *Vasile Lupu*[7] von 1646, mit dem Titel *„Cartea Românească de Învăţătură de la pravilele împărăteşti si de la alte giudeţe"* (wörtlich „Rumänisches Lehrbuch über die hoheitlichen Gesetze und über andere Rechtsprechungen") sowie den Gesetzen des *Matei Basarab*,[8] *„Îndreptarea Legii"* (wörtlich „Gesetzesleitfaden")[9] aus dem Jahr 1652. Die Texte galten als umfassende Gesetzessammlungen mit weitreichenden Bezügen zum Strafrecht und Strafverfahrensrecht und zählen zu den ersten Gesetzen, die in rumänischer Sprache erschienen sind.[10] In den Kodifizierungen spiegelten sich die Einflüsse des byzantinischen und italienischen Rechts wider. So beruhten die Texte unter anderem auf dem Gesetz des *Constantin Armenopol* (*Hexabiblul lui Constantin Armenopol*), das 1345 in Byzanz erschien und Strafmilderungen und Absehen von Strafe für Jugendliche und Heranwachsende bis zu 25 Jahren festlegte.[11] Des Weiteren gingen die Gesetze auf die Schriften des italienischen Strafrechtsgelehrten *Prosper Farinaccius* (*Praxis et theoricae*

---

6   Zu dieser Zeit existierten drei autonome Fürstentümer: Moldau, Walachei und Siebenbürgen. Moldau und Walachei befanden sich seit dem 16. Jahrhundert unter osmanischer Herrschaft, Siebenbürgen seit dem 17. Jahrhundert unter Kontrolle des Habsburgerreiches, daneben bestanden weitere osmanische Provinzen, siehe unter anderem *Murgescu* 2008, S. 222 f.

7   Fürst der Moldau, 1634-1653.

8   Fürst über die Rumänischen Länder (Walachei) von 1632-1654, führte das erste Gesetzesrecht 1652 ein.

9   *Îndreptarea Legii,* erstmals 1652 veröffentlicht durch das Kloster Trisfetitele in Iaşi, siehe Rumänische Akademie 1962.

10   *Ionescu-Muscel* 1931, S. 76, 91; *Fotino* 1972, S. 87.

11   *Ionescu-Muscel* 1931, S. 65; *Solomonescu* 1935, S. 20. Das Gesetz des Armenopol wurde 1804 in die rumänische Sprache übersetzt, vgl. *Ionescu-Muscel* 1931, S. 107.

criminalis) zurück, die zu Beginn des 17. Jahrhunderts in Venedig veröffentlicht wurden.[12] Die Gesetze der Fürsten *Lupu* und *Basarab* behielten über fast zwei Jahrhunderte ihre Gültigkeit und stellen bedeutende rumänische Rechtsquellen dar.

Die Gesetzessammlungen des *Vasile Lupu* und des *Matei Basarab* enthielten ähnliche Vorschriften zur strafrechtlichen Verantwortlichkeit.[13] Beide Gesetze sahen eine Kategorisierung der Jugendlichen nach Altersstufen und Geschlecht vor, wobei die Altersgrenzen zum Teil variierten. Bis zur Vollendung des siebten Lebensjahrs waren Kinder strafrechtlich nicht verantwortlich.

Die Schriften des *Vasile Lupu* sahen folgende Dreiteilung strafrechtlicher Verantwortlichkeit vor: Bei Minderjährigen ab sieben Jahren und bis 10 ½ Jahre (Jungen) bzw. bis 9½ Jahre (Mädchen) galt das Alter als Entschuldigungsgrund (Kap. 53 Abs. 3). Im Falle der Begehung schwerer Straftaten sah das Gesetz allerdings auch die Möglichkeit der Sanktionierung von Kindern vor (Kap. 53 Abs. 3). Begingen Minderjährige beispielsweise Elternmord, so wurden sie gleich Erwachsenen bestraft (Kap. 53 Abs. 22).

Die zweite Kategorie bezog sich auf Jungen bis zum Alter von 14 Jahren und Mädchen bis zum Alter von 12 Jahren (Kap. 53 Abs. 2). Für sie galt die prinzipiell bis heute gültige relative strafrechtliche Verantwortlichkeit aufgrund der Annahme, dass es den Jugendlichen grundsätzlich an Einsichtsfähigkeit bei der Unrechtsbegehung fehle. Allerdings konnten Jugendliche nach Erbringung des Gegenbeweises strafrechtlich zur Verantwortung gezogen werden. (Kap. 53 Abs. 13). Des Weiteren waren Strafmilderungen und ein individualisierbares Strafmaß unter Berücksichtigung der Erstbegehung oder der wiederholten Straftatbegehung vorgesehen. So legte der Gesetzgeber im Hinblick auf bis zu 12- bzw. 14-Jährige fest, dass Ersttäter, wenn es sich um ein Delikt von geringer Bedeutung handelte, „ein wenig zu rügen waren", bei wiederholter Begehung der Tat „die Strafe schwerer wiegt als bei der ersten Tat" (Kap. 53 Abs. 18).

Die dritte Kategorie umfasste Jugendliche und Heranwachsende ab 12 Jahren (Mädchen) bzw. 14 Jahren (Jungen) bis zu 25 Jahren, die als strafrechtlich verantwortlich galten, für die jedoch Strafmilderungen galten (Kap. 53 Abs. 10). Im Rahmen der Verhandlung war auf den Zeitpunkt der Tatbegehung abzustellen (Kap. 53 Abs. 19).

Die Gesetze des *Matei Basarab* inkorporierten weitgehend die Gesetze des *Vasile Lupu*, beinhalteten darüber hinaus jedoch noch weitere Normen des kanonischen Rechts.[14] In den Schriften *Matei Basarabs* gilt das Alter als einer von insgesamt 16 Strafmilderungsgründen. Kinder (*coconii*) bis zum Alter von sieben Jahren wurden als absolut schuldunfähig angesehen (Kap. 354 Abs. 2, Kap.

---

12 Vgl. *Voicu* 2012, S. 163; *Teodorescu* 1928, S. 63.

13 Vgl. *Longinescu* 1912, S. 257 ff.; *Teodorescu* 1928, S. 76.

14 Vgl. *Voicu* 2012, S. 165; *Ionescu-Muscel* 1931, S. 82 f.

355 Abs. 2), da die notwendige Einsichtsfähigkeit fehle. Kinder lagen somit außerhalb des strafrechtlichen Geltungsbereichs.

Bei Jugendlichen (*tînări*) wurde im Hinblick auf die strafrechtliche Verantwortlichkeit ebenfalls nach dem Geschlecht differenziert: Jungen galten im Alter von sieben bis 14 Jahren, Mädchen von sieben bis 12 Jahren als strafrechtlich verantwortlich, wurden jedoch mit milderen Strafen bedacht (Kap. 354 Abs. 2). Gründe für die Benachteiligung durch die herabgesetzte Altersgrenze bei Mädchen wurden in den Schriften, wie auch zuvor, nicht aufgeführt.

In einer weiteren Kategorie der 14- bis 25-jährigen männlichen und der 12- bis 25-jährigen weiblichen Jugendlichen und Heranwachsenden waren ebenfalls Milderungen im Strafmaß vorgesehen. Als Prinzip galt für alle bis zu 25-Jährigen, dass sie „weniger bestraft würden für alle Unrechtstaten" (Kap. 355 Abs. 1).

Im ausgehenden 18. Jahrhundert erfolgte eine grundlegende Reformierung des Gerichtssystems, die jedoch für Jugendliche keine Besonderheiten mit sich brachte. Die Reform umfasste die Einführung des Legalitätsprinzips, die Organisation des Gerichtswesens und die Festlegung von Regeln für den Ablauf des Strafverfahrens.[15]

Zu Beginn des 19. Jahrhunderts traten weitere Gesetze mit Bezug auf Jugendliche in Kraft, wie das juristische Handbuch des *Andronachi Donici*[16], das 1814 im Fürstentum Moldau erschien. Im Gegensatz zu den bisher geltenden Gesetzessammlungen ist dieses als undifferenzierter und repressiver zu bewerten und nahm die Abstufungen in den Altersstufen zurück. So sah das juristische Handbuch für alle Jugendlichen ab sieben Jahren unabhängig vom Alter die gleichen Strafmaßnahmen (Kap. 29, Nr. 1, 89-90) sowie für alle Altersgruppen die Todesstrafe im Fall der Begehung von Mord vor. Das Gesetz regelte, dass „alle Mörder unabhängig von ihrem Alter mit der Todesstrafe bestraft werden" (Kap. 41 Nr. 7).[17]

Das Gesetz des *Caragea* (wörtlich *Legiuirea Caragea)*,[18] das kurze Zeit später (1818) im Fürstentum Walachei[19] in Kraft trat, enthielt wiederum abgestufte Regelungen zur Behandlung minderjähriger Straftäter. Es behielt im Grundsatz die Altersstufen der vorherigen Gesetzessammlungen bei. Darüber

---

15 Die Bestimmungen wurden in den *Pravilniceasca condică* von 1780 des Fürsten *Alexandru Ipsilante* (1774-1782) verschriftlicht, siehe *Ionescu-Muscel* 1931, S. 98 f.; *Voicu* 2012, S. 179 ff.

16 *Manualul Juridic al lui Andronachi Donici* (1814).

17 *Manualul Juridic al lui Andronachi Donici* (1814), Titel 29, 89-90, Titel 41, 142, in *Tanoviceanu* 1924, S. 698; vgl. auch *Solomonescu* 1935, S. 21.

18 *Legiuirea Caragea* 1818, siehe Rumänische Akademie 1955.

19 Region im Süden Rumäniens, erstreckte sich südlich der Karpaten bis zum Osmanischen Reich.

hinaus enthielt das Gesetz die Regelung, dass 20- bis 25-Jährige ihr Alter als Entschuldigungsgrund in gesetzlich vorgesehenen Fällen geltend machen konnten: „Die Strafen sind abhängig von Alter und Vernunft zu erteilen".[20]

Nach dem Gesetz des *Caragea* waren – wie in den Gesetzessammlungen zuvor - Kinder bis sieben Jahre strafrechtlich nicht verantwortlich. 7- bis 14-Jährige wurden „nach den jeweiligen Umständen verurteilt, entweder zu Schlägen oder zu Freiheitsstrafe in einem Kloster, nicht mehr als fünf Jahre, nicht weniger als ein Jahr". Im Hinblick auf Jugendliche zwischen 14 und 20 Jahren waren Strafmilderungen vorgesehen. Handelte es sich um Straftaten, für die das Gesetz Todesstrafe oder Zuchthaus vorsah, lag das Strafmaß für Jugendliche bei einer Freiheitsstrafe zwischen zwei und zehn Jahren. Handelte es sich um Straftaten, für welche das Gesetz körperliche Sanktionen wie Schläge, Peitschen- oder Stockhiebe vorsah, so galt für Jugendliche ein Strafmaß von einem Drittel der (grundsätzlich vorgeschriebenen) Anzahl mit Gertenhieben. Dennoch gab es Ausnahmen in der Behandlung Minderjähriger: Kinder von Bojaren[21] bis zum Alter von 20 Jahren wurden der Aufsicht ihrer Eltern oder eines Vormundes unterstellt[22] und galten somit als privilegiert. Die Regelungen im Gesetz des *Caragea* bereiteten den Weg für Gesetzesänderungen in Rumänien, die zur Absenkung der Altersgrenze für die Volljährigkeit von 25 auf 20 Jahre führte. Die Altersgrenze lag damit etwas höher als in einigen anderen westeuropäischen Ländern zu jener Zeit, in denen die Minderjährigkeit mit vollendetem 18. Lebensjahr endete.[23]

Bedeutende Neuerungen kennzeichneten das materielle und prozessuale Strafrecht im weiteren Verlauf des 19. Jahrhunderts. Sie sind vor dem Hintergrund der Transformationen auf gesellschaftlicher und politischer Ebene wie der Vereinigung der rumänischen Länder Mitte des 19. Jahrhunderts[24] zu sehen. Gesetzliche Reformen waren insbesondere charakterisiert durch eine Anlehnung an französisches Recht. Eingeführt wurden Prinzipien wie die Individualisierung der Strafen und die Offizialmaxime sowie besondere Regelungen mit Bezug auf Jugendliche in den Strafgesetzen und der Strafprozessordnung.[25] Ein weiteres Novum stellte die Spezialisierung der Gerichte dar, die Jahrzehnte später zur

---

20   *Legiuirea Caragea* 1818, S. 6, 8.

21   Großgrundbesitzer, sie gehörten zur Elite in den Fürstentümern.

22   *Legiuirea Caragea* 1818, S. 236 f.

23   Vgl. *Brezeanu* 1998, S. 10 Fn. 3, unter Hinweis auf die Strafgesetze in Österreich, Frankreich, Portugal und den Niederlanden.

24   1859 erfolgte die Vereinigung der Großfürstentümer Walachei und Moldau unter dem Fürsten *Alexandru Ioan Cuza* und 1862 die Vereinigung des Landes unter dem Namen Rumänien, das 1878 auf dem Berliner Kongress als unabhängig anerkannt wurde, vgl. *Verseck* 2007, S. 51.

25   *Ionescu-Muscel* 1931, S. 95 f.

Spezialisierung der Richter und zur Einrichtung von Jugendgerichten führte. Im Bereich des Strafvollzugs fanden sich Bestimmungen zur separaten Unterbringung der Jugendlichen und zur Einführung eines Erziehungsanstaltensystems, die allesamt den Grundstein für die Herausbildung eines speziellen Sanktionensystems für Jugendliche in Rumänien legten.[26]

Die beginnende Modernisierung des Strafrechts fand bereits Ausdruck in den Gesetzessammlungen der Fürsten *Ion Sandu Sturdza* von 1826[27] und *Barbu Ştirbei* von 1852, letztere insbesondere angelehnt an das französische Strafgesetz von 1810.

Die *Condica Criminalicească* des Fürsten *Sturdza* befand Jugendliche bis zum 12. Lebensjahr als strafrechtlich nicht verantwortlich, ab 12 Jahren waren sie strafrechtlich verantwortlich, allerdings war die „Schuld geringer und damit die Strafe zu mildern". Von den Strafmilderungen war jedoch bei Mord abzusehen.[28]

Das Strafgesetz des Fürsten *Ştirbei*[29] spiegelte die progressiven Neuerungen insbesondere in Normen, die sich auf Jugendliche bezogen, wieder. So wurde das Alter der strafrechtlichen Verantwortlichkeit auf acht Jahre heraufgesetzt, Kinder unter acht Jahren galten als absolut schuldunfähig (Art. 54). Für die Altersgruppe der acht bis 15-Jährigen wurde die relative strafrechtliche „Unverantwortlichkeit" festgelegt. Das bedeutet dass die Verantwortlichkeit vom Beweis der Einsichtsfähigkeit (*pricepere*) abhing. Wurde der Beweis erbracht, so lag das Strafmaß zwischen drei Monaten und drei Jahren Freiheitsstrafe, die in einem Kloster zu vollziehen war. Bei der Verurteilung wurde die Natur und Schwere der Tat sowie die Schuld zugrunde gelegt (Art. 55). Handelten die Jugendlichen ohne Einsichtsfähigkeit und Urteilsvermögen, so wurden sie der Aufsicht ihrer Eltern unterstellt. Die Regelung der Unterstellung unter Aufsicht hat sich in der Folgezeit stark weiterentwickelt und nahm einen bedeutenden Platz im System der Maßnahmen zum Kinder- und Jugendschutz ein.[30] Für die Altersgruppe der 15- bis 20-Jährigen galt, dass sie strafrechtlich verantwortlich waren, da Einsichtsfähigkeit zugrunde gelegt wurde. Es bestand jedoch die Möglichkeit, das Strafmaß zu reduzieren (Art. 63).

---

26 Vgl. *Crişu* 2006, S. 46.

27 *Condica Criminalicească*, angelehnt an das österreichische Strafgesetzbuch von 1803, welches 1807 in die rumänische Sprache übersetzt wurde, *Ionescu-Muscel* 1931, S. 116, 132. Auszüge aus den Texten siehe beispielsweise in *Teodorescu* 1928.

28 *Teodorescu* 1928, S. 79 f.

29 *Condica Criminală a lui Barbu Ştirbei*, zitiert unter anderem in *Brezeanu* 1998, S. 11 f.

30 *Brezeanu* 1998, S. 11.

Hinsichtlich des Strafvollzugs ist zu erwähnen, dass Jugendliche getrennt von Erwachsenen in den Strafvollzugsanstalten unterzubringen waren.[31] Ausdrücklich geregelt wurde dies 1862 in der *Verordnung zur Organisation der Strafvollzugsanstalten und der Wohlfahrt in Rumänien*[32] sowie in der *Verordnung hinsichtlich des Arrestes in allen Distrikten des Landes*[33] von 1864. Die Verordnung von 1862 legte erstmalig die Einrichtung von Jugendstrafvollzugsanstalten für Minderjährige zwischen acht und 20 Jahren fest (Art. 7 und 8). Weiterhin war vorgesehen, dass jugendliche Gefangene landwirtschaftliche Tätigkeiten verrichteten. Nach ihrer Entlassung erhielten sie eine Vergütung in Naturalien oder finanzieller Art, die sich an dem Verhalten in der Vollzugsanstalt, ihrem Alter und dem Ertrag aus dem Jahr vor der Entlassung bemaß (Art. 11-15). Darüber hinaus hatte die Strafvollzugsverwaltung nach der Haftentlassung das Recht, die Jugendlichen für einen gerichtlich festgelegten Zeitraum weiter zu beaufsichtigen und sie bevollmächtigten Landwirten zur Arbeitsbetreuung zu unterstellen (Art. 9).[34]

2.2 Strafrechtliche Regelungen im vereinigten Rumänien und in der Zeit der Monarchie von 1865 bis 1936

Das Strafgesetzbuch von 1865[35] kennzeichnete den Beginn des modernen rumänischen Strafrechts und trat nach der Vereinigung der rumänischen Länder in Kraft. Das Gesetz beinhaltete größtenteils die Bestimmungen des französischen Strafgesetzes (*Code Pénal*) von 1810 sowie einige Regelungen aus dem preußischen Strafgesetz von 1851 und knüpfte an die vorhergehenden rumänischen Strafgesetze an. Das neue Strafgesetzbuch vereinheitlichte somit erstmals das Strafrecht in Rumänien, welches zuvor in den Fürstentümern unterschiedlich ausgestaltet war. Im Gegensatz zum französischen Recht sah das rumänische Strafgesetz jedoch weder die Todesstrafe noch körperliche Strafen oder die Einziehung von Vermögen vor.[36] In Anlehnung an den *Code Pénal* beinhaltete das Gesetz erstmals die Einteilung in Verbrechen (*crime*), Vergehen (*delicte*) und Ordnungswidrigkeiten (*contravenții*).

---

31 Zu einem Überblick über die Strafvollzugsgestaltung für Jugendliche siehe insbesondere *Brezeanu* 1998, S. 12 ff.; *Solomonescu* 1935, S. 85 ff.

32 *Regulamentul pentru organizarea serviciului stabilimentelor penitenciare și de binefacere din România*, genehmigt mit fürstlicher Verordnung Nr. 630 vom 11.08.1862, vgl. *Brezeanu* 1998, S. 12.

33 *Regulamentul general pentru aresturile districtuale din toată țara.*

34 Vgl. *Solomonescu* 1935, S. 86 f.

35 *Codul penal român*, in Kraft getreten am 01.05.1865.

36 *Mitrache/Mitrache* 2012, S. 41.

Ebenfalls 1865 trat das Strafprozessgesetz[37] in Kraft, welches inhaltlich an vorherige verfahrensrechtliche Regelungen in Rumänien sowie den französischen *Code d'instruction criminelle* von 1808 anknüpfte.[38]

Im Hinblick auf Jugendliche sah das Strafgesetzbuch in einem gesonderten Abschnitt mit dem Titel „Strafschärfende oder strafmildernde Gründe" spezielle Bestimmungen für Minderjährige vor. So waren Jugendliche, wie auch in dem Gesetz des *Ştirbei*, erst ab dem vollendeten achten Lebensjahr strafrechtlich verantwortlich (Art. 61). Bei unter 8-Jährigen galt die absolute Rechtsvermutung der Schuldunfähigkeit.

Im Alter von acht bis 15 Jahren waren Minderjährige nur dann strafrechtlich verantwortlich, wenn sie mit Einsichtsfähigkeit gehandelt hatten (Art. 62). In diesem Fall galt ihr Alter als Strafmilderungsgrund. Grundsätzlich wurde für Jugendliche zwischen acht und 15 Jahren die Vermutung zugrunde gelegt, dass sie ohne Einsichtsfähigkeit gehandelt hatten (relative Rechtsvermutung). Wurde die Vermutung nicht widerlegt, so war gesetzlich vorgesehen, dass Jugendliche der Aufsicht und Erziehung der Eltern unterstellt oder zur mehrjährigen „Umerziehung" in einem Kloster untergebracht wurden, höchstens jedoch bis zur Vollendung des 20. Lebensjahrs (Art. 62).

Für die Altersgruppe der 15- bis 20-Jährigen galt, dass sie zwar strafrechtlich verantwortlich waren und die erforderliche Einsichtsfähigkeit besaßen, die Minderjährigkeit sich jedoch strafmildernd auswirkte (Art. 63). Ferner sah das Gesetz vor, dass Strafverfahren gegen Jugendliche bis zum Alter von 20 Jahren, sofern sie keine Straftaten gemeinsam mit Erwachsenen begangen hatten, vor den allgemeinen Strafgerichten (*tribunalele corecţionale*)[39] stattfanden (Art. 65). Begingen Jugendliche gemeinsam mit Erwachsenen Straftaten, so waren stattdessen Geschworenengerichte (*curtea de juraţi*) zuständig, die sich aus hauptamtlichen Richtern und Laienrichtern zusammensetzten.[40]

Gegenüber Jugendlichen konnten nur Erziehungsstrafen verhängt werden, wie z. B. die Besserungshaftstrafe (*închisoarea corecţională*). Die Limitierung auf Erziehungsstrafen drückte den Willen des Gesetzgebers aus, dass Jugendliche aufgrund ihres Alters eine besondere Behandlung erfahren und auch bei Begehung schwerer Straftaten nur Besserungssanktionen, nicht aber Kriminalstrafen angewandt werden sollten.[41] Der legislativ verankerte Erziehungsgedanke

---

37   *Codul de procedura penală*, in Kraft getreten am 30.04.1865. Zur Entwicklung des Strafprozessrechts in Rumänien nach 1865 vgl. auch *Ionescu-Dolj* 1926, S. 31 ff.

38   Vgl. *Voicu* 2012, S. 257.

39   Das Tribunal ist mit dem deutschen Landgericht vergleichbar.

40   Die Geschworenengerichte bestanden aus dem Präsidenten, zwei Richtern am Tribunal und 12 Geschworenen (Laienrichtern), Art. 246 rStPO. Siehe auch *Teodorescu* 1928, S. 140; *Tanoviceanu* 1924, S. 713 f.

41   *Tanoviceanu* 1924, S. 713.

ist im Kontext seiner Zeit durchaus als progressiv zu charakterisieren und entsprach einem aufkommenden liberalen Zeitgeist Mitte des 19. Jahrhunderts in Europa.

Nach dem Strafgesetz war die Haftstrafe in einer Jugendhaftanstalt oder in einer getrennten Abteilung der regulären Strafvollzugsanstalten zu vollziehen (Art. 64). In der Praxis fand diese Vorschrift jedoch leider keine Entsprechung, so dass Jugendliche grundsätzlich gemeinsam mit Erwachsenen im Strafvollzug untergebracht waren.[42]

Ein knappes Jahrzehnt später, 1874, trat das Gesetz über das Strafvollzugswesen (*Legea asupra regimului închisorilor*) in Kraft.[43] Es ersetzte die Verordnungen aus den Jahren 1862 und 1864, welche hinsichtlich der Unterbringung Jugendlicher größtenteils nicht angewandt worden waren. Das neue Gesetz konnte als Wegbereiter für die besondere Behandlung jugendlicher Straftäter angesehen werden und betonte nochmals die Notwendigkeit der separaten Unterbringung der Verurteilten in den Strafvollzugsanstalten.[44]

So waren Jugendliche, Erwachsene, Männer und Frauen getrennt und ohne Kommunikationsmöglichkeiten unterzubringen (Art. 2). Darüber hinaus waren jugendliche Gefangene in spezielle Erziehungshaftanstalten (*case de educațiune corecțională*) aufzunehmen. Diese Maßnahme ordnete das Gericht grundsätzlich im Hinblick auf Jugendliche zwischen acht und 15 Jahren sowie auf junge Menschen zwischen 15 und 20 Jahren an.

Im Gegensatz zur Behandlung Erwachsener unterlagen sie einem milderen Vollzugsregime. Nachts waren Jugendliche in den – geschlossenen – Räumen der Haftanstalten unterzubringen, tagsüber führten sie ihre Arbeitstätigkeiten in der Gemeinschaft aus und waren nicht der Schweigepflicht unterworfen (Art. 24).[45]

Das Strafvollzugsgesetz sah weiterhin die Einrichtung landwirtschaftlicher Arbeitsstätten in den Erziehungshaftanstalten sowie die Tätigkeit auf landwirtschaftlichen Flächen vor (Art. 25). Jugendliche Gefangene mit guter Führung erhielten die Möglichkeit, von Bauern oder Handwerkern ausgebildet zu werden (Art. 26). Schließlich enthielt das Gesetz auch Regelungen zur Haftentlassung: So waren die Jugendlichen zum Zeitpunkt der Entlassung aus der Erziehungshaftanstalt mit Kleidung, Wegegeld sowie einem kleinen Geldbetrag für eine Unterkunft auszustatten (Art. 27).

---

42 Vgl. *Brezeanu* 1998, S. 15; *Solomonescu* 1935, S. 90.

43 Das Gesetz trat am 01.02.1874 in Kraft. Zu dieser Zeit herrschte Fürst *Carol I.* (*Karl von Hohenzollern-Sigmaringen*) über Rumänien, der 1866 *A. Cuza* nach dessen erzwungenem Rücktritt ablöste, siehe *Völkl* 1995, S. 35 ff.

44 Vgl. *Brezeanu* 1998, S. 15.

45 Vgl. *Solomonescu* 1935, S. 87.

Allerdings waren nicht alle verurteilten Jugendlichen in Erziehungshaftanstalten unterzubringen. Die Auswahl zur Unterbringung oblag dem Innenministerium,[46] welches die örtlich zuständigen Präfekten beauftragte, Informationen über etwaige Vorstrafen der Jugendlichen einzuholen. Lagen Vorstrafen vor, was relativ häufig der Fall war, sprach sich das Innenministerium gegen die Unterbringung in einer Erziehungsanstalt aus. Stattdessen wurden die Jugendlichen in spezielle Abteilungen der Bezirkshaftanstalten überwiesen.[47] Grundsätzlich wurden nur Jungen in die Erziehungshaftanstalten aufgenommen, Mädchen hingegen kamen in der zentralen Strafvollzugsanstalt für Frauen unter.[48]

Die ebenfalls 1874 in Kraft getretene Allgemeine Verordnung über die zentrale Jugendstrafvollzugsanstalt (*Regulament general al Casei Centrale de Corecţiune pentru Minori*)[49] entwickelte die Prinzipien aus dem Gesetz über das Strafvollzugswesen weiter und legte grundlegende Aspekte zur Unterbringung, Erziehung und Beschäftigung der Jugendlichen nieder. So sollte das Heim in strenger Disziplin geführt werden, dessen Leitung ein Direktor innehatte, welchem ein Schreiber, ein Buchhalter und mehrere Wächter unterstanden. Die Jugendlichen waren verpflichtet, in der Landwirtschaft oder in Werkstätten zu arbeiten und hatten sowohl das Recht als auch die Pflicht zur Schulerziehung. Lehrer mit mindestens zweijähriger Berufserfahrung unterrichteten die Jugendlichen unter anderem in Grundlagen des Rechnens, Schreibens und Lesens.[50]

Die Verordnung führte erstmals die bedingte Haftentlassung für Jugendliche in Rumänien ein. Danach konnten Jugendliche mit guter Führung, die mindestens drei Monate der Strafe verbüßt hatten, bedingt aus der Haftanstalt entlassen und der Obhut von Privatpersonen oder zur Ausbildung Landwirten oder Handwerkern unterstellt werden. Die Mitarbeitenden der Strafvollzugsverwaltung versicherten sich zunächst darüber, dass sich die Personen, die die Jugendlichen in Obhut nehmen sollten, in „guter moralischer Verfassung" befanden. Der Verwaltung oblag weiterhin die Aufsicht über die jungen Menschen. Während dieser Zeit konnten die Vertreter der Strafvollzugsverwaltung, wenn Gründe dies rechtfertigten, jederzeit die bedingte Entlassung widerrufen. Ausgenommen von der Gewährung der bedingten Entlassung waren allerdings Jugendliche und Heranwachsende zwischen 15 und 20 Jahren, die wegen der Begehung von Verbrechen verurteilt worden waren.[51]

---

46   Die Strafvollzugsanstalten fielen in die Zuständigkeit des Innenministeriums (Art. 2).

47   *Solomonescu* 1935, S. 89.

48   *Brezeanu* 1998, S. 15.

49   Veröffentlicht im Amtsblatt Nr. 104 vom 14.05.1874.

50   Vgl. *Brezeanu* 1998, S. 15 f.; *Solomonescu* 1935, S. 88 f.

51   Vgl. *Solomonescu* 1935, S. 89.

Eine weitere Besonderheit der Verordnung lag darin, Aufsichtskommissionen für jede Haftanstalt sowie Patenschaftsgesellschaften (*societăți libere de patronare*)[52] einzurichten, welche „positiv auf die Moral der Jugendlichen einwirken sollten". Dennoch blieben viele der fortschrittlichen Gedanken lediglich im Gesetzestext verankert und wurden nicht in die Praxis umgesetzt. Die meisten Regelungen der Gesetze von 1862 und 1874 sowie der Verordnung von 1874 konnten weitgehend nicht angewandt werden, da kaum Besserungshaftanstalten im Land existierten.[53]

Lediglich einige Klöster fungierten zu dieser Zeit als Besserungshaftanstalten. So erfolgte kurze Zeit nach Inkrafttreten der Verordnung von 1862 die Gründung der ersten Jugendstrafvollzugsanstalt (*închisoare pentru minori*) in einem Kloster bei Bukarest.[54] Im Laufe der Jahre wurde sie wegen der wachsenden Belegung an einen anderen Ort verlegt und 1868 in eine Jugendbesserungsanstalt (*casa de corecție*) umbenannt. Aufgrund der weiterhin steigenden Anzahl jugendlicher Gefangener wurde die Haftanstalt mehrfach in andere, jeweils größere Klöster verlegt. 1883 erfolgte die Einrichtung im Kloster Mislea, in dem jedoch neben den Jugendlichen auch Deserteure für mehrere Jahre untergebracht waren und das gesetzlich verankerte Trennungsprinzip nicht eingehalten wurde.

In den Klöstern, die als Besserungsanstalten dienten, mangelte es darüber hinaus an qualifiziertem Personal, so dass die Ziele, die die Gesetze und Verordnungen beinhalteten, nicht hinreichend umgesetzt werden konnten. Die Mönche waren auf die Erziehungsaufgaben nicht vorbereitet, es wird von mangelnder Fürsorge für die jugendlichen Inhaftierten berichtet, so dass sie weitgehend sich selbst überlassen blieben.[55]

Die Klöster waren folglich wenig geeignete Institutionen zum Strafvollzug. Bis 1900 wurden Jugendliche, die zu Freiheitsstrafen von mehr als sechs Monaten verurteilt wurden, in das Kloster Mislea überwiesen. Allerdings erfolgte keine Unterscheidung nach der Schwere der Tat, so dass dieses System letztlich keine Erfolge zeigte.[56]

Anfang des 20. Jahrhunderts wurde die Gründung von Erziehungsanstalten, auch als Strafkolonien (*colonie disciplinară*) bezeichnet, eingeleitet.

---

52 Aufgabe der Vertreter der Patenschaftsgesellschaften war es, die Jugendlichen in den Haftanstalten zu besuchen, um ihnen Beratung und Hilfe anzubieten. Nach Entlassung der Jugendlichen sollten die Vertreter die jungen Menschen bei der Suche nach einem Arbeitsplatz unterstützen, ihnen fürsorglich zur Seite stehen und sie beaufsichtigen.

53 Vgl. *Solomonescu* 1935, S. 89.

54 Es handelte sich um das Kloster *Cernica* im Bezirk *Ilfov*.

55 Vgl. *Solomonescu* 1935, S. 90 ff.

56 *Teodorescu* 1928, S. 193.

Die Zielsetzung in den einzelnen Institutionen war unterschiedlich ausgeprägt. Einige Erziehungsanstalten bzw. Strafkolonien nahmen jugendliche Obdachlose („Bettler und Vagabunden") auf und ermöglichten ihnen eine berufliche Ausbildung.[57] Andere, wie das erste rumänische Institut zur Erziehung und Besserung[58] nahmen sowohl jugendliche Straftäter als auch Jugendliche zwischen sieben und 20 Jahren, die keine Straftaten begangen hatten aber als gefährdet galten, aus ganz Rumänien auf. Für jugendliche Straftäter galt, dass die Strafe zunächst in einer regulären Haftanstalt zu vollziehen war und erst anschließend die Unterbringung in einer Erziehungsanstalt erfolgte. Eine Neuheit lag in der Einteilung der Jugendlichen in sogenannte „Familien" (*familii*), welche 25 bis 40 Personen umfassten und für die jeweils eine pädagogisch geschulte Person verantwortlich war.[59]

Daneben waren Ausbildende sowie Aufsichtspersonen für die Jugendlichen zuständig. In einer Vielzahl von Werkstätten konnten Jugendliche ihrer Ausbildung nachgehen.[60] Allerdings erfolgte auch hier keine Unterscheidung nach der Schwere der Tat bzw. dem Strafmaß, so dass sowohl Jugendliche, die wegen unterschiedlicher Straftaten verurteilt worden waren, als auch nicht delinquente Jugendliche aufgrund fehlender elterlicher Obhut gemeinsam untergebracht wurden.[61]

Auf Initiative eines Pädagogen[62] nahmen auch in der Moldauregion im Norden des Landes erste Aktivitäten ihren Lauf, die der Einrichtung von Schulen zur Besserung von gefährdeten Minderjährigen dienten. Die erste Gesellschaft zum Kinderschutz (*Societatea Ocrotirea Copiilor*) sah in ihrem Statut in Art. 2 die Gründung von Schulen zur Besserung gefährdeter Kinder und Jugendlicher vor. Im Jahr 1921 wurde schließlich die erste Besserungsanstalt für Kinder mit sozial abweichendem Verhalten gegründet.[63]

Angelehnt an die erwähnten Schulen und Institute und auf Grundlage des „Gesetzes zur Bekämpfung des Vagabundentums und der Bettelei sowie zum Schutz der Kinder" von 1921 wurden in verschiedenen Orten im Land sogenannte Kolonien zur Umerziehung durch Arbeit (*colonii de reeducare prin mun-*

---

57 Beispielsweise die Strafkolonie *Mălureni* (im Süden Rumäniens), die 1914 gegründet wurde und obdachlose Jugendliche aus Bukarest aufnahm, siehe *Brezeanu* 1998, S. 16.

58 Das Institut mit Sitz in *Gherla* (*Ardeal*, Mittelrumänien), welches bereits 1886 gegründet wurde, nahm 1919 seine Aktivität als Erziehungs- und Besserungsanstalt auf, vgl. *Brezeanu* 1998, S. 16.

59 *Brezeanu* 1998, S. 16 f.

60 Vgl. *Teodorescu* 1928, S. 196.

61 Vgl. *Teodorescu* 1928, S. 196.

62 Constantin Meissner, *Brezeanu* 1998, S. 17.

63 Vgl. *Brezeanu* 1998, S. 17 f.

că) eingerichtet. Diese Kolonien, orientiert an den Schulen zur Besserung gefährdeter Minderjähriger und den Besserungshaftanstalten, nahmen insbesondere Straßenkinder auf und ermöglichten ihnen eine Schul- sowie Berufsausbildung. In der Praxis indes waren auch diese Anstalten materiell unzureichend ausgestattet und verfügten nicht über qualifiziertes Personal, um die Erziehungsmaßnahmen wie vorgesehen umzusetzen.[64]

1923 wurde ein – im Lichte seiner Zeit fortschrittlicher - Gesetzentwurf zur Sanktionierung Jugendlicher (*ante-proiectul român pentru legea represiunei minorilor infractori*) erarbeitet, der jedoch leider über eine Entwurffassung nicht hinaus gelangte. Das Konzept war vermutlich harter Kritik ausgesetzt und daher nicht einmal als offizieller Gesetzesvorschlag zur Annahme eingereicht worden.[65] Der Vorschlag reflektierte progressive Gedanken und Ideen, die sich jedoch erst mehrere Jahrzehnte später durchsetzten.

Das Vorhaben sah erstmals die Einrichtung von speziellen Jugendgerichten vor, in denen die Gerichtspräsidenten Richter für die Dauer von drei Jahren delegierten, um als Einzelrichter in Jugendsachen zu entscheiden. Die Strafen oder Erziehungsmaßnahmen sollten in speziellen öffentlichen oder privaten Institutionen mit industriellem oder landwirtschaftlichem Schwerpunkt vollzogen werden. Hierbei war vorgesehen, dass den Jugendlichen eine höhere Schul- oder Berufsausbildung ermöglicht wurde.[66]

Neuartig war auch die vorgesehene Spezialisierung der Magistraten[67] und die Einführung spezieller Verfahren in Jugendsachen, an denen unter anderem Vertreter der Patenschaftsgesellschaften sowie Familienmitglieder teilnehmen sollten.[68] Das Konzept war getragen von dem Erziehungsgedanken und legte den Schwerpunkt auf die Spezialisierung in Jugendstrafverfahren unter Einbeziehung pädagogisch erfahrener Personen.

Im Jahr 1929 trat das Gesetz über die Haftanstalten und Institute zur Prävention (*Legea pentru organizarea penitenciarilor și institutelor de prevențiune*)[69] in Kraft, welches grundlegende Reformen in der Strafvollzugsverwaltung mit sich brachte und an einem polnischen Gesetzesentwurf orientiert war.[70] In Bezug auf Jugendliche legte das Gesetz die Einrichtung der folgenden drei Anstalten fest:

---

64   Vgl. *Brezeanu* 1998, S. 19.

65   *Crișu* 2006, S. 49.

66   *Tanoviceanu* 1924, S. 739, Fn. e).

67   Unter den Begriff Magistraten fallen sowohl Richterinnen als auch Staatsanwälte. Der Begriff entstammt dem französischen Recht.

68   *Tanoviceanu* 1924, S. 734 f.

69   Königliches Dekret Nr. 2596, veröffentlicht im Amtsblatt Nr. 167 vom 30.07.1929.

70   Vgl. *Ionescu-Muscel* 1931, S. 197.

1) Haftanstalten,
2) Zwangserziehungsanstalten,
3) Erziehungsanstalten für jugendliche „Vagabunden, elternlose Jugendliche, geistig zurückgebliebene Jugendliche oder Jugendliche mit Hang zu schlechtem Verhalten", Titel 1, Art. 6. Diese Institutionen führten, wie bereits in den Erziehungsanstalten zuvor, die Schulpflicht und Pflicht zur beruflichen Ausbildung ein.[71]

Zusammenfassend ist festzustellen, dass durchaus positive legislative Ansätze zu finden sind, welche weitgehend an den Gesetzen anderer (west)europäischer Staaten orientiert waren, sich die Umsetzung der Regelungen im Land jedoch als mühsam und langwierig gestaltete.

2.3 Strafrechtliche Regelungen unter König *Carol II.* von 1936 bis 1938

Das Strafrecht wurde 1936 reformiert und reflektierte in den als *Code Carol II.* bekannten Gesetzen[72] demokratische Grundwerte. Es beinhaltete Prinzipien der klassischen sowie der positivistischen Schulen.[73] Das neue Strafgesetzbuch, das im gesamten vereinten Rumänien galt, ersetzte die zuvor bestehenden Strafgesetze der rumänischen Länder[74] und galt damals als seinerzeit progressives Strafgesetz.[75] Damit trug es zur weiteren Vereinheitlichung der strafrechtlichen Gesetzgebung bei.

Das Strafgesetz basierte unter anderem auf Ideen des Strafrechtlers *Ion Tanoviceanu,*[76] in dessen Werken sich Gedanken der positivistischen Konzepte

---

71   *Brezeanu* 1998, S. 20.

72   Strafgesetzbuch - *Codul penal „Regele Carol II",* veröffentlicht im Amtsblatt Nr. 65/18.03.1936, und Strafprozessordnung - *Codul de procedură penală „Regele Carol II",* veröffentlicht im Amtsblatt Nr. 66/19.03.1936. Beide Gesetze traten am 01.01.1937 in Kraft.

73   Vgl. *Bulai/Bulai* 2007, S. 51 f.

74   So galt in Transsilvanien/Siebenbürgen das ungarische, in der Bukowina das österreichische und in Bessarabien das russische Strafrecht. Vgl. *Bulai/Bulai* 2007, S. 51; *Voicu* 2012, S. 284 ff.; *Ionescu-Dolj* 1926, S. 17. Diese Gebiete waren Rumänien unter anderem nach dem Ersten Weltkrieg zugesprochen worden.

75   Vgl. *Brezeanu* 1998, S. 20; *Basiliade* 2006, S. 192.

76   Ion *Tanoviceanu* (1858-1917) veröffentlichte 1912-1913 Lehrbücher zum Strafrecht und Strafprozessrecht (*Curs de Drept Penal und Curs de Procedură penală*), die zwischen 1924 und 1927 in einer umfassenden Abhandlung des Strafrechts und Strafprozessrechts in fünf Bänden zusammengefasst, ergänzt und überarbeitet wurden als Doktrin des *Vintilă Dongoroz* (*Tratat de Drept şi Procedură Penală*). Tanoviceanu trug

sowie der Internationalen Kriminalistischen Vereinigung und der österreichischen Schulen[77] aus dem Ende des 19. und beginnenden 20. Jahrhunderts wiederspiegelten.[78] Maßgeblich an der Gestaltung des neuen Gesetzes beteiligt war der Strafrechtsgelehrte *Vintilă Dongoroz*.[79] Gemeinsam mit weiteren Strafrechtswissenschaftlern wie *Traian Pop*,[80] wirkten sie im Rahmen ihrer Lehre auf ein umfassendes juristisches, interdisziplinäres Denken und Verständnis hin und damit auf eine Erneuerung des Strafrechtssystems. Die vorgenannten Strafrechtler zählten zu den Wegbereitern der Kriminologie in Rumänien.[81] Das neue Strafgesetz war inspiriert von den Gesetzen anderer europäischer Länder, insbesondere dem italienischen *Codice Rocco*, aber auch wie zuvor schon dem französischen *Code Pénal*.[82]

Der erzieherische Aspekt von Sanktionen gewann an Bedeutung: So wurden erstmals Erziehungsmaßnahmen für Jugendliche eingeführt. Auch der Individualisierung der Strafen wurde verstärkt Bedeutung beigemessen.

Erstmals wurden spezielle Regelungen hinsichtlich des Ermittlungsverfahrens und der Gerichtsverfahren der Jugendlichen gesetzlich verankert. Zuvor galten in Bezug auf die Sanktionierung die gleichen Reglementierungen wie bei Erwachsenen. Einer der grundlegenden Gedanken der Reform war die Einführung spezialisierter Gerichte für Jugendliche, wie bereits in dem Gesetzentwurf von 1923 angedacht.

2.3.1 Materielle Bestimmungen des Strafrechts von 1936

Im Hinblick auf Jugendliche führte das Gesetz eine Reihe von besonderen Bestimmungen im Strafrecht ein. So enthielt das Strafgesetzbuch spezielle Regelungen in Kapitel VII über „Gründe die mit der strafrechtlichen Verantwortlichkeit in Zusammenhang stehen oder diese mildern" und in Abschnitt XI zur „Minderjährigkeit"(*minoritate*),[83] Art. 138-153.

---

wesentlich zur Belebung der strafrechtlichen Diskussion bei, da er kriminologische Ansätze und das Verhältnis zwischen Kriminologie und Strafrecht thematisierte, siehe *Basiliade* 2006, S. 192 ff.

77 Soziologisch geprägte Strafrechtsschulen.

78 *Basiliade* 2006, S. 192.

79 1893-1983.

80 1885-1960. T. Pop verfasste unter anderem das Kriminologische Lehrbuch (*Curs de Criminologie*), *Universität Cluj* 1928, siehe *Basiliade* 2006, S. 194.

81 *Basiliade* 2006, S. 193 ff.

82 Vgl. *Rinceanu* 2009, S. 793.

83 Die Begriffe „*minoritate*" und „*majoritate*" entstammen dem Zivilrecht. Damit wurde eine einheitliche Terminologie im Hinblick auf das Alter im Straf- und Zivilrecht realisiert, vgl. *Dongoroz u. a.-Dongoroz* 2003, S. 216.

Neben den bereits bestehenden Strafen wurden nun auch Maßnahmen mit präventivem und erzieherischem Charakter für Jugendliche eingeführt. Der Gesetzgeber räumte den Erziehungsmaßnahmen Vorrang vor den Strafen ein und brachte damit zum Ausdruck, dass Erziehungsmaßnahmen weitgehend Strafen ersetzen sollten.[84]

Das Kriterium der Einsichtsfähigkeit (*pricepere*), das bis dahin der Entscheidung über die strafrechtliche Verantwortlichkeit zugrunde gelegt worden war, wurde fortan ersetzt durch den Terminus Urteilsfähigkeit (*discernământ*), der bis heute Gültigkeit besitzt.

Ein weiteres Anliegen der Reform lag darin, das Alter der (bedingten) strafrechtlichen Verantwortlichkeit auf 14 Jahre anzuheben. Gleichzeitig wurde der Eintritt der Volljährigkeit auf 19 Jahre herabgesetzt (Art. 138 rStGB). Kinder bis 14 Jahre (*copii*) konnten demnach strafrechtlich nicht zur Verantwortung gezogen werden. Grundsätzlich galten auch Jugendliche/Heranwachsende (*adolescenţi*) zwischen 14 und 19 Jahren als strafrechtlich nicht verantwortlich, ausgenommen in Fällen, in denen die Jugendlichen mit Urteilsfähigkeit gehandelt hatten. Den Beweis der Urteilsfähigkeit hatte das Gericht zu erbringen. Im Rahmen der Gesamtwürdigung der Tat hatte das Gericht Informationen hinsichtlich

- der physischen und moralischen Verfassung sowie etwaiger Vorstrafen der Jugendlichen,
- der Lebensumstände und Umstände, in denen die Jugendlichen aufgewachsen sind sowie
- der moralischen und materiellen Situation der Familie einzuholen (Art. 139 rStGB).

Grundlage waren soziale Gutachten (*anchete sociale*), die insbesondere Informationen zum Verhalten, den Lebensbedingungen, Vorstrafen sowie der physischen und psychischen Verfassung der Jugendlichen enthielten.[85]

Im Hinblick auf die Art der Sanktion differenzierte das Strafgesetz danach, ob Minderjährige mit oder ohne Urteilsfähigkeit gehandelt hatten.

Für Kinder bis 14 Jahre und Jugendliche, bei denen bei Tatbegehung keine Urteilsfähigkeit vorlag, sah das Gesetz einen Katalog von Maßnahmen mit Präventiv-, Erziehungs- und Vormundschaftscharakter vor (Art. 140 rStGB). Diese Maßnahmen konnten auf Jugendliche bis zur Vollendung des 21. Lebensjahres angewandt werden (Art. 142 rStGB).

Inhaltlich sahen die Maßregeln vor, die Kinder und Jugendlichen der besonderen Aufsicht der Familie, eines Verwandten, einer Patenschaftsgesellschaft

---

84 Vgl. *Brezeanu* 1998, S. 21.

85 Vgl. *Spireanu* 1934, S. 38 ff. Die Jahresangabe des Werkes im Bibliothekskatalog ist zweifelhaft und wahrscheinlich zu früh datiert.

(*societate de patronaj*) oder einer staatlichen oder privaten Institution zum Zweck der Beaufsichtigung zu unterstellen. Sollte keine dieser Maßnahmen möglich sein, konnte das Gericht anordnen, den Jugendlichen in einer Erziehungsanstalt unterzubringen. Der Gesetzgeber regelte insofern auch sozial abweichendes Verhalten von Jugendlichen, die strafrechtlich nicht verantwortlich waren oder keine Straftat im Sinne des Gesetzes begangen hatten.

Stellte das Gericht fest, dass Jugendliche zur Tatzeit mit Urteilsfähigkeit gehandelt hatten, so konnte es entweder Erziehungsmaßnahmen (*măsuri de siguranţă*, wörtlich *Sicherheitsmaßnahmen*)[86] oder Strafen verhängen (Art. 144 rStGB). In den Bereich der erzieherischen Maßnahmen fielen die Anordnung der Unterstellung unter Aufsicht (*libertatea supravegheată*, wörtlich *beaufsichtigte Freiheit*) und die Maßregel der Besserung (*educaţia corectivă*). Waren diese Maßnahmen nicht ausreichend, konnte das Gericht als Strafen entweder die Verwarnung (*mustrarea*), die Unterbringung in einer Besserungsstrafanstalt (*închisoarea corecţională*) oder die einfache Haftstrafe (*detenţiunea simplă*) anordnen.

Die Maßnahmen zielten auf die Besserung der Jugendlichen, nur in den Fällen in denen die Beaufsichtigung und Erziehung der Minderjährigen durch die Familie, Schule oder Patenschaftsgesellschaften nicht möglich war, sollte die Einweisung in eine Besserungsstrafanstalt (*institut de educaţie corectivă*)[87] angeordnet werden.[88]

Im Rahmen der Unterstellung unter Aufsicht wurde der Jugendliche für die Dauer eines Jahres der Aufsicht des rechtlichen Vertreters, einer Patenschaftsgesellschaft oder geeigneten Person unterstellt bzw. in einem Kinderheim oder einer öffentlichen Einrichtung zu diesem Zweck untergebracht (Art. 146 rStGB). Die Patenschaftsgesellschaften sollten auf die Besserung der Jugendlichen (*refacerea morală*) einwirken und schutzbedürftige Minderjährige unterstützen.[89]

Die Besserungsmaßregel zielte auf die „moralische Wiederherstellung des Jugendlichen, die Überführung in ein rechtschaffenes Leben und das Erlernen eines Berufes" ab. Die Maßnahme wurde auf unbestimmte Zeit, jedoch höchstens bis zur Vollendung des 21. Lebensjahrs verhängt und in einer Besserungsstrafanstalt vollzogen (Art. 148 rStGB).

---

86   Die erzieherischen Maßnahmen wurden in Anlehnung an das italienische Strafrecht „Sicherheitsmaßnahmen" genannt, vgl. *Basiliade* 1986, S. 1162.

87   Begrifflich ähnelten diese Institutionen denen im Gesetz zum Strafvollzugswesen von 1874 vorgesehenen Erziehungsanstalten, in ihrer Funktion standen sie in vielerlei Hinsicht (z. B. Vollzugsregime) den Strafvollzugsanstalten näher, siehe *Brezeanu* 1998, Fn. 2, S. 22.

88   *Spireanu* 1934, S. 11.

89   Vgl. *Spireanu* 1934, S. 21.

In Besserungsstrafanstalten konnten sowohl Jugendliche, die Straftaten begangen hatten, als auch Jugendliche mit „antisozialem" Verhalten eingewiesen werden. Dazu zählten insgesamt:1. Minderjährige, die „moralisch gefährdet" waren und strafrechtlich nicht in Erscheinung getreten waren (Art. 573 ff. rStPO), 2. Kinder und Jugendliche, die ohne Urteilsfähigkeit gehandelt hatten (Art. 140 rStGB), 3. Jugendliche, bei denen Urteilsfähigkeit festgestellt wurde (Art. 148 rStGB) und 4. Jugendliche, die aus einer Haftanstalt (*institut de corecţie*) überwiesen wurden (Art. 152 rStGB). Die Jugendlichen aus den genannten Kategorien waren getrennt unterzubringen, darüber hinaus auch Kinder und Jugendliche sowie Mädchen und Jungen.

Während des Vollzugs wurden die in „Behandlungsgruppen" eingeteilten Minderjährigen durch Lehrerinnen und Vertreter der Patenschaftsgesellschaften begleitet, um die Behandlung der jeweiligen Jugendlichen zu konkretisieren. Der Schwerpunkt wurde auf die Schul- bzw. Berufsausbildung gelegt. Aufsichtspersonen betreuten die Minderjährigen Tag und Nacht.[90]

Nach Ablauf eines Jahres konnte eine Aufsichtskommission im Falle der Verhaltensbesserung der Jugendlichen entscheiden, die weitere Vollstreckung der Maßnahme für die Dauer von zwei Jahren zur Bewährung auszusetzen. Während dieser Zeit waren die Jugendlichen der Aufsicht einer der im Rahmen der Beaufsichtigungsmaßnahme vorgesehenen Person oder Organisation zu unterstellen (Art. 148 rStGB).

Darüber hinaus sah das Gesetz vor, dass den Jugendlichen nach Entlassung aus der Besserungsanstalt während der Bewährungszeit und nach bedingter Entlassung Hilfe bei der Eingliederung in das berufliche Leben gewährt wurde. Hierbei kam den Vereinigungen zum Schutz der Minderjährigen besondere Bedeutung zu: Sie hatten die Aufgabe, die Besserungsstrafanstalten maßgeblich bei der Wiedereingliederung der jungen Menschen zu unterstützen.

Im Hinblick auf die Strafzumessung Jugendlicher galten folgende Regelungen: Bestimmte das Gesetz für eine Straftat die Todesstrafe, so lag das Strafmaß bei Jugendlichen zwischen drei und 15 Jahren Besserungshaftstrafe oder einfache Haftstrafe. Lag eine Straftat vor, für die das Strafgesetz eine Besserungshaftstrafe oder einfache Haftstrafe vorsah, so war das Strafmaß bei Jugendlichen um die Hälfte zu reduzieren, durfte jedoch drei Jahre nicht überschreiten. Für Jugendliche bis zu 16 Jahren lag die Höchststrafe jedoch bei 10 Jahren (Art. 150 rStGB).

Ordnete das Gericht die Besserungshaftstrafe oder einfache Haftstrafe an, so waren diese in dafür vorgesehenen Haftanstalten zu vollziehen. Wurden beide Strafen in ein und derselben Haftanstalt vollzogen, so waren in dieser getrennte Abteilungen einzurichten, um einen getrennten Vollzug zu gewährleisten. Der Strafvollzug richtete sich nach der Natur der Straftat, dem Alter der Verurteilten und der Haftdauer. Jugendliche, die älter als 16 Jahre waren und zu einer Frei-

---

90   Vgl. *Brezeanu* 1998, S. 22 f.

heitsstrafe von mehr als 10 Jahren verurteilt wurden, mussten zunächst ein Jahr in Isolierungshaft verbringen. Waren die Verurteilten jünger als 16 Jahre oder zu geringeren Freiheitsstrafen verurteilt, so verkürzte sich die Dauer der Isolierungshaft. Nach Ablauf der Isolierungshaft waren die Jugendlichen nur noch nachts in getrennten Zellen unterzubringen, den Tag verbrachten sie in Gruppen. Die einfache Haft war an weniger Restriktionen gebunden, allerdings galt auch hier die getrennte Unterbringung während der Nacht.[91]

Das Gericht konnte im Zuge der Urteilsverkündung anordnen, dass die Verurteilten nach zwei Dritteln des Strafvollzugs – bei guter Führung – bedingt aus der Haft entlassen werden konnten. Beging der Jugendliche in dieser Zeit eine weitere Straftat, so widerrief das Gericht die bedingte Entlassung und wies den Betreffenden erneut in die Haftanstalt ein (Art. 151 rStGB).

2.3.2 Formelle Bestimmungen des Strafrechts von 1936

Die Strafprozessordnung beinhaltete im VI. Buch des 1. Titels „Besondere Verfahren und Maßnahmen im öffentlichen Interesse" in Abschnitt I „Gerichte und Verfahren für jugendliche Straftäter" Regelungen zur strafprozessualen Behandlung Jugendlicher (Art. 556-572 rStPO). Darüber hinaus regelte es in Abschnitt II Verfahren hinsichtlich nicht delinquenter Minderjähriger (Art. 573-575 rStPO).

Eine bedeutende Neuerung stellte die Schaffung einer eigenen Jugendgerichtsbarkeit dar. Die Strafprozessordnung sah die Gründung von Jugendgerichten (*instanţe pentru minori*), wie bereits in den Jahren zuvor gefordert, vor. Eingerichtet waren sie bei den *Tribunalen* oder dafür vorgesehen Amtsgerichten (Art. 557 rStPO). In diesen Gerichten sollten Jugendsachen nach vereinfachtem Verfahren verhandelt werden. Zuständig waren Einzelrichter, die vom Justizminister für drei Jahre auf Empfehlung des Gerichtspräsidenten delegiert wurden. Dieser Zeitrahmen konnte verlängert werden. Möglich war, dass mehrere Richter des gleichen *Tribunals* delegiert wurden. In diesen Fällen behielten sie die Zuständigkeit auch in anderen Sachen, allerdings wurde den Jugendsachen Vorrang eingeräumt (Art. 558 rStPO). Die Kompetenz der Jugendgerichte erstreckte sich auf Vergehen, Verbrechen und Ordnungswidrigkeiten.[92]

Interessanterweise sah der Gesetzentwurf zum Strafprozessgesetz von 1934 vor, dass Vertreterinnen der Vereinigungen zur Fürsorge Minderjähriger in beratender Funktion gemeinsam mit dem Richter die Verhandlung führten. Dies lehnte die parlamentarische Kommission jedoch ab.[93]

---

91   Vgl. *Brezeanu* 1998, S. 24 f.

92   *Ionescu-Dolj* 1937, S. 493.

93   *Ionescu-Dolj* 1937, S. 492, siehe auch Fn. 1.

Ausnahmen für die Zuständigkeit der Jugendgerichte bestanden gemäß Art. 559 rStPO in folgenden zwei Fällen:
Begingen Jugendliche gemeinsam mit Erwachsenen Straftaten, waren die ordentlichen Gerichte zuständig. Sie kommunizierten die Entscheidung jedoch unverzüglich an das zuständige Jugendgericht, damit dieses die angeordnete Vollstreckungsmaßnahme einleitete. Es bestand zudem die Möglichkeit, dass das ordentliche Gericht das Verfahren nach Abtrennung an das Jugendgericht abgab.

Jugendgerichte waren des Weiteren nicht zuständig, wenn das Hauptverfahren gegen Erwachsene wegen einer Straftat eröffnet wurde, die sie als Jugendliche begangen hatten. In diesen Fällen wurden sie durch ordentliche Gerichte zu Sanktionen verurteilt, die nach dem Strafgesetz für Jugendliche vorgesehen waren.

Im Hinblick auf die Geschädigten von Straftaten, welche durch Jugendliche begangen wurden, legte die Strafprozessordnung (Art. 560 rStPO) fest, dass die Strafanzeigen direkt beim Jugendgericht eingereicht werden konnten.

Im Rahmen des Ermittlungsverfahrens wurden die Jugendlichen gemeinsam mit dem gesetzlichen Vertreter oder der Person, in deren Haus der Jugendliche wohnte, zur Anhörung geladen und die Ermittlungen eingeleitet (Art. 561 rStPO).

Hervorzuheben ist, dass im Unterschied zum allgemeinen Strafrecht die Einzelrichterinnen in Jugendsachen sowohl als Ermittlungsrichterinnen als auch als entscheidungsbefugte Richterinnen in der Sache fungierten. Allerdings war vorgesehen, dass Staatsanwälte und Verteidiger an den Ermittlungen teilnehmen konnten (Art 562 rStPO). Das Gesetz war dahingehend zu interpretieren, dass weder die Ermittlungsrichterinnen, noch die Vertreter der Staatsanwaltschaft oder Ermittlungsbeamten der Polizei – für sich gesehen – befugt waren, die Ermittlungen zu führen, sondern die Jugendrichter die Kompetenz innehatten. Dahinter stand die Idee des Gesetzgebers, dass die Richter die Jugendlichen bestmöglich in der Persönlichkeit kennen lernen und sich umfassend zu den Umständen der Tatbegehung informieren sollten.[94]

Im Mittelpunkt der Ermittlungen standen Informationen zur „moralischen und materiellen Situation der Familie", zur Persönlichkeit der Jugendlichen, zu etwaigen Vorstrafen sowie zu den Umständen, in denen die Jugendlichen aufgewachsen waren (Art. 563 rStPO). Diese Informationen wurden der richterlichen Entscheidung zugrunde gelegt.

Während der Ermittlungen konnten Maßnahmen nach Art. 140 rStGB (Unterstellung unter Aufsicht, Unterbringung in Erziehungsanstalt) eingeleitet werden. Die Dauer der vorläufigen beaufsichtigten Unterbringung durfte nicht mehr als 15 Tage betragen, konnte jedoch einmalig verlängert werden, wenn dies begründet und im Interesse der Ermittlungen geboten war. Wurde Untersuchungshaft für Jugendliche angeordnet, so waren die Minderjährigen getrennt

---

94 *Ionescu-Dolj* 1937, S. 493 f.

von Erwachsenen, in speziellen Abteilungen in Strafvollzugsanstalten unterzubringen (Art 564 rStPO).

Vorgesehen war gemäß Art. 565 rStPO die weitere Einbindung der Staatsanwaltschaft dahingehend, dass diese, nachdem sie über das Ermittlungsergebnis informiert war, dem Gericht einen Vermerk mit eigenen Schlussfolgerungen bezüglich der Tat, der Beweise und der geeigneten Maßnahmen übersandte. Bei den *Tribunalen* mit mehreren Abteilungen bestand die Besonderheit, dass der Oberstaatsanwalt eine in Jugendsachen – permanent – zuständige Staatsanwältin ernannte.

Nach Abschluss der Ermittlungen stellte das Gericht das Verfahren entweder ein oder eröffnete das Hauptverfahren. Vor Verhandlungsbeginn stellte das Gericht fest, ob der Jugendliche einen Wahlverteidiger bestellt hatte, ansonsten bestimmte das Gericht einen Pflichtverteidiger (Art. 566 rStPO).

Hervorzuheben ist weiterhin, dass Verhandlungen mit Jugendlichen unter Ausschluss der Öffentlichkeit und getrennt von Sitzungen mit erwachsenen Angeklagten stattfanden. Teilnehmende setzten sich aus den Prozessparteien, den Eltern bzw. Erziehungsberechtigten, Vertretern der Staatsanwaltschaft, der Patenschaftsgesellschaften oder der Institutionen, in denen die Jugendlichen untergebracht waren, zusammen.

Nach der Vernehmung der Jugendlichen wurden diese für die Dauer der weiteren Erörterung (zeitweilig) von der Verhandlung ausgeschlossen (Art. 567 rStPO).

Jugendrichterliche – erstinstanzliche – Entscheidungen konnten nur durch Berufung angefochten werden, und auch nur in den Fällen, in denen Zwangserziehungsmaßnahmen, Geldstrafe oder Freiheitsstrafe angeordnet wurde. Die Berufung konnte von den gesetzlichen Vertretern der Jugendlichen oder von der Staatsanwaltschaft eingelegt werden. Über Berufungen entschied eine Kammer, die mit zwei Berufsrichtern besetzt war (Art. 570 rStPO). Gegen Entscheidungen der *Tribunale* konnte auch Revision eingelegt werden, die in den Fällen, in denen eine Geld- oder Freiheitsstrafe verhängt wurde, Suspensiveffekt hatte (Art. 571 rStPO).

Das Gesetz hielt darüber hinaus Regelungen über die wohlfahrtsrechtliche Behandlung der Minderjährigen bereit, die nicht strafrechtlich in Erscheinung getreten waren. In Fällen, in denen Jugendliche als „moralisch gefährdet" galten, waren die Jugendgerichte befugt, Präventivmaßnahmen gemäß Art. 139 und 140 rStGB zu verhängen, die dem Schutz und der Erziehung dienen sollten (Art. 573 rStPO). Der Gesetzgeber regelte, dass Minderjährige, die als „moralisch gefährdet" galten und der Gefahr ausgesetzt waren, „sich in Prostitution, Bettelei oder andere Straftaten zu begeben", der Staatsanwaltschaft oder dem Jugendgericht anzuzeigen waren. Das Gericht konnte nach Abschluss der Ermittlungen Maßnahmen nach Art. 140 rStGB anordnen (Art. 575 rStPO).

So regelte auch das Strafgesetz (Art. 50 rStGB), dass an jedem *Tribunal* eine Patenschaftsgesellschaft eingerichtet wurde, die dem Justizministerium unterstand und von weiteren Experten unterstützt wurde. Den Vorsitz in den Vereinigungen hatten Richter der örtlich zuständigen Gerichte inne. Den Patenschaftsgesellschaften kam eine bedeutende Funktion an den Jugendgerichten zu, deren Ziel die Resozialisierung der aus dem Strafvollzug Entlassenen sowie die Betreuung Minderjähriger war.[95] Zu diesem Zweck wurde eine Verordnung erlassen, die die Zusammenarbeit zwischen den Kinder- und Patenschaftsgesellschaften sowie Sozialhilfeorganisationen mit den Jugendgerichten sowie die Tätigkeitsbereiche der Organisationen in Bezug auf Kinder- und Jugendschutz regelte.[96] So sollte neben jedem *Tribunal* eine Patenschaftsgesellschaft gemäß Art. 50 rStGB, Art. 1 eingerichtet werden, die die Fürsorge für delinquente und nicht delinquente Minderjährige inne hatte und für deren Erziehung verantwortlich war, die unter Bewährung befindlichen Jugendlichen beaufsichtigte und in Freiheit entlassene Jugendliche unterstützte (Art. 2 Verordnung).

2.4 Strafrechtliche Regelungen während und nach dem Zweiten Weltkrieg von 1938 bis 1947

Mit Einführung einer autoritären Königsdiktatur wurde Anfang 1938 eine neue Verfassung in Rumänien eingeführt, welche die demokratische Verfassung von 1923 abschaffte und ein Einparteiensystem unter Führung des Königs *Carol II.* vorsah.[97] Per Gesetzesdekret wurde 1938 die Staatspartei „Front der Nationalen Wiedergeburt" (*Frontul Renaşterii Naţionale*) gegründet. Ursprünglich wollte der König mit Einführung der Staatspartei dem Machtzuwachs der rechtsextremen Partei der „Eisernen Garde" unter *Codreanu* (zuvor Legion „Erzengel Michael") entgegenwirken. Wie in anderen europäischen Ländern in diesem Zeitraum manifestierte sich die Krise der parlamentarischen Demokratie und es kam zu einem Zuwachs rechtsextremer Kräfte. So zielte die rumänische „Eiserne Garde" darauf, den Staat in einer „Revolution von rechts" stürzen zu wollen. Nach einer Zeit innenpolitischer Spannungen und einer zunehmend außenpolitisch schwierigen Lage beteiligte König *Carol II.* die Garde 1940 an der politischen Macht.[98] Die Ideologie der faschistischen Organisation war gekennzeichnet durch eine Mischung aus orthodox-christlichem Fundamentalismus und

---

95 Vgl. *Crişu* 2006, S. 60; *Ionescu-Dolj* 1937, S. 502 f.

96 Verordnung über die Patenschaftsgesellschaften sowie ein Runderlass des Justizministers (Nr. 110697/1936, vgl. *Spireanu* 1934, S. 21 ff., *Ionescu-Dolj* 1937, S. 503, siehe auch Fn. 1.

97 Vgl. *Völkl* 1995, S. 117 ff.

98 Vgl. *Völkl* 1995, S. 117 ff.

mystischen Antisemitismus und zeigte sich in Pogromen, terroristischen Anschlägen und Massenaufmärschen.[99]

Daraufhin wurde auch das Strafrecht am 24. September 1938[100] geändert und zum Teil für politische Zwecke missbraucht. Erstmals wurde die Todesstrafe für Straftaten gegen die Staatssicherheit gesetzlich verankert.[101] Ein tendenziell repressiver Charakter wurde deutlich, der auch während der faschistisch geprägten Legionärsdiktatur und Diktatur des Generals *Ioan Antonescu* bestehen blieb. In der Zeit des Zweiten Weltkrieges war das Strafrecht zudem geprägt durch zahlreiche Sonderregelungen.[102]

1940 wurde das Parlament aufgelöst und die Verfassung von 1938 aufgehoben (Königliches Dekret Nr. 3052 vom 05.09.1940) und der neue Premierminister General *Antonescu* als „Staatsführer" tituliert und mit allen Rechten der Staatsführung ausgestattet. Die Befugnisse des Königs beschränkten sich lediglich darauf, den Premierminister zu ernennen sowie auf repräsentative Funktionen. Unter steigendem Einfluss der rechtsnationalistischen Legionäre wurde Rumänien im September 1940 als „Nationaler Legionärsstaat" ausgerufen.[103] 1940 trat Rumänien unter *Antonescu* dem Krieg auf deutscher Seite bei. Nach Streitigkeiten mit der Eisernen Garde, die an der Spitze der Legionärsbewegung stand, schaltete *Antonescu* diese aus und errichtete eine unumschränkte Militärdiktatur. 1944 ließ König *Mihai I., Sohn Carols II., Antonescu* festnehmen und leitete den Waffenstillstand mit der Sowjetunion ein.[104]

Eine Verschärfung des Strafrechts erfolgte auch im Hinblick auf die Behandlung Jugendlicher: Das Mindestalter der strafrechtlichen Verantwortlichkeit wurde von 14 auf 12 Jahre und die Volljährigkeit von 19 auf 18 Jahre herabgesetzt. Der Begriff Minderjähriger (*minor*) ersetzte fortan die Unterscheidung von Kind und Jugendlichem. 12- bis 14-Jährige wurden dann als strafrechtlich verantwortlich eingestuft, wenn sie mit Urteilsvermögen gehandelt hatten. 15- bis 18-Jährige waren prinzipiell strafrechtlich verantwortlich, allerdings wurde die Minderjährigkeit als Strafmilderungsgrund betrachtet. Entscheidungen in Jugendsachen im Hinblick auf die Gruppe der 15- bis 18-Jährigen waren den ordentlichen Gerichten vorbehalten und die Zuständigkeit der Jugendgerichte aufgehoben. Die Besserungsmaßregel wurde in „moralische Umerziehung" (*reeducare morală*) umbenannt. Weitere Gesetzesänderungen im Oktober 1939 brach-

---

99 *Verseck* 2007, S. 66.

100 Veröffentlicht im Amtsblatt Nr. 222 vom 24.09.1938.

101 Diese Norm blieb bis Anfang 1990 bestehen.

102 *Bulai/Bulai* 2007, S. 53.

103 Vgl. *Voicu* 2012, S. 317.

104 Vgl. *Völkl* 1995, S. 145 ff., 157 ff.

ten die Möglichkeit der Verhängung der Todesstrafe auch für Jugendliche bei Straftaten gegen die öffentliche Ordnung oder Staatssicherheit mit sich.

2.5 Strafrechtliche Regelungen in der Volksrepublik Rumänien

2.5.1 Regelungen in der Zeit der Sowjetisierung und des beginnenden Ceaușescu-Regimes von 1948 bis 1968

Nach dem Zweiten Weltkrieg und mit der politischen Machtübernahme des kommunistischen Regimes kam es zur staatlichen Neuordnung. So gelang es der – zuvor unbedeutenden – kommunistischen Partei, mit Unterstützung der Sowjetunion 1945 die Regierung zu übernehmen. In den Folgejahren entwickelte sich Rumänien zu einem sowjetischen Satellitenstaat, was zu Umstrukturierungen in allen Bereichen führte. Es kam zur Verstaatlichung in allen Wirtschaftsbereichen und einer beginnenden – erzwungenen – Industrialisierung. Ebenso hielt ein Kollektivierungsprozess nach sowjetischem Vorbild in der Landwirtschaft Einzug, der jedoch auf starken Widerstand in der Bevölkerung stieß. Ende 1947 wurde König *Mihai I.* zur Abdankung gezwungen und gleichzeitig die Volksrepublik Rumänien ausgerufen. 1948 gab sich das Land eine neue Verfassung, die auch das sowjetische Gerichtswesen und damit die Unterordnung der Justiz unter den Staat verankerte. „Volksassessoren" (*asesori populari*) aus der Partei wurden den Richtern an die Seite gestellt. Die Große Nationalversammlung war durch die Verfassung als oberstes Staatsorgan legitimiert, das Zentralkomitee der Arbeiterpartei steuerte das Land politisch.[105] Innerparteiliche Säuberungen unter *Gheorghe Gheorghiu-Dej* und die 1948 gegründete „Securitate" (Staatssicherheit) führten zur Installation eines repressiven Regimes im stalinistischen Sinn.[106]

Der darauf folgende Zeitraum bis Mitte/Ende der 1960er Jahre war gekennzeichnet durch eine einseitige ideologische Ausrichtung auf die leninistisch-stalinistische Doktrin, die Zensur und Vernichtung aller westlich orientierten, „bürgerlichen" Literatur und Wissenschaft und die Unterordnung unter sowjetisch propagierte Werte.[107]

---

105 Vgl. *Schaser/Volkmer* 2008, S. 297 ff. Siehe auch *Völkl* 1995, S. 166 ff.

106 Vgl. *Schaser/Volkmer* 2008, S. 301 ff.; Völkl, S. 172 ff. Ein besonders dramatisches Beispiel der Verfolgung stellt das sogenannte „*Experiment Pitești*" dar, ein „Umerziehungsprogramm" vor allem für politische Gefangene. Insassen wurden gezwungen, sich gegenseitig zu foltern und damit „umzuerziehen". Aus Opfern wurden wiederum Täter, die die neuen Gefangenen quälten, siehe ausführlicher hierzu *Ierunca* 2008.

107 Vgl. *Basiliade* 2006, S. 207.

Im Gegensatz zu anderen sozialistischen Staaten wurden in Rumänien die bestehenden Gesetze weitgehend beibehalten und novelliert, nur zum Teil wurden Gesetze neu erlassen und Normen der Zielsetzung an das neu etablierte System angepasst.[108] Das Strafgesetz von 1936 trat als „Strafgesetz der Volksrepublik Rumänien" im Jahr 1948[109] wieder in Kraft. Gleiches galt in diesem Jahr für die Strafprozessordnung aus dem Jahr 1936.[110]

Die neuen Gesetze enthielten einige Änderungen, blieben im Kern jedoch wie zuvor bestehen. Dies galt auch im Hinblick auf die Regelungen gegenüber Jugendlichen. Durch die Änderung und Ergänzung bestimmter Normen spiegelte das Gesetz auch Werte der sozialistischen Ideologie wieder.[111] Darüber hinaus wurden nach Einführung des Sozialismus einige namhafte Strafrechtler wie *Dongoroz* aus Lehre und Forschung ausgeschlossen und verfolgt. Mit der Gründung des Instituts für rechtswissenschaftliche Forschung an der rumänischen Akademie der Wissenschaften im Jahr 1954, das eine Abteilung für Strafrecht und Strafprozessrecht vorsah, entspannte sich die Lage wieder. Unter Federführung zuvor verfolgter Strafrechtler wie *Dongoroz* wurden wissenschaftliche Grundlagen für die Änderung der Straf(prozess)gesetze im Jahr 1968 geschaffen.[112]

1949 kam es zur Entkriminalisierung bestimmter Straftaten, so wurde beispielsweise das Kapitel „Vagabundentum und Bettelei" aus dem Strafgesetzbuch gestrichen.[113] Diese Delikte bildeten einen Großteil der Straftaten, nach denen Jugendliche angeklagt und verurteilt wurden.[114]

Gesetzesdekrete – die im Land zunehmend erlassen wurden – in den Jahren 1949[115] und 1950[116] führten zu Änderungen der strafprozessualen Regelungen in Bezug auf Minderjährige. Die Jugendgerichte und damit jugendspezifische Verfahrensregelungen wurden abgeschafft, stattdessen wurde festgelegt, dass Verfahren aller Minderjährigen im Alter von 12 bis 18 Jahren vor ordentlichen

---

108 Vgl. *Brezeanu* 1998, S. 26.

109 Amtsblatt Nr. 48 vom 02.02.1948.

110 Amtsblatt Nr. 36 vom 13.02.1948.

111 So wurde das Legalitätsprinzip durch Einführung einer Analogie verletzt, Art. 1 Abs. 3, Dekret Nr. 187 vom 30. April 1949. Demnach konnten Taten, die als staatsgefährdend angesehen wurden, auch dann bestraft werden, wenn sie gesetzlich nicht vorgesehen waren, vgl. *Bulai/Bulai* 2007, S. 54; *Mitrache/Mitrache* 2012, S. 42.

112 Vgl. *Bulai/Bulai* 2007, S. 55.

113 Dekret Nr. 351 vom 20.08.1949. Allerdings wurde diese Straftaten 1957 wieder in das Strafgesetz aufgenommen, vgl. *Brezeanu* 1998, S. 27; siehe auch *Boroi* 2014, S. 482.

114 *Brezeanu* 1998, S. 27.

115 Gesetzesdekret Nr. 186/1949.

116 Gesetzesdekret Nr. 198/1950.

Gerichten und nach den allgemeinen Bestimmungen durchzuführen waren. Die Sitzungen waren jedoch weiterhin nicht öffentlich.

1951[117] wechselte das zuständige Ressort zur „Umerziehung bestimmter Kategorien von Jugendlichen" vom Ministerium für Soziales zum Ministerium für Innere Angelegenheiten, welches für die Einrichtung von – erstmals so benannten – Erziehungskolonien für Minderjährige (*colonii de educare pentru minori*) zuständig war. In den Kolonien sollten Minderjährige zwischen 11 und 16 Jahren untergebracht werden, die aufgrund fehlender Obhut als gefährdet galten.[118] Darüber hinaus war festgelegt, dass Minderjährige aus Kinderheimen, die regelmäßig durch Disziplinarverstöße auffielen, sowie Kinder und Jugendliche aus Grund- und Mittelschulen, die schwere Regelverstöße begingen, in den Erziehungskolonien bis zum Eintritt der Volljährigkeit untergebracht werden konnten (Art. 2 und Art. 3). Grundlage der Umerziehung war das „Lernen und die Arbeit im Kollektiv" (Art. 4).[119]

In den Folgejahren entwickelte sich ein System zum Schutz der Kinder und Jugendlichen, die ohne elterliche oder familiäre Obhut waren. Dazu gehörten auch Schutzmaßnahmen nach dem Strafgesetz, wie beispielsweise die Errichtung regionaler oder überregionaler Aufnahmeeinrichtungen für Kinder und Jugendliche zwischen drei und 18 Jahren durch das Ministerium für Innere Angelegenheiten.[120] Jugendliche ab 14 Jahren wurden von diesen Einrichtungen direkt an berufsbildende Schulen oder zur Arbeit in Handwerk, Industrie oder Landwirtschaft weiter verwiesen. Eine Betreuung der Jugendlichen war vorgesehen, so musste eine Unterkunft für die Jugendlichen gestellt und eine berufliche Beaufsichtigung zugesichert werden (Art. 5).[121] 1957 wurden Bildungsmaßnahmen in den Erziehungskolonien ausgedehnt und berufsbildende Schulen für Jugendliche ab 14 Jahren eingerichtet.[122]

1957 kam es zur erneuten Kriminalisierung bestimmter Straftaten, so wurden die Tatbestände „Prostitution, Bettelei und Vagabundentum" erneut in das Strafgesetzbuch eingeführt.[123] Die Verschärfung des Strafrechts sowie die Ver-

---

117 Dekret Nr. 75 vom 30.08.1951.

118 Vgl. *Boroi* 2014, S. 482.

119 Entscheidung des Ministerrats Nr. 1240 vom 13.11.1951, vgl. *Brezeanu* 1998, S. 27 f.

120 Entscheidung des Ministerrats Nr. 809 vom 04.06.1954, siehe *Brezeanu* 1998, S. 28.

121 Vgl. *Brezeanu* 1998, S. 28 f.; *Boroi* 2014, S. 483.

122 Entscheidung des Ministerrats Nr. 817 vom 25.05.1957, siehe *Brezeanu* 1998, S. 29.

123 Straftatbestände wie Vagabundentum und Bettelei wurden im Zweiten Buch, Titel VI, in Kapitel V „Straftaten des sozialen Parasitentums", der Tatbestand der Prostitution in Titel XI, Kapitel II „Straftaten gegen die guten Sitten" wieder eingeführt, Dekret Nr. 324 vom 16.07.1957, veröffentlicht im Amtsblatt Nr. 18 vom 16.07.1957, siehe *Brezeanu* 1998, S. 30; *Boroi* 2014, S. 483.

schlechterung der Haftbedingungen standen auch mit dem Ungarn-Aufstand 1956 in Zusammenhang, in dem Rumänien das militärische Vorgehen der Sowjetunion entschlossen unterstützte und in der Folge „politische Abweichler" repressiver verfolgte.[124]

Auf der anderen Seite wurden jedoch auch strafrechtliche Erleichterungen eingeführt. Durch die Neuregelung des Art. 1 rStGB kam es zur Abschaffung der strafrechtlichen Verfolgung von Bagatellstraftaten. Erstmals wurde bestimmt, dass „eine im Strafgesetz aufgeführte Tat keine Straftat darstellt, wenn offensichtlich ist, dass es der Tat nach ihrem konkreten Inhalt und den Umständen der Tatbegehung an der Gesellschaftsgefährlichkeit fehlt".[125] Damit entfiel die strafrechtliche Ahndung Straftaten leichter Kriminalität, die einen nicht geringen Teil aller Straftaten ausmachen. Des Weiteren wurde die Todesstrafe für Jugendliche abgeschafft.[126] Geldstrafen konnten nur dann gegenüber Jugendlichen verhängt werden, wenn Jugendliche älter als 15 Jahre waren und über finanzielle Mittel verfügten oder einen Beruf ausübten.[127]

In strafprozessualer Hinsicht ist zu erwähnen, dass 1960[128] die Strafprozessordnung ergänzt wurde und Präventivmaßnahmen zugunsten Jugendlicher, die nicht strafrechtlich in Erscheinung getreten waren, verankert wurden. Zwar sah bereits die Strafprozessordnung von 1936 die Behandlung nichtdelinquenter Jugendlicher vor, diese Maßnahmen wurden jedoch 1950 wieder aufgehoben und fielen seitdem als Schutzmaßnahmen in die Zuständigkeit der Verwaltungsorgane.[129] Die Schutzmaßnahmen nach Art. 140 rStGB konnten gemäß Art. 142 rStPO vom Gericht auf Antrag der Vormundschaftsbehörde oder der Staatsanwaltschaft gegenüber Jugendlichen im Alter von 10 bis 18 Jahren verhängt werden, wenn ihr Verhalten und ihre Persönlichkeit darauf schließen ließ, dass sie sich sozial abweichend verhielten und geneigt waren, Straftaten zu begehen.

Die Strafprozessordnung fasste fortan in dem Kapitel „Verfolgung und Verurteilung jugendlicher Straftäter sowie Schutz nichtdelinquenter Minderjähriger" (Art. 474 bis 489) Maßnahmen in diesen Bereichen zusammen.

---

124 Vgl. *Schaser/Volkmer* 2008, S. 304.

125 Dekret Nr. 212 vom 17.06.1960, siehe *Brezeanu* 1998, S. 30. Das Kriterium der Gesellschaftsgefährlichkeit, welches bis zum Jahr 2014 noch Bestand hatte, wurde 1968 angelehnt an die Definition des Verbrechens im sowjetischen Strafgesetzbuch von 1960 (auch zuvor, zu Beginn des 20. Jahrhunderts wurde der Begriff in Rumänien diskutiert), siehe *Rinceanu* 2009, S. 802 ff.

126 Änderung des Art. 24 rStGB durch Dekret Nr. 212 vom 17.06.1960, vgl. *Brezeanu* 1998, S. 30.

127 Vgl. *Brezeanu* 1998, S. 31.

128 Dekret Nr. 213 vom 18.06.1960, veröffentlicht im Amtsblatt Nr. 9 vom 18.06.1960.

129 Dekret Nr. 185 vom 05.08.1950, siehe *Brezeanu* 1998, S. 31, Fn. 4.

Grundsätzlich waren die allgemeinen Bestimmungen des Strafprozessrechts auf Jugendliche anwendbar, es sei denn, das Strafprozessrecht oder andere Gesetze hielten besondere Bestimmungen vor. Einige verfahrensrechtliche Sonderbestimmungen in Bezug auf Jugendliche wurden eingeführt. So waren Sozialberichte im Falle der Anklage Jugendlicher obligatorisch anzufertigen (Art. 476 rStPO und Art. 139 rStGB). Diese Berichte enthielten Informationen im Hinblick auf die physische und psychische Verfassung des Jugendlichen, sein Verhalten, Vorstrafen, die materielle Situation der Familie sowie die Eltern.

Während des Ermittlungsverfahrens waren zu jeder Vernehmung von Jugendlichen die gesetzlichen Vertreter sowie Vertreter der Vormundschaftsbehörde zu laden (Art. 475 rStPO). Allerdings zeigte das Nichterscheinen der betreffenden Personen keine Auswirkungen auf den weiteren Verlauf der Ermittlungen. Sicherzustellen war, dass Jugendlichen Pflichtverteidiger beigeordnet wurden (Art. 476 Abs. 1 rStPO). Während der Untersuchungshaft waren – wie zuvor – Jugendliche getrennt von Erwachsenen unterzubringen (Art. 201³ rStPO).

Nach Eröffnung des Hauptverfahrens waren neuerdings (erstinstanzlich) Jugendkammern zuständig, die mit Jugendrichterinnen sowie Volksassessoren besetzt waren, welche die moralische Verfassung und Entwicklung des Jugendlichen zu berücksichtigen hatten (Art. 417 rStPO). Die Einbindung von Volksassessoren bzw. Schöffen in einige Spruchkörper der Gerichte war bereits seit 1947 vorgesehen.[130] Volksassessoren wurden für einen bestimmten Zeitraum gewählt, um an Verhandlungen in Zivil- und Strafsachen teilzunehmen. Sie verfügten über die gleichen Rechte und Pflichten wie Berufsrichter. Wählbar waren rumänische Staatsbürger, die älter als 23 Jahre und nicht vorbestraft waren sowie über Schulbildung verfügten.[131] Die Schöffen in Jugendsachen sollten möglichst Personen mit besonderem Interesse für Jugendliche und mit einer Ausbildung im Jugendbereich sein.[132] Wie zuvor erwähnt, zielte die Einbindung der Volksassessoren in gewissem Sinne auf eine Einschränkung der richterlichen Entscheidungsbefugnis ab.

Die Zuständigkeitsregelungen für Jugendrichterinnen für andere Verfahren als Jugendsachen blieben unberührt. Waren Jugendliche gemeinsam mit Erwachsenen angeklagt, so waren die Jugendrichterinnen allein zuständig. Die Verhandlungen fanden in getrennten Räumlichkeiten statt und waren grundsätzlich nichtöffentlich. Nur in Ausnahmenfällen waren die Verhandlungen öffentlich, beispielsweise wenn Jugendliche ab 15 Jahren gemeinsam mit Erwachsenen angeklagt wurden.

---

130 Gesetz Nr. 34 vom 05.12.1947 zur Organisation des Gerichtssystems, veröffentlicht im Amtsblatt Nr. 317 vom 07.12.1947, siehe *Brezeanu* 1998, S. 32, Fn. 1.

131 *Antoniu/Volonciu/Zaharia* 1988, S. 30.

132 Vgl. *Crişu* 2006, S. 64.

Im Revisionsverfahren war keine Jugendkammer zuständig, allerdings galt es, besondere Prinzipien im Hinblick auf das Verfahren einzuhalten, wie die Nichtöffentlichkeit der Verhandlung, getrennte Verfahren, Anwaltszwang und bestimmte zu ladende Personen (Art. 479 ff. rStPO).

Anfang bzw. Mitte der 1960er Jahre, als sich eine leichte Entspannung infolge einer allmählichen Abkehr Rumäniens von der Sowjetunion vollzog, kam es zur Einrichtung eines interdisziplinären Forschungsinstituts für Kriminologie (*laborator de criminologie*) am Bukarester Institut für Rechtsmedizin, wodurch ein Grundstein für die systematische kriminologische Forschung gelegt wurde. Angelehnt an französische Studien standen Untersuchungen zur Feststellung der Urteilsfähigkeit Minderjähriger im Mittelpunkt der Forschungstätigkeit.[133] Aufgrund der Intervention der Leitung des Kriminalistischen Institutes der Generalstaatsanwaltschaft musste die Studie jedoch abgebrochen werden, da der Vorwurf bestand, dass die Untersuchung geeignet sei, Prinzipien „bürgerlicher" Wissenschaften (*„ştiinţe burgheze"*) wie der Kriminologie (*criminologia*) oder Sozialkriminologie (*criminologia socială*) einzuführen. Tatsächlich sollte die Forschung zu antisozialem Verhalten durch das Kriminalistische Institut zentralisiert und kontrolliert sowie die realen Ursachen von Delinquenz verschleiert werden.[134]

2.5.2 Reformierung des Strafrechts 1969 - Regelungen in der Zeit des kommunistischen Sonderwegs

1965 war *Nicolae Ceauşescu* als Nachfolger *Gheorghe Gheorghiu-Dej's*[135] zum Führer der kommunistischen Partei aufgestiegen. *Ceauşescu* führte den „nationalkommunistischen" Kurs seines Vorgängers fort, welcher auf politische und wirtschaftliche Unabhängigkeit und „Nichteinmischung" von außen zielte.[136] Damit nahm er eine Sonderrolle innerhalb der sozialistischen Staaten ein. In den 1960er und 1970er Jahren kam es zu einer Scheinliberalisierung nach außen. So

---

133 *Basiliade, G, Simionescu, S.*: Sozialberichte im gerichtlichen Bewährungshilfesystem (Ancheta socială în sistemul probaţiunii judiciare), Rechtsmedizinische Landeskonferenz (*Consfătuirea Naţională de Medicină Legală*), 29.-30.06.1964, zit. nach *Basiliade* 2006, S. 208 f. und Fn. 168.

134 *Basiliade* 2006, S. 209 und Fn. 168.

135 *Gheorghiu-Dej* hatte in den letzten Jahren seiner Regierungszeit eine Abkehr von der Sowjetunion eingeleitet, in deren Folge Tausende von politischen Gefangenen entlassen und Zwangsarbeitslager aufgelöst wurden, vgl. *Völkl* 1995, S. 179 f.

136 Vgl. *Völkl* 1995, S. 180 f.; *Schaser/Volkmer* 2008, S. 308 f.

distanzierte sich Rumänien beispielsweise deutlich von der sowjetischen Intervention im „Prager Frühling" 1968.[137] Innenpolitisch wusste *Ceaușescu* seine Machtstellung auszubauen und ersetzte Schritt für Schritt die Parteielite durch eigene Gefolgsleute. Wichtigste Funktionen vereinigte er in seiner Person und begründete somit das „Führerprinzip", welches 1974 mit der Wahl zum Staatspräsidenten, einem neu geschaffenen Amt, seinen Höhepunkt erreichte. Nach Staatsbesuchen in China und Nordkorea etablierte *Ceaușescu* 1971 einen Personenkult um sich und seine Frau *Elena* bis dahin nicht gekannten Ausmaßes. Mit Einleitung der sogenannten „Kleinen Kulturrevolution" und der zunehmenden Überwachung durch die *Securitate* setzte sich ein repressiver Kurs durch, der auf die gesamtgesellschaftliche Kontrolle zielte.[138]

1968/1969 erfuhr das materielle und formelle Strafrecht eine grundlegende Erneuerung. Verantwortlich für die Novellierung war wiederum *Dongoroz*, der 1968 einen Entwurf für ein neues Strafgesetzbuch vorlegte. Der Entwurf entstand auf Grundlage des Strafgesetzbuches von 1936 und war somit auch beeinflusst durch das italienische und französische Strafrecht.[139] Am 1. Januar 1969 trat das neue Strafgesetzbuch in Kraft.

Das neue Strafgesetz[140] wird beschrieben als ein Gesetz, das die Prinzipien des damaligen modernen Strafrechts zugrunde legte und weitgehend frei von den Ideologien blieb, in deren Zeitraum es entwickelt wurde[141] und durch ein vertieftes juristisches Rechtsverständnis gekennzeichnet war.[142] Einerseits spiegelte es Prinzipien der klassischen (Einteilung der Sanktionen in Strafen, Sicherheitsmaßnahmen und Erziehungsmaßnahmen) und positivistischen Schule (Individualisierung der Strafen, Erziehungsmaßnahmen) wider. Andererseits jedoch war es geprägt durch Werte des sozialistischen Regimes und orientierte sich auch an dem sowjetischen Strafrecht. Dies zeigte sich beispielsweise in der Einführung einiger Bestimmungen wie die Sanktion der Erziehungsarbeit (*munca corecțională*).[143]

---

137 Vgl. *Cioroianu* 2007, S. 403 ff. Die offizielle Verurteilung der Militäraktion brachte *Ceaușescu* internationale Anerkennung ein. Zuvor, im Jahr 1967, erregte *Ceaușescu* Aufmerksamkeit, da er diplomatische Beziehungen zur Bundesrepublik Deutschland aufnahm und als einziges sozialistisches Land die Beziehungen zu Israel nach dem Sechs-Tage-Krieg nicht abbrach, vgl. *Kunze* 2000, S. 171 ff.

138 Vgl. *Schaser/Volkmer* 2008, S. 306 ff.; *Kunze* 2000, S. 187 ff.; *Gallagher* 2004, S. 76 ff. Ausführlicher zum Personenkult und Führerprinzip auch *Cioroianu* 2007, S. 416 ff.

139 Vgl. *Rinceanu* 2009, S. 794.

140 Strafgesetzbuch veröffentlicht im Amtsblatt Nr. 79-79 bis, vom 15.06.1968.

141 *Stănoiu* 1994, S. 8; *Bulai/Bulai* 2007, S. 55.

142 *Brezeanu* 1998, S. 33.

143 Vgl. *Bulai/Bulai* 2007, S. 44 ff., S. 55.

Das Gesetz hob die Einteilung in Verbrechen und Vergehen auf und legte stattdessen den generellen Terminus der Straftat nieder.

Neu ausgestaltet wurden auch die auf Jugendliche anwendbaren Bestimmungen, die unter anderem damalige entwicklungspsychologische Erkenntnisse reflektierten. Minderjährigkeit wurde als vorübergehender Zustand betrachtet, als Zeit der Persönlichkeitsentwicklung und leichteren Beeinflussbarkeit Jugendlicher, in der eine spezielle Behandlung der jugendlichen Straftäter als notwendig erachtet und in Folge dessen detaillierte gesonderte Bestimmungen zur Behandlung Jugendlicher in das Strafgesetz und Strafprozessrecht aufgenommen wurden.[144]

Das Gesetz räumte Erziehungsmaßnahmen Priorität gegenüber Strafen ein (Art. 100 Abs. 2 rStGB). Das Strafmaß für Jugendliche wurde reduziert und ein besonderes Strafvollzugssystem eingerichtet. Der Gesetzgeber sah Erziehungsmaßnahmen aufgrund ihrer Art und Zielsetzung als angemessener und effizienter an, um den Jugendlichen eine adäquate persönliche und soziale Entwicklung zu gewährleisten.[145]

Das Strafgesetz unterschied in Art. 99 rStGB nunmehr zwischen drei Kategorien von Jugendlichen, die eine differenzierte strafrechtliche bzw. wohlfahrtsrechtliche Behandlung erfahren sollten.

Zunächst führte das Strafgesetz von 1969 wieder das Mindestalter der strafrechtlichen Verantwortlichkeit von 14 Jahren ein. Die erste Kategorie bezog sich auf Kinder unter 14 Jahren, für welche die absolute Vermutung der fehlenden strafrechtlichen Verantwortlichkeit bestand. Ihnen gegenüber konnten nur Schutz- und Erziehungsmaßnahmen verhängt werden.[146] Schutz- und Erziehungsmaßnahmen wurden auf verwaltungsrechtlicher Grundlage von speziellen Kommissionen zum Schutz Minderjähriger, die durch antisoziales Verhalten auffielen, angeordnet.[147] Die Maßnahmen waren im *Gesetz Nr. 3/1970 über Schutzmaßnahmen hinsichtlich bestimmter Kategorien von Minderjährigen*[148] verankert, welches die Möglichkeiten der Individualisierung der Behandlung Minderjähriger in rechtlicher, administrativer und sozialer Hinsicht erweiterte.[149]

---

144 Vgl. *Dongoroz u. a.-Dongoroz* 1969, S. 409; *Bulai* 1982, S. 334 f.; *Brezeanu* 1998, S. 33 f.

145 Vgl. *Oancea* 1994b, S. 225 f.

146 Vgl. *Dongoroz u. a.-Dongoroz* 1969, S. 412; *Bulai* 1992, S. 152 ff.

147 Vgl. *Dongoroz u. a.-Dongoroz* 1969, S. 412.

148 Gesetz Nr. 3/1970, veröffentlicht im Amtsblatt Nr. 28 vom 28.03.1970.

149 *Brezeanu* 1998, S. 35 f.

Das Gesetz Nr. 3/1970 sah in Art. 8 folgende Erziehungsmaßnahmen für Kinder und für Jugendliche, die Straftaten begangen hatten, jedoch strafrechtlich nicht verantwortlich waren, vor:

- Die besondere Unterstellung unter Aufsicht (*supravegherea deosebită*): Hierbei wurden Jugendliche der Aufsicht ihrer Eltern oder des Vormunds für die Dauer eines Jahres unterstellt, jedoch nur bis zur Vollendung des 18. Lebensjahres, oder
- die Unterbringung in einer speziellen Schule zur Erziehung (*internarea intr-o şcoală specială de reeducare*), für welche das Ministerium für Arbeit und Soziales zuständig war. Die Maßnahmen wurden gegenüber Kindern und Jugendlichen ab 10 Jahren angeordnet, wenn die besondere Beaufsichtigung nicht ausreichend für eine Besserung erschien oder diese erfolglos war. Die Unterbringung war zeitlich nicht begrenzt, endete aber mit der Vollendung des 18. Lebensjahres.

Zuständig für die Anordnung der Maßnahmen waren die Kommissionen zum Jugendschutz bei den Präfekturen der Bezirke.

Die zweite Kategorie umfasste die Altersgruppe der 14- bis 16–jährigen Jugendlichen, die dann als strafrechtlich verantwortlich galten, wenn bewiesen war, dass sie mit Urteilsvermögen gehandelt hatten. Es bestand somit die relative Vermutung der fehlenden Verantwortlichkeit, welche durch den Ausnahmecharakter gekennzeichnet war und wonach das Justizorgan konkret festzustellen hatte, ob Jugendliche bei Begehung der Tat mit Urteilsfähigkeit gehandelt hatten.[150]

Urteilsvermögen setzt die Kenntnis der Umstände unter denen Jugendliche gehandelt haben und das Vorhersehen des Tatergebnisses voraus, und umfasst sowohl den Wissens- als auch den Willensmoment der strafrechtlichen Verantwortlichkeit. Hierbei kann der Grad des Urteilsvermögens im Hinblick auf die psychische Reife oder durch das Auftreten bestimmter psychologischer (emotionale Unreife) oder sozialer Ursachen (Unfähigkeit sich an das soziale Umfeld anpassen zu können) variieren.[151] Das Urteilsvermögen ist in Beziehung zur Natur der Straftat, den konkreten Umständen der Tatbegehung und den personenbezogenen Daten des Minderjährigen zu sehen.[152]

Handelten Jugendliche ohne Urteilsvermögen, so waren ihnen gegenüber Schutz- bzw. Erziehungsmaßnahmen nach Gesetz Nr. 3/1970 anwendbar.

Die dritte Gruppe der 16- bis 18-Jährigen galt strafrechtlich voll verantwortlich, wobei das Vorliegen des Urteilsvermögens vorausgesetzt wurde.[153]

150 Vgl. *Antoniu* 1995, S. 237 f.; *Dongoroz u. a.-Dongoroz* 1969, S. 411.

151 *Antoniu* 1995, S. 238.

152 *Dongoroz u. a.-Dongoroz* 1969, S. 411.

153 Vgl. *Oancea* 1994b, S. 105.

Der 1969 verankerte Katalog der Erziehungsmaßnahmen und Strafen hat weitgehend bis in die Gegenwart hinein Gültigkeit behalten. So zählen zu den Erziehungsmaßnahmen der Verweis (zuvor als Strafe ausgestaltet), die Aufsichtsmaßnahme sowie die Unterbringung in einer Erziehungsanstalt oder in einer Heilerziehungsanstalt (Art. 100 rStGB). Strafen, die gegenüber Jugendlichen verhängt werden konnten, waren die Haft- und die Geldstrafe (Art. 109 rStGB). Hinsichtlich der Bestimmung des Strafmaßes waren die neuen Regelungen strenger. Haftstrafen waren gegenüber Jugendlichen um ein Drittel zu reduzieren (zuvor um die Hälfte). Im Falle der Todesstrafe konnte gegenüber Jugendlichen eine Freiheitsstrafe von fünf bis 20 Jahren angeordnet werden (zuvor lag die Höchststrafe bei 15 Jahren, bei Jugendlichen unter 15 Jahren bei 10 Jahren). Möglich war die bedingte Haftentlassung im Falle Jugendlicher (Art. 110 rStGB).

Das novellierte Strafprozessrecht[154] verfestigte die bestehenden verfahrensrechtlichen Garantien zugunsten Minderjähriger. Es beinhaltete in Titel IV, Kapitel II Bestimmungen zum Verfahren in Jugendsachen, welche weitgehend auf dem Gesetz von 1936 basierten. Im Gegensatz zu früheren Bestimmungen waren nicht mehr die Richter mit der Ermittlungstätigkeit beauftragt, sondern die polizeilichen Ermittlungsorgane sowie die Staatsanwaltschaft.

Im Jahr 1969 trat das neue Strafvollstreckungsgesetz[155] in Kraft. Das Gesetz legte in Art. 6 fest, dass den Jugendlichen im Rahmen des Strafvollzugs eine besondere Erziehung zuteilwerden soll, sie ihre Schulbildung weiterführen und eine ihren Fähigkeiten angemessene Berufsausbildung aufnehmen können. Diese Aspekte wurden einige Jahre später im *Gesetzesdekret Nr. 545/1972 (späteres Gesetz Nr. 13/1973) hinsichtlich der Vollstreckung der Erziehungsmaßnahme der Unterbringung jugendlicher Straftäter in einer Erziehungsanstalt*[156] vertieft.

Zeitgleich mit den strafrechtlichen Reformen wurde 1968 das „Forschungszentrum für die Problemlagen der Jugend" (*Centrul de cercetări pentru problemele tineretului*) ins Leben gerufen, wodurch die kriminologische Forschung zur Jugenddelinquenz eine Ausweitung und landesweite Anerkennung erfahren hat.[157] Das Forschungszentrum führte vertiefte interdisziplinäre Studien insbesondere zur Ursachenforschung im Bereich der Jugendkriminalität durch.[158] In-

---

154 Strafprozessordnung, veröffentlicht im Amtsblatt Nr. 145-146 vom 12.11.1968. Das Gesetz trat zeitgleich mit dem neuen Strafgesetzbuch am 01.01.1969 in Kraft.

155 Gesetz Nr. 23 vom 18.02.1969, veröffentlicht im Amtsblatt Nr. 132 vom 18.11.1969.

156 Gesetzesdekret Nr. 545/1972 (später Gesetz Nr. 13/1973) (Decret privind executarea măsurii educative a internării minorilor infractori într-un centru de reeducare), veröffentlicht im Amtsblatt Nr. 162 vom 30.12.1972.

157 *Basiliade* 2006, S. 211.

158 Vgl. *Basiliade u. a.* 1972, S. 34.

teressant ist, dass in Untersuchungen zum Thema Jugendkriminalität auch auf die Gruppe der Jungerwachsenen im Alter zwischen 18 bis 25 Jahren Bezug genommen wurde,[159] auch wenn diese Altersgruppe nicht explizit im Strafgesetz Erwähnung fand.

2.5.3 Neuregelung der jugendstrafrechtlichen Grundlagen - Gesetzesdekret von 1977

Die mit der Gesetzesnovellierung verbundene Annahme, dass Justizorgane von den neu eröffneten Möglichkeiten des Strafgesetzbuches Gebrauch machen und insbesondere Erziehungsmaßnahmen gegenüber Jugendlichen anordnen würden, erfüllte sich nicht. Die Justizpraxis zeigte sich weiterhin tendenziell punitiv, Gerichte verhängten mehr freiheitsentziehende (Haftstrafen oder Erziehungsmaßnahmen der Unterbringung in einer Erziehungsanstalt) als nicht freiheitsentziehende Sanktionen. So lag der Anteil der freiheitsentziehenden Maßnahmen 1972 bei fast zwei Dritteln (63%) der verhängten Maßnahmen.[160] Auch die richtungsweisende Entscheidung des Plenums des Höchsten Gerichtshofs (*Plenul Tribunalului Suprem*) aus dem Jahr 1972, welche Gerichte im Falle leichterer Straftaten aufforderte, Erziehungsmaßnahmen Priorität vor kurzen Haftstrafen einzuräumen, führte nicht zu einer milderen Sanktionspraxis.[161] Kritik am strafrechtlichen Sanktionensystem wurde lauter, die auf die negativen Folgen freiheitsentziehender Strafen insbesondere für Jugendliche aufmerksam machten, wie der Verformung der Persönlichkeit Jugendlicher im Strafvollzug und den negativen Auswirkungen des Kontakts vor allem mit Mehrfachtätern. Betont wurde, dass eine Besserung und Erziehung von Straftätern in staatlichen Institutionen nicht möglich sei, sondern vielmehr innerhalb der Gesellschaft unter Aufsicht von Arbeitskollektiven die Besserung und (Um-)Erziehung anzustreben sei.[162]

Dies führte schließlich 1977 zu einer bedeutenden Neuerung im Jugendstrafrecht durch Erlass des Dekretes Nr. 218 von 1977[163] über einige vorübergehende Maßnahmen hinsichtlich der Sanktionierung und Umerziehung durch Arbeit von Personen, die Straftaten begangen haben. Es schaffte erstmalig die Strafen gegenüber Jugendlichen ab und legte fest, dass alle Erziehungsmaßnahmen und

---

159 Siehe *Basiliade u .a.* 1972, S. 32.

160 *Brezeanu* 1998, S. 39, unter Verweis auf das Statistische Jahrbuch 1972.

161 Vgl. *Brezeanu* 1998, S. 39 ff.

162 Vgl. *Bulai* 1982, S. 340 ff.

163 Dekret Nr. 218/1977 (*Decret privind unele măsuri tranzitorii referitoare la sancţionarea şi reeducarea prin muncă a unor persoane care au săvârşit fapte prevăzute de legea penală*), veröffentlicht im Amtsblatt Nr. 71 vom 17.07.1977.

Strafen für Jugendliche durch lediglich zwei Erziehungsmaßnahmen ersetzt wurden:

- Jugendliche der Aufsicht des Arbeits- oder Schulkollektivs zu unterstellen (Art. 2). Die Betreuungsmaßnahme beinhaltete, dass gegenüber Jugendlichen zwischen 14 und 18 Jahren, die leichte bis mittelschwere Straftaten begangen hatten, Disziplinarmaßnahmen angewandt wurden. Diese waren als konkrete Verhaltensmaßregeln ausgestaltet, die Jugendliche unter Aufsicht des Arbeits- oder Schulkollektivs zu beachten hatten. Die Maßnahmen wurden zeitlich unbestimmt verhängt, endeten jedoch mit Eintritt der Volljährigkeit.[164] Die Straftaten wurden vor Schiedskommissionen (*comisii de judecată*)[165] verhandelt, die in den jeweiligen Einrichtungen gebildet wurden und unter richterlichem Vorsitz standen. Gegen die Entscheidung konnten innerhalb von 10 Tagen Rechtsmittel eingelegt werden.
- Die Überweisung der Jugendlichen in eine Spezialschule für Arbeit und Erziehung (*şcoli speciale de muncă şi reeducare*) für eine Dauer von zwei bis fünf Jahren (Art. 3). Die Unterbringung in diesen Einrichtungen erfolgte nur bei Begehung schwerer Straftaten Jugendlicher zwischen 14 und 18 Jahren und war als Ausnahmefall vorgesehen. Die Jugendlichen unterlagen der Verpflichtung zu arbeiten, einen Beruf zu erlernen und die Schulausbildung zu beenden. Die Maßnahme konnte nur von einem Gericht verhängt werden. Im Rahmen der Urteilsfindung waren die Schwere der Straftat, die Tatumstände und das Verhalten der Täterinnen zugrunde zu legen.

Somit konnten Jugendliche – unabhängig vom Grad der Schwere der Tat – nicht mehr zu Haftstrafen verurteilt werden, sondern bei Begehung schwerer Straftaten in Spezialschulen für Arbeit und Umerziehung untergebracht werden. Auch Geldstrafen und die Erziehungsmaßnahmen Verweis und Unterstellung unter Aufsicht konnten nicht mehr angewandt werden. Bestehen blieb jedoch die Möglichkeit der Unterbringung in einer Heilerziehungsanstalt.[166] Jugendliche, die strafrechtlich nicht verantwortlich waren oder keine Straftaten begangen haben, fielen wie zuvor in die Zuständigkeit der Schutzkommissionen auf Grundlage des Gesetzes Nr. 3/1970.

---

164   *Basiliade* 1986, S. 1164.

165   Schiedskommissionen wurden auf Grundlage des Gesetzes Nr. 59/1968 eingerichtet und galten als Erziehungs- und Rechtsprechungsorgane, siehe *Basiliade* 1986, S. 1167. Sie waren zunächst zuständig in der Vermittlung in Konflikten des gesellschaftlichen Zusammenlebens, arbeitsplatzbezogenen Konflikten sowie bestimmten ehelichen Streitigkeiten, Art. 1. Seit 1977 erweiterte sich ihre Zuständigkeit auch auf Verurteilung Minderjähriger, welche leichte Straftaten begangen haben, siehe *Basiliade* 1986, S. 1168.

166   Vgl. *Brezeanu* 1998, S. 47 unter Verweis auf Entscheidungen des Höchsten Gerichtshofs.

Das Gesetzesdekret war als *lex specialis* gegenüber dem Strafgesetzbuch anzusehen und ergänzte dessen Regelungen in Bezug auf die anwendbaren Sanktionen, so dass auch weiterhin die Regelungen bezüglich der Urteilsfähigkeit der 14- bis 16-Jährigen Bestand hatten.[167] Für Heranwachsende zwischen 18 und 20 Jahren galt, dass die Besserungsarbeit in Betrieben als eine Form der Strafaussetzung zur Bewährung vorrangig vor einer freiheitsentziehenden Strafe angewandt werden sollte.[168]

Die Regelungen erfuhren internationale Aufmerksamkeit, waren es doch die ersten gesetzlichen europäischen Bestimmungen, die die Haftstrafen für Jugendliche abschafften und damit abolitionistische Konzepte umsetzten.[169] Die Reform war gleichzeitig Beispiel eines „paradoxen Totalitarismus", da es der Außenwahrnehmung Rumäniens als repressiv geführtes Land ein Beispiel der strafrechtlichen Liberalisierung entgegensetzte.[170] Die Regelungen behielten im Grundsatz bis ins Jahr 1992, also über den politischen Umbruch hinaus, ihre Gültigkeit. Ursprünglich war jedoch vorgesehen, dass das Dekret, wie dem Titel zu entnehmen ist, nur vorübergehend bis zur Verabschiedung eines neuen Gesetzes in Kraft treten sollte.

Die Spezialschulen für Arbeit und Umerziehung wurden 1978 eingerichtet und fielen in die Zuständigkeit des Innenministeriums. Im Zuge der Reform verringerte sich die Anzahl der Strafvollzugseinrichtungen im Land deutlich.

Ebenfalls 1978 wurden eine spezielle Haftanstalt für Heranwachsende sowie besondere Abteilungen in anderen Haftanstalten zur Unterbringung Heranwachsender eingerichtet, die einen Schwerpunkt auf Aktivitäten zur Erziehung unter Berücksichtigung ihres Alters und ihrer Lebenserfahrung setzten.

1981 wurde das Dekret von 1977 ergänzt[171] und führte in Art. 4 Regelungen zur bedingten Entlassung aus einer Spezialschule für Arbeit und Erziehung ein. Voraussetzung war, dass mindestens die Hälfte der Dauer der Maßnahme vollzogen wurde, Jugendliche gutes Verhalten bewiesen, eine berufliche Ausbildung absolviert hatten und die Annahme bestand, dass sie nicht mehr rückfällig

---

167 Vgl. *Basarab* 1995, S. 164; *Basarab u. a.-Pașca* 2007, S. 517.

168 Vgl. *Basiliade* 1986, S. 1164 f.

169 In den USA wurde in den 1970er Jahren im Bundesstaat Massachusetts der überwiegende Teil der Jugendstrafvollzugsanstalten geschlossen und Jugendliche stattdessen in gemeindebasierten Programmen untergebracht (sog. Massachusetts-Experiment). Studien zufolge führte dieses Modell weder zur Steigerung der Kriminalitätsraten noch der Kosten, vgl. *Stump* 2003, S. 172 m. w. N.

170 *Basiliade* 2006, S. 216 und Fn. 173. *Basiliade*, der sich für die Reform von 1977 verantwortlich zeichnete, vermutete hinter der Akzeptanz *Ceaușescu's* zunächst finanzielle Motive zur Senkung der Kosten des Strafvollzugs, schließlich und insbesondere jedoch die Konstruktion eines Bildes, welches der öffentlichen Wahrnehmung des totalitären Regimes widersprach.

171 Dekret Nr. 64/1981, veröffentlicht im Amtsblatt Nr. 17/25.03.1981.

werden.[172] Die bedingte Entlassung konnte widerrufen werden, wenn der Jugendliche sich vom Lernen oder von der Arbeit zurückzog oder seit der Freilassung und bis zum Ablauf der Dauer der Maßnahme erneut eine Straftat beging.

Ziel der gesetzlichen Neugestaltung von 1977 war die Erziehung und gesellschaftliche Wiedereingliederung straffälliger Jugendlicher vorrangig in Freiheit, wobei eine Abkehr von strafrechtlichen Sanktionen und eine verstärkte Anwendung von Schutzmaßnahmen mit gesellschaftlichem Charakter beabsichtigt waren.[173] Das seinerzeit durchaus fortschrittlich gedachte legislative Konzept gestaltete sich ihn seiner Umsetzung hingegen aus verschiedenen Gründen nicht als einfach: Es mangelte an qualifiziertem Personal zur Durchführung der Maßnahmen, die materiellen Bedingungen in den Spezialschulen waren unzureichend, in der Unterbringung wurde kaum differenziert nach Jugendlichen mit und ohne geistige bzw. körperliche Behinderungen sowie Untersuchungshäftlingen und definitiv Verurteilten.[174] Darüber hinaus wurde die Atmosphäre in den Spezialschulen als harsch und das Regime vergleichbar mit dem in Strafvollzugsanstalten beschrieben. Zudem zeigte auch die Erziehung durch das Arbeitskollektiv nicht die gewünschten Erfolge, weit weniger Verurteilte als erwartet konnten durch Aufsichtsmaßnahmen in die Arbeit wiedereingegliedert werden.[175] Auch die Gerichte hatten Schwierigkeiten in der Anwendung der summarischen Regelungen.[176] Das Gesetz war seiner Zeit voraus. Unter den bestehenden gesellschaftlichen und ökonomischen Rahmenbedingungen und der fehlenden moralischen Unterstützung innerhalb der Bevölkerung konnte das Gesetz in seiner Zielrichtung schwer umgesetzt werden.[177] In der Sanktionspraxis war nach Inkrafttreten des Gesetzes letztlich lediglich eine Verschiebung von Freiheitsstrafen hin zu den freiheitsentziehenden Maßnahmen der Unterbringung in Spezialschulen zu beobachten.

2.6 Politischer Umbruch und strafrechtliche Regelungen seit 1990

In den 1980er Jahren führte *Ceaușescus* Austeritätspolitik dazu, dass Rumänien sich immer stärker von der Außenwelt abschottete. Rumänien sperrte sich gegen die politischen Reformen, die in einer Reihe von sozialistischen Ländern all-

---

172 Siehe *Basiliade* 1986, S. 1164.

173 *Basiliade* 1986, S. 1167, 1174.

174 Vgl. *Coca-Cozma u. a.-Vasile* 2003, S. 105.

175 *Brezeanu* 1998, S. 49. So konnten einer im Jahr 1979 realisierten Studie zufolge nur 50% der unter Aufsicht gestellten Jugendlichen wieder in Arbeit eingegliedert werden.

176 Vgl. *Ungureanu* 1995, S. 384.

177 *Stănoiu* 1994, S. 8 f.

mählich einsetzten. Unter größten Entbehrungen der rumänischen Bevölkerung erreichte *Ceaușescu* 1989 sein Ziel, die Auslandsschulden zurückzuzahlen und unabhängig von westlichen Krediten zu sein.[178] Der Lebensstandard im Land verschlechterte sich drastisch. So wurden Lebensmittelimporte deutlich reduziert, Nahrungsmittelexporte hingegen erhöht. Neben Rationierungen von Lebensmitteln musste die Bevölkerung auch fühlbare Einsparungen im Energiebereich hinnehmen.[179]

Im starken Gegensatz zur miserablen wirtschaftlichen Lage standen *Ceaușescus* Großprojekte, wie das sogenannte Dorfsystematisierungsprogramm, wonach bis zum Jahr 2000 die Anzahl der Dörfer halbiert und die Bewohner in agroindustrielle Zentren umgesiedelt werden sollten. Auch der Bau umstrittener Vorhaben wie dem Donau-Schwarzmeer-Kanal oder dem Regierungspalast in Bukarest reihten sich in die Liste der größenwahnsinnigen Projekte ein, die zur Verschärfung der wirtschaftlichen Lage führten.[180]

Die blutige Revolution vom 22.12.1989 mit annähernd tausend Opfern führte zur Beseitigung der kommunistischen Herrschaft. An die Spitze der Regierung gelangte die „Front der Nationalen Rettung" unter Führung *Ion Iliescus*.[181] Unklar blieb, wie sich die Rettungsfront, der unter anderem ehemalige Parteifunktionäre und Armee-Offiziere angehörten, legitimiert hatte. Bis heute wird darüber diskutiert, ob der Aufstand eher eine Revolution oder ein Putsch war.[182]

Am 25.12.1989 wurden *Nicolae* und *Elena Ceaușescu* unter anderem wegen Völkermordes mit über 60.000 Opfern durch ein Militärgericht zum Tode verurteilt, das Urteil ist am gleichen Tag vollstreckt worden.[183] Die bis dahin als Machtorgane legitimierte Große Nationalversammlung, der Staatsrat und die kommunistische Partei wurden abgeschafft.[184]

1991 wurde die neue Verfassung mit Bekenntnis zur parlamentarischen Demokratie verabschiedet.[185] *Iliescu* etablierte ein formaldemokratisches, halbautoritäres Regime.[186] Erst 1996 gelang es der demokratischen Opposition unter

---

178 Vgl. *Schaser/Volkmer* 2008, S. 310; *Gabanyi* 1998, S. 115 ff.

179 Vgl. *Gabanyi* 1998, S. 112 f.; *Verseck* 2007, S. 78.

180 Vgl. *Schaser/Volkmer* 2008, S. 310.

181 Vgl. *Leonhardt* 1990, S. 146; *Gabanyi* 1990, S. 18 f.; *Schaser/Volkmer* 2008, S. 311. Ausführlicher zur Etablierung der „Front der Nationalen Rettung" vgl. *Gallagher* 2004, S. 93 ff.

182 Vgl. *Verseck* 2007, S. 82 ff.

183 Vgl. *Leonhardt* 1990, S. 150. Ausführlicher zum Prozess gegen *Nicolae* und *Elena Ceaușescu*, vgl. *Trappe* 2009, S. 36 ff.

184 Vgl. *Leonhardt* 1990, S. 146.

185 Vgl. *Leonhardt* 1992, S. 127; *Gabanyi* 1998, S. 216.

186 *Verseck* 2007, S. 85.

Emil Constantinescu die Regierungsgeschäfte zu übernehmen, bis im Jahr 2000 erneut *Iliescu* an die Macht kam.

Das Strafrecht nach dem politischen Umbruch war gekennzeichnet durch Liberalisierungen, Amnestien sowie die Abschaffung der Todesstrafe, jedoch auch durch die Einführung neuer Straftatbestände und verschärfter Strafbestimmungen.[187] In der Transformationszeit herrschte eine rege Gesetzgebungstätigkeit, die zu zahlreichen Novellierungen führte.[188]

Infolge eines Anfang 1990 erlassenen Amnestie- und Begnadigungsgesetzes sind politische sowie leichtere Straftaten amnestiert worden, darüber hinaus sind Haftstrafen bis zu drei Jahren, Geldstrafen und Einweisungen Jugendlicher in Erziehungsanstalten gnadenhalber erlassen worden, mit Ausnahme von Rückfalltätern und wegen schwerer Straftaten Verurteilter.[189]

Kurz darauf wurde ein zweites Begnadigungsgesetz erlassen, infolge dessen alle zu Haftstrafen Verurteilten und Jugendliche, die in Spezialschulen für Arbeit und Erziehung untergebracht waren, begnadigt wurden (wiederum mit Ausnahme von Mehrfachtätern und Verurteilten, die schwere Straftaten begangen hatten).[190]

1990 wurden Teile des Straf- und Strafprozessrechts geändert, unter anderem wurden bestimmte Straftaten gegen den Staat abgeschafft.[191]

Die mit der Umbruchszeit verbundenen gesellschaftlichen, politischen und ökonomischen Unsicherheiten führten zu einem Anstieg der registrierten Straftaten. Daraufhin kam es zu neuen und verschärften Regelungen im Bereich bestimmter Straftaten, unter anderem bei der Unterschlagung, bei Straftaten zum Schutz der Staatsorgane, öffentlichen Institutionen und der Rechtsordnung sowie bei Straftaten, die mit Korruption zusammenhängen. Diese wurden mit mehrjährigen Haftstrafen geahndet.[192] Kennzeichnend für die Transformationszeit war auch ein sinkendes Vertrauen in die Justiz. Umfragen Mitte bis Ende der 1990er Jahre zeigten ein schwindendes Vertrauen der Bevölkerung in das Rechtswesen. So sank das Vertrauen von 1995 bis 1999 um die Hälfte und nur noch ein Viertel der Befragten gab an, Vertrauen in die Justiz zu haben.[193]

---

187 *Leonhardt* 1991, S. 133.

188 *Leonhardt* 1991, S. 132; 1993, S. 116; 1994, S. 137; 2001, S. 202.

189 Vgl. *Leonhardt* 1991, S. 138, Gesetz veröffentlicht im Amtsblatt Nr. 2/1990.

190 Vgl. *Leonhardt* 1991, S. 138, Gesetz veröffentlicht im Amtsblatt Nr. 9/1990.

191 Vgl. *Leonhardt* 1991, S. 139; *Vlăduţ* 2000, S. 229.

192 *Leonhardt* 1991, S. 139; 1993, S. 122 f.

193 *Vlăduţ* 2000, S. 239.

Nach Verabschiedung des Gesetzes Nr. 104/1992[194] wurde das Dekret von 1977 aufgehoben[195] und das Strafgesetzbuch und die Strafprozessordnung von 1969 traten mit einigen Änderungen und Ergänzungen wieder in Kraft.

Im Hinblick auf Jugendliche galten fortan wieder die Bestimmungen der Gesetze von 1969 mit den zuvor erwähnten Erziehungsmaßnahmen und Strafen. Allerdings brachte Gesetz Nr. 104/1992 eine Strafmaßreduzierung für Jugendliche auf die Hälfte (zuvor um ein Drittel) zurück, Art. 109 rStGB. Als bedeutende Neuerung führte das Gesetz – zunächst für Erwachsene – die „bedingte Strafaussetzung unter Aufsicht" (Strafaussetzung zur Bewährung) ein,[196] welche mit bestimmten Weisungen verbunden war. Der Vollzug der Strafe am Arbeitsplatz wurde neu geregelt, die Besserungsarbeit hingegen abgeschafft.

1996 brachte eine Gesetzesnovellierung[197] auch in Bezug auf Jugendliche Änderungen hinsichtlich der bedingten Strafaussetzung zur Bewährung mit sich und führte bestimmte Weisungen ein (Art. 110 rStGB). Desgleichen konnte die Erziehungsmaßnahme der Unterstellung unter Aufsicht mit Verpflichtungen wie der gemeinnützigen Arbeit verbunden werden (Art. 103 rStGB). Durch die Neugestaltung wurden daher die Alternativen zum Freiheitsentzug erweitert.

Die Gesetzesänderung erhöhte jedoch auf der anderen Seite das Strafmaß für bestimmte Straftaten und erschwerte die Voraussetzungen zur Gewährung der bedingten Haftentlassung. Damit trugen die legislativen Änderungen letztlich auch zu einer Verschärfung der Sanktionen gegenüber Minderjährigen, die zu Haftstrafen verurteilt wurden, bei.[198]

Das Gesetz Nr. 82/1999 über den Ersatz der im Verfahren wegen einer Ordnungswidrigkeit verhängten Haftstrafe durch die Verpflichtung des Zuwiderhandelnden zu einer gemeinnützigen Tätigkeit[199] führte ebenfalls zur Erweiterung der Alternativen zum Strafvollzug und legte die Pflicht zur gemeinnützigen Tätigkeit – mit Zustimmung der Betroffenen – von einer Dauer zwischen 50 und 300 Stunden fest, für Jugendliche im Alter von bis zu 16 Jahren zwischen 25 bis 150 Stunden. Für den Vollzug der Tätigkeit ist der Bürgermeister zuständig.[200]

---

194 Gesetz Nr. 104/1992, veröffentlicht im Amtsblatt Nr. 244/01.10.1992.

195 Gleichzeitig hob Gesetz Nr. 104/1992 auch das Gesetz Nr. 59/1968 über die Schiedskommissionen auf. Fälle, die noch bei den Schiedskommissionen anhängig waren, mussten an ordentliche Gerichte überwiesen werden, Art. VII Gesetz Nr. 104/1992.

196 Die „bedingte Strafaussetzung unter Aufsicht" wurde in Anlehnung an das französische Strafprozessrecht eingeführt, siehe *Durnescu* 2008a, S. 12.

197 Gesetz Nr. 140/1996, veröffentlicht im Amtsblatt Nr. 289 vom 14.11.1996.

198 Vgl. *Brezeanu* 1998, S. 51 f.

199 Gesetz Nr. 82 (*Legea privind înlocuirea închisorii contravenționale cu sancțiunea obligării contravenientului la prestarea unei activități în folosul comunității*) vom 18.05.1999, veröffentlicht im Amtsblatt Nr. 228 vom 21.05.1999.

200 *Leonhardt* 2000, S. 147.

Der Reformprozess im Justizbereich nach dem politischen Umbruch war jedoch auch durch Verzögerungen gekennzeichnet. So dauerte es beispielsweise aufgrund parlamentarischer Blockaden sehr lange, bis das Bewährungshilfegesetz und das Strafvollstreckungsgesetz in Kraft treten konnten.[201]

Beschleunigungen waren wiederum im Zuge der EU-Beitrittsverhandlungen zu beobachten. Im Jahr 2004 kam es zu einer Reihe von Gesetzesreformen.

Einer für den Zeitraum von 2003 bis 2007 angelegten Strategie zur Reform des Justizwesens[202] folgten bedeutende legislative Änderungen insbesondere im Hinblick auf das Gerichtssystem.[203] Auf Grundlage diverser Evaluationsberichte zum Stand des Justizsystems wurde deutlich, dass Defizite im Bereich der interinstitutionellen Zusammenarbeit und eine Überlastung des Gerichtssystems bestanden. Die Reformstrategie zielte auf eine Angleichung an EU-Recht und die Umsetzung des *acquis communautaire*. Im Hinblick auf den EU-Beitritt Rumäniens am 1. Januar 2007 wurde die Strategie aktualisiert und an die damaligen Notwendigkeiten angepasst.[204] Zu den Handlungszielen der Strategie zählten im Hinblick auf strafrechtliche Aspekte unter anderem eine höhere Effizienz des Rechtssystems, allgemein sowie für Jugendliche die Konsolidierung des Strafvollzugssystems gemäß den europäischen Standards darüber hinaus der Opferschutz und die soziale Reintegration von Straftätern.[205]

Zu den legislativen Änderungen, die 2004 beschlossen wurden, zählte die Reform des Gerichtssystems. Damit einher gingen Änderungen in der Zusammensetzung der Spruchkörper, für welche die Spezialisierung der Richterinnen maßgebend wurde.[206] Die Reformstrategie beinhaltete unter anderem eine Spezialisierung der Magistraten im Bereich des Jugend(straf)rechts (*justiţie pentru*

---

201 *Vlăduţ* 2000, S. 231.

202 *Strategia de Reformă a Sistemului Judiciar*, Regierungsbeschluss Nr. 1052/2003, hinsichtlich der Genehmigung der Strategie zur Reform des Justizwesens, veröffentlicht im Amtsblatt Nr. 649 vom 12.09.2003 sowie Regierungsbeschluss Nr. 232/2005 hinsichtlich der Genehmigung der Strategie zur Reform des Justizwesens für den Zeitraum 2005-2007 sowie des Aktionsplans zur Ausführung der Strategie zur Reform des Justizwesens, veröffentlicht im Amtsblatt Nr. 273 vom 01.04.2005.

203 Zu den bedeutendsten Novellierungen gehören das Gesetz über den Hohen Rat der Magistratur, das Gesetz über den Status der Magistraten sowie das Gesetz über die Organisation und Funktionsweise der Justiz. Der Hohe Rat der Magistratur wacht über die rumänische Justiz und die richterliche Unabhängigkeit. Der Rat übernimmt die Schlüsselfunktion im Vorantreiben der Reformbemühungen.

204 Siehe Strategie zur Reform des Justizwesens 2005-2007, S. 3, www. csm1909.ro/csm/-index.php?cmd=0901 (10.05.2012). Ein Aktionsplan der Regierung legte Maßnahmen, finanzielle Ressourcen, verantwortliche Institutionen etc. fest.

205 Strategie zur Reform des Justizwesens 2005-2007, S. 4.

206 Anzumerken ist, dass bereits vor 1989 spezialisierte Magistraten im Jugendstrafrecht tätig waren, nach der politischen Wende dieser Aspekt jedoch in den Hintergrund rückte.

minori, wörtlich *Jugendrecht, umfasst sowohl strafrechtliche als auch zivilrechtliche Aspekte*).[207] Die Spezialisierung erfolgt im Rahmen von Weiterbildungskursen, konzipiert von dem Nationalen Institut der Magistratur, welches für die Aus- und Weiterbildung von Richterinnen und Staatsanwälten zuständig ist, sowie durch einen verbesserten Zugang zu Rechtsprechung, Gesetzen und Fachliteratur.[208] Neben der Spezialisierung der Magistraten beinhaltet die Strategie auch die spezialisierte Fortbildung von Justizangestellten, die in Jugendsachen tätig sind.

Darüber hinaus fasst die Reformstrategie folgende Ziele im Hinblick auf die Konsolidierung des Jugend(straf)rechts zusammen:[209]

- Evaluierung des notwendigen Personals und geeigneter Räumlichkeiten für Verfahren, in denen jugendliche Straftäter und Opfer involviert sind, und Sicherstellung der bestmöglichen Behandlung,
- Verbesserung des legislativen Rahmens der Rechte Minderjähriger durch einheitliche Bestimmungen zur Vereinfachung der Verfahren und Gewährleistung der prozessualen Garantien Minderjähriger,
- Aufbau geeigneter Strukturen zur optimalen Funktionsweise des Jugendhilfe- und Jugendstrafrechts unter Einbeziehung von behördlichen/staatlichen Strukturen zum Schutz Minderjähriger, die auch Erziehungsmaßnahmen anbieten und welche in das Bewährungshilfesystem eingegliedert werden sollen. Die Einrichtungen übernehmen folgende Aufgaben: Anfertigen der psychosozialen Evaluationsberichte (für die Gerichte und Staatsanwaltschaften), psychologische Beratung sowie Überwachung der strafrechtlichen Sanktionen.

Im Rahmen eines EU-Phare-Projektes von 2004 bis 2006, welches auf die Verbesserung des Justizwesens für Jugendliche in Zivil- und Strafsachen zielte, wurden „Gute-Praxis"-Modelle etabliert.[210] Diese beinhalteten insbesondere die Beratung bei der Schaffung eines rechtlichen Rahmens für die Spezialisierung der Gerichte in Jugendsachen, die Spezialisierung von Richtern in Jugend- und Familiensachen, die Einrichtung besonderer Abteilungen für Jugendsachen in der Bewährungshilfedirektion und der Nationalen Strafvollzugsverwaltung sowie den Aufbau interdisziplinärer Teams in diesem Bereich.

---

207 Siehe Strategie zur Reform des Justizwesens 2005-2007, S. 12.

208 Siehe Strategie zur Reform des Justizwesens 2005-2007, S. 7.

209 Siehe Strategie zur Reform des Justizwesens 2005-2007, S. 12.

210 Phare RO 2003/IB/JH-09 „Sprijin pentru îmbunătățirea justiției pentru minori în România" („Verbesserung des Justizwesens für Minderjährige in Rumänien"), abrufbar unter www.just.ro. Das Projekt wurde in Kooperation mit dem französischen Justizministerium durchgeführt.

Zu Defiziten des rumänischen Rechtssystems, die mit den Gesetzesänderungen beseitigt werden sollten, gehören auch – bis in die Gegenwart hinein – die uneinheitliche Rechtsprechung und -auslegung.[211] Weitere Anliegen der Reform waren eine Verkürzung der Dauer der gerichtlichen Verfahren und Verringerung der Fallzahlen, die Richterinnen zu bewältigen haben.[212]

Des Weiteren sah die Reformstrategie vor, den Prozess der Entmilitarisierung des Strafvollzugspersonals fortzusetzen um verbesserte Beziehungen zwischen Strafgefangenen und Vollzugsmitarbeitenden zu erreichen.[213]

Ein weiterer Schwerpunkt der Strategie lag im effizienten Auf- und Ausbau des Bewährungshilfesystems. Hier sollten die gesetzlichen Grundlagen geschaffen werden, um auch die Betreuung nach Haftentlassung und den Opferschutz in der Praxis sicherzustellen. In Hinblick auf den Opferschutz legt die Strategie dar, dass konkrete Maßnahmen ergriffen werden sollen, um die finanzielle Schadenswiedergutmachung im Einklang mit geltendem Recht zu gewährleisten.[214] Die rumänische Regierung hat sich verpflichtet, der Europäischen Kommission im 6-monatigen Rhythmus über die Umsetzung der Reformstrategie Bericht zu erstatten.

Im Jahr 2004 wurde ein neues Strafgesetzbuch[215] verabschiedet. Hinsichtlich der Behandlung Jugendlicher sah das Gesetz die Einführung einer weiteren Erziehungsmaßnahme, der Betreuung durch die Bewährungshilfe (damals Dienste der sozialen Reintegration), vor und der damit verbundenen Einbeziehung in soziale Reintegrationsprogramme.[216] Dennoch führten einige der neu eingeführten Regelungen zu einer Verschärfung der Bestimmungen hinsichtlich Jugendlicher im Vergleich zu Erwachsenen, beispielsweise bei der gleichzeitigen Anordnung der gemeinnützigen Arbeit und der aufschiebenden Aussetzung der Strafe oder der Aussetzung der Strafvollstreckung.[217] Das Inkrafttreten des Gesetzes wurde jedoch mehrfach verschoben[218] und schließlich wurde das Ge-

---

211 Siehe Strategie zur Reform des Justizwesens 2005-2007, S. 7; CVM-Bericht vom 23.07.2008, S. 5; CVM-Bericht vom 18.07.2012, S. 8.

212 Siehe Aktionsplan S. 2; Strategie zur Reform des Justizwesens 2005-2007, S. 8.

213 Strategie zur Reform des Justizwesens 2005-2007, S. 13. Siehe auch *Kap. 6.2.3.*

214 Strategie zur Reform des Justizwesens 2005-2007, S. 14.

215 Gesetz Nr. 301/2004, veröffentlicht im Amtsblatt Nr. 575 vom 29.06.2004. Das Gesetz sah eine Neugestaltung des Allgemeinen und Besonderen Teils vor, die Einteilung der Straftaten in Verbrechen und Vergehen, die Erweiterung strafmildernder Umstände, ein erhöhtes Strafmaß für Rückfalltäter, etc., siehe *Bormann* 2005, S. 151 f.

216 Siehe Gesetzesbegründung, Gesetz Nr. 301/2004, S. 4. Siehe auch www.cdep.ro/proiecte/2003/300/50/8/em358.pdf (24.09.2010).

217 Siehe Justizministerium 2009a, Begründung zum Strafgesetz, S. 2.

218 Eilverordnungen (O.U.G.) Nr. 58/2005, 50/2006 und 73/2008.

setz durch Verkündung des neuen Strafgesetzbuches von 2009 aufgehoben. Das Gesetz trat nicht in Kraft, da es Unstimmigkeiten im Gesetzestext aufwies.[219] Es beinhaltete ferner Bestimmungen, die nicht verfassungsgemäß waren. Darüber hinaus fehlte es an einer Strafprozessordnung, die die neuen Regelungen des Strafgesetzbuches berücksichtigte.[220] Schließlich beinhaltete das Gesetz auch noch Elemente aus kommunistischer Zeit, von denen es sich nicht vollständig gelöst hatte.[221]

Mit der Ausgestaltung eines neuen Strafgesetzbuches beauftragte das Justizministerium[222] eine Kommission, die sich aus Strafrechtswissenschaftlern sowie Praktikerinnen zusammensetzte.[223] Im Jahr 2008 legte die Kommission einen Entwurf vor, der sich insbesondere an das rumänische Strafgesetzbuch von 1936 sowie das italienische und deutsche Strafgesetzbuch anlehnte. Weiterhin fanden auch das französische, spanische, griechische, österreichische, schweizerische und portugiesische Recht Berücksichtigung bei der Gesetzesentwicklung.[224]

Das neue Strafgesetzbuch wurde auch in dem Bestreben entwickelt, für mehr Rechtsklarheit zu sorgen. So gelten etwa 300 Spezialgesetze, die strafrechtliche Bestimmungen bzw. Bezüge beinhalten und sich inhaltlich häufig überschneiden, was zu Rechtsunsicherheit führt.[225] Darüber hinaus zielt das neue Gesetz auf die Rechtsangleichung im europäischen Raum. Zwischenzeitlich – am 1. Januar 2007 – kam es zum Beitritt Rumäniens, gemeinsam mit Bulgarien, zur Europäischen Union.

Regelmäßige Berichte im Rahmen des von der EU eingerichteten Kooperations- und Kontrollverfahrens[226] geben Aufschluss über die Fortschritte, die

---

219 Siehe Justizministerium 2009a, Begründung zum Strafgesetzbuch, S. 1.

220 Vgl. *Lefterache* 2012, S. 43 f.

221 Vgl. *Rinceanu* 2009, S. 795.

222 Amtierende Justizministerin zu dieser Zeit, von Dezember 2004 bis April 2007, war *Monica Macovei* (siehe www.just.ro/MinisterulJusti%C8%9Biei/Ministruljusti%C5% A3iei/Mini%C5%9FtriiJusti%C5%A3iei/tabid/851/Default.aspx) (31.1.2012), die eine Reihe von Reformen zur Harmonisierung mit europäischen Standards und zur Modernisierung des Strafrechts durchsetzte.

223 *Rinceanu* 2009, S. 795; 2011, S. 105 mit namentlicher Aufzählung der Beteiligten.

224 Vgl. Justizministerium 2009a, Begründung zum Strafgesetzbuch, S. 4, 8, 71.

225 Vgl. Justizministerium 2010, Begründung zum Ausführungsgesetz zum Strafgesetzbuch, S. 2.

226 Entscheidung der Kommission 2006/928/EG vom 13.12.2006 zur Einrichtung eines Verfahrens für die Zusammenarbeit und die Überprüfung der Fortschritte Rumäniens bei der Erfüllung bestimmter Vorgaben in den Bereichen Justizreform und Korruptionsbekämpfung (Amtsblatt L 354 vom 14.12.2006, S. 56). Die Berichte basieren auf In-

Rumänien nach dem EU-Beitritt am 1. Januar 2007 in den Bereichen Justizreform und Korruptionsbekämpfung erzielt hat. Ziel ist die EU-weite Harmonisierung des Justizsystems und der Rechtspraxis.

2.7 Die Gesetzeslage bis zum Inkrafttreten der Reformgesetze von 2014

Das Strafrecht befand sich in den vergangenen Jahren in einem Reformprozess, in dessen Verlauf die strafrechtlichen Grundlagen eine grundlegende Erneuerung erfuhren. Das neue Strafgesetzbuch ist am 1. Februar 2014, zeitgleich mit der neuen Strafprozessordnung, in Kraft getreten. Bis dahin galt über einen längeren Zeitraum das Strafgesetzbuch (rStGB a. F.), das weitgehend auf das 1969 in Kraft getretene Strafgesetzbuch zurückgeht und insbesondere nach 1990 eine Reihe von Novellierungen erfahren hat.[227] Im Hinblick auf die strafrechtliche Verantwortlichkeit Jugendlicher galt (und gilt), dass die Altersgruppe der 14- und 15-Jährigen nur dann als strafmündig eingestuft wurde, wenn bei Tatbegehung ein Handeln mit Urteilsfähigkeit vorlag. 16- und 17-Jährige galten als grundsätzlich strafrechtlich verantwortlich mit der Folge, dass jugendstrafrechtliche Bestimmungen auf sie anwendbar waren. Neben dem Strafgesetzbuch existierte eine Vielzahl von Sondergesetzen, die strafrechtliche Bestimmungen enthielten.[228] Darüber hinaus stellten das Strafprozess-, das Strafvollstreckungs- sowie das Strafregistergesetz[229] wichtige gesetzliche Grundlagen dar. Bisherige gesetzliche Bestimmungen kamen in der Übergangszeit auch weiterhin zum Tragen. Im vorliegenden Kapitel werden daher die bis 2014 geltenden gesetzlichen Grundlagen, die das rumänische Strafrecht über Jahrzehnte prägten, beleuchtet. Die Ausführungen zur bisherigen Gesetzeslage sind darüber hinaus für das Verständnis der Sanktionspraxis der vergangenen Jahre von Bedeutung.

---

formationen der rumänischen Behörden, der Kommissionsdienststellen, Sachverständigen der Mitgliedsstaaten und Vertretern der Zivilgesellschaft.

227 Vgl. hierzu *Kap. 4.2.*

228 Hierzu zählen unter anderem Sondergesetze zur Prävention und Bekämpfung der Korruption, des Menschenhandels, des Drogenhandels und illegalen -konsums, der Geldwäsche, der organisierten Kriminalität, der Steuerhinterziehung sowie zu Verkehrsdelikten.

229 Strafregistergesetz Nr. 290/2004 (*Legea privind cazierul judiciar*), veröffentlicht im Amtsblatt Nr. 777 vom 13. November 2009.

2.7.1 Der Straftatbegriff und Möglichkeiten der Diversion

Das bis 2014 geltende Strafgesetz verstand unter einer Straftat eine gesellschaftsgefährliche[230] Tat, die schuldhaft begangen wurde und gesetzlich bestimmt ist, Art. 17 Abs. 1 rStGB a. F.[231]

Damit war eine Straftat geprägt durch ihren materiellen, sozialen, moralischen, humanen und juristischen Gehalt.[232] Die von *V. Dongoroz* erarbeitete Legaldefinition vereinte sowohl materielle Elemente der Gesellschaftsgefährlichkeit als auch formelle Elemente im Hinblick auf die Strafbarkeit nach dem Strafgesetzbuch. Darüber hinaus wurde als ein drittes Element die Schuld aufgenommen, um den Begriff der Straftat näher eingrenzen zu können.[233]

Im Gegensatz zur dreigliedrigen Struktur der Straftat im deutschen Strafrecht galt in Rumänien der materielle Verbrechensbegriff. Dieser war geprägt durch die vier Bestandteile *Objekt der Straftat, Subjekt der Straftat, objektive Seite der Straftat* und *subjektive Seite der Straftat*.[234] Dieser Verbrechensbegriff herrschte bis 1989 in sämtlichen Ostblockländern vor. Rumänien behielt ihn auch nach der politischen Wende 1989 bei, wohingegen sich die meisten osteuropäischen Länder von dieser Struktur abwandten.[235]

Das Objekt der Straftat bezog sich auf das Rechtsgut und Handlungsobjekt, das Subjekt der Straftat stellte Straftäter, Teilnehmer und Geschädigte dar. Die objektive Seite der Straftat beinhaltete Handlung, Erfolg und Kausalität und die subjektive Seite der Straftat die Formen der Schuld.[236]

Weiterhin spezifizierte das Gesetz, dass eine gesellschaftsgefährliche Tat bei einer „Handlung oder Unterlassung vorliegt, durch die einer der in Art. 1 genannten Werte verletzt wird und für deren Sanktionierung die Anwendung einer Strafe notwendig ist", Art. 18 rStGB a. F. Von der Strafbarkeit wurden jedoch minderschwere Taten mit Bagatellcharakter ausgenommen und damit Möglichkeiten der Diversion geschaffen.[237] So bestimmte Art. 18¹ Abs. 1 rStGB a. F.,

---

230 Wörtlich heißt es in Art. 17 Abs. 1 rStGB „…Tat, die eine Gesellschaftsgefährlichkeit (*pericol social*) darstellt,…."

231 Art. 17 rStGB ist mit „Wesensmerkmale der Straftat" überschrieben.

232 *Dongoroz u. a.-Dongoroz* 2003, S. 8.

233 *Guiu* 2007, S. 124.

234 Vgl. *Mateuţ* 1999, S. 19; *Basarab* 1988, S. 95.

235 *Avrigeanu* 2005, S. 184; *Rinceanu* 2009, S. 800 f. *Avrigeanu* weist darauf hin, dass dieser Aufbau bereits vor 1945 unabhängig vom sowjetischem Einfluss in Rumänien galt, S. 184.

236 Vgl. *Rinceanu* 2009, S. 800 f.

237 Ausführlicher zum Begriff der Diversion in *Kap. 5.6.* Im eigentlichen Sinn handelt es sich um eine Form der materiellrechtlichen Entkriminalisierung, denn wenn ein derartiges Bagatelldelikt bejaht wird, bleibt der Staatsanwaltschaft kein dem Opportunitäts-

dass „eine im Strafgesetzbuch vorgesehene Handlung keine Straftat darstellt, wenn sie aufgrund einer geringfügigen Verletzung eines der gesetzlich geschützten Werte sowie aufgrund ihres konkreten Inhalts offensichtlich bedeutungslos ist und der Grad der Gesellschaftsgefährlichkeit einer Straftat nicht vorliegt". Darüber hinaus regelte Art. 18[1] Abs. 2 rStGB a. F., dass zur „konkreten Feststellung des Grades der Gesellschaftsgefährlichkeit die Art und Weise der Tatbegehung, die verwendeten Mittel, der verfolgte Zweck, die Umstände der Tatbegehung, die eingetretenen oder möglichen Tatfolgen sowie die Person und das Verhalten des Täters zugrunde zu legen sind". Handelte es sich um eine nur geringfügig gesellschaftsgefährliche Tat, so kam lediglich eine Sanktion mit Verwaltungscharakter gemäß Art. 91 rStGB a. F. in Betracht, die die Staatsanwaltschaft oder das Gericht verhängte. Zu den verwaltungsrechtlichen Sanktionen zählten die Verwarnung, die Abmahnung sowie die Geldbuße in Höhe von 10 bis 1.000 Lei.[238]

Die Feststellung der konkreten Gesellschaftsgefährlichkeit der Tat oblag dem zuständigen Justizorgan, welches entschied, ob eine Strafe in Betracht kommt. Hierbei war zu unterscheiden zwischen der „konkreten", also der sich in der begangenen Tat zeigenden Gesellschaftsgefährlichkeit und der vom Gesetzgeber eingeschätzten sogenannten „abstrakten" Gesellschaftsgefährlichkeit der Tat, die sich im Strafmaß widerspiegelte.[239]

Im rumänischen Strafrecht galten ferner besondere Regelungen zum Ersetzen der strafrechtlichen Verantwortlichkeit (*înlocuirea răspunderii penale*), Art. 90, 91 und 98 rStGB a. F., ebenfalls eine Form der Diversion. Danach konnten bei Vorliegen leichterer Straftaten, geringer Gesellschaftsgefährlichkeit der Straftat und minder schwerer Tatfolgen, sowie bei Schadenswiedergutmachung, Reue oder der begründeten Annahme der Resozialisierung des Täters verwaltungsrechtliche Sanktionen anstatt Strafen verhängt werden (siehe oben).

Darüber hinaus bestand die Möglichkeit, dass der strafrechtliche Charakter der Tat entfällt, unter anderem aufgrund von Notwehr, Notstand, Minderjährigkeit bei fehlender Strafmündigkeit, Trunkenheit, Unzurechnungsfähigkeit und bei einem Irrtum über die Tatumstände, Art. 44 ff. rStGB a. F.

---

prinzip immanentes Ermessen. Vielmehr hat dann eine Einstellung des Verfahrens zu erfolgen. Man kann dennoch von Diversion sprechen, weil die Einschätzung, ob die Anwendung einer Strafe notwendig ist, eine Ermessensentscheidung darstellt, die den Überlegungen im Rahmen einer Diversionsentscheidung funktional entspricht.

238 Das entspricht ca. 2 bis 225 Euro.

239 Vgl. *Mitrache/Mitrache* 2012, S. 112; *Guiu* 2007, S. 125. Im deutschen Strafrecht sind keine entsprechenden Regelungen zur Ausnahme von der Strafbarkeit vorgesehen. In der Rechtspraxis werden solche Taten jedoch regelmäßig im Rahmen der Diversion erledigt.

2.7.2 Strafziele

Aus dem allgemeinen Grundsatz der Strafziele, Art. 52 Abs. 1 rStGB a. F., ergab sich, dass die „Strafe sowohl eine Zwangsmaßnahme als auch ein Mittel zur
Erziehung des Verurteilten darstellt. Das Ziel der Strafe ist die Prävention der
Begehung neuer Straftaten." Aus dem Gesetzeswortlaut erschloss sich eine
Doppelfunktion der Strafe, nämlich die Funktionen des Zwangs und der Erziehung. Die an den Zwang angeknüpfte Funktion folgte aus der Natur der Strafe
als Zwangsmaßnahme, einhergehend mit der Beschneidung von Rechten oder
der Freiheit.[240] Hierbei wurde ein repressiver, insbesondere Freiheitsstrafen
immanenter Charakter deutlich. Strafe als Mittel zur Erziehung hingegen zielte
auf eine Verhaltensänderung der Verurteilten nach dem Strafvollzug im Hinblick auf eine verbesserte Reintegration,[241] wobei präventive Gedanken sichtbar
wurden. Der Gesetzeswortlaut beinhaltete damit sowohl spezialpräventive, auf
die Erziehung und Resozialisierung des Täters ausgerichtete, als auch generalpräventive Aspekte.[242]
Der Gesetzeswortlaut konkretisierte die Erziehungsziele in einem weiteren Ab-
satz, Art. 52 Abs. 2 S. 1 rStGB a. F.: „durch den Vollzug der Strafe soll eine
einwandfreie Arbeitseinstellung, ein korrektes Verhalten gegenüber der Rechtsordnung und den Normen des gesellschaftlichen Zusammenlebens erreicht werden". Die Bestimmungen wurden 1968 aufgenommen und reflektieren mithin
sozialistisch geprägte Werte. Das neue Strafgesetzbuch hat demgegenüber Abstand von einer Formulierung des Strafziels genommen, die sich stattdessen in
dem neuen Strafvollzugs- und Strafvollstreckungsgesetz findet.

---

240   Vgl. *Pascu/Uzlău* 2013, S. 342 f.

241   Vgl. *Derşidan* 2007, S. 122.

242   Vgl. *Antoniu* 1998, S. 19.

2.7.3 Strafrechtliche Reaktionsmöglichkeiten gegenüber Jugendlichen

Neben den in *Kap. 2.7.1* erwähnten Diversionsmöglichkeiten waren auf Jugendliche Erziehungsmaßnahmen und Strafen anwendbar. Der Gesetzgeber räumte den Erziehungsmaßnahmen Vorrang vor den Strafen ein, so dass sich ein abgestufter Katalog von Maßnahmen und Strafen im Strafgesetz fand. Hintergrund war, dass der Gesetzgeber die Erziehungsmaßnahmen aufgrund ihres Handlungscharakters und ihrer Zielsetzung als adäquatere Maßnahmen zur Prävention und Erziehung der Jugendlichen ansah, weil sie besser geeignet waren, eine optimale humane und soziale Entwicklung zu ermöglichen.[243]

Im Hinblick auf Jugendliche, die nicht strafrechtlich verantwortlich waren, konnten nur Schutzmaßnahmen nach dem Gesetz 272/2004 zum Schutz und zur Förderung der Kinderrechte angewandt werden.[244]

2.7.3.1 Erziehungsmaßnahmen

In dem Katalog erzieherischer Maßnahmen[245] sah das Strafgesetzbuch a. F. in Art. 101 folgendes Reaktionsspektrum für Jugendliche vor:

- Verwarnung,
- Unterstellung unter Aufsicht,
- Unterbringung in einer Erziehungsanstalt,
- Unterbringung in einer Heilerziehungsanstalt.

Verwarnung

Die Verwarnung (*mustrarea*) stellte die mildeste Erziehungsmaßnahme dar. Eine Verwarnung zu erteilen bedeutete, Jugendliche zurechtzuweisen, sich künftig normtreu zu verhalten, die Gesellschaftsgefährlichkeit der begangenen Straftat[246] vor Augen zu führen und darauf hinzuweisen, dass bei nochmaliger Straftatbegehung eine strengere Erziehungsmaßnahme oder eine Strafe verhängt werden wird (Art. 102 rStGB a. F.).[247] Die Verwarnung sollte Jugendlichen

---

243 Vgl. *Dongoroz u. a.-Dongoroz* 2003, S. 225 f.

244 Vgl. hierzu *Kap. 4.3.4.*

245 Die Maßnahmen wurden mit der Novellierung des Strafgesetzes 1969 als Erziehungsmaßnahmen konzipiert, zuvor waren sie als Sicherheitsmaßnahmen geregelt, vgl. *Kap. 2.3.1.*

246 In Deutschland dient die Verwarnung dazu, dem Jugendlichen das Unrecht der Tat eindringlich vorzuhalten, § 14 JGG.

247 Im Unterschied zu der Verwaltungsmaßnahme der Verwarnung nach Art. 181, 91 a) rStGB a. F., die in den meisten Fällen im Rahmen des Ermittlungsverfahrens von der

insbesondere die Folgen der Tat bewusst machen. Im Gegensatz zu anderen Erziehungsmaßnahmen, für deren Umsetzung andere Personen verantwortlich waren, lag es insbesondere an der Person und der Überzeugungskraft der jeweiligen Richterinnen, auf die Jugendlichen einzuwirken und deren künftiges Verhalten nachhaltig zu beeinflussen.[248] So hat die Erfahrung gezeigt, dass sich eine Verwarnung langfristig und positiv auswirken kann, soweit Jugendliche nicht nur zurechtgewiesen, sondern auch dahingehend motiviert werden, künftig Besserung zu zeigen und ihr Vertrauen dahingehend zu stärken.[249] Die Maßnahme zielte insbesondere darauf ab, potentielles Fehlverhalten zu verringern und Jugendliche von einer neuerlichen Tatbegehung abzuhalten.

Angewandt wurde die Maßnahme bei besonders leichten Straftaten sowie solchen, die jugendtypische Gewohnheiten reflektieren.[250] Hatten Jugendliche bereits eine Straftat begangen und wurden sie in der Folge verwarnt, so schied die Verwarnung aus, auch wenn es sich um eine Tat geringer Gesellschaftsgefährlichkeit handelte.[251] Davon abweichend konstatierte jedoch *Dongoroz*, dass es in bestimmten Fällen, beispielsweise der fahrlässigen Begehung einer erneuten Straftat, möglich sein sollte, nochmals eine Verwarnung auszusprechen.[252]

Die Maßnahme wurde unmittelbar nach der Urteilsverkündung in der Hauptverhandlung erteilt (Art. 487 Abs. 1 rStPO a. F.).[253] Die Verwarnung war mündlich und in Anwesenheit des Jugendlichen zu erteilen.[254]

Staatsanwaltschaft verhängt wurde, konnte die Erziehungsmaßnahme nur durch das Gericht angeordnet werden. Inhaltlich lag der Unterschied darin, dass es bei der Verwarnung im administrativen Sinne an der Gesellschaftsgefährlichkeit der Tat mangelte, siehe *Coca-Cozma u. a.-Vădan* 2003, S. 108.

248 *Coca-Cozma u. a.-Vădan* 2003, S. 106.

249 *Dongoroz u. a.-Dongoroz* 2003, S. 232.

250 Vgl. *Brezeanu* 1998, S. 54; *Nistoreanu/Boroi* 2002, S. 188; *Dongoroz u. a.-Dongoroz* 2003, S. 232; *Bulai/Bulai* 2007, S. 607. Ebenso wird in Deutschland die Verwarnung bei leichten Verfehlungen Jugendlicher verhängt, vgl. *Eisenberg* 2014, § 14 Rn. 6. In beiden Ländern wird bzw. wurde die Verwarnung grundsätzlich nur einmal, nach der ersten Straftatbegehung, angewandt.

251 *Lefterache* 2012, S. 615, unter Hinweis auf Plen. T.S., D.I. Nr. 9/1972, in C.D. 1972, S. 55.

252 *Dongoroz u. a.-Dongoroz* 2003, S. 232.

253 Die – ausnahmsweise – sofortige Vollstreckung der Maßnahme wurde damit begründet, dass der richterliche Hinweis auf die Folgen der Straftat in möglichst kurzem zeitlichen Abstand zur Begehung der Straftat erfolgen sollte, um die jugendlichen Straftäter bezüglich der Tatfolgen zu sensibilisieren, vgl. *Coca-Cozma u. a.-Vădan* 2003, S.106 f. Konnte die Verwarnung nach der Urteilsverkündung aus einem Grund nicht ausgesprochen werden, so war der Jugendliche gemäß Art. 487 Abs. 2 rStPO a. F. erneut zu laden, ebenso die Eltern, oder gegebenenfalls andere gesetzliche Vertretende.

Wie bei allen Erziehungsmaßnahmen und Sanktionen war grundsätzlich das Alter der Jugendlichen bei Begehung der Straftat zugrunde zu legen. Kontrovers diskutiert wurde die Frage, ob mit Eintritt der Volljährigkeit zur Zeit der Hauptverhandlung eine Erziehungsmaßnahme noch in Betracht kommt. Teilweise wurde argumentiert, dass eine Erziehungsmaßnahme wie die Verwarnung keine adäquate Reaktion mehr für jugendliche Straftäter darstelle, die die Volljährigkeit erreicht haben und auf die somit erzieherisch nicht mehr eingewirkt werden kann. Damit sei die Verwarnung, wenn Jugendliche bei Urteilsverkündung die Volljährigkeit erreicht haben, auszuschließen.[255] Andere bezogen sich auf den Grundsatz, dass bei der Auswahl der Maßnahme auf den Zeitpunkt der Tatbegehung abzustellen sei, wie dies gesetzlich vorgesehen war und ist. Insbesondere die (ältere) Rechtspraxis war so, dass eine Verwarnung ausgesprochen wurde, wenn zum Zeitpunkt der Urteilsverkündung lediglich wenig Zeit nach Eintritt der Volljährigkeit vergangen war.[256] Demgegenüber ging die jüngere Justizpraxis mehrheitlich davon aus, dass eine Verwarnung nicht mehr angewandt werden konnte, wenn Jugendliche zum Zeitpunkt der Verurteilung volljährig geworden waren.[257] Würden Erziehungsmaßnahmen bei Jugendlichen, die zur Zeit der Verhandlung volljährig geworden sind, nicht mehr angewandt werden können, so bliebe nur die Alternative, eine Strafe in milderer Form zu verhängen, da folglich dann alle Erziehungsmaßnahmen ins Leere laufen würden. Dies konnte jedoch nicht Sinn und Zweck des Gesetzes sein, das darauf abstellte, dass der Zeitpunkt der Tatbegehung bei Anordnung der Sanktion maßgeblich ist.

Unterstellung unter Aufsicht

Die Erziehungsmaßnahme der Aufsichtsunterstellung (*libertatea supravegheată*, wörtlich *beaufsichtigte Freiheit*) bestand darin, Jugendliche für die Dauer eines Jahres der besonderen Aufsicht von bestimmten Personen zu unterstellen, Art. 103 Abs. 1 S. 1 rStGB a. F.[258] Die Dauer eines Jahres war explizit festgelegt und durfte weder unter- noch überschritten werden. In der Folge konnte die

---

254 Vgl. *Basarab u. a.-Pașca* 2007, S. 519, unter Hinweis auf Plen. T.S., D.I. Nr. 9/1963, in C.D. 1963, S. 59.

255 *Boroi* 2008, S. 354.

256 Siehe *Brezeanu* 1998, die die Gerichtsentscheidungen Plen. T.S., D.I., Nr. 1/1971, C.D., S. 25, R.R.D Nr. 4/1971, S. 85 zitiert, S. 54, Fn. 2.

257 Siehe beispielsweise Jud. *Sectorului* 1, s.p. Nr. 1584/2003, zitiert in *Vasile* 2007, S. 335.

258 Die Maßnahme der Unterstellung unter Aufsicht ist wie die Verwarnung erstmals 1936 in das rStGB aufgenommen worden, vgl. *Kap. 2.3.1.*

Maßnahme für Jugendliche, die das 17. Lebensjahr überschritten hatten, nicht angewandt werden.[259]

Die Maßnahme kam bei leichten Straftaten in Frage und zielte auf die Resozialisierung der Jugendlichen, indem sie sie der Aufsicht bestimmter Personen unterstellte, ohne sie dem gewohnten Umfeld zu entziehen.[260] Jugendliche sollten im Rahmen der Erziehungsmaßnahme weiterhin die Möglichkeit behalten, ihren schulischen oder beruflichen Verpflichtungen nachzugehen. Im Rahmen dieser Maßnahme hatte das Gericht die Jugendlichen, wie auch bei der Verwarnung, auf die Folgen ihres Verhaltens hinzuweisen, Art. 103 Abs. 4 rStGB a. F.

Mit der Beaufsichtigung der Jugendlichen wurden entweder die Eltern, Adoptiveltern oder der Vormund beauftragt, Art. 103 Abs. 1 S. 2 rStGB a. F. Waren diese nicht in der Lage, die Beaufsichtigung zufriedenstellend zu übernehmen, so wurde der Jugendliche der Aufsicht einer vertrauenswürdigen Person – vorzugsweise einer Verwandten – oder einer mit der Aufsicht Jugendlicher betrauten Institution unterstellt, Art. 103 Abs. 1 S. 3 rStGB a. F. Eine solche Institution, die gesetzlich nicht näher definiert wurde, konnte beispielsweise die Bewährungshilfe darstellen.

War die Beaufsichtigung durch die gesetzlich vorgesehenen Personen nicht möglich, so ordnete das Gericht die Einweisung in eine Erziehungsanstalt an. Darin zeigte sich die relativ begrenzte Anwendungsmöglichkeit der Maßnahme, die maßgeblich von der Vertrauenswürdigkeit der Aufsichtspersonen abhing.[261]

Das Gericht konnte die Beaufsichtigung damit verbinden, den Jugendlichen bestimmte Weisungen aufzuerlegen (Art. 103 Abs. 3 rStGB a. F.):[262]

- Bestimmte Orte nicht aufzusuchen,
- zu bestimmten Personen keinen Kontakt aufzunehmen und/oder
- unbezahlte Arbeit in einer „Einrichtung von öffentlichem Interesse"[263] für die Dauer zwischen 50 und 200 Stunden, höchstens drei Stunden

---

259 Vgl. *Dongoroz* 2003, S. 233; *Lupaşcu* 2001, S. 214, unter Hinweis auf C.S.J. s.p., d. Nr. 1369/1999; *Brezeanu* 1998, S. 57, unter Hinweis auf Plen. T.S., D.I. Nr. 9/1972, C.D., S. 55; *Theodoru* 2013, S. 826. Die erwähnte Ansicht und die mehrheitliche Rechtspraxis wurden jedoch auch kritisiert. Eine solche Gesetzesinterpretation führe dazu, dass der Gleichheitsgrundsatz insbesondere bei gemeinschaftlich begangenen Straftaten von Jugendlichen zu Ungleichheit führe, siehe auch die Diskussion zur Verwarnung. Es handle sich um Bedingungen die nicht in der Hand der Jugendlichen liegen und in ähnlichen Situationen zu ungleichen Sanktionen führen würden und damit gegen das Verfassungsrecht verstoßen, *Vasile* 2007, S. 341.

260 *Dongoroz u. a.-Dongoroz* 2003, S. 233.

261 *Dongoroz u. a.-Dongoroz* 2003, S. 233.

262 Die Weisungen wurden eingeführt mit Gesetz Nr. 140/1996.

263 Diese Wortwahl ist gleichzusetzen mit gemeinnütziger Arbeit.

täglich, entweder nach der Schule, an Feiertagen oder in den Ferien zu verrichten.

Die gemeinnützige Arbeit wurde nicht als selbstständige Sanktion ausgestaltet, sondern als Weisung innerhalb der Aufsichtsunterstellung.

Nach Anordnung der Maßnahme setzte das Gericht die Schule oder den Arbeitgeber der Jugendlichen, und gegebenenfalls die Einrichtung, in der die Jugendlichen die gemeinnützige Arbeit verrichten sollten, davon in Kenntnis, Art. 103 Abs. 5 rStGB a. F.

Das Gericht hatte Umfang und Arbeit genau festzulegen und dabei das Schulprogramm, Arbeitszeiten und die Möglichkeiten der Institution zu prüfen und der Entscheidung zugrunde zu legen.

Die Einwilligung der Jugendlichen zur Verrichtung der gemeinnützigen Arbeit war notwendig. Dies ergab sich aus europäischen Dokumenten sowie rumänischen Regelungen. Hierzu zählen Art. 49 der Verfassung und Art. 13 des Arbeitsgesetzes, die Europäischen Grundsätze für gemeindebezogene Sanktionen und Maßnahmen[264] und Art. 4 Abs. 2 der *Europäischen Menschenrechtskonvention* (EMRK).[265] Grundsätzlich war es Jugendlichen ab 15 Jahren mit Einwilligung ihrer gesetzlichen Vertretenden erlaubt, eine Arbeitstätigkeit aufzunehmen, für Jugendliche ab dem vollendeten 16. Lebensjahr galt dies ohne Einschränkung.[266] Somit konnte das Gericht für Jugendliche ab der Vollendung des 15. Lebensjahres mit entsprechendem Einverständnis der gesetzlichen Vertreter die gemeinnützige Arbeit anordnen.

Zeigten Jugendliche innerhalb des vorgesehenen Zeitraums von einem Jahr weiterhin sogenannte „schlechte Verhaltensweisen" (*purtări rele*), entzogen sie sich der Beaufsichtigung oder begingen sie erneut eine „Tat nach dem Strafgesetz",[267] so widerrief das Gericht die Maßnahme und ordnete die Einweisung in eine Erziehungsanstalt an, Art. 103 Abs. 4 S. 1 rStGB a. F.

---

264 Europaratsempfehlung R (92)16 über die Europäischen Grundsätze für gemeindebezogene Sanktionen (*Rec. on the European rules on community sanctions and measures*). Diese wurden ergänzt durch die Empfehlung R (2002)22 zur Verbesserung der Durchführung der Europäischen Grundsätze für gemeindebezogene Sanktionen und Maßnahmen (*Rec. on improving the implementation on the European rules on community sanctions and measures*).

265 Siehe *Lefterache* 2012, S. 617.

266 Gemäß Art. 49 Abs. 4 Verfassung können Jugendliche frühestens ab der Vollendung des 15. Lebensjahrs Arbeitsverträge abschließen. Art. 13 des Arbeitsgesetzes legt die Erwerbsfähigkeit grundsätzlich mit 16 Jahren, in Ausnahmefällen jedoch auch ab 15 Jahren mit der Einwilligung der gesetzlich Vertretenden, fest, siehe *Lefterache* 2012, S. 617.

267 Eine Tat nach dem Strafgesetz bedeutet, dass es sich um eine Tat im strafrechtlichen Sinn handelt, für die jedoch keine strafrechtliche Verantwortlichkeit vorliegt, beispiels-

Handelte es sich um eine Straftat für die der Jugendliche strafrechtlich verantwortlich war, ordnete das Gericht die Einweisung in eine Erziehungsanstalt an oder verhängte eine Strafe, Art. 103 Abs. 4 S. 2 rStGB a. F.

In der Literatur wurde kritisch auf sprachliche Unklarheiten im Gesetz hingewiesen, insbesondere in Bezug auf die Formulierung „Tat nach dem Strafgesetz". Bei einer weiten Auslegung würden auch Taten, die beispielsweise ohne Schuld oder in Notwehr begangen wurden, darunter zu verstehen sein. Dies sei jedoch problematisch, da Jugendliche dann härter bestraft werden würden als nach Begehung der ersten Straftat. Der Gesetzgeber müsse die Kriterien für eine Tat nach dem Strafgesetz, die keine strafrechtliche Verantwortlichkeit nach sich zieht, genau festlegen. Eine Auslegung nach Sinn und Zweck würde dazu führen, dass beispielsweise Fälle umfasst wären, in denen eine Strafanzeige fehlt oder zurückgezogen wurde, die strafrechtliche Verantwortlichkeit ersetzt wäre[268] oder besondere Fälle der Nichtbestrafung vorliegen.[269] Eine enge Auslegung des Wortlautes wiederum würde dazu führen, dass der Gesetzestext nur auf Situationen anwendbar wäre, in denen die Tat nicht die Gesellschaftsgefährlichkeit einer Straftat aufweist.[270] Darunter fallen faktisch Bagatellstraftaten.

Darüber hinaus definierte der Gesetzgeber nicht, was konkret unter „schlechten Verhaltensweisen" zu verstehen ist. In der Folge kam es zu Unstimmigkeiten in der Auslegung und folglich in der Rechtspraxis.[271]

Die Aufsichtsweisung wurde im Anschluss an die Urteilsverkündung vollstreckt, sofern sich der Jugendliche und die Person, deren Aufsicht sie unterstellt wurde, in der Verhandlung anwesend waren. Ansonsten wurde ein neuer Termin bestimmt, um die Maßnahme zu vollziehen, Art. 488 rStPO a. F. Die Überwachung der Weisungen oblag der Bewährungshilfe.

Unterbringung in einer Erziehungsanstalt

Die Unterbringung in einer Erziehungsanstalt (*internarea într-un centru de reeducare*, wörtlich *Unterbringung in einem Zentrum für Umerziehung*), geregelt in

---

weise durch fehlenden Strafantrag, ohne schuldhafte Begehung etc. Der Terminus kann weit oder eng ausgelegt werden.

268 Im rumänischen Strafrecht konnte die strafrechtliche Verantwortlichkeit in gesetzlich vorgesehenen Fällen, z. B. bei geringer Gesellschaftsgefährlichkeit der Tat oder Schadenswiedergutmachung, ersetzt und anstatt einer Strafe eine verwaltungsrechtliche Sanktion verhängt werden, Art. 90 ff. rStGB a. F., vgl. *Kap. 2.7.1.*

269 *Coca-Cozma u. a.-Vădan* 2003, S. 114; *Vasile* 2007, S. 338.

270 *Coca-Cozma u. a.-Vădan* 2003, S. 114.

271 Vgl. *Lefterache* 2012, S. 616; *Basarab u. a.-Pașca* 2007, S. 524; *Vasile* 2007, S. 338. Die in Rumänien geführte Diskussion um die Auslegung zu dem Gesetzeswortlaut „schlechte Verhaltensweisen" ist der Diskussion in Deutschland um „schädliche Neigungen" vergleichbar.

den Art. 104, 106-108 rStGB a. F., stellte eine freiheitsentziehende Maßnahme dar, die den Freiheitsstrafen, die gegenüber Jugendlichen angeordnet werden konnten, ähnelte und im Falle nicht nur unerheblicher Straftaten verhängt werden konnte.[272] Bei der Einweisung in eine Erziehungsanstalt handelte es sich um die am stärksten eingreifende Erziehungsmaßnahme. Sie war entsprechend dem Verhältnismäßigkeitsgrundsatz nur dann anwendbar, wenn mildere Maßnahmen nicht in Betracht kamen (Art. 104 Abs. 2 rStGB a. F.).

Ziel der Unterbringung in einer solchen Einrichtung war die Erziehung der Jugendlichen, denen die Möglichkeit gegeben wurde, entsprechend ihrer Fähigkeiten die notwendige Schul- und Berufsausbildung zu erwerben. Die Maßnahme zielte auf die Resozialisierung der Jugendlichen ab und sollte sie in Bezug auf schulisches Lernen und Berufsausbildung positiv motivieren. Die Maßnahme sollte so gestaltet sein, dass Jugendliche die Rechtsordnung und die Normen gesellschaftlichen Zusammenlebens respektieren.[273]

Entsprechend dem Grundkonzept der Erziehungsanstalten wurden Jugendliche Tag und Nacht untergebracht. Tagsüber wurden sie von geschultem Personal betreut. Die Einrichtungen waren als prinzipiell geschlossene Anstalten zu charakterisieren, die besonders nach außen gesichert waren. So wurden Ausgänge, Fenster und Türen der Anstalten gegen Flucht gesichert und es bestand Aufsicht sowie Kontrolle rund um die Uhr. Jugendliche durften die Einrichtungen nur mit Genehmigung oder im Beisein des Anstaltspersonals verlassen. Hinsichtlich der Dauer der Unterbringung legte Art. 106 Abs. 1 rStGB a. F. fest, dass die Erziehungsmaßnahme für einen unbestimmten Zeitraum angeordnet wurde, jedoch nur bis zum Eintritt der Volljährigkeit.[274] Als Höchstgrenze galt somit grundsätzlich die Vollendung des 18. Lebensjahrs. Sollte es für das Erziehungsziel ausnahmsweise notwendig sein, so konnte das Gericht bei Eintritt der Volljährigkeit die Maßnahme um maximal zwei Jahre verlängern (Art. 106 Abs. 2 rStGB a. F.). Dies konnte beispielsweise der Fall sein, wenn eine Berufs- oder Schulausbildung abgeschlossen werden sollte und somit eine verlängerte Unterbringung notwendig war.[275] Der verlängerte Zeitraum musste genau festgelegt und auf Grundlage der konkreten Bedürfnisse und den Erziehungsfortschritten der Verurteilten beurteilt werden.[276]

Kritisch diskutiert wurde der Aspekt, dass die Maßnahme auf unbestimmte Zeit verhängt wurde und auch über die Volljährigkeit hinaus prinzipiell anwendbar war. Damit kam theoretisch die Anwendung für einen langen Zeitraum

---

272 Vgl. *Dongoroz u. a.-Dongoroz* 2003, S. 235.

273 Vgl. *Dongoroz u. a.-Dongoroz* 2003, S. 235 f.

274 Die Maßnahme durfte somit entsprechend dem Gesetzeswortlaut zeitlich nicht begrenzt sein.

275 *Vasile* 2007, S.355, verweist auf C.S.J., s.p., d. Nr. 541/2001, in Dreptul Nr. 6/2002, S. 221.

276 T.S., s.p., d. Nr. 2445/1974, C.D., S. 344, zitiert in *Brezeanu* 1998, S. 57 f.

in Betracht, der das Höchstmaß der Freiheitsstrafe bei den meisten auf Jugendliche anwendbaren Strafen überschritt.[277] Die Verhängung einer Erziehungsmaßnahme für einen Zeitraum, der das Höchstmaß der gesetzlich vorgesehenen Strafe überschritt, bewertete das Oberste Gericht als unverhältnismäßig.[278] Diese Entscheidung legte dar, dass die Verhängung einer Erziehungsmaßnahme, deren Dauer das gesetzlich vorgesehene Höchstmaß überschritt, zu einer härteren Sanktionierung der Jugendlichen und zu deren Benachteiligung führen würde, und die konkret angewandte Sanktion somit härter wäre als die abstrakte, gesetzlich vorgesehene.[279]

Die Verhängung auf unbestimmte Dauer zielte darauf ab, das Strafmaß von dem Erziehungserfolg abhängig zu machen, um optimal auf die Jugendlichen einwirken zu können. Allerdings war die unbestimmte Dauer der Maßnahme über die erwähnten Aspekte hinaus kritisch zu sehen, da sie mit dem Prinzip der Rechtssicherheit nicht in Einklang stand.

In bestimmten Fällen war eine vorzeitige Entlassung der Jugendlichen möglich. So regelte Art. 107 rStGB a. F., dass, wenn seit der Einweisung in die Einrichtung mindestens ein Jahr vergangen war und die begründete Annahme der Besserung, des Lernfortschritts bzw. der Fortschritte in der Berufsausbildung vorlag, die Entlassung aus der Erziehungsanstalt bereits vor dem Eintritt der Volljährigkeit angeordnet werden konnte. Die Entlassung hatte dann den Charakter einer bedingten Entlassung bis zur Vollendung des 18. Lebensjahrs der Jugendlichen. Die Regelung zielte darauf, Jugendliche zu motivieren, sich aktiv an den schulischen und berufsbildenden Aktivitäten zu beteiligen.[280] Die vorzeitige Entlassung konnte auf Anfrage des Gerichts, der Eltern oder der Erziehungsanstalt erfolgen und wurde durch das Gericht, das den Jugendlichen erstinstanzlich verurteilt hatte, angeordnet.[281]

Sollte der Jugendliche nach der vorzeitigen Entlassung ein Verhalten zeigen, das nicht den erwähnten Grundsätzen des Art. 107 rStGB a. F. entsprach, so konnte die Freilassung gemäß Art. 108 Abs. 1 rStGB a. F. widerrufen werden. Auch an dieser Stelle operierte der Gesetzgeber mit einem unklaren Begriff, der offen ließ, was genau unter einem solchen Verhalten zu verstehen ist. In der Folge hat dies zu einer uneinheitlichen Rechtspraxis geführt.[282]

---

277 *Coca-Cozma u. a.-Vădan* 2003, S. 116.

278 *Vasile* 2007, S. 354 verweist auf T.S., s.p., d. Nr. 803/1980, in R.R.D. Nr. 5/1981, S. 69.

279 *Vasile* 2007, S. 354.

280 Vgl. *Basarab u. a.-Pașca* 2007, S. 529.

281 *Basarab u. a.-Pașca* 2007, S. 530, unter Hinweis auf C.A. Cluj, d.p. Nr. 319/2004, in B.J. 2004, S. 696.

282 Vgl. *Basarab u. a.-Pașca* 2007, S. 531.

Darüber hinaus legte das Gesetz fest, dass im Fall der erneuten Straftatbegehung die Freilassung widerrufen und die Unterbringung in der Erziehungseinrichtung fortgesetzt wurde. Beging der Jugendliche jedoch eine Straftat, die mit einer Strafe sanktioniert wurde, so hob das Gericht die Maßnahme der Unterbringung in einer Erziehungsanstalt auf und entschied über eine Strafe, Art. 108 Abs. 2 rStGB a. F.

Die Bestimmung, dass nach Ablauf eines Jahres eine vorzeitige Entlassung möglich war, ließ darauf schließen, dass die Unterbringung mindestens ein Jahr dauern sollte.

In der Rechtspraxis hatte sich durchgesetzt, dass der Jugendliche zum Zeitpunkt der Urteilsverkündung noch nicht volljährig geworden war und ein gewisser Zeitraum bis zum Eintritt der Volljährigkeit vorliegen musste, damit das Erziehungsziel erreicht werden konnte.[283] Der Jugendliche durfte nicht kurz vor seiner Volljährigkeit stehen, da dann das Erziehungsziel, verbunden mit der Absolvierung der Schul- und Berufsausbildung, nicht mehr erreicht werden konnte.[284] Allerdings sollte nicht de facto davon ausgegangen werden, dass 17-Jährige Jugendliche für die Maßnahme nicht mehr in Betracht kamen. Das Gesetz unterschied zwischen Fällen, in denen Jugendliche aufgrund des Eintritts der Volljährigkeit zu entlassen waren sowie aufgrund der Resozialisierung entlassen werden konnten. Der Grundgedanke der Maßnahme der Unterbringung in einer Erziehungsanstalt galt dem Schutz der Jugendlichen bis zur Volljährigkeit, nicht aber der Einweisung für einen bestimmten Zeitraum. Sonst hätte es sich um eine Sanktion mit vorwiegendem Strafcharakter gehandelt. Aus diesem Grund war davon auszugehen, dass Gerichte die Maßnahme auch dann verhängen konnten, wenn die Maßnahme weniger als ein Jahr betrug.[285]

Unterbringung in einer Heilerziehungsanstalt

Eine weitere Erziehungsmaßnahme stellte die Unterbringung in einer Heilerziehungsanstalt (*internarea într-un institut medical-educativ*) dar. Sie wurde angeordnet, wenn Jugendliche aufgrund ihres psychischen oder physischen Zustands medizinischer Behandlung und einer besonderen Erziehung bedurften, Art. 105 rStGB a. F. Hierbei handelte es sich ebenfalls um eine freiheitsentziehende Maßnahme, die gegenüber Jugendlichen verhängt wurde, die strafrechtlich verantwortlich waren. Gegenüber unzurechnungsfähigen und damit schuldlos (*ire-*

---

283 Vgl. *Brezeanu* 1998, S. 57.

284 C.S.J., s.p., d. Nr. 857/1999, in R.D.P. Nr. 4/2001, S. 148 f.

285 *Coca-Cozma u. a.-Vădan* 2003, S. 121. Ähnlich konstatierte *Dongoroz*, dass die Maßnahme auch für über 17-Jährige ausnahmsweise verhängt werden konnte, wenn einige Monate für die Erreichung des Erziehungsziels angemessen erschienen, *Dongoroz u. a.-Dongoroz* 2003, S. 236 f.

sponsabili) handelnden Jugendlichen konnte und kann keine Erziehungsmaßnahme angeordnet werden.[286] Stattdessen waren und sind die Vorschriften über die Schuldlosigkeit (Art. 48 rStGB a. F.) anwendbar.

Die Maßnahme kann nur verhängt werden, wenn ein medizinisches Gutachten die Notwendigkeit bestätigte, dass Jugendliche sowohl medizinischer Behandlung als auch einer erzieherischen Sonderbehandlung bedürfen.[287] Bei Zweifeln im Hinblick auf die physische oder psychische Verfassung hatte das Gericht ein medizinisches Gutachten einzuholen.[288] Notwendig war, dass die Krankheit der Jugendlichen eine spezielle medizinische Behandlung erforderte. Leichtere Beeinträchtigungen, die keine schwerwiegenderen Störungen zur Folge hatten, kamen für diese Maßnahme nicht in Betracht.[289] Die Erziehungsmaßnahme hatte sowohl einen erzieherischen als auch medizinischen Charakter.[290] So verfolgte die Sanktion eine doppelte Zielstellung: Zum einen ging es um die Verbesserung des physischen oder psychischen Gesundheitszustands der Minderjährigen durch eine geeignete Heilungsmaßnahme, zum anderen um das erzieherische Einwirken auf das Verhalten von Jugendlichen im Hinblick auf deren Resozialisierung.[291] In der Praxis handelte es sich meistens um Fälle der Unzurechnungsfähigkeit, wenn Jugendliche psychisch krank waren, so dass die Erziehungsmaßnahme nicht angewandt werden konnte. Lediglich in Fällen physischer Anomalien, wie beispielsweise Taubstummheit, Blindheit oder Krankheiten wie Epilepsie sowie bei Vorliegen des entsprechenden Urteilsvermögens[292] kam die Maßnahme in Betracht.[293]

Grundsätzlich war die Maßnahme eher für 16- bis17-Jährige anwendbar, da bei 14- bis 15- Jährigen kaum davon auszugehen sein konnte, dass sie mit Urteilsfähigkeit gehandelt hatten, wenn sie sich in einem psychisch oder physisch krankhaften Zustand befanden.[294]

Die Maßnahme wurde, wie die Unterbringung in einer Erziehungsanstalt, auf unbestimmte Zeit bis zum Eintritt der Volljährigkeit angeordnet und konnte, wenn dies notwendig war, um zwei Jahre verlängert werden. Entfiel jedoch der krankheitsbedingte Grund, der zur Einweisung der Jugendlichen geführt hatte,

---

286 *Bulai/Bulai* 2007, S. 609; *Dongoroz u. a.-Dongoroz* 2003, S. 239.

287 Plen. T.S., D.I. Nr. 9/1972, in C.D. 1972, S. 55, zitiert in *Vasile* 2007, S. 352.

288 Plen. T.S., D.I. Nr. 9/1963, in C.D. 1963, S. 59, zitiert in *Vasile* 2007, S. 352.

289 T.S., s.p., d. Nr. 2024/1976, in R.D.D. Nr. 4/1997, zitiert in *Vasile* 2007, S. 352.

290 *Dongoroz u. a.-Dongoroz* 2003, S. 238.

291 Vgl. *Brezeanu* 1998, S. 59; *Dongoroz u. a.-Dongoroz* 2003, S. 239.

292 Zur Begriffsbestimmung der Urteilsfähigkeit siehe *Kap. 2.5.2.*

293 *Dongoroz u. a.-Dongoroz* 2003, S. 239.

294 *Dongoroz u. a.-Dongoroz* 2003, S. 239.

so war die Maßnahme aufzuheben. Bei Aufhebung der Maßnahme konnte das Gericht anordnen, dass die Jugendliche in einer Erziehungsanstalt untergebracht wurde, Art. 106 rStGB a. F.

Begingen Jugendliche im Zeitraum der Unterbringung in einer Heilerziehungsanstalt erneut eine Straftat, für die eine Strafe zu verhängen war, so hob das Gericht die Maßnahme der Unterbringung auf und verhängte eine Strafe, Art. 108 Abs. 2 rStGB a. F. Die Maßnahme konnte auch vor Vollendung des 18. Lebensjahres gemäß Art. 107 rStGB a. F. aufgehoben werden. Hierbei und im Übrigen wird auf die Ausführungen zur Unterbringung in einer Erziehungsanstalt verwiesen.

2.7.3.2 Strafensystem

Grundsätzlich sah das Strafgesetz für natürliche Personen Haupt-, Neben- und Zusatzstrafen vor, die in Art. 53 ff. rStGB a. F. geregelt waren.[295] Für Jugendliche kamen jedoch nur Haupt- und Zusatzstrafen in Betracht. So schloss das Gesetz die Anwendung von Nebenstrafen auf Minderjährige explizit aus, Art. 109 Abs. 3 rStGB a. F.

Nebenstrafen (*pedepse complementare*) beinhalteten das Verbot der Ausübung bestimmter Rechte für einen gerichtlich festgelegten Zeitraum gemäß Art. 64 rStGB a. F.[296] Zusatzstrafen (*pedepse accesorii*) bestanden gemäß Art. 71 Abs. 1 rStGB a. F. im Verbot der Ausübung der in Art. 64 rStGB a. F. vorgesehenen Rechte, und kamen zur Anwendung, wenn Freiheitsstrafen oder lebenslanger Freiheitsentzug verhängt wurden, Art. 71 Abs. 2 rStGB a. F.

Nach herrschender Lehre und Rechtsprechung wurden bei Verhängung einer Freiheitsstrafe auf Jugendliche gleichzeitig Zusatzstrafen verhängt, da diese sowohl auf Erwachsene als auch auf Jugendliche anwendbar waren.[297] Dies sei notwendig, da Jugendliche während des Strafvollzugs die Volljährigkeit erreichen konnten und somit die Ausübung der in Art. 64 rStGB a. F. genannten Rechte möglich sei.

Als Hauptstrafen für Jugendliche, die strafrechtlich verantwortlich sind, sah das Gesetz in Art. 109 Abs. 1 S. 1 rStGB a. F. die Geld- und die Freiheitsstrafe vor.

---

295 Mit Gesetz Nr. 278/2006 wurde die Strafbarkeit juristischer Personen eingeführt. Die Kategorien der Strafen – Haupt- und Nebenstrafen – und deren Anwendung in Bezug auf juristische Personen sind in Art. 531 und 532 rStGB a. F. geregelt.

296 Zu den gesetzlich bestimmten Rechten gemäß Art. 64 Abs. 1 rStGB a. F. zählten a) das aktive sowie passive Wahlrecht für öffentliche Ämter, b) die Ausübung eines Amtes der Staatsgewalt, c) die Ausübung eines Amtes, eines Berufes oder einer Tätigkeit, deren sich der Täter zur Straftatbegehung bedient hat, d) das elterliche Sorgerecht, e) das Recht als Vormund oder Betreuerin tätig zu sein.

297 Vgl. *Sima* 2000, S. 218, unter Hinweis auf C.A.Timisoara, d.p. Nr. 426/R/1995; *Brezeanu* 1998, S. 61.

Diese Sanktionen unterschieden sich inhaltlich grundsätzlich nicht von den Strafen, die auf Erwachsene angewandt wurden. Allerdings war der Strafrahmen im Gegensatz zu Erwachsenen auf ein verringertes Höchstmaß begrenzt.

Freiheitsstrafe

Zunächst konnte gegenüber Jugendlichen die Freiheitsstrafe verhängt werden. Das Strafmaß wurde bei der Verurteilung Jugendlicher grundsätzlich um die Hälfte reduziert, Art. 109 Abs. 1 S. 2 rStGB a. F. Nach der Strafrahmenreduzierung durfte das Mindestmaß des Strafrahmens bei Freiheitsstrafen fünf Jahre nicht überschreiten, Art. 109 Abs. 1 S. 3 rStGB a. F. Das bedeutet, dass das gewöhnliche Strafmaß in Bezug auf die begangene Straftat zu halbieren war, und nach der Reduzierung nicht höher als fünf Jahre liegen durfte.

Sah das Gesetz für die begangene Straftat eine lebenslange Freiheitsstrafe vor, so betrug der Strafrahmen der Freiheitsstrafe für Jugendliche zwischen fünf und 20 Jahren, Art. 109 Abs. 2 rStGB a. F.[298] Zu kritisieren war das Höchstmaß der Freiheitsstrafe von 20 Jahren, welches über dem europäischen Durchschnitt lag.[299]

Aussetzung der Freiheitsstrafe zur Bewährung

In den Sonderregelungen zu Jugendlichen fanden sich spezielle Bestimmungen hinsichtlich der bedingten Aussetzung der Freiheitsstrafe (*suspendarea condiționată a execuării pedepsei*) und der Aussetzung der Freiheitsstrafe unter Aufsicht oder Kontrolle (*suspendarea execuării pedepsei sub supraveghere sau control*). Daneben waren einige allgemeine Regelungen hinsichtlich der Strafaussetzung zur Bewährung entsprechend anwendbar. Die jugendspezifischen Normierungen waren im Vergleich zu den Vorschriften, die für Erwachsene gelten, weniger einschneidend, da sie unter anderem mit einem kürzeren Bewährungszeitraum verbunden waren.

Bei der Verhängung der Strafaussetzung zur Bewährung berücksichtigte das Gericht die Prinzipien der Individualisierung, insbesondere den „Grad der Gesellschaftsgefährlichkeit" der Tat, den physischen und psychischen Zustand der Jugendlichen, ihres Verhaltens, ihrer Lebensumstände sowie weitere Umstände die die Person der Jugendlichen kennzeichnen, Art. 100 Abs. 1 rStGB a. F. Ähn-

---

298 Die lebenslange Freiheitsstrafe ist an die Stelle der Todesstrafe getreten, die mit Gesetzesdekret Nr. 6 vom 07.01.1990 abgeschafft wurde, vgl. *Brezeanu* 1998, S. 60.

299 Siehe *Kap. 4.3.2.2.2*; *Dünkel/Stańdo-Kawecka* 2011. Das deutsche JGG sieht vor, dass im Fall von Verbrechen, für die nach allgemeinem Strafrecht eine Freiheitsstrafe von mehr als zehn Jahren vorgesehen ist, das Höchstmaß bei Jugendlichen zehn Jahre beträgt, § 18 Abs. 1 S. 2 JGG, bei Mord in Fällen besonders schwerer Schuld Heranwachsender ausnahmsweise 15 Jahre, § 105 Abs. 3 JGG.

liche Aspekte spielen auch bei der Anordnung der Strafaussetzung zur Bewährung im deutschen Jugendstrafrecht eine Rolle.[300]

In den Sondervorschriften für Jugendliche war der Bewährungszeitraum für Fälle der bedingten Aussetzung der Freiheitsstrafe bestimmt. So regelte Art. 110 rStGB a. F., dass sich die Bewährungszeit aus der Dauer der Freiheitsstrafe sowie zusätzlich einem Zeitraum zwischen sechs Monaten und zwei Jahren zusammensetzte. Die Dauer dieses Zeitraums war vom Gericht festzulegen.[301] Für Jugendliche galt weiterhin im Falle einer zu verhängenden Geldstrafe gemäß Art. 110 rStGB a. F., dass die Bewährungszeit bei sechs Monaten lag.

Gleichzeitig zur bedingten Strafaussetzung konnte das Gericht gesetzlich vorgesehene Weisungen anordnen, Art. 110[1] rStGB a. F.[302] Es bestand zunächst die Möglichkeit, dass Jugendliche für den Zeitraum der Bewährung, jedoch nur bis zum Eintritt der Volljährigkeit, der Aufsicht einer der in Art. 103 Abs. 1 rStGB a. F. genannten Personen oder Institutionen unterstellt wurden. Darüber hinaus konnte das Gericht den Jugendlichen weitere Weisungen gemäß Art. 103 Abs. 3 rStGB a. F. auferlegen.

Nach Eintritt der Volljährigkeit konnte das Gericht bestimmen, dass die Bewährungspflichtigen die Aufsichtsmaßnahmen oder Weisungen, die für Erwachsene galten, gemäß Art. 86 rStGB a. F. einzuhalten hatten. Dazu zählte, sich zu festgelegten Zeiten bei dem zuständigen Gericht oder der Bewährungshilfe zu melden, und etwaige Wohnort- oder Arbeitsplatzwechsel sowie jeden Ortswechsel, der acht Tage überschritt, bekannt zu geben. Weiterhin war das Gericht oder die Bewährungshilfe über die Umstände zu informieren, die für den Lebensunterhalt maßgeblich waren.

Darüber hinaus konnte das Gericht den Verurteilten folgende Weisungen auferlegen: 1. Eine Arbeit zu verrichten, oder eine Schulausbildung bzw. eine Berufsausbildung zu absolvieren, 2. den Wohnort nicht zu wechseln, einen gerichtlich festgelegten Ort oder eine Region nicht zu verlassen, es sei denn in geregelten Ausnahmefällen, 3. bestimmte Orte nicht aufzusuchen, 4. keinen Kontakt zu bestimmten Personen aufzunehmen, 5. kein Fahrzeug zu führen und 6. sich Kontroll- oder Behandlungsmaßnahmen, insbesondere in Bezug auf Alkohol- oder Drogenentzug zu unterziehen. Die Aufsicht über das Verhalten der Jugendlichen oblag dem zuständigen Richter oder der Bewährungshilfe, Art. 86[3] Abs. 4 i. V. m. Abs. 1a) rStGB a. F.

---

300 Gemäß § 21 Abs. 1 S. 2 JGG sind „die Persönlichkeit des Jugendlichen, sein Vorleben, die Umstände seiner Tat, sein Verhalten nach der Tat, seine Lebensverhältnisse und die Wirkungen zu berücksichtigen, die von der Aussetzung für ihn zu erwarten sind".

301 Nach deutschem Jugendstrafrecht liegt die richterlich festgelegte Bewährungszeit zwischen zwei und drei Jahren, § 22 Abs. 1 JGG, kann jedoch auch nachträglich auf ein Jahr verkürzt oder auf vier Jahre verlängert werden, § 22 Abs. 2 S. 2 JGG.

302 Diese Regelung wurde mit Gesetz Nr. 140/1996 in das Strafrecht aufgenommen.

Im Übrigen waren die für Erwachsene anwendbaren Regelungen hinsichtlich der Strafaussetzung zur Bewährung heranzuziehen.

Der Bewährungszeitraum begann und beginnt mit der Rechtskraft des Urteils, in dem die bedingte Strafaussetzung verhängt wurde, Art. 82 Abs. 3 rStGB a. F. Bei erneuter Straftatbegehung innerhalb der Bewährungszeit widerrief das Gericht die Strafaussetzung unter Aufsicht oder Kontrolle, Art. 83 Abs. 1 rStGB a. F., mit der Folge, dass die Strafe zu vollziehen war. Ebenso konnte das Gericht die Strafaussetzung zur Bewährung widerrufen, wenn Jugendliche gegen eine oder mehrere der in Art. 103 Abs. 3 rStGB a. F. genannten Weisungen verstießen. Bei Verletzung der auferlegten Weisungen nach Art. 86^3 rStGB a. F., mithin nach Vollendung des 18. Lebensjahrs, war Art. 86^4 Abs. 2 rStGB a. F. entsprechend anwendbar, wie Art. 110^1 Abs. 3 rStGB a. F. vorsah, so dass ebenfalls die gesamte Freiheitsstrafe zu vollziehen war.

Beging der Verurteilte keine neue Straftat innerhalb des Bewährungszeitraums und widerrief das Gericht die Strafaussetzung zur Bewährung nicht, so galt er als rechtlich rehabilitiert, Art. 86 rStGB a. F.

Die vorgenannten Regelungen waren entsprechend anwendbar, wenn Jugendliche bedingt aus dem Strafvollzug entlassen wurden, Art. 110^1 Abs. 4 rStGB a. F. Das bedeutete, dass das Gericht den Jugendlichen für den Zeitraum der bedingten Entlassung der Aufsicht einer der in Art. 103 rStGB a. F. genannten Personen oder Institutionen unterstellen konnte. Darüber hinaus konnte das Gericht den Jugendlichen eine der in Art. 103 Abs. 3 rStGB a. F. beinhalteten Weisungen auferlegen, bzw. nach Eintritt der Volljährigkeit, Weisungen nach Art. 86 rStGB a. F.

Geldstrafe

Die Geldstrafe kam als zweite Hauptstrafe für Jugendliche in Betracht und wurde in den gesetzlich vorgesehenen Fällen angewandt.[303] Art. 63 rStGB a. F. regelte die Festsetzung der Geldstrafe. Sah das Gesetz die Geldstrafe als einzige Sanktion vor, so betrug sie grundsätzlich zwischen 150 und 10.000 Lei (ca. 34 und 2.250 Euro). War die Geldstrafe als Alternative zur Freiheitsstrafe bis zu einem Jahr vorgesehen, so lag sie zwischen 300 und 15.000 Lei (ca. 67 und 3.375 Euro), alternativ zur Freiheitsstrafe von mehr als einem Jahr betrug sie

---

303 Hierin liegt ein Unterschied zum JGG, welches die Geldstrafe für Jugendliche prinzipiell nicht vorsieht, sondern lediglich die Geldauflage gemäß § 15 Abs. 2 JGG beinhaltet. Die Geldauflage gemäß § 15 Abs. 2 JGG kommt nur in Betracht im Falle erstens leichter Verfehlungen und wenn der Geldbetrag aus eigenen Mitteln gezahlt werden kann, oder zweitens zur Entziehung des aus der Tat erlangten Gewinns bzw. Entgelts. Der Geldbetrag ist an eine gemeinnützige Einrichtung zu entrichten, § 15 Abs. 1 Nr. 4 JGG.

zwischen 500 und 30.000 Lei (ca. 112 und 6.750 Euro). Die Höhe der Geldstrafe wurde bei Jugendlichen um die Hälfte reduziert, Art. 109 Abs. 1 S. 1 rStGB a. F. Bei der Bemessung der Geldstrafe waren die allgemeinen Grundsätze zugrunde zu legen, die die individuelle Zahlungsfähigkeit berücksichtigten. Kamen Verurteilte der Zahlung des festgesetzten Betrages nicht nach, so konnte das Gericht die Geldstrafe durch die Freiheitsstrafe ersetzen, Art. 63 rStGB a. F.[304] Diese Bestimmung war für Jugendliche kritisch zu sehen, angesichts der Rechtsfolgen die bei Zahlungsschwierigkeiten drohten und auch unter Beachtung des Verhältnismäßigkeitsgrundsatzes.

Die Geldstrafe wurde häufig in Fällen angewandt, in denen Jugendliche leichtere Straftaten begingen, die Volljährigkeit aber bald eintreten würde oder zur Zeit der Hauptverhandlung bereits eingetreten war. In diesen Fällen konnte eine Erziehungsmaßnahme wie die Unterbringung in einem Erziehungsheim nicht mehr angewandt werden und eine Geldstrafe erschien sinnvoller.[305]

Im Hinblick auf die Zahlungsfähigkeit jugendlicher Straftäter wird überwiegend davon ausgegangen, dass nicht automatisch die Eltern oder andere erziehungsberechtigte Personen für die Geldstrafe aufkamen, sondern auch Jugendliche selbst zur Zahlung veranlasst werden konnten, wenn sie über eigene Geldmittel verfügten.[306] Hierbei musste allerdings die ernsthafte Möglichkeit bestehen, dass die Jugendlichen die Strafe selbst begleichen konnten. Problematisch war die Verhängung dann, wenn aufgrund der Zahlungsunfähigkeit die Geldstrafe in eine Freiheitsstrafe umgewandelt wurde.[307] Die gesetzlichen Vertreter waren indes grundsätzlich berechtigt, die Geldstrafe für die Jugendlichen zu zahlen. Fraglich blieb bei der Erfüllung durch andere Personen hingegen der individuelle Charakter der Strafe durch Entfalten der Drittwirkung. In der Sanktionspraxis wurde die Geldstrafe jedoch selten verhängt.[308]

Strafzumessung

Bei der Verhängung von Erziehungsmaßnahmen oder Strafen für Jugendliche war auf die spezifischen Kriterien der Strafzumessung gemäß Art. 100 rStGB a. F. einzugehen.

Im Rahmen der Individualisierung war zunächst die Sanktionsart festzulegen. Art. 100 Abs. 1 S. 1 rStGB a. F. sah vor, dass für Jugendliche, die strafrechtlich verantwortlich waren, eine Erziehungsmaßnahme oder eine Strafe an-

---

304 Diese Regelung wurde eingefügt durch Änderungsgesetz Nr. 6/1973.

305 Vgl. *Dongoroz u. a.-Dongoroz* 2003, S. 243; *Brezeanu* 1998, S. 63.

306 Vgl. *Brezeanu* 1998, S. 63.

307 Vgl. *Dongoroz u. a.-Dongoroz* 2003, S. 244.

308 Vgl. *Coca-Cozma u. a.-Vasile* 2003, S. 127. Siehe auch *Kap. 3.2.2.2.*

geordnet werden konnte. Zu berücksichtigen war hierbei, dass eine Strafe nur dann verhängt werden durfte, wenn eine Erziehungsmaßnahme nicht ausreichend erschien, um die Resozialisierung der Jugendlichen zu erreichen, Art. 100 Abs. 2 rStGB a. F. Damit räumte der Gesetzgeber den Erziehungsmaßnahmen prinzipiell Vorrang vor Strafen ein.

Anzumerken ist, dass für Jugendliche, die das 17. Lebensjahr überschritten hatten, lediglich eine eingeschränkte Auswahlmöglichkeit bestand. Ausgenommen der Verwarnung, wurden die Erziehungsmaßnahmen grundsätzlich für die Dauer eines Jahres oder länger verhängt. Der Gesetzeswortlaut, dass eine Erziehungsmaßnahme als nicht ausreichend erschien, bezog sich sowohl auf den Inhalt der Maßnahme, als auch auf Fälle in denen nur ein kurzer Zeitraum bis zur Vollendung der Volljährigkeit vorlag.[309]

In der Rechtspraxis ist betont worden, dass es angemessen wäre, eine Erziehungsmaßnahme anzuordnen, wenn eine Freiheitsstrafe von kurzer Dauer in Frage käme, um den Schul- bzw. Berufsausbildungsprozess der Jugendlichen nicht zu beeinträchtigen.[310]

Folgende Grundsätze der Strafzumessung für Jugendliche nannte das Strafgesetzbuch a. F. in Art. 100 Abs. 1 S. 2: „Den Grad der Gesellschaftsgefährlichkeit der begangenen Straftat, die physische Verfassung, die geistige und moralische Entwicklung, das Verhalten des Minderjährigen, die Umstände in denen er aufgewachsen ist und die aktuellen Lebensumstände sowie weitere persönliche Aspekte, die die Person des Minderjährigen charakterisieren". Hierbei handelte es sich um eine beispielhafte Aufzählung. Weitere Aspekte, die geeignet waren, die Persönlichkeit des Jugendlichen bzw. sein Verhalten zu charakterisieren, konnten vom Gericht einbezogen werden.[311] Augenmerk legte der Gesetzgeber hierbei auch auf die unmittelbare Umgebung der Jugendlichen, die familiären Verhältnisse, die zwischenmenschlichen Beziehungen und Bindungen der Jugendlichen in ihrem sozialen Umfeld.[312]

Darüber hinaus waren ergänzend die allgemeinen Prinzipien der Strafzumessung gemäß Art. 72 Abs. 1 rStGB a. F. zu Grunde zu legen. Diese besagten,

---

309 Vgl. *Dongoroz u. a.-Dongoroz* 2003, S. 227. *Dongoroz* legte dar, dass bei Jugendlichen, die das 17. Lebensjahr überschritten hatten, eine Erziehungsmaßnahme wie die Einweisung in eine Erziehungsanstalt, die prinzipiell für die Dauer eines Jahres verhängt wurde, nicht mehr effizient angewandt werden konnte. Die Auswahlmöglichkeit aus Art. 100 rStGB a. F. sei praktisch nur dann gegeben, wenn tatsächlich zwischen Erziehungsmaßnahmen und Strafe gewählt werden konnte. Fand beispielsweise die Strafverhandlung zu dem Zeitpunkt statt, zu dem der Täter bereits volljährig geworden war, kamen nur noch Strafen in Frage, wenn bei Volljährigkeit Erziehungsmaßnahmen nicht mehr als sinnvoll erachtet wurden, vgl. *Dongoroz u. a.-Dongoroz* 2003, S. 227.

310 Plen. T.S., D.I. Nr. 9/1972, in R.R.D. Nr. 5/1973, S. 91, zitiert in *Brezeanu* 1998, S. 60.

311 Vgl. *Coca-Cozma u. a.-Vasile* 2003, S. 132.

312 Vgl. *Coca-Cozma u. a.-Vasile* 2003, S. 133.

dass bei der Verhängung von Strafen die Bestimmungen des Allgemeinen Teils des Strafgesetzbuches, das gesetzlich festgelegte Mindest- und Höchstmaß für Straftaten im Besonderen Teil, der Grad der Gesellschaftsgefährlichkeit der Tat, die Person des Täters sowie strafmildernde oder strafschärfende Umstände[313] zu berücksichtigen waren.

Die besonderen Grundsätze aus Art. 100 rStGB a. F. enthielten tiefer gehende Aspekte, auf deren Grundlage das Verhalten und die Persönlichkeit der Minderjährigen genauer eingeschätzt und die erzieherischen Einwirkungsmöglichkeiten optimaler abgewogen werden konnten.[314]

Die Strafzumessung erfolgte auch auf Grundlage des Sozialberichtes der Bewährungshilfe, welcher vom Gericht gemäß Art. 482 Abs. 2 rStPO a. F. obligatorisch einzuholen war.[315]

Bei Begehung mehrerer Straftaten, die in Ideal- oder Realkonkurrenz zueinander standen, waren die allgemeinen Regelungen wie für Erwachsene, Art. 34 rStGB a. F., anzuwenden und es war eine Gesamtstrafe zu bilden. Hierbei kam wie im deutschen Recht im Falle der Tatmehrheit (Realkonkurrenz) bei Erwachsenen das Asperationsprinzip zum Tragen.[316]

Zunächst waren die Einzelstrafen festzusetzen, im Anschluss wurde die Gesamtstrafe bestimmt, die sich aus der höchsten Einzelstrafe ergab, welche noch erhöht werden konnte. Kamen mehrere Freiheitsstrafen in Betracht, so war die höchste Strafe festzusetzen, die auf das gesetzlich vorgesehene Höchstmaß erhöht werden konnte. Dieses Höchstmaß konnte, falls es nicht ausreichend sein sollte, um maximal weitere fünf Jahre erhöht werden, Art. 34 Abs. 1 b) rStGB a. F. Bei Geldstrafen wurde die Hauptstrafe ebenfalls durch die höchste Strafe festgelegt, welche nochmals - um die Hälfte des Höchstmaßes - erhöht werden konnte, Art. 34 Abs. 1c) rStGB a. F. Bei Strafen verschiedener Art war die ihrer Art nach schwerste Strafe ausschlaggebend.[317]

Bei Jugendlichen konnten nicht gleichzeitig Erziehungsmaßnahmen und Strafen angewandt werden, da die Resozialisierung und Erziehung der Jugendlichen nur durch eine der Sanktionen erreicht werden konnte. Das Gericht berücksichtigte bei der Bildung der Hauptstrafe den konkreten Grad der Gesellschafts-

---

313 Die Regelungen hinsichtlich der strafmildernden oder -schärfenden Umstände waren bezogen auf das für Jugendliche bereits um die Hälfte reduzierte Strafmaß anzuwenden, nicht auf das Strafmaß das für Erwachsene galt. Grund war das gesetzlich speziell geregelte Sanktionssystem für Jugendliche, siehe *Dongoroz u. a.-Dongoroz* 2003, S. 228.

314 Vgl. *Coca-Cozma u. a.-Vasile* 2003, S. 132.

315 Ausführlicher zum Sozialbericht siehe *Kap. 4.3.2.3.*

316 Vgl. *Lackner/Kühl* 2014, § 53 Rn. 3. Bei Jugendlichen gilt im Fall der Tatmehrheit und der Tateinheit in Deutschland jedoch das Prinzip der einheitlichen Rechtsfolgenentscheidung, vgl. Eisenberg 2014, § 31 Rn. 3.

317 Vgl. *Mitrache/Mitrache* 2012, S. 302.

gefährlichkeit der Taten und die persönlichen Lebensumstände der Jugendlichen. Die Strafe sollte das bisherige strafrechtliche Verhalten berücksichtigen und auf die Resozialisierung und Erziehung der Jugendlichen zielen.[318]

Kam für eine Straftat eine Erziehungsmaßnahme, für eine andere Tat eine Strafe in Betracht, so war die Maßnahme auszuwählen, die dem Ziel der Erziehung und Resozialisierung am besten diente. War die Verhängung einer Erziehungsmaßnahme als strafrechtliche Reaktion ausreichend, so wurde diese angeordnet, andernfalls kam nur eine Strafe in Betracht.[319]

Die Summe der Hauptstrafe durfte die Summe der Einzelstrafen nicht überschreiten, Art. 34 Abs. 2 rStGB a. F. Kritisiert wurde, dass es keine Sonderregelungen für Jugendliche gab. So wurde empfohlen, bei Jugendlichen das Maß der zu erhöhenden Strafe, das neben der schwersten Strafe zur Anwendung kam, im Gegensatz zu Erwachsenen zu reduzieren.[320]

Anwendung von Sicherheitsmaßnahmen

Darüber hinaus bestand die Möglichkeit, Sicherheitsmaßnahmen (*măsurile de siguranţa*) gegenüber Jugendlichen anzuwenden. Zu den Sicherheitsmaßnahmen gemäß Art. 112 rStGB zählten: 1. Die Weisung sich einer Heilbehandlung (beispielsweise eines Alkohol- oder Drogenentzugs) zu unterziehen, 2. die Unterbringung in einer speziellen medizinischen Einrichtung, 3. das Berufsverbot oder das Verbot eine bestimmte Funktion auszuüben, 4. das Verbot, bestimmte Orte aufzusuchen, 5. die Ausweisung ausländischer Personen, 6. die spezielle Einziehung, 7. das für eine bestimmte Dauer erteilte Verbot, die Familie aufzusuchen sowie 8. die weite (*extinsă*) Einziehung.[321]

2.8 Zusammenfassung

Bereits die ersten Verschriftlichungen der Gesetze seit dem 17. Jahrhundert enthielten besondere, auf Jugendliche anwendbare Regelungen. Nach einer umfassenden Reform im Jahr 1936, die zur Vereinheitlichung des Strafrechts führte, wurden die Regelungen hinsichtlich Jugendlicher erweitert. Das Strafgesetz lehnte sich insbesondere an das italienische und französische Strafgesetzbuch an und kann als Meilenstein in der damaligen Zeit bezeichnet werden. Erstmals wurden für Jugendliche Erziehungsmaßnahmen eingeführt und der Grundsatz der Individualisierung besonders betont.

---

318 *Coca-Cozma u. a.-Vasile* 2003, S. 125.

319 Vgl. *Coca-Cozma u. a.-Vasile* 2003, S. 125.

320 *Coca-Cozma u. a.-Vasile* 2003, S. 125.

321 Eingeführt durch Änderungsgesetz Nr. 63/2012.

Auch in strafprozessualer Hinsicht stellte die Schaffung einer eigenen Jugendgerichtsbarkeit eine wesentliche Neuerung dar. Nach der Etablierung des kommunistischen Regimes erfolgten Ende der 1960er Jahre weitreichende Reformen des materiellen und formellen Strafrechts, die eine Reihe neuer Regelungen hinsichtlich Jugendlicher mit sich brachten. Eingeführt wurde das mehrstufige System der strafrechtlichen Verantwortlichkeit Jugendlicher, das bis in die Gegenwart seine Geltung bewahrt hat.

Demnach besteht für 14- und 15-Jährige eine eingeschränkte strafrechtliche Verantwortlichkeit. Jugendliche dieser Alterskategorie gelten nur dann als strafmündig, wenn sie bei der Tatbegehung mit Urteilsfähigkeit gehandelt haben, ansonsten kommt ihnen eine wohlfahrtsrechtliche Behandlung zu. Erst ab dem vollendeten 16. Lebensjahr sind sie grundsätzlich strafrechtlich verantwortlich und die jugendspezifischen Bestimmungen grundsätzlich anwendbar. Ab dem vollendeten 18. Lebensjahr ist das allgemeine Strafrecht anzuwenden.

Ein völlig neuer Ansatz im Hinblick auf die strafrechtlichen Reaktionsmöglichkeiten wurde in den 1970er Jahren mit der Abschaffung der Strafen für Jugendliche etabliert. Dies stellte ein im Lichte der damaligen Zeit durchaus progressiv gedachtes Konzept dar. Zur Anwendung kamen lediglich Erziehungsmaßnahmen, die sich in freiheitsentziehende und nicht freiheitsentziehende Maßnahmen unterteilten. Sie zielten auf eine verbesserte Wiedereingliederung der Jugendlichen in die Gesellschaft durch erzieherische Interventionen. In der Umsetzung der Maßnahmen zeigte sich jedoch eine Reihe von Defiziten, unter anderem die unzureichende Differenzierung und Individualisierung im Rahmen der Strafzumessung als auch unzureichende Angebote der Betreuung und Aktivitäten für die Jugendlichen.

Nach dem politischen Umbruch 1989 verabschiedete sich der Gesetzgeber von diesem Konzept und ging im Jahr 1992 erneut auf die Regelungen von 1969 zurück. Mit zahlreichen Modifizierungen und Ergänzungen behielten diese Gesetze bis zur Reformierung des Strafrechts und dem Inkrafttreten der neuen Bestimmungen am 1. Februar 2014 im Kern ihre Gültigkeit. Neben der Freiheits- und Geldstrafe kamen für Jugendliche vorrangig Erziehungsmaßnahmen wie die Verwarnung, die Unterstellung unter Aufsicht und die Unterbringung in einer Erziehungsanstalt zur Anwendung.

3. Erscheinungsformen und Bedingungszusammenhänge der Jugendkriminalität sowie Sanktionspraxis in Rumänien

Dem Thema Jugendkriminalität ist insbesondere in der Transformationszeit in Rumänien verstärkt Bedeutung beigemessen worden. So ist das Phänomen zum einen stärker in den Blickpunkt des öffentlichen Interesses und der Medien gerückt, zum anderen zunehmend zum Gegenstand kriminologischer Forschung gemacht worden, deren Ergebnisse der Öffentlichkeit nach 1989 unzensiert präsentiert werden konnten.

Im Zusammenhang mit der Analyse der Jugenddelinquenz ist auf einige Charakteristika der Jugendkriminalität hinzuweisen. Strafrechtlich relevantes Verhalten Jugendlicher hat sich, wie insbesondere die Dunkelfeldforschung belegt, als passageres und ubiquitäres Phänomen bestätigt, das mit zunehmendem Alter nachlässt.[322] Jugenddelinquenz ist geprägt durch einen episodenhaften, spontanen Charakter[323] und setzt sich in der Regel[324] nicht in einer „kriminellen Karriere" fort.[325] Einer der Gründe dafür, dass die Mehrheit der jugendlichen Straftäter mit zunehmendem Alter keine Straftaten mehr begeht, kann in der erhöhten Einbindung in die Gesellschaft gesehen werden, die mit einem stärkeren inneren und äußeren Halt einhergeht.[326]

Ein weiteres Wesensmerkmal ist die Normalität der Jugendkriminalität, da die Straffälligkeit Jugendlicher ein Verhalten darstellt, das regelmäßig zum Erwachsenenwerden gehört.[327] So wird berichtet, dass der Großteil der Jugendlichen nur einmal auffällig wird.[328] Dabei bezieht sich jugendauffälliges Verhalten auf die Alltagskriminalität, insbesondere auf einfache Eigentumsdelikte.[329]

Jugendkriminalität ist auf verschiedenen Ebenen sichtbar. So wird einerseits Kriminalität von Behörden statistisch registriert, andererseits liefert die Dunkelfeldforschung Anhaltspunkte aus der Perspektive beteiligter Personen wie Geschädigter und Straftäter. Voranzustellen ist, dass Statistiken nur einen Teil der

---

322 Vgl. *Ostendorf* 2015, S. 28 f.; *Walter/Neubacher* 2011, S. 216 f.

323 Vgl. *Meier/Rössner/Schöch* 2013, S. 50 ff.; *Walter/Neubacher* 2011, S. 250; *Kaiser* 1996, S. 572.

324 Ausnahmen hierzu bilden die Intensiv- und Mehrfachtäter, zum Begriff s. *Kaiser/Schöch/Kinzig* 2015, S. 112 f.

325 *Walter/Neubacher* 2011, S. 251.

326 *Meier/Rössner/Schöch* 2013, S. 51.

327 *Kaiser/Schöch/Kinzig* 2015, S. 250; *Schaffstein/Beulke/Swoboda* 2014, S. 6; siehe auch *Brezeanu* 1998, S. 111 ff.; *Banciu/Rădulescu* 2002, S. 42 ff.; *Crişu* 2006, S. 4 ff.

328 *Walter/Neubacher* 2011, S. 251.

329 *Sessar* 1997, S. 70.

Jugendkriminalität beleuchten und Aufschluss über eine Entwicklung geben, die stets im Kontext der gesellschaftlichen, ökonomischen und politischen Prozesse zu sehen ist.

Bei der Analyse polizeilicher Statistiken ist zu berücksichtigen, dass die Daten insbesondere auf dem Anzeigeverhalten der Bevölkerung beruhen und je nach Straftat variieren können. So wird im Durchschnitt zahlreichen deutschen und internationalen Untersuchungen zufolge nur etwa jede zweite Straftat angezeigt.[330] Des Weiteren wirkt sich auch die Intensität der polizeilichen Kontrolle auf die statistische Erfassung aus. Die Statistiken stellen nur einen Ausschnitt aus der Gesamtkriminalität – das „Hellfeld" – dar und können daher nur als Indikator dienen. Kriminalität als soziales Phänomen zeichnet sich auf verschiedenen Ebenen der Realität ab, mithin existiert nicht „die Kriminalitätswirklichkeit".[331] Vielmehr wird ein Bild von Kriminalität konstruiert, das in Relation zu weiteren Aspekten zu setzen und erklären ist. So spielen bei der Wahrnehmung von Kriminalität individuelle und institutionelle Konstruktionsprozesse eine Rolle.[332]

Darüber hinaus ist zu erwähnen, dass Kriminalstatistiken in erster Linie das Ausmaß behördlicher Aktivitäten widerspiegeln[333] und lediglich eine Annäherung an die Realität beschreiben können, die je nach Deliktart variiert.[334] Um den tatsächlichen Umfang der Jugendkriminalität näher eingrenzen zu können, bedarf es weiterer Methoden wie der Dunkelfeldforschung, die mehr Aufschluss über die tatsächliche Verbreitung der Kriminalität zu geben vermag. Das Dunkelfeld umfasst nicht entdeckte oder andere nicht zur Anzeige gelangte Straftaten.[335]

Neben Kriminalstatistiken dienen Selbstberichtsstudien, insbesondere Täter- und Opferbefragungen, dazu, das Thema Kriminalität empirisch zu erschließen.[336] Es kommt daher darauf an, ob Dunkelfelduntersuchungen wie Täter- und Opferbefragungen durchgeführt wurden, die weitere Hinweise auf die Verbreitung von Straftaten liefern können.

---

330 *Sessar* 1997, S. 70.

331 *Walter/Neubacher* 2011, S. 228.

332 *Meier* 2010, S. 111.

333 *Albrecht* 2010, S. 175.

334 Bundeskriminalamt 2013, S. 3, abrufbar unter www.bka.de (29.05.2013).

335 *Kaiser/Schöch/Kinzig* 2015, S. 55. Die Dunkelziffer bezieht sich nach dem engeren Begriff auf den Anteil der offiziell nicht bekannt gewordenen Delikte, *Walter/Neubacher* 2011, S. 209.

336 Vgl. *Meier* 2010, S 112 f.

In Rumänien sind im Gegensatz zu Deutschland sehr wenige derartige Befragungsforschungen durchgeführt worden.[337] Vorgenommen wurden seit dem Zusammenbruch des Kommunismus im Land Opferbefragungen. So zeigen Untersuchungen zur Viktimisierung in den 1990er Jahren in osteuropäischen Ländern, darunter auch in Rumänien, dass nach 1989 in Ländern des ehemaligen Ostblocks die Anzahl Geschädigter insbesondere im Bereich der Vermögensdelikte, verbunden mit Gewaltanwendungen, zugenommen hat.[338] Die internationale Opferbefragung (*International Crime Victims Survey-ICVS*) 1996/1997 brachte zutage, dass in den sogenannten Transformationsländern verstärkt Korruptionsdelikte auftraten, darüber hinaus berichteten die Befragten von fehlender Opferhilfe und fehlenden Kriminalpräventionsprogrammen.[339]

Insgesamt verdeutlichten die Untersuchungen in den 1990er Jahren im internationalen Vergleich eine erhöhte Viktimisierung bezüglich der meisten ausgewählten Delikte, eine zunehmend punitive Einstellung sowie eine verringerte Zufriedenheit mit der Strafverfolgung seitens der Befragten.[340] Die im Jahr 2000 durchgeführte ICVS wies für Rumänien eine im Mittelfeld liegende Viktimisierungsrate auf.[341] Die Untersuchung zeigte ferner, dass etwa die Hälfte der Befragten in Bukarest die Tätigkeit der Polizei negativ einschätzten (52%) und die Kriminalitätsfurcht hoch war (57% der Befragten fühlten sich unsicher), allerdings nur etwas über dem Durchschnitt der beteiligten mittel- und osteuropäischen Länder lag.[342] Lediglich ein Drittel der Opfer in mittel- und osteuropäischen Ländern gaben an, mit der Tätigkeit und Unterstützung durch die Polizei nach einer Anzeige zufrieden zu sein.[343]

Im Hinblick auf die Viktimisierung Minderjähriger ist zu erwähnen, dass Jugendliche und Kinder insbesondere nach 1989 und nach dem EU-Beitritt Ru-

---

337 In der einschlägigen Literatur wird das Phänomen des Dunkelfelds thematisiert, siehe beispielsweise *Basiliade* 2006, S. 463 ff.; *Banciu/Rădulescu* 2002, S. 85 ff.; *Oancea* 1994a, S. 52 f., Hinweise auf empirische Untersuchungen in Rumänien sind nicht ersichtlich. In diesem Zusammenhang wird nur auf die Ergebnisse der Internationalen Opferbefragungen verwiesen.

338 *Giles* 2002, S. 48 ff. Giles bezieht sich auf drei internationale Opferbefragungen (*International Crime Victims Surveys-ICVS*), die in den Jahren 1989, 1992-1994 und 1996-1997 vorgenommen wurden.

339 *Giles* 2002, S. 49.

340 *Giles* 2002, S. 49 f.

341 *Alvazzi del Frate/van Kesteren* 2004, S. 5. An der 2004-2005 durchgeführten ICVS war Rumänien nicht beteiligt, allerdings nahm Deutschland an dieser Untersuchung teil. Die Viktimisierungsrate lag hier leicht unter dem Durchschnitt, *van Dijk* u. a. 2007, S. 18.

342 *Alvazzi del Frate/van Kesteren* 2004, S. 15, 19.

343 *Alvazzi del Frate/van Kesteren* 2004, S. 17.

mäniens 2007 Opfer organisierter Kriminalität und Menschenhandels, verbunden mit sexueller Ausbeutung, geworden sind. So stellen Minderjährige schätzungsweise mehr als ein Drittel der rumänischen Opfer von Menschenhandel dar.[344]

3.1 Umfang, Entwicklung und Struktur der registrierten Jugendkriminalität

Im Folgenden soll zunächst Ausmaß, Entwicklung und Struktur der registrierten Jugendkriminalität analysiert werden. Diese stellt einen Ausschnitt der Gesamtjugendkriminalität dar, welche als Gesamtheit der straffälligen Jugendlichen sowie der Gesamtheit der von Jugendlichen begangenen Straftaten über einen bestimmten Zeitraum verstanden wird.[345]

In Rumänien geben verschiedene Quellen Aufschluss über die registrierte Kriminalität.[346] In Betracht kommen neben den polizeilichen Statistiken die Justizstatistiken der Staatsanwaltschaften und Gerichte. Die Statistiken des Generalinspektorats der Polizei beinhalten Fallzahlen sowie Gesamthäufigkeitszahlen und erfassen alle Beschuldigten[347] nach Altersgruppen.[348] Diese Statistiken treffen jedoch keine Aussage über die Anzahl der Tatverdächtigen sowie darüber, welchen Anteil Jugendliche an den einzelnen Deliktsgruppen ausmachen.

Umfassender in Bezug auf die Deliktsstruktur sind die seitens des Justizministeriums, des Hohen Rates der Magistratur und der Staatsanwaltschaft beim Hohen Kassationsgerichtshof (Generalstaatsanwaltschaft) veröffentlichten Daten. Ferner gibt das Institut für Statistik[349] Informationen heraus, die sich auf statistische Daten des Justizministeriums (bis 2005), des Hohen Rates der Magistratur (seit 2005) und des Generalinspektorats der Polizei beziehen.

Der Aktivitätsbericht der Generalstaatsanwaltschaft dokumentiert unter anderem die Anzahl der angeklagten Jugendlichen nach Deliktsgruppen sowie regionaler Verteilung. Die Statistiken des Hohen Rates der Magistratur, zuvor des

---

344 United States Department of State 2012.

345 Vgl. *Brezeanu* 1994, S. 37.

346 In Deutschland informieren insbesondere die Polizeiliche Kriminalstatistik (PKS), herausgegeben seit 1953 vom Bundeskriminalamt (BKA), sowie die Rechtspflegestatistiken, herausgegeben vom Statistischen Bundesamt in der Fachserie 10, Rechtspflege, hierbei die Strafverfolgungsstatistik (Reihe 3), über Umfang, Struktur und Entwicklung der Jugendkriminalität.

347 Personen, gegen die ein strafrechtliches Ermittlungsverfahren eingeleitet wurde.

348 Statistische Daten zur Tatermittlung sind seit dem Jahr 2004 im Internet abrufbar unter www.politiaromana.ro/statistici_2004_2012.htm. (31.05.2013).

349 Nationales Institut für Statistik, abrufbar unter www.insse.ro/cms/rw/pages/index.ro.do.

Justizministeriums, weisen die Verurteilten nach Altersgruppen und Art der gerichtlichen Entscheidung aus. Darüber hinaus enthalten die TransMonEE-Statistiken (UNICEF) Angaben zur Kriminalitätsbelastung Jugendlicher und beziehen Häufigkeitszahlen, den Anteil an einzelnen Delikten und die Art der verhängten Sanktion mit ein.

Die folgende Auswertung bezieht sich auf die vorgenannten veröffentlichten statistischen Daten. Darüber hinaus werden auch unveröffentlichte[350] Daten aus der Zeit vor 1989 mit berücksichtigt, auch wenn diese bei weitem nicht den Anspruch auf Vollständigkeit erheben können, da es sich um zeitliche Ausschnitte handelt.

Aufgrund der unvollständigen Datenlage vor 1989 ist es daher nur eingeschränkt möglich, die Jugendkriminalität vor und nach der politischen Wende im Hinblick auf Umfang, Struktur und Entwicklung miteinander zu vergleichen. Des Weiteren erschwert eine Reihe von gesetzlichen Änderungen die Vergleichbarkeit über einen längeren Zeitraum.

3.1.1 Umfang, Entwicklung und Struktur der registrierten Jugendkriminalität vor 1989

In Rumänien wurde vor dem politischen Umbruch 1989 sehr zurückhaltend mit behördlichen Datensammlungen umgegangen. Statistiken der Justizbehörden, die Aufschluss über die Kriminalitätsentwicklung geben könnten wurden – wie in vielen anderen kommunistischen Ländern auch – nicht veröffentlicht.[351] Unterstrichen wurde, dass die absolute Geheimhaltung der statistischen Daten dazu diente, die Erscheinungsformen der Jugendkriminalität zu verdecken und ihre Normalität aus ideologischen Gründen zu verleugnen.[352] Lediglich ein eingeschränkter Expertenkreis hatte Zugang zu amtlichen Statistiken, allerdings konnten die Untersuchungen nie einer breiteren Öffentlichkeit präsentiert werden.[353] Darüber hinaus trugen Faktoren wie legislative Änderungen und Amnestiegesetze dazu bei, die Dimension von Jugendkriminalität zu verschleiern.[354]

Infolge der Zensur berichteten auch die Massenmedien nur sehr sporadisch und fragmentarisch über Straftaten. Dies erfolgte zumeist auch politisch gesteu-

---

350 Zum Teil wird auf Studien eingegangen, die als „geheim" etikettiert wurden und zur Zeit des Kommunismus aus ideologischen Gründen der Allgemeinheit nicht zugänglich waren. Nach dem politischen Umbruch ist es jedoch möglich, diese Daten heranzuziehen.

351 Vgl. *Basiliade* 2006, S. 237.

352 Vgl. *Banciu/Rădulescu* 2002, S. 239.

353 Vgl. *Stănoiu* 1994, S. 9.

354 Vgl. *Stănoiu* 1994, S. 10.

ert, insbesondere vor dem Erlass neuer Gesetze. Hieraus wird geschlossen, dass dem Thema Kriminalität nur wenig Bedeutung in der Öffentlichkeit beigemessen wurde und eine geringe Kriminalitätsfurcht bestand.[355] Im Rahmen der Sanktionierung und Prävention der Jugendkriminalität lag der Schwerpunkt in erzieherischen Einflussmaßnahmen auf die Jugendlichen und der Überzeugung von sozialistischen Lebens- und Arbeitsnormen.[356]

Infolge des eingeschränkten Zugriffs auf behördliche Daten aus dem Zeitraum vor 1989 ist eine genauere Analyse der Jugendkriminalität vor 1989 kaum möglich. Lediglich teilweise können Aussagen über die Jugendkriminalitätsentwicklung getroffen werden. Mangels relativierter Zahlen in der Zeit vor 1989 kann nur auf absolute Zahlen, die weniger aussagekräftig sind, zurückgegriffen werden.

Berichtet wird von zwei Phasen erhöhter Kriminalitätsbelastung Jugendlicher im kommunistischen Rumänien.[357] Die erste umfasst den Zeitraum zwischen 1950 bis 1954, einige Jahre nach Beendigung des Zweiten Weltkrieges und Gründung der Volksrepublik Rumänien. Als Ursache für den Anstieg der registrierten Kriminalität Jugendlicher wird auf die schwierigen ökonomischen Bedingungen in den Jahren nach dem Zweiten Weltkrieg verwiesen.

Des Weiteren wurde ein starker Anstieg der Jugendkriminalität in der Zeit von 1983 bis 1986 beobachtet. In diesem Zeitraum verdreifachte sich die absolute Anzahl der beschuldigten Jugendlichen gegenüber den Vorjahren. Den überwiegenden Anteil der polizeilich ermittelten Jugendlichen und Kinder stellten institutionalisierte und verlassene Kinder dar – zurückzuführen insbesondere auf die Auswirkungen des Abtreibungsverbots von 1966. Auch diese Zeitspanne war geprägt durch eine defizitäre Versorgungslage und wirtschaftliche Probleme in Rumänien.

Darüber hinaus gewährt eine landesweite Studie des Forschungszentrums für die Problemlagen der Jugend zur Straffälligkeit Jugendlicher (14-17 Jahre) und Jungerwachsener (18-26 Jahre) in dem Zeitraum von 1976-1979 einen Einblick in die Kriminalitätsentwicklung junger Menschen.[358] Die Studie bezieht sich auf angeklagte junge Menschen und gibt Aufschluss über Umfang, Struktur

---

355 *Stănoiu* 1994, S. 10.

356 *Banciu/Rădulescu* 2002, S. 238.

357 *Rădulescu* 1999, S. 213 f.

358 Das Forschungszentrum für die Problemlagen der Jugend (*Centrul de Cercetări pentru Problemele Tineretului*) wurde 1968 eingerichtet. Leiter der „Studie bezüglich der Straffälligkeit Jugendlicher (14-18 Jahre) und Jungerwachsener (18-26 Jahre) im Zeitraum 1976-1979 (1. Halbjahr)" war *George Basiliade*. Die Studie wurde im Oktober 1979 mit einer Auflage von 30 Exemplaren veröffentlicht und trug auf der Titelseite die Anmerkung „geheim". Nach der politischen Wende kann auf diese Daten zurückgegriffen werden.

und Entwicklung der Kriminalität in dem Untersuchungszeitraum. Berücksichtigt wurden Vorstrafen sowie der schulische bzw. berufliche Hintergrund der untersuchten Personengruppen.

Der Untersuchung zufolge lag der Anteil angeklagter Jugendlicher und Jungerwachsener bei durchschnittlich etwas über einem Drittel der Gesamtzahl der Angeklagten,[359] der Anteil der Straftaten bei 32,7% der insgesamt registrierten Straftaten[360] in dem Zeitraum. Etwas mehr als ein Zehntel (11,2%) der jungen Angeklagten im Untersuchungszeitraum waren Wiederholungstäter.[361] Im Hinblick auf die schulische und berufliche Ausbildung zeigte sich, dass 70,0% der untersuchten Gruppe einem Beruf nachgingen, 22,1% ohne Beschäftigung und 7,2% Schüler waren.[362]

Die am häufigsten begangenen Delikte Jugendlicher und Jungerwachsener stellten Vermögensstraftaten (Diebstahl privaten und gesellschaftlichen Vermögens) dar, deren Anteil im Untersuchungszeitraum zwischen 45% und 60% schwankte. Der Anteil der Gewaltstraftaten (Mord, Totschlag, Vergewaltigung, Raub)[363] lag durchschnittlich bei etwa 13%.[364] Festgestellt wurde ein Anstieg der Kriminalität der untersuchten Gruppen in den Jahren 1978 und 1979, verbunden mit einer wachsenden Tendenz Jugendlicher, Straftaten in – mehr oder weniger organisierten – Gruppen zu begehen. Konstatiert wurde auch eine höhere Aufklärungsquote seitens der Ermittlungsorgane, die mit dem registrierten Anstieg seit 1978 in Zusammenhang stand.[365]

Zu den Ursachen für die Delinquenz Jugendlicher werden insbesondere Erziehungsdefizite innerhalb der Familie, eine fehlende Kontinuität von Angeboten und Maßnahmen im erzieherischen Bereich, unzureichende Vielfalt an Freizeitangeboten von Einrichtungen der Sozialkontrolle, wie Kinder- und Jugendorganisationen und eine mangelnde Kooperation der Instanzen der Sozialkontrolle im Rahmen des gesamten Erziehungsprozesses erwähnt.[366]

Bezogen auf die Jungerwachsenen werden als Gründe für straffälliges Verhalten insbesondere aufgeführt: Die Art und Weise der Eingliederung in

---

359 Der Anteil der angeklagten Jugendlichen und Jungerwachsenen lag im Durchschnitt bei 36,0%, davon 13,5% Jugendliche und 86,5% Jungerwachsene, vgl. Forschungszentrum für die Problemlagen der Jugend 1979, S. 4 f.

360 Forschungszentrum für die Problemlagen der Jugend 1979, S. 5.

361 Forschungszentrum für die Problemlagen der Jugend 1979, S. 7.

362 Forschungszentrum für die Problemlagen der Jugend 1979, S. 8 f.

363 Gewaltstraftaten ohne Körperverletzungsdelikte.

364 Forschungszentrum für die Problemlagen der Jugend 1979, S. 10 ff.

365 Forschungszentrum für die Problemlagen der Jugend 1979, S. 57 f.

366 Forschungszentrum für die Problemlagen der Jugend 1979, S. 58 f.

Arbeitsmaßnahmen, die nicht vollständig die Besonderheiten Jungerwachsener berücksichtigen, infolgedessen häufige Arbeitsverweigerung, Fluktuation am Arbeitsplatz aufgrund fehlender Möglichkeiten der beruflichen Qualifikation, das Auseinanderfallen der Wünsche der Jungerwachsenen im Hinblick auf Arbeit und reale Möglichkeiten, sowie fehlende Einwirkung in Bezug auf normkonformes Verhalten.[367]

Die Entwicklung der angeklagten Jugendlichen in den 1970er und 1980er Jahren unterlag einigen starken Schwankungen. So fiel die Anzahl der angeklagten Jugendlichen von 1970 bis 1977 um 69%, stieg in der Folgezeit und erreichte 1985 den Höhepunkt mit ca. 8.200 angeklagten Jugendlichen, was einem Anstieg auf das 5- bis 6-fache im Vergleich zu 1977 entspricht. Von 1985 bis 1988 wiederum sank die Anzahl der Angeklagten um ein Drittel.[368] Zurückgeführt werden diese Schwankungen insbesondere auf ideologisch beeinflusste Faktoren, mit dem Ziel, die tatsächliche Kriminalitätsentwicklung zu beschönigen.[369]

Auch im Hinblick auf die Entwicklung der verurteilten Jugendlichen zeigen sich Schwankungen. Ausweislich der *Tabelle 1* ergeben die absoluten Verurteiltenzahlen Jugendlicher von 1980 bis 1988 folgendes Bild:

In dem Zeitraum von 1980 bis 1985 ist ein kontinuierlicher Anstieg der Zahl der verurteilten Jugendlichen zu beobachten. So stieg die Anzahl der Jugendlichen von 1980 bis 1985 um etwas mehr als das Dreifache auf 5.685. Seit 1986 ist die Anzahl der Verurteilten gefallen, im Jahr 1988 signifikant auf 1.334 Verurteilte. Der markante Rückgang ist auf normative Änderungen wie Amnestien für bestimmte Strafen zurückzuführen, um die Möglichkeiten der Sanktionierung einzuschränken und wiederum das wahre Ausmaß der Jugendkriminalität zu verbergen.[370] Der Anteil der Jugendlichen an der Gesamtzahl der Verurteilten schwankte von 1980 bis 1988 zwischen 3,4% und 6,1%.

---

367 Forschungszentrum für die Problemlagen der Jugend 1979, S. 61 f.

368 Vgl. *Grecu/Rădulescu* 2003, S. 353 ff. sowie *Tabelle 1* zu Daten 1980 bis 1988.

369 Vgl. *Grecu/Rădulescu* 2003, S. 353.

370 Vgl. *Banciu/Rădulescu* 2002, S. 241.

Tabelle 1: Entwicklung der angeklagten und der verurteilten Jgendlichen, 1980-1988

Jahr	Angeklagte Jugendliche	Verurteilte insgesamt	Verurteilte Jugendliche		Verhältnis angeklagte und verurteilte Jugendliche in %
			Abs.	in % bzgl. der Verurteilten insgesamt	
1980	2.808	53.020	1.819	3,4	64,8
1981	3.431	66.582	2.272	3,4	66,2
1982	4.899	86.289	3.179	3,7	64,9
1983	6.915	114.501	4.936	4,3	71,4
1984*	7.560	102.261	5.449	5,3	72,1
1985	8.202	93.679	5.686	6,1	69,3
1986*	6.335	97.161	5.322	5,5	84,0
1987*	5.165	88.230	4.460	5,1	86,4
1988*	2.769	29.686	1.334	4,5	48,2

Quellen: Justizministerium, zit. in *Grecu/Rădulescu* 2003, S. 353 f., zu Zahlen angeklagte Jugendliche. Statistisches Jahrbuch 1993 zu Zahlen zu Verurteilten.
* In diesen Jahren wurden Begnadigungsdekrete für bestimmte Strafen sowie Amnestien für bestimmte Straftaten erlassen.

Banciu und *Rădulescu* zufolge wurden zwischen 1980 und 1989 bezogen auf die Deliktsgruppen etwa Dreiviertel (74%) der Jugendlichen wegen Vermögensdelikten in Form von Diebstahl gegen das private und gesellschaftliche Vermögen verurteilt. 9,2% der Jugendlichen wurde wegen Beleidigung und Körperverletzung, 3,3% wegen Mord, Totschlag und Vergewaltigung und 4,8% wegen Prostitution, Bettelei und „Vagabundentum" verurteilt.[371]

Aufschluss über die Entwicklung der registrierten Kriminalität am Ende des kommunistischen Regimes und die unmittelbare Nachwendezeit gibt eine empirische Untersuchung[372] bezogen auf den Zeitraum von 1988 bis 1993.

---

371 *Banciu/Rădulescu* 2002, S. 242. Die Straftat „Vagabundentum" wurde erst durch Gesetz Nr. 278/2006 entkriminalisiert.

372 Die Studie „Entwicklung der Kriminalität in Rumänien in dem Zeitraum 1988-1993" wurde unter Leitung von *Ortansa Brezeanu*, wissenschaftliche Mitarbeiterin am

Ziel der Studie war die Analyse von Umfang, Struktur und Entwicklung der Kriminalität zu Beginn der Transformationszeit 1991-1993 im Vergleich mit der Kriminalitätsentwicklung in den letzten Jahren des kommunistischen Regimes (1988-1989). Untersucht wurde die polizeilich registrierte Kriminalität jugendlicher, heranwachsender (18-21 Jahre) und erwachsener Beschuldigter über einen Fünf-Jahres-Zeitraum sowie soziologische Kennzeichen bezüglich der Straftäter. 1988 waren 3.305 (6,6% der Beschuldigten) jugendliche und 6.679 (13,2% der Beschuldigten) heranwachsende Beschuldigte polizeilich registriert, 1989 waren es 2.868 (5,1% der Beschuldigten) Jugendliche und 6.127 (11% der Beschuldigten) Heranwachsende.[373] Im Jahr 1988 gingen 45% der Jugendlichen keiner Beschäftigung nach.[374] Auch diese Studie verdeutlicht, dass es sich bei den von Jugendlichen begangenen Straftaten zum überwiegenden Teil um Vermögenskriminalität handelt. Dreiviertel (74,3%) der Jugendlichen wurde 1988 und 1989 beschuldigt, Vermögensdelikte,[375] 9% der Minderjährigen, Straftaten gegen die Person[376] begangen zu haben.[377]

Der Anteil der wegen Vermögensdelikten beschuldigten Jugendlichen stieg in den Jahren unmittelbar nach dem Umbruch weiter an: Von 86,2% 1990 auf 89,3% im Jahr 1991 und schließlich auf 90,1% im Jahr 1992. Im Vergleich zu den Jahren 1988 und 1989 erhöhte sich der prozentuale Anteil Jugendlicher, welche Straftaten gegen das private Eigentum begangen haben, von 54% im Jahr 1990 auf 61,3% im Jahr 1992. Der Anteil derjenigen, die beschuldigt wurden, Straftaten gegen das gesellschaftliche Vermögen begangen zu haben, ist hingegen von 1991 bis 1992 leicht gesunken.[378] Bezogen auf Straftaten gegen die Person ist ein rückläufiger Trend erkennbar, so ist der Anteil Jugendlicher von

---

Rechtswissenschaftlichen Institut der Rumänischen Akademie durchgeführt. Der Untersuchungszeitraum erstreckte sich vom 1. Januar 1988 bis zum 1. Januar 1993.

373 *Brezeanu* 1994, S. 40, 62.

374 *Brezeanu* 1994, S. 41.

375 Davon waren 27,3% 1988 und 24,4% 1989 der Jugendlichen beschuldigt, Straftaten gegen das gesellschaftliche Vermögen sowie 47% 1988 und 49,9% 1989 Straftaten gegen das private Vermögen begangen zu haben, *Brezeanu* 1994, S. 45 ff., 67 ff. Zu den Vermögensstraftaten zählen insbesondere Diebstahl, Unterschlagung, Betrug, Veruntreuung und Raub.

376 Dazu zählen Mord, Totschlag, Körperverletzung mit Todesfolge, schwere Körperverletzung, Körperverletzung, illegale Schwangerschaftsunterbrechung (bis 1990) und Vergewaltigung.

377 *Brezeanu* 1994, S. 45, 79.

378 1990 wurden 32,6% der Jugendlichen beschuldigt, Straftaten gegen das gesellschaftliche Vermögen begangen zu haben, 1991 waren es 32,9% und 1992 28,8%, vgl. *Brezeanu* 1994, S. 91 ff., 116 ff., 141 ff.

9,4% im Jahr 1990 auf 6,1% im Jahr 1992 gesunken.[379] Damit ist festzuhalten, dass in der Transformationszeit der Anteil jugendlicher Beschuldigter wegen Straftaten gegen das private Vermögen gestiegen, der Anteil der Beschuldigten wegen Straftaten gegen die Person hingegen gesunken ist.

Betrachtet man den Anteil jugendlicher und heranwachsender Beschuldigter an der Gesamtzahl der Beschuldigten, so ist festzustellen dass der Anteil Jugendlicher in der Zeit von 1990 bis 1992 relativ konstant bei ca. 10%[380] lag, der Anteil Heranwachsender leicht gesunken ist.[381] Vergleicht man jedoch den Anteil mit den Jahren 1988 und 1989, so ist festzustellen dass der Anteil jugendlicher Beschuldigter signifikant gestiegen ist und sich von 1989 bis 1990 fast verdoppelt hat.[382]

In einer weiteren Untersuchung konnten im Hinblick auf die Entwicklung von Tötungsdelikten, bezogen auf alle Altersgruppen, keine signifikanten Unterschiede zwischen in der Zeit der kommunistischen Diktatur (1980 bis 1989) und der Periode nach dem Umbruch (1990 bis 1998) konstatiert werden, entgegen dem in den Massenmedien dargestellten „explosiven" Anstieg der Straftaten wie Mord und Totschlag nach 1989.[383]

3.1.2 Umfang und Entwicklung der registrierten Jugendkriminalität nach 1989

Nach 1989 wurden seitens des Justizministeriums, der Generalstaatsanwaltschaft sowie des Generalinspektorats der Polizei zunehmend statistische Daten veröffentlicht, die in erster Linie ein Bild über die Aktivitäten der jeweiligen Behörden vermitteln. Die Polizeistatistiken weisen, wie zuvor erwähnt, die Anzahl der Tatverdächtigen sowie die prozentuale Beteiligung Jugendlicher und Jungerwachsener an einzelnen Deliktsgruppen nicht aus. Insgesamt stehen die Daten aus den verschiedenen Quellen teilweise in Widerspruch zueinander und sind nicht kohärent, da unterschiedliche Indikatoren in den einzelnen Statistiken eine Vergleichbarkeit und Interpretation erschweren.[384]

---

379 *Brezeanu* 1994, S. 105, 157.

380 1990 lag der Anteil der jugendlichen Beschuldigten bei 9,8%, 1991 bei 10,2% und 1992 bei 9,8%, vgl. *Brezeanu* 1994, S. 88, 113, 138.

381 Der Anteil der heranwachsenden Beschuldigten betrug 1990 12,6%, 1991 11,3% und 1992 10,6%, vgl. *Brezeanu* 1994, S. 88, 113, 138.

382 Der Anstieg des Anteils jugendlicher Beschuldigter war demografisch nicht beeinflusst.

383 *Banciu/Teodorescu* 2000, S. 394.

384 Vgl. *Brezeanu* 1994, S. 176; *Săucan/Liiceanu/Micle* 2009, S. 113 f.

Zur Analyse der Entwicklung und des Umfangs der Jugendkriminalität werden die Datensammlungen der Generalstaatsanwaltschaft und des Justizministeriums bzw. Hohen Rates der Magistratur sowie das Statistische Jahrbuch und die TransMonEE-Statistiken herangezogen.

Ausweislich der in *Tabelle 2* aufgeführten Daten sind die Jugendkriminalitätsraten in Rumänien – wie in anderen postkommunistischen Ländern – nach 1990 angestiegen. Ein Blick auf absolute Zahlen der von oder unter Mitwirkung Jugendlicher begangener Straftaten zeigt, dass die Anzahl der registrierten Straftaten nach 1990 deutlich gestiegen ist und erst nach 1998 ein rückläufiger Trend erkennbar ist. Wie aus *Tabelle 2* sichtbar wird, hat sich die Zahl der von Jugendlichen begangenen registrierten Straftaten von 9.245 im Jahr 1990 bis zum Jahr 1996 mehr als verdreifacht (28.835) und erreichte im Jahr 1998 sogar 43.839 Straftaten, wobei anzumerken ist, dass 1998 auch die eingestellten Fälle berücksichtigt wurden. In den Folgejahren nahm die Anzahl der registrierten Jugendkriminalität fast kontinuierlich ab und pendelte sich im Jahr 2011 bei 12.247 Straftaten ein.

Eine ähnliche Entwicklung ist bezogen auf die Gesamtzahl der ermittelten Straftaten festzustellen – diese hat von 1990 bis 1998 einen deutlichen Aufwärtstrend erfahren und war in der Zeit von 1999 bis 2005 rückläufig. Von 2006 bis 2009 ist erneut ein leichter Zuwachs zu verzeichnen.

Tabelle 2: **Entwicklung der ermittelten Fallzahlen insgesamt und der von Jugendlichen oder mit Beteiligung Jugendlicher begangenen ermittelten Straftaten und Häufigkeitszahlen*, 1990-2012**

Jahr	Gesamtzahl der Straftaten	Gesamt-häufigkeitszahlen	Anzahl der Straftaten Jugendlicher	Häufigkeitszahl Jugendliche
1990	97.828	422	9.245	604
1991	139.290	601	17.380	1.102
1992	144.750	635	14.996	934
1993	219.487	965	22.219	1.403
1994	237.004	1.043	24.254	1.553
1995	297.046	1.310	26.511	1.734
1996	321.651	1.423	28.835	1.955
1997	361.061	1.601	33.159	2.366
1998	399.105	1.774	**43.839	3.288
1999	363.690	1.619	25.911	1.999
2000	353.745	1.577	25.470	1.958

Jahr	Gesamtzahl der Straftaten	Gesamt-häufigkeitszahlen	Anzahl der Straftaten Jugendlicher	Häufigkeitszahl Jugendliche
2001	340.414	1.519	23.511	1.748
2002	312.204	1.432	21.450	1.550
2003	276.841	1.274	19.167	1.373
2004	231.637	1.069	18.826	1.379
2005	208.239	963	18.578	1.446
2006	232.659	1.078	17.126	1.442
2007	281.457	1.307	16.615	1.529
2008	289.331	1.345	13.197	1.316
2009	299.889	1.397	13.545	1.419
2010	292.682	1.366	13.531	1.470
2011	258.895	1.212	12.247	1.367
2012	308.468	1.538	10.713	1.211

Quellen: Statistisches Jahrbuch 1993-2013 für Gesamtzahl der Straftaten und Gesamthäufigkeitszahlen, TransMonEE Datenbasis 2014 für Anzahl der Straftaten Jugendlicher und Häufigkeitszahl Jugendliche.

*   Häufigkeitszahlen = ermittelte Straftaten auf 100.000 derselben Bevölkerungsgruppe

**   Im Jahr 1998 wurden Straftaten, bei denen die Ermittlungen eingestellt wurden ebenfalls berücksichtigt.

Hinweis: Die Gesamtkriminalitätsrate ausweislich des Statistischen Jahrbuchs weicht leicht von der in der TransMonEE Datenbasis ausgewiesenen Kriminalitätsrate ab. Dies ist höchstwahrscheinlich auf eine unterschiedliche Zählweise der Straftaten zurückzuführen. Ein Vergleich der Gesamtfallzahlen war nicht möglich, da diese nur im Statistischen Jahrbuch und nicht in der TransMonEE Datenbasis ausgewiesen waren.

Den Anstieg der registrierten Jugendkriminalität verdeutlicht insbesondere ein Blick auf die Häufigkeitszahlen[385] sowie die Beschuldigtenverhältniszahlen,[386] welchen erhöhte Aussagekraft durch die Relation zu demografischen

---

385   Ermittelte Straftaten auf 100.000 derselben Bevölkerungsgruppe.

386   Im Unterschied zu Deutschland wurden in Rumänien bis zum Inkrafttreten des neuen Strafgesetzbuches und der neuen Strafprozessordnung „Beschuldigte" und nicht „Tatverdächtige" polizeilich registriert. Mit der Gesetzesreform ist nunmehr der Begriff „Beschuldigte" gestrichen worden und der Begriff der „Tatverdächtigen" eingeführt worden. „Beschuldigte" werden nach bisheriger Gesetzeslage als diejenigen definiert, gegen die ein strafrechtliches Ermittlungsverfahren eingeleitet und noch keine öffentli-

Daten zukommt. Demografische Schwankungen werden somit berücksichtigt und ins Verhältnis gesetzt. Dies ist auch relevant, da die Bevölkerungszahl Jugendlicher in Rumänien seit 1990 deutlich zurückging, wie *Tabelle 4* (s. u.) zu entnehmen ist. Der Anteil der Jugendlichen fiel um 42% von 1.520.196 im Jahr 1990 auf 888.030 im Jahr 2012.

Im Hinblick auf die Relationszahlen zu ermittelten Straftaten zeigen die Statistiken in *Tabelle 2*, dass die Fallhäufigkeitszahl Jugendlicher im Jahr 1990 bei 604 lag, in den Folgejahren fast kontinuierlich anstieg und 1998 einen besorgniserregenden Höchststand mit 3.288 erreichte. Damit lag die Fallhäufigkeitszahl über dem Durchschnitt mittel- und osteuropäischer Transformationsländer.[387]

Seit 1999 ist die Häufigkeitszahl Jugendlicher mit leichten Schwankungen wieder rückläufig und fiel im Jahr 2008 auf 1.316. Ein leichter Anstieg ist in den Jahren 2009 und 2010 zu verzeichnen. Von 1990 bis 2011 hat sich die Tatbelastung Jugendlicher in knapp zwei Jahrzehnten etwas mehr als verdoppelt. Ein Vergleich der Fallhäufigkeitsziffern Jugendlicher mit denen der Gesamtbevölkerung zeigt, dass die Tatbelastung Jugendlicher größtenteils höher liegt, im Durchschnitt um knapp ein Viertel im Untersuchungszeitraum. In den vergangenen Jahren, seit 2008, ist eine stärkere Annäherung der Häufigkeitszahlen Jugendlicher und insgesamt zu beobachten.

Ebenso ist ein Anstieg der beschuldigten Jugendlichen in der Zeit von 1990 bis 1997 zu verzeichnen. Dies verdeutlicht *Tabelle 3*, die sich auf polizeiliche Daten bezieht, welche im Statistischen Jahrbuch veröffentlicht worden sind.[388]

Ausweislich *Tabelle 3* ist die absolute Anzahl der beschuldigten Jugendlichen in dem Zeitraum von 1990 bis 1997 fast um das Vierfache gestiegen. Nach 1997 ist ein Rückgang der Anzahl der registrierten jugendlichen Beschuldigten mit kleineren Schwankungen zu verzeichnen. So ist bis 2012 die Anzahl der Beschuldigten um mehr als die Hälfte gesunken (auf 10.482).

Bei Betrachtung des Anteils der Jugendkriminalität an der registrieren Gesamtkriminalität ist festzustellen, dass der Anteil unmittelbar nach dem gesellschaftlichen Umbruch signifikant gestiegen ist. So hat sich der Anteil der jugendlichen Beschuldigten von 5,1% im Jahr 1989 innerhalb von zwei Jahren fast

---

che Anklage erhoben wurde (Art. 229 rStPO a. F.). „Tatverdächtige" sind nach neuer Strafprozessordnung diejenigen, bei denen aufgrund der vorliegenden Tatsachen und Beweise der begründete Verdacht einer Straftatbegehung besteht (Art. 77 rStPO), siehe auch Ausführungen in *Kap. 5.8.1*.

387 Siehe Fallhäufigkeitszahlen im Vergleich, TransMonEE 2013 Database, Tabelle 8.1.3.

388 Die Daten enthalten Angaben zu den registrierten Straftaten insgesamt und den Beschuldigten, welche nach den Altersgruppen der Kinder, Jugendlichen und Jungerwachsenen (18-30 Jahre) unterteilt sind.

verdoppelt und erreichte den Höchststand mit 10,2% im Jahr 1991.[389] In den Folgejahren nahm ausweislich *Tabelle 3* der Anteil der straffälligen Jugendlichen mit leichteren Schwankungen ab und lag im Jahr 1999 bei 6,4%. Bis 2003 blieb der Anteil relativ konstant, um danach – in den Jahren 2004 (7,9%) und 2005 (8,6%) – wieder anzusteigen. Seither ist ein rückläufiger Trend zu beobachten. So sank der Anteil der Jugendbeschuldigten auf 4,4% im Jahr 2012 und lag damit auf dem niedrigsten Niveau im Untersuchungszeitraum.

Tabelle 3: **Entwicklung der beschuldigten Kinder, Jugendlichen und Jungerwachsenen, 1990-2013**

Jahr	Beschuldigte insgesamt*	Kinder (bis 14 Jahre)		Jugendliche (14-17 Jahre)		Jungerwachsene (18-30 Jahre)	
		Abs.	in %	Abs.	in %	Abs.	in %
1990	56.282	-	-	5.490	9,8	25.941	46,1
1991	97.248	-	-	9.909	10,2	42.684	43,9
1992	106.255	-	-	10.371	9,8	46.238	43,5
1993	163.367	2.281	1,4	14.279	8,7	63.757	39,0
1994	174.765	2.381	1,4	16.231	9,3	70.905	40,6
1995	196.876	3.167	1,6	17.234	8,6	80.000	40,6
1996	211.138	3.437	1,6	18.317	8,7	87.421	41,4
1997	249.779	5.388	2,2	22.118	8,6	100.933	40,4
1998	263.939	6.871	2,6	20.511	7,8	102.500	38,8
1999	239.346	730	0,3	15.389	6,4	92.080	38,5
2000	240.344	637	0,3	15.874	6,6	94.634	39,4
2001	247.727	503	0,2	16.510	6,7	94.885	38,3
2002	230.850	464	0,2	15.206	6,6	83.525	36,2
2003	206.766	378	0,2	13.583	6,6	73.605	35,6
2004	185.270	410	0,2	14.698	7,9	65.527	35,4

---

389 *Brezeanu* 1994, S. 62, 113.

Jahr	Beschul-digte ins-gesamt*	Kinder (bis 14 Jahre)		Jugendliche (14-17 Jahre)		Jungerwachsene (18-30 Jahre)	
		Abs.	in %	Abs.	in %	Abs.	in %
2005	170.563	616	0,4	14.637	8,6	62.831	36,8
2006	188.786	491	0,3	14.292	7,6	67.238	35,6
2007	228.536	637	0,3	14.310	6,3	80.727	35,3
2008	230.419	634	0,3	13.197	5,7	82.054	35,6
2009	235.611	660	0,3	12.474	5,3	84.129	35,7
2010	243.035	631	0,3	11.732	4,8	93.506	38,5
2011	212.875	531	0,2	10.764	5,1	79.453	37,3
2012	238.434	509	0,2	10.482	4,4	81.207	34,1
2013	239.636	403	0,2	10.877	4,5	79.252	33,1

Quelle: Statistisches Jahrbuch 1993-2014.
* Beschuldigte: Personen, gegen die ein strafrechtliches Ermittlungsverfahren ein-geleitet wurde. Kinder sind nach der Rechtslage strafunmündig. Die hier darge-stellten Zahlen beziehen sich vermutlich auf Kinder, deren Alter im Rahmen der Tatermittlungen nicht festgestellt werden konnte und gegen die ein Ermittlungs-verfahren zunächst eingeleitet wurde.

Hinsichtlich der Delinquenz strafunmündiger Kinder (bis 14-Jährige) ist ausweislich *Tabelle 3* in dem Zeitraum von 1993[390] bis 1998 eine ähnliche Entwicklung wie bei den beschuldigten Jugendlichen zu beobachten. Zunächst liegt ein Aufwärtstrend bezogen auf die absoluten Zahlen der polizeilich ermit-telten Kinder vor – so hat sich die Anzahl der unter 14-Jährigen innerhalb von sechs Jahren verdreifacht. Der Anteil der Kinder an den Beschuldigten insge-samt ist ebenfalls deutlich angestiegen: von 1,4% im Jahr 1993 auf 2,6% im Jahr 1998. Von 1998 bis 1999 ist ein signifikanter Rückgang zu verzeichnen, sowohl im Hinblick auf die Anzahl der beschuldigten Kinder als auch im Hinblick auf ihren Anteil an den Gesamtbeschuldigten. Die Zahl der polizeilich ermittelten Kinder ist innerhalb eines Jahres auf fast ein Zehntel im Jahr 1999 zurückgegan-gen. Der Anteil der registrierten Kinder an der Gesamtheit der Beschuldigten schwankte im Zeitraum von 1999 bis 2013 bei durchschnittlich 0,3%.

---

390 Statistische Daten bezüglich der Kinderdelinquenz liegen erst seit dem Jahr 1993 vor.

Ähnlich wie bei den registrierten Kindern und Jugendlichen zeichnet sich die Entwicklung der Anzahl der beschuldigten Jungerwachsenen (18-30 Jahre) ab. Im Zeitraum von 1990 bis 1998 ist gleichfalls ein Aufwärtstrend festzustellen, da sich die Zahl der polizeilich ermittelten Jungerwachsenen vervierfacht hat. Von 1999 bis 2005 ist ein kontinuierlicher Rückgang zu verzeichnen, so dass die Anzahl der Beschuldigten 2005 in etwa mit dem Niveau von 1993 vergleichbar war. In dem Zeitraum von 2005 bis 2010 ist die Anzahl beschuldigter Jungerwachsener um annähernd ein Drittel gestiegen, von 2010 bis 2011 wieder gefallen.

Demgegenüber ist der Anteil der 18-30-Jährigen an der Gesamtzahl der Beschuldigten mit leichten Schwankungen innerhalb von 24 Jahren von 46,1% im Jahr 1990 auf 33,1% im Jahr 2013 zurückgegangen.

Von den insgesamt ermittelten Beschuldigten stellten im Zeitraum von 1990 bis 2013 Erwachsene und Jungerwachsene den Hauptanteil, gefolgt von Jugendlichen und schließlich Kindern. Diese Relation besagt jedoch wenig, aussagekräftiger sind die Belastungszahlen pro 100.000 der Altersgruppe (s. u.).

Relevant im Hinblick auf die Kriminalitätsbelastung von Jugendlichen ist die Analyse der Anzahl der Beschuldigten im Verhältnis zur Bevölkerungsgruppe. Es ist eine ähnliche Entwicklung wie bei den Fallhäufigkeitszahlen zu beobachten. Ausweislich *Tabelle 4* ist die Verhältniszahl beschuldigter Jugendlicher von 361 im Jahr 1990 auf 1.111 im Jahr 1995 und damit fast auf das Dreifache gestiegen. Im Jahr 1997 wurde die Rekordzahl mit 1.534 erreicht, was einen Anstieg um mehr als das Vierfache im Vergleich zu 1990 bedeutet. Nach 1998 ist ein Abwärtstrend mit Schwankungen zu beobachten. Im Jahr 2013 betrug die Beschuldigtenverhältniszahl immerhin noch 1.255.

Im Vergleich mit der Gesamtbevölkerung wiesen Jugendliche von 1990 bis 2013 fast durchgängig eine höhere Kriminalitätsbelastung aus. Nach 1998 ging die deutlich höhere Belastung gegenüber der Gesamtbevölkerung jedoch allmählich zurück und erreichte im Jahr 2003 in etwa das gleiche Niveau. Seit 2004 lag die Belastung Jugendlicher im Vergleich zur Gesamtbevölkerung wieder höher, erreichte im Jahr 2012 jedoch in etwa den gleichen Stand. Anzumerken ist des Weiteren, dass die Kriminalitätsbelastung bezogen auf die Gesamtbevölkerung ebenfalls bis zum Jahr 1998 gestiegen ist und danach bis zum Jahr 2005 rückläufig war, um in den Folgejahren bis 2010, wie bei Jugendlichen, wieder leicht anzusteigen.

Tabelle 4: Entwicklung der Beschuldigten und Verhältniszahlen,*
Jugendliche und insgesamt, 1990-2013

Jahr	Bevölkerungs-gruppe Jugendliche (14-17 J.)	Jugendliche Beschuldigte (14-17 J.)	Pro 100.000	Gesamtbevölkerung	Gesamtzahl Beschuldigte	Pro 100.000
1990	1.520.196	5.490	361	23.211.395	56.282	242
1991	1.540.754	9.909	643	23.192.274	97.248	419
1992	1.614.562	10.371	642	22.810.035	106.255	466
1993	1.595.260	14.279	895	22.778.533	163.367	717
1994	1.572.298	16.231	1.032	22.748.027	174.765	768
1995	1.551.049	17.234	1.111	22.712.394	196.876	867
1996	1.507.339	18.317	1.215	22.656.145	211.138	932
1997	1.442.312	22.118	1.534	22.581.862	249.779	1.106
1998	1.360.446	20.511	1.508	22.526.093	263.939	1.172
1999	1.306.116	15.389	1.178	22.488.595	239.346	1.064
2000	1.285.885	15.874	1.234	22.455.485	240.344	1.070
2001	1.315.804	16.510	1.255	22.430.457	247.727	1.104
2002	1.374.148	15.206	1.107	21.833.483	230.850	1.057
2003	1.394.157	13.583	974	21.772.774	206.766	950
2004	1.396.908	14.698	1.052	21.711.252	185.270	853
2005	1.333.546	14.637	1.098	21.658.528	170.563	788
2006	1.236.538	14.292	1.156	21.610.213	188.786	874
2007	1.139.544	14.310	1.256	21.565.119	228.536	1.060
2008	1.034.006	13.197	1.276	21.528.627	230.419	1.070
2009	971.693	12.474	1.284	21.498.616	235.611	1.096
2010	937.351	11.732	1.252	21.462.186	243.035	1.132

Jahr	Bevölkerungs- gruppe Ju- gendliche (14-17 J.)	Jugendli- che Be- schuldigte (14-17 J.)	Pro 100.000	Gesamtbe- völkerung	Gesamt- zahl Be- schuldigte	Pro 100.000
2011	903.970	10.764	1.191	21.413.815	212.875	994
2012	888.030	10.482	1.180	21.355.849	238.434	1.116
2013	866.411	10.877	1.255	20.020.074	239.636	1.197

Quelle: Institut für Statistik zu demografischen Zahlen Jugendliche (14- bis 17-Jährige) und Gesamtbevölkerung sowie zu absoluten Zahlen jugendliche Beschuldigte und Beschuldigte insgesamt. Eigene Berechnungen zu demografischen Zahlen Jugendliche auf Grundlage der Daten zu Altersgruppen der 14- bis 17-Jährigen sowie eigene Berechnungen zu Beschuldigtenverhältniszahlen. Bevölkerungszahlen jeweils zum 1. Januar des Jahres, Zahlen zu Beschuldigten zum 31. Dezember des Jahres.

*   Beschuldigte pro 100.000 derselben Alters- bzw. Bevölkerungsgruppe.

Betrachtet man den Anteil der Jugendlichen an der Gesamtzahl der Angeklagten (*Tabelle 5*) in der Zeit von 1990 bis 2012, so lag dieser 1991 bis 2003 relativ konstant zwischen 10% und 11%[391] und erreichte 2005 den höchsten Anteil mit 13,2%. Mittlerweile hat sich der Anteil fast halbiert und lag 2012 bei 6,8%.[392]

Aufschluss über die Kriminalitätsbelastung Jugendlicher geben des Weiteren die Verurteiltenziffern.[393] Zu erwähnen ist, dass Verurteiltenstatistiken den Rahmen der den Behörden bekannt gewordenen Straftaten durch stattgefundene Selektionsprozesse noch weiter reduzieren und damit einen geringeren Teil der Jugenddelinquenz darstellen.

In dem Zeitraum von 1990 bis 1998 ist ausweislich *Tabelle 5* ein signifikanter Anstieg der Verurteiltenziffern Jugendlicher zu beobachten.[394] Seit 1999 ist ein rückläufiger Trend mit leichten Schwankungen zu verzeichnen. Im Jahr 2011 lag die Verurteiltenziffer bei 373 und damit deutlich unter dem Durchschnitt anderer mittel- und osteuropäischer Transformationsländer.[395] Ein Ver-

---

391   Lediglich 1997 lag der Anteil etwas höher bei 11,5%.

392   Der Rückgang ist zum Teil auch demografisch bedingt, da in der Zeit von 2005 bis 2012 die Bevölkerungszahl der Jugendlichen um ein Drittel (33%) gesunken ist, vgl. *Tabelle 4*.

393   Anzahl der Verurteilten pro 100.000 derselben Personengruppe.

394   Eine Ausnahme stellt lediglich das Jahr 1990 dar, in dem die Verurteiltenziffer aufgrund von Amnestien und Begnadigungsdekreten am niedrigsten lag.

395   Siehe zum Vergleich TransMonEE 2013, *Tabelle 8.8.2*. Im Vergleich lag die Verurteilungsbelastung für Jugendliche in Deutschland im Jahr 2011 fast viermal so hoch, bei

gleich mit der gesamten Verurteilungsbelastung in Rumänien zeigt, dass diese von 1990 bis 1997 ebenfalls um mehr als das Dreifache gestiegen ist und seit 1998 rückläufig ist.

Tabelle 5: **Entwicklung angeklagter und verurteilter Jugendlicher und Erwachsener, 1989 bis 2012**

Jahr	Angeklagte insgesamt	Pro 100.000	Angeklagte Jugendliche, Abs. und in %	Pro 100.000	Verurteilte insge-samt	VZ insge-samt	Verurteilte Jugendliche, Abs. und in %	VZ Jugendliche
*1990	52.715	227	4.554 (8,6)	300	37.112	160	1.983 (5,3)	130
1991	82.112	354	8.520 (10,4)	553	60.883	263	3.784 (6,2)	246
1992	91.375	401	9.210 (10,1)	570	69.143	303	4.590 (6,6)	284
1993	102.499	450	10.141 (9,9)	636	83.247	366	6.940 (8,3)	435
1994	107.857	475	11.658 (10,8)	741	95.795	421	9.121 (9,5)	580
1995	117.296	517	12.611 (10,8)	813	101.705	448	9.783 (9,6)	631
1996	115.948	513	12.439 (10,7)	825	104.029	460	10.377 (10,0)	688
1997	119.222	529	13.674 (11,5)	948	111.926	496	11.802 (10,5)	818
1998	99.920	444	10.918 (10,9)	803	106.221	472	11.196 (10,5)	823
1999	75.743	337	8.231 (10,9)	630	87.576	390	8.797 (10,0)	674
2000	68.483	305	7.322 (10,7)	569	75.407	336	6.738 (8,9)	524

1.446 auf 100.000 der Personengruppe, siehe Statistisches Bundesamt, Rechtspflege, 2012, S. 59. Die Verurteiltenziffer ist bezogen auf alle Straftaten. Die deutlich geringere Verurteilungsbelastung in Rumänien ist damit zu erklären, dass inzwischen mehr Verfahren staatsanwaltschaftlich eingestellt werden, siehe *Kap. 3.2.1.*

Jahr	Angeklagte insgesamt	Pro 100.000	Angeklagte Jugendliche, Abs. und in %	Pro 100.000	Verurteilte insge-samt	VZ insge-samt	Verurteilte Jugendliche, Abs. und in %	VZ Jugendliche
2001	81.948	366	8.576 (10,5)	652	82.912	370	6.726 (8,1)	511
**2002	74.272	342	7.811 (10,5)	568	81.814	375	7.005 (8,6)	510
2003	68.658	315	7.267 (10,5)	521	76.739	353	6.820 (8,9)	489
2004	65.418	302	7.915 (12,1)	567	69.397	320	6.341 (9,1)	454
2005	59.407	275	7.868 (13,2)	590	65.682	304	6.796 (10,3)	510
2006	52.943	245	6.709 (12,7)	543	56.705	263	6.145 (10,8)	497
2007	47.787	222	4.613 (9,6)	405	46.127	214	5.019 (10,9)	440
2008	45.073	210	4.140 (9,2)	400	36.795	171	3.624 (9,8)	350
2009	49.743	232	3.926 (7,9)	404	34.226	159	3.035 (8,9)	312
2010	56.949	266	3.955 (6,9)	422	41.891	195	3.263 (7,8)	348
2011	60.980	285	4.148 (6,8)	459	47.577	223	3.373 (7,1)	373
2012	59.739	280	4.035 (6,8)	454	49.188	230	3.026 (6,2)	341

Quellen: Staatsanwaltschaft beim Hohen Kassationsgerichtshof, Aktivitätsbericht 2010, Anhang Nr. 2, S. 93, zu absoluten Zahlen Angeklagte insgesamt, angeklagte Jugendliche sowie Angeklagte insgesamt auf 100.000 der Bevölkerung, 1989-2010, Aktivitätsbericht 2012 zu oben erwähnten Zahlen 2010-2012, Anhang Nr. 2, S. 99.
Eigene Berechnung der Häufigkeitszahlen angeklagter und verurteilter Jugendlicher insgesamt sowie der Verurteiltenziffer Erwachsene 2012.
Institut für Statistik zu absoluten Zahlen zu Verurteilten sowie Verurteiltenziffern 1990-2011.

*   In diesem Jahr wurden Begnadigungsdekrete für bestimmte Strafen sowie Amnestien für bestimmte Straftaten erlassen.

**   In diesem Jahr wurde ein Begnadigungsgesetz für bestimmte Strafen erlassen.

Im Hinblick auf die Entwicklung der Anteile jugendlicher Verurteilter an den Verurteilten insgesamt fällt auf, dass der Anteil von 5,3% im Jahr 1990 auf fast das Doppelte (9,5%) im Jahr 1994 gestiegen ist, bis 2000 ca. 9 bis 10% betrug, in der Folgezeit leicht sank und 2007 mit 10,9% den Höchstanteil zeigte. Im Jahr 2012 sank der Anteil auf 6,2%.

Bezogen auf Wiederholungstäter ist festzustellen, dass der Anteil nach 1994 deutlich angestiegen ist. Waren im Jahr 1989 ca. 4% der jugendlichen Verurteilten Mehrfachtäter, so stieg der Anteil auf ca. 12% im Jahr 1994 und erreichte 17,5% im Jahr 2000.[396]

Die Entwicklungen der Verhältniszahlen der jugendlichen Beschuldigten, Angeklagten und Verurteilten zeigen ähnliche Verläufe. Bis 1997/1998 sind Anstiege des Kriminalitätsaufkommens ersichtlich, in den Folgejahren Rückgänge der registrierten Jugendkriminalität zu verzeichnen.

Bei Gegenüberstellung der Beschuldigten-, Angeklagten- und Verurteiltenzahlen in *Tabellen 4 und 5* wird deutlich, dass die Diversionsrate bei ca. 70% liegt: So gab es 2012 10.482 beschuldigte Jugendliche (1.180 pro 100.000), 4.035 Angeklagte sowie 3.026 Verurteilte (341 pro 100.000).[397]

3.1.3 Struktur der registrierten Jugendkriminalität nach 1989

Im Hinblick auf die Struktur der registrierten Jugendkriminalität ist die Art der begangenen Delikte zu analysieren. Heranzuziehen sind die Statistiken der Generalstaatsanwaltschaft, welche die Anteile Jugendlicher an der Gesamtzahl Angeklagter in verschiedenen Deliktsgruppen ausweisen, sowie die Verurteiltenstatistiken des Justizministeriums bzw. des Hohen Rates der Magistratur.[398]

Die Differenzierung nach Deliktsgruppen ausweislich *Tabelle 6* zeigt, dass es sich bei den meisten Straftaten um Eigentumsdelikte handelt.[399] Der Anteil der wegen Eigentumsdelikten angeklagten Jugendlichen schwankte zwischen 1990 und 2012 zwischen 76% und 90%. Im Zeitraum von 1990 bis 1997 hat sich die Anzahl der wegen Eigentumsdelikten angeklagten Jugendlichen verdrei-

---

396 *Grecu/Rădulescu* 2003, S. 359.

397 In Deutschland lag die Diversionsrate in den vergangenen Jahren ebenfalls bei 70%, vgl. *Heinz* 2014, S. 126 ff. Der Vergleich von Beschuldigtenzahlen mit Verurteiltenzahlen lässt allerdings nur annäherungsweise Rückschlüsse auf die Diversionsrate zu. In Rumänien lag die Diversionsrate 2012 bei 62,3%, s. u. *Kap. 3.2.1 (Tabelle 9)*.

398 Die polizeilichen Statistiken enthalten in Rumänien keine Angaben über die Anteile Jugendlicher an der Gesamtzahl der Beschuldigten im Hinblick auf einzelne Deliktsgruppen. Auch auf Nachfrage waren keine deliktsspezifischen Angaben zu jugendlichen Beschuldigten zu erhalten.

399 Eigentumsdelikte, die zur Anklage Jugendlicher zwischen 1990 und 2012 führten, sind Diebstahls- und Raubdelikte, Betrug, Untreue, Unterschlagung und Sachbeschädigung.

facht, von 4.011 auf 12.100.[400] Seit 1998 ist ein Rückgang mit geringen Schwankungen zu verzeichnen, so lag die Anzahl im Jahr 2012 unter dem Niveau von 1990. Im Vergleich mit der Gesamtzahl der 14- bis 17-jährigen Angeklagten ist beobachtbar, dass sich die Anzahl von 1990 bis 1997 ebenfalls verdreifacht hat, und in den Folgejahren gesunken ist.

---

400 In diesem Zeitraum blieb der Anteil der wegen Eigentumsdelikten angeklagten Jugendlichen relativ unverändert bei 88-90%. Die gestiegene Anzahl der Anklagen wegen Eigentumsdelikten hängt mit der tatsächlichen Zunahme dieser Delikte zusammen. Betrachtet man die Entwicklung der staatsanwaltschaftlichen Einstellungen in diesem Zeitraum, so ist ein Anstieg der Diversion seit 1990 zu beobachten, s. u. *Tabelle 9.* Die erhöhte Anzahl der Anklagen geht insoweit nicht mit einer rückläufigen Diversionsrate einher.

Tabelle 6: Entwicklung angeklagter Jugendlicher bzgl. bestimmter Deliktsgruppen im Zeitraum 1990-2012 (absolut und in %)

Straftatengruppen	Straftaten gegen die Person	Totschlag	Körperverletzung[1]	Vergewaltigung	Eigentumsdelikte	Diebstahl	Raub	Straftaten gegen die Staatsgewalt	Straftaten gegen die öffentliche Ordnung	Straftaten die sich auf das gesellschaftliche Zusammenleben beziehen	Verstöße gegen Spezialgesetze	Gesamtzahl jugendliche Angeklagte
1990	405 (8,9)	53 (1,2)	34 (0,7)	234 (5,1)	4.011 (88,1)	3.586 (78,7)	367 (8,1)	10 (0,2)	6 (0,1)	34 (0,7)	84 (1,8)	4.554
1991	617 (7,2)	80 (0,9)	62 (0,7)	303 (3,6)	7.619 (89,4)	6.628 (77,8)	802 (9,4)	23 (0,3)	3 (0,0)	44 (0,5)	213 (2,5)	8.520
1992	569 (6,2)	75 (0,8)	70 (0,8)	220 (2,4)	8.286 (90,0)	7.131 (77,4)	909 (9,9)	33 (0,4)	10 (0,1)	63 (0,7)	248 (2,7)	9.210
1993	501 (4,9)	77 (0,8)	60 (0,6)	167 (1,6)	9.035 (89,1)	7.614 (75,1)	906 (8,9)	174 (1,7)	15 (0,1)	96 (0,9)	309 (3,0)	10.141
1994	524 (4,5)	79 (0,7)	60 (0,5)	172 (1,5)	10.531 (90,3)	9.289 (79,7)	822 (7,1)	19 (0,2)	24 (0,2)	70 (0,6)	481 (4,1)	11.658

Straftatengruppen	Straftaten gegen die Person	Totschlag	Körperverletzung[1]	Vergewaltigung	Eigentumsdelikte	Diebstahl	Raub	Straftaten gegen die Staatsgewalt	Straftaten gegen die öffentliche Ordnung	Straftaten die sich auf das gesellschaftliche Zusammenleben beziehen	Verstöße gegen Spezialgesetze	Gesamtzahl jugendliche Angeklagte
1995	556 (4,4)	73 (0,6)	73 (0,6)	163 (1,3)	11.251 (89,2)	9.912 (78,6)	781 (6,2)	19 (0,2)	8 (0,1)	92 (0,7)	679 (5,4)	12.611
1996	554 (4,5)	58 (0,5)	56 (0,5)	140 (1,1)	11.074 (89,0)	9.906 (79,6)	728 (5,9)	19 (0,2)	13 (0,1)	138 (1,1)	633 (5,1)	12.439
1997	620 (4,5)	73 (0,5)	191 (1,4)	98 (0,7)	12.100 (88,5)	11.010 (80,5)	814 (6,0)	9 (0,1)	58 (0,4)	132 (1,0)	621 (4,5)	13.674
1998	508 (4,7)	63 (0,6)	175 (1,6)	78 (0,7)	9.590 (87,8)	8.744 (80,1)	619 (5,7)	12 (0,1)	55 (0,5)	102 (0,9)	564 (5,2)	10.918
1999	460 (5,6)	40 (0,5)	179 (2,2)	78 (0,9)	7.097 (86,2)	6.327 (76,9)	646 (7,8)	3 (0,0)	42 (0,5)	64 (0,8)	481 (5,8)	8.231
2000	495 (6,8)	52 (0,7)	203 (2,8)	105 (1,4)	6.316 (86,3)	5.600 (76,5)	584 (8,0)	14 (0,2)	78 (1,1)	87 (1,2)	296 (4,0)	7.322
2001	499 (5,8)	64 (0,7)	198 (2,3)	101 (1,2)	7.336 (85,5)	6.518 (76,0)	704 (8,2)	23 (0,3)	88 (1,0)	115 (1,3)	433 (5,0)	8.576

Straftatengruppen	Straftaten gegen die Person	Totschlag	Körperverletzung[1]	Vergewaltigung	Eigentumsdelikte	Diebstahl	Raub	Straftaten gegen die Staatsgewalt	Straftaten gegen die öffentliche Ordnung	Straftaten die sich auf das gesellschaftliche Zusammenleben beziehen	Verstöße gegen Spezialgesetze	Gesamtzahl jugendliche Angeklagte
2002	590 (7,6)	89 (1,1)	189 (2,4)	139 (1,8)	6.527 (83,6)	5.736 (73,4)	713 (9,1)	6 (0,0)	29 (0,4)	148 (1,9)	458 (5,9)	7.811
2003	510 (7,0)	59 (0,8)	205 (2,8)	91 (1,3)	6.129 (84,3)	5.369 (73,9)	668 (9,2)	22 (0,3)	32 (0,4)	114 (1,6)	403 (5,5)	7.267
2004	513 (6,5)	70 (0,9)	195 (2,5)	110 (1,4)	6.760 (85,4)	5.892 (74,4)	786 (9,9)	19 (0,2)	37 (0,5)	108 (1,4)	415 (5,2)	7.915
2005	540 (6,9)	75 (1,0)	204 (2,6)	115 (1,5)	6.711 (85,3)	5.528 (70,3)	1.092 (13,9)	14 (0,2)	41 (0,5)	107 (1,4)	416 (5,3)	7.868
2006	500 (7,5)	64 (1,0)	204 (3,0)	107 (1,6)	5.722 (85,3)	4.542 (67,7)	1.102 (16,4)	7 (0,1)	34 (0,5)	85 (1,3)	325 (4,8)	6.709
2007	614 (13,3)	75 (1,6)	313 (6,8)	108 (2,3)	3.634 (78,8)	3.046 (66,0)	558 (12,1)	5 (0,1)	21 (0,5)	44 (1,0)	286 (6,2)	4.613
2008	546 (13,2)	74 (1,8)	315 (7,6)	77 (1,9)	3.286 (79,4)	2.542 (61,4)	704 (17,0)	8 (0,2)	16 (0,4)	39 (0,9)	238 (5,7)	4.140
2009	490 (12,5)	57 (1,5)	279 (7,1)	66 (1,7)	3.086 (78,6)	2.288 (58,3)	748 (19,1)	12 (0,3)	21 (0,5)	35 (0,9)	278 (7,1)	3.926

Straftatengruppen	Straftaten gegen die Person	Totschlag	Körperverletzung[1]	Vergewaltigung	Eigentumsdelikte	Diebstahl	Raub	Straftaten gegen die Staatsgewalt	Straftaten gegen die öffentliche Ordnung	Straftaten die sich auf das gesellschaftliche Zusammenleben beziehen	Verstöße gegen Spezialgesetze	Gesamtzahl jugendliche Angeklagte
2010	559 (14,1)	52 (1,3)	327 (8,3)	84 (2,1)	3.007 (76,0)	2.403 (60,8)	566 (14,3)	9 (0,2)	18 (0,5)	38 (1,0)	319 (8,1)	3.955
2011	506 (12,2)	42 (1,0)	301 (7,3)	76 (1,8)	3.263 (78,7)	2.636 (63,5)	592 (14,3)	10 (0,2)	27 (0,7)	48 (1,2)	290 (7,0)	4.148
2012	497 (12,3)	68 (1,7)	287 (7,1)	56 (1,4)	3.191 (79,1)	2.410 (59,7)	735 (18,2)	9 (0,2)	16 (0,4)	75 (1,9)	247 (6,1)	4.035

Quelle: Staatsanwaltschaft beim Hohen Kassationsgerichtshof.
Die Tabelle enthält keine vollständige Auflistung der Straftatengruppen.
[1] In den Jahren 1990 bis 1996 wurden die einfachen Körperverletzungsdelikte nicht mitgezählt.
Zu den Unterkategorien der Straftaten gegen die Person zählen: Tötungsdelikte, Körperverletzungsdelikte, strafbarer Schwangerschaftsabbruch, Sexualdelikte, Straftaten gegen die persönliche Freiheit.
Zu den Unterkategorien der Eigentumsdelikte zählen: Diebstahl, Raub, Piraterie, Untreue, Betrug, Unterschlagung, Sachbeschädigung.
Straftaten gegen die Staatsgewalt umfassen unter anderem Widerstand gegen Amtsträger.
Zu den Straftaten gegen die öffentliche Ordnung zählen Straftaten im Amt, Gefährdung des Bahnverkehrs, falsche uneidliche Aussage, Waffenhandel.
Die hier relevanten Unterkategorien der Straftaten, die sich auf das gesellschaftliche Zusammenleben beziehen, sind: Handel mit toxischen Substanzen, Verstoß gegen die guten Sitten, Bildung krimineller Vereinigungen, Prostitution, Zuhälterei.
Die Verstöße gegen Spezialgesetze umfassen unter anderem: Verstöße gegen das Waldgesetz, Verkehrsdelikte, Delikte der organisierten Kriminalität, Menschenhandel, Drogendelikte, Delikte der Computerkriminalität.

Den überwiegenden Anteil stellen Diebstahlsdelikte, gefolgt von Raubdelikten. Bezogen auf absolute Zahlen ist die Anzahl der wegen Diebstahls Angeklagten von 3.586 im Jahr 1990 auf das Doppelte im Jahr 1992 (7.131) und auf
das Dreifache (11.010) im Jahr 1997 gestiegen. Seit 1998 ist die Anzahl leicht
schwankend rückläufig und erreichte im Jahr 2010 das niedrigste Niveau mit
2.403. Der Anteil der 14- bis 17-Jährigen wegen Diebstahls angeklagten Jugendlichen lag 1997 mit 81% am höchsten und sank im Jahr 2012 auf 60%.

Eine ähnliche Entwicklung ist bezogen auf Raubdelikte beobachtbar. Von
1990 bis 1991 hat sich die Anzahl der wegen Raubes angeklagten Jugendlichen
mehr als verdoppelt, ist 1992 weiterhin deutlich angestiegen und war von 1993
bis 2004 schwankend rückläufig. Im Jahr 2006 hat sich die Anzahl im Vergleich
zu 1990 verdreifacht und erreichte damit ihren Höchststand. Im Jahr 2007 ist die
Anzahl jedoch auf die Hälfte im Vergleich zu 2006 gefallen und lag auch 2010
etwa auf diesem Niveau.[401] Zwischen 1990 und 2012 schwankte der Anteil der
Anklagen wegen Raubes zwischen 5,7% (1998) und 19,1% (2009). Im Jahr
2012 lag der Anteil der 14- bis 17-Jährigen wegen Raubdelikten Angeklagten
bei 18,2%.

Straftaten gegen die Person stellen einen vergleichsweise niedrigen Anteil
an den Gesamtstraftaten dar.[402] So lag der Anteil der Jugendlichen, die in der
Zeit von 1990 bis 2012 wegen Gewaltdelikten angeklagt wurden, zwischen und
4,4% (1995) und 14,1% (2010).

Auch hier ist ein Anstieg der wegen Gewaltstraftaten angeklagten Jugendlichen von 1990 bis 1997 – um ein Drittel – zu beobachten. Seit 1998 blieb die
Anzahl der angeklagten Jugendlichen relativ stabil, mit wenigen Ausnahmen in
den Jahren 2002 und 2007, in denen eine etwas erhöhte Zahl von Anklagen zu
verzeichnen war.

Zu einem geringen Anteil sind Verstöße gegen Spezialgesetze zu verzeichnen. So schwankte der Anteil der Anklagen bezogen auf diese Delikte zwischen
1990 und 2008 zwischen 1,8% (1990) und 6,2% (2007). Hierbei ist zu erwähnen, dass die hier relevanten Spezialgesetze erst Mitte der 1990er Jahre bzw.

---

401 Der deutliche Rückgang der Anzahl der angeklagten Jugendlichen wegen Eigentumsde-
    likten, insbesondere wegen Raubes, hängt nicht mit Amnestien in diesem Zeitraum zu-
    sammen. In den Jahren 2006/2007 wurden keine Amnestien diesbezüglich erlassen. Die
    Staatsanwaltschaft beim Hohen Kassationsgerichtshof, die diese Daten ausweist, erläu-
    tert den Rückgang der Anzahl der Anklagen bei Eigentumsdelikten nicht. Vielmehr
    hängt die veränderte Anklagepraxis mit einer tiefgreifenden Reform des Justizwesens
    im Zuge des EU-Beitritts 2007, die auch das Jugendstrafrecht miteinbezieht, zusammen.
    In diesem Rahmen waren die Ausweitung der Diversion sowie die Spezialisierung der
    Richterinnen und Staatsanwälte in Bezug auf Jugendrecht von Bedeutung, siehe
    Kap. 2.6.

402 Die Unterkategorien der relevanten Gewaltdelikte sind Tötungs-, Körperverletzungs-
    und Sexualdelikte sowie Straftaten gegen die persönliche Freiheit.

nach 2002 verabschiedet wurden, so dass der Anteil zu Beginn der 1990er Jahre niedriger liegt. Die Mehrheit der Verstöße gegen Spezialgesetze stellen Verkehrsstraftaten, gefolgt von Verstößen gegen das Waldgesetz, Drogendelikte, Computerkriminalität, Straftaten der organisierten Kriminalität sowie Menschenhandel dar.

Zu einem sehr geringen und unbedeutenden Anteil sind Anklagen wegen Straftaten, die sich auf das gesellschaftliche Zusammenleben (wie Verstoß gegen die guten Sitten, Prostitution, Zuhälterei, Handel mit toxischen Substanzen) beziehen, Straftaten gegen die Staatsgewalt, gegen die öffentliche Ordnung, Fälschungsdelikte sowie Wirtschaftsstraftaten festzustellen.

Ein ähnliches Bild ergibt sich bei der Analyse der Deliktstruktur *verurteilter* Jugendlicher, wie *Tabelle 7* zu entnehmen ist. *Eigentumsdelikte* stellen mit durchschnittlich 81,0% den weitaus größten Anteil dar, gefolgt von Straftaten gegen die Person (im Durchschnitt 10,9%) und Verstößen gegen Spezialgesetze.[403] Festzustellen ist, dass der Anteil der wegen Eigentumsdelikten verurteilten Jugendlichen in der Zeit von 2000 bis 2010 von 84,6% auf 72,9% gesunken ist, während der Anteil der wegen Straftaten gegen die Person verurteilten Jugendlichen von 8,8% auf 12,3% gestiegen ist.[404]

Tabelle 7: **Deliktsstruktur verurteilter Jugendlicher, 2000-2010 (absolute Zahlen und in %)**

Jahr	Gesamtsamtzahl Verurteilte	Straftaten gegen die Person	Eigentumsdelikte	Straftaten gegen die Staatsgewalt	Straftaten, die das gesellschaftliche Zusammenleben betreffen	Verstöße gegen Spezialgesetze	Andere Straftaten
2000	6.738	594 (8,8)	5.703 (84,6)	2 (0,0)	63 (0,9)	k. A.	376 (5,6)
2001	6.726	596 (8,9)	5.608 (83,4)	8 (0,1)	70 (1,0)	k. A.	444 (6,6)
2002	7.005	637 (9,1)	5.805 (82,9)	7 (0,1)	80 (1,1)	k. A.	476 (6,8)

---

403 Ausgewiesen in der Statistik des Hohen Rates der Magistratur seit 2008.

404 Der Rückgang der wegen Eigentumsdelikten verurteilten Jugendlichen ist insbesondere auf die gestiegene Diversionspraxis zurückzuführen.

Jahr	Gesamtsamtzahl Verurteilte	Straftaten gegen die Person	Eigentumsdelikte	Straftaten gegen die Staatsgewalt	Straftaten, die das gesellschaftliche Zusammenleben betreffen	Verstöße gegen Spezialgesetze	Andere Straftaten
2003	6.820	772 (11,3)	5.526 (81,0)	7 (0,1)	89 (1,3)	k. A.	426 (6,2)
2004	6.341	685 (10,8)	5.161 (81,4)	13 (0,2)	66 (1,0)	k. A.	416 (6,6)
2005	6.796	631 (9,3)	5.697 (83,8)	13 (0,2)	47 (0,7)	k. A.	408 (6,0)
2006	6.145	763 (12,4)	4.972 (80,9)	9 (0,1)	63 (1,0)	k. A.	338 (5,5)
2007	5.019	587 (11,7)	4.088 (81,5)	7 (0,1)	52 (1,0)	k. A.	285 (5,7)
2008	3.625	468 (12,9)	2.910 (80,3)	3 (0,1)	22 (0,6)	213 (5,9)	9 (0,2)
2009	3.035	361 (11,9)	2.392 (78,8)	5 (0,2)	25 (0,8)	239 (7,9)	13 (0,4)
2010	3.263	401 (12,3)	2.379 (72,9)	6 (0,2)	26 (0,8)	252 (7,7)	199 (6,1)

Quelle: Justizministerium zu Daten 2000-2006, Hoher Rat der Magistratur zu Daten 2007-2010.

Bei Betrachtung der Entwicklung der *Drogendelikte* ist von 2001 bis 2005 ein Anstieg der absoluten Zahlen jugendlicher Verurteilter zu beobachten.[405] Seit 2006 ist ein Abwärtstrend hinsichtlich der absoluten Zahlen festzustellen. So ist die Anzahl von 28[406] verurteilten Jugendlichen im Jahr 2009 auf 17[407] im Jahr 2010 gesunken. Der Großteil der Jugendlichen (94,1%) wurde wegen Dro-

---

405 Im Jahr 2001 wurden 9 Jugendliche wegen Drogenstraftaten verurteilt, im Jahr 2005 stieg die Anzahl auf 43 Verurteilte, vgl. *Nationale Antidrogenbehörde* 2011, S. 153.

406 Entspricht einem Anteil von 0,9% der verurteilten Jugendlichen.

407 Entspricht 0,6% der verurteilten Jugendlichen.

gen*handels* verurteilt.[408] Insgesamt ist der Anteil Jugendlicher, die wegen Drogenkriminalität verurteilt worden sind, sehr gering.[409]

Bei Vergleich des Anteils der Altersgruppen an den einzelnen Deliktkategorien in der Zeit von 1990 bis 2002, fällt ausweislich *Tabelle 8* auf, dass der Anteil der Minderjährigen im Durchschnitt unter 10% liegt. Die höchste Kriminalitätsbelastung weist die Altersgruppe der 21- bis 34-Jährigen mit durchschnittlich knapp 50% auf. Der Anteil der Jugendlichen in den Straftatenkategorien Diebstahl, Raub und Prostitution lag bei jeweils fast einem Fünftel. Bei den Heranwachsenden lagen die Anteile in den Bereichen Prostitution, Vergewaltigung und Raub am höchsten. Der Anteil der Heranwachsenden in dem genannten Zeitraum betrug 12,5%.

Tabelle 8:   Deliktsstruktur Verurteilter nach Altersgruppen, 1990-2002

Deliktskategorie	Altersgruppen in %				
	Unter 18-Jährige	18- bis 20-Jährige	21- bis 34-Jährige	35- bis 54-Jährige	Über 55-Jährige
Totschlag	4,6	8,0	41,1	34,6	11,7
Körperverletzungen mit Todesfolge	4,2	9,2	50,6	29,8	6,1
Schwere Körperverletzung	5,0	9,2	42,9	28,6	8,2
Vergewaltigung	13,0	23,7	49,8	11,5	1,0
Diebstahl	18,4	14,4	46,0	28,8	2,5
Raub	18,0	19,0	48,8	13,3	0,9
Beleidigung	1,8	6,3	58,5	35,9	6,2
Prostitution	18,8	27,4	47,0	6,8	-
Zuhälterei	2,0	5,2	59,5	31,4	2,0

---

408 Vgl. *Nationale Antidrogenbehörde* 2011, S. 153. Verurteilungen wegen des Besitzes von Drogen wurden nicht festgestellt.

409 Im Hinblick auf die Deliktsstruktur der registrierten Jugendkriminalität in Deutschland ist festzustellen, dass auch hier vorrangig Eigentums- und Vermögensdelikte wie Diebstahl, Sachbeschädigung und Betrug dominieren. Vgl. *Meier/Rössner/Schöch* 2013, S. 60 ff.; *Walter/Neubacher* 2011, S. 237 ff.

Deliktskategorie	Altersgruppen in %				
	Unter 18- Jährige	18- bis 20- Jährige	21- bis 34- Jährige	35- bis 54- Jährige	Über 55- Jährige
Betrug	1,1	2,7	45,6	43,5	7,1

Quelle: *Banciu* 2005, S. 216. Die Daten beziehen sich auf eine kriminologische Studie der Staatsanwaltschaft beim Hohen Kassationsgerichtshof.

Anmerkung: Bis 1996 gab es zwei Kategorien von Diebstahl: Diebstahl gegen gesellschaftliches Vermögen und Diebstahl gegen Privatvermögen. Durch das Gesetz 140/1996 zur Änderung des Strafgesetzbuches wurden die Regelungen vereinheitlicht, so dass seither nur noch Delikte gegen das Eigentum bestehen.

3.2 Entwicklung der Sanktionspraxis

3.2.1 Informelle Erledigungspraxis

Im Rahmen des Ermittlungsverfahrens waren staatsanwaltschaftliche Verfahrenseinstellungen nach bisheriger Gesetzeslage möglich, wenn einer der Fälle des Art. 10 Abs. 1a) bis h), i[1]) und j) rStPO vorlag.[410] Ende der 1990er Jahre wurden zunehmend Verfahren wegen Geringfügigkeit der Straftat nach Art. 18[1] rStGB[411] staatsanwaltlich eingestellt, wie *Tabelle 9* verdeutlicht:

---

410 Dazu zählen folgende Möglichkeiten: die Tat existiert nicht (Art. 10 Abs. 1a) rStPO), die Tat ist durch das Strafgesetz nicht vorgesehen (Art. 10 Abs. 1b) rStPO), die Tat weist nicht die Gesellschaftsgefährlichkeit einer Straftat auf (Art. 10 Abs. 1b1) rStPO), die Tat wurde nicht vom Beschuldigten oder Angeklagten begangen (Art. 10 Abs. 1c) rStPO), der Tat fehlt eines der konstitutiven Elemente einer Straftat (Art. 10 Abs. 1d) rStPO) es liegt ein Grund vor, der den strafrechtlichen Charakter der Straftat beseitigt (Art. 10 Abs. 1e) rStPO), der vorherige Strafantrag, die Ermächtigung, Benachrichtigung des zuständigen Organs oder andere gesetzliche vorgesehene Bedingungen, die für eine Anklageerhebung notwendig sind, liegen nicht vor (Art. 10 Abs. 1f) rStPO), ein Fall der Amnestie, Verjährung oder der Tod des Täters bzw. Löschung der juristischen Person ist eingetreten (Art. 10 Abs. 1g) rStPO), bei Strafantragsdelikten oder in den Fällen, in denen die Versöhnung der Parteien die strafrechtliche Verantwortlichkeit beseitigt, wurde der vorherige Strafantrag zurückgenommen, die Parteien haben sich versöhnt oder eine Mediationsvereinbarung abgeschlossen (Art. 10 Abs. 1h) rStO), es besteht ein Grund der Nichtbestrafung nach dem Gesetz (Art. 10 Abs. 1i1) rStPO) eine rechtskräftige Verurteilung liegt bereits vor. Das Strafverfahren wird auch dann nicht weiter betrieben, wenn nach der rechtskräftigen Verurteilung der Tat eine andere rechtliche Einordnung gegeben werden sollte (Art. 10 Abs. 1j) rStPO).

411 Das bedeutet, dass die Tat nicht die Gesellschaftsgefährlichkeit einer Straftat aufweist.

Tabelle 9: Einstellungen der Staatsanwaltschaft insgesamt und wegen Geringfügigkeit nach Art. 18 rStGB, bezogen auf Jugendliche

Jahr	Jugendliche Angeklagte und Jugendliche, deren Verfahren eingestellt wurden	Jugendliche, deren Verfahren eingestellt wurden, insgesamt		Jugendliche, deren Verfahren nach Art. 18 rStGB eingestellt wurden		Angeklagte Jugendliche	
		Abs.	in %	Abs.	% bzgl. Verf.-Einst.	Abs.	in %
1990	---	k. A.	---	420	---	4.554	---
1991	12.185	3.665	30,1	852	23,2	8.520	69,9
1992	13.048	3.838	29,4	1.090	28,4	9.210	70,6
1993	14.358	4.217	29,4	1.450	38,4	10.141	70,6
1994	16.457	4.799	29,2	1.483	30,9	11.658	70,8
1995	17.727	5.116	28,9	1.445	28,2	12.611	71,1
1996	18.058	5.619	31,1	1.600	28,5	12.439	68,9
1997	21.588	7.914	36,7	2.377	30,0	13.674	63,3
1998	20.191	9.273	45,9	3.520	38,0	10.918	54,1
1999	16.399	8.168	49,8	4.336	53,1	8.231	50,2
2000	16.384	9.062	55,3	5.628	62,1	7.322	44,7
2001	17.533	8.957	51,1	5.848	65,3	8.576	48,9
2002	17.003	9.192	54,1	5.667	61,7	7.811	45,9
2003	16.891	9.624	57,0	6.655	69,2	7.267	43,0
2004	16.705	8.790	52,6	7.305	83,1	7.915	47,4
2005	16.497	8.629	52,3	7.003	81,2	7.868	47,7
2006	17.176	10.467	60,9	7.978	76,2	6.709	39,1
2007	14.300	9.687	67,7	7.827	80,8	4.613	32,3
2008	14.229	10.089	57,8	8.226	81,5	4.140	29,1
2009	12.077	8.151	55,7	6.727	82,5	3.926	32,5

Jahr	Jugendliche An-geklagte und Ju-gendliche, deren Verfahren einge-stellt wurden	Jugendliche, deren Verfahren einge-stellt wurden, ins-gesamt		Jugendliche, deren Verfahren nach Art. 18 rStGB ein-gestellt wurden		Angeklagte Jugendliche	
		Abs.	in %	Abs.	% bzgl. Verf.-Einst.	Abs.	in %
2010	11.340	7.385	65,1	6.318	85,6	3.955	34,9
2011	12.005	7.857	65,4	6.719	85,5	4.148	34,6
2012	10.711	6.676	62,3	5.690	85,2	4.035	37,7

Quelle: Staatsanwaltschaft beim Hohen Kassationsgerichtshof.

Die Entwicklung nach 1991 zeigt ausweislich *Tabelle 9*, dass der Anteil der staatsanwaltschaftlichen Einstellungen nach Art. 18 StGB – mit leichten Schwankungen – insgesamt deutlich gestiegen ist. Wurden 1991 knapp ein Vier-tel (23,2%) der Fälle wegen Bagatellcharakters eingestellt, so stieg der Anteil 1999 auf etwas über die Hälfte (53,1%), 2003 auf 69,2% und 2012 schließlich auf 85,2% der staatsanwaltschaftlichen Einstellungen.

Die Verfahrenseinstellungen insgesamt sowie wegen Geringfügigkeit sind auf absolute Zahlen bezogen nach 1991 deutlich gestiegen. In dem Zeitraum von 1991 bis 2006 hat sich die Anzahl der Einstellungen von 3.665 auf 10.467 fast verdreifacht, ist jedoch von 2006 bis 2012 um 36,2% gesunken auf 6.676. Der Rückgang in dem Zeitraum von 2006 bis 2012 ist auch demografisch bedingt, da die Bevölkerungsgruppe der Jugendlichen um 28,2% gesunken ist. Des Weite-ren ist die Anzahl der beschuldigten Jugendlichen in diesem Zeitraum um etwa ein Viertel (26,7%) zurückgegangen (s. *Tabellen 3* und *4*). Insgesamt hat sich die staatsanwaltschaftliche Diversionsrate von 1991 bis 2012 etwas mehr als verdoppelt und lag 2012 bei 62%.[412]

Betrachtet man die Anzahl der angeklagten Jugendlichen im Vergleich mit Jugendlichen, deren Verfahren eingestellt wurden, so ist ersichtlich, dass die Anzahl der Anklagen bis 1999 überwog. Seit dem Jahr 2000 ist eine Trendwen-de beobachtbar, so wurden mehr Verfahren staatsanwaltlich eingestellt als Ju-gendliche angeklagt. Wurden 1991 mehr als doppelt so viele Jugendliche ange-klagt (N = 8.520) wie Verfahren eingestellt (N = 3.665), so verhielt es sich seit 2007 umgekehrt: Etwa halb so viele Jugendliche (47,6%) wurden im Jahr 2007 angeklagt als Verfahren eingestellt.

---

412 Die Entwicklung ist ähnlich derjenigen in Deutschland: So ist zwischen 1981 und 2012 die Diversionsrate in Deutschland von 44% auf 70% gestiegen, vgl. *Heinz* 2014, S. 126.

Im Vergleich zur Anzahl der Verurteilungen der 14- bis 17-Jährigen ist ausweislich *Tabellen 5* und *9* festzustellen, dass von 1991 bis 1999 die Anzahl der Verurteilungen gegenüber den staatsanwaltschaftlichen Einstellungen überwog. Erst seit dem Jahr 2000 ist eine Umkehrung des Verhältnisses beobachtbar. Während 1991-1992 die Anzahl der Verurteilungen etwas höher lag als die Anzahl der Einstellungen durch die Staatsanwaltschaft, war in den Jahren 1994-1996 eine Polarisierung zu beobachten. So wurden annähernd doppelt so viele Jugendliche verurteilt wie Verfahren durch die Staatsanwaltschaft eingestellt. Erst seit dem Jahr 2000 überwogen die staatsanwaltschaftlichen Verfahrenseinstellungen gegenüber den gerichtlichen Verurteilungen und lagen 2007 fast doppelt so hoch.

3.2.2   Gerichtliche Sanktionspraxis

3.2.2.1   Sanktionspraxis vor 1990

Seit 1977 konnten Jugendlichen gegenüber nur noch Erziehungsmaßnahmen verhängt werden, da Strafen bis zum Jahr 1992 abgeschafft wurden. Die beiden möglichen Erziehungsmaßnahmen stellten 1) die Überweisung an das Arbeits- oder Lernkollektiv und 2) die Überweisung in eine Spezialschule für Arbeit und Erziehung dar. Letztere Erziehungsmaßnahme war jedoch mit einer Unterbringung im geschlossenen Vollzug verbunden.

In der Zeit von 1980 bis 1990 ist ausweislich der *Tabellen 1* und *10* zu beobachten, dass eine sehr uneinheitliche Sanktionspraxis vorherrschte. So stieg die Anzahl der verurteilten Jugendlichen nach absoluten Zahlen von 1980 bis 1985 um das Dreifache. Von 1985 bis 1988 war die Anzahl rückläufig und lag 1988 unter dem Niveau von 1980.

Tabelle 10:   Sanktionspraxis gegenüber Jugendlichen, 1980-1992

Jahr	Gesamtzahl verurteilte Jugendliche	Überweisung an das Arbeits- oder Lernkollektiv		Überweisung in eine Besondere Schule für Arbeit und Erziehung	
		Abs.	in %	Abs.	in %
1980	1.819	943	51,8	876	48,2
1981	2.272	910	40,0	1.362	59,9
1982	3.179	1.233	38,8	1.946	61,2
1983	4.936	1.768	35,8	3.168	64,2
1984[*]	5.449	1.770	32,5	3.679	67,5

Jahr	Gesamtzahl verurteilte Jugendliche	Überweisung an das Arbeits- oder Lernkollektiv		Überweisung in eine Besondere Schule für Arbeit und Erziehung	
		Abs.	in %	Abs.	in %
1985	5.686	1.980	34,8	3.706	65,2
1986*	5.322	1.899	35,7	3.423	64,3
1987*	4.460	1.610	36,1	2.850	63,9
1988*	1.334	599	44,9	735	55,1
1989	2.789	1.235	44,3	1.554	55,7
1990*	1.983	342	17,2	1.641	82,8
1991	3.784	712	18,8	3.072	81,2
1992**	4.590	2.632	57,3	1.958	42,7

Quelle: Statistisches Jahrbuch 1993 sowie eigene Berechnungen der Prozentanteile.

* In den betreffenden Jahren wurden Gnadenerlässe für bestimmte Sanktionen und Amnestien für bestimmte Straftaten vorgenommen.

** 1992 wurde das Dekret 218/1977 außer Kraft gesetzt, welches die im rumänischen Strafgesetzbuch vorgesehenen Strafen wieder einführte. Die Besonderen Schulen für Arbeit und Erziehung wurden in Erziehungsanstalten umgewandelt.

Zurückzuführen sind die starken Schwankungen auf Amnestie- und Gnadenerlasse in den Jahren 1984, 1986-1988 und 1990.

Der Anteil der Überweisungen in eine Besondere Schule für Arbeit und Erziehung lag im Durchschnitt höher als der Anteil der Überweisung an das Arbeits- oder Lernkollektiv.

Betrachtet man das Verhältnis Angeklagte und Verurteilte, so ist festzustellen (*Tabelle 1*), dass im Zeitraum 1980-1988 der Anteil der verurteilten Jugendlichen bzgl. aller angeklagten Jugendlichen aufgrund von Begnadigungsdekreten und Amnestien stark schwankte und zwischen 48,2% (1988) und 86,4% (1987) lag.

3.2.2.2 Sanktionspraxis nach 1990

Erkennbar ist in der Zeit nach 1994 eine Verschärfung der Sanktionspraxis (*Tabellen 11* und *12*), insbesondere in Bezug auf die Verhängung von Freiheitsstrafen. Lag der Anteil der Freiheitsstrafen 1993 bei einem Viertel, stieg er 1994 auf fast die Hälfte der verhängten Sanktionen an. So betrug der Anteil der Freiheitsstrafen im Zeitraum von 1994 bis 2001 zwischen 44% und 48% und begann erst seit 2002 zu sinken. Im Jahr 2008 wurde schließlich mit einem Viertel wieder

der Stand von 1993 erreicht. Im Vergleich war der Anteil der Verurteilungen Jugendlicher zu Freiheitsstrafen in der Zeit von 1994 bis 1997 höher als der Anteil der zu Freiheitsentzug sanktionierten Erwachsenen, welcher sich zwischen 35% und 42% bewegte.[413] Damit wird sichtbar, dass die Schwere der gerichtlich verhängten Sanktionen in der Transformationszeit zugenommen hat.

Tabelle 11: Sanktionspraxis gegenüber Jugendlichen, 1993-2002

Jahr	1993	1994	1995	1996	1997	1998	1999	2000	2001	2002
Gesamtzahl Verurteilte	6.940	9.121	9.783	10.377	11.802	11.196	8.797	6.738	6.726	7.005
Geldstrafe	164 (2,4)	309 (3,4)	407 (4,2)	447 (4,3)	538 (4,6)	394 (3,5)	375 (4,3)	284 (4,2)	267 (4,0)	289 (4,1)
Freiheitsstrafe	1.772 (25,5)	4.167 (45,7)	4.557 (46,6)	4.677 (45,1)	5.167 (43,8)	5.149 (46,0)	4.091 (46,5)	3.215 (47,7)	3.050 (45,3)	2.874 (41,0)
Erziehungs- maßnahmen	4.741 (68,3)	3.821 (41,9)	3.223 (32,9)	3.346 (32,2)	4.157 (35,2)	4.287 (38,3)	2.954 (33,6)	2.023 (30,0)	1.880 (28,0)	1.722 (24,6)
Verwarnung	650 (9,4)	930 (10,2)	926 (9,5)	1.003 (9,7)	1.476 (12,5)	1.669 (14,9)	1.170 (13,3)	684 (10,2)	512 (7,6)	452 (6,5)
Unterstellung unter Aufsicht	1.813 (26,1)	1.931 (21,2)	1.711 (17,5)	1.860 (17,9)	2.027 (17,2)	1.927 (17,2)	1.328 (15,1)	1.019 (15,1)	1.058 (15,7)	886 (12,6)
Unterbringung in einer Er- ziehungsanstalt	2.241 (32,3)	919 (10,1)	551 (5,6)	465 (4,5)	620 (5,3)	649 (5,8)	434 (4,9)	291 (4,3)	277 (4,1)	361 (5,2)
Unterbringung in einer Heiler- ziehungsanstalt	37 (0,5)	41 (0,4)	35 (0,4)	18 (0,2)	34 (0,3)	42 (0,4)	22 (0,3)	29 (0,4)	33 (0,5)	23 (0,3)
Strafaussetzung zur Bewährung	263 (3,8)	824 (9,0)	1.596 (16,3)	1.907 (18,4)	1.940 (16,4)	1.366 (12,2)	1.377 (15,7)	1.216 (18,0)	1.524 (22,7)	2.120 (30,3)

Quelle: Statistisches Jahrbuch 1993-2003.
Anmerkung: Die Angaben in Klammern sind Prozentwerte.

---

413 Vgl. *Banciu* 2005, S. 207.

Tabelle 12: Sanktionspraxis gegenüber Jugendlichen, 2003-2012

Jahr	2003	2004	2005	2006	2007	2008	2009	2010	2011	2012
Gesamtzahl Verurteilte	6.820	6.341	6.796	6.145	5.019	3.624	3.035	3.263	3.373	3.026
Geldstrafe	314 (4,6)	234 (3,7)	237 (3,5)	269 (4,4)	192 (3,8)	117 (3,2)	61 (2,0)	88 (2,7)	84 (2,5)	49 (1,6)
Strafvollzug am Arbeitsplatz	-	180 (2,8)	83 (1,2)	-	-	-	-	-	-	-
Freiheitsstrafe	2.577 (37,8)	1.794 (28,3)	1.860 (27,4)	1.638 (26,7)	1.369 (27,2)	921 (25,4)	783 (25,8)	821 (25,2)	927 (27,5)	792 (26,2)
Strafaussetzung zur Bewährung	2.290 (33,6)	2.516 (39,7)	2.610 (38,4)	2.429 (39,5)	2.071 (41,3)	1.676 (46,2)	1.474 (48,6)	1.582 (48,5)	1.587 (47,0)	1.414 (46,7)
Beaufsichtigte Strafaussetzung zur Bewährung	-	388 (6,1)	511 (7,5)	462 (7,5)	472 (9,4)	289 (8,0)	257 (8,5)	362 (11,1)	404 (12,0)	432 (14,3)
Erziehungs-maßnahmen	1.639 (24,0)	1.229 (19,4)	1.495 (22,0)	1.347 (21,9)	915 (18,2)	621 (17,1)	460 (15,2)	410 (12,6)	371 (11,0)	339 (11,2)
Verwarnung	466 (6,8)	453 (7,1)	491 (7,2)	436 (7,1)	310 (6,2)	196 (5,4)	145 (4,8)	139 (4,3)	118 (3,5)	119 (3,9)
Unterstellung unter Aufsicht	914 (13,4)	537 (8,5)	702 (10,3)	557 (9,1)	349 (7,0)	205 (5,7)	157 (5,2)	140 (4,3)	129 (3,8)	115 (3,8)
Unterbringung in einer Erziehungsanstalt	247 (3,6)	235 (3,7)	298 (4,4)	344 (5,6)	252 (5,0)	217 (6,0)	154 (5,1)	128 (3,9)	118 (3,5)	96 (3,2)
Unterbringung in einer Heilerziehungsanstalt	12 (0,2)	4 (0,1)	4 (0,1)	10 (0,2)	4 (0,1)	3 (0,1)	4 (0,1)	3 (0,1)	6 (0,2)	9 (0,3)

Quelle: Nationales Institut für Statistik.
Anmerkung: Die Angaben in Klammern sind Prozentwerte.

Als Gründe für die verstärkte Anwendung des Freiheitsentzugs nennen *Banciu* und *Rădulescu*[414] folgende:

- Der Versuch der Gerichte, die Folgen der Jugendkriminalität, jedoch nicht ihrer Ursachen, durch eine ungerechtfertigt harsche Sanktionspolitik zu bekämpfen,

---

414 *Banciu/Rădulescu* 2002, S. 255.

- die Gleichsetzung der Straftaten Jugendlicher mit denen Erwachsener durch einige Gerichte ohne Verständnis der Besonderheiten der Jugenddelinquenz,
- eine repressivere Sanktionspraxis gegenüber Jugendlichen aufgrund der Ansicht von Richterinnen, dass die Straftaten Jugendlicher gefährlicher sind und schwerer wiegen als diejenigen Erwachsener.

Hier zeigt sich deutlich, dass es in der Richterschaft keine entwickelte jugendstrafrechtliche Basisphilosophie gab und dementsprechend das Sanktionsverhalten der Gerichte den repressiven Vorstellungen des Erwachsenenstrafrechts entsprach. Der Weg zu einem eigenständigen Jugendstrafrecht war also trotz der vielversprechenden Ansätze in den 1970er Jahren weitgehend verloren gegangen.

Der anschließende Rückgang der zu Freiheitsstrafe Verurteilten ist insbesondere auf die Einrichtung der Bewährungshilfe im Jahr 2000 zurückzuführen. So ist der Anteil der Verurteilungen zur Strafaussetzung zur Bewährung gestiegen, von knapp 4% im Jahr 1993 auf 18% im Jahr 2000 (*Tabelle 11*). Der Aufwärtstrend setzt sich ausweislich *Tabelle 12* fort, so beträgt der Anteil dieser Maßnahme im Jahr 2003 ein Drittel und macht seit 2008 fast die Hälfte der Sanktionen aus (47%).

Auf der anderen Seite zeigt die Entwicklung der Erziehungsmaßnahmen einen rückläufigen Trend. So ist der Anteil der Erziehungsmaßnahmen von 68% im Jahr 1993 auf die Hälfte (32%) im Jahr 1995 gesunken. 2012 betrug der Anteil schließlich lediglich 11%. Bei Betrachtung der Erziehungsmaßnahmen im Einzelnen ist festzustellen, dass der Anteil der Unterbringung in einer Erziehungsanstalt, der am häufigsten verhängten Sanktion, von einem Drittel im Jahr 1993 auf ein Zehntel der Sanktionen insgesamt im Jahr 2012 gesunken ist.[415] Im gleichen Zeitraum ist ein Rückgang des Anteils der Unterstellung unter Aufsicht von einem Viertel auf 4% zu verzeichnen. Der Anteil der Verwarnung an den Sanktionen ist zunächst von 1993 bis 1998 um ein Drittel gestiegen, in der Folgezeit jedoch deutlich zurückgegangen (4% im Jahr 2012). Diese Entwicklung verdeutlicht, dass Gerichte zunehmend Freiheitsstrafen zur Bewährung und seltener stationäre Maßnahmen mit erzieherischem Charakter verhängten. Des Weiteren hängt der Rückgang der formellen Sanktionen mit dem gestiegenen Anteil der Diversionsmaßnahmen zusammen.

---

415 Der Rückgang dieser Erziehungsmaßnahme ist nicht im Zusammenhang mit schlechten Zuständen in den Erziehungsanstalten zu sehen. Seit den 1990er Jahren verbesserte sich die Situation in den Erziehungsanstalten kontinuierlich und stellte sich besser als in den Strafvollzugsanstalten dar. Demgegenüber wurden in den 1990er Jahren – trotz der schlechten Bedingungen im Strafvollzug – Jugendliche vermehrt zu Freiheitsstrafen verurteilt.

3.3 Bedingungszusammenhänge der Jugendkriminalität

In engem Zusammenhang mit Umfang, Struktur und Entwicklung der Jugenddelinquenz steht die Analyse der Ursachen. Jugendkriminalität ist ein sehr komplexes Phänomen, deren Ursachen vielschichtig und multifaktoriell sind.[416] Im Folgenden werden Ursachen und Risikofaktoren auf makro-sozialer und mikrosozialer Ebene beleuchtet.

3.3.1 Ursachen auf makro-sozialer Ebene

Auf makro-sozialer Ebene wird zunächst die gesellschaftliche Transformation[417] in Rumänien nach dem politischen Umbruch 1989 als Ursache gesehen. Der Wandel von einem sozialistischen in ein kapitalistisch-marktwirtschaftlich orientiertes System brachte eine Reihe tief greifender sozialer, politischer und ökonomischer Veränderungen mit sich. Neben der politischen Neuordnung kam es zu wirtschaftlichen Umstrukturierungen, die zu einem Anstieg der Arbeitslosigkeit, Armut[418] und zu einem zunehmenden sozialen Ungleichgewicht führten.[419] Die rumänische Gesellschaft sah sich mit diesen unerwarteten Entwicklungen konfrontiert, die zu kollektiver Unsicherheit führten, bedingt auch durch die Unfähigkeit des Staates, die bestehenden Probleme zu lösen und wirksame Strategien zur Vorbeugung von Korruption und Kriminalität umzusetzen.[420] Neben den „Altlasten" des kommunistischen Regimes, charakterisiert durch eine Dysfunktionalität des politischen Systems und seiner Institutionen, war die Kriminalitätsentwicklung nach Ansicht namhafter rumänischer Soziologen beeinflusst durch Aspekte der gesellschaftlichen Anomie. Weiterhin zeigte sich eine wachsende Diskrepanz der individuellen Wünsche und der Möglichkeiten, die

---

416 Ausführlicher zu Erklärungsansätzen und Kriminalitätstheorien siehe *Kaiser* 1996, S. 452 ff.; *Walter/Neubacher* 2011, S. 43 ff.; *Banciu/Rădulescu* 2002, S. 100 ff.

417 Transformation bedeutet den Übergang einer Gesellschaftsordnung in eine andere. Ausführlicher zum Begriff der Transformation, siehe *Zamfir* 2004, S. 17 f. *Kaiser* konstatierte, dass in totalitär geprägten Gesellschaftssystemen eine geringere Kriminalitätsbelastung aufgrund der Totalisierung der externen Verhaltenskontrolle und der internen Sozialkontrolle vorherrscht, *Kaiser* 1996, S. 456.

418 *Zamfir* berichtet von einer ersten Armutswelle 1991 bis 1993 mit einer Armutsrate von über 25% und einer zweiten Welle 1997-2000, die sogar eine Rate von 36% erreichte, *Zamfir* 2004, S. 49.

419 Siehe *Săucan/Liiceanu/Micle* 2009, S. 12; *Zamfir* 2004, S. 35; *Zamfir* 1995, S. 10.

420 *Zamfir* 2004, S. 35.

die Gesellschaft bereitstellte.[421] Hierbei spielten vermutlich die Erweiterungen der Tatgelegenheiten im Rahmen der makro-soziologischen Veränderungen in der Transformationszeit eine Rolle, beispielsweise durch eine Ausweitung der Warenangebote, der Nutzungsmöglichkeiten von Kreditkarten, was sich in einem Anstieg der Eigentums- und Vermögensdelikte in post-sozialistischen Ländern widerspiegelte.[422]

Die Transformationsprozesse verbunden mit dem Ausschluss an sozialer Teilhabe zeigten in besonderem Maße Auswirkungen auf die jüngere Generation. Der rapide Umbruch hat sich offenbar in den Reihen Jugendlicher in Gefühlen von Frustration, sozialem Pessimismus, Entmutigung und Unangepasstheit manifestiert.[423] In der Kriminologie wird betont, dass gerade in Zeiten des Abbaus alter und sich aufbauender neuer Normen sowie erhöhter Delinquenz verschärfte Sanktionsstrategien verhaltensunsichere Jugendliche am stärksten treffen, was sich in einem registrierten Anstieg der Jugendkriminalität niederschlägt.[424]

Die Umbruchzeit war auch verbunden mit einem sinkenden Lebensniveau und einer veränderten Einkommensverteilung innerhalb der Bevölkerung, in der sich eine wachsende Diskrepanz zwischen Bevölkerungsteilen abzeichnete. Die Liberalisierung des Marktes vollzog sich widersprüchlich, einerseits war eine zunehmende Bereicherung eines kleinen Teils der Bevölkerung, andererseits ein geringer werdender Lebensstandard und wachsende Armut innerhalb des größeren Teiles der Bevölkerung zu beobachten.[425] Sinkende Sozialleistungen wirkten sich insbesondere auf Familien mit Kindern aus, diese waren dem größten Armutsrisiko ausgesetzt. So war ein Anstieg der Kinderarmut beobachtbar, auch dadurch, dass das System zur Zahlung von Kindesunterhalt praktisch zusammengebrochen war.[426] Ferner kennzeichnend für die Transformationszeit war

---

421 *Banciu* 1992, S. 101 f.; *Banciu/Rădulescu* 2002, S. 259. In diesem Sinne bietet die Anomietheorie Durkheims, weiterentwickelt durch Merton, einen Erklärungsansatz zum Kriminalitätsanstieg. Die Theorie stellt das Spannungsverhältnis zwischen sozial anerkannten Zielen und der legitimen und illegitimen Zielerreichung in den Mittelpunkt, jedoch bietet *Merton's* Ansatz keine Erklärung für die „Wohlstandskriminalität", siehe *Walter/Neubacher* 2011, S. 290 f.; *Neubacher* 2014, S. 94 ff.

422 *Walter/Neubacher* 2011, S. 290.

423 *Săucan/Liiceanu/Micle* 2009, S. 12; *Banciu/Rădulescu* 2002, S. 127.

424 *Kaiser/Schöch/Kinzig* 2015, S. 261.

425 Siehe *Zamfir* 1995, S. 9 ff. *Zamfir* verweist darauf, dass bereits in den 1980er Jahren infolge der Krise der sozialistischen Planwirtschaft eine wachsende Armut in der Bevölkerung zu beobachten war.

426 Siehe *Zamfir* 1995, S. 72; *Zamfir/Zamfir* 1996, S. 14 f. Die in den 1950er und 1960er Jahren großzügig angelegten Sozialprogramme der Regierung wurden in den folgenden Jahrzehnten, insbesondere in den 1980er Jahren, schrittweise gekürzt. Betroffen waren

die Aufteilung des Staatsvermögens an die postkommunistischen Eliten, wodurch die soziale Polarisierung zunahm. Die unter dem Deckmantel der „Reformen" gesicherten Privilegien, verbunden mit steigender Korruption, förderte die Umverteilung des staatlichen Vermögens.[427]

Mit dem ökonomischen Wandel verbunden war auch ein Anstieg der Arbeitslosigkeit, welcher wiederum einen Ausschluss an gesellschaftlicher Teilhabe mit sich brachte. Die Arbeitslosigkeit führte zu einer bis dahin kaum gekannten Unsicherheit. In dem Zeitraum von 1991 bis 1997 ist der Anteil der in der Industrie Beschäftigten, die fast die Hälfte der Angestellten in der Wirtschaft stellten, um ein Drittel zurückgegangen, die Zahl der Beschäftigten insgesamt in dem Zeitraum um ein Viertel.[428]

Des Weiteren waren viele staatliche Institutionen, auch im Bereich des Kinderschutzes, ineffizient, da es am politischen Willen fehlte, tatsächlich Verbesserungen in diesem Bereich einzuleiten. Reformen kamen insbesondere durch Druck von außen[429] zustande, waren in ihrer Effizienz jedoch begrenzt.[430] Während der von Turbulenzen geprägten Übergangzeit haben eine Vielzahl internationaler Organisationen und Institutionen die staatliche Interventionspolitik zur Kriminalitätsreduzierung gefördert und überwacht.[431]

Ferner wird auf die Folgen der Landflucht in der Zeit nach dem Umbruch und zunehmende Verstädterung verwiesen, die mit neuen Herausforderungen konfrontierten, wie unzureichende Wohnbedingungen und Arbeitsplatzmangel.[432]

Darüber hinaus waren weitere soziale Verfallserscheinungen zu beobachten, wie die Zerrüttung von Familien, das Aussetzen von Kindern, die wachsende Anzahl der sogenannten „Straßenkinder", erhöhte Schwierigkeiten der Integra-

---

vor allem die Bereiche des Erziehungs- und Gesundheitswesens. So wurde beispielsweise die Nahrungsmittelversorgung für Krankenhäuser, Tagesstätten für Kinder, Erziehungsheime, Heime für Ältere und Menschen mit Behinderung in den 1980er Jahren stark eingeschränkt. Siehe *Zamfir/Zamfir* 1996, S. 3 f.

427 *Pasti* 2000, S. 11 ff. *Pasti* nennt im Rahmen der Verteilung des Staatsvermögens das Stichwort „das große Aufteilen". Er konstatiert, dass der „Staat hauptsächlich als Instrument der Umverteilung des Vermögens missbraucht" wurde, S. 11.

428 *Pasti* 2000, S. 8 f. Es ist jedoch zu betonen, dass weder der Aspekt der Armut noch der Arbeitslosigkeit in einem direkten Kausalzusammenhang mit Kriminalität stehen. Siehe dazu beispielsweise *Walter/Neubacher* 2011, S. 290; *Kaiser/Schöch/Kinzig* 2015, S. 262.

429 Damit gemeint sind die Vereinten Nationen, die Europäische Union und internationale Nichtregierungsorganisationen.

430 *Pasti* 2000, S. 7 f.

431 *Abraham* 1999, S. 514.

432 *Brezeanu* 1994, S. 175.

tion von Jugendlichen aus staatlichen Heimen, erhöhte Schulabwesenheiten, erhöhte Kriminalitätsfurcht, zunehmende Gewalt, organisierte Kriminalität und Menschenhandel.[433] Die Phänomene der institutionalisierten Kinder sowie der „Straßenkinder" werden als mitursächlich für die Entwicklung der Jugendkriminalität in der Transformationszeit in Rumänien gesehen.[434]

Seit Ende der 1960er Jahre erlebte Rumänien einen Anstieg der Anzahl verlassener Kinder,[435] und auch in den kommenden Jahrzehnten fehlte es an adäquaten Handlungsstrategien, um auf das Phänomen zu reagieren. Das Aussetzen der Kinder, in Krankenhäusern und Entbindungsstationen, wurde als direkte Folge der pro-natalistischen Bevölkerungspolitik angesehen und verblieb als solches im kollektiven Gedächtnis.[436] Die Rate der institutionalisierten Kinder und Jugendlichen erfuhr seit der Wende bis zum Jahr 2000 einen Aufwärtstrend und sank von 2000 bis 2010 um etwa die Hälfte.[437]

Als Antwort auf die sinkenden Geburtenraten in den 1960er Jahren und die Ziele der Regierung, einen wirtschaftlichen Aufschwung zu erreichen, ersann Rumänien eine wohl einmalige Art, die Bevölkerungszahlen zu steigern. Abtreibungen wurden gesetzlich verboten (Dekret Nr. 770/1966),[438] ebenso die Anwendung von Verhütungsmitteln jeder Art.[439] *Zamfir* beschreibt die Umsetzung dieser Politik als „brutal, mit fast Orwellianischen Zügen, die von häufigen medizinischen Kontrollen bis hin zu Sanktionen wie Geld- und Haftstrafen reichte"[440]. Die „geburtenfreundliche" Politik spiegelte sich in einem rapiden An-

---

433   *Zamfir* 2004, S. 51.

434   Vgl. *Banciu* 2007, S. 292; *Grecu/Rădulescu* 2003, S. 370 ff.; *Banciu/Rădulescu* 2002, S. 261.

435   Definition UNICEF 2005, S. 19: Abandoned child is one whose biological parents have relinquished the responsibilities of caring for and meeting its fundamental needs, severing physical ties with the child prior to the time an authorized institution has been able to take over the responsibility.

436   UNICEF 2005, S. 14.

437   TransMonEE 2012, Tabelle 8.5. Bis zum Jahr 2000 erhöhten sich auch die Adoptionsraten, siehe TransMonEE 2012 Database, Tabelle 8.12.

438   Nach der politischen Wende wurde die Abtreibung wieder legalisiert, was einen der Gründe für den Geburtenrückgang seit 1990 darstellte.

439   Siehe *Zamfir/Zamfir* 1996, S. 20; UNICEF 2005, S. 14.

440   *Zamfir/Zamfir* 1996, 20. Familien ohne Kinder wurde eine besondere Steuer auferlegt. Zwar gab es auch eine Reihe von Unterstützungsmaßnahmen für kinderreiche Familien, deren Höhe jedoch nicht ausreichte, als Stimulus für das Bevölkerungswachstum zu wirken.

stieg der Geburtenrate wider.[441] Dramatisch war insbesondere der Anstieg der ungewollten Kinder, des schlechten Gesundheitszustandes vieler Neugeborener und die Zunahme der Kindersterblichkeit,[442] wobei die „ärmsten" Bevölkerungsgruppen und marginalisierte ethnische Minderheiten wie die Roma am stärksten betroffen waren.[443]

Die Zahl der institutionalisierten Kinder stieg in den 1980er Jahren weiter an, insbesondere der Waisenkinder, der verlassenen Kinder oder der Kinder mit Behinderungen. Infolge der Isolation Rumäniens unter dem kommunistischen Regime entwickelte sich ein System des institutionalisierten Kinderschutzes.[444] Pflegefamilien, in denen Kinder untergebracht werden konnten, existierten praktisch kaum, und in der Bevölkerung bestand kein hoher Bedarf, Kinder zu adoptieren, da deren Eltern als sozial stigmatisiert galten. Als weitere Gründe, die zur Institutionalisierung beitrugen, werden der Vorzug des Staates für zentralistische Strukturen, so auch in der Kinderbetreuung, sowie die steigende Anzahl erwerbstätiger Frauen genannt.[445]

Die materielle und personelle Situation in den Kinderheimen war desaströs. Die zunächst sachlich und personell gut ausgestatteten Institutionen waren im Zuge der wirtschaftlichen Krise zunehmend Engpässen ausgesetzt. Die Nahrungsmittelversorgung sowie medizinische Versorgung verschlechterte sich, infolgedessen auch der Gesundheitszustand der Kinder, Krankheiten wie HIV/ AIDS und Hepatitis breiteten sich aus.[446] Dramatisch war insbesondere fehlendes Fachpersonal wie Psychologinnen, Pädagogen und Sozialarbeiterinnen. Mit Unterstützung insbesondere internationaler Organisationen verbesserten sich in den vergangenen Jahren kontinuierlich die Bedingungen in den Heimen.

---

441 Von 1966 bis 1967 verdoppelte sich die Geburtenrate, siehe UNICEF 2005, S. 15; *Zamfir/Zamfir* 1996, S. 21.

442 Ebenso hat die Sterblichkeitsrate der Mütter infolge Schwangerschaft und Geburt aufgrund der Bevölkerungspolitik *Ceauşescu's* zugenommen, auch zurückzuführen auf die illegalen Abtreibungen, und ist erst nach 1990 wieder gesunken. Die Sterblichkeitsraten der Mütter waren die höchsten in Europa, *Zamfir/Zamfir* 1996, S. 26 f.

443 *Zamfir/Zamfir* 1996, S. 20 f., 26. Siehe auch zur Überrepräsentation der Roma an verlassenen Kindern, UNICEF 2005, S. 127.

444 UNICEF 2005, S. 16.

445 *Zamfir/Zamfir* 1996, S. 28 f.

446 Siehe *Zamfir/Zamfir* 1996, S. 30. Darüber hinaus waren die Angestellten in den Einrichtungen wenig motiviert, erhielten niedrige Gehälter und wurden kaum weitergebildet. Der medizinische Ansatz dominierte, da überwiegend medizinisch ausgebildetes Personal in den Heimen arbeitete. Das Fehlen eines breiteren, auf Erziehung ausgerichteten Ansatzes abgestimmt auf die individuellen Bedürfnisse führte wiederum zu eingeschränkter psychologischer und physiologischer Entwicklung vieler Kinder, *Zamfir/Zamfir* 1996, S. 30 ff.

Ein Grund in der nach 1989 weiterhin hohen Anzahl der verlassenen Kinder lag auch darin, dass während des kommunistischen Regimes ein Wertesystem geschaffen wurde, das die staatliche Abhängigkeit förderte und die individuelle bzw. elterliche Verantwortung schmälerte.[447]

Nach 1989 wurden viele größere Kinderschutzeinrichtungen geschlossen. Aufgrund der noch bestehenden hohen Zahl verlassener Kinder kam es zu einer Verschiebung des Phänomens, sie wurden nicht mehr hauptsächlich in Erziehungsheimen institutionalisiert, sondern verblieben häufig in Krankenhäusern. Alternative Maßnahmen zur Institutionalisierung wie Unterbringung in Pflegefamilien, Mutter-Kind-Einrichtungen oder Adoptionen wurden allmählich vorangetrieben, waren jedoch nicht ausreichend, um die hohe Zahl der verlassenen Kinder aufzufangen.[448] Seit dem Jahr 2000 ist die Institutionalisierungsrate Minderjähriger zurückgegangen.[449]

So ist mit dem Bild der verlassenen und institutionalisierten Kinder das Phänomen der sogenannten „Straßenkinder"[450] eng verknüpft. In Rumänien ist die Zahl der „Straßenkinder" wie auch in anderen Transformationsländern nach 1989[451] deutlich angestiegen und verstärkt in den öffentlichen Blickpunkt geraten. Besorgniserregend war insbesondere das Anwachsen der „Straßenkinder" jüngsten Alters in den Jahren nach dem Umbruch. 1997 schätzte die Abteilung des Kindesschutzes im Innenministerium die Zahl der „Straßenkinder" im Land auf 4.000 bis 6.000, in Bukarest auf 1.500 bis 2.500.[452]

Neben den bereits erwähnten Ursachen wie verfehlter Sozial- und Familienpolitik, steigender Armut, die auch das Phänomen der institutionalisierten und verlassenen Kinder favorisiert haben, waren auf mikro-sozialer Ebene insbeson-

---

447 UNICEF 2005, S. 16.

448 UNICEF 2005, S. 16; *Zamfir/Zamfir* 1996, S. 39.

449 Die Institutionalisierungsrate sank von 2000 bis 2011 von 1.166 auf 600 Minderjährige (0- bis 17-Jährige) auf 100.000, siehe TransMonEE 2013 Database, Tabelle 7.2.2.

450 „Straßenkinder" sind Kinder und Jugendliche unter 18 Jahren, welche sich in einem bestimmten Zeitraum auf der Straße aufhalten, soziale Beziehungen auf der Straße haben, und entweder permanent, sporadisch oder gar keinen Kontakt zu ihren Eltern haben, vgl. *Cace* 2000, S. 84.

451 In der Zeit vor 1989 existierte das Phänomen ebenfalls, allerdings wurde es unter polizeilicher Kontrolle gehalten. Aufgegriffene „Straßenkinder" wurden in Aufnahmezentren verbracht, von wo aus sie an ihre Familien oder Erziehungsheime zurückverwiesen wurden. In einer Befragung gab die Direktorin des Aufnahmezentrums für Jugendliche in Galaţi an, dass die Zahl der Einweisungen von 1973 bis 1989 schätzungsweise bei 700 lag, in den Jahren nach der Revolution bei 500-600 jährlich, vgl. *Teclici* 1998, S. 15.

452 Siehe *Teclici* 1998, S. 26. Eine im Jahr 1998 durchgeführte Untersuchung ging von einer Anzahl von höchstens 3.500 „Straßenkindern" aus, vgl. *Cace* 2000, S. 85.

dere Gewalt in den Familien, in den Erziehungsheimen sowie schlechte Lebensbedingungen Auslöser für das Leben auf der Straße. Schätzungen zufolge kamen
etwa 60% der „Straßenkinder" in Konflikt mit dem Gesetz.[453]
Nach 1989 finanzierten insbesondere die Europäische Union, die Weltbank,
UNICEF, UNDP sowie eine Vielzahl von Nichtregierungsorganisationen diverse Projekte zum Kinderschutz,[454] unter anderem auch Wohnprojekte für Kinder
und Jugendliche ohne festen Wohnsitz.[455] Seit 1997 wurden erste institutionelle
Änderungen vorgenommen, um das System zum Kinder- und Jugendschutz zu
verbessern. So kam es 1997 zu einer Dezentralisierung des Kinderschutzes und
die Bezirksdirektionen zum Kinderschutz nahmen ihre Tätigkeit flächendeckend
im Land auf. In der Folgezeit wurden bedeutende Reformen im Bereich des Kinderschutzes umgesetzt, die internationale Standards berücksichtigten.[456] Den
Nichtregierungsorganisationen kommt immer noch eine wichtige Bedeutung bei
der Umsetzung von Maßnahmen zum Kinderschutz zu. Zwischenzeitlich ist die
Anzahl der „Straßenkinder" gesunken.

Die Langzeitauswirkungen dieser Entwicklungen, in denen Kinder ohne den
Schutz der Familie aufwachsen, sind nicht zu unterschätzen.

Des Weiteren ist aufgrund der angespannten wirtschaftlichen Situation in
Rumänien, verstärkt durch die globale Wirtschaftskrise in den vergangenen Jahren, eine zunehmende Migration insbesondere nach Westeuropa beobachtbar,
um bessere Chancen auf dem Arbeitsmarkt zu erschließen. In der Folge werden
Kinder von den Eltern häufig zurückgelassen und in die Obhut der Verwandtschaft oder Institutionen gegeben. Eingebürgert hat sich inzwischen der Begriff
„*home alone children*" für dieses Phänomen.[457] Einer im Jahr 2007 durchgeführten Untersuchung zufolge waren etwa 350.000 Kinder und Jugendliche bis
18 Jahre (7% der Altersgruppe) von der Migration mindestens eines Elternteils
und mehr als ein Drittel dieser Minderjährigen von der Migration beider Eltern-

---

453 Siehe *Grecu/Rădulescu* 2003, S. 377. Um das Überleben zu sichern, begingen sie häufig
Diebstahlsdelikte und suchten Auswege in der Prostitution und dem Drogenkonsum,
siehe *Grecu/Rădulescu* 2003, S. 381.

454 Die Zahl der NGOs, die sich im Kinderschutzbereich in Bukarest engagierten, lag
1997/1998 bei 141, davon waren allein 25 Organisationen im Bereich der Resozialisierung von „Straßenkindern" tätig, vgl. *Teclici* 1998, S. 119.

455 Als gutes Praxisbeispiel siehe das von Prison Fellowship Romania Foundation in Cluj-
Napoca initiierte Projekt „*The Residential Center for Street Children*", siehe *Asociaţia
Sprijinirea Integrării Sociale* 2004, S. 52 f.

456 Siehe *Kap. 4.3.4.*

457 So wurde eine Website namens „www.singuracasa.ro" (*singur acasa* bedeutet allein zu
Hause) mit Informationen zur Unterstützung für Kinder, Eltern und Fachleute zu diesem
Thema von der NGO *Alternative Sociale in Iaşi* unter Mitwirkung von UNICEF einge-
richtet.

teile betroffen. 16% dieser Kinder lebten länger als ein Jahr, 3% der Minderjährigen mehr als vier Jahre ohne beide Elternteile. In Zusammenhang mit der Trennung von den Eltern stehen negative Auswirkungen in Bezug auf die Gesundheitssituation, die schulische und psychische Entwicklung der Minderjährigen, welche zu erhöhter Schutzbedürftigkeit führen.[458]

Weitere Faktoren für den Kriminalitätsanstieg nach dem gesellschaftlichen Umbruch sind eventuell auch in der Vielzahl von Gnadenerlässen und Amnestien vor und während der Transformationszeit zu sehen.[459] Die massiven Haftentlassungen, darunter eines nicht unerheblicher Teils von Gefangenen mit langen Haftstrafen aufgrund schwerer Verbrechen, und deren erneute Straftatbegehung können einen Beitrag zum Kriminalitätsanstieg geleistet haben.[460]

Darüber hinaus dürfen grundsätzlich weitere mögliche Gründe für den registrierten Anstieg der Kriminalität nicht außer Acht gelassen werden: Eine höhere Anzeigebereitschaft gegenüber sozial auffälligen Jugendlichen oder eine veränderte Ermittlungspraxis der Polizei, mit Auswirkungen insbesondere auf jugendliche Straftäter, die in der Regel leichter zu überführen sind, da sie tendenziell geständnisbereiter sind.[461]

3.3.2 Ursachen auf mikro-sozialer Ebene

Bei der Untersuchung von Ursachen auf mikro-sozialer Ebene spielen die Instanzen der Sozialkontrolle eine Rolle, zu denen insbesondere Familien, Schulen, Freundeskreise, Freizeitstätten und Kolleginnen zählen.[462] So wird auf den schwindenden Einfluss der Instanzen der Sozialkontrolle in der Umbruchszeit als mitursächlich für die steigende Kriminalität verwiesen.[463] Veränderungen in der Struktur der Familien, Defizite in der Sozialisation und Erziehung, Gewalt-

---

458 UNICEF 2008, S. III, 8, 19, 27 ff.

459 Bereits 1988 erließ die Regierung einen Gnadenerlass (Nr. 11/88), aufgrund dessen 90% der Gefangenenpopulation in den gesamten rumänischen Haftanstalten entlassen wurde. Kurze Zeit später wurden auf Basis der Amnestien und Gnadenerlässe in der Zeit vom 23. Dezember 1989 bis zum 30. April 1990 über 70% der Strafvollzugsinsassen in die Freiheit entlassen, vgl. *Brezeanu* 1994, S. 175.

460 *Brezeanu* 1994, S. 175.

461 Vgl. *Walter/Neubacher* 2011, S. 234.

462 Vgl. *Banciu/Rădulescu* 2002, S. 128.

463 *Brezeanu* 1994, S. 175. Hierbei bietet die Bindungstheorie von *Hirschi* einen Erklärungsansatz, der zufolge sich die soziale Bindung junger Menschen positiv auf normkonformes Verhalten auswirkt, siehe hierzu ausführlicher *Neubacher* 2014, S. 96 f.; *Walter/Neubacher* 2011, S. 50.

verherrlichung in den Medien sind als weitere Faktoren zu nennen, die ein Klima geschaffen haben, das Jugenddelinquenz begünstigt.

Untersuchungen zur Analyse von Risikofaktoren für Jugendkriminalität zeigen, dass delinquente Jugendliche häufig erhebliche Sozialisierungsdefizite aufweisen. Genannt werden das frühzeitige Verlassen des Elternhauses, fehlende Schul- oder Berufsausbildung, Schulabbruch, Suchtverhalten in Bezug auf Drogen oder Alkohol, familiäre Erziehungsdefizite, fehlende Kommunikation und Zuneigung innerhalb der Familie.[464]

Der Anteil der Minderjährigen ohne schulische oder berufliche Ausbildung bzw. derjenigen, die die Schule abgebrochen haben, lag in der Zeit zwischen 1993 und 1997 am höchsten (zwischen 63% und 66%), deutlich höher als 1989 (38%).[465]

Eine 2003 bis 2004 durchgeführte Untersuchung bezogen auf 701 angeklagte Jugendliche zeigte, dass 40% der Minderjährigen über keine Schulausbildung verfügten oder die Schule abgebrochen hatten. Mehr als die Hälfte der Jugendlichen (55%) stammte aus gewaltgeprägten Familien und gab an, Konflikte mit den Eltern zu haben.[466] Materielle Interessen stellten die am häufigsten (mit 81%) angegebenen Motive zur Tatbegehung dar.[467]

Eine weitere Studie[468] untersuchte insbesondere Risikofaktoren, die deviantes oder delinquentes Verhalten Jugendlicher begünstigen. 780 Jugendliche, die sich im Jahr 2004 in Erziehungs- oder Strafvollzugsanstalten für Jugendliche und Jungerwachsene befanden, wurden hierbei einbezogen. Die Studie legte dar, dass immerhin ein Fünftel (20,5%) der Jugendlichen Analphabeten waren, 42,8% absolvierten acht Klassen und 28,8% vier Klassen. Ein Großteil (71%) der Minderjährigen ging zum Zeitpunkt der Inhaftierung keiner Beschäftigung nach.[469] Etwa ein Fünftel der Jugendlichen hatte körperliche Gewalt in der Familie erfahren und entstammte einer Familie, in der die Väter oder Geschwister

---

464 Vgl. *Banciu/Rădulescu* 2002, S. 259 f.

465 Vgl. *Săucan/Liiceanu/Micle* 2009, S. 111.

466 UNICEF 2004, S. 37 ff.

467 UNICEF 2004, S. 33. 88% der begangenen Straftaten stellten Eigentums- und Vermögensdelikte dar, UNICEF 2004, S. 28 f.

468 Die Untersuchung wurde vom der Nationalen Strafvollzugsverwaltung und dem Institut für Soziologie an der Rumänischen Akademie durchgeführt.

469 *Pușcaș/Banciu* 2006, S. 3 f.

bereits straffällig geworden waren.[470] Die Untersuchung zeigte des Weiteren, dass die Hälfte der Jugendlichen Mehrfachtäter waren.[471]

Eine Auswertung von 100 Evaluationsberichten[472] der Bewährungshilfe am Landgericht Bukarest hinsichtlich Jugendlicher aus dem Jahr 2007 zeigte, dass 53% der Untersuchten Widerholungstäter waren. Ein weiteres Merkmal war die Gruppendelinquenz, da 66% der Jugendlichen gemeinschaftlich Straftaten begingen. Etwa drei Viertel der jugendlichen Ersttäter (76,1%) gaben eine positive familiäre Atmosphäre an, wohingegen 81,1% der Mehrfachtäterinnen das familiäre Klima als negativ beschrieben und über fehlende Zuneigung und emotionale Unterstützung berichteten.[473] Hinsichtlich der Motive erklärten 80% der Erststraftäter, die Straftat aus Unwissen oder Verwirrung begangen zu haben, andererseits fast die Hälfte (47,2%) der Wiederholungstäter, die Tat aus einem materiellen Bedürfnis heraus und mehr als ein Drittel (37,7%) aus Sensationsbedürfnis in Verbindung mit materieller Befriedigung begangen hat.[474] Die Studien verdeutlichen, dass insbesondere durch Konstellationen, in denen Minderjährige Ablehnung und Gewalt erfahren, es an emotionaler Zuneigung fehlt und sie nicht hinreichend in ihrer Bildung motiviert werden, ein Klima geschaffen wird, das delinquentes Verhalten fördert. Insbesondere Mehrfachtäter sind den Faktoren, die non-konformes Verhalten begünstigen, in stärkerem Maße ausgesetzt.

3.4 Medien und Wahrnehmung der Jugendkriminalität

Medien tragen entscheidend zur öffentlichen Meinungsbildung im Hinblick auf (Jugend-)kriminalität bei. Die Darstellung der Jugendkriminalität prägt die gesellschaftlich wahrgenommenen Kriminalitätserscheinungen und bleibt nicht ohne Einfluss auf das kriminalpolitische Klima.[475] Nicht selten folgen punitiv geprägte Rufe nach Gewaltdarstellungen in den Medien. Die Art der Berichterstattung liefert jedoch häufig ein verzerrtes Bild, in dem weniger eine reali-

---

470 *Puşcaş/Banciu* 2006, S. 10. Die Studie verdeutlichte ferner, dass 20% der Jugendlichen während der Unterbringung in der Erziehungs- oder Strafvollzugsanstalt keinen Kontakt zu ihren Familien hatten, *Puşcaş/Banciu* 2006, S. 16 f.

471 *Puşcaş/Banciu* 2006, S. 13. Die meisten Jugendlichen waren wegen Diebstahls verurteilt worden (64,2%).

472 Vergleichbar den Gerichtshilfeberichten in Deutschland.

473 *Săucan/Liiceanu/Micle* 2009, S. 134 f., 141 f.

474 *Săucan/Liiceanu/Micle* 2009, S. 136.

475 *Walter/Neubacher* 2011, S. 22, 311 ff.

tätsnahe als eine dramatisierende Darstellung dominiert.[476] In der Folge werden Kriminalitätsbilder subjektiv konstruiert. Internationale Studien belegen, dass Kriminalität aufgrund der Medienberichterstattung gesellschaftlich stärker wahrgenommen und überschätzt wird.[477]

Eine 2001 in Rumänien durchgeführte Untersuchung analysierte das Bild, das Medien von der Jugenddelinquenz zeichnen. Untersuchungsgegenstand bildeten 483 Artikel fünf rumänischer Tageszeitungen im Jahr 2001. Die Studie ergab im Hinblick auf die in den Medien dargestellten Straftaten, dass den größten Anteil (43%) Vermögensstraftaten, dicht gefolgt von Körperverletzungsdelikten, genauer 22% Straftaten gegen die körperliche Unversehrtheit und 18% Sexualstraftaten ausmachten. Die Untersuchung zeigte, dass Gewaltstraftaten im Vergleich zu behördlichen Statistiken deutlich überrepräsentiert waren und die Gesamtjugendkriminalität insgesamt überbewertet wurde.[478] Insbesondere Tötungsdelikte und Vergewaltigungen stellten einen Großteil der in den Medien erwähnten Straftaten gegen die Person dar.[479] Den Zeitungsartikeln zufolge wurde die Hälfte der Delikte (50,5%) in Gruppen begangen, und fast die Hälfte der Straftaten (46%) wurde der Altersgruppe der 16-18-Jährigen zugeordnet. Im Geschlechtervergleich waren 91% der straffälligen Jugendlichen männlich.[480]

Eine erstmals im Jahr 2003 in Bukarest durchgeführte Studie zur Wahrnehmung der Jugendkriminalität in der Bevölkerung und die Behandlung jugendlicher Straftäterinnen verdeutlicht, dass Jugendkriminalität überschätzt wird. So vertrat die Mehrheit (75,9%) der 293 befragten Erwachsenen die Ansicht, dass die Jugendkriminalität im Land anstieg. Laut offiziellen Statistiken war im Untersuchungszeitraum jedoch ein Abwärtstrend hinsichtlich der Jugendkriminalität zu verzeichnen.

Des Weiteren zeigte die Untersuchung auf, dass ein Großteil der Befragten (91,5%) meinte, dass Gewaltstraftaten eine überragende Rolle spielten. Diebstahlsdelikte hingegen hielten sie für weniger relevant. Auch hier belegte die Studie ein Auseinanderfallen der öffentlichen Meinung und der statistischen Daten. Im Untersuchungszeitraum ließen die Daten erkennen, dass Gewaltkriminalität einen geringen Anteil der Straftaten ausmachte, hingegen Diebstahlsdelikte weit verbreitet waren.[481]

---

476 Vgl. *Meier* 2010, S. 112.

477 Für einen Überblick siehe *Walter/Neubacher* 2011, S. 313 f.; *Haines* 2007, S. 3.

478 *Dâmboeanu* 2002, S. 554.

479 *Dâmboeanu* 2002, S. 555.

480 *Dâmboeanu* 2002, S. 558 ff. Knapp ein Viertel der Straftaten (24%) entfiel der Presse zufolge auf die 14- und 15-Jährigen, 14% auf die unter 14-Jährigen.

481 *Haines* 2007, S. 5. Im Vergleich zu Deutschland zeigte eine Studie des Kriminologischen Forschungsinstituts Niedersachsen e. V. für den Zeitraum 1993-2003, dass die

Als Gründe für die verzerrte öffentliche Wahrnehmung verweist *Haines* insbesondere auf den fehlenden Zugang der Bevölkerung zu offiziellen Kriminalitätsstatistiken, aber auch die Beeinflussung durch die nicht repräsentative Art der Medienberichterstattung.

Auf der anderen Seite ergab die Befragung, dass im Hinblick auf die Behandlung Jugendlicher auch Restorative Justice und alternative Maßnahmen zum Strafvollzug für sinnvoll gehalten werden. So gab die Mehrheit der Befragten (71%) an, dass Jugendliche eine andere strafrechtliche Behandlung als Erwachsene erfahren sollten, und Gerichte diesen Grundsatz zu berücksichtigen hätten.[482] Allerdings vertraten fast drei Viertel der Befragten (72,2%) die Ansicht, dass Jugendliche zu mild bestraft würden,[483] jedoch priorisierte ein Großteil im Hinblick auf anwendbare Sanktionen nicht freiheitsentziehende Sanktionen wie gemeinnützige Arbeit (54,9%) oder Strafaussetzung zur Bewährung (31,9%).[484] Auch wenn weniger eingriffsintensive Sanktionen favorisiert wurden, so bewies ein Blick auf die Strafziele, dass über ein Drittel der Befragten (38,2%) Vergeltung als Strafziel ansah.[485]

In Bezug auf Restorative Justice verdeutlichte die Umfrage eine Akzeptanz der Befragten zu neuen Wegen im Umgang mit Jugendkriminalität. So befürwortete die Hälfte aller Befragten (50,2%), den Täter-Opfer-Ausgleich oder die Schadenswiedergutmachung in Fällen von Diebstahl und leichten Straftaten anzuwenden.[486]

Die Studie zeigt, dass ambivalente und widersprüchliche Meinungen vertreten werden, wobei häufig die Vorstellungen von schweren Straftaten die Grundlage der Meinungsbildung bilden.[487]

Bevölkerung von einem deutlichen Kriminalitätszuwachs ausging, tatsächlich jedoch ein leichter Rückgang für registrierte Straftaten insgesamt festzustellen war. Beispielsweise schätzte die Bevölkerung, dass in dem Untersuchungszeitraum Straftaten wie vollendeter Mord um 26% und Wohnungseinbruchsdiebstahl um 39% zugenommen hätten. Ausweislich der PKS war jedoch ein Rückgang bei Mord um 41% und beim Wohnungseinbruchsdiebstahl um 46% zu verzeichnen, vgl. *Pfeiffer/Windzio/Kleimann* 2004, S. 417; siehe auch *Heinz* 2010, abrufbar unter www.uni-konstanz. de/rtf/kik/-jugendgewalt_2008.pdf (02.02.2014).

482 *Haines* 2007, S. 6.

483 *Haines* 2007, S. 7.

484 *Haines* 2007, S. 7.

485 *Haines* 2007, S. 7.

486 *Haines* 2007, S. 8.

487 *Haines* 2007, S. 8, 12.

3.5 Zusammenfassung und Vergleich mit Deutschland

Die Entwicklung der Jugendkriminalität zeigt, dass die Kriminalitätsbelastung in der Zeit von 1990 bis 1997/1998 gestiegen ist. Ähnliche Entwicklungen sind auch im Bereich der Erwachsenenkriminalität sichtbar. Es ist davon auszugehen, dass die Statistiken weitgehend einen tatsächlichen Anstieg der Kriminalität aufzeigen. Dies ist im Zusammenhang mit ökonomischen, gesellschaftlichen und politischen Änderungen in der Transformationszeit sowie gesetzlichen Änderungen zu sehen, jedoch auch mit einer repressiveren Sanktionspraxis, insbesondere gegenüber Jugendlichen.

Nach 1990 wurden zunehmend freiheitsentziehende Maßnahmen verhängt. Erst nach der flächendeckenden Implementierung der Bewährungshilfe hat sich der Anteil der Freiheitsstrafen, die zur Bewährung ausgesetzt wurden, erhöht. Allerdings ist die Schere zwischen Freiheitsstrafen zur Bewährung und Erziehungsmaßnahmen zunehmend auseinandergegangen. Tendenziell ist zu erkennen, dass Gerichte Maßnahmen mit erzieherischer Einwirkung seltener angewandt haben.

Ein Grund dafür liegt auch in der noch defizitären Infrastruktur, alternative Maßnahmen zum Strafvollzug umzusetzen. Hinsichtlich der informellen Erledigungspraxis ist in den vergangenen Jahren ein stärkerer Trend zur staatsanwaltschaftlichen Verfahrenseinstellung, insbesondere aufgrund der Geringfügigkeit der Straftat, beobachtbar. Ebenso ist in Deutschland eine wachsende Tendenz der Verfahrenseinstellung erkennbar.

Im Hinblick auf die Deliktsstruktur dominieren, ähnlich wie in Deutschland, Eigentums- und Vermögensdelikte bei Jugendlichen. Dies ist im Vergleich sowohl vor als auch nach dem politischen Umbruch 1989 festzustellen, und es verdeutlicht, dass Jugendliche zum überwiegenden Teil gewaltlose und weniger schwere Straftaten begehen.

In Deutschland ist die Entwicklung der registrierten Jugendkriminalität seit der Mitte der 1990er Jahre relativ konstant geblieben. In Bezug auf die polizeilich registrierte Gewaltkriminalität Jugendlicher und Heranwachsender ist seit Beginn der 1990er Jahre eine ansteigende Tendenz zu verzeichnen, insbesondere im Hinblick auf Körperverletzungsdelikte. Dies ist allerdings sehr wahrscheinlich auf ein erhöhtes Anzeigeverhalten in der Bevölkerung zurückzuführen.[488] Dunkelfeldbeobachtungen hingegen zeigen häufig keinen Anstieg.[489] Zudem gehen auch die Belastungszahlen registrierter Jugendkriminalität seit Anfang der 2000er Jahre deutlich zurück.

---

488 Siehe zum Anstieg der Anzeigebereitschaft bei Körperverletzungsdelikten die Greifswalder Schülerbefragungen, *Dünkel/Gebauer/Geng* 2008, S. 306 ff. sowie die KFN-Schülerbefragungen, Baier u. a. 2006; 2009.

489 Vgl. *Walter/Neubacher* 2011, S. 280 ff.

Ein direkter Vergleich der Tatverdächtigenbelastung Jugendlicher in Deutschland und Rumänien ist nicht möglich, da in Rumänien bislang Beschuldigte und nicht Tatverdächtige polizeilich registriert wurden.[490] Erst nach Inkrafttreten der neuen Strafprozessordnung, die den Begriff der „Tatverdächtigen (*suspect*)" erstmals einführt, ist eine Umstellung der polizeilichen Registrierung auf Tatverdächtige zu erwarten.

---

490 Die Tatverdächtigenbelastungszahl für deutsche Jugendliche lag im Jahr 2012 bei 5.616 pro 100.000 der Altersgruppe, Bundeskriminalamt 2013, S. 98. Auch wenn ein direkter Vergleich der Kriminalitätsbelastungszahlen Jugendlicher nicht möglich ist, so deutet die Beschuldigtenzahl in Rumänien von 1.180 pro 100.000 der Altersgruppe auf eine deutlich niedrigere Kriminalitätsbelastung Jugendlicher in Rumänien hin.

4. Gesetzliche Grundlagen des Jugendstrafrechts nach der Reformierung

Im Anschluss an die Darstellung der bisherigen Gesetzeslage wird die neue Rechtslage, insbesondere die materiellen Bestimmungen des Jugendstrafrechts, dargelegt und analysiert. Hierbei wird untersucht, welche Grundsätze der bisherigen Rechtslage fortgeschrieben wurden und welche Regelungen neuartig für die strafrechtliche Behandlung Jugendlicher sind. In diesem Zusammenhang wird auch der Frage nachgegangen, inwieweit sich internationale Standards in der neuen Gesetzgebung widerspiegeln. Insofern erscheint zunächst ein Überblick über relevante Dokumente der Vereinten Nationen und des Europarats von Bedeutung.

4.1 Standards der Vereinten Nationen und des Europarats und ihr Einfluss auf die Gesetzgebung

Neben dem Abkommen der Vereinten Nationen über die Rechte des Kindes von 1989,[491] legt eine Reihe von Dokumenten und Vorgaben des Europarats sowie der Vereinten Nationen bedeutende Bestimmungen in Bezug auf das Jugendkriminalrecht dar.[492]

Die *Mindestgrundsätze der Vereinten Nationen für die Jugendgerichtsbarkeit*, die sogenannten *Beijing-Grundsätze* (*United Nations Standard Minimum Rules for the Adminstration of Juvenile Justice*) von 1985 beziehen sich insbesondere auf die strafverfahrensrechtliche Behandlung Minderjähriger und betonen die Bedeutung der Diversion (Regel 11). Die Grundsätze enthalten Empfehlungen über die Erweiterung kommunaler Angebote, Verfahrensgarantien bezüglich Jugendlicher und die besondere Qualifizierung der am Jugendstrafverfahren Beteiligten.

Die an die Beijing-Rules anknüpfende Empfehlung des Europarats *R (1987) 20 über die gesellschaftlichen Reaktionen auf Jugendkriminalität (Recommendation on Social Reactions to Juvenile Delinquency)* unterstreicht den Grundsatz der Diversion sowie die verstärkte Anwendung von Mediation (Rule 2 und 3), die Ausweitung alternativer Maßnahmen zum Strafvollzug (Rule 14), die Bedeutung spezifischer Verfahrensgarantien und legt nahe, freiheitsentziehende Maßnahmen weitestgehend zu vermeiden. Maßnahmen sollten geprägt sein vom

---

491 Vgl. hierzu ausführlicher in *Kap. 6.1.*

492 Siehe dazu auch die Ausführungen von *Neubacher/Schüler-Springorum* 2001; *Neubacher* 2009.

Erziehungsgedanken sowie die Persönlichkeit der Minderjährigen und jugendspezifische Bedürfnisse berücksichtigen.[493]
Auf internationaler Ebene sind weiterhin die *Mindestgrundsätze für nicht
freiheitsentziehende Maßnahmen*, die sogenannten *Tokyo-Rules (United Nations
Minimum Rules for Non-custodial Measures)* von 1990 zu erwähnen, die Kernprinzipien zum Ausbau von Alternativmaßnahmen zur Freiheitsstrafe darlegen,
um die Wiedereingliederung Straffälliger zu fördern. Die im gleichen Jahr ver-
abschiedeten *Richtlinien für die Prävention von Jugendkriminalität, die sogenannten Riyadh-Guidelines (United Nations Guidelines for the Prevention of
Juvenile Delinquency)*, beinhalten Grundlagen für Kriminalpräventionsmaß-
nahmen, die sich in erster Linie am Wohl Minderjähriger orientieren sollen.
Empfohlen wird, alle am Sozialisationsprozess beteiligten Personen und Institutionen aktiv in die Strategien mit einzubinden, Bildungs- und Erziehungsange-
bote sowie Angebote auf Gemeindeebene zu fördern und auf eine stationäre
Unterbringung Minderjähriger möglichst zu verzichten („*last resort*").

Die Empfehlung *R (1992) 16 über die Europäischen Grundsätze für gemeindebezogene Sanktionen und Maßnahmen (Recommendation on the European Rules on Community Sanctions or Measures)* hebt die grundsätzliche Bedeutung alternativer Maßnahmen hervor, die den schädlichen Auswirkungen der
Freiheitsstrafe entgegenwirken sollen.[494] Die Empfehlung enthält einen detail-
lierten Katalog von Grundsätzen, unter anderem zu rechtlichen Garantien sowie
finanziellen und verwaltungsbezogenen Aspekten hinsichtlich der Durchführung
der nicht freiheitsentziehenden Maßnahmen.
Die wachsende Bedeutung alternativer Maßnahmen spiegelt sich insbesondere in der Europarats- Empfehlung *R (1999) 19 über die Mediation in Strafsachen (Recommendation concerning Mediation in Penal Matters)* wieder. Sie ist
getragen von den Grundgedanken der aktiven Einbeziehung der vom Konflikt
betroffenen Personen, der Stärkung der Opferinteressen sowie der Eigenverantwortung von Tätern und zielt auf die verbesserte Resozialisierung ab.[495]
In Ergänzung zur oben erwähnten Empfehlung *R (1992) 16* legt die Empfehlung *R (2000) 22 zur Verbesserung der Durchführung der Europäischen Grund-*

---

493 Siehe Präambel der Empfehlung.

494 Die Europaratsempfehlung enthält zwar keine jugendspezifischen Maßnahmen, schließt
   Jugendliche jedoch nicht von der Anwendung aus. So heißt es auch in der generellen
   Zielsetzung in der Präambel der *European Rules for Juvenile Offenders Subject to Sanctions or Measures* (ERJOSSM), dass Empfehlung *R (1992) 16* zugunsten Jugendlicher
   anwendbar bleibt, sofern sie nicht im Widerspruch zu den ERJOSSM steht. Daraus ergibt sich, dass bereits existierende Menschenrechtsstandards Beachtung finden und die
   ERJOSSM ein Verbot der Schlechterstellung Jugendlicher gegenüber Erwachsenen im-
   plizieren, siehe *Dünkel* 2008, S. 13 f.; 2011, S. 144.

495 Siehe Präambel der Empfehlung.

sätze gemeindebezogener Sanktionen und Maßnahmen (Recommendation on improving the Implementation of the European Rules on Community Sanctions and Measures) besonderes Augenmerk auf die Erweiterung der Angebote alternativer Maßnahmen. Darüber hinaus empfiehlt der Europarat vor dem Hintergrund zunehmender punitiver Tendenzen in Politik und Gesellschaft, weit angelegte Kampagnen zur Information der Öffentlichkeit durchzuführen und sich mehr Akzeptanz zu sichern.[496]

Nachfolgend verfasst wurde die Empfehlung *R (2003) 20 über neue Wege im Umgang mit Jugendkriminalität und die Rolle der Jugendgerichtsbarkeit (Recommendation concerning New Ways of Dealing with Juvenile Delinquency and the Role of Juvenile Justice)*, in der sich der Europarat gegen eine Verschärfung des Jugendstrafrechts ausspricht.[497] Konsequent werden Empfehlungen zur vorrangigen Anwendung haftvermeidender Maßnahmen und Sanktionen beibehalten, die sich an jugendspezifischen Bedürfnissen orientieren sollen. Betont werden der Ausbau alternativer Maßnahmen und die Einbeziehung regionaler sowie kommunaler Akteure im Rahmen der Kriminalprävention. Eine stufenweise Widereingliederungsstrategie soll der bestmöglichen Resozialisierung Rechnung tragen.

In Anlehnung an vorherige Empfehlungen und Standards auf europäischer und internationaler Ebene wurden 2008 die *Europäischen Grundsätze für die von Sanktionen oder Maßnahmen betroffenen jugendlichen Straftäter und Straftäterinnen* (ERJOSSM) verabschiedet. Die Europarats-Empfehlung beinhaltet detaillierte Grundsätze zur Behandlung inhaftierter sowie ambulant sanktionierter Jugendlicher. Darüber hinaus bezieht die Empfehlung ebenfalls Volljährige, auf die Jugendstrafrecht anwendbar ist, oder die sich in Einrichtungen für jugendliche Straftäter befinden, mit ein. Die Grundsätze akzentuieren die Einhaltung menschenrechtlicher Standards und die Ausrichtung von Sanktionen oder Maßnahmen am Resozialisierungsgrundsatz.[498]

Im Rahmen der Reform des rumänischen Jugendstrafrechtssystems sind bedeutende Grundsätze der erwähnten Dokumente berücksichtigt worden. Das neue Strafgesetzbuch beinhaltet Prinzipien insbesondere der *Kinderrechtskonvention, der Beijing-, Riyadh-, Havanna*[499]*-Grundsätze, der Empfehlung über neue Wege im Umgang mit Jugendkriminalität und die Rolle der Jugendgerichtsbarkeit sowie der Europäischen Grundsätze für die von Sanktionen oder Maßnahmen betroffenen jugendlichen Straftäter und Straftäterinnen (ER-*

---

496 *Neubacher* 2009, S. 281.

497 Siehe *Neubacher* 2009, S. 282.

498 Vgl. zusammenfassend *Dünkel* 2011; ausführlicher zum Aufbau der ERJOSSM vgl. *Kap. 6.1.*

499 Vgl. hierzu ausführlicher in *Kap. 6.1.*

JOSSM).[500] Ihr Einfluss wird in Bezug auf die relevanten Regelungen des neuen Strafgesetzes verdeutlicht.

4.2 Überblick über das neue Strafgesetzbuch

4.2.1 Grundzüge und Prinzipien des rumänischen Strafrechts

Im Juli 2009 wurde das neue Strafgesetzbuch vom Parlament verabschiedet.[501] Die Schlussbestimmung des Gesetzes, Art. 446, regelt, dass das neue Strafgesetz zu einem Zeitpunkt in Kraft tritt, der in einem Ausführungsgesetz festgelegt ist, welches vom Parlament in einem Zeitraum von 12 Monaten ab Verkündung zu verabschieden ist.

Das Ausführungsgesetz,[502] das am 12.11.2012 verkündet wurde, ist am 01.02.2014 in Kraft getreten, vgl. Art. 247. Wie in Art. 246 vorgesehen, ist zeitgleich das gesamte Reformpaket in Kraft getreten, zu dem das neue Strafgesetzbuch, die neue Strafprozessordnung sowie das entsprechende Ausführungsgesetz, das neue Strafvollstreckungsgesetz hinsichtlich nicht freiheitsentziehender Strafen und Maßnahmen, das neue Strafvollzugsgesetz hinsichtlich freiheitsentziehender Strafen und Maßnahmen sowie das Gesetz über die Bewährungshilfe zählen. Gemäß dem Regierungsbeschluss Nr. 1.056/2012[503] werden 400 neue Personalstellen im Rahmen des Gerichtswesens geschaffen, um die neuen Maßnahmen in die Praxis umsetzen zu können. Die EU betonte in ihrem Fortschrittsbericht vom Juli 2012, dass besonderes Augenmerk auf die Verringerung der Arbeitsbelastung der Justiz gelegt und eine Umstrukturierung von Gerichtswesen sowie Staatsanwaltschaften anvisiert werden sollte.[504] Des Weiteren empfahl die EU, einen Maßnahmenplan zur Umsetzung des neuen Strafgesetzbuches sowie der Strafprozessordnung zu erarbeiten. In der Folgezeit hat das

---

500 Siehe Justizministerium, www.just.ro/LinkClick.aspx?fileticket=bSrMHzeVPDQ%3d-&tabid=2324 (01.12.2013). Ausführlicher hierzu im *Kap. 6.1.* Siehe ausführlicher zu den ERJOSSM insbesondere *Dünkel* 2011; Dünkel u. a.-*Dünkel* 2014; *Kühl* 2012.

501 Neues Strafgesetzbuch (*Noul Cod penal*), Gesetz Nr. 286/2009 vom 17.07.2009, veröffentlich im Amtsblatt Nr. 510 vom 24.07.2009. Es ersetzte damit das 2004 verkündete Strafgesetzbuch Nr. 301/2004 sowie das Strafvollstreckungsgesetz Nr. 294/2004 (Art. 446 Abs. 2 rStGB).

502 Ausführungsgesetz Nr. 187/2012 zum Strafgesetzbuch Nr. 286/009, veröffentlicht im Amtsblatt Nr. 757 vom 12.11.2012, berichtigt im Amtsblatt Nr. 117 vom 01.03.2013.

503 Regierungsbeschluss Nr. 1.056/2012 zur Änderung des Annex Nr. 2 des Regierungsbeschlusses Nr. 652/2009 hinsichtlich der Organisation des Justizministeriums, veröffentlicht im Amtsblatt Nr. 743 vom 05.11.2012.

504 Siehe CVM-Bericht vom 18.07.2012, S. 26.

Justizministerium eine Mehrjahresstrategie zur Einführung der Gesetzbücher ausgearbeitet und hierbei auch die personellen Ressourcen berücksichtigt.[505] Das neue Strafgesetzbuch führt zahlreiche Neuerungen ein. Unter anderem sind die Bestimmungen über Strafen im Allgemeinen Teil neu systematisiert worden. Das Strafgesetzbuch führt eine Reihe neuer Regelungen hinsichtlich der Strafaussetzung zur Bewährung ein und regelt erstmals das Absehen von der Strafverhängung sowie den Aufschub der Anwendung der Strafe.

Das novellierte Gesetz ist ferner gekennzeichnet durch eine fast durchgängige Strafrahmenreduzierung im Besonderen Teil. Dies führte zu öffentlicher Kritik, unter anderem wegen der Senkung des Strafrahmens bei Kapitalverbrechen.[506] Der Gesetzgeber verwies jedoch auf die Unzulänglichkeiten des seinerzeit geltenden Rechts und betonte, dass die große Spannbreite zwischen minimalem und maximalem Strafrahmen bislang zu einer uneinheitlichen Sanktionspraxis geführt hatte. Ferner hat die Erhöhung des Strafrahmens im vergangenen Jahrzehnt nicht effizient zur Bekämpfung der Kriminalität beigetragen. Maßstab für die Strafzumessung in einem Rechtsstaat sei insbesondere die Bedeutung der betroffenen sozialen Werte.[507] Das Strafgesetz ist zum großen Teil aus einem Entwurf des Justizministeriums unter *M. Macovei* aus dem Jahr 2007 hervorgegangen und inkorporierte zahlreiche Bestimmungen aus dem deutschen und italienischen Strafrecht. Die Neuregelung zielte auf die Angleichung an EU-Standards.[508]

Das neue Strafgesetzbuch gliedert sich in einen Allgemeinen und einen Besonderen Teil. Der Allgemeine Teil (Art. 1-187 rStGB) legt in zehn Abschnitten Grundsätze der Strafbarkeit, Straftat, Sanktionsarten, Strafbemessung, Maßregeln der Sicherung, Sonderregelungen für Jugendliche, Bestimmungen zur strafrechtlichen Verantwortlichkeit sowie Strafaufhebungsgründe fest. Es behält im Wesentlichen die Struktur des bisherigen Strafgesetzbuches bei.

Der Besondere Teil (Art. 188-445 rStGB) enthält einen Straftatenkatalog über die einzelnen Tatbestände, zu denen unter anderem Straftaten gegen die Person, das Vermögen, die Justiz, die Amtsgewalt, Korruptionsstraftaten, Straftaten im Amt, Fälschungsdelikte, Straftaten, die das gesellschaftliche Zusammenleben betreffen,[509] Straftaten gegen die öffentliche Sicherheit, Militärstraftaten sowie Verbrechen gegen die Menschlichkeit und Kriegsverbrechen zählen.

---

505 Siehe CVM-Bericht vom 30.1.2013, S. 8.

506 Vgl. *Bormann* 2010, S. 169.

507 Siehe Justizministerium 2009a, Begründung zum Strafgesetzbuch, S. 2 f.

508 *Bormann* 2010, S. 169.

509 Beispielsweise Straftaten gegen die öffentliche Ordnung und Straftaten, die die Familie betreffen, wie zum Beispiel die Verletzung der Unterhaltspflichten oder die Aussetzung von Kindern.

Das neue Strafgesetzbuch fasst viele der bislang existierenden Sonderregelungen zusammen. Im Gegensatz zum bislang geltenden Gesetz stellt das novellierte Strafgesetzbuch kein Ziel des Strafrechts[510] mehr voran.[511] Der Gesetzgeber hat den Passus zum Ziel des Strafrechts in Anlehnung an strafrechtswissenschaftliche Empfehlungen und an die Modelle anderer europäischer Staaten abgeschafft.[512] Der Begriff der Straftat in Art. 15 Abs. 1 rStGB[513] wurde neu definiert. Das Kriterium der Gesellschaftsgefährlichkeit[514] der Tat ist gestrichen worden. Damit verabschiedet sich das neue Strafgesetzbuch vom materiellen Verbrechensbegriff, wie er in zahlreichen Strafgesetzbüchern im Einflussbereich des früheren sowjetischen Rechts üblich war. Stattdessen erfolgt eine Annäherung an den formellen Verbrechensbegriff des westeuropäischen Rechts.[515]

Unter Straftat wird nunmehr eine Tat nach dem Strafgesetz verstanden, die schuldhaft, rechtswidrig und zurechenbar begangen wurde.[516] Darüber hinaus schreibt der Gesetzgeber fest, dass die Straftat die einzige Grundlage für die strafrechtliche Verantwortlichkeit darstellt, Art. 15 Abs. 2 rStGB. Eine schuldhafte Handlung liegt gemäß Art. 16 Abs. 2 rStGB vor, wenn eine Tat vorsätzlich (*cu intenție*), fahrlässig (*din culpă*) oder vorsätzlich mit fahrlässig herbeigeführten (schwereren) Tatfolgen (*cu intenție depășită*)[517] begangen wurde.

---

510 Den Begriff *Strafrecht* definiert das Gesetz als „jede Bestimmung mit strafrechtlichem Charakter, die in Gesetzen, Eilverordnungen oder anderen normativen Akten mit Gesetzeskraft zum Zeitpunkt der Verabschiedung enthalten ist", Art. 173 rStGB.

511 Ziel des Strafrechts war es gemäß Art. 1 rStGB a. F., den Staat Rumänien, dessen Souveränität und Unabhängigkeit, die staatliche Einheit und Unteilbarkeit, die Person, die Rechte und Freiheiten des Einzelnen, das Eigentum sowie die gesamte Rechtsordnung gegen Straftaten zu schützen.

512 Vgl. *Duvac* 2013, S. 177 f.

513 Überschrieben mit „Wesensmerkmale einer Straftat".

514 Siehe zum Begriff der Gesellschaftsgefährlichkeit im rumänischen Strafrecht *Rinceanu* 2009, S. 124 ff.

515 Vgl. *Rinceanu* 2009, S. 809. Näheres zur Definition des Straftatbegriffs siehe *Kap. 2.7.1.*

516 Die Definition orientiert sich an der rumänischen Rechtstradition in der Zeit zwischen den beiden Weltkriegen sowie Regelungen auf europäischer Ebene, unter anderem dem griechischen Strafrecht, siehe Justizministerium 2009a, Begründung zum Strafgesetzbuch, S. 8.

517 Diese Form des Vorsatzes, auch „*praeterintenția*" (lat. *praeter intentionem*) genannt, bedeutet dass die Tatfolgen schwerer sind als vom Täter angenommen oder beabsichtigt, *Boroi u. a* 2004, S. 320; Dongoroz u. a.-*Oancea* 2003, S. 109. Sie bezieht sich sowohl auf direkten Vorsatz und Eventualvorsatz hinsichtlich der Tathandlung und auf Fahrlässigkeit hinsichtlich der Tatfolgen, vgl. Toader u. a.-*Michinici/Dunea* 2014, S. 52.

In der Legaldefinition zur Straftat („gesetzlich vorgesehen ist") spiegelt sich unter anderem der Gesetzlichkeitsgrundsatz *nullum crimen sine lege* wider, der in Art. 1 Abs. 1 rStGB (*legalitatea incriminării*) ausdrücklich aufgenommen worden ist.[518] Darüber hinaus findet sich das Gesetzlichkeitsprinzip *nulla poena sine lege* in Art. 2 Abs. 1 rStGB wieder, welcher regelt, dass das Gesetz ausnahmslos die anwendbaren Strafen, Erziehungsmaßnahmen und Sicherheitsmaßnahmen vorsieht. Auch der Bestimmtheitsgrundsatz (*nulla poena sine lege certa*) ist hierin enthalten. Ein weiterer Grundsatz, der das materielle Strafrecht prägt und das Gesetzlichkeitsprinzip ergänzt, ist das Rückwirkungsverbot,[519] welches in den Art. 1 Abs. 2 und 2 Abs. 2 rStGB verankert ist. Ausnahmen zum Rückwirkungsverbot finden sich zum einen in Art. 4 rStGB, welcher die Entkriminalisierung von Straftaten (die nach alter Rechtslage strafbar waren) festschreibt. Des Weiteren ist gemäß Art. 5 und 6 rStGB das Gesetz anwendbar, das für Angeklagte bis zur Verurteilung oder für Verurteilte bis zur Vollstreckung der Strafe vorteilhafter ist.

Zu den Rechtfertigungsgründen (Art. 18-22 rStGB) im rumänischen Strafrecht zählen unter anderem Notwehr, Notstand und die Einwilligung der geschädigten Partei, soweit diese über das Rechtsgut verfügen konnte. Als Entschuldigungsgründe (Art. 23-31 rStGB) kommen beispielsweise die Minderjährigkeit, wenn keine Strafmündigkeit vorliegt, Unzurechnungsfähigkeit, Schuldlosigkeit aufgrund tiefgreifender Bewusstseinsstörungen infolge Alkohols oder anderer psychotroper Substanzen sowie der Irrtum über die Tatumstände in Betracht.

Der Versuch ist nur in ausdrücklich gesetzlich angeordneten Fällen strafbar, Art. 33 Abs. 1 rStGB. Das rumänische Strafrecht kennt folgende Formen strafrechtlicher Teilnahme: Mittäterschaft, Anstiftung und Beihilfe, die auch für Jugendliche in Betracht kommen, Art. 46-48 rStGB.[520] Anzumerken ist, dass die Teilnahme Jugendlicher einen Strafschärfungsgrund bei Straftaten Erwachsener darstellt, Art. 77 d) rStGB. Im Fall der Begehung mehrerer Straftaten – Real- und Idealkonkurrenz – wird nach den allgemeinen Bestimmungen eine Gesamtstrafe gebildet, Art. 39 rStGB. Hierbei wird die höchste Einzelstrafe gemäß dem Asperationsprinzip um ein Drittel der Summe der gesamten Strafen erhöht.

Der Rückfall (*recidiva*), geregelt in den Art. 41 ff. rStGB, spielt im Rahmen der Strafzumessung eine Rolle und wird nach der Schwere der Rückfalltaten ermittelt. Hierbei werden Freiheitsstrafen von über einem Jahr einbezogen, nicht

---

518 Art. 1 Abs. 1 rStGB bestimmt, dass „das Strafgesetz die Handlungen vorsieht, welche Straftaten darstellen". Siehe ausführlicher zum Gesetzlichkeitsprinzip Antoniu-*Antoniu* 2010, S. 19 ff.

519 Siehe dazu ausführlicher u. a. *Mitrache/Mitrache* 2012, S. 44 ff.

520 Eine Besonderheit stellt die „uneigentliche Teilnahme" dar, die eine vorsätzliche Beteiligung an einer schuldlos oder fahrlässig begangenen Straftat bedeutet, Art. 52 rStGB.

jedoch die auf Jugendliche anwendbaren Erziehungsmaßnahmen. Auch bislang war geregelt, dass Straftaten, die während der Minderjährigkeit begangen wurden, für diese strafschärfende Regelung außer Betracht bleiben, Art. 38 Abs. 1a) rStGB a. F. Dies wurde damit begründet, dass kriminelle Karrieren bei Jugendlichen nicht mit Sicherheit festzustellen sind, und der Schwerpunkt auf die Erziehung der Jugendlichen gelegt werden soll.[521] Die Regelung bedeutete, dass Jugendliche bei der Begehung einer neuen Straftat nicht als Rückfalltäter angesehen und die vorherige Straftatbegehung nicht als strafschärfender Umstand in diesem Zusammenhang angesehen werden konnte, so wie es auch nach neuer Rechtslage der Fall ist.[522]

4.2.2 Strafensystem

Grundsätzlich sieht das Strafgesetz Haupt-, Neben- und Zusatzstrafen vor, die in Art. 53 ff. rStGB geregelt sind.[523] Zu den Hauptstrafen zählen die Freiheitsstrafe, die lebenslange Freiheitsstrafe und die Geldstrafe (Art. 53 rStGB). Die Freiheitsstrafe wird für eine Dauer zwischen 15 Tagen und 30 Jahren verhängt, Art. 60 rStGB, die lebenslange Freiheitsstrafe auf unbestimmte Dauer, Art. 56 rStGB.[524] Hinsichtlich der lebenslangen Freiheitsstrafe legt das Gesetz fest, dass die bedingte Entlassung aus dem Vollzug nach mindestens 20 verbüßten Jahren möglich ist, vgl. Art. 99 Abs. 1a) rStGB. Die Geldstrafe, Art. 61-64 rStGB, wird erstmals nach Tagessätzen verhängt.[525] Sie kann auch neben einer Freiheitsstrafe verhängt werden. Des Weiteren wird die Ersatzfreiheitsstrafe bei einer uneinbringlichen Geldstrafe für den Fall angeordnet, dass die Verurteilten mutwillig die Geldstrafe nicht zahlen. Kann die Gelstrafe ohne Verschulden der Verurteil-

---

521 *Bulai/Bulai* 2007, S. 541.

522 Die vorherige Verurteilung stellt indes ein vorheriges Strafereignis (*antecedent penal*) dar, das bei der Individualisierung der Strafe berücksichtigt wird, vgl. *Brezeanu* 1998, S. 61.

523 Bislang unterschied das rStGB a. F. nach Strafen, die auf natürliche und juristische Personen anwendbar waren. Mit Gesetz Nr. 278/2006 wurde die Strafbarkeit juristischer Personen erstmals eingeführt. Die Kategorien der Strafen – Haupt- und Nebenstrafen – und deren Anwendung in Bezug auf juristische Personen waren in Art. 53[1] und [532] StGB a. F. geregelt.

524 Die lebenslange Freiheitsstrafe kann im Falle der Begehung besonders schwerer Straftaten, u. a. qualifiziertem Totschlag, Völkermord, bestimmter Verbrechen gegen die staatliche Sicherheit sowie bestimmter Kriegsverbrechen, angeordnet werden. Anstelle der lebenslangen Freiheitsstrafe kann in diesen Fällen auch die Freiheitsstrafe von 15 bis 25 Jahren angeordnet werden.

525 Die Geldstrafe beträgt zwischen 30 und 400 Tagessätzen, die Höhe eines Tagessatzes wird zwischen 10 Lei und 500 Lei (etwa 2 bis 113 Euro) festgesetzt, Art. 61 Abs. 2 rStGB.

ten nicht eingebracht werden kann, beispielsweise wenn diese mittellos geworden sind, ist es erstmals möglich, die Strafe mit Zustimmung der Verurteilten mit der gemeinnützigen Arbeit zu ersetzen.[526]

Nebenstrafen (*pedepse complementare*) beinhalten das Verbot der Ausübung bestimmter Rechte von einem Jahr bis zu fünf Jahren gemäß Art. 66 rStGB sowie die militärische Degradierung gemäß Art. 69 rStGB. Zu den gesetzlich bestimmten Rechten gemäß Art. 66 Abs. 1 rStGB zählen unter anderem das aktive sowie passive Wahlrecht für öffentliche Ämter, die Ausübung eines Amtes der Staatsgewalt, die Ausübung eines Amtes, eines Berufes oder einer Tätigkeit, deren sich der Täter zur Straftatbegehung bedient hat, das elterliche Sorgerecht, das Recht als Vormund oder Betreuerin tätig zu sein.

Die Zusatzstrafen (*pedepse accesorii*) bestehen gemäß Art. 65 Abs. 1 rStGB im Verbot der Ausübung der meisten der in Art. 66 rStGB[527] vorgesehenen Rechte. Während die Anwendung der Nebenstrafen durch das Gericht angeordnet wird, kommen die Zusatzstrafen kraft Gesetzes zur Anwendung. Dies ist der Fall, wenn lebenslanger Freiheitsentzug verhängt wird, Art. 65 Abs. 2 rStGB.[528] Die Zusatzstrafen kommen ab Rechtskraft des Urteils bis zum verbüßten Vollzug der Freiheitsstrafe zur Anwendung.

4.2.3 Ausschluss der strafrechtlichen Verantwortlichkeit und Vollstreckungshindernisse

Im rumänischen Strafrecht führen bestimmte Umstände zur Beseitigung der strafrechtlichen Verantwortlichkeit, Art. 152-159 rStGB, oder stellen einen Hinderungsgrund für die Strafvollstreckung dar, Art. 160-164 rStGB.

Im Fall von Antragsdelikten zieht das Fehlen des Strafantrages oder dessen Rücknahme die Befreiung der strafrechtlichen Verantwortlichkeit nach sich. Des Weiteren beseitigt auch die Verjährung die strafrechtliche Verantwortlichkeit.[529]

In gesetzlich vorgesehenen Fällen führt darüber hinaus die Versöhnung der Parteien (*împacarea părtilor*), geregelt in Art. 159 rStGB, zur Befreiung von der strafrechtlichen Verantwortlichkeit sowie zur Beendigung zivilrechtlicher Handlungen, welche im Zusammenhang mit dem Strafverfahren stehen. Versöhnung der Parteien bedeutet eine Übereinkunft zwischen der geschädigten Person und

---

526   Ein Tagessatz entspricht einem Tag gemeinnützige Arbeit, Art. 64 Abs. 1 rStGB.

527   Art. 66 Abs. 1a), b), d) - o) rStGB.

528   Bislang galt die Regelung generell bei der Verhängung von Freiheitsstrafen, Art. 71 Abs. 2 rStGB a. F.

529   Mit Ausnahme des Genozids, Verbrechen gegen die Menschlichkeit und Kriegsverbrechen, Art. 153 Abs. 2 rStGB.

der Straftäterin, um den aus der Straftat hervorgegangenen Konflikt zu beenden.[530] Bei nicht geschäftsfähigen Personen kann die Versöhnung nur durch die gesetzlichen Vertreter vollzogen werden, bei nicht voll geschäftsfähigen, also auch Minderjährigen, mit Zustimmung der gesetzlich vorgesehenen Personen, Art. 159 Abs. 4 rStGB. Mit vorherigem Einverständnis beider Elternteile können sich jugendliche Geschädigte ab dem Alter von 14 Jahren versöhnen.[531] Die Versöhnung muss persönlich, ferner ausdrücklich, willentlich, vollständig und bedingungslos erfolgen und sowohl die strafrechtliche als auch die zivilrechtliche Seite des Konflikts umfassen.[532] Auch unter der Bedingung der Schadenswiedergutmachung kann eine Versöhnung erfolgen.[533]

Die Versöhnung kann sowohl im Rahmen des Ermittlungs- als auch des Hauptverfahrens vollzogen werden. Bislang war die Versöhnung insbesondere anwendbar bei Straftaten, die einen geringen Grad an Gesellschaftsgefährlichkeit aufweisen. Es handelte sich damit um die gleichen Straftaten, für die das Gesetz auch den Strafantrag seitens der Geschädigten vorsah. Nur in wenigen Fällen handelte es sich um Straftaten, die von Amts wegen ermittelt werden.[534] Nach der Neuregelung der Strafprozessordnung kommen für das Institut der Versöhnung jedoch keine Antragsdelikte mehr in Betracht, sondern nur noch Offizialdelikte in ausdrücklich gesetzlich vorgesehenen Fällen, Art. 159 Abs. 1 rStGB. Somit greift die Möglichkeit der Versöhnung zukünftig nur noch bei wenigen Straftaten.

Zudem haben die Amnestie und die Begnadigung Einfluss auf die strafrechtliche Verantwortlichkeit bzw. auf die Rechtsfolgen strafrechtlicher Verantwortlichkeit. Die Amnestie beseitigt die strafrechtliche Verantwortlichkeit für bestimmte, im Erlass genannte Straftaten, die Begnadigung beseitigt – gänzlich oder zum Teil – die Folgen der strafrechtlichen Verantwortlichkeit für bestimmte Strafen, welche in der Begnadigungsentscheidung genannt sind.[535]

---

530 Vgl. Dongoroz u. a.-*Oancea* 2003, S. 373; *Paşca* 2012, S. 388. Das Verfahren der Versöhnung geht zurück auf das Gesetz Nr. 59 vom 26.12.1968 über die Schiedskommissionen, in Kraft seit dem 1.1.1969. Dieses Gesetz regelte, dass Schiedskommissionen in Streitigkeiten in Bezug auf das gesellschaftliche Zusammenleben, Arbeitsstreitigkeiten sowie in einigen Konflikten bezüglich des Vermögens vermittelten.

531 *Bulai/Bulai* 2007, S. 370, unter Hinweis auf T. S., s.p., d. Nr. 3137/1975.

532 Vgl. *Bulai/Bulai* 2007, S. 370.

533 *Siclodi* 1970, S. 30.

534 Vgl. *Bulai/Bulai* 2007, S. 370.

535 Vgl. Dongoroz u. a.-*Oancea* 2003, S. 316 f.

Da Amnestien und Begnadigungen in der Vergangenheit in Rumänien eine besondere Rolle gespielt haben,[536] erscheint eine kurze Darstellung der rechtlichen Bestimmungen hierzu angebracht.

Amnestie geht auf das altgriechische Wort *amnestia* zurück und bedeutet Vergessen und Vergebung.[537] Erfolgt eine Amnestie (Art. 152 rStGB) nach der Verurteilung, so beseitigt sie die Vollstreckung der Strafe. Bislang war die Amnestie auf Erziehungsmaßnahmen wie beispielsweise die Aufsichtsweisung oder die Unterbringung in einer Erziehungsanstalt nicht anzuwenden.[538] Diese waren weiterhin zu vollziehen, da sie der Dogmatik zufolge als Erziehungsmaßnahmen zugunsten der Straftäter angeordnet wurden[539] und somit einen anderen Zweck als Strafen erfüllten. Nach der Neuregelung des Strafrechts entfaltet die Amnestie jedoch auch Auswirkungen auf Erziehungsmaßnahmen, lediglich Sicherheitsmaßnahmen sind ausgenommen.

Die Amnestie ist ein Akt der Staatsgewalt, aufgrund bestimmter gesellschafts- und strafrechtspolitischer Erwägungen, bestimmte Straftaten aus dem Strafrecht herauszulösen und in der Folge die strafrechtliche Verantwortlichkeit zu beseitigen.[540]

Eine Amnestie wird gemäß Art. 73 Abs. 3i) der Verfassung durch ein Gesetz erlassen. Zu differenzieren ist nach der Art der Amnestie. Für alle Straftaten unabhängig von der Tatschwere besteht die Möglichkeit der Generalamnestie oder der Spezialamnestie, insbesondere für bestimmte Kategorien von Straftaten,[541] in der Regel minder schwere Straftaten. Grundsätzlich werden Amnestien somit *in rem* erlassen, können jedoch auch an persönliche Merkmale der Verurteilten geknüpft sein.[542]

Die Begnadigung beseitigt ganz oder teilweise den Vollzug bzw. die Vollstreckung der Strafe oder wandelt sie in eine mildere Sanktion um, Art. 160 Abs. 1 rStGB. Sie wirkt sich auf freiheitsentziehende Maßnahmen gegenüber Jugendlichen aus. Auf nicht freiheitsentziehende Erziehungsmaßnahmen, die gegenüber Jugendlichen verhängt werden können, entfaltet sie jedoch grundsätzlich keine Auswirkung, wie Art. 160 Abs. 2 rStGB festlegt.[543]

---

536 Vgl. hierzu *Kap. 8.5.*

537 Vgl. www.duden.de/rechtschreibung/Amnestie (6.3.2013).

538 Art. 119 Abs. 2 rStGB a. F.

539 Vgl. Dongoroz u. a.-*Oancea* 2003, S. 323.

540 Dongoroz u. a.-*Oancea* 2003, S. 318.

541 Vgl. *Mitrache/Mitrache* 2012, S. 377 ff.

542 *Lefterache* 2012, S. 622; *Mitrache/Mitrache* 2012, S. 377.

543 Lediglich in den Fällen, in denen der Begnadigungserlass es vorsieht, können Begnadigungen gegenüber Jugendlichen verhängt werden.

Die Begnadigung wird – aufgrund gesellschafts- und strafrechtspolitischer Überlegungen – als staatliche Maßnahme gegenüber Verurteilten erlassen.[544] Sie wird *in personam* bewilligt, da sie sich auf die verurteilte Person bezieht und folglich einen persönlichen Grund für Beseitigung oder Änderung der Strafvollstreckung darstellt. Darüber hinaus kann sie auch für bestimmte Verurteilungen, *in rem*, mithin für bestimmte Straftaten und ein bestimmtes Strafmaß erlassen werden.[545] Diese Kollektivbegnadigung wird durch Gesetz erlassen, gem. Art. 73 Abs. 3 i) der Verfassung, andere Begnadigungen in einem Begnadigungserlass. Dem Präsidenten steht das Recht zu, einzelne Begnadigungen zu erlassen, Art. 94 d) der Verfassung. 2002 wurde das Gesetz Nr. 546 hinsichtlich der Begnadigung und des Verfahrens der Begnadigung erlassen.[546] Begnadigungen werden insbesondere bei einer Überbelegung der Strafvollzugsanstalten oder einem Regierungswechsel in Betracht gezogen.[547]

Ein weiterer Grund für die Befreiung von der strafrechtlichen Verantwortlichkeit ist die Mediation. Sie spielt eine zunehmend bedeutende Rolle in Rumänien.

4.2.4 Mediation in Strafsachen

Neben internationalen Wiedergutmachungsbestrebungen wird die zunehmende Bedeutung der Mediation in Strafsachen durch EU-Empfehlungen und UN-Dokumente betont, die Mediation als Ergänzung bzw. Alternative zum herkömmlichen Strafverfahren zu fördern.[548] In Anlehnung an europäische Richtlinien und Empfehlungen zur Mediation in diversen Bereichen wurde die Mediation im Jahr 2006[549] in Rumänien gesetzlich verankert. Die Verabschiedung des Mediationsgesetzes unterstrich den gesetzgeberischen Willen im Rahmen der Justizreform, alternative Maßnahmen der Konfliktvermittlung stärker zu ge-

---

544 Vgl. Dongoroz u. a.-*Oancea* 2003, S. 326 f.

545 Dongoroz u. a.-*Oancea* 2003, S. 327; *Bulai/Bulai* 2007, S. 637.

546 Gesetz Nr. 546/2002, veröffentlicht im Amtsblatt Nr. 755 vom 16.10.2002.

547 *Pașca* 2012, S. 531.

548 Siehe insbesondere die Empfehlung des Europarats R (99) 19 bezüglich der Mediation in Strafsachen, die EU-Richtlinie 2012/29/EU über Mindeststandards für die Rechte, die Unterstützung und den Schutz von Opfern von Straftaten, die den EU-Rahmenbeschluss über die Stellung des Opfers im Strafverfahren (2001/220/JI) ersetzt, ECOSOC Resolution 2002/12 Basic principles on the use of restorative justice programmes in criminal matters.

549 Gesetz Nr. 192/2006 hinsichtlich der Mediation und der Organisation des Mediatorenberufes, veröffentlicht im Amtsblatt Nr. 441 vom 22.05.2006, mit nachfolgenden Änderungen und Ergänzungen.

wichten. Gleichzeitig zielte die gesetzliche Implementierung der Mediation darauf, die Gerichte stärker zu entlasten.

Die Erfahrungen der ersten Modellprojekte zu Restorative Justice[550] und Mediation zeigten ermutigende Resultate und bestärkten das Gesetzesvorhaben. Die Pilotprojekte wurden im Rahmen der Initiativen „Restorative Justice – Eine mögliche Antwort auf Jugendkriminalität" sowie „Verbesserung des Jugendstrafrechts und des Schutzes der Opfer von Straftaten" zwischen 2002 und 2004 in den Städten Bukarest und Craiova etabliert. Die Durchführung der Projekte erfolgte in Partnerschaft des Center for Legal Resources, der Bewährungshilfedirektion[551] im Justizministerium sowie der Stiftung „Familie und Kinderschutz" (*Fundaţia „Familia şi Ocrotirea Copilului"*).[552] Einbezogen wurden jugendliche und heranwachsende Straftäter zwischen 14 und 21 Jahren, die neben der Mediation in Strafsachen auch an Beratungsangeboten teilhaben konnten. Die Pilotprojekte ermöglichten die Evaluation der Angebote in zwei Untersuchungen durch Wissenschaftler am Institut für Soziologie an der Rumänischen Akademie in Bukarest.[553] Die Analyse der Fallstudien bezog sich insbesondere auf den Grad der Zufriedenheit der Beteiligten mit dem Mediationsverfahren, die Vorteile der Teilnahme an der Mediation sowie der bestehenden Herausforderungen. Die Untersuchungen zeigten einen hohen Grad an Zufriedenheit der Beteiligten[554] mit dem Mediationsverfahren und den Ergebnissen.[555] Auf der

---

550 Restorative Justice ist ein weit umfassender Begriff, der im Deutschen unter anderem als „wiedergutmachende Justiz" übersetzt wird. Nach der von *Tony Marshall* geprägten Definition, die von den Vereinten Nationen in der ECOSOC Resolution 2002/12 aufgenommen wurde, versteht man unter einem "restorative process...any process in which the victim and the offender and, where appropriate, any other individuals or community members affected by a crime participate together actively in the resolution of matters arising from the crime, generally with the help of a facilitator". Zur Entwicklung der Restorative Justice in Rumänien siehe beispielsweise *Balahur* 2007, S. 21 ff.

551 Zum damaligen Zeitpunkt lautete der Name „Direktion für gesellschaftliche Wiedereingliederung und Beaufsichtigung".

552 Die finanzielle Unterstützung erfolgte 2002-2003 durch das Center for Legal Resources und die Abteilung für Internationale Entwicklung der Regierung Großbritanniens, im Jahr 2004 durch die EU im Rahmen von Phare. Danach wurden die Programme aufgrund fehlender Finanzierung eingestellt. Die gesetzliche Grundlage für die Einrichtung und Durchführung der Modellprojekte stellten die Anordnungen des Justizministeriums Nr. 1075/C/2002, 2415/C/2003 und 400/C/2004 dar, vgl. *Rădulescu/Banciu/ Dâmboeanu* 2006, S. 199.

553 *Rădulescu/Banciu* 2004; *Rădulescu/Banciu/Dâmboeanu/Balica* 2004.

554 Zu den Beteiligten zählten Täter, Opfer, Unterstützerinnen sowie Vertretende staatlicher Institutionen, die am Mediationsverfahren teilnahmen, siehe *Rădulescu/Banciu* 2004, S. 59.

555 Im Rahmen der ersten Untersuchung erklärten mehr als 75% der Opfer, etwa 60% der Täter, über 90% der Eltern und 65% der weiteren Unterstützerinnen, dass das Verfahren

anderen Seite verdeutlichten die Studien eine Reihe von Hindernissen, wie die restriktive Fallauswahl, eine unzureichende Kooperation mit den Behörden sowie eine fehlende Akzeptanz und Informiertheit der Mitarbeitenden der Justiz.[556] Insgesamt bescheinigte die Evaluation, dass die Projekte einen Beitrag zur Verbesserung des Jugendstrafrechts und zur Entlastung des Gerichtssystems leisten.

Neben den ersten Pilotprojekten sind in der Folgezeit landesweit vereinzelt Projekte entstanden, welche Mediation in strafrechtlichen Konflikten anbieten. Die gesetzliche Verankerung der Mediation im Jahr 2006 wirkte sich positiv darauf aus, das Vertrauen in das Verfahren zu fördern. Von einem flächendeckenden Angebot der Mediation in Strafsachen in Rumänien kann allerdings noch nicht gesprochen werden. Eine zentrale Datenerhebung in Bezug auf Fallzahlen zur Mediation insgesamt wurde im Jahr 2012 durch den Mediationsbeirat eingeleitet, Veröffentlichungen hierzu liegen jedoch noch nicht vor, so dass über den Umfang der Fallzahlen keine Angaben gemacht werden können.[557] Eine im Jahr 2010 durchgeführte Umfrage unter Staatsanwälten und Richterinnen ergab, dass die Mehrheit der Befragten der Mediation in Strafsachen als Verfahren der Konfliktbeilegung positiv gegenüber stand.[558]

Das Mediationsgesetz (rMediationsG) regelt neben der Mediation in Strafsachen eine Reihe weiterer Konfliktbereiche. Es beinhaltet Bestimmungen zur Ausübung des Mediationsberufes, wie Zugangsbedingungen,[559] Rechte und Verantwortlichkeiten der Mediatorinnen sowie Regelungen zum Mediationsverfahren. Der Mediationsbeirat (*consiliu de mediere*) zeichnet sich unter anderem verantwortlich für die Autorisierung der Mediatorinnen, wodurch einer stärkeren Professionalisierung des Berufsbildes Rechnung getragen wird. Besondere Bestimmungen zur Mediation in Strafsachen sind in einem eigenen Kapitel festgehalten. Das Mediationsverfahren läuft für Jugendliche und Erwachsene grund-

---

zur Beilegung der Probleme beigetragen hat. Über 85% der Opfer und Täter gaben an, dass sie in einer ähnlichen Situation erneut die Mediation als Verfahren der Konfliktvermittlung wählen würden, siehe *Rădulescu/Banciu* 2004, S. 66 ff.

556 Vgl. *Rădulescu/Banciu/Dâmboeanu* 2006, S. 204 f.

557 Entscheidung des Mediationsbeirats Nr. 349/21.04.2012 (www.cmediere.ro, 16.09.2013), der zufolge Mediationseinrichtungen ihre Fallzahlen vierteljährlich an den Mediationsbeirat übermitteln sollen.

558 So befanden 73,3% der Staatsanwälte und 70,6% der Richterinnen, dass Mediation in Strafsachen ein „sinnvolles" bzw. „sehr sinnvolles" Verfahren der Konfliktbeilegung in Strafsachen darstelle, siehe *Păroşanu/Balica/Bălan* 2013, S. 72, 100. Neben der hohen Akzeptanz zeigten sich jedoch Defizite bezüglich der Kenntnis unter anderem des Mediationsverfahrens sowie geeigneter Mediationseinrichtungen.

559 Zugangsberechtigt sind Personen, die unter anderem über mindestens drei Jahre Berufserfahrung verfügen, ein Studium sowie eine Mediationsausbildung oder ein Masterstudium der Mediation absolviert haben, Art. 7 rMediationsG.

sätzlich gleich ab. Im Hinblick auf Jugendliche betont das Mediationsgesetz allerdings, dass die verfahrensrechtlichen Garantien ihnen gegenüber auch im Rahmen des Mediationsverfahrens eingehalten werden müssen, vgl. Art. 68 Abs. 2 rMediationsG.

Art. 67 Abs. 1 rMediationsG stellt explizit heraus, dass die Bestimmungen des Gesetzes in Bezug auf Straftaten sowohl strafrechtliche als auch zivilrechtliche Aspekte einbeziehen.[560] Demnach können ebenfalls zivilrechtliche Aspekte, die mit dem Strafverfahren im Zusammenhang stehen, im Wege der Mediation bearbeitet werden, wie auch in Art. 23 Abs. 1 rStPO geregelt. Im Hinblick auf den strafrechtlichen Anwendungsbereich sind grundsätzlich Antragsdelikte sowie solche Straftaten, bei denen die Versöhnung der Parteien zum Ausschluss der strafrechtlichen Verantwortlichkeit führt, mediationsgeeignet, Art. 67 Abs. 2 rMediationsG. Dazu zählen unter anderem Straftaten wie Körperverletzung, Bedrohung, Nachstellung, Vergewaltigung, sexuelle Belästigung, Hausfriedensbruch, Diebstahl zwischen Familienangehörigen, Untreue, Kreditbetrug, Sachbeschädigung, Verletzung des Briefgeheimnisses sowie Verletzung der Unterhalts-, Fürsorge- oder Erziehungspflicht.

Findet die Mediation unabhängig vom Strafverfahren vor dessen Einleitung statt und resultiert sie in einer Mediationsvereinbarung, so gilt der Täter im Hinblick auf die Straftat als nicht strafrechtlich verantwortlich, Art. 69 Abs. 1 rMediationsG.[561] Bislang regelte das Gesetz, dass unter diesen Umständen eine erneute Durchführung des strafrechtlichen Verfahrens ausgeschlossen war. Findet die Mediation hingegen im Rahmen der Frist zur Einlegung des Strafantrages statt, wird diese Frist für die Dauer des Mediationsverfahrens unterbrochen. Können sich die Mediationsparteien nicht einigen, ist der Verletzte nach Abschluss der Mediation berechtigt, einen Strafantrag zu stellen, Art. 69 Abs. 2 rMediationsG.

Nach Beginn des Strafverfahrens kann für die Dauer der Mediation bis zu einem Zeitraum von höchstens drei Monaten das Ermittlungs- bzw. Hauptverfahren unterbrochen werden, Art. 70 rMediationsG. Führt die Mediation nicht zu einem erfolgreichen Abschluss, wird das Strafverfahren erneut aufgenommen und fortgeführt. Im Fall des Vorliegens einer Mediationsvereinbarung hingegen wird das Strafverfahren eingestellt. Im Zuge weiterer Modifizierungen des Mediationsgesetzes[562] wurde die Pflicht von Justiz- und Schlichtungsorganen zur Information der Konfliktparteien über die Möglichkeit und die Vorteile der Me-

560 Diese Regelung wurde neu eingeführt durch Gesetz Nr. 255/2013 zur Anwendung des Gesetzes Nr. 135/2010 hinsichtlich der Strafprozessordnung und zur Änderung und Ergänzung weiterer Gesetze, die strafprozessuale Bestimmungen beinhalten, die am 01. Februar 2014 in Kraft getreten sind, veröffentlicht im Amtsblatt Nr. 515/14.08.2013.

561 Ausführlicher zum Begriff der „außergerichtlichen" und „gerichtlichen" Mediation siehe *Păncescu* 2014, S. 227 f.

562 Änderungsgesetz Nr. 370/2009, veröffentlicht im Amtsblatt Nr. 831 vom 03.12.2009.

diation eingeführt. Gemäß Art. 6 rMediationsG sollen sie auf das Mediationsverfahren hinwirken. Eine bedeutende Neuerung erfolgte im Jahr 2012[563] und beinhaltete die obligatorische Teilnahme der Konfliktbeteiligten an einem Informationsgespräch über Mediation in gesetzlich vorgesehenen Fällen, Art. 2 rMediationsG. Die Teilnahmepflicht bezog sich sowohl auf Fälle vor Einleitung als auch nach Beginn des Strafverfahrens. Das Informationsgespräch zog keine weiteren Kosten für die Verfahrensbeteiligten nach sich und konnte neben den Mediatorinnen auch von Richterinnen, Staatsanwälten, Justiziaren, Anwältinnen und Notaren durchgeführt werden.[564] Der Verfassungsgerichtshof von Rumänien entschied jedoch im Jahr 2014, dass die obligatorische Teilnahme an einem Informationsgespräch nicht verfassungsgemäß und die entsprechende Bestimmung aufzuheben sei.[565] In seiner Begründung führte das Verfassungsgericht aus, dass die obligatorische Teilnahme an einem Informationsgespräch das in Art. 21 der Verfassung verbriefte Recht der Verfahrensbeteiligten auf freien Zugang zur Justiz beeinträchtige. Im Falle der Nichtteilnahme des Klägers sah das Mediationsgesetz vor, die Klage als unzulässig abzuweisen. In der Folge besteht in keinem Rechtsbereich mehr, auch nicht im Strafrecht, die Pflicht der Parteien, an einem Gespräch über die Möglichkeiten und Vorteile der Mediation teilzunehmen.

Abzuwarten bleibt, in welchem Maß der gesetzgeberische Wille, die Anwendung der Mediation zu fördern, dazu führen wird, dass Konfliktbeteiligte sich schneller auf das Verfahren einlassen. Es wird sicherlich weiterer Maßnahmen bedürfen, die Bekanntheit über Mediationsverfahren innerhalb der Gesellschaft zu fördern und damit das Vertrauen in dieses noch relativ neue Verfahren zu stärken, insbesondere vor dem Hintergrund einer tendenziell von Misstrauen in das Justizsystem geprägten Gesellschaft.

4.3 Materielle Bestimmungen des Jugendstrafrechts

Das rumänische Strafrecht hält besondere Bestimmungen für die Behandlung jugendlicher Straftäterinnen bereit. Dem liegt die Annahme zu Grunde, dass sich die von Jugendlichen begangenen Straftaten insbesondere aufgrund ihres Alters und der entwicklungsbedingten Besonderheiten als weniger schwerwiegend darstellen als die Straftaten Erwachsener. In der Folge ist auch ein differenziertes Sanktionensystem erforderlich, um mit angemessenen Mitteln auf Jugenddelin-

---

563 Änderungsgesetz Nr. 115/2012, veröffentlicht im Amtsblatt Nr. 462 vom 09.07.2012.

564 Art. 2 Abs. 1³, Art. 2 Abs. 1⁴ rMediationsG, eingeführt durch Änderungsgesetz Nr. 214/2013, veröffentlicht im Amtsblatt Nr. 388 vom 28.06.2013.

565 Entscheidung des Verfassungsgerichtshofs Nr. 266/2014, veröffentlicht im Amtsblatt Nr. 464 vom 15.06.2014.

quenz reagieren zu können.[566] Neben der erzieherischen Einwirkung auf Jugendliche zielen die strafrechtlichen Sonderbestimmungen auch auf die Prävention der erneuten Straftatbegehung ab.[567]

Die differenzierte Behandlung Jugendlicher trägt internationalen Bestimmungen, wie Nr. 2.2a) der Beijing-Regeln Rechnung.

Das Sanktionensystem für Jugendliche im Allgemeinen Teil des rStGB ist grundlegend novelliert worden. Wie im bislang geltenden Strafgesetzbuch beinhaltet der Fünfte Abschnitt des neuen Gesetzes – „Minderjährigkeit" – Bestimmungen hinsichtlich Jugendlicher. Zunächst legt Kapitel I Regelungen zur strafrechtlichen Verantwortlichkeit Minderjähriger sowie ein spezifisches Sanktionensystem dar, welches sich von dem Erwachsener unterscheidet. Es beinhaltet einen abgestuften Katalog von Erziehungsmaßnahmen und hat die Strafen gestrichen. Es erfolgt eine Differenzierung nach nicht freiheitsentziehenden (Kapitel II) und freiheitsentziehenden Erziehungsmaßnahmen (Kapitel III). In Kapitel IV finden sich unter anderem Bestimmungen zur Strafzumessung und Verjährung.

4.3.1 Strafrechtliche Verantwortlichkeit Jugendlicher

Die Bestimmungen zur strafrechtlichen Verantwortlichkeit Jugendlicher sind im neuen Strafrecht beibehalten worden. Erfreulicherweise hat der Gesetzgeber das Alter der strafrechtlichen Verantwortlichkeit nicht auf 13 Jahre herabgesetzt, wie es in einem früheren Entwurf des Strafgesetzbuches festgehalten wurde, sondern bei 14 Jahren belassen.[568]

---

566 Vgl. Dongoroz u. a.-*Dongoroz* 2003, S. 217 f.; *Boroi* 2014, S. 477; Basarab u. a.-*Paşca* 2007, S. 509; *Bulai* 2011, S. 328.

567 Dongoroz u. a.-*Dongoroz* 2003, S. 218.

568 In der Begründung zum Strafgesetzbuch wurde noch von einer Herabsetzung auf 13 Jahre ausgegangen. Dies wurde insbesondere mit einer gestiegenen Anzahl von schweren Straftaten, die von unter 14-Jährigen begangen wurden und welche auch im Zusammenhang mit organisierter Kriminalität stehen, begründet. Darüber hinaus wurde auf die zunehmend frühere Reife Jugendlicher und dementsprechend dem Vorliegen der Urteilsfähigkeit vor Vollendung des 14. Lebensjahrs hingewiesen. Ferner wurde auf Bestimmungen anderer europäischer Strafgesetze (Frankreich, Großbritannien, Schweiz, Griechenland, Holland) verwiesen, die die Strafmündigkeit ab 10 oder 12 Jahren vorsehen, siehe Justizministerium 2009a, Begründung zum Strafgesetzbuch, S. 28 f. Dies erscheint als bemerkenswert selektive Wahrnehmung insofern, als die große Mehrzahl der anderen europäischen Länder den Beginn der Strafmündigkeit bei 14 oder 15 Jahren festgelegt hat, vgl. zusammenfassend *Dünkel/Grzywa/Pruin/Šelih* 2011; *Dünkel* 2013. Im Übrigen hat Griechenland 2010 die Strafmündigkeit von 13 auf 15 Jahre angehoben.

Im Hinblick auf den persönlichen Anwendungsbereich der Vorschriften für Jugendliche legt das Gesetz in Art. 113 rStGB drei Alterskategorien von Minderjährigen[569] zu Grunde. Zunächst gilt der Grundsatz, dass Jugendliche unter 14 Jahren strafrechtlich nicht verantwortlich und somit strafunmündig sind, Art. 113 Abs. 1 rStGB. Die nächste Abstufung bezieht sich auf Jugendliche zwischen dem vollendeten 14. und dem vollendeten 16. Lebensjahr, die nur dann strafrechtlich zur Verantwortung gezogen werden, wenn sie mit Urteilsfähigkeit (*discernământ*) gehandelt haben, Art. 113 Abs. 2 rStGB. Die dritte Kategorie beinhaltet schließlich Jugendliche zwischen dem vollendeten 16. und dem vollendeten 18. Lebensjahr, die grundsätzlich als strafrechtlich verantwortlich gelten, Art. 113 Abs. 3 rStGB. Die folgende Tabelle verdeutlicht die Kategorien der Strafmündigkeit:

Tabelle 13:   Strafrechtliche Verantwortlichkeit und deren Rechtsfolgen

	Strafrechtliche Verantwortlichkeit	Rechtsfolgen
Kinder (unter 14 Jahre)	nicht strafrechtlich verantwortlich, Art. 113 Abs. 1 rStGB	Schutzmaßnahmen
Jugendliche (14 bis unter 16 Jahre)	nicht strafrechtlich verantwortlich bei fehlender Urteilsfähigkeit, Art. 113 Abs. 2 rStGB	Schutzmaßnahmen
	strafrechtlich verantwortlich bei Vorliegen der Urteilsfähigkeit, Art. 113 Abs. 2 rStGB	freiheitsentziehenden und nicht freiheitsentziehende Erziehungsmaßnahmen gemäß Art. 115 Abs. 1 rStGB
Jugendliche (16 bis unter 18 Jahre)	strafrechtlich verantwortlich, Art. 113 Abs. 3 rStGB	freiheitsentziehende und nicht freiheitsentziehende Erziehungsmaßnahmen gemäß Art. 115 Abs. 1 rStGB

Hinsichtlich Minderjährigen unter 14 Jahren gilt die absolute Rechtsvermutung (*prezumție absolută*), dass sie strafrechtlich nicht verantwortlich sind. In der Strafrechtslehre ist anerkannt, dass sie nicht fähig sind, die Folgen ihres Handelns einzuschätzen.[570] Aufgrund der bestehenden absoluten Rechtsvermutung ist es nicht möglich, den Beweis des Gegenteils zu erbringen. Die mit der Minderjährigkeit verknüpfte Strafunmündigkeit stellt somit einen Grund der Schuldunfähigkeit gemäß Art. 27 rStGB dar. Im Hinblick auf diese Altersgruppe können nur Schutzmaßnahmen nach dem Gesetz 272/2004 zum Schutz und zur Förderung der Rechte des Kindes angewandt werden.

---

569 Minderjährigkeit bezieht sich auf das Alter bis zum 18. Geburtstag.

570 Siehe beispielsweise *Brezeanu* 1998, S. 34; *Bulai* 2008, S. 357; *Bulai* 2011, S. 332 f.

14- und 15-Jährige gelten lediglich bei vorliegendem Urteilsvermögen als strafrechtlich verantwortlich. Damit knüpft der Gesetzgeber die Bestimmung der strafrechtlichen Verantwortlichkeit an den Begriff der Urteilsfähigkeit (discernământ). Hierbei handelt es sich um eine relative – widerlegbare – Rechtsvermutung (prezumţie relativă) der fehlenden Strafmündigkeit, für die Gegenbeweise erbracht werden können.[571] Der Gesetzgeber verzichtet auf eine nähere Definition des Begriffes der Urteilsfähigkeit.

Das Konzept geht zurück auf die klassische Schule des Strafrechts und wird gleichfalls in der Rechtspsychiatrie verwandt. Demnach geht es um die Fähigkeit einer Person, die Handlung sowie die Folgen der Handlung zu begreifen und entsprechend dieser Einsichtsfähigkeit bewusst und willentlich zu handeln,[572] ein Konzept, das auch § 3 des deutschen JGG zugrunde liegt. Neben dem Wissenselement ist somit auch das Willenselement erforderlich. Zur Feststellung der Urteilsfähigkeit sind die psychische und physische Entwicklung der Jugendlichen, deren Lebenserfahrungen, die Art der Straftat sowie die konkreten Umstände der Straftatbegehung zu Grunde zu legen.[573]

Differenziert wird nach drei verschiedenen Abstufungen der Urteilsfähigkeit:

1) die vollständige Urteilsfähigkeit im Rahmen einer normalen psychisch-physischen Entwicklung,

2) die verminderte Urteilsfähigkeit, die sich in der Beeinträchtigung der intellektuell-kognitiven und ethisch-moralischen Fähigkeiten zeigt und auf einen verminderten Entwicklungsgrad der Jugendlichen zurückgeht, jedoch keine Auswirkungen auf die strafrechtliche Verantwortlichkeit hat und gegebenenfalls als strafmildernder Umstand in Betracht zu ziehen ist, sowie

3) die fehlende Urteilsfähigkeit (discernământ abolit), die gleichzusetzen ist mit Unzurechnungsfähigkeit.[574]

Wird festgestellt, dass Jugendliche dieser Altersgruppe ohne Urteilsfähigkeit gehandelt haben, so sind die rechtlichen Voraussetzungen der strafrechtlichen Verantwortlichkeit nicht erfüllt. In der Folge ist die Straftat gemäß Art. 27 rStGB nicht zurechenbar. Wird hingegen der Beweis erbracht, dass 14- und 15-Jährige mit Urteilsfähigkeit gehandelt haben, so gelten sie als strafmündig und die strafrechtlichen Reaktionsmöglichkeiten sind anwendbar.

---

571   Vgl. Dongoroz u. a.-*Dongoroz* 2003, S. 222.

572   Vgl. Basarab u. a.-*Paşca* 2007, S. 304; *Dragomirescu/Hanganu/Prelipceanu* 1990, S. 91.

573   *Bulai/Bulai* 2007, S. 272.

574   Basarab u. a.-*Paşca* 2007, S. 305 f.

Hinsichtlich der Kategorie der 16- und 17-jährigen Jugendlichen legt das Gesetz die volle Strafmündigkeit fest. Mit der Vollendung des 16. Lebensjahrs gilt die absolute Rechtsvermutung (*prezumţie absolută*) der strafrechtlichen Verantwortlichkeit, die durch Gegenbeweise nicht erschüttert werden kann.[575] Es wird somit vorausgesetzt, dass Jugendliche ab 16 Jahren grundsätzlich urteilsfähig sind und dementsprechend das Unrecht ihrer Tat einsehen können.

Darüber hinaus besteht auch bei Jugendlichen wie bei Erwachsenen die Möglichkeit, die strafrechtliche Nichtverantwortlichkeit wegen krankhafter seelischer Störungen oder tiefgreifender Bewusstseinsstörungen, Art. 28 rStGB, beziehungsweise aufgrund Drogen- oder Alkoholkonsums festzustellen, vgl. Art. 29 rStGB.

Im Gegensatz zum deutschen Jugendstrafrecht[576] finden sich im geltenden rumänischen Strafgesetz keine Bestimmungen zur strafrechtlichen Behandlung der Altersgruppe von 18 bis 21 Jahren. Auch in der Strafrechtslehre wird kaum über die besondere Situation Heranwachsender und die Möglichkeit der Einbeziehung in die Bestimmungen über Jugendliche diskutiert,[577] obwohl sich auch Heranwachsende in einem entwicklungspsychologisch noch nicht abgeschlossenen Stadium befinden und damit eine differenzierte Behandlung im Vergleich zu Erwachsenen begründet erscheint. So hebt auch der Europarat in seiner Empfehlung *R (2003) 20 über neue Wege im Umgang mit Jugendkriminalität und der Rolle der Jugendgerichtsbarkeit (Recommendation concerning new ways of dealing with juvenile delinquency and the role of juvenile justice)* hervor, junge Erwachsene bis zum Alter von 21 Jahren wie Jugendliche zu behandeln und jugendspezifische Maßnahmen zu verhängen, wenn sie in ihrer Reife Jugendlichen gleichstehen (Nr. 11). Noch weitergehend eröffnen die ERJOSSM in Grundsatz Nr. 17 die generelle Möglichkeit, Jugendstrafrecht auf Heranwachsende anzuwenden.[578] Um den internationalen Vorgaben gerecht zu werden ist daher eine künftige Einbeziehung Heranwachsender in jugendstrafrechtliche Regelungen auch für Rumänien zu fordern.

---

575 Vgl. Dongoroz u. a.-*Dongoroz* 2003, S. 222 f.

576 Gemäß Art. 105 Abs. 1 JGG ist Jugendstrafrecht auf Heranwachsende anzuwenden, wenn diese in ihrer Entwicklung Jugendlichen gleichstanden oder es sich bei der Tat um eine jugendtypische Verfehlung handelt, vgl. ausführlich zur strafrechtlichen Behandlung Heranwachsender in Deutschland *Pruin* 2007.

577 *Stănişor* thematisiert die Situation Heranwachsender zwischen 18 und 21 Jahren, die sich in einer Übergangszeit zwischen Minderjährigkeit und Erwachsenenzustand befinden, und fordert eine strafrechtliche Sonderbehandlung Heranwachsender als einer eigenen Kategorie zwischen Jugendlichen und Erwachsenen, *Stănişor* 2003, S. 26.

578 Vgl. *Dünkel/Pruin* 2011, S. 1584; 2012, S. 11 ff.; *Dünkel* 2011, S. 145.

4.3.2 Jugendstrafrechtliche Reaktionsmöglichkeiten

Die bedeutendste Neuerung des Gesetzes ist, dass Strafen für Jugendliche gänzlich abgeschafft wurden – wie es bereits im Jahr 1977 der Fall war – und nur noch Erziehungsmaßnahmen vorgesehen sind. Bei der Erarbeitung des Maßnahmenkatalogs hat sich der Gesetzgeber von geltenden Modellen, insbesondere in Spanien, aber auch Frankreich, Deutschland und Österreich inspirieren lassen.[579]

Die Neuausrichtung der Strafrechtspolitik im Hinblick auf die Sanktionierung Jugendlicher und den Verzicht auf Strafen soll den Vollzug der Maßnahmen in spezialisierten Einrichtungen ermöglichen, welche geeignet sind, die gesellschaftliche Wiedereingliederung Jugendlicher und erzieherische Aktivitäten bestmöglich zu fördern.[580] Hierbei ist der Vollzug der Maßnahmen an der Durchführung und dem Abschluss der schulischen und beruflichen Ausbildung auszurichten.[581] Das novellierte Sanktionensystem legt einen Schwerpunkt auf die individualisierte Erziehung jugendlicher Straftäter und hat im Rahmen der Kriminalprävention eine besondere Bedeutung.[582]

Nach dem neuen Strafgesetzbuch können gegenüber Jugendlichen entweder nicht freiheitsentziehende oder freiheitsentziehende Erziehungsmaßnahmen verhängt werden, Art. 114 rStGB. Grundsätzlich sind nicht freiheitsentziehende Maßnahmen anzuwenden, was insbesondere den Prinzipien der Beijing-, Tokyo- und Riyadh-Grundsätze und den Grundsätzen über gemeindebezogene Sanktionen und Maßnahmen des Europarats Rechnung trägt. Das neue Strafgesetz bietet im Vergleich zum bisherigen eine größere Auswahl an Erziehungsmaßnahmen. Positiv zu bewerten ist auch, dass die neue Rechtslage klarstellt, dass auf junge Menschen, die zum Zeitpunkt der Verurteilung bereits volljährig sind und die Straftat als Jugendliche begangen haben, Erziehungsmaßnahmen angewandt werden können, Art. 134 Abs. 1 rStGB.

Das neue Gesetz sieht in Art. 115 rStGB einen abgestuften Katalog von Erziehungsmaßnahmen vor, die im Folgenden näher erläutert werden.

In die Kategorie der nicht freiheitsentziehenden Maßnahmen fallen gemäß Art. 115 Abs. 1 Nr. 1a) - d) rStGB:

- die zivilbürgerliche Schulung (*stagiul de formare civică*),
- die Unterstellung unter Aufsicht (*supravegherea*),
- die Weisung, die Wohnung am Wochenende nicht zu verlassen (*consemnarea la sfârşit de săptămână*),
- die Betreuungsweisung (*asistarea zilnică*, wörtlich: tägliche Betreuung).

---

579 Siehe Justizministerium 2009a, Begründung zum Strafgesetz, S. 29.

580 *Boroi* 2014, S. 477 f.

581 *Paşca* 2012, S. 464.

582 Antoniu-*Bulai* 2011, S. 337.

Die zivilbürgerliche Schulung lehnt sich an französisches Recht an,[583] alle weiteren nicht freiheitsentziehenden Erziehungsmaßnahmen orientieren sich an den spanischen Regelungen des Gesetzes Nr. 5/2000.[584] Im Zusammenhang mit den erzieherischen Maßnahmen können den Jugendlichen darüber hinaus bestimmte Weisungen auferlegt werden.

Als freiheitsentziehende Maßnahmen sind in Art. 115 Abs. 1 Nr. 2a) - b) rStGB die Unterbringung in einer Erziehungsanstalt (*centru educativ*) oder in einer Jugendanstalt (*centru de detenție*) vorgesehen.

4.3.2.1 Nicht freiheitsentziehende Erziehungsmaßnahmen

4.3.2.1.1 Zivilbürgerliche Schulung, Art. 117 rStGB

Die zivilbürgerliche Schulung[585] stellt die mildeste Maßnahme im Sanktionenkatalog dar.

Gemäß Art. 117 Abs. 1 rStGB besteht die Erziehungsmaßnahme in der Verpflichtung der Jugendlichen, an einem Programm teilzunehmen, das die rechtlichen und sozialen Folgen des Handelns aufzeigt und darauf abzielt, Verantwortung für künftiges Handeln zu übernehmen. Die Schulung darf höchstens vier Monate dauern.[586]

Durch die Teilnahme an dem Programm dürfen schulische oder berufsausbildende Aktivitäten nicht beeinträchtigt werden. Mit der zivilbürgerlichen Schulung können gleichzeitig bestimmte Weisungen gemäß Art. 121 rStGB verhängt werden (s. im Folgenden). Die Maßnahme wird grundsätzlich für leichte Straftaten verhängt.[587] Die Bewährungshilfe organisiert und überwacht die Maßnahme (Art. 117 Abs. 2 rStGB),[588] muss jedoch nicht direkt in die Umsetzung der Aktivitäten eingebunden sein. Das Bewährungshilfegesetz stellt in Art. 48 Abs. 1 klar, dass die Überwachung der Einhaltung der Maßnahmen auf die soziale Reintegration der Straftäter, die Wiedergutmachung des Schadens,

---

583 Art. 15-1 Abs. 91 Punkt 6 der französischen Verordnung vom 02.02.1945, siehe Justizministerium 2009a, Begründung zum Strafgesetzbuch, S. 29.

584 Art. 7 g), h) des spanischen Gesetzes Nr. 5/2000, siehe Justizministerium 2009a, Begründung zum Strafgesetzbuch, S. 29.

585 Die zivilbürgerliche Schulung orientiert sich an der französischen Maßnahme „*stage de citoyenneté*".

586 Sie soll zwei Monate jedoch nicht unterschreiten, siehe *Boroi* 2014, S. 488.

587 *Boroi* 2014, S. 489.

588 Die Koordination der Überwachung der gesamten nicht freiheitsentziehenden Erziehungsmaßnahmen ist ferner in Art. 32 Abs. 1d) und Art. 69 Bewährungshilfegesetz festgeschrieben. In Bezug auf die zivilbürgerliche Schulung ist sie in Art. 74-77 Bewährungshilfegesetz geregelt.

der der Gemeinschaft infolge der Straftat entstanden ist, sowie die Erhöhung der Sicherheit in der Gemeinschaft zielt.

Die Ausführung der Erziehungsmaßnahmen kann öffentlichen Institutionen, Behörden oder nichtstaatlichen Organisationen übertragen werden.[589] In Bezug auf die zivilbürgerliche Schulung legt die Bewährungshelferin die konkrete Art des Trainings sowie die Institution, die die Schulung durchführt, fest und überweist den Jugendlichen an diese (Art. 75 Abs. 1 und 2 Bewährungshilfegesetz). Nach Beendigung des Trainings sendet die Institution der Bewährungshilfe eine Bescheinigung über die Teilnahme des Jugendlichen an das Gericht.

4.3.2.1.2 *Weisungen, die gegenüber Jugendlichen verhängt werden können, Art. 121 rStGB*

Während des Vollzugs der nicht freiheitsentziehenden Maßnahmen kann das Gericht eine oder mehrere Weisungen erteilen. Der Katalog der Weisungen (Art. 121 Abs. 1 rStGB) umfasst folgende Verpflichtungen oder Verbote:

- eine Schul- oder Berufsausbildung zu absolvieren,
- einen gerichtlich festgelegten Bereich nicht zu verlassen, es sei denn, es liegt die Genehmigung der Bewährungshilfe vor,
- sich nicht an bestimmten Orten aufzuhalten oder an bestimmten Veranstaltungen kultureller, sportlicher Art oder anderen öffentlichen Veranstaltungen teilzunehmen, welche vom Gericht festgelegt wurden,
- keinen Kontakt zu dem Opfer oder Familienmitgliedern des Opfers aufzunehmen und nicht mit ihnen zu kommunizieren, ebenso sich von Mittätern oder anderen gerichtlich festgelegten Personen fernzuhalten,
- sich bei der Bewährungshilfe an genau festgelegten Terminen einzufinden,[590]
- sich medizinischen Kontroll- oder Behandlungsmaßnahmen zu unterziehen.

---

589 Gemäß Art. 115 Abs. 1, 2 Bewährungshilfegesetz arbeitet die Bewährungshilfe im Rahmen der Ausführung ihrer Aktivitäten mit gemeindebasierten Institutionen zusammen und schließt zu diesem Zweck Kooperationsabkommen auf Landesebene ab. Die Institutionen können unter anderem mit der Durchführung der zivilbürgerlichen Schulung sowie weiterer nicht freiheitsentziehender Erziehungsmaßnahmen beauftragt werden, Art. 116 Abs. 2e), f) Bewährungshilfegesetz.

590 *Paşca* schätzt, dass aufgrund des Personalmangels der Bewährungshilfe auf der einen und dem weiten Aufgabenfeld auf der anderen Seite diese Maßnahme in der Zukunft voraussichtlich die am häufigsten verhängte sein wird, siehe *Paşca* 2012, S. 469.

Im Rahmen der Individualisierung der Maßnahme hat das Gericht den Inhalt der Weisung zu konkretisieren und hierbei die Tatumstände einzubeziehen (Art. 121 Abs. 2 rStGB).

Wiederum wird die Einhaltung der Weisungen durch die Bewährungshilfe koordiniert. Sie informiert das Gericht darüber, ob Gründe eingetreten sind, die eine Änderung oder Einstellung der Maßnahmen rechtfertigen, oder ob Weisungen nicht eingehalten werden (Art. 121 Abs. 3, 4 rStGB). Insofern ist die Tätigkeit der Bewährungshilfe im Hinblick auf die Kenntnis der Persönlichkeit als auch die Überwachung der Weisungen von besonderer Bedeutung.[591]

Die gerichtlich angeordneten Weisungen im Rahmen der Erziehungsmaßnahmen ähneln denjenigen, die gegenüber Erwachsenen verhängt werden können, werden inhaltlich jedoch unter Berücksichtigung der Persönlichkeit und des Verhaltens der Jugendlichen sowie der besonderen Tatumstände angepasst.[592]

Im Hinblick auf die Änderung oder Beendigung der Weisungen gilt Folgendes: Treten Gründe auf, die die Modifizierung der Bedingungen rechtfertigen, kann das Gericht die Weisungen innerhalb der Bewährungszeit ändern, um die Resozialisierungschancen zu erhöhen. Ist eine Aufrechterhaltung der Weisungen nach Auffassung des Gerichts nicht mehr notwendig, so hebt das Gericht die Maßnahmen auf (Art. 122 rStGB).

4.3.2.1.3 Unterstellung unter Aufsicht, Art. 118 rStGB

Diese Maßnahme beinhaltet die Beaufsichtigung und Betreuung der Jugendlichen im Alltag. Durch die Unterstellung unter Aufsicht soll sichergestellt werden, dass Jugendliche die Schul- oder Berufsausbildung absolvieren. Gleichzeitig gilt es zu verhindern, dass Jugendliche Aktivitäten nachgehen oder mit bestimmten Personen in Kontakt treten, die den Prozess der Resozialisierung negativ beeinträchtigen. Die Dauer der Maßnahme liegt zwischen zwei und sechs Monaten und ist somit etwas eingriffsintensiver als die zivilbürgerliche Schulung. Die Beaufsichtigung wird durch die Bewährungshilfe koordiniert und kann mit Weisungen gemäß Art. 121 StGB verbunden werden (siehe oben *Kap. 4.3.2.1.2*). Die Bewährungshilfe überwacht die Einhaltung des täglichen Programms, wie z. B. die Teilnahme an der schulischen und beruflichen Ausbildung, sportlichen und anderen Freizeitaktivitäten, muss diese Aktivitäten jedoch nicht selbst bereithalten.[593] Hat das Gericht eine schulische oder berufliche Ausbildung angeordnet, legt die Bewährungshilfe gemeinsam mit den Jugendlichen unter Berücksichtigung individueller Besonderheiten die Art der Ausbil-

---

591 Antoniu-*Bulai* 2011, S. 345.

592 Siehe Justizministerium 2009a, Begründung zum Strafgesetzbuch, S. 29.

593 Vgl. *Paşca* 2012, S. 466; *Pascu/Uzlău* 2013, S. 454. Die Unterstellung unter Aufsicht ist in den Art. 78-82 Bewährungshilfegesetz geregelt.

dung sowie die durchführende Institution fest, vgl. Art. 81 Abs. 1 Bewährungshilfegesetz.[594]

4.3.2.1.4 Weisung, die Wohnung am Wochenende nicht zu verlassen, Art. 119 rStGB

Die Weisung bedeutet, dass Jugendliche am Wochenende – Samstag und Sonntag – grundsätzlich die Wohnung oder das Haus nicht verlassen dürfen, ähnlich
dem Hausarrest. Ausgenommen davon sind Fälle, in denen Jugendliche die Verpflichtung haben, an bestimmten Programmen oder gerichtlich angeordneten
Aktivitäten teilzunehmen. Die Erziehungsmaßnahme beschränkt den Jugendlichen somit am Wochenende in der Freiheit und zielt neben der körperlichen
Einschränkung auf die erzieherische Einwirkung ab. Daher bedarf es genauer
Kenntnisse im Hinblick auf die Straftat als auch auf die Persönlichkeit des Jugendlichen, um eine bestmögliche Individualisierung zu ermöglichen.[595] Die
Maßnahme kann mit den Weisungen gemäß Art. 121 rStGB verbunden werden.
    Die Dauer der Weisung liegt zwischen vier und 12 Wochen. Das Gericht
entscheidet über die Beendigung der Maßnahme, wenn die Aufrechterhaltung
nicht mehr als notwendig angesehen wird (Art. 119 Abs. 1 rStGB). Die Weisung
wird für Straftaten verhängt, die einen bestimmten Schweregrad aufweisen, sowie als Ersatzmaßnahme, wenn die zivilbürgerliche Schulung und die Aufsichtsmaßnahme nicht die gewünschten Ergebnisse zeigen.[596] Die Überwachung obliegt ebenfalls der Bewährungshilfe (Art. 119 Abs. 2 rStGB).[597] Der
Bewährungshelfer erarbeitet gemeinsam mit der Aufsichtsperson einen Plan zur
Umsetzung der Weisung, wobei auch die Jugendliche einbezogen wird.[598]

4.3.2.1.5 Betreuungsweisung, Art. 120 rStGB

Im Rahmen der Betreuungsweisung haben Jugendliche ein von der Bewährungshilfe zeitlich festgelegtes Programm einzuhalten, welches die Aktivitäten
konkretisiert. Das tägliche Programm beinhaltet Aktivitäten, die einen erzieherischen Fokus haben und auf die gesellschaftliche Reintegration zielen. Darüber

---

594   Dies ist in Einklang mit Rule 34 der Empfehlung *R (1992)16 über die Europäischen
     Grundsätze für gemeindebezogene Sanktionen und Maßnahmen.*

595   Antoniu-*Bulai* 2011, S. 343.

596   Vgl. *Boroi* 2014, S. 490.

597   Die koordinierenden Bewährungshilfeaktivitäten im Hinblick auf die Wochenendweisung
     sind in Art. 83-86 Bewährungshilfegesetz festgelegt. Eine elektronische Überwachung der
     Jugendlichen im Rahmen der Weisung ist bislang gesetzlich nicht vorgesehen.

598   Die Meinung der Jugendlichen in Bezug auf die Umsetzung der Weisung wird explizit
     in den Plan aufgenommen, vgl. Art. 84 Abs. 2 Bewährungshilfegesetz.

hinaus berücksichtigt es die schulischen und berufsbildenden Aktivitäten sowie Weisungen, die vom Gericht gemäß Art. 121 rStGB verhängt wurden. Die Betreuungsweisung wird für einen Zeitraum zwischen drei und sechs Monaten angeordnet. Die Sanktion stellt die eingriffsintensivste nicht freiheitsentziehende Maßnahme dar. Sie erlegt den Jugendlichen ein Programm auf, wie die Teilnahme an bestimmten Aktivitäten, die Einhaltung von Weisungen und Verboten, welche es nicht erlauben, den gewohnten Aktivitäten nachzugehen.[599] Bei der Ausarbeitung des Programmes werden die Eltern oder gesetzlichen Vertreter einbezogen und der Standpunkt der Jugendlichen berücksichtigt (Art. 88 Abs. 2 Bewährungshilfegesetz). Im Gegensatz zu den oben erwähnten Maßnahmen ist die Bewährungshilfe aktiv in die Umsetzung der Maßnahme involviert.[600] So legt Art. 90 Abs. 3 Bewährungshilfegesetz dar, dass in den Fällen, in denen die Bewährungshilfe Programme der sozialen Reintegration vorhält, diese von Bewährungshelfern selbst durchgeführt werden.[601]

4.3.2.1.6 Verlängerung oder Ersetzen der nicht freiheitsentziehenden Maßnahmen

In Fällen, in denen Jugendliche gegen die Maßnahmen verstoßen, hat das Gericht gemäß Art. 123 Abs. 1 rStGB folgende Reaktionsmöglichkeiten:

1) Es kann die Verlängerung der Maßnahme anordnen, ohne dabei die gesetzlich vorgesehene Höchstdauer zu überschreiten. Das Gericht kann auch anstelle der Verlängerung der Maßnahme,
2) eine härtere nicht freiheitsentziehende Maßnahme oder
3) die Überweisung in eine Erziehungsanstalt anordnen, wenn zuvor die schwerste nicht freiheitsentziehende Maßnahme, die Betreuungsweisung, angeordnet wurde.

Werden die Bedingungen oder die Weisungen zu 1) und 2) nicht beachtet, ordnet das Gericht gemäß Art. 123 Abs. 2 rStGB die Einweisung in eine Erziehungsanstalt an.

Begeht der Jugendliche während der Vollstreckung der Maßnahme erneut eine Straftat oder wird er in Konkurrenz wegen einer anderen, zuvor begangenen Straftat verurteilt, geht das Gericht gemäß Art. 123 Abs. 3 rStGB wie folgt vor:

---

599 *Boroi* 2014, S. 491.

600 Siehe Justizministerium 2009a, Begründung zum Strafgesetzbuch, S. 29. Die Aktivitäten der Bewährungshilfe im Rahmend der Betreuungsweisung sind in den Art. 87-92 Bewährungshilfegesetz normiert.

601 Andernfalls legt die Bewährungshilfe die Institution fest, die mit der Durchführung der Programme beauftragt ist, vgl. Art. 90 Abs. 4 Bewährungshilfegesetz.

1) Es ordnet die Verlängerung der Erziehungsmaßnahme an, ohne dabei die gesetzlich vorgesehene Höchstdauer zu überschreiten, 2) es verhängt eine härtere Erziehungsmaßnahme anstelle der ursprünglich angeordneten oder 3) es ersetzt die ursprünglich angeordnete Maßnahme mit einer freiheitsentziehenden Sanktion.

Das Gericht kann in den Fällen, in denen es die Maßnahmen verlängert oder mit einer härteren nicht freiheitsentziehenden Maßnahme ersetzt, weitere Weisungen erteilen oder die Vollstreckungsbedingungen verschärfen, vgl. Art. 123 Abs. 4 rStGB.

4.3.2.2   Freiheitsentziehende Erziehungsmaßnahmen

Für Straftaten mit einem erhöhten Schweregrad kann das Gericht Maßnahmen mit Freiheitsentzug anordnen. In Betracht kommt entweder die Unterbringung in einer Erziehungsanstalt oder in einer Jugendanstalt. Voraussetzung für die Anordnung sind, wie zuvor erwähnt, entweder die wiederholte Tatbegehung oder eine gesetzlich für die Tat vorgesehene Haftstrafe von mindestens sieben Jahren oder lebenslange Freiheitsstrafe, Art. 114 Abs. 2 rStGB.

4.3.2.2.1 Unterbringung in einer Erziehungsanstalt, Art. 124 rStGB

Im Rahmen dieser Maßnahme werden Jugendliche in einer Einrichtung untergebracht, die auf die Wiedereingliederung (*recuperarea*)[602] Jugendlicher spezialisiert ist. In der Anstalt gehen Jugendliche entsprechend ihren Fähigkeiten schulischen und berufsvorbereitenden Kursen nach und nehmen darüber hinaus an Programmen der Resozialisierung teil (Art. 124 Abs. 1 rStGB). Die Unterbringung in einer Erziehungsanstalt wird für einen Zeitraum zwischen einem und drei Jahren angeordnet (Art. 124 Abs. 2 rStGB). Hierbei wird die vollzogene Dauer der Unterbringung in einer Erziehungsanstalt nach bislang geltendem Strafrecht sowie der vorläufigen Festnahme und Untersuchungshaft auf die Zeit der Unterbringung angerechnet.[603] Das Gesetz regelt nicht, dass Jugendliche – im Gegensatz zur Unterbringung in einer Jugendanstalt – überwacht und beaufsichtigt werden.[604] Die geplante Ausführungsverordnung zum Strafvollzugsgesetz legt allerdings fest, dass Jugendliche Aktivitäten innerhalb und außerhalb

---

602 Wörtlich bedeutet *recuperarea* Wiedergewinnung, Rückgewinnung, Erholung.

603 Vgl. *Pașca* 2012, S. 477.

604 Dies wird teilweise als kritisch angesehen, da es sich um eine freiheitsentziehende Maßnahme handelt, die im Falle erschwerter Tatschuld angeordnet wird, so dass ein Minimum an Überwachung und Aufsicht sichergestellt werden sollte, so *Antoniu* 2011, S. 498.

der Einrichtung (prinzipiell) ohne und in bestimmten Fällen unter Beaufsichtigung nachgehen können, siehe ausführlicher *Kap. 6.5.2.1.*

Begeht der Jugendliche während der Zeit der Unterbringung erneut eine Straftat oder wird er wegen einer weiteren Straftat verurteilt, so kann das Gericht die Maßnahme der Unterbringung in einer Erziehungsanstalt verlängern (Art. 124 Abs. 3 rStGB). Hierbei darf die gesetzlich vorgesehene Höchstdauer von drei Jahren nicht überschritten werden. Das Gericht kann für den Fall dass diese Maßnahme nicht ausreichend ist, als *ultima ratio* die Unterbringung in einer Jugendanstalt (Art. 125 rStGB) anordnen.

Ferner besteht die Möglichkeit, die Unterbringung mit der Maßnahme der Betreuungsweisung zu ersetzen (Art. 124 Abs. 4 rStGB). Zeigt der oder die Jugendliche während der Unterbringung ein fortwährendes Interesse, sich schulisch oder beruflich fortzubilden und sind erkennbare Fortschritte im Hinblick auf die soziale Reintegration sichtbar, kann das Gericht die Aufhebung der Maßnahme anordnen. Weitere Voraussetzung ist, dass mindestens die Hälfte der gerichtlich angeordneten Dauer der Maßnahme vollzogen worden ist.

Unter diesen Bedingungen kann die Unterbringung in einer Erziehungsanstalt mit der Maßnahme der täglichen Betreuungsweisung ersetzt werden. Die Dauer ist prinzipiell derjenigen der Unterbringung in einer Erziehungsanstalt angepasst, mit der Maßgabe, dass sechs Monate nicht überschritten werden dürfen. Eine weitere Bedingung liegt darin, dass der oder die Jugendliche das 18. Lebensjahr noch nicht vollendet haben darf. Nach Eintritt der Volljährigkeit hebt das Gericht die Erziehungsmaßnahme unter den vorgenannten Bedingungen auf. Gleichzeitig mit der Aufhebung der Maßnahme ordnet es eine oder mehrere der in Art. 121 rStGB vorgesehenen Weisungen an, die bis zur Beendigung des Vollzugs der Maßnahme andauern, Art. 124 Abs. 5 rStGB.

Verstößt der Jugendliche mutwillig gegen die auferlegten Weisungen oder gegen die Vollstreckung der Betreuungsweisung, so ordnet das Gericht den Vollzug der Unterbringung in einer Erziehungsanstalt für die verbliebene Dauer an, vgl. Art. 124 Abs. 6 rStGB.

Begeht der oder die Jugendliche erneut eine Straftat während der Dauer der Betreuungsweisung, die anstelle der Unterbringung in einer Erziehungsanstalt angeordnet wurde, so verhängt das Gericht gemäß Art. 124 Abs. 7 rStGB eine der folgenden Maßnahmen:

1) Den Vollzug der Unterbringung in einer Erziehungsanstalt für die verbliebene Dauer mit der Verlängerungsmöglichkeit im gesetzlich vorgesehenen Rahmen oder, wenn diese Maßnahme nicht ausreichend ist,

2) die Unterbringung in einer Jugendanstalt.

4.3.2.2.2 Unterbringung in einer Jugendanstalt, Art. 125 rStGB

Die Unterbringung in einer solchen besonderen Haftanstalt zielt auf die Resozialisierung von Jugendlichen ab. Es handelt sich um geschlossene Einrichtungen, in denen die Jugendlichen unter Überwachung und Aufsicht stehen. Während ihrer Unterbringung nehmen sie an Intensivkursen zur sozialen Reintegration sowie an Kursen der Schul- und Berufsausbildung entsprechend ihren Fähigkeiten teil. Die Maßnahme ist am eingriffsintensivsten und wird für Straftaten mit besonderer Tatschwere verhängt.[605] Dennoch wird betont, dass es sich nicht um eine Strafe mit repressiver Ausrichtung handelt, sondern um eine Erziehungsmaßnahme mit erzieherisch-präventivem Charakter.[606] Allerdings liegt hier nahe, einen Etikettenschwindel anzunehmen, denn die Unterbringung in der Jugendanstalt in Rumänien unterscheidet sich in den Anordnungsvoraussetzungen und in der Ausgestaltung nicht wesentlich von dem, was in anderen Ländern als Kriminalstrafe bezeichnet wird (vgl. z. B. § 17 JGG). Schon der Terminus Jugendanstalt, insbesondere auch die organisatorische Einbindung in das Justizvollzugssystem belegen die Nähe zum Strafvollzug und nicht zum Jugendhilfesystem bzw. Erziehungswesen.

In der Regel erfolgt die Einweisung in eine Jugendanstalt für die Dauer von zwei bis fünf Jahren, wobei der Grundsatz der Tatproportionalität zugrunde gelegt wird. In dem Fall der Begehung einer besonders schweren Straftat, für die das Gesetz eine lebenslange Freiheitsstrafe oder eine Freiheitsstrafe von mindestens 20 Jahren vorsieht, wird die Unterbringung in der Haftanstalt für die Dauer von fünf bis 15 Jahren angeordnet. Einerseits ist positiv zu sehen, dass im Vergleich zur bislang geltenden Fassung des Strafgesetzbuches das Höchstmaß von 20 auf 15 Jahre herabgesetzt wurde. Die Maßnahme hält sich damit im Rahmen der Beijing-Regeln, welche die maximale Höchstdauer der Freiheitsstrafe gegenüber Jugendlichen auf bis zu 15 Jahre begrenzen. Dennoch ist die maximale Dauer von 15 Jahren kritisch zu bewerten. In den meisten europäischen Ländern ist das Höchstmaß für eine Haftstrafe gegenüber Jugendlichen im Vergleich deutlich niedriger.[607]

Werden Jugendliche während der Unterbringung erneut straffällig oder wegen einer weiteren Straftat, die sie zuvor begangen haben, verurteilt, so verlängert das Gericht die Maßnahme unter Beachtung der vorgesehenen Höchstdauer.

Auch hier gilt wie bei der Unterbringung in einer Erziehungsanstalt: Haben Jugendliche offensichtliche Fortschritte hinsichtlich der Resozialisierung gezeigt und ist mindestens die Hälfte der angeordneten Dauer der Sanktion vollzogen

605 Vgl. Antoniu-*Bulai* 2011, S. 355; *Boroi* 2014, S. 494.

606 Antoniu-*Bulai* 2011, S. 355.

607 Siehe zu der Länge der möglichen Haftstrafen im europäischen Vergleich *Dünkel/Stando-Kawecka* 2011, S. 1798 ff.

worden, kann das Gericht die Freilassung anordnen, sobald die Volljährigkeit eintritt. Das Gericht kann alternativ, sofern Jugendliche noch nicht das 18. Lebensjahr erreicht haben, die Betreuungsweisung anstelle der Unterbringung in der Jugendanstalt anordnen. In beiden Fällen hat das Gericht eine der in Art. 121 rStGB enthaltenen Weisungen für den verbliebenen Zeitraum anzuordnen. Bei Verstößen gegen die Weisungen oder die Vollstreckung der Betreuungsweisung oder bei erneuter Straffälligkeit nimmt das Gericht das Ersetzen oder Aufheben der Maßnahme zurück und verhängt für die verbliebene Zeit den Vollzug der Unterbringung in der Haftanstalt. Bei erneuter Straftatbegehung kann der Zeitraum der Unterbringung sogar verlängert werden, jedoch unter Beachtung der vorgesehenen Höchstdauer.

4.3.2.2.3 Überweisung in eine Strafvollzugsanstalt für Erwachsene, Art. 126 rStGB

Unter bestimmten Bedingungen ist eine Überweisung in eine Haftanstalt für Erwachsene möglich: 1) Der Jugendliche wird volljährig bevor der Vollzug einer freiheitsentziehenden Maßnahme beendet ist, und 2) sein Verhalten verhindert oder wirkt sich negativ auf den Resozialisierungsprozess anderer jugendlicher Insassen aus.

In der Literatur wird teilweise in der Überweisung in eine Strafvollzugsanstalt keine Änderung der Natur der Maßnahme gesehen. Es wird betont, dass sie weiterhin den Charakter einer Erziehungsmaßnahme und nicht den einer Strafe behält. Lediglich der Ort für den Vollzug der Maßnahme ändere sich. In der Folge unterscheiden sich auch die Vollzugsbedingungen im Vergleich zur Freiheitsstrafe.[608] Andere sehen in der Überweisung vielmehr den Charakter einer Strafe, insbesondere aufgrund der fehlenden besonderen Vollzugsregelungen für diese Maßnahme für Jugendliche in einer Haftanstalt für Erwachsene.[609] Im neuen Strafvollstreckungsgesetz allerdings wird der konkrete Vollzug der Erziehungsmaßnahme in Strafvollzugsanstalten für Erwachsene geregelt und damit der Unterschied zur Strafe klargestellt.

4.3.2.3 Strafzumessung

Die Strafzumessung bei Jugendlichen ist darauf ausgerichtet, eine Sanktion zu wählen, die geeignet ist, erzieherisch zur Resozialisierung der Jugendlichen beizutragen. Hierbei soll auf die Persönlichkeit und das Verhalten der Jugendlichen dahingehend eingewirkt werden, sich künftig straffrei und konform den Normen des gesellschaftlichen Zusammenlebens zu verhalten. Nach Möglichkeit sollen

---

608 Vgl. *Lascu* 2010, S. 43; *Boroi* 2014, S. 495.

609 So beispielsweise *Bulai* 2011, S. 358.

das familiäre Umfeld der Jugendlichen beibehalten und die negativen Folgen einer Freiheitsentziehung vermieden werden.[610]

Im Rahmen der Strafzumessung sind der Verhältnismäßigkeitsgrundsatz und das Prinzip der Tatproportionalität zugrunde zu legen, um eine adäquate Sanktion festzulegen.

Bei der Auswahl der Maßnahme sind die in Art. 114 rStGB beinhalteten Grundsätze sowie die allgemeinen Kriterien der Individualisierung zu berücksichtigen, Art. 115 Abs. 2 rStGB.

Im Zuge der Individualisierung ist zunächst die Art der Erziehungsmaßnahme festzulegen. Art. 114 Abs. 1 rStGB sieht vor, dass gegenüber Jugendlichen, die zum Zeitpunkt der Tatbegehung zwischen 14 und 18 Jahre alt waren, eine nicht freiheitsentziehende Erziehungsmaßnahme angeordnet wird. Damit räumt der Gesetzgeber den nicht freiheitsentziehenden Erziehungsmaßnahmen prinzipiell Vorrang vor freiheitsentziehenden Maßnahmen ein.

Lediglich in zwei Fällen dürfen freiheitsentziehende Sanktionen verhängt werden, Art. 114 Abs. 2 rStGB: 1) Wenn ein Jugendlicher wegen einer anderen Straftat zu einer Erziehungsmaßnahme verurteilt wurde, deren Vollstreckung vor erneuter Tatbegehung begonnen hat oder abgeschlossen ist, und 2) wenn für die begangene Straftat eine Freiheitsstrafe von mindestens sieben Jahren oder eine lebenslange Haftstrafe vorgesehen ist. Freiheitsentziehende Maßnahmen sind daher nur bei einer besonderen Schwere der Tat oder wiederholter Straftatbegehung und besonderer „Gefährlichkeit" (*periculozitatea*)[611] der Jugendlichen zu verhängen.[612]

Im weiteren Verlauf der Strafzumessung ist die adäquate nicht freiheitsentziehende oder freiheitsentziehende Erziehungsmaßnahme auszuwählen und das konkrete Strafmaß festzusetzen. Hierbei sind die allgemeinen Grundsätze der Strafzumessung gemäß Art. 74 rStGB zu berücksichtigen.

Zu den grundlegenden Kriterien der Individualisierung, die im Zusammenhang mit der Schwere der Tat stehen und nach denen sich die „Gefährlichkeit" der Straftäter bemisst, zählen gemäß Art. 74 Abs. 1a) – g) rStGB:

- die Umstände und die Art und Weise der Tatbegehung sowie die Tatmittel,
- der entstandene Schaden für das geschützte Rechtsgut,
- die Art und Schwere der Tatfolgen,
- das Tatmotiv und das verfolgte Ziel bei der Tatbegehung,
- die Art und Häufigkeit der Vorstrafen der Straftäter,

---

610 Vgl. Coca-Cozma u. a.-*Vasile* 2003, S. 134.

611 Der Begriff „soziale Gefährlichkeit" (*periculoziate socială*) bezieht sich auch auf die hohe Wahrscheinlichkeit einer Person, Straftaten zu begehen, *Boroi u. a.* 2004, S. 312.

612 Antoniu-*Bulai* 2011, S. 336.

- das Verhalten nach der Tatbegehung und während des Strafverfahrens,
- das Bildungsniveau, das Alter, der Gesundheitszustand sowie das familiäre und soziale Umfeld der Straftäter.

Im Rahmen der Individualisierung der Maßnahmen für Jugendliche ist ein Sozialbericht der Bewährungshilfe zu Grunde zu legen (Art. 116 Abs. 1 rStGB). Hierbei hat die Bewährungshilfe die Art und Dauer der Programme zur gesellschaftlichen Wiedereingliederung sowie geeignete Weisungen, die vom Gericht angeordnet werden können, aufzuführen. Der Sozialbericht dient der Orientierung des Gerichts und hat beratenden Charakter, indem dem Gericht Daten über die Jugendlichen und die Hintergründe der Tat mitgeteilt werden.[613]

Der Bericht gibt Aufschluss über das Verhalten der Jugendlichen, die persönlichen und wirtschaftlichen Verhältnisse, den Stand der Schulbildung oder Ausbildung, das Verhalten der Jugendlichen, das Risiko einer erneuten Straftatbegehung und weitere relevante Aspekte (Art. 34 Abs. 1 Bewährungshilfegesetz).[614] Darüber hinaus sollten sich Richterinnen möglichst durch persönliche Gespräche mit den Jugendlichen, mit den Eltern oder anderen Erziehungsberechtigten, eventuell auch den Lehrern oder Kolleginnen, ein persönliches Bild von den Angeklagten machen.[615]

Der Bericht wird dem Gericht in den Fällen, in denen eine Maßnahme angeordnet, geändert, oder die Vollstreckung der Weisungen eingestellt wird, von der Bewährungshilfe zugesandt. Lediglich in den Fällen in denen eine Überweisung in eine Strafvollzugsanstalt für Erwachsene angeordnet wird, ist der Bericht von der Erziehungsanstalt oder Jugendanstalt anzufertigen,[616] vgl. Art. 116 Abs. 2 rStGB.

Im Fall der Verhängung freiheitsentziehender Maßnahmen sind die Art. 71-73 rStGB, die sich auf die Strafbemessung beziehen, entsprechend anwendbar (Art. 127 rStGB), unter anderem die Anrechnung der Untersuchungshaft oder anderer vorläufiger Maßnahmen auf die Freiheits- oder Geldstrafe, Art. 72 rStGB. Weitere Bestimmungen zur Strafbemessung, die auf Jugendliche anwendbar sind, finden sich in Kapitel IV („Gemeinsame Bestimmungen").

Bei der Auswahl der Maßnahme und der Bemessung des Strafmaßes in dem gesetzlich vorgesehenen Rahmen sind die allgemeinen Regelungen zu strafmildernden oder -schärfenden Umständen zu berücksichtigen, Art. 128 rStGB. Die-

---

613 Antoniu-*Bulai* 2011, S. 339. Der Bericht entspricht dem Jugendgerichtshilfebericht gem. § 38 JGG.

614 Art. 34 Abs. 2 Bewährungshilfegesetz legt dar, dass darüber hinaus auf den Gesundheitszustand sowie die emotionale und geistige Verfassung der Jugendlichen Bezug genommen werden kann, wenn dies tat- bzw. strafzumessungsrelevant ist.

615 Vgl. Basarab u. a.-*Pașca* 2007, S. 512.

616 Eingeführt durch Ausführungsgesetz Nr. 187/2012 Art. 245 Ziff. 15.

se führen jedoch nicht zu einer Reduzierung oder Erhöhung des Strafmaßes wie bei Strafen.[617] Die Regelungen zu strafmildernden oder strafschärfenden Umständen beinhalten Aspekte, die mit der konkreten Straftatbegehung und dem Verhalten des Straftäters zusammenhängen. Geregelt sind die Strafmilderungs- und Strafschärfungsgründe in den Art. 75-79 rStGB.

Bei den strafmildernden Gründen wird zwischen obligatorischen und fakultativen Umständen differenziert, vgl. Art. 75 rStGB.[618] Zu den obligatorischen strafmildernden Gründen zählt das Strafgesetz 1) die Begehung der Tat in einem Zustand der emotionalen Erregung, aufgrund einer Provokation durch die geschädigte Person mittels Gewalt, einer schweren Beeinträchtigung der Würde der Täterin oder einer anderen schwerwiegenden unerlaubten Tat, 2) die Überschreitung der Grenzen der Notwehr oder des rechtfertigenden Notstandes und 3) die vollständige Schadenswiedergutmachung bis zur ersten Verhandlung im Rahmen des Hauptverfahrens, wenn der Straftäterin in den vorangegangenen fünf Jahren dieser Strafmilderungsgrund nicht zugutekam.[619]

Aspekte, die potentiell zur Strafmilderung führen können, sind 1) die Bemühungen des Täters die Tatfolgen zu beseitigen oder zu verringern und 2) die Umstände der Tatbegehung, welche sich mildernd auf die Tatschwere oder „Gefährlichkeit" des Täters auswirken.[620] Das Heranwachsendenalter ist nicht explizit als Strafmilderungsgrund erwähnt. Dieses findet jedoch im Rahmen der grundlegenden Kriterien der Individualisierung der Strafe gem. Art. 74 Abs. 1g), s. o., strafmildernd Berücksichtigung.

Strafschärfend wirkt sich gemäß Art. 77 Abs. 1 rStGB aus, wenn 1) die Straftat durch mindestens drei Täter gemeinschaftlich begangen wurde, 2) die Tat besonders grausam begangen oder das Opfer einer erniedrigenden Behand-

---

617 Vgl. *Paşca* 2012, S. 465.

618 Bei Strafen wird bei Vorliegen eines Strafmilderungsgrundes das Strafmaß um ein Drittel reduziert, Art. 76 Abs. 1 rStGB.

619 Der letzte Grund wurde eingeführt durch das Ausführungsgesetz Nr. 187/2012 zum neuen Strafgesetzbuch. Ausgenommen von der Strafmilderung sind jedoch eine Reihe von Straftaten, unter anderem Straftaten gegen die Person, qualifizierter Diebstahl, Raub, Korruptionsstraftaten, Straftaten gegen die öffentliche Sicherheit, etc., vgl. Art. 245 Ziff. 5.

620 Nach bisheriger Gesetzeslage waren die fakultativen Strafmilderungsgründe exemplarisch aufgezählt und dienten der Orientierung. Dazu zählten 1) ein positives Vorverhalten des Täters, 2) das Bemühen des Täters, die Vollendung der Tat zu verhindern oder den Schaden wiedergutzumachen, und 3) das Nachtatverhalten des Täters und der Beitrag zur Aufdeckung der Tat, Art. 74 rStGB a. F. Explizit war das Alter des Täters nicht aufgeführt, so dass ein herabgesetztes Alter nicht *per se* als Strafmilderungsgrund galt. Es stand im Ermessen des Gerichts, das Alter im Rahmen der Individualisierung der Strafe im Hinblick auf die Person des Täters gemäß Art. 72 Abs. 1 rStGB a. F. als strafmildernd zu werten. In der Praxis war es daher anerkannt, das Strafmaß aufgrund des niedrigeren Alters, so auch bei Heranwachsenden, zu reduzieren.

lung unterworfen wurde, 3) die Tatbegehung oder die Tatmittel eine Gefahr für andere Personen oder Rechtsgüter darstellen, 4) Erwachsene mit Minderjährigen die Tat gemeinschaftlich begangen haben,[621] 5) die Tatbegehung unter Ausnutzung eines offensichtlich schutzbedürftigen Zustandes (wie beispielsweise dem Alter, dem Gesundheitszustand, einer Behinderung) erfolgt ist, 6) die Tat aus absichtlich herbeigeführter Trunkenheit mit dem Ziel der Tatbegehung herbeigeführt wurde, die Tatbegehung 7) unter Ausnutzung einer gefahrvollen Situation oder 8) aus beispielsweise rassistisch, ethnisch, sozial, religiös, politisch motivierten Gründen erfolgt ist.[622]

Im Falle mehrfacher Straftaten, die vor Vollendung des 18. Lebensjahrs begangen wurden, wird lediglich eine Erziehungsmaßnahme für alle begangenen Straftaten festgelegt, wobei die Kriterien der Individualisierung zugrunde zu legen sind (Art. 129 Abs. 1 rStGB).

Liegen zwei Straftaten vor, wobei eine während der Minderjährigkeit und eine nach Eintritt der Volljährigkeit begangen wurde, wird für die erstgenannte Tat eine Erziehungsmaßnahme und für letztere eine Strafe verhängt. Hierbei hat das Gericht folgende Aspekte zu berücksichtigen (Art. 129 Abs. 2 rStGB):

- Handelt es sich um eine nicht freiheitsentziehende Erziehungsmaßnahme, so wird lediglich die Strafe vollzogen.
- Handelt es sich um eine freiheitsentziehende Erziehungsmaßnahme und bei der Strafe um eine Freiheitsstrafe, so hat das Gericht die Freiheitsstrafe zu verhängen. Die Dauer der Freiheitsstrafe wird um mindestens ein Viertel der Dauer der Erziehungsmaßnahme bzw. um die verbliebene Dauer der bereits vollzogenen Erziehungsmaßnahme erhöht. Im Hinblick auf die Freiheitsstrafe darf diese weder aufgeschoben noch zur Bewährung unter Aufsicht ausgesetzt werden (Art. 129 Abs. 5).
- Wird für die Straftat, die nach Eintritt der Volljährigkeit begangen wurde, eine lebenslange Freiheitsstrafe verhängt, so wird lediglich diese vollzogen.
- Werden eine freiheitsentziehende Erziehungsmaßnahme sowie eine Geldstrafe verhängt, so wird lediglich die Erziehungsmaßnahme vollzogen, deren Dauer sich um maximal sechs Monate erhöht. Hierbei muss die gesetzlich vorgesehene Höchstdauer der jeweiligen Erziehungsmaßnahme beachtet werden.

---

621 Dies stellt einen Strafschärfungsgrund bezogen auf Erwachsene dar.

622 Das Gesetz zählt darüber hinaus noch weitere Gründe auf. Nach Einbeziehung strafschärfender Umstände kann bei Strafen der gesetzlich vorgesehene Strafrahmen bis zum Höchstmaß erhöht werden, Art. 78 rStGB. Sollte dieser nicht ausreichend sein, kann die Strafe um zwei weitere Jahre verlängert werden. Die Dauer der Verlängerung darf jedoch ein Drittel des Höchstmaßes der Strafe nicht überschreiten.

Werden nach Eintritt der Volljährigkeit eine oder mehrere Straftaten begangen, so gelten zunächst die Regelungen zur Konkurrenz nach dem Erwachsenenstrafrecht. In einem zweiten Schritt werden die oben genannten Bestimmungen des Art. 129 Abs. 2 rStGB angewandt (Art. 129 Abs. 4 rStGB). Liegt ein Fall des Aufschubs der Verhängung der Strafe unter Aufsicht, der Strafaussetzung zur Bewährung unter Aufsicht oder der bedingten Haftentlassung vor und stellt das Gericht fest, dass die beaufsichtigte Person eine Straftat als Jugendlicher begangen hat, für welche eine freiheitsentziehende Erziehungsmaßnahme verhängt wurde, so annulliert das Gericht den Aufschub, die Strafaussetzung zur Bewährung oder bedingte Haftentlassung, Art. 130 rStGB.

Im Hinblick auf die *Verjährung* der Straftaten gilt Folgendes: Die Verjährungszeiten verkürzen sich um die Hälfte für Straftaten, die Jugendliche begangen haben. Die Unterbrechung oder Beendigung der Verjährung richtet sich nach dem Erwachsenenstrafrecht, Art. 131 rStGB.

Nicht freiheitsentziehende Erziehungsmaßnahmen verjähren zwei Jahre nach Eintritt der Rechtskraft des Urteils, Art. 132 Abs. 1 rStGB.

Dagegen verjähren freiheitsentziehende Erziehungsmaßnahmen nach mindestens zwei Jahren, wobei die genaue Verjährungszeit der Dauer der verhängten Erziehungsmaßnahme entspricht, Art. 132 Abs. 2 rStGB. Für die Unterbrechung der Verjährung gelten die Bestimmungen des Erwachsenenstrafrechts, Art. 132 Abs. 3 rStGB. Wird die Erziehungsmaßnahme ersetzt, so richtet sich die Verjährung nach der schwersten Erziehungsmaßnahme und beginnt mit Rechtskraft des Urteils in dem die Maßnahme ersetzt wurde, Art. 132 Abs. 4 rStGB.

Tritt zur Zeit der Verkündung des Urteils, in dem eine freiheitsentziehende Erziehungsmaßnahme verhängt wurde, die Volljährigkeit des Minderjährigen ein, so kann das Gericht unter Berücksichtigung der Kriterien zur Individualisierung den Vollzug der Erziehungsmaßnahme in einer Strafvollzugsanstalt für Erwachsene anordnen, Art. 134 Abs. 2 rStGB. Hierbei orientiert sich das Gericht an den Möglichkeiten der Resozialisierung.

So ist explizit geregelt, dass die Bestimmungen für Jugendliche ebenso für Erwachsene gelten, welche die Tat als Jugendliche begangen haben, Art. 134 Abs. 1 rStGB. Haben Jugendliche zum Zeitpunkt der Urteilsverkündung die Volljährigkeit erreicht, so kann das Gericht unter Berücksichtigung des Alters, der Möglichkeiten der Resozialisierung und der Grundsätze der Individualisierung anordnen, dass die freiheitsentziehende Maßnahme in einer regulären Strafvollzugsanstalt vollzogen wird, Art. 134 Abs. 2 rStGB. Ansonsten verbleiben die jungen Volljährigen in der Jugendanstalt, sofern dies dem Ziel der Resozialisierung besser Rechnung trägt.

4.3.2.4 Anwendung von Sicherheitsmaßnahmen

Neben den erwähnten Erziehungsmaßnahmen kann das Gericht gegenüber Jugendlichen auch Sicherheitsmaßnahmen (*măsurile de siguranţă*) verhängen, Art. 107-112 rStGB. Voraussetzung ist, dass vom Täter erhebliche Gefahren für die Allgemeinheit ausgehen, Art. 107 Abs. 1 und 2 rStGB.

Zu den Sicherheitsmaßnahmen gemäß Art. 108 rStGB zählen: 1) Die Weisung sich einer Heilbehandlung (beispielsweise eines Alkohol- oder Drogenentzugs) zu unterziehen, 2) die Unterbringung in einer speziellen medizinischen Einrichtung, 3) das Berufsverbot oder das Verbot, eine bestimmte Funktion auszuüben, 4) die spezielle Einziehung sowie 5) die erweiterte Einziehung.[623]

Bei der Anordnung von Erziehungsmaßnahmen sind grundsätzlich alle Sicherheitsmaßnahmen anwendbar, die als kompatibel gelten. So ist die Maßnahme der Einziehung neben allen Erziehungsmaßnahmen anwendbar.[624]

4.3.3 Anwendung des Strafrechts, das für Jugendliche vorteilhafter ist

Das Ausführungsgesetz[625] zum neuen Strafgesetzbuch dient dazu, das bisherige und das neue Strafgesetzbuch miteinander in Einklang zu bringen. Es regelt u. a. die Fälle der Anwendung des vorteilhafteren Gesetzes, wenn es zu Überschneidungen der Gesetze während des Strafverfahrens und Strafvollzugs kommt.

---

623 Eine spezielle medizinische Einrichtung ist in der Regel ein psychiatrisches Krankenhaus oder eine Fachabteilung, in der ansteckende Krankheiten behandelt werden. Die spezielle Einziehung (Art. 112 rStGB) bezieht sich auf Gegenstände, die in unmittelbarem Zusammenhang mit der Straftat stehen, z. B. solche, die aus der Tat hervorgebracht oder zur Tatbegehung gebraucht wurden. Die erweiterte Einziehung wurde durch Gesetz Nr. 63/2012, veröffentlicht im Amtsblatt Nr. 258 vom 19.04.2012, eingeführt. Diese Form der Einziehung bezieht sich auf Gegenstände, die in mittelbarem Zusammenhang mit solchen Straftaten stehen, die dem Täter einen materiellen Gewinn bringen, z. B. Drogenhandel, Geldwäsche, Menschenhandel, Art. 112[1] rStGB. Nach bisheriger Rechtslage galten daneben noch folgende Weisungen: das Verbot, bestimmte Orte aufzusuchen, die Ausweisung ausländischer Personen sowie das für eine bestimmte Dauer erteilte Verbot, die Familie aufzusuchen, Art. 112 rStGB a. F.

624 Vgl. *Brezeanu* 1998, S. 64. Kam bislang die Erziehungsmaßnahme der Unterbringung in einer Erziehungsanstalt oder der Unterstellung unter Aufsicht in Betracht, so konnten diese nicht gleichzeitig mit der Sicherungsmaßnahme der Unterbringung in einer speziellen medizinischen Einrichtung verhängt werden. In diesem Fall war einerseits die erzieherische Einwirkung im Hinblick auf die Resozialisierung, andererseits die medizinische Behandlung aufgrund des Krankheitszustandes notwendig, so dass einzig die Unterbringung in einer Heilerziehungsanstalt in Betracht kam, die beide Zielstellungen der Resozialisierung und Heilung erfüllte, Dongoroz u. a.-*Dongoroz* 2003, S. 245 f.

625 Gesetz Nr. 187/2012.

Demnach ist die Strafaussetzung zur Bewährung nach dem bisherigen rStGB vorteilhafter als eine freiheitsentziehende Maßnahme nach dem neuen Strafgesetzbuch, Art. 17. Die bedingte Strafaussetzung, die für Jugendliche auf Grundlage des bisherigen rStGB angeordnet wurde, wird nach Inkrafttreten des neuen Strafgesetzbuches weiterhin beibehalten, Art. 22 Abs. 1. Die Maßnahme der Unterbringung in einer Erziehungsanstalt wird mit derselben Erziehungsmaßnahme für den gleichen Zeitraum ersetzt, bis zum Eintritt der Volljährigkeit der Verurteilten, jedoch nicht länger als drei Jahre, Art. 19 Abs. 1. Die vollzogene Dauer der Maßnahme sowie der vorläufigen Festnahme und Untersuchungshaft wird hierbei angerechnet, Art. 19 Abs. 2. Die anstelle der Geldstrafe zu vollziehende Freiheitsstrafe wird durch die Weisung, die Wohnung am Wochenende nicht zu verlassen, ersetzt, Art. 20. Anstatt der nach dem Strafgesetzbuch von 1969 verhängten Freiheitsstrafe ist die Erziehungsmaßnahme der Unterbringung in einer Jugendanstalt zu vollziehen, Art. 21 Abs. 1.[626]

4.3.4 Schutzmaßnahmen für Kinder und strafunmündige Jugendliche

Außerhalb der strafrechtlichen Sphäre sieht das Gesetz Nr. 272/2004 zum Schutz und zur Förderung der Rechte des Kindes[627] besondere Schutzmaßnahmen für Kinder und Jugendliche zwischen 14 und 16 Jahren vor, bei denen die strafrechtliche Verantwortlichkeit aufgrund fehlenden Urteilsvermögens nicht vorliegt.[628] Daneben regelt das Gesetz eine Reihe von Schutzmaßnahmen für Kinder, deren Wohl gefährdet ist. Das Gesetz, das im Rahmen des EU-Harmonisierungsprozesses ausgearbeitet wurde, kann als Meilenstein hinsichtlich der Reglementierung der Kinderrechte gesehen werden.

Vor Inkrafttreten des Gesetzes Nr. 272/2004 am 1. Januar 2005 war durch Eilverordnung Nr. 26/1997[629] geregelt, dass auf Kinder und Jugendliche ohne strafrechtliche Verantwortung Erziehungsmaßnahmen, wie im Strafgesetzbuch vorgesehen, anwendbar waren, namentlich die Verwarnung, die Aufsichtsweisung, die Unterbringung in einer Erziehungsanstalt oder Heilerziehungsanstalt (Art. 24 Eilverordnung). Die Maßnahmen wurden gemäß Art. 30 Abs. 1 nach Benachrichtigung der Staatsanwaltschaft, Polizei, Schulen, Eltern oder anderer

---

626 Wurde eine 20-jährige Haftstrafe verhängt, ist diese durch die Unterbringung in einer Jugendanstalt für die Dauer von 15 Jahren zu ersetzen, Art. 21 Abs. 2.

627 Gesetz Nr. 272/2004 wurde durch Änderungsgesetz Nr. 257/2013, veröffentlicht im Amtsblatt Nr. 607 vom 30.09.2013, wesentlich modifiziert und 2014 wiederveröffentlicht, siehe Amtsblatt Nr. 159 vom 05.03.2014.

628 Das Gesetz bezieht sich – wie international gebräuchlich – auf den Terminus Kinder und definiert sie als Personen im Alter von unter 18 Jahren, vgl. Art. 4 a).

629 Die Eilverordnung wiederum ersetzte das Gesetz Nr. 3/1970 hinsichtlich des Schutzes einiger Kategorien von Minderjährigen, siehe Ausführungen hierzu in *Kap. 2.5.2.*

Personen mit berechtigtem Interesse von den Kinderschutzkommissionen (*Comisia pentru Protecția Copilului*) [630] verhängt. Mithin existierte keine differenzierte, auf die Bedürfnisse strafunmündiger Kinder und Jugendlicher zugeschnittene Behandlung. Nunmehr sieht Gesetz Nr. 272/2004 Reaktionsmöglichkeiten für Kinder und Jugendliche, die Straftaten begangen haben, aber strafrechtlich nicht zur Verantwortung gezogen werden können, vor. Als prägendes Kernelement stellt Art. 2 des Gesetzes die Interessen des Kindes heraus, die allen Regelungen mit Bezug zum Schutz der Kinderrechte übergeordnet sind.

Auf Vorschlag der Generaldirektion für Sozialhilfe und Kinderschutz, einer dem Bezirksrat untergeordneten Behörde,[631] können gemäß Art. 80 des Gesetzes die besonderen Schutzmaßnahmen der Unterbringung (*plasament*) oder die besondere Aufsicht (*supraveghera specializată*), genannt in Art. 55 Abs. 1a), c), verhängt werden. Das Gesetz betont den provisorischen Charakter der Maßnahmen. Liegt das Einverständnis der Eltern vor, so verhängt die Kinderschutzkommission die Maßnahme. Andernfalls entscheidet das Gericht über die Verhängung der geeigneten Schutzmaßnahme.[632] Hierbei sind insbesondere die Umstände, die zur Tatbegehung geführt haben, die Tatschwere, die Lebensumstände der Minderjährigen sowie das Risiko einer erneuten Straftatbegehung zu berücksichtigen, Art. 80 Abs. 2.

Die temporäre Unterbringung erfolgt entweder bei einer Person, einer Familie, einer Pflegeperson (*asistent maternal*), oder in einem Heim, Art. 58 Abs. 1. Bei der Anordnung der besonderen Aufsicht verbleibt dagegen das Kind bzw. die Jugendliche in der Herkunftsfamilie, hat jedoch bestimmte Weisungen zu erfüllen. Darunter fallen die Teilnahme am Schulbesuch, die tägliche Betreuung,[633] die Weisung, sich einer medizinischen, psychotherapeutischen oder beratenden Behandlung zu unterziehen, bestimmte Orte nicht aufzusuchen oder keinen Kontakt zu bestimmten Personen aufzunehmen, Art. 81 Abs. 1.

Kommen die Minderjährigen den Weisungen nicht nach oder ist der Verbleib in der Familie nicht möglich, kann die zuständige Kinderschutzkommission oder das Gericht bei fehlender Einwilligung der Eltern die Inobhutnahme in

---

630 Kinderschutzkommissionen sind dem Bezirksrat unterstellt und entscheiden unter anderem über die Verhängung von besonderen Schutzmaßnahmen, Art. 104.

631 Die Generaldirektionen für Sozialhilfe und Kinderschutz sind insbesondere für koordinierende und überwachende Tätigkeiten in den Bereichen Soziales und Kinderschutz auf Bezirksebene zuständig, Art. 105¹.

632 Zuständig sind die besonderen Abteilungen für Jugendliche und Familien an den Landgerichten, Art. 124. Kindschaftssachen werden gemäß Art. 125 im Eilverfahren durchgeführt.

633 Wörtlich: Nutzung von Diensten der Tagesbetreuung (*utilizarea de servicii de îngrijire de zi*).

der entfernteren Verwandtschaft[634] oder in einer Pflegefamilie anordnen, Art. 81 Abs. 2.

Handelt es sich um mehrfach delinquente Kinder oder Jugendliche oder liegt eine besondere Tatschwere vor, so kann gemäß Art. 82 die Unterbringung in einem spezialisierten Heim für eine bestimmte Dauer angeordnet werden. Zu den Heimen, die dem Schutz und der Betreuung von Kindern, die von ihren Familien getrennt sind, dienen, gehören alle Heime, die eine Unterkunft für einen Zeitraum von mehr als 24 Stunden bieten, Art. 110 Abs. 2.[635] Die Unterkünfte werden nach familiärem Modell organisiert. Während der gesamten Dauer der Maßnahmen werden besondere Programme zur Förderung der sozialen Reintegration der Jugendlichen angeboten, Art. 84 Abs. 1. Darüber hinaus wurde eingeführt, dass strafunmündige Kinder und Jugendliche in jedem Stadium des Ermittlungsverfahrens durch eine Psychologin oder Sozialarbeiterin betreut werden, Art. 84 Abs. 3.[636]

Nach Anordnung der Maßnahme überwacht die Generaldirektion für Sozialhilfe und Kinderschutz oder eine private Organisation deren Durchführung und berichtet alle drei Monate[637] bzw. häufiger im Falle der Notwendigkeit, über die physische, psychische bzw. soziale Entwicklung des Kindes. Danach entscheidet sich, ob die Maßnahmen weitergeführt, geändert oder beendet werden (Art. 69). Nach Beendigung der Schutzmaßnahmen werden über einen Zeitraum von mindestens sechs Monaten die Entwicklung des Kindes und die Art und Weise, in der die Eltern ihr Sorgerecht ausüben, beaufsichtigt (Art. 70).[638]

Neben den Generaldirektionen und den Kinderschutzkommissionen sind die Sozialhilfeämter (*Serviciile Publice de Asistenţă Socială*) weitere relevante Behörden im Bereich des Kinderschutzes. Sie überwachen die Umsetzung der Maßnahmen, namentlich die Entwicklung des Kindes, die Ausübung der elterlichen Sorge und die Wiedereingliederung des Kindes in die Familie, nachdem Schutzmaßnahmen verhängt wurden. Landesweit wird die Tätigkeit von der Generaldirektion für Kinderschutz (*Direcţia Generală Protecţia Copilului*) koordi-

---

634 Umfasst Verwandte bis zum 4. Verwandtschaftsgrad.

635 Diese Bestimmung wurde durch Änderungsgesetz Nr. 257/2013 eingeführt. Auch Mutter- und Kind-Heime (*centrele maternale*) zählen zu diesen Heimen, Art. 110 Abs. 3. Zuvor galt, dass auch die Zentren der Heimunterbringung (*centrele de plasament*) sowie Notfallzentren für Kinder (*centrele de primire a copilului în regim de urgenţă*) in die Kategorie der Heime fielen.

636 Diese Regelung wurde durch Änderungsgesetz Nr. 257/2013 eingeführt und ist seit dem 03.10.2013 in Kraft.

637 Hierbei handelt es sich um eine bindende Frist.

638 Diese Regelung wurde durch Änderungsgesetz Nr. 257/2013 modifiziert. Zuvor lag der Zeitraum der Nachbetreuung bei drei Monaten.

niert, die dem Ministerium für Arbeit, Soziales und Familien untergeordnet ist.[639]

4.4 Zusammenfassung und Vergleich mit Deutschland

Mit der Neufassung des Strafgesetzbuches hat der Gesetzgeber nach langjährigen Reformbemühungen einen erweiterten Katalog von jugendspezifischen Maßnahmen auf den Weg gebracht. Als Quellen der Inspiration dienten auch andere europäische (Jugend-)Strafgesetze, unter anderem das französische und spanische Recht.

Eine bedeutende Errungenschaft liegt abermals darin, dass Strafen für Jugendliche gänzlich abgeschafft wurden und lediglich Erziehungsmaßnahmen angeordnet werden können. Allerdings ändert sich mit deren Umbenennung nicht notwendigerweise der Inhalt und bei der Unterbringung in einer Jugendanstalt handelt es sich um die frühere Freiheitsstrafe für Jugendliche, deren Inhalt durch den Charakter als Erziehungsmaßnahme nicht wesentlich geändert wurde.[640]

Die Erziehungsmaßnahmen variieren deutlich in ihrer Eingriffsintensität und werden nach nichtfreiheitsentziehenden[641] und freiheitsentziehenden[642] Maßnahmen differenziert. Prioritär anzuwenden sind nach dem gesetzgeberischen Willen die Maßnahmen, die keinen Freiheitsentzug beinhalten. Die breite Palette an Möglichkeiten trägt dem Gedanken der Individualisierung im Strafrecht stärker Rechnung als bisher, da aufgrund der größeren Auswahl die Maßnahmen optimaler auf die Jugendlichen abgestimmt werden können.

Bedeutend ist hierbei auch die gewachsene Rolle der Bewährungshilfe, die die Umsetzung der Maßnahmen koordiniert und teilweise eigenverantwortlich ausführt. Die Bewährungshilfe erarbeitet Berichte zur Beurteilung der Jugendlichen und unterbreitet Vorschläge im Hinblick auf die am besten geeigneten Maßnahmen. Aufgrund ihres Tätigkeitsbereiches ist sie am besten über die Persönlichkeit der Jugendlichen und deren Lebensumstände informiert und daher stellt sich ihre stärkere Beteiligung als sehr sinnvoll dar. Der Gesetzgeber hat ferner geregelt, dass freiheitsentziehende Sanktionen nur als *ultima ratio* ange-

---

639 Bis zum Jahr 2010 oblag die Koordination der Nationalen Kinderschutzbehörde (*Autoritatea Naţională pentru Protecţia Drepturilor Copilului*, ANPDC). Diese Behörde wurde – auch für die im Bereich des Kinderschutzes tätigen Personen – völlig überraschend auf Grundlage der Eilverordnung Nr. 68/2010 aufgelöst.

640 Vgl. zum Vollzug dieser „Erziehungsmaßnahme" unten *Kap. 6.5.*

641 Die nichtfreiheitsentziehenden Maßnahmen sind die zivilbürgerliche Schulung, die Unterstellung unter Aufsicht, die Weisung, die Wohnung am Wochenende nicht zu verlassen und die tägliche Betreuung, Art. 117 ff. rStGB.

642 Zu den freiheitsentziehenden Maßnahmen zählt die Unterbringung in einer Erziehungsanstalt bzw. in einer Jugendanstalt, Art. 124 ff. rStGB.

wandt werden sollen, wenn andere Maßnahmen nicht als ausreichend erscheinen.

Im Gegensatz zu Rumänien besteht in Deutschland die Möglichkeit, Heranwachsende in das Jugendstrafrecht einzubeziehen, um den Bedürfnissen der jungen Menschen besser mit entsprechenden Maßnahmen und Sanktionen gerecht werden zu können. Dieser Ansatz sollte in Rumänien in Zukunft in Erwägung gezogen werden.

Zu den strafrechtlichen Reaktionsmöglichkeiten, die auf Jugendliche bzw. Heranwachsende nach dem Jugendgerichtsgesetz anwendbar sind, zählen Erziehungsmaßregeln,[643] Zuchtmittel[644] sowie die Jugendstrafe als härteste Sanktion.[645] Die strafrechtliche Verantwortlichkeit beginnt in beiden Ländern ab dem 14. Lebensjahr. In Deutschland gilt für Jugendliche von 14 bis 17 Jahren wie in Rumänien für 14- und 15-Jährige die bedingte strafrechtliche Verantwortlichkeit (§ 3 JGG), für Heranwachsende die volle strafrechtliche Verantwortlichkeit. Wichtige jugendstrafrechtliche Grundsätze, die in beiden Ländern Anwendung finden, sind insbesondere das Prinzip der Individualisierung und das Subsidiaritätsprinzip, nach dem weniger eingriffsintensive Maßnahmen Vorrang vor schwereren Maßnahmen bzw. Sanktionen haben.[646]

---

643 Erziehungsmaßregeln werden gemäß § 9 JGG in Weisungen und Hilfen zur Erziehung eingeteilt. Der Katalog der Weisungen umfasst nach § 10 JGG unter anderem die Arbeits- und Betreuungsweisung, die Teilnahme an einem sozialen Trainingskurs oder der Täter-Opfer-Ausgleich.

644 Als Zuchtmittel sind die Verwarnung (§ 14 JGG), die Erteilung bestimmter Auflagen (§ 15 JGG) wie Schadenswiedergutmachungsbemühungen und Entschuldigung sowie der – vielfach kritisierte – Jugendarrest (§ 16 JGG) zu klassifizieren.

645 Siehe ausführlicher zu den jugendstrafrechtlichen Reaktionsmöglichkeiten *Meier/ Rössner/Schöch* 2013, S. 161 ff.; *Ostendorf* 2015, S. 137 ff.; *Laubenthal/Baier/Nestler* 2015, S. 183 ff.

646 Vgl. *Ostendorf* 2015, S. 60 ff.; *Meier/Rössner/Schöch* 2013, S. 113 ff.; *Laubenthal/ Baier/Nestler* 2015, S. 185 f.

5. Jugendgerichtsbarkeit und Jugendstrafverfahren

5.1 Überblick über die Gerichtsorganisation

Die rumänische Verfassung legt in Art. 126 Abs. 1 fest, dass „die Justiz durch den Hohen Kassationsgerichtshof und die anderen gesetzlich festgelegten Gerichte realisiert wird".
Die Zuständigkeiten der Gerichte sind im Gerichtsorganisationsgesetz (rGOG)[647] sowie in der Strafprozessordnung geregelt.
Das Gerichtssystem untergliedert sich in vier Stufen (Art. 2 Abs. 2 rGOG): Das erstinstanzliche Gericht (*Judecătoria*),[648] das erst- und zweitinstanzliche Gericht bzw. *Tribunal*,[649] das Berufungsgericht (*Curtea de Apel*) sowie der Hohe Kassationsgerichtshof (*Înalta Curte de Casație și Justiție*), zuvor der Oberste Gerichtshof[650] *(Curtea Supremă de Justiție).*[651] An den Gerichten sind jeweils Staatsanwaltschaften eingerichtet. Die Generalstaatsanwaltschaft bei dem Hohen Kassationsgerichtshof ist die den Staatsanwaltschaften übergeordnete Behörde.[652]
In jedem der 41 Bezirke in Rumänien existiert ein *Tribunal*, daneben bestehen landesweit 15 Berufungsgerichte.[653] Ferner sind spezialisierte *Tribunale* (Art. 37 rGOG), wie das Jugend- und Familiengericht, das Arbeits- und Sozial-

---

647 *Legea privind organizarea judiciară*, Gesetz Nr. 304/2004 vom 28.06.2004, veröffentlicht im Amtsblatt Nr. 576/29.06.2004, wiederveröffentlicht im Amtsblatt Nr. 827/ 13.09.2005, mit nachfolgenden Änderungen und Ergänzungen.

648 Vergleichbar mit dem Amtsgericht in Deutschland.

649 Dem Landgericht in Deutschland vergleichbar.

650 Die ursprüngliche Bezeichnung lautete seit der Gründung im Jahr 1861 Hoher Kassationsgerichtshof (*Înalta Curte de Casație și Justiție*), wurde (durch Dekret Nr. 132/1949 zur Gerichtsorganisation) in Oberster Gerichtshof (*Curtea Supremă*) umbenannt, nach Abschaffung der Berufungsgerichte im Jahr 1952 in Oberstes *Tribunal* (*Tribunal Suprem*) umgewandelt, und 1992 als Oberster Gerichtshof (*Curtea Supremă de Justiție*) benannt. Im Jahr 2004 kehrte man schließlich zur ursprünglichen Bezeichnung Hoher Kassationsgerichtshof (*Înalta Curte de Casație și Justiție*) zurück.

651 Entspricht dem deutschen Bundesgerichtshof.

652 Siehe zur Organisation der Staatsanwaltschaften beispielsweise *Theodoru* 2013, S. 105 ff. Derzeit existieren 15 Staatsanwaltschaften bei den Berufungsgerichten, 43 Staatsanwaltschaften bei den *Tribunalen* (einschließlich des Jugend- und Familiengerichts) sowie 176 Staatsanwaltschaften bei den Amtsgerichten, siehe *Staatsanwaltschaftsbehörde, Staatsanwaltschaft bei dem Hohen Kassationsgerichtshof* 2013, S. 2.

653 Die Anzahl der erstinstanzlichen Gerichte sind in Annex A des Gerichtsorganisationsgesetzes vorgesehen, die Anzahl der Berufungsgerichte in Annex B und C. Neben den 15 Berufungsgerichten besteht ein Militärisches Berufungsgericht.

versicherungsgericht, das Handelsgericht, das Finanzgericht sowie Militärgerichte eingerichtet worden.[654]

In die Zuständigkeit der erstinstanzlichen Gerichte fallen alle Strafsachen, die nicht in die Zuständigkeit anderer Gerichte fallen, vgl. Art. 35 Abs. 1 rStPO. Das *Tribunal* (Art. 36 rStPO) ist in erster Instanz zuständig zur Entscheidung über schwere Straftaten und solche mit komplexem Sachverhalt, unter anderem Straftaten gegen das Leben, Menschenhandel, Folter, Korruptionsstraftaten, Straftaten im Zusammenhang mit Geldwäsche, Steuerhinterziehung, Datenschutz, organisierter Kriminalität und Terrorismus.[655] Darüber hinaus sind *Tribunale* zuständig für Kompetenzkonflikte der erstinstanzlichen Gerichte innerhalb ihres Zuständigkeitsbereiches, Beschwerden gegen Entscheidungen der erstinstanzlichen Gerichte sowie weitere gesetzlich vorgesehene Fälle.[656]

Die Zuständigkeit der Berufungsgerichte (Art. 38 rStPO) bezieht sich erstinstanzlich insbesondere auf Straftaten gegen die Sicherheit des Staates, Verbrechen gegen die Menschlichkeit und Kriegsverbrechen sowie auf Straftaten, die von Richterinnen und Staatsanwältinnen sowie Angehörigen von Berufen, die im Zusammenhang mit dem Justizdienst stehen (wie Anwältinnen, Notare, Gerichtsvollzieher) begangen wurden.

In die Kompetenz der Berufungsgerichte als Berufungsinstanz fallen strafrechtliche Entscheidungen der Amtsgerichte und der *Tribunale*, die in erster Instanz ergangen sind. Des Weiteren entscheiden Berufungsgerichte über Kompetenzkonflikte der Gerichte, mit Ausnahme der Kompetenzkonflikte, die in die Zuständigkeit der *Tribunale* fallen, und sind zuständig für Beschwerden gegen Entscheidungen der *Tribunale*.[657]

Der Hohe Kassationsgerichtshof (Art. 40 rStPO) schließlich ist in erster Instanz zuständig für Straftaten, die hohe Amtsträger wie Abgeordnete und Regierungsmitglieder begangen haben, sowie für Hochverrat. In zweiter Instanz ist der Hohe Kassationsgerichtshof zuständig für Berufungen gegen erstinstanzliche Strafurteile der Berufungsgerichte und der Strafkammer des Hohen Kassations-

---

654 Siehe ausführlicher zur Gerichtsorganisation u. a. *Neagu* 2010, S. 368 ff.

655 Nach bisheriger Gesetzeslage bezog sich die Kompetenz der Landgerichte auch auf die Entscheidung über Wirtschaftsstraftaten und Drogendelikte.

656 Vor der Gesetzesreform und nach Inkrafttreten des Gesetzes Nr. 202/2010 zur Verfahrensbeschleunigung fungierte das *Tribunal* als Revisionsinstanz in gesetzlich vorgesehen Fällen, unter anderem im Hinblick auf Urteile der erstinstanzlichen Gerichte, die Strafantragsdelikte, Präventivmaßnahmen und die vorübergehende Haftentlassung, Sicherungs- und Strafvollstreckungsmaßnahmen betreffen. Vor 2010 war das *Tribunal* Berufungsinstanz für erstinstanzliche Urteile der Amtsgerichte.

657 Zuvor war das Berufungsgericht, eingeführt durch Gesetz Nr. 202/2010, zunächst Berufungsinstanz für erstinstanzliche Urteile der *Tribunale*. Darüber hinaus war es als Revisionsinstanz zuständig für Urteile der Amtsgerichte, die in erster Instanz entschieden wurden, mit Ausnahme derjenigen Sachen, die in die Zuständigkeit der *Tribunale* fielen.

gerichtshofs sowie für Revisionen gegen alle Strafurteile.[658] Darüber hinaus kann der Generalstaatsanwalt im Fall der unterschiedlichen Bewertung von Rechtsfragen durch die Gerichte im Rahmen der „Revision im Interesse des Gesetzes" eine Entscheidung des Hohen Kassationsgerichtshofs veranlassen, um die Einheitlichkeit der Rechtsprechung sicherzustellen (Art. 471 rStPO).

Die örtliche Zuständigkeit der Gerichte (Art. 41 Abs. 1 rStPO) richtet sich nach der Reihenfolge der Aufzählung im Gesetz entweder nach dem Begehungsort, dem Ort der Ergreifung oder dem Wohnsitz der Straftäter oder der Geschädigten.[659]

Richter und Staatsanwälte können auf Vorschlag des Hohen Rates der Magistratur (*Consiliu Superior al Magistraturii*) ernannt werden (Art. 134 Abs. 1 Verfassung), welcher als Garant für die Unabhängigkeit der Justiz gilt, Art. 1 Abs. 2 rGOG. Die Ernennung obliegt dem Präsidenten Rumäniens.

5.2 Jugendgerichtsbarkeit

Eine eigene Jugendgerichtsverfassung wie in Deutschland existiert in Rumänien nicht. Spezialisierte Gerichte für Jugend- und Familiensachen auf der Ebene der *Tribunale* sind im Gerichtsorganisationsgesetz vorgesehen, in der Praxis jedoch kaum umgesetzt worden.

Derzeit existiert in Rumänien lediglich ein Jugend- und Familiengericht (*Tribunal pentru minori şi familie*) in der Stadt Braşov.[660] Das Jugend- und Familiengericht fungiert als erstinstanzliches Gericht sowie als Revisionsinstanz. Es hat die Kompetenz in Strafsachen sowohl bezüglich Straftaten, die von Jugendlichen verübt werden als auch Strafsachen, in denen Jugendliche Geschädigte sind, inne. Am Jugend- und Familiengericht ist ebenfalls eine Staatsanwaltschaft eingerichtet.[661]

---

658   Vor Novellierung der Strafprozessordnung besaß der Hohe Kassationsgerichtshof die Kompetenz für Revisionen gegen alle Strafurteile erster und zweiter Instanz der Berufungsgerichte sowie der erstinstanzlichen Strafurteile des Hohen Kassationsgerichtshofs.

659   Die neue Strafprozessordnung hat somit die Reihenfolge bezüglich der örtlichen Kompetenz ausdrücklich geregelt. Zuvor galt, dass in dem Fall, in dem nur ein Justizorgan benachrichtigt wurde, dessen Kompetenz sich auf einen der genannten Orte bezog, dieses Organ zuständig war. Wurden mehrere Justizorgane in Kenntnis über die Straftat gesetzt, so richtete sich die Zuständigkeit nach der Reihenfolge der Aufzählungen, das heißt Priorität kam zunächst dem Begehungsort zu, anschließend dem Ort der Ergreifung und schließlich dem Wohnort, vgl. *Neagu* 2010, S. 355.

660   Eingerichtet seit dem 22.11.2004, Verordnung des Justizministers 3142/C.

661   Die Fallzahlen der Staatsanwaltschaft bei dem Jugend- und Familiengericht sind relativ niedrig. So sind im Jahr 2012 264 Fälle bearbeitet worden, vgl. *Staatsanwaltschaftsbehörde, Staatsanwaltschaft bei dem Hohen Kassationsgerichtshof* 2013, S. 113.

Zunächst war in der ersten Fassung des Gerichtsorganisationsgesetzes 2004 vorgesehen, landesweit besondere, auf Jugend- und Familiensachen spezialisierte *Tribunale* zu etablieren sowie an den Berufungsgerichten besondere Abteilungen für Zivil- und Strafsachen für Verfahren mit Jugendlichen einzurichten. Aufgrund der Tatsache, dass die Mehrzahl der Straftaten vor Amtsgerichten verhandelt wird und die Einrichtung spezialisierter *Tribunale* mit hohen Kosten verbunden ist, sah der Gesetzgeber seit 2005 die Einrichtung der besonderen Abteilungen oder Spruchkörper auch auf Ebene der Amtsgerichte vor. Beibehalten wurde die Möglichkeit, spezialisierte *Tribunale* in Jugend- und Familiensachen einzurichten.[662]

Demnach sind an den Berufungsgerichten gemäß Art. 35 Abs. 2 rGOG, an den *Tribunalen* gemäß Art. 36 Abs. 3 rGOG sowie an den Amtsgerichten gemäß Art. 39 Abs. 2 rGOG besondere Abteilungen oder Kammern für Familien- und Jugendsachen einzurichten. Die Jugend- und Familiengerichte sowie die besonderen Abteilungen oder Kammern entscheiden über Fälle, in denen jugendliche Angeklagte und jugendliche Geschädigte beteiligt sind, Art. 40 Abs. 1 rGOG. Die Jugendgerichte sind auch zuständig, wenn in derselben Sache gleichzeitig jugendliche und erwachsene Angeklagte beteiligt sind und eine Verfahrenstrennung nicht möglich ist, Art. 40 Abs. 2 rGOG. Die besonderen Abteilungen werden durch Entscheidung des Hohen Rates der Magistratur, die besonderen Kammern an den Gerichten von den Gerichtspräsidenten jeweils auf Vorschlag des Präsidiums[663] eingerichtet, Art. 41 Abs. 1 rGOG. Bei der Zusammensetzung der besonderen Kammern und Abteilungen berücksichtigt das Gerichtspräsidium die Spezialisierung der Richterinnen, Art. 41 Abs. 2 rGOG. Dadurch soll gewährleistet werden, dass geschulte Richter in Jugendsachen zuständig sind.

Die Kammern an den Amts-, *Tribunal-* und Berufungsgerichten, die in erster Instanz zuständig sind, werden mit einem Richter,[664] in Berufungssachen mit zwei Richtern und in Revisionssachen mit drei Richtern besetzt, Art. 54 rGOG.

Gesetzlich vorgesehen ist ebenfalls, dass die Staatsanwaltschaften an den Berufungsgerichten besondere Abteilungen für Jugend- und Familiensachen einrichten, Art. 90 Abs. 1 S. 2 rGOG, und somit ein optimales Zusammenspiel der Behörden garantieren.

Die besonderen Abteilungen an den Gerichten sind sowohl für Zivil- als auch Strafangelegenheiten zuständig. Vorgesehen ist indes zukünftig, besondere

---

662 Gesetz Nr. 304/2004, wieder veröffentlicht im Amtsblatt Nr. 827 vom 13.09.2005.

663 Das Gerichtspräsidium (*colegiul de conducere*) setzt sich an den Berufungs- und *Tribunal*gerichten aus der Gerichtspräsidentin und sechs Richtern, und an den spezialisierten *Tribunalen* und Amtsgerichten aus der Präsidentin und zwei bzw. vier Richtern zusammen, Art. 49 Abs. 2 rGOG.

664 Mit Ausnahme der Fälle des Arbeits- und Sozialversicherungsrechts, in denen die Kammern mit einer Richterin und zwei beisitzenden Richterinnen zu besetzen sind, Art. 55 Abs. 1 rGOG.

Vormundschafts- und Familiengerichte (*instanțe de tutelă și familie*) zu etablieren, die nur für Familiensachen zuständig sind. Bis dahin sind die besonderen Abteilungen an den Amtsgerichten oder *Tribunalen* bzw. das Jugend- und Familiengericht in Brașov in diesen Sachen zuständig.

Die Einrichtung der besonderen Abteilungen für Familien- und Jugendsachen vollzog sich schrittweise, jedoch kontinuierlich.[665] Problematisch ist, dass Richter nicht nur für strafrechtliche, sondern auch zivilrechtliche Jugendsachen zuständig sind und somit diesbezüglich keine klare Trennung und Spezialisierung erfolgt ist. Durch die Einführung besonderer Vormundschafts- und Familiengerichte ist jedoch der Weg für die weitere Spezialisierung geebnet, so dass Zivil- und Strafsachen getrennt werden können.

5.3 Entwicklung, Organisation und gesetzliche Verankerung der Bewährungshilfe

Von zunehmender Bedeutung im Rahmen des Jugendstrafverfahrens ist die Bewährungshilfe (vgl. hierzu *Kap. 5.7.4*), deren Entwicklung, Struktur und gesetzliche Implementierung vorliegend beschrieben werden soll. Der Aufbau und die landesweite Implementierung der Bewährungshilfe vollzog sich seit Mitte der 1990er Jahre in drei Etappen. Im Zeitraum von 1996 bis 2000 wurden Bewährungshilfezentren zunächst experimentell erprobt.[666] Im Jahr 2000 bestanden bereits 11 Pilotprojekte der Bewährungshilfe landesweit.[667] Die Projekte wurden zunächst von der Nationalen Strafvollzugsverwaltung,[668] seit 2000 von der Bewährungshilfedirektion im Justizministerium koordiniert.

---

665 Im Jahr 2010 bewilligte der Hohe Rat der Magistratur die Einrichtung von 77 besonderen Abteilungen für Familien- und Jugendsachen, *Hoher Rat der Magistratur* 2011, S. 161. Als gutes Praxisbeispiel ist in diesem Zusammenhang das von der Vereinigung der Magistraten Iași bereits im Jahr 2000 initiierte und von der NGO Alternative Sociale Association Iași durchgeführte Projekt zur Einrichtung eines Jugendgerichts in Iași zu nennen. In den darauffolgenden Jahren konnte das Projekt auch auf andere Städte in der Region erweitert werden, in denen die Amts- bzw. *Tribunal*gerichte besondere Abteilungen für Jugendliche etablierten, siehe ausführlicher zum Projekt *Luca* 2008, S. 94 ff.

666 Das erste Bewährungshilfe-Pilotprojekt wurde in der Stadt Arad 1997 eingerichtet. Siehe ausführlicher zur Entwicklung der Bewährungshilfe und den bestehenden Herausforderungen im Zeitraum der Etablierung in Rumänien *Groza* 2007.

667 Vgl. *Durnescu* 2008a, S. 18 f.

668 In der Zeit von 1996 bis 1998 wurden Mitarbeitende der Strafvollzugsverwaltung sowie Freiwillige aus den Gemeinden im Rahmen einer Kooperation mit Partnern aus Großbritannien im Bereich der Bewährungshilfe geschult. Für den Gesetzentwurf zur Reglementierung der Bewährungshilfe zeichneten Experten aus der Strafvollzugsverwaltung und einigen Strafvollzugseinrichtungen verantwortlich, siehe *Groza* 2007, S. 13.

Die positiven Erfahrungen in den experimentellen Zentren führten zur gesetzlichen Implementierung der Bewährungshilfe durch die Regierungsverordnung über die Organisation der Bewährungshilfe 92/2000,[669] die die Aufgabenbereiche innerhalb der Bewährungshilfe festlegte.[670]

Die zweite Phase vollzog sich von 2000 bis 2007 und beinhaltete die landesweite Ausdehnung der Bewährungshilfedienste. Im Jahr 2000 wurde die Bewährungshilfedirektion, die dem Justizministerium untergeordnet ist, eingerichtet.[671] 2001 bestanden 28 Dienste im Land, im Jahr 2002 waren es bereits 41, so dass in jedem Bezirk ein Bewährungshilfedienst etabliert wurde. Ursprünglich bestand die Idee, die Bewährungshilfe im Strafvollzugswesen anzusiedeln und sie im Anschluss daran mit Unterstützung von Nichtregierungsorganisationen in den Gemeinden zu etablieren. Schließlich wurden die Dienste jedoch in das Gerichtswesen integriert und bei den *Tribunalen* eingerichtet.[672] Die Bewährungshilfedienste unterstehen der Bewährungshilfedirektion und fungieren prinzipiell unabhängig von den Gerichten. Praktisch jedoch fallen die Ausgaben der Bewährungshilfe unter das Budget der *Tribunale*.[673]

2002 trat das Gesetz Nr. 129/2002 zur Annahme und Ergänzung der Regierungsverordnung 92/2000 in Kraft. Es regelte, dass fortan auch die Ermittlungsorgane Sozialberichte[674] für Angeklagte einfordern konnten.

Mit Inkrafttreten des Opferschutzgesetzes[675] am 1. Januar 2005 erweiterte sich der Tätigkeitsbereich der Bewährungshilfe erneut und sah vor, dass bestimmte Kategorien von Opfern[676] von Straftaten psychologisch beraten sowie

---

669 Regierungsverordnung 92/2000. Zur Umsetzung der Regierungsverordnung wurde der Regierungsbeschluss Nr. 1239/2000 erlassen.

670 Dazu zählten die Beaufsichtigung der zu alternativen Maßnahmen verurteilten Personen sowie deren Beratung und Betreuung, die Durchführung besonderer Programme zum Schutz und zur Betreuung minderjähriger und heranwachsender Straftäter, die Durchführung von Programmen zur gesellschaftlichen Wiedereingliederung in Zusammenarbeit mit staatlichen und nichtstaatlichen Organisationen, die Zusammenarbeit mit öffentlichen Institutionen zum Vollzug der gemeinnützigen Arbeit für Jugendliche sowie die Unterstützung bei der Suche nach einem Arbeitsplatz, der schulischen oder beruflichen Ausbildung.

671 Verordnung des Justizministeriums Nr. 2626/2000.

672 Vgl. *Durnescu* 2008a, S. 20.

673 Vgl. *Durnescu* 2008a, S. 20.

674 Darunter sind die von der Bewährungshilfe angefertigten Berichte zu verstehen.

675 Gesetz Nr. 211/2004 hinsichtlich einiger Maßnahmen zum Opferschutz (*Legea privind unele măsuri pentru protecția victimelor infracțiunilor*).

676 Hierzu zählen Opfer von versuchten Tötungsdelikten, einfacher Körperverletzung, begangen von Familienmitgliedern, schwerer Körperverletzung, Sexualstraftaten sowie des Menschenhandels (Art. 8 Gesetz Nr. 211/2004).

betreut werden sollten. Aufgrund fehlenden ausgebildeten Personals zur Umsetzung dieser Angebote sowie eines täter- und nicht opferbezogenen Konzepts der Bewährungshilfe blieb die Anzahl der betreuten Opfer gering.[677]

Weitere gesetzliche Regelungen im Jahr 2006, mit denen die Rechte und Pflichten des Personals festgelegt wurden, normierten den Status der Bewährungshilfemitarbeitenden.[678] Sie sehen vor, dass Bewährungshilfemitarbeitende Absolventinnen der Fakultäten für Sozialarbeit, Psychologie, Soziologie, Pädagogik oder Rechtswissenschaften sein müssen.[679]

Das ebenfalls 2006 in Kraft getretene Strafvollstreckungsgesetz führte zu einer weiteren Ausdehnung des Aufgabenbereichs durch die obligatorische Teilnahme der Bewährungshilfe an der Kommission zur Individualisierung des Strafvollzugsregimes. In der Folge kam es zu einer starken Arbeitsbelastung innerhalb der Bewährungshilfe, zumal auch die Rolle der Mitarbeitenden nicht eindeutig gesetzlich definiert war.[680]

Mit Inkrafttreten des Gesetzes Nr. 356/2006 am 1. April 2007 zur Änderung und Ergänzung der Strafprozessordnung wurde Art. 482 rStPO a. F. modifiziert, so dass fortan eine Pflicht der Strafverfolgungsorgane sowie der Gerichte bestand, einen Sozialbericht für Minderjährige bei der Bewährungshilfe einzufordern. In der Folgezeit wuchs die Anfrage nach Sozialberichten sprunghaft an und die Bewährungshilfe konnte den Anfragen kaum mehr nachkommen. Innerhalb eines Jahres verdreifachte sich die Anzahl der Sozialberichte.[681] Infolge der erhöhten Anfrage der Ermittlungsorgane kam es zeitweise zu einem Stillstand der Strafverfahren Jugendlicher innerhalb des Jahres 2007. Erschwert wurde die Koordination der Tätigkeit der Bewährungshilfedirektion auch durch mehrfache Wechsel der Justizminister und eine daraus folgende Instabilität innerhalb des Justizministeriums im Jahr 2007.[682]

---

677 *Durnescu* 2008a, S. 22. So lag die Anzahl der betreuten Opfer Ende 2006 lediglich bei 98 landesweit. Im Jahr 2012 war die Anzahl mit 67 betreuten Opfern noch geringer, siehe Bewährungshilfedirektion, Statistische Daten 2012, abrufbar unter www.just.ro (16.09.2013).

678 Gesetz Nr. 123/2006 hinsichtlich des Status des Personals der Bewährungshilfe (*Legea privind statutul personalului din serviciile de probaţiune*) und Gesetz Nr. 327/2006 hinsichtlich der Entlohnung und anderer Rechte des Personals der Bewährungshilfe (*Legea privind salarizarea şi alte drepturi ale personalului de probaţiune*).

679 Art. 20 Abs. 1f) Gesetz Nr. 123/2006.

680 *Durnescu* 2008a, S. 22. Ausweislich der Daten der Bewährungshilfedirektion lag die Anzahl der Teilnahme an Kommissionen zur Individualisierung des Strafvollzugs bei 1.930 insgesamt, siehe Bewährungshilfedirektion, Statistische Daten 2012, abrufbar unter www.just.ro (16.09.2013).

681 Siehe *Szabo* 2009, S. 30 f.

682 Siehe *Balica* 2009, S. 310 f.

Die dritte Etappe seit 2007 führte zu einer weiteren Konsolidierung der Bewährungshilfe, verbunden mit einer kontinuierlichen Spezialisierung des Personals. Durch Inkrafttreten der Eilverordnung Nr. 31/2008 im April 2008 und Gesetz Nr. 8/2009 wurde Art. 482 rStPO a. F. abermals geändert und sah vor, dass die Staatsanwaltschaft die Sozialberichte für Jugendliche nur bei Bedarf, sofern sie es für notwendig hielt, anfordern konnte. Damit entfiel die obligatorische Berichterstellung für die Staatsanwaltschaft.

Im Hinblick auf das Übergangsmanagement fehlt es an gesetzlichen Grundlagen für die Einbindung der Bewährungshilfe. Einige Dienste bieten Programme für Gefangene im Zuge der Entlassungsvorbereitung an, eine Beaufsichtigung oder Betreuung nach der Entlassung durch die Bewährungshilfe ist allerdings nicht vorgesehen.[683]

Zu dem in den vergangenen Jahren angewachsenen Aufgabenfeld der Bewährungshilfe zählen:[684]

- Erstellen der Sozialberichte (für jugendliche und erwachsene Beschuldigte, Angeklagte, Verurteilte),
- Teilnahme an Vernehmungen und Gerichtsverhandlungen unter Einbeziehung jugendlicher Beschuldigter oder Angeklagter,
- Beaufsichtigung der zu alternativen Maßnahmen verurteilten Personen,
- Beratung und Betreuung von Straftätern,
- Psychologische Beratung und Betreuung für Opfer von Straftaten,
- Entwicklung und Durchführung besonderer Programme zum Schutz, zur sozialen und rechtlichen Betreuung von minderjährigen und heranwachsenden Straftätern,
- Teilnahme an den Kommissionen zur Individualisierung des Strafvollzugsregimes,
- Zusammenarbeit mit öffentlichen Institutionen zur Umsetzung der gemeinnützigen Arbeit,[685]
- Zusammenarbeit mit staatlichen und nichtstaatlichen Organisationen, Freiwilligen und Vertretenden der Zivilgesellschaft zur Initiierung und

---

683 Siehe *Durnescu* 2008b S. 27.

684 Vgl. *Szabo* 2009, S. 13 f.

685 Siehe zur Entwicklung der gemeinnützigen Arbeit u. a. *Penal Reform International Romania* 2004. In der Praxis spielt die 2008 von dem Schweizer Verein zur Entwicklung der Bewährungshilfe in Osteuropa (VEBO) gegründete Stiftung zur Förderung von Gemeinschaftsdiensten als Strafmaßnahme (*Fundaţia pentru Promovarea Sancţiunilor Comunitare*, FPSC) eine wichtige Rolle in der Förderung und Implementierung der gemeinnützigen Arbeit. In Zusammenarbeit mit der Bewährungshilfedirektion des Justizministeriums wurden seit 2009 einige Werkstätten in Rumänien, die gemeinnützige Arbeit anbieten, eröffnet (2009 in Braşov, 2011 in Bukarest, 2012 in Timişoara).

Durchführung von Programmen zur sozialen Reintegration der Personen unter Beaufsichtigung,

* Unterstützung bei der Suche nach einem Arbeitsplatz, schulischen und beruflichen Kursen in Zusammenarbeit mit öffentlichen und privaten Institutionen, natürlichen oder juristischen Personen.

Das neue Bewährungshilfegesetz,[686] das am 01.02.2014 in Kraft getreten ist, regelt die Restrukturierung des Bewährungshilfesystems und der Aufgabenbereiche mit Blick auf die Reformen des Straf-, Strafprozess- und Strafvollstreckungsgesetzes. Aufgrund der Erweiterung der ambulanten Maßnahmen im neuen Strafgesetzbuch ist mit einem starken Anstieg der Inanspruchnahme der Dienste der Bewährungshilfe zu rechnen, deren Umsetzung aufgrund des begrenzten Personals als besondere Herausforderung einzuschätzen ist.

Das Bewährungshilfegesetz zielt auf „die soziale Reintegration der Straftäter, die Verringerung des Risikos einer erneuten Straftatbegehung und der Erhöhung der Sicherheit im Gemeinwesen", Art. 2 Abs. 2. Des Weiteren betont das Gesetz, dass die Förderung gemeindebasierter Maßnahmen eine Kostenreduktion des Vollzugs von Strafen und Maßnahmen durch die Verringerung der Strafvollzugspopulation bezweckt, Art. 2 Abs. 3. Das Gesetz regelt erneut eine Umstrukturierung der Bewährungshilfedienste, so dass diese nicht mehr bei den *Tribunalen*, sondern unabhängig davon in jedem Bezirk und in Bukarest bestehen (Art. 26 Abs. 1).[687] Die Koordination der Bewährungshilfedienste obliegt der Nationalen Bewährungshilfedirektion, die direkt dem Justizministerium unterstellt ist. Der Aufgabenkreis der Bewährungshilfe in Bezug auf Jugendliche umfasst gemäß Art. 32 Abs. 1 das Erstellen der Sozialberichte, die Unterstützung der Gerichte bei der Individualisierung der Maßnahmen, die Koordination der Überwachung von Erziehungsmaßnahmen sowie weitere Maßnahmen für inhaftierte Jugendliche.[688] Das Gesetz betont einen interdisziplinären Ansatz und stellt klar, dass die Bewährungshilfe in Ausübung ihrer Tätigkeit mit gemeindebasierten Institutionen und Organisationen zusammenarbeitet, Art. 115.

---

686 Gesetz Nr. 252/2013 hinsichtlich der Organisation und Funktion des Bewährungshilfesystems (*Legea privind organizarea şi funcţionarea sistemului de probaţiune*), veröffentlicht im Amtsblatt Nr. 512 vom 14.08.2013. Das Gesetz ersetzt die Regierungsverordnung Nr. 92/2000 mit nachfolgenden Änderungen und Ergänzungen. Die Ausführungsverordnung zum Bewährungshilfegesetz wurde mit Regierungsbeschluss Nr. 1079/2013 angenommen, veröffentlicht im Amtsblatt Nr. 5 vom 07.01.2014.

687 Fortan heißen die Behörden „Bewährungshilfedienste" und nicht mehr „Bewährungshilfedienste bei den *Tribunalen*", Art. 124 Abs. 1 Bewährungshilfegesetz.

688 Die Bewährungshilfe kann beratend im Rahmen der Tätigkeit des Bildungsbeirats und der Kommission zur Individualisierung des Vollzugsregimes in den Jugendanstalten mitwirken. Darüber hinaus ist die Bewährungshilfe bei Entscheidungen über die Entlassung aus Erziehungs- oder Jugendanstalten hinzuzuziehen, siehe *Kap. 6.10*.

Im Hinblick auf die Betreuung von Opfern von Straftaten regelt das Gesetz, dass die Bewährungshilfe diese Aufgabe zeitlich begrenzt, bis zur Übernahme durch eine andere Institution, ausführt (Art. 123 Bewährungshilfegesetz).

In der Praxis erhöhte sich seit 2000 die Anzahl der von der Bewährungshilfe beaufsichtigen Personen kontinuierlich, ebenso die Anzahl der erstellten Sozialberichte.

Ausweislich der Daten der Bewährungshilfe wurden im Jahr 2012 insgesamt 7.312 Sozialberichte, darunter 5.199 (71,1%) für Jugendliche erstellt.[689] Davon entfielen 83% der Berichte auf die Gerichte, 15% auf die Staatsanwaltschaften, 1% wurden für strafunmündige Minderjährige und 1% für Verurteilte unter Beaufsichtigung der Bewährungshilfe angefertigt. Im Vergleich waren es im Jahr 2003 lediglich 2.060 Berichte für Jugendliche. Von insgesamt 16.383 Verurteilten Ende 2012 standen 8,9% Jugendliche unter Aufsicht der Bewährungshilfe. Dies waren insgesamt 27% mehr als im Vorjahr.[690]

5.4 Überblick über die neue Strafprozessordnung

Im Folgenden wird ein Überblick über die allgemeine Zielsetzung und Prinzipien, Möglichkeiten der Einstellung des Strafverfahrens, Verfahrensbeteiligten sowie die Besonderheiten des Jugendstrafverfahrens gegeben.

5.5 Ziel und Grundsätze des Strafverfahrens

Wichtigste gesetzliche Grundlage stellt die neue Strafprozessordnung dar, welche nach langjährigen Reformbemühungen auf den Weg gebracht und im Juli 2010 verabschiedet worden ist.[691] Nachdem das Inkrafttreten der Strafprozessordnung mehrfach verschoben wurde, trat sie am 01.02.2014 zeitgleich mit dem neuen Strafgesetzbuch in Kraft.[692]

---

689 Im Vergleich waren es im Jahr 2003 laut Angaben der Bewährungshilfedirektion lediglich 2.060 Berichte für Jugendliche.

690 Siehe *Bewährungshilfedirektion*, Statistische Daten 2012, abrufbar unter www.just.ro (16.09.2013).

691 Strafprozessordnung (*Codul de procedură penală*) Nr. 135 vom 01.07.2010, veröffentlicht im Amtsblatt Nr. 486 vom 15.07.2010, ergänzt und geändert durch Ausführungsgesetz Nr. 255/2013, veröffentlicht im Amtsblatt Nr. 515 vom 14.08.2013, und Eilverordnung Nr. 3/2014, veröffentlicht im Amtsblatt Nr. 98 vom 07.02.2014.

692 Vorherige gesetzliche Grundlage bildete die Strafprozessordnung, die am 01.01.1969 in Kraft getreten ist, 1997 im Amtsblatt wiederveröffentlicht und mehrfach novelliert wurde.

Die Strafprozessordnung beinhaltet Bestimmungen zu strafprozessualen Grundsätzen, der Zuständigkeit der Gerichte, den Verfahrensbeteiligten, Beweismitteln, prozessualen Maßnahmen, dem Ermittlungs- und Hauptverfahren, der Strafvollstreckung sowie besondere Verfahrensregelungen wie solche in Jugendsachen.

Ziel der strafprozessualen Bestimmungen gemäß Art. 1 Abs. 2 rStPO ist es sicherzustellen, dass die Justizorgane ihre Aufgaben effizient erledigen und hierbei die Rechte der Verfahrensbeteiligten gewährleisten. Ausdrücklich nimmt der Gesetzgeber Bezug auf verfassungsrechtliche Garantien sowie solche, die in Reglementierungen der Europäischen Union[693] und internationalen Bestimmungen mit Bezug auf Menschenrechte festgehalten wurden. Von den bislang erwähnten spezial- und generalpräventiven Zielsetzungen hat sich der Gesetzgeber nunmehr verabschiedet.[694]

Zu den Prozessmaximen, die für das rumänische Strafverfahren gelten, zählen das Legalitätsprinzip (Art. 2 rStPO), die Offizialmaxime (Art. 3 Abs. 2, Art. 7 Abs. 1 rStPO) sowie die Grundsätze der Unschuldsvermutung (Art. 4 rStPO) und Wahrheitsfindung (Art. 5 rStPO).[695] Ferner wurde der Grundsatz *ne bis in idem* explizit in die neue Strafprozessordnung aufgenommen (Art. 6 rStPO).

Das Recht auf Verteidigung (Art. 10 rStPO) ist in jedem Stadium des Verfahrens garantiert. Während des Strafverfahrens haben die Justizorgane dafür zu sorgen, dass die Beteiligten ihre prozessualen Rechte ausüben können und die zur Verteidigung notwendigen Beweismittel erbracht werden. Die Justizorgane haben die Beschuldigten oder Angeklagten unverzüglich und vor ihrer Vernehmung über die Tat, derer sie verdächtig sind, und deren rechtliche Würdigung zu informieren und ihnen die Möglichkeit zu geben, die Verteidigung vorzubereiten und durchzuführen. Das Recht auf Verteidigung ist auch verfassungsrechtlich verankert.[696] Bei Bedarf werden Dolmetscher hinzugezogen (Art. 12 rStPO).[697]

---

693 Dies bezieht sich auf Bestimmungen in den konstituierenden Verträgen der EU sowie Reglementierungen, die sich auf das Strafverfahrensrecht beziehen.

694 Ziel des Strafverfahrens (Art. 1 bisherige rStPO) war einerseits die vollständige Aufklärung von Straftaten, um Straftäter entsprechend ihrer Schuld einer Bestrafung zuzuführen. Damit wurde das Schuldprinzip, wie im deutschen Strafrecht im Rahmen der Strafzumessung (§ 46 Abs. 1 StGB), ausdrücklich gesetzlich festgehalten. Des Weiteren stellte der Gesetzgeber spezial- und generalpräventive sowie erzieherische Aspekte heraus. So sollte das Strafverfahren der Verteidigung der Rechtsordnung, der Personen sowie deren Rechte und Freiheiten, der Prävention vor erneuter Straftatbegehung und der Erziehung der Bürger zur Achtung der Gesetze dienen.

695 Siehe ausführlicher zu den grundlegenden Prinzipien *Neagu* 2010, S. 73 ff.; *Mateuţ* 2007, S. 149 ff.

696 Art. 24 der Verfassung sieht vor, dass das Recht auf Verteidigung garantiert ist und in jedem Stadium des Verfahrens den Beteiligten gewählte Verteidigerinnen oder Pflichtverteidigerinnen zustehen.

Kernprinzipien, die insbesondere das Hauptverfahren charakterisieren, sind, wie im deutschen Strafverfahrensrecht, die Grundsätze der Mündlichkeit und Unmittelbarkeit sowie der Grundsatz auf rechtliches Gehör. Die Öffentlichkeit ist in Strafverhandlungen grundsätzlich zugelassen (Art. 352 Abs. 1 S. 1 rStPO), darf aber in besonderen Fällen ausgeschlossen werden, unter anderem bei Strafverfahren gegen Jugendliche (Art. 509 Abs. 2 rStPO).[698] Das Schweigerecht ist in Art. 83 a) rStPO verankert.[699]

Für Jugendstrafverfahren gelten prinzipiell die allgemeinen Bestimmungen des Strafprozessrechts, die jedoch durch jugendspezifische Regelungen ergänzt werden, Art. 504 rStPO. Diese Normen sind in einem eigenen Kapitel – Verfahren in Jugendsachen[700] – in den Art. 504 bis 520 rStPO zusammengefasst und beinhalten besondere Bestimmungen hinsichtlich des Verfahrensablaufes, der Zusammensetzung des Gerichts, der Verfahrensbeteiligten, der Rechtsmittel sowie der Vollstreckung von Erziehungsmaßnahmen. Diese Regelungen sollen sicherstellen, dass in Bezug auf Jugendliche ergänzende Rechte zur Anwendung kommen, die die jugendspezifischen Besonderheiten berücksichtigen. Darüber hinaus sind durch die Möglichkeit der Einholung eines Sozialberichts[701] sowie der obligatorischen Ladung der Familienangehörigen und der Bewährungshilfe im Rahmen des Strafverfahrens die Voraussetzungen gegeben, ein weitergehendes Bild von dem Jugendlichen und seinen Lebensumständen zu erhalten, um angemessene Maßnahmen zu ergreifen. Die gesetzlichen Bestimmungen und Grundsätze hinsichtlich der Strafverfahren gegen Jugendliche stehen weitgehend in Einklang mit internationalen Dokumenten wie der UN-Kinderrechtskonvention, den Beijing-Regeln, Riyadh-Regeln sowie den Tokio-Regeln.[702]

---

697 Ausdrücklich wurde auch das Recht der Minderheiten in Rumänien verbrieft, in der Muttersprache abweichend von der rumänischen Amtssprache zu kommunizieren, vgl. *Alunaru* 2008, S. 766, wie dies bereits in Art. 128 Abs. 2 der Verfassung vorgesehen ist.

698 Darüber hinaus kann die Öffentlichkeit ausgeschlossen werden bei Verfahren, die die Gefährdung der staatlichen Sicherheit, der menschlichen Würde, der „Moral" oder der Intimsphäre von Personen zum Inhalt haben, Art. 352 Abs. 3 rStPO. Grundsätzlich dürfen Minderjährige unter 18 Jahren (nach bisheriger Gesetzeslage unter 16 Jahren) an Strafverhandlungen nicht teilnehmen, es sei denn, sie sind Verfahrensbeteiligte oder Zeugen, Art. 352 Abs. 2 rStPO.

699 Erstmals wurde das Schweigerecht durch Gesetz Nr. 283/2003 eingeführt, vgl. *Alunaru* 2008, S. 766.

700 *Procedura în cauzele cu infractori minori*, wörtlich „Verfahren in Fällen mit jugendlichen Straftätern".

701 Dem deutschen Gerichtshilfebericht entsprechend.

702 Vgl. Coca-Cozma u. a.-*Popa* 2003, S. 166.

5.6   Möglichkeiten der Einstellung des Verfahrens

Die informelle Einstellung des Verfahrens (Diversion)[703] hat in den vergangenen Jahrzehnten europaweit an Bedeutung gewonnen. Diversion beinhaltet alle Maßnahmen, die im Rahmen des Strafverfahrens vor einer Verurteilung zu einem Abbruch des Verfahrens führen,[704] es bedeutet die Ersetzung der förmlichen Sanktionierung.[705] Im Gegensatz zu formellen Reaktionsmöglichkeiten kann die informelle Erledigung einen bedeutenderen Beitrag zur Sozialisation leisten.[706] Geprägt vom Erziehungsgedanken und Subsidiaritätsgrundsatz, die notwendige, aber am wenigsten einschneidende Maßnahme anzuordnen, ist Diversion auch geeignet, Stigmatisierung zu vermeiden.[707] Bei der Wahl von Diversionsmaßnahmen ist die Tatschwere nicht maßgeblich zugrunde zu legen, vielmehr müssen die Maßnahmen ausreichend sein, und auch Mehrfachauffällige sind nicht grundsätzlich auszuschließen.[708]

Die rumänische Strafprozessordnung sieht verschiedene Möglichkeiten informeller Verfahrenserledigung vor. In Bezug auf Jugendliche sind ebenfalls die allgemeinen Bestimmungen anwendbar, da besondere Regelungen nicht vorgesehen sind.

Zunächst kommt vor einer Verfahrenseinstellung in Betracht, das Ermittlungsverfahrens gar nicht erst einzuleiten, wenn einer der in Art. 16 Abs. 1 rStPO genannten Gründe, bei denen von einer Anklage abzusehen ist, vorliegt, Art. 305 Abs. 1 rStPO.[709]

5.6.1 Absehen von der Strafverfolgung

Unter anderem stellt die fehlende Strafmündigkeit Minderjähriger, wenn sie unter 14 Jahre alt sind oder im Falle von 14- und 15-Jährigen die fehlende

---

703   Der Begriff Diversion geht auf das englische Wort „Umlenkung, Ablenkung" zurück.

704   *Laubenthal/Baier/Nestler* 2015, S. 20 f.; siehe auch *Meier/Rössner/Schöch* 2013, S. 145.

705   *Ostendorf* 2015, S. 92.

706   *Laubenthal/Baier/Nestler* 2015, S. 20. Für einen Überblick über empirische Untersuchungen zur Sanktionseffizienz siehe beispielsweise *Streng* 2012, S. 105 und *Ostendorf* 2015, S. 93.

707   *Brunner/Dölling* 2011, S. 284.

708   *Eisenberg* 2014, § 45 Rn. 17, 17a. Hingegen legt Richtlinie Nr. 2 zu § 45 dar, dass eine folgenlose Einstellung nach § 45 Abs. 1 JGG insbesondere bei Taten erstmals auffälliger Jugendlicher in Betracht kommt, siehe *Eisenberg* 2014, Richtlinien zum Jugendgerichtsgesetz, Anhang 2, S. 1283.

709   Ausführlicher zu den Gründen im Folgenden.

Urteilsfähigkeit, einen Grund dar, die Ermittlungen nicht in die Wege zu leiten. Hierbei handelt es sich um einen Fall der fehlenden Zurechenbarkeit, Art. 27 rStGB.

Ein Absehen von der Strafverfolgung ist gemäß Art. 318 rStPO ferner möglich, wenn 1) das gesetzliche Strafmaß für Straftaten eine Freiheitsstrafe von höchstens sieben Jahren oder eine Geldstrafe beinhaltet und 2) die Staatsanwaltschaft aufgrund der Tatschwere, den Umständen und der Art und Weise der Tatbegehung, des verfolgten Zieles und der Tatfolgen ein fehlendes öffentliches Interesse an der Strafverfolgung feststellt. Des Weiteren sind bei der Feststellung des öffentlichen Interesses die Person des Angeklagten, das Verhalten vor Tatbegehung sowie die Bemühungen des Straftäters, die Folgen der Straftat zu beseitigen oder zu vermindern, zu berücksichtigen.

Die Staatsanwaltschaft verbindet das Absehen von der Verfolgung mit einer oder mehreren der folgenden Weisungen:

- die Folgen der Straftat zu beseitigen oder eine Schadenswiedergutmachung zu erwirken,
- sich öffentlich bei der geschädigten Person zu entschuldigen,
- gemeinnützige Arbeit zwischen 30 und 60 Tagen zu leisten,
- an einem Beratungsprogramm teilzunehmen.

Die Dauer der Weisungen darf sechs Monate nicht überschreiten. In dem Fall, dass eine Mediationsvereinbarung über bestimmte Verpflichtungen abgeschlossen wurde, müssen diese innerhalb von neun Monaten abgeschlossen worden sein. Erfüllt der Beschuldigte die Weisungen innerhalb dieses Zeitraums nicht, so nimmt die Staatsanwaltschaft die Verfügung des Absehens von der Strafverfolgung zurück. Eine nochmalige Verfahrenseinstellung aus diesen Gründen ist nicht möglich.

5.6.2 Einstellung durch die Staatsanwaltschaft

Während des Ermittlungsverfahrens kann die Staatsanwaltschaft gemäß Art. 314 Abs. 1, 315 Abs. 1 rStPO auf Vorschlag der Ermittlungsbeamten oder von Amts wegen die Einstellung (*clasarea*) verfügen, wenn einer der in Art. 16 Abs. 1 rStPO genannten Gründe vorliegt. Diese Möglichkeit besteht im Zeitpunkt vor der Anklageerhebung durch die Staatsanwaltschaft. Darüber hinaus hat der Gesetzgeber eingeführt, dass von der Strafverfolgung abgesehen (*renunțarea la urmărirea penală*) werden kann, wenn kein öffentliches Interesse an der Verfolgung besteht (Art. 314 Abs. 1b) rStPO). In der Gesetzesbegründung zur neuen Strafprozessordnung wird dargelegt, dass mit dem Absehen von der

Strafverfolgung eine Entlastung der Justizpraxis und eine Verkürzung der Verfahrensdauer erhofft werden.[710]
Zu den in Art. 16 Abs. 1 rStPO genannten Gründen, die die Erhebung der öffentlichen Anklage verhindern oder nach Anklageerhebung die Verfahrenseinstellung erfordern, zählen:

- Die Tat existiert nicht (Art. 16 Abs. 1a) rStPO),[711]
- die Tat ist durch das Strafgesetz nicht vorgesehen oder die Tat wurde schuldlos begangen (Art. 16 Abs. 1b) rStPO),
- es fehlt an dem Beweis, dass eine Person die Straftat begangen hat (Art. 16 Abs. 1c) rStPO),
- es besteht ein Rechtfertigungsgrund oder es fehlt an der Zurechenbarkeit (Art. 16 Abs. 1d) rStPO),
- der vorherige Strafantrag, die Ermächtigung, Benachrichtigung des zuständigen Organs oder andere gesetzliche vorgesehene Bedingungen, die für eine Anklageerhebung notwendig sind, liegen nicht vor (Art. 16 Abs. 1e) rStPO),
- ein Fall der Amnestie, Verjährung oder der Tod des Tatverdächtigen oder Angeklagten bzw. Löschung der juristischen Person ist eingetreten (Art. 16 Abs. 1f) rStPO),
- bei Strafantragsdelikten wurde der vorherige Strafantrag zurückgenommen, in Fällen, in denen die Versöhnung der Parteien die strafrechtliche Verantwortlichkeit beseitigt, haben sich die Parteien versöhnt oder eine Mediationsvereinbarung abgeschlossen (Art. 16 Abs. 1g) rStPO),
- es besteht ein gesetzlich vorgesehener Grund der fehlenden Strafbarkeit (Art. 16 Abs. 1h) rStPO),
- eine rechtskräftige Verurteilung liegt bereits vor (Art. 16 Abs. 1i) rStPO),
- das Strafverfahren wurde in ein anderes Land verlegt (Art. 16 Abs. 1j) rStPO).

Die Einstellungsgründe hat der Gesetzgeber zum Teil neu geregelt und sich unter anderem von dem Grund der fehlenden Gesellschaftsgefährlichkeit der Straftat verabschiedet.[712]

---

710 Justizministerium 2009b, Begründung zur Strafprozessordnung, S. 3. Hierbei erwähnt der Gesetzgeber, dass die Verfahrenseinstellung aufgrund fehlenden öffentlichen Interesses in mehreren Ländern fest etabliert ist, darunter Deutschland, Italien, Frankreich, Spanien, Serbien, Slowenien und Bulgarien.

711 Art. 16 Abs. 1a) bezieht sich darauf, dass festgestellt wurde, dass in der Realität keine Tat begangen wurde, vgl. *Theodoru* 2013, S. 175.

712 Nach bisheriger Rechtslage war geregelt, dass das Verfahren durch die Staatsanwaltschaft einzustellen war, wenn einer der in Art. 10 rStPO genannten Gründe vorlag.

Der Staatsanwalt ordnet das Absehen von der Strafverfolgung an bzw. stellt das Verfahren durch eine Verfügung (*ordonanţa*) ein, welche gemäß Art. 286

Hierbei wurde danach unterschieden, ob infolge des Nichtvorliegens der Straftat (Fälle des Art. 10 Abs. 1a)-e) der Grund für die Anklageerhebung fehlte, oder ob die Strafe aufgrund des fehlenden Objektes der Anklage (Fälle Art. 10 Abs. 1g)-j)) nicht angewandt werden konnte, vgl. *Volonciu* 1997, S. 92 f.; *Theodoru* 2013, S. 174.

Das Strafprozessrecht sah in Art. 11 Nr. 1 rStPO a. F. und weiteren strafprozessualen Vorschriften drei verschiedene Formen der Einstellung vor: Zunächst regelte die Vorschrift, dass die Ermittlungen einzustellen sind (*clasarea*, wörtlich: Klassifizierung), wenn Beschuldigte nicht existierten (Art. 11 Nr. 1a) rStPO a. F.). Die Regelung bezog sich darauf, dass die Straftat keiner Person zurechenbar ist, oder der Täter nicht bekannt ist, so dass es nicht möglich ist, eine bestimmte Person zur Verantwortung zu ziehen. Umfasst waren auch die Fälle, in denen die Tat nicht das Resultat menschlichen Handelns darstellt, beispielsweise bei Zerstörungen durch Naturereignisse, vgl. *Theodoru* 2013, S. 180.

Darüber hinaus kam eine staatsanwaltliche Einstellung (*scoaterea de sub urmărire*, wörtlich: Absehen von der Verfolgung) gemäß Art. 249 rStPO a. F. in Betracht, wenn Beschuldigte oder Angeklagte existent waren und einer der Fälle des Art. 10 Abs. 1a) bis e) rStPO a. F. vorlag:

die Tat existiert nicht (Art. 10 Abs. 1a) rStPO a. F.),
- die Tat ist durch das Strafgesetz nicht vorgesehen (Art. 10 Abs. 1b) rStPO a. F.),
- die Tat weist nicht die Gesellschaftsgefährlichkeit einer Straftat auf (Art. 10 Abs. 1b^1) rStPO a. F.),
- die Tat wurde nicht vom Beschuldigten oder Angeklagten begangen (Art. 10 Abs. 1c) rStPO a. F.),
- der Tat fehlt eines der konstitutiven Elemente einer Straftat (Art. 10 Abs. 1d) rStPO a. F.),
- es liegt ein Grund vor, der den strafrechtlichen Charakter der Straftat beseitigt (Art. 10 Abs. 1e) rStPO a. F.).

Hinsichtlich der Geringfügigkeit der Tat (Art. 10 Abs. 1b^1) legte Art. 230 i. V. m. Art. 228 Abs. 2 rStPO a. F. explizit dar, dass Staatsanwälte nach Benachrichtigung der Ermittlungsbehörden die Strafverfolgung nicht einzuleiten bzw. von der Verfolgung abzusehen haben, wenn die Tat nicht die Gesellschaftsgefährlichkeit einer Straftat nach Art. rStVollzG rStGB a. F. aufweist (Art. 10 Abs. 1b^1 rStPO a. F.). In diesen Fällen waren Verwaltungsmaßnahmen nach Art. 91 rStGB zu verhängen und die Verwarnung oder Verwarnung mit Androhung gegenüber Jugendlichen auszusprechen (Art. 249^1 Abs. 1 rStPO a. F.). Eines der konstitutiven Elemente einer Straftat gemäß Art. 10 Abs. 1d) rStPO a. F. fehlte beispielsweise, wenn es sich lediglich um vorbereitende Handlungen handelt und der Versuch nicht strafbar ist. Zu den Gründen nach Art. 10 Abs. 1e) rStPO a. F. zählten neben der Strafunmündigkeit Minderjähriger beispielsweise Fälle der Notwehr, des Notstands, der Unzurechnungsfähigkeit.

Schließlich war die strafrechtliche Verfolgung gemäß Art. 242 Abs. 1, Art. 11 Nr. 1 rStPO a. F. einzustellen (*încetarea*, wörtlich: Beendigung), wenn Beschuldigte oder Angeklagte zugegen waren, und einer der Fälle des Art. 10 Abs. 1f) bis h), i^1) und j) rStPO a. F. vorlag, das heißt, wenn es an einem Strafantrag fehlte, ein Fall der Amnestie oder Verjährung, Tod der Straftäterin, Löschung der juristischen Person, die Versöhnung der Parteien oder eine Mediationsvereinbarung in den gesetzlich vorgesehenen Fällen, eine rechtskräftige Verurteilung, ein Grund der Nichtbestrafung vorlag. Diese Bestimmungen wurden weitgehend beibehalten.

Abs. 2 rStPO tat- und täterbezogene Angaben sowie die Einstellungsgründe und deren Begründung enthält. Der Inhalt der Verfügung wird dem Tatverdächtigen bzw. Angeklagten, dem Strafantragsteller oder weiteren Personen mit berechtigtem Interesse bekannt gegeben (Art. 316 Abs. 1 bzw. Art. 318 Abs. 7 rStPO). Stellen die Ermittlungsbeamten fest, dass ein Einstellungsgrund vorliegt, empfehlen sie der Staatsanwaltschaft, das Verfahren einzustellen (Art. 320 rStPO). Folgt die Staatsanwaltschaft dem Vorschlag, verfügt sie, dass das Ermittlungsverfahren nicht eingeleitet wird. Kommt die Staatsanwaltschaft zu dem Ergebnis, dass die rechtlichen Gründe für eine Einstellung nicht vorliegen, so werden die Akten der Polizei zurückgesandt (Art. 317 rStPO).

5.6.3 Einstellung durch das Gericht

Die gerichtlich verfügte Einstellung ist bei Vorliegen der Gründe nach Art. 16 Abs. 1e) bis j) rStPO möglich, siehe oben. Eine gerichtliche Einstellung kommt hiernach unter anderem in Betracht, wenn die Parteien eine Mediationsvereinbarung abgeschlossen oder sich versöhnt haben, Art. 16 Abs. 1g) rStPO. In den Konstellationen des Art. 16 Abs. 1a) bis d) rStPO ordnet das Gericht einen Freispruch (*achitarea*) an.

5.7 Verfahrensbeteiligte

Die neue Strafprozessordnung fasst nunmehr die Verfahrensbeteiligten in einem eigenen Kapitel zusammen, vgl. Art. 29 ff. rStPO. Zu den an einem Strafverfahren Beteiligten zählen die Justizorgane, Strafverteidiger, die Parteien des Strafverfahrens, die „Hauptsubjekte" des Verfahrens sowie weitere „Verfahrenssubjekte"[713] (Art. 29 rStPO).

---

713 Als weitere „Verfahrenssubjekte" werden unter anderem Zeugen, Sachverständige, Dolmetscher bzw. Übersetzer, besondere Auskunftsstellen oder andere gesetzlich vorgesehene Personen oder Organe mit bestimmten Rechten und Pflichten im Strafverfahren bezeichnet, vgl. Art. 34 rStPO.

5.7.1 Justizorgane

Als Justizorgane benennt Art. 30 rStPO die Ermittlungsbehörden, die Staatsanwaltschaft, die Ermittlungsrichter,[714] die Richter im Zwischenverfahren[715] sowie die Gerichte.[716]

5.7.2 Staatsanwaltschaft

In Verfahren gegen Jugendliche ist die Staatsanwaltschaft zu beteiligen, sowohl vor den Amtsgerichten als auch den anderen Gerichten, Art. 363 Abs. 1 rStPO. Nimmt die Staatsanwaltschaft nicht teil, so zieht dies die absolute Ungültigkeit des Verfahrens gemäß Art. 281 Abs. 1d) rStPO nach sich. Die Rolle der Staatsanwaltschaft besteht in der aktiven Wahrheitsfindung, vgl. Art. 5 Abs. 1 rStPO. Es ist nicht zwingend erforderlich, dass Staatsanwälte in Jugendstrafverfahren besonders erzieherisch befähigt sind.

5.7.3 Gesetzliche Vertreter

Die Erziehungsberechtigten bzw. gesetzliche Vertreter haben ein Recht auf Anwesenheit bei polizeilichen oder staatsanwaltlichen Vernehmungen im Rahmen des Vorverfahrens, wenn die Jugendlichen unter 16 Jahre alt sind. Haben Jugendliche das 16. Lebensjahr vollendet, liegt die Hinzuziehung der gesetzlichen Vertreter im Ermessen der Ermittlungsbeamten, vgl. Art. 505 Abs. 1 und 2 rStPO.

In der Hauptverhandlung sind gemäß Art. 508 Abs. 1 rStPO die Eltern der Jugendlichen oder der Vormund, Betreuende bzw. diejenige Person, in deren Obhut oder unter deren Aufsicht sich die Minderjährigen befinden, obligatorisch zu laden.[717]

Diese Personen haben das Recht sowie die Pflicht, Auskünfte zu geben und Vorschläge hinsichtlich der einzuleitenden Maßnahmen vorzutragen, Art. 508 Abs. 2 rStPO. Sind die oben genannten Personen nicht anwesend, so hindert dies gemäß Art. 508 Abs. 3 rStPO den weiteren Ablauf des Gerichtsverfahrens nicht.

---

714 *Judecători de drepturi și libertăți,* wörtlich: Richter hinsichtlich der Rechte und Freiheiten.

715 *Judecători de camera preliminară,* wörtlich: Richter der vorläufigen Kammer.

716 Siehe Näheres zu der Aufgabe der Richter im Abschnitt „Ablauf des Jugendstrafverfahrens".

717 In der bisherigen Strafprozessordnung (Art. 484 Abs. 2 rStPO a. F.) war geregelt, dass darüber hinaus weitere Personen geladen werden konnten, deren Präsenz das Gericht als bedeutsam erachtet. Dazu zählten beispielsweise Psychologinnen und Psychiater, vgl. Coca-Cozma u. a.-*Popa* 2003, S. 186.

5.7.4 Bewährungshilfe

In Jugendsachen kommt der Bewährungshilfe in Rumänien eine besondere Bedeutung zu (siehe oben *5.3*). Sie war bis zum 1. Februar 2014 bei jedem *Tribunal* und ist seitdem in jedem Bezirk eingerichtet. Die Bewährungshelferinnen sind in der Regel Absolventinnen der Sozialarbeit, Psychologie, Soziologie, Pädagogik oder Rechtswissenschaften[718] und im Bereich der Bewährungshilfe weitergebildet.

Die Bewährungshilfe zeichnet sich verantwortlich für den Sozialbericht (Gerichtshilfebericht), welcher den Justizorganen Aufschluss über die Persönlichkeit der Jugendlichen gibt, Art. 506 rStPO. In den Fällen, in denen die Ermittlungsorgane es für erforderlich erachten, erstellt die Bewährungshilfe einen Bericht über die soziale Lage und sonstige relevante Hintergründe der jugendlichen Tatverdächtigen oder Angeklagten. Er dient als Grundlage der Hauptverhandlung und ist spätestens zur Vorbereitung der Hauptverhandlung zwingend für das Gericht anzufertigen. Wurde bereits im Vorverfahren ein Sozialbericht zur Verfügung gestellt, kann das Gericht entweder auf diesen zurückgreifen oder erneut einen Bericht anfordern. Der Bericht gibt Aufschluss über die Person des Jugendlichen aus verhaltenspsychologischer Perspektive.[719]

Darüber hinaus sind die Bewährungshelfer anwesenheitspflichtig in der Hauptverhandlung, Art. 508 Abs. 1 rStPO. Sie sind verpflichtet, Auskünfte zu erteilen und berechtigt, Vorschläge in Bezug auf anzuordnende Maßnahmen vorzubringen (siehe oben). Somit wurden die Rechte der Bewährungshilfe in der neuen Strafprozessordnung gestärkt.[720]

---

718 Art. 20 Abs. 1f) Gesetz Nr. 123/2006.

719 Siehe hierzu ausführlicher in *Kap. 4.3.2.3*.

720 In Deutschland spielt im Jugendstrafverfahren die Jugendgerichtshilfe eine wichtige Rolle. Sie wird von den Jugendämtern im Zusammenwirken mit den Vereinigungen für Jugendhilfe ausgeübt, § 38 Abs. 1 JGG. Die Jugendgerichtshilfe ist ein Prozessorgan eigener Art und gekennzeichnet durch ihre Doppelfunktion, sowohl als Hilfe für das Gericht als auch für Beschuldigte, *Meier/Rössner/Schöch* 2013, S. 276. Über die Ermittlungshilfe hinaus sichert sie die erzieherischen, sozialen und fürsorglichen Interessen im Jugendstrafverfahren, § 38 Abs. 2 S. 1 JGG. Zur jugendstrafrechtlichen Persönlichkeitsbewertung erstellt sie einen Ermittlungsbericht, der sich auf die Erforschung der Lebens- und Familienverhältnisse, des Werdegangs, des bisherigen Verhaltens des Beschuldigten und alle übrigen Umstände, die zur Beurteilung der seelischen, geistigen und charakterlichen Eigenschaften dienen können, bezieht, § 43 Abs.1 S. 1 JGG i. V. m. § 38 JGG. Der Bericht der Jugendgerichtshilfe ist mit dem Sozialbericht der Bewährungshilfe in Rumänien vergleichbar.

5.7.5 Generaldirektion für Sozialhilfe und Kinderschutz

Nach der Reformierung des Strafprozessrechts sind Vertreter der Kinderschutzdirektion im Rahmen des Vorverfahrens in Jugendsachen zu beteiligen. Sie sind, ebenso wie die gesetzlichen Vertreter, im Falle unter 16-Jähriger zwingend zu jeder Anhörung und Vernehmung der Jugendlichen zu laden, im Falle der 16- und 17-Jährigen nur dann, wenn die Ermittlungsorgane es für erforderlich halten, Art. 505 Abs. 1 rStPO. Zuvor kam diese Aufgabe der Bewährungshilfe zu, welche während des Vorverfahrens bei Beteiligung unter 16-Jähriger je nach Ermessen der Ermittlungsorgane anwesend war.[721]

5.7.6 Strafverteidigung

Grundsätzlich ist eine zwingende Verteidigung Jugendlicher in Strafverfahren aufgrund ihres Alters und der damit verbundenen Schutzbedürftigkeit sowie der geringeren Lebenserfahrung im Vergleich zu Erwachsenen geboten.

Im rumänischen Recht sind Verteidiger für jugendliche Tatverdächtige und Angeklagte obligatorisch zu bestellen, Art. 90 a) rStPO. Die notwendige Verteidigung bezieht sich auf das gesamte Verfahren gegen Jugendliche, sowohl auf das Ermittlungsverfahren, als auch auf das Hauptverfahren. Ziel dieser Regelung ist es, Jugendlichen, denen es an Lebenserfahrung fehlt, Schutz zukommen zu lassen und juristische Fehler während des Verfahrens zu vermeiden.[722]

Hat ein Jugendlicher keinen Verteidiger gewählt, so wird ein Pflichtverteidiger bestellt, Art. 91 Abs. 1 rStPO.

Der Pflichtverteidiger wird je nach dem Stadium des Verfahrens auf Antrag der Ermittlungsbeamten, der Staatsanwaltschaft oder des Gerichts bei der Anwaltskammer bestellt, die einen Pflichtverteidiger bestimmt. In der Praxis ist darüber berichtet worden, dass Pflichtverteidiger in Jugendverfahren den Anträgen zwar nachkommen, jedoch nicht das gebotene Interesse an einer bestmöglichen Verteidigung aufbringen.[723]

Augenmerk ist ferner darauf zu lenken, dass in jeder Phase des Verfahrens der Pflichtverteidiger eine andere Person sein kann, mithin im Ermittlungsverfahren, in der erstinstanzlichen Verhandlung sowie im Berufungs- oder Revisionsverfahren. Dies hängt mit der internen Organisation der Anwaltskammer zusammen, sowie damit, dass jede Institution für jede Etappe gesondert einen Verteidiger bestellt, der nicht identisch sein muss mit vorherigen Verteidigern.[724] Diese Vorgehensweise ist nachteilhaft für den Jugendlichen, der sich

---

721   Art. 481 Abs. 1 rStPO a. F.

722   *Neagu* 2010, S. 240.

723   Vgl. UNICEF 2004, S. 85.

724   UNICEF 2004, S. 106.

immer wieder auf einen neuen Verteidiger einstellen und Vertrauen aufbauen muss.

Werden die Vorschriften der notwendigen Verteidigung verletzt, so ist in der Folge von einem absoluten Nichtigkeitsgrund gemäß Art. 281 Abs. 1f) rStPO auszugehen.[725]

5.8 Ablauf des Jugendstrafverfahrens

Für das Strafverfahren gilt in Rumänien wie im deutschen Recht die dreigliedrige Struktur von Ermittlungsverfahren, Hauptverfahren und Strafvollstreckungsverfahren.[726]

5.8.1 Gang des Ermittlungsverfahrens

Das Strafverfahren beginnt mit der Eröffnung des Ermittlungsverfahrens. Auch hierbei gelten grundsätzlich die allgemeinen strafprozessualen Grundsätze, die jedoch durch einige spezifische Regelungen zugunsten Minderjähriger ergänzt bzw. modifiziert werden. Wie im deutschen Vorverfahren umfasst das Ermittlungsverfahren in Rumänien die Handlungen der Strafverfolgungsbehörden zur Straftatermittlung bis hin zur Anklageerhebung oder Verfahrenseinstellung.[727] Zweck des Ermittlungsverfahrens ist es, Beweise für das Vorliegen einer Straftat, die Identifizierung der Straftäter und die Feststellung der strafrechtlichen Verantwortlichkeit zusammenzutragen, um eine Entscheidung darüber herbeizuführen, ob das Hauptverfahren eröffnet wird, Art. 285 rStPO. Das Ermittlungsverfahren ist geprägt durch den Grundsatz der Nichtöffentlichkeit, wie er nunmehr explizit in der neuen Strafprozessordnung (Art. 285 Abs. 2) festgehalten wird.

---

725 Nach deutschem Recht besteht hingegen keine grundsätzliche Pflicht der Verteidigung in Jugendsachen. Gemäß § 68 Nr. 1 JGG liegt ein Fall der notwendigen Verteidigung vor, wenn auch gemäß § 140 StPO für Erwachsene ein Verteidiger notwendig wäre. Darüber hinaus legen § 60 Nr. 2-5 JGG vier weitere Fälle der notwendigen Verteidigerbestellung dar. Besondere Anforderungen an Verteidiger in Jugendsachen nennt das JGG im Gegensatz zu den Jugendrichtern und -staatsanwälten nicht, so dass in der Folge zugelassene Rechtsanwälte oder weitere in § 138 StPO genannte Personen zur Strafverteidigung in Jugendsachen befugt sind, vgl. *Laubenthal/Baier/Nestler* 2015, S. 115. Liegt kein Fall einer notwendigen Verteidigung vor, kann das Gericht jugendlichen Beschuldigten gemäß § 69 Abs. 1 JGG einen Beistand in jeder Lage des Verfahrens bestellen. In der Praxis ist die Beistandschaft jedoch von geringer Bedeutung, da andere Organe wie die Jugendgerichtshilfe oder Bewährungshilfe weitgehend die Aufgaben des Beistands erfüllen, vgl. *Brunner/Dölling* 2011, S. 399.

726 Ausführlicher zum Aufbau des Strafverfahrens beispielsweise *Mateuţ* 2007, S. 128 ff.

727 Vgl. *Mateuţ* 2007, S. 128 f.

Zu den zuständigen Ermittlungsorganen (*organe de urmărire penală*) zählen gemäß Art. 55 Abs. 1 rStPO die Staatsanwaltschaft sowie die Strafermittlungsbehörden. Als Strafermittlungsbehörden spezifiziert das Gesetz die Ermittlungsbehörden der Bezirkspolizei[728] sowie Sonderermittlungsbehörden.[729] Grundsätzlich sind Beamte des Polizeidienstes als Ermittlungsorgane während des Vorverfahrens zuständig. Ausgenommen hiervon sind Fälle schwerer Straftaten, die die obligatorische Zuständigkeit der Staatsanwaltschaft begründen, vgl. Art. 56 Abs. 3 rStPO.[730] In erster Linie ist es indes Aufgabe der Staatsanwaltschaft, das Ermittlungsverfahren zu überwachen und die Tätigkeit der polizeilichen Ermittlungsorgane zu leiten und zu überwachen, Art. 56 Abs. 1 rStPO. Es besteht dennoch die Möglichkeit, dass die Staatsanwaltschaft jede Ermittlungstätigkeit selbst übernimmt (Art. 56 Abs. 2 rStPO). Wie im deutschen Strafprozessrecht gilt, dass die Staatsanwaltschaft die Verfahrensherrschaft innehat. Das Gericht entscheidet im Rahmen des Ermittlungsverfahrens über die Genehmigung für Prozesshandlungen oder Präventivmaßnahmen bzw. über eingelegte Rechtsmittel.

Die Staatsanwaltschaft ist hierarchisch aufgebaut und der Kontrolle des Justizministers untergeordnet, vgl. Art. 132 Verfassung. Die Behörde für Öffentliche Angelegenheiten (*Ministeriu Public*, im folgenden Staatsanwaltschaftsbehörde), welche die allgemeinen Interessen der Gesellschaft, die Rechtsordnung sowie die Rechte und Freiheiten der Bürger vertritt, führt ihre Aufgaben durch die Staatsanwälte in den Staatsanwaltschaften aus, Art. 131 Verfassung.

Zur Spezialisierung von polizeilichen und staatsanwaltschaftlichen Ermittlungsbeamten[731] in Jugendsachen enthält die Strafprozessordnung keine expliziten Bestimmungen.[732] Das Gesetz Nr. 303/2004 über den Status der Richterin-

---

728 Näher legt das Gesetz hierzu dar, dass es sich bei den Ermittlungsbeamten der Bezirkspolizei um spezialisierte Mitarbeitende des Verwaltungs- und Innenministeriums handelt, die mit Zustimmung des Generalstaatsanwalts bei dem Hohen Kassationsgerichtshof oder der zuständigen Staatsanwältin ernannt wurden, vgl. Art. 55 Abs. 4 rStPO.

729 Wörtlich: Besondere Ermittlungsbehörden (*organe de cercetare penală speciale*). Hierbei handelt es sich um Offiziere, die von dem Generalstaatsanwalt bei dem Hohen Kassationsgericht ernannt wurden, Art. 55 Abs. 5 rStPO.

730 Zu den schweren Straftaten zählen unter anderem Straftaten gegen das Leben sowie Straftaten, die erstinstanzlich in die Kompetenz des Hohen Kassationsgerichtshofs oder des Berufungsgerichts fallen.

731 Lediglich bei den Staatsanwaltschaften an den Berufungsgerichten sind gemäß rGOG spezielle Jugendabteilungen vorgesehen, s. o.

732 In Deutschland sind Jugendstaatsanwälte (§ 36 JGG) an den Verfahren beteiligt, teilweise bestehen auch jugendspezifische polizeiliche Ermittlungsstellen. § 37 JGG legt dar, dass Jugendstaatsanwältinnen sowie -richterinnen erzieherisch befähigt und in der Jugenderziehung erfahren sein sollen. Die als „Sollvorschrift" verfasste Regelung wird

nen und Staatsanwältinnen legt in Art. 38 dar, dass in Zusammenarbeit mit dem Institut der Magistratur regelmäßig Fortbildungsmaßnahmen an den Berufungsgerichten und den zugeordneten Staatsanwaltschaften stattfinden. Alle drei Jahre werden die „Magistraten" unter anderem im Hinblick auf absolvierte Spezialisierungskurse evaluiert, Art. 39 Abs. 1.[733]

In Rumänien ist der Aspekt der Spezialisierung in der Praxis bereits thematisiert und teilweise im Rahmen spezieller Fortbildungsmaßnahmen umgesetzt worden. Allerdings handelt es sich hierbei nur um vereinzelte Maßnahmen, so dass nicht von einem homogenen Bild gesprochen werden kann.

Eine besondere Bedeutung während des Vorverfahrens kommt den erstmals eingeführten Ermittlungsrichtern zu. Sie entscheiden gemäß Art. 53 rStPO während des Ermittlungsverfahrens über Anträge, Vorschläge der Ermittlungsorgane, Beschwerden und Widersprüche im Hinblick auf vorläufige Maßnahmen, medizinische Zwangsmaßnahmen und Maßnahmen der Sicherstellung sowie weitere gesetzlich vorgesehene Handlungen.

Eingeleitet wird das Ermittlungsverfahren durch einen Strafantrag (*plângere*), eine Strafanzeige (*denunţ*) oder von Amts wegen (*din oficiu*), vgl. Art. 288 Abs. 1 rStPO.

Ein Strafantrag wird von den Geschädigten, natürlichen oder juristischen Personen, selbst gestellt, Art. 289 Abs. 1 rStPO. Für Minderjährige stellen die gesetzlichen Vertreter den Strafantrag, Art. 289 Abs. 8 rStPO. Darüber hinaus sind auch die Ehegatten oder volljährige Kinder für die Eltern antragsberechtigt, Art. 289 Abs. 7 rStPO. Bei Taten, die nur auf Antrag verfolgt werden, ist ein vorheriger Strafantrag zu stellen (*plângerea prealabilă*), Art. 295 rStPO.

Eine Strafanzeige kann hingegen von jeder natürlichen oder juristischen Person eingereicht werden, der eine Straftat zur Kenntnis gelangt ist, Art. 290 Abs. 1 rStPO. Strafantrag und Strafanzeige sind schriftlich oder zur Niederschrift einzureichen. Von Amts wegen leiten die Ermittlungsbeamten das Vor-

---

jedoch als unverbindliche Ordnungsvorschrift gesehen, *Streng* 2012, S. 59 und in der Praxis kaum gewürdigt, vgl. *Laubenthal/Baier/Nestler* 2015, S. 79 m. w. N.

733 Anzumerken ist, dass die Spezialisierung von Magistratinnen bereits vor 1989 eine Rolle spielte und in der Praxis auch umgesetzt wurde, in welchem Umfang kann aufgrund fehlender Verschriftlichung nicht genau beschrieben werden. Spezialisierte Richterinnen in Jugendsachen wurden schon vor 1989 vom Justizministerium ernannt. Im Jahr 2011 wurden 25 Richterinnen und Staatsanwälte in Jugendsachen (zivil und strafrechtlich) fortlaufend durch das Institut der Magistratur weitergebildet. Die Maßnahmen fanden im Rahmen des Projektes „Entwicklung des Jugendjustizsystems (*Dezvoltarea sistemului de justiţie pentru minori în România)*" in Kooperation mit der IRZ-Stiftung statt, siehe *Hoher Rat der Magistratur* 2012, S. 54. Die rege Fortbildungstätigkeit insbesondere vor dem EU-Beitritt wird anhand der folgenden Zahlen deutlich: Angaben des Instituts der Magistratur zufolge wurden 2003 96, 2004 159, 2005 140, 2006 374 und 2007 57 Magistraten in Rumänien weitergebildet. Im Mittelpunkt der Fortbildungen standen die Themen „Recht in Jugendsachen (zivil- und strafrechtliche Aspekte)" sowie in geringerem Umfang „Kinder- und Jugendschutz", „Kinderhandel und -migration".

verfahren ein, wenn sie durch eigene Wahrnehmungen von der Begehung einer Straftat Kenntnis erlangt haben, Art. 292 rStPO.

Das zuständige Ermittlungsorgan verfügt die Einleitung des Vorverfahrens, wenn kein Einstellungsgrund nach Art. 16 rStPO vorliegt, vgl. Art. 305 Abs. 1 rStPO.

Im Falle minderjähriger Tatverdächtiger hat das Ermittlungsorgan zu prüfen, ob eine strafrechtliche Verantwortlichkeit vorliegt. Fehlt diese, so ist das Verfahren einzustellen.

Im Rahmen des Ermittlungsverfahrens sind die Beamten verpflichtet, Beweiserhebungen durchzuführen. Mit dem Beginn des Ermittlungsverfahrens gelten für den Tatverdächtigen (*suspect*)[734] verfahrensrechtliche Garantien. Liegt aufgrund der Beweislage die begründete Annahme[735] vor, dass eine Person eine Straftat begangen hat, so gilt diese als tatverdächtig, Art. 77 rStPO. Tatverdächtige zählen neben den geschädigten Personen zu den „Hauptsubjekten des Verfahrens"[736]. Ihnen stehen die gleichen Rechte zu wie den Parteien im Strafverfahren, Art. 33 Abs. 2, 78 rStPO. Die Ermittlungsbeamten sind daher verpflichtet, die Beschuldigten über ihre prozessualen Rechte in Kenntnis zu setzen. Ebenso sind Geschädigte im Rahmen des Strafverfahrens über ihre Rechte zu informieren. Dazu zählen beispielsweise das Recht, Angeklagte und Zeugen zu befragen, Akteneinsicht zu nehmen, das Beweisantragsrecht sowie das Recht zur Abgabe von Erklärungen, vgl. Art. 81 Abs.1 rStPO.[737]

Vor Beginn der ersten Vernehmung sind dem Tatverdächtigen die zur Last gelegte Tat sowie deren rechtliche Beurteilung und die Rechte gemäß Art. 83 rStPO mitzuteilen, Art. 307 rStPO. Das Ermittlungsorgan hat den Jugendlichen in Anwesenheit eines Rechtsbeistands über die geltenden Rechte zu informieren. Dazu zählen das Recht, sich zur Beschuldigung zu äußern oder nicht zur Sache auszusagen, einen Verteidiger eigener Wahl zu bestellen, Beweismittel zu seiner

---

734 Dieser Terminus wurde im rumänischen Strafprozessrecht neu eingeführt. Zuvor wurde zwischen Täter (*făptuitor*), Beschuldigtem (*învinuit*) und Angeklagtem (*inculpat*) unterschieden. Nach der Einleitung des Ermittlungsverfahrens wurden Täter zu Beschuldigten, so dass in der Folge die prozessualen Rechte, wie das Recht auf einen Rechtsbeistand, für die Beschuldigten galten.

735 Wörtlich: *bănuiala*, bedeutet *Annahme, Verdacht*. Die begründete Annahme entspricht dem Anfangsverdacht im deutschen Strafprozessrecht, s. u.

736 *Subiecţi procesuali principali*, Art. 33 rStPO.

737 In Deutschland sind diese Rechte größtenteils deckungsgleich mit den Rechten von Nebenklägern, §§ 395 ff. StPO. So können sich Geschädigte bei Verfolgung bestimmter Straftaten der öffentlichen Anklage als Nebenkläger anschließen, um somit bestimmte Rechte wie das Recht auf Anwesenheit in der Hauptverhandlung, das Frage- und Beweisantragrecht, das Recht auf Abgabe von Erklärungen wahrzunehmen. Die Möglichkeit der Nebenklage in Strafverfahren gegen Jugendliche ist allerdings nur eingeschränkt im Fall der Begehung schwerer Straftaten möglich, vgl. § 80 Abs. 3 JGG.

Verteidigung beizubringen oder eine Mediatorin in gesetzlich vorgesehenen Fällen zu bestellen. Haben Minderjährige nicht von dem Recht Gebrauch gemacht, einen Verteidiger eigener Wahl zu bestellen, so haben die Ermittlungsorgane Pflichtverteidiger zu bestellen, die die Jugendlichen kontaktieren. Während des Ermittlungsverfahrens ist in Jugendsachen ein Verteidiger obligatorisch hinzuzuziehen, Art. 90 a) rStPO.

Bei minderjährigen Tatverdächtigen oder Angeklagten unter 16 Jahren laden die Ermittlungsbehörden zu jeder Vernehmung (*ascultare*) oder Gegenüberstellung (*confruntare*) der Jugendlichen die Eltern bzw. den Vormund, Betreuer oder diejenige Person, in deren Obhut oder unter deren Aufsicht sich die Minderjährigen befinden, sowie Vertreter der Generaldirektion für Sozialhilfe und Kinderschutz, Art. 505 Abs. 1 rStPO.[738] Nach bisheriger Rechtslage lag die Ladung der erwähnten Personen im Ermessensspielraum der Behörden.

Haben Jugendliche das 16. Lebensjahr vollendet, liegt es nunmehr im Ermessen der Ermittlungsbehörden, den erwähnten Personenkreis zu laden, es ist somit nicht zwingend erforderlich, Art. 505 Abs. 2 rStPO. Betont wird, dass die Anhörung der Jugendlichen im Beisein von vertrauten Personen einen positiven Einfluss auf die Minderjährigen selbst sowie auf die Qualität der Anhörung hat.[739] Erscheinen die geladenen Personen nicht, hat dies keine Auswirkungen auf die Wirksamkeit dieser Handlung und verhindert auch nicht den weiteren Gang des Verfahrens, Art. 505 Abs. 3 rStPO. Nicht ganz nachzuvollziehen ist, weshalb der Gesetzgeber einerseits die zwingende Ladung der Erziehungsberechtigten bzw. gesetzlichen Vertreter im Falle Jugendlicher unter 16 Jahren festlegt, andererseits die Bedeutung jedoch dadurch aushebelt, dass das Nichterscheinen keine weiteren Konsequenzen nach sich zieht. Auch wird die nur fakultative Einbeziehung der Eltern etc. bei 16- und 17-Jährigen den internationalen Standards (z. B. Beijing-Rules, ERJOSSM) nicht gerecht.

In Verfahren mit jugendlichen Angeklagten können die Ermittlungsbehörden einen Sozialbericht, dem deutschen Gerichtshilfebericht entsprechend, bei der Bewährungshilfe anfordern, Art. 506 Abs. 1 rStPO (siehe oben). Im Falle 14- und 15-jähriger Tatverdächtiger oder Angeklagter ist ein rechtsmedizinisches psychiatrisches Gutachten gemäß Art. 184 Abs. 1 rStPO einzuholen, welches Aufschluss über die Urteilsfähigkeit geben soll.

---

738 Bisher galt, dass anstelle der Generaldirektion für Sozialhilfe und Kinderschutz die Bewährungshilfe zu laden war, Art. 481 Abs. 1 rStPO a. F.

739 Vgl. Coca-Cozma u. a.-*Stan* 2003, S. 155.

5.8.2 Maßnahmen im Rahmen des Ermittlungsverfahrens

Auf Jugendliche sind im Rahmen des Ermittlungsverfahrens die gleichen (vorläufigen) Maßnahmen wie gegenüber Erwachsenen zur Verfahrenssicherung anwendbar. Dazu zählen Präventiv-, Sicherungs- und Schutzmaßnahmen.

5.8.2.1 Vorläufige Maßnahmen

Die vorläufigen Maßnahmen (*măsuri preventive*, wörtlich: Präventivmaßnahmen) können unter der Voraussetzung verhängt werden, dass der begründete Verdacht einer Straftatbegehung besteht.[740] Sie zielen darauf, den geordneten Ablauf des Strafverfahrens zu gewährleisten oder zu verhindern, dass sich die Tatverdächtigen oder Angeklagten von dem Ermittlungsverfahren oder Hauptverfahren entziehen oder erneut Straftaten begehen, Art. 202 Abs. 1 rStPO.[741] Liegen Gründe zur Einstellung des Verfahrens vor, dürfen die Maßnahmen nicht angewandt werden, Art. 202 Abs. 2 rStPO. Bei der Anwendung der Maßnahmen ist das Verhältnismäßigkeitsprinzip zugrunde zu legen, so dass die Maßnahme notwendig sein und der Schwere der zugrunde gelegten Tat entsprechen muss, Art. 202 Abs. 3 rStPO.[742]

Folgende vorläufige Maßnahmen können grundsätzlich gemäß Art. 202 Abs. 4 rStPO anordnet werden: 1) Die vorläufige Festnahme, 2) die justizielle Aufsichtsweisung, 3) die justizielle Aufsicht verbunden mit Kaution, 4) der Hausarrest und 5) die Untersuchungshaft.[743]

Auf jugendliche Tatverdächtige und Angeklagte sind die vorläufigen Maßnahmen anwendbar. Es gelten prinzipiell die gleichen Bedingungen wie bei Erwachsenen, allerdings sind einige Sonderregelungen für Jugendliche in Bezug

---

740 In Deutschland wird zwischen dem begründeten Anfangsverdacht (§ 152 II StPO) als Voraussetzung zur Eröffnung des Ermittlungsverfahrens, dem hinreichenden Tatverdacht (§ 203 StPO) als Voraussetzung der Anklageerhebung und dem dringenden Tatverdacht (§ 112 Abs. 1 StPO), der für die Anordnung der Untersuchungshaft notwendig ist, unterschieden. In Rumänien können vorläufige Maßnahmen eingeleitet werden, wenn aufgrund der Beweislage und Indizien der begründete Verdacht (*suspiciune*) besteht, dass eine Person eine Straftat begangen hat (Art. 202 Abs. 1 rStPO).

741 Bislang galten strengere Anforderungen für die Verhängung von Präventivmaßnahmen: Voraussetzung war, dass es sich um Straftaten handelt, die mit Freiheitsstrafe oder lebenslanger Haftstrafe bedroht waren, Art. 136 Abs. 1 rStPO a. F.

742 Der Verhältnismäßigkeitsgrundsatz wurde explizit unter Berücksichtigung der Rechtsprechung des EGMR aufgenommen, vgl. Justizministerium 2009b, Begründung zur Strafprozessordnung, S. 13.

743 Nach bisheriger Rechtslage galten folgende vorläufige Maßnahmen: 1) Die vorläufige Festnahme, 2) die Weisung, den Wohnort nicht zu verlassen, 3) die Weisung, das Land nicht zu verlassen sowie 4) die Untersuchungshaft, vgl. Art. 136 Abs. 1 rStPO a. F.

auf die vorläufige Festnahme und die Untersuchungshaft vorgesehen: Im Einklang mit internationalen Bestimmungen dürfen die vorläufige Festnahme und
die Untersuchungshaft gegenüber Jugendlichen nur ausnahmsweise angeordnet
werden. Hierbei ist abzuwägen, ob die Folgen der Freiheitsentziehung für die
Jugendlichen nicht unverhältnismäßig gegenüber dem Zweck der Maßnahme
sind, Art. 243 Abs. 2 rStPO.[744]

Von grundsätzlicher Bedeutung ist, dass bei der Unterbringung Jugendlicher
im Rahmen der vorläufigen Festnahme und Untersuchungshaft die Besonderheiten des Alters berücksichtigt und die physische, psychische oder moralische
Entwicklung des Jugendlichen nicht beeinträchtigt werden soll, vgl. Art.
244 rStPO.

Vorläufige Festnahme

Die vorläufige Festnahme (*retinerea*) (Art. 209-210 rStPO) kann grundsätzlich
nur von dem polizeilichen Ermittlungsorgan oder der Staatsanwaltschaft für eine
Höchstdauer von 24 Stunden ohne Verlängerungsmöglichkeit angeordnet werden. Es ist die einzige Maßnahme, welche auch von den polizeilichen Ermittlungsbeamten angeordnet werden darf.

Bevor die vorläufige Festnahme angeordnet wird, sind Tatverdächtige oder
Angeklagte im Beisein der Verteidigung anzuhören. Vor der Anhörung informieren die Ermittlungsbeamten Tatverdächtige oder Angeklagte über das Recht,
eine Verteidigerin eigener Wahl oder eine Pflichtverteidigerin zu bestellen sowie über das Recht, nicht auszusagen. Die Wahlverteidigerin ist verpflichtet,
sich spätestens innerhalb von zwei Stunden einzufinden, ansonsten wird eine
Pflichtverteidigerin bestellt. Wird die Maßnahme von polizeilichen Ermittlungspersonen angeordnet, so ist die Staatsanwaltschaft zu informieren, die die Maßnahme zu überwachen hat.

Unverzüglich nach der vorläufigen Festnahme Jugendlicher sind die gesetzlich Vertretenden zu informieren, Art. 243 Abs. 4 i. V. m. Art. 210 Abs. 1
rStPO.

Kritisch anzumerken ist, dass die Höchstdauer der Maßnahme in Bezug auf
Jugendliche zwischen 14 und 16 Jahren im Vergleich zur bisherigen Gesetzeslage höher ist. So galt bislang, dass 14- bis 16-Jährige, die strafrechtlich verantwortlich waren, nur für eine Höchstdauer von 10 Stunden mit einmaliger Verlängerungsmöglichkeit festgehalten werden konnten. Dies war auch nur dann
möglich, wenn der hinreichende Verdacht galt, dass eine Straftat begangen wurde, für die das Gesetz eine Freiheitsstrafe von mindestens 10 Jahren oder eine

---

744 Der Gesetzestext in Abs. 2 bezieht sich auf jugendliche Angeklagte und ist insofern un-
vollständig. In Art. 243 Abs. 1 rStPO wird ausdrücklich dargelegt, dass alle vorläufigen
Maßnahmen auf jugendliche Tatverdächtige und Angeklagte anwendbar sind.

lebenslange Haftstrafe vorsah.[745] Die neue Gesetzeslage mit einer Höchstdauer von 24 Stunden stellt sich somit für Jugendliche dieser Altersgruppe als nachteilhafter dar.

Justizielle Aufsicht

Die erstmals als eigenständige vorläufige Maßnahme eingeführte justizielle Aufsicht (*control judiciar*) (Art. 211 bis 215[1] rStPO) verpflichtet Angeklagte, bestimmte Weisungen einzuhalten, die von der Staatsanwaltschaft oder dem Gericht angeordnet werden.[746] Aufgrund einer Entscheidung des Verfassungsgerichtshofs wurde die justizielle Aufsicht, deren Dauer ursprünglich zeitlich nicht begrenzt wurde, für verfassungswidrig erklärt.[747] In der Begründung führte der Verfassungsgerichtshof aus, dass die zeitlich unbestimmte Dauer der Verhängung der Weisung nicht mit dem Verhältnismäßigkeitsgrundsatz in Einklang stehe und aus diesem Grund verfassungswidrig sei. Eine daraufhin erlassene Eilverordnung[748] legte nunmehr fest, dass die Dauer der justiziellen Aufsicht höchstens 60 Tage mit Verlängerungsmöglichkeiten um jeweils maximal 60 Tage beträgt. Insgesamt darf die justizielle Aufsicht im Rahmen des Ermittlungsverfahrens für höchstens ein Jahr angeordnet werden, wenn es sich um Straftaten handelt, für die gesetzlich eine Geldstrafe oder eine Freiheitsstrafe bis zu fünf Jahren vorgesehen ist. Handelt es sich um Straftaten, für die das Gesetz eine Freiheitsstrafe von mehr als fünf Jahren vorsieht, kann die justizielle Aufsicht für eine Dauer bis zu zwei Jahren verhängt werden (Art. 215[1] rStPO). Die Weisungen (Art. 215 rStPO), die auf Jugendliche anwendbar sind, beinhalten, dass die Angeklagten zu festgelegten Zeitpunkten bei den zuständigen Behörden vorstellig werden und sie über einen Wechsel des Wohnortes unverzüglich informieren müssen. Darüber hinaus können den Angeklagten Weisungen auferlegt werden, die sich darauf beziehen, bestimmte Orte oder Bereiche nicht ohne Erlaubnis zu verlassen bzw. bestimmte Orte nicht aufzusuchen, keinen Kontakt mit der geschädigten Person oder anderen bestimmten Personen aufzunehmen, einen bestimmten Beruf bzw. eine bestimmte Tätigkeit nicht auszuüben oder an medizinischen Kontroll- oder Behandlungsmaßnahmen, insbesondere zum Drogen-

---

745 Sonderregelung des Art. 160[g] rStPO a. F.

746 Die justizielle Aufsicht ist angelehnt an die französische Strafprozessordnung (*contrôle judiciaire*), welche diese Maßnahme als Alternative zur Untersuchungshaft bereithält, vgl. Justizministerium 2009b, Begründung zur Strafprozessordnung, S. 13.

747 Urteil des Verfassungsgerichtshofs Nr. 712 vom 04.12.2014, veröffentlicht im Amtsblatt Nr. 33 vom 15.01.2015, das die Regelungen der Art. 211-217 rStPO für verfassungswidrig erklärte.

748 Eilverordnung Nr. 82 vom 10.12.2014, veröffentlicht im Amtsblatt Nr. 911 vom 15.12.2014.

oder Alkoholentzug, teilzunehmen. Die Maßnahme kann auch mit der elektronischen Überwachung oder dem Verbot, an öffentlichen Veranstaltungen[749] teilzunehmen, ein Fahrzeug zu führen, verbunden werden.

Die Anordnung der gerichtlichen Weisungen kann gemäß Art. 216-217 rStPO auch mit der Hinterlegung einer Sicherheitsleistung (Kaution)[750] verbunden werden, wenn die Voraussetzungen zur Verhängung der Untersuchungshaft (Art. 223 rStPO) vorliegen, siehe unten. Die Aufsichtsmaßnahme mit Sicherheitsleistung soll dazu beitragen, dass sich die Angeklagten des Strafverfahrens nicht entziehen und die auferlegten Weisungen erfüllen. Für Jugendliche gilt, dass die Kaution auch von den Eltern erbracht werden kann.

Hausarrest

Neu eingeführt wurde in Anlehnung an die italienische Strafprozessordnung der Hausarrest (*arest la domiciliu*), geregelt in Art. 218 bis 222 rStPO, um die Möglichkeiten der Individualisierung vorläufiger Maßnahmen zu erweitern.[751] Der Hausarrest darf im Rahmen des Ermittlungsverfahrens auf Vorschlag der Staatsanwaltschaft durch die Ermittlungsrichterin, oder im Zwischen- und Hauptverfahren durch den zuständigen Richter nur gerichtlich angeordnet werden.

Voraussetzung für die Verhängung ist, dass die Bedingungen zur Anordnung der Untersuchungshaft vorliegen, siehe unten. Der Hausarrest wird für einen Zeitraum von höchstens 30 Tagen mit Verlängerungsmöglichkeit von jeweils 30 weiteren Tagen angeordnet, darf jedoch insgesamt 180 Tage nicht überschreiten (Art. 222 rStPO).[752]

Die Maßnahme beinhaltet gemäß Art. 221 rStPO das Verbot, die Wohnung oder das Haus zu verlassen. Sie wird darüber hinaus mit den Weisungen verbunden, keinen Kontakt zur geschädigten Person oder anderen bestimmten Per-

---

749 Exemplarisch nennt das Gesetz Sportwettkämpfe und kulturelle Veranstaltungen.

750 Die Höhe der Sicherheitsleistung beträgt mindestens 1.000 Lei (etwa 226 Euro) und wird unter Berücksichtigung der Schwere der Tat und der wirtschaftlichen Situation sowie Unterhaltsverpflichtungen der Angeklagten festgesetzt, Art. 217 Abs. 2 rStPO.

751 Vgl. Justizministerium 2009b, Begründung zur Strafprozessordnung, S. 14.

752 Im Rahmen des Zwischen- sowie Hauptverfahrens liegt die Dauer des Hausarrests bei höchstens 30 Tagen mit Verlängerungsmöglichkeit, Art. 222 Abs. 12 rStPO. Nach der Verlängerung kann die Dauer maximal die Hälfte des vorgesehen Höchstmaßes der Strafe betragen, keinesfalls jedoch mehr als fünf Jahre, Art. 239 Abs. 1 rStPO. Die Regelung zur Dauer des Hausarrests während des Zwischen- und Hauptverfahrens wurde erst mit Dringlichkeitsverordnung Nr. 24 vom 30.06.2015, veröffentlicht im Amtsblatt Nr. 473 vom 20.06.2015, in die neue Strafprozessordnung aufgenommen. Zuvor hatte der Verfassungsgerichtshof das Fehlen einer Regelung hinsichtlich der Dauer des Hausarrests im Rahmen dieser Verfahren moniert und Art. 222 als verfassungswidrig eingestuft, vgl. das Urteil Nr. 361 vom 07.05.2015.

sonen aufzunehmen und sich nach Aufforderung bei den Behörden zu melden. Während der Dauer des Hausarrests können die Beschuldigten bzw. Angeklagten angewiesen werden, permanent die technischen Mittel der elektronischen Aufenthaltsüberwachung zu tragen („elektronische Fußfessel").[753] Bei Verstoß gegen die Maßnahmen bzw. die Weisungen oder im Falle einer erneuten Anklage kann anstelle des Hausarrests die Untersuchungshaft verhängt werden.

Untersuchungshaft

Die Untersuchungshaft (*arestarea preventivă*) (Art. 223-240 rStPO), welche der Sicherung des Strafverfahrens dient, darf nur richterlich angeordnet werden. Voraussetzung für die Anordnung ist zunächst gemäß Art. 223 Abs. 1 rStPO, dass gegenüber dem Angeklagten ein begründeter Tatverdacht und darüber hinaus einer der folgenden Gründe vorliegt:

- Der Angeklagte ist flüchtig oder hält sich versteckt, um sich dem Strafverfahren zu entziehen oder bereitet die Flucht zu diesem Zweck vor (Fluchtgefahr),
- der Angeklagte versucht, auf Mittäterinnen, Zeugen oder Sachverständige einzuwirken, Beweismittel zu vernichten, zu verändern, beiseite zu schaffen, zu unterdrücken oder andere Personen zu solchem Verhalten zu veranlassen,
- der Angeklagte übt Druck auf das Opfer aus oder versucht eine Vereinbarung mit betrügerischer Absicht mit diesem abzuschließen,
- der begründete Verdacht besteht, dass der Angeklagte erneut eine Straftat begangen hat oder diese vorbereitet.[754]

Des Weiteren kann Untersuchungshaft angeordnet werden, wenn der Angeklagte einer schweren Straftat dringend verdächtig ist, für die das Gesetz mindestens fünf Jahre Freiheitsstrafe vorsieht. Hierbei sind die Tatschwere, die Umstände sowie Art und Weise der Tatbegehung, die Lebensumstände der Angeklagten, die Vorstrafen, die Lebensumstände sowie personenbezogene Aspekte zu berücksichtigen und abzuwägen, ob die Anordnung der Untersuchungshaft notwendig ist, um einen Gefahrenzustand für die öffentliche Ordnung zu beseitigen. Die Untersuchungshaft besitzt grundsätzlich Ausnahmecha-

---

753 Bestimmungen zur elektronischen Aufenthaltsüberwachung wurden bereits mit Dringlichkeitsanordnung Nr. 60/2006 eingeführt, waren in Kraft seit 01.07.2007, wurden in der Praxis jedoch nicht implementiert.

754 Bei der Überarbeitung der Ausgestaltung der Haftgründe orientierte sich der Gesetzgeber an der Rechtsprechung des EGMR sowie an den Strafprozessordnungen verschiedener EU-Staaten, unter anderem Deutschlands, vgl. Justizministerium 2009b, Begründung zur Strafprozessordnung, S. 13.

rakter und ist gegenüber anderen Präventivmaßnahmen subsidiär anzuwenden.[755] Die Dauer der Untersuchungshaft beträgt maximal 30 Tage und kann in begründeten Fällen um jeweils weitere 30 Tage verlängert werden. Insgesamt darf die Dauer der Maßnahme im Ermittlungsverfahren 180 Tage nicht überschreiten (Art. 233 Abs. 1, Art. 236 Abs. 2-4 rStPO).[756] Explizit legt das Gesetz dar, dass bei der Festlegung der Dauer der Untersuchungshaft das Alter der Jugendlichen bei Anordnung oder Verlängerung der Maßnahme zu berücksichtigen ist, Art. 243 Abs. 3 rStPO.

Im Vergleich zur vorherigen Strafprozessordnung ist dennoch festzustellen, dass die Regelungen im Hinblick auf die Dauer der Untersuchungshaft im Hinblick auf Jugendliche nach bisheriger Gesetzeslage günstiger waren.[757] Insofern

---

755 Vgl. Justizministerium 2009b, Begründung zur Strafprozessordnung, S. 13. In Deutschland ist die Untersuchungshaftverhängung gegenüber Jugendlichen (§§ 72 ff. JGG) geprägt vom Verhältnismäßigkeitsprinzip insbesondere in Form des Subsidiaritätsgrundsatzes, vor dem Hintergrund der negativen Auswirkungen und psychischen Beeinträchtigungen, die ihre Verhängung für Jugendliche mit sich bringt, vgl. *Streng* 2012, S. 83 f.; *Brunner/Dölling* 2011, S. 409; *Meier/Rössner/Schöch* 2013, S. 282. Sie darf nur verhängt werden, wenn sie bezüglich der Bedeutung der Sache und der zu erwartenden Rechtsfolgen angemessen erscheint, vgl. *Eisenberg* 2014, § 72 Rn. 5. Darüber hinaus ist zu prüfen, ob vorläufige Anordnungen über die Erziehung gem. § 71 JGG als spezialpräventive Maßnahmen bzw. als Haftalternativen besser geeignet sind, § 72 Abs. 1 JGG. Ist zu erwarten, dass Jugendliche gem. § 128 StPO dem Richter vorgeführt werden, ist die Jugendgerichtshilfe gem. § 72a JGG über die vorläufige Festnahme zu informieren. Damit erlangt die Jugendgerichtshilfe als Haftvermeidungs- bzw. Haftverkürzungshilfe Bedeutung, vgl. *Laubenthal/Baier/Nestler* 2015, S. 142. und S. 145 f.; *Ostendorf* 2015, S. 108. In Rumänien hingegen ist die Bewährungshilfe über die Anordnung der Untersuchungshaft bei Jugendlichen nicht zu unterrichten. Allerdings sah der erste Gesetzentwurf der neuen Strafprozessordnung in Art. 244 Abs. 6 S. 2 vor, die Bewährungshilfe über die Anordnung der Untersuchungshaft sowie den Ort der Unterbringung zu informieren. Der Gesetzgeber hat diese Informationspflicht im Ausführungsgesetz zur Strafprozessordnung (Gesetz Nr. 255/2013) wieder gestrichen.

756 Im Rahmen des erstinstanzlichen Hauptverfahrens darf die Dauer der Untersuchungshaft nicht mehr als die Hälfte des vorgesehen Höchstmaßes der Straftat betragen, keinesfalls jedoch mehr als fünf Jahre, Art. 239 Abs. 1 rStPO.

757 Für die Anordnung der Untersuchungshaft gegenüber Minderjährigen galt bisher die strafprozessuale Sonderregelung gemäß Art. 160^h rStPO a. F. Grundsätzlich durfte Untersuchungshaft für jugendliche Angeklagte zwischen 14 und 16 Jahren nur dann angeordnet werden, wenn die Straftat mit einem Strafmaß von lebenslanger Haftstrafe oder mindestens 10 Jahren Freiheitsstrafe bedroht wurde und eine andere präventive Maßnahme nicht ausreichend war. Während des Ermittlungsverfahrens betrug die Untersuchungshaft für Jugendliche dieser Altersgruppe höchstens 15 Tage. Die Maßnahme konnte nur ausnahmsweise bis zu dreimal jeweils um maximal 15 Tage verlängert werden, und insgesamt damit 60 Tage überschreiten. War eine lebenslange

ist es bedauerlich, dass die für Jugendliche vorteilhafteren Bestimmungen nicht beibehalten wurden.

Die Anordnung der Untersuchungshaft während des Ermittlungsverfahrens erfolgt auf Vorschlag der Staatsanwaltschaft.[758] Die richterliche Entscheidung ergeht in Anwesenheit des Angeklagten, der Staatsanwaltschaft sowie der Verteidiger. Die Hinzuziehung der Verteidiger ist zwingend, unterbleibt sie, liegt ein Fall der absoluten Nichtigkeit vor, Art. 281 Abs. 1f) rStPO. Vor der Anhörung der Angeklagten informiert der Ermittlungsrichter über das Recht, nicht zur Sache auszusagen (Art. 225 rStPO).

Ebenso wie bei der vorläufigen Festnahme sind die gesetzlichen Vertreter der Jugendlichen oder Fürsorgeberechtigten von der Anordnung der Untersuchungshaft zu unterrichten, Art. 243 Abs. 4 i. V. m. Art. 228 Abs. 3 rStPO.[759]

Gegen die Anordnung und Verlängerung der vorläufigen Maßnahmen ist das Rechtsmittel der Beschwerde (*contestație*) zulässig, Art. 204 rStPO. Über die Beschwerde entscheidet das höherstufige Gericht nach Anhörung des Angeklagten im Beisein des Verteidigers und der Staatsanwaltschaft.[760] Vorläufige Maßnahmen können bei Vorliegen der gesetzlichen Voraussetzungen von Amts wegen oder auf Antrag mit anderen Präventivmaßnahmen ersetzt werden, Art. 242 rStPO. Hierbei sind die konkreten Tatumstände und das Verhalten des Täters während des Verfahrens zu berücksichtigen.[761]

Freiheitsstrafe oder eine Haftstrafe ab 20 Jahren gesetzlich vorgesehen, konnte die Untersuchungshaft bis zu 180 Tage betragen. Jugendliche Angeklagte ab 16 Jahren durften grundsätzlich nur für eine Höchstdauer von 20 Tagen festgehalten werden. Die Maßnahme konnte um jeweils maximal 20 Tage verlängert werden und 90 Tage insgesamt nicht überschreiten.

758 Diese Regelung wurde neu eingeführt durch Art. I Pkt. 15 der Eilverordnung Nr. 109/2003. Zuvor konnte die Staatsanwaltschaft bei den Gerichten die Untersuchungshaft eigenständig anordnen.

759 Neben der Untersuchungshaft kommen in Deutschland weitere vorläufige Maßnahmen nach dem JGG in Betracht. Bis zur Rechtskraft des Urteils können vorläufige Anordnungen über die Erziehung gemäß § 71 JGG verhängt werden, wie auch die einstweilige Unterbringung in einem geeigneten Heim der Jugendhilfe als eine besondere Form der vorläufigen Anordnung. Wenn es aufgrund psychischer Besonderheiten erforderlich erscheint, kann eine stationäre Beobachtungsunterbringung gemäß § 86 StPO oder eine einstweilige Unterbringung gemäß § 126a StPO in einem psychiatrischen Krankenhaus oder einer Erziehungsanstalt angeordnet werden, vgl. *Laubenthal/Baier/Nestler* 2015, S. 138 ff.

760 Des Weiteren ist gesetzlich festgelegt, dass während des Zwischen- und Hauptverfahrens die Rechtmäßigkeit und Begründetheit der Maßnahmen regelmäßig überprüft wird, Art. 207-208 rStPO.

761 Bislang galt für in Untersuchungshaft befindliche Beschuldigte oder Angeklagte, dass sie die Aussetzung des Vollzugs der Untersuchungshaft unter justizieller Aufsicht oder auf Kaution beantragen konnten, wenn es sich um fahrlässig begangene Straftaten oder vorsätzliche Straftaten mit einem Strafmaß bis zu 18 Jahren Freiheitsstrafe handelte,

5.8.2.2 Medizinische Zwangsmaßnahmen und Maßnahmen der Sicherstellung

Des Weiteren können gegenüber Verdächtigen oder Angeklagten vorläufige Zwangsmaßnahmen auf dem Gebiet der Gesundheitsfürsorge verhängt werden, Art. 245 ff. rStPO. In Betracht kommt insbesondere die Auflage zur Unterziehung einer medizinischen Behandlung im Fall von Krankheit, Alkohol- oder Drogenabhängigkeit oder die vorläufige Unterbringung in einer medizinischen Einrichtung, wenn die Maßnahme notwendig ist, um eine konkrete Gefahr für die öffentliche Sicherheit abzuwenden.

Ferner können Maßnahmen zur Sicherstellung wie die Beschlagnahme von Gegenständen angeordnet werden, Art. 249 ff. rStPO.

5.8.3 Abschluss der Ermittlungen und Anklageerhebung – Zwischenverfahren

Durch die Erhebung der Anklage (*punerea în mişcare a acţiunii penale*) werden Tatverdächtige[762] zu Angeklagten (*inculpaţi*) und damit zu Parteien im Strafprozess, Art. 32 rStPO. Die Anklage wird erhoben, wenn ausreichende Beweise vorliegen, dass eine Person eine Straftat begangen hat und kein Einstellungsgrund vorliegt, Art. 15, 309 Abs. 1 rStPO. Die Klageerhebung ist notwendige Bedingung für das gerichtliche Verfahren und stellt das juristische Instrument dar, durch welches Angeklagte zur strafrechtlichen Verantwortung und Bestrafung herangezogen werden.[763] Der Staatsanwaltschaft obliegt die öffentliche Anklageerhebung. Die Anklage kann während des gesamten Ermittlungsverfahrens erhoben werden. Die Erhebung der Anklage wird den Angeklagten mitgeteilt und diese werden zur Anhörung geladen. Die Ermittlungspersonen informieren die Angeklagten über die rechtliche Einordnung der Tat, die vorliegenden Beweise und über ihre Rechte und Pflichten, Art. 309 Abs. 2 i. V. m. Art. 108 rStPO.

Nach Abschluss der Ermittlungen leiten die Ermittlungsbeamten die Ermittlungsakte mit dem Abschlussbericht an die Staatsanwaltschaft weiter, Art. 321 rStPO. Der Bericht enthält Angaben zur Straftat, der Beweiswürdigung, den Methoden der Beweiserhebung und der rechtlichen Einordnung der Straftat.

Art. 160[1] rStPO ff. a. F. Die Vollzugsaussetzung war mit bestimmten Weisungen wie der Meldepflicht verbunden. Zusätzlich konnten Weisungen und Auflagen erteilt werden, wie das Verbot der Kontaktaufnahme mit bestimmten Personen.

762 Bislang nahm die Strafprozessordnung Bezug auf Beschuldigte (*învinuiţi*), anstelle der Tatverdächtigen.

763 Vgl. *Volonciu* 2007, S. 47.

Innerhalb von 15 Tagen nach Erhalt der Akten prüft die Staatsanwaltschaft die Ermittlungsunterlagen und entscheidet über den weiteren Gang des Verfahrens, Art. 322 rStPO. Stellt die Staatsanwaltschaft fest, dass die Ermittlungen nicht vollständig durchgeführt wurden oder verfahrensrechtliche Garantien nicht eingehalten wurden, so wird der Fall an das mit der Sache befasste Ermittlungsorgan oder ein anderes Ermittlungsorgan weitergeleitet, Art. 323 Abs. 1 rStPO.

Geht aus den Ermittlungsakten hervor, dass die Tat existiert, vom Angeklagten begangen wurde, dieser strafrechtlich verantwortlich ist und die verfahrensrechtlichen Garantien eingehalten wurden, leitet die Staatsanwaltschaft die Anklageschrift an das Gericht weiter und erhebt – soweit kein Fall der Einstellung aus Opportunitätsgründen vorliegt (s. o. *Kap. 5.8.3*) – öffentlich Anklage. Andernfalls verfügt die Staatsanwaltschaft, dass das Verfahren eingestellt oder von der Strafverfolgung abgesehen wird, Art. 327 rStPO.

Die staatsanwaltliche Anklageschrift (*rechizitorul*, Art. 328 rStPO) beinhaltet Angaben zu Person, Straftat, rechtlichen Einordnung, Beweisen, Präventivmaßnahmen sowie die zu ladenden Personen.[764] Handelt es sich um mehrere Straftaten oder mehrere Beteiligte, so ist nur eine einzige Anklageschrift zu verfassen. Die Anklageschrift ist von dem Staatsanwalt zu verfassen, welcher die Ermittlungen überwacht oder selbst geleitet hat.[765]

Im Rahmen des Ermittlungsverfahrens steht Verletzten das Rechtsmittel der Beschwerde (Art. 336 ff. rStPO) zu, über welche innerhalb von 20 Tagen zu entscheiden ist.

Erstmals eingeführt im rumänischen Strafprozessrecht wurde das Zwischenverfahren als eigener prozessualer Abschnitt, Art. 342 ff. rStPO. Zuständig sind Richter im Zwischenverfahren (*judecători de cameră preliminară*), deren Aufgabe die Überprüfung der Zuständigkeit und Rechtmäßigkeit der Anklageerhebung sowie der Beweiserhebung im Vorverfahren ist, Art. 342 rStPO. Des Weiteren obliegt den Richtern im Zwischenverfahren, die Rechtmäßigkeit und Begründetheit der vorläufigen Maßnahmen zu bestätigen, Art. 348 Abs. 2 rStPO. Die Dauer des Zwischenverfahrens beträgt höchstens 60 Tage, Art. 343 rStPO. Die Entscheidung im Zwischenverfahren ergeht im Rahmen eines richterlichen Beratungsverfahrens durch die sog. Beratungskammer unter Ausschluss der Öffentlichkeit (*camera de consiliu*) durch Beschluss, der der

---

764 In Deutschland soll in Jugendsachen das in der Anklageschrift enthaltene wesentliche Ergebnis der Ermittlungen derart formuliert sein, dass es sich nicht nachteilig auf die Erziehung der Jugendlichen auswirkt, § 46 JGG.

765 Bislang sah das Gesetz vor, dass die Anklageschrift von dem übergeordneten Staatsanwalt in rechtlicher und materieller Hinsicht zu überprüfen war, um anschließend an das Gericht weitergeleitet zu werden, Art. 264 Abs. 3 rStPO a. F.

Staatsanwaltschaft und dem Angeklagten unverzüglich mitzuteilen ist, Art. 346 Abs. 1 rStPO.[766] Nach Zulassung der Anklage beginnt das Hauptverfahren.[767]

5.8.4 Gang des Hauptverfahrens

Für das gerichtliche Hauptverfahren gelten die allgemeinen Bestimmungen, die durch die besonderen, auf Jugendliche anwendbaren Regelungen ergänzt werden. Das Hauptverfahren umfasst die Vorbereitung und Durchführung der Hauptverhandlung, die Beratung sowie Urteilsfassung. Im Rahmen des Verfahrens in Jugendsachen sind besondere prozessuale Grundsätze zu beachten.

5.8.4.1 Nichtöffentlichkeit der Verhandlung

Dem Gebot der Nichtöffentlichkeit liegen erzieherische Aspekte zugrunde. Neben kommunikativen Hemmnissen durch zu viel Publikum wird angenommen, dass Richter weniger durch die öffentliche Meinung beeinflusst werden und spezialpräventiven Gesichtspunkten mehr Beachtung schenken.[768] Ferner soll eine Stigmatisierung der Jugendlichen vermieden werden, die aus der Zulassung der Öffentlichkeit in Jugendstrafverfahren erwachsen könnte.

---

766   Bis zum 20.01.2015 sah die neue Strafprozessordnung vor, dass der Beschluss ohne Anhörung der Staatsanwaltschaft und Angeklagten ergeht. Diese Regelung wurde vom Verfassungsgerichtshof als verfassungswidrig eingestuft und aufgehoben, Urteil des Verfassungsgerichtshofs Nr. 641 vom 11.11.2014, veröffentlicht im Amtsblatt Nr. 887 vom 05.12.2014.

767   Im Hinblick auf die Fortsetzung des Jugendstrafverfahrens in Deutschland sind zwei Möglichkeiten vorgesehen. Entweder wird gemäß § 170 Abs. 1 StPO im förmlichen Verfahren Anklage erhoben oder im Wege des vereinfachten Jugendverfahrens gemäß §§ 76 ff. JGG entschieden. Das Strafbefehlsverfahren, §§ 407 ff. StPO, sowie das beschleunigte Verfahren gemäß §§ 417 ff. StPO sind hingegen auf Jugendliche nicht anwendbar, § 79 JGG. Im Rahmen des vereinfachten Jugendverfahrens entscheidet der Jugendrichter nach mündlicher Verhandlung durch Urteil, wobei die Staatsanwältin nicht zwingend beteiligt sein muss, vgl. § 78 Abs. 1, 2 JGG. Das vereinfachte Verfahren bietet sich in Fällen leichterer und mittlerer Kriminalität an, vgl. *Eisenberg* 2014, §§ 76-78 Rn. 6. In der Praxis wird dieses Verfahren jedoch insbesondere durch Verfahrenseinstellungen gem. § 45 JGG verdrängt, vgl. *Eisenberg* 2014, §§ 76-78 Rn. 3; *Ostendorf* 2015, S. 119. Geht die Anklageschrift beim Jugendrichter ein, so hat dieser die Verfahrensleitung inne und prüft im Rahmen des Zwischenverfahrens, ob der Eröffnungsbeschluss gem. § 203 ff. StPO erlassen werden kann. Ist dieser erteilt, so wird die Anklage zur Hauptverhandlung zugelassen (§ 207 StPO) und das zuständige Gericht bereitet die Hauptverhandlung (§§ 213 ff. StPO) vor, vgl. *Laubenthal/Baier/Nestler* 2015, S. 152 f.

768   Siehe *Streng* 2012, S. 112. Im deutschen Jugendstrafrecht ist die Hauptverhandlung einschließlich der Urteilsverkündung nicht öffentlich, § 48 Abs. 1 JGG, im Gegensatz zu den allgemeinen Vorschriften zur Öffentlichkeit.

In Rumänien ist im Unterschied zum Erwachsenenverfahren die Verhandlung in Jugendsachen nicht öffentlich, Art. 509 Abs. 2 rStPO.[769] Die Urteilsverkündung ist allerdings gemäß Art. 405 Abs. 1 rStPO öffentlich, auch in den Fällen, in denen die Verhandlung nicht öffentlich stattgefunden hat. Diese Regelung ist in Einklang mit Artikel 6 Abs. 1 S. 2 EMRK, welcher beinhaltet, dass Urteile öffentlich zu verkünden sind. Europaweit ist dennoch häufiger der Ansatz der Nichtöffentlichkeit des gesamten Verfahrens einschließlich der Urteilsverkündung in Jugendstrafverfahren verbreitet.[770]

Nach der Entscheidung des Hohen Kassationsgerichtshofs ist die Verhandlung auch dann nicht öffentlich, wenn Jugendliche im Laufe des Verfahrens volljährig werden, unabhängig von dem Moment des Eintritts der Volljährigkeit.[771] Ein Verstoß gegen den Grundsatz der Nichtöffentlichkeit der Verhandlungen in Jugendsachen zieht die absolute Nichtigkeit nach sich, Art. 281 Abs. 1c) rStPO.[772]

Die Bestimmungen hinsichtlich der Nichtöffentlichkeit gelten jedoch nicht, wenn Jugendliche gemeinsam mit Erwachsenen angeklagt sind und die Verfahren nicht getrennt werden können. Hier verhandelt das Gericht zwar in der besonderen Zusammensetzung, die für Jugendliche vorgesehen ist, ansonsten nach dem gewöhnlichen Ablauf des Verfahrens. Allerdings sind die in der Strafprozessordnung genannten besonderen Bestimmungen für Jugendliche anwendbar, Art. 510 rStPO. Das bedeutet, dass die Richter, die für Jugendsachen zuständig sind, entscheidungsbefugt sind, Art. 507 Abs. 1 rStPO. Darüber hinaus gilt allerdings, dass bei gemeinsamer Verhandlung mit Jugendlichen und Erwachsenen die Verhandlung öffentlich stattfindet.[773]

---

769 Der Grundsatz der Nichtöffentlichkeit in Jugendsachen geht auf Art. 567 Abs. 1 der rStPO von 1936 zurück. Danach waren Verhandlungen in Jugendsachen nicht öffentlich und Jugendliche waren nach ihrer Vernehmung aus dem Gerichtssaal zu bringen. An den Verhandlungen waren die Prozessparteien, die Staatsanwältin, Eltern, Vormund oder andere Personen in deren Obhut sich die Minderjährigen befanden, Anwälte, Vertreter der sog. Patenschaftsgesellschaften oder aufsichtsbefugte Personen und ggf. weitere, dem Interesse der Sache dienliche Personen beteiligt, vgl. *Crişu* 2006, S. 138 Fn. 3.

770 *Gensing* 2011, S. 1639 ff.

771 I.C.C.J., Secţiile Unite, d. Nr. 31/2008 (Amtsblatt Nr. 204/31.03.2009), zitiert in *Toader* 2013, S. 540.

772 Vor der gesetzlichen Regelung in der neuen Strafprozessordnung herrschte in Lehre und Justizpraxis bisher Uneinigkeit darüber, ob ein solcher Verstoß die relative oder absolute Nichtigkeit nach sich zieht, siehe dazu beispielsweise *Crişu* 2006, S. 139 ff.

773 Auch nach deutschen Jugendstrafrecht ist die Verhandlung grundsätzlich öffentlich, wenn gleichzeitig mit Jugendlichen Heranwachsende oder Erwachsene angeklagt sind, jedoch kann aus erzieherischen Gründen die Öffentlichkeit ausgeschlossen werden, vgl. § 48 Abs. 3 JGG. Können die Verfahren getrennt werden, so finden auf jedes die hierfür vorgesehenen Bestimmungen Anwendung.

5.8.4.2 Zusammensetzung der Spruchkörper

Das Gerichtsorganisationsgesetz (Art. 35 ff. rGOG) sieht vor, dass an den Amts-, Land- und Berufungsgerichten spezifische Abteilungen oder Kammern für Jugend- und Familiensachen bestehen, s. o. *Kap. 5.2.*

Die Zusammensetzung der Kammern in Jugendsachen richtet sich nach den allgemeinen Bestimmungen, wobei gesetzlich vorgesehene Richter in Jugendsachen entscheidungsbefugt sind, Art. 507 Abs. 1 rStPO. Handelt es sich um erstinstanzliche Verfahren, so sind Einzelrichter in der Sache zuständig. Bei Verfahren vor den Berufungsgerichten entscheiden zwei Richter und in Revisionsverfahren drei Richter in Kammern, die jeweils für Jugendsachen zuständig sind, Art. 54 rGOG.[774]

Auf Jugendliche, die nach der Tatbegehung volljährig geworden sind, werden gleichwohl die jugendspezifischen Bestimmungen angewandt, Art. 507 Abs. 3 rStPO. Werden die Regelungen hinsichtlich der besonderen Zusammensetzung des Gerichts nicht eingehalten, so zieht dies die absolute Nichtigkeit nach sich.[775]

5.8.4.3 Ablauf der Hauptverhandlung

Grundsätzlich ist durch die neue StPO erstmalig geregelt, dass Jugendstrafsachen vorrangig und schnell zu verhandeln sind, Art. 509 Abs. 1 rStPO.

Es gilt der gewöhnliche Verhandlungsablauf mit einigen Besonderheiten im Hinblick auf Jugendliche.

Bis 2010 bestand wie im deutschen Recht (§ 50 JGG, § 231 Abs. 1 StPO) auch in Rumänien die grundsätzliche Pflicht zur Anwesenheit der jugendlichen Angeklagten in der Hauptverhandlung. Diese ist jedoch im Rahmen der kleinen Justizreform zur Verfahrensbeschleunigung (Gesetz Nr. 202/2010) aufgehoben worden. Wurde die jugendliche Angeklagte ordnungsgemäß geladen und er-

---

774 In Deutschland umfassen Jugendgerichte gemäß §§ 33 Abs. 2 JGG Strafrichter als Jugendrichter und das Jugendschöffengericht beim Amtsgericht sowie die Jugendkammer beim Landgericht. Das Jugendschöffengericht ist mit einem Jugendrichter als Vorsitzendem und zwei Jugendschöffen besetzt, § 33a Abs. 1 JGG. Im Hinblick auf die Besetzung der Jugendkammer ist in Art. 33b Abs. 1 JGG geregelt, dass in erster Instanz die große Jugendkammer zuständig ist, besetzt mit drei Richtern und zwei Jugendschöffen, und in zweiter Instanz als kleine Jugendkammer, besetzt mit einem Vorsitzenden und zwei Jugendschöffen. Jugendschöffen werden auf Vorschlag des Jugendhilfeausschusses für die Dauer von fünf Jahren gewählt, § 35 Abs. 1 JGG. Zu den Auswahlkriterien für Jugendschöffen zählen in erster Linie, dass sie erzieherisch befähigt und in der Jugenderziehung erfahren sein sollen, Art. 35 Abs. 2 S. 2 JGG. Berufsrichter bewerten die Schöffenbeteiligung, die in Rumänien nicht vorgesehen ist, durchaus als positiv, *Streng* 2012, S. 60.

775 Vgl. *Theodoru* 2013, S. 824.

scheint sie nicht zur Hauptverhandlung, so findet die Verhandlung auch in Abwesenheit der Minderjährigen statt.

Nach dem Aufruf zur Sache, prüft der Vorsitzende die Identität der Angeklagten, Art. 372 Abs. 1 rStPO. Des Weiteren werden die Zeugen, Sachverständigen und ggf. Dolmetscher aufgerufen und anschließend die Zeugen aufgefordert, den Sitzungssaal zu verlassen, Art. 373 Abs. 1 rStPO.

Nach Verlesung der Anklageschrift bzw. einer Zusammenfassung durch die Staatsanwaltschaft erklärt die Richterin der jugendlichen Angeklagten, welche Straftat ihr zur Last gelegt wird, macht auf das Schweigerecht aufmerksam und darauf, dass alle Aussagen gegen sie verwendet werden können. Des Weiteren teilt die Richterin der Jugendlichen mit, dass das Recht besteht, Fragen an Mitangeklagte, die geschädigte Partei, Zeugen und Sachverständigen zu stellen und sich während der Verhandlung zu äußern, wenn dies für erforderlich gehalten wird, Art. 374 rStPO.

Im weiteren Verlauf der Verhandlung wird zunächst die Angeklagte zur Sache vernommen, daraufhin können Staatsanwaltschaft, Geschädigte, Verteidiger, Mitangeklagte sowie Richter Fragen an die Angeklagte stellen, Art. 378 Abs. 1 rStPO. Die jugendlichen Angeklagten können, so oft es erforderlich ist, angehört werden, Art. 378 Abs. 6 rStPO.[776] Unter 16-Jährige können nach der Vernehmung zeitweise von der Sitzung ausgeschlossen werden, wenn das Gericht der Auffassung ist, dass sich die gerichtlichen Ermittlungen und die Erörterungen der Beteiligten nachteilig auf die Jugendlichen auswirken können, Art. 509 Abs. 3 rStPO. Die Regelung zielt auf den Schutz 14- und 15-jähriger Minderjähriger im Rahmen des Hauptverfahrens.[777]

Sind mehrere Personen angeklagt (Art. 379 rStPO), werden die Mitangeklagten grundsätzlich gemeinsam vernommen. Falls das Gericht es als erforderlich ansieht, werden die Mitangeklagten separat vernommen, die Aussagen jedoch den anderen Mitangeklagten anschließend verlesen. Erinnert sich die Angeklagte nicht mehr an bestimmte Umstände bzw. Tatsachen, oder bestehen Widersprüche zu vorherigen Aussagen, so können zuvor gemachte Angaben verlesen werden. Verweigert die Jugendliche die Aussage, werden vorherige Aussagen vorgetragen, Art. 378 Abs. 4, Abs. 5 rStPO. Frühere Erklärungen der Angeklagten dürfen gerichtlich verwertet werden, sofern sie ordnungsgemäß zustande gekommen sind.

---

776 Der ursprüngliche Gesetzesentwurf sah vor, dass Jugendliche prinzipiell nur einmal angehört und lediglich in begründeten Fällen wiederholt befragt werden können, vgl. Justizministerium 2009b, Begründung zur Strafprozessordnung, S. 25.

777 Die zeitweilige Ausschließung ist für Jugendliche sowie Heranwachsende nach § 51 Abs. 1 S. 1 JGG ebenfalls möglich, wenn Nachteile für die Erziehung zu befürchten sind. Die Ausnahmevorschrift vom grundsätzlichen Recht auf Anwesenheit ist jedoch nur unter engen Voraussetzungen anwendbar, *Eisenberg* 2014, § 51 Rn. 6.

Nachdem die Angeklagte vernommen wurde, werden die weiteren Prozessparteien gehört, Art. 380 rStPO. Schließlich werden im Rahmen der Beweisaufnahme die Zeugen und Sachverständigen vernommen, Art. 381 rStPO. Nach Beendigung der richterlichen Ermittlung hält die Staatsanwaltschaft den Schlussvortrag. Im Anschluss erhalten die geschädigte Partei, Angeklagte und Verteidiger die Gelegenheit zu Ausführungen und schließlich hat die Angeklagte das letzte Wort, Art. 388, 389 rStPO.

Die letzte Etappe des Hauptverfahrens beinhaltet die Beratung des Gerichts und die darauf folgende Urteilsverkündung, Art. 391 ff. rStPO.[778] Das Urteil wird öffentlich verkündet (Art. 405 Abs. 1 rStPO) und ergeht durch einen Mehrheitsbeschluss der Richter (Art. 394 Abs. 2 rStPO).

Nachdem die Frist für die Einlegung von Rechtsmitteln verstrichen ist, wird das Urteil rechtskräftig und kann vollstreckt werden. Der Verurteilte kann von den gesetzlich vorgesehenen Rechtsmitteln Gebrauch machen.

Neben der Verurteilung kann das Gerichtsverfahren durch Freispruch, Verfahrenseinstellung, Absehen von der Strafverhängung oder Aufschub der Strafverhängung (Art. 396 rStPO) beendet werden.[779]

5.8.4.4 Adhäsionsverfahren

Im Rahmen des Adhäsionsverfahrens *(acţiunea civilă)*, welches auch auf Jugendliche anwendbar ist, kann der Verletzte zivilrechtliche Ansprüche der Schadenswiedergutmachung im Rahmen des Strafverfahrens geltend machen, Art. 19 ff. rStPO. In Betracht kommt eine Entschädigung für materielle oder

---

778 Beratung und Urteilsverkündung müssen spätestens 15 Tage nach der Hauptverhandlung erfolgen. In Ausnahmefällen kann diese Frist um weitere 15 Tage verlängert werden, Art. 391 Abs. 1 und 2 rStPO.

779 Neu eingeführt durch das Gesetz zur Verfahrensbeschleunigung Nr. 202/2010 wurde die Möglichkeit des – beschleunigten – Verfahrens bei Schuldanerkenntnis *(recunoaşterea vinovăţiei,* wörtlich: Anerkennung der Schuld). Es ist geregelt in Art. 478 ff. rStPO und sieht vor, dass sowohl Angeklagte als auch die Staatsanwaltschaft nach der öffentlichen Anklageerhebung die Möglichkeit haben, Vereinbarungen zum Schuldanerkenntnis anzuregen. Hierbei verzichten Angeklagte auf eine gerichtliche Beweisaufnahme, so dass bei klarer Beweislage aufgrund der Ermittlungsergebnisse die Urteile milder ausfallen. In der Vereinbarung werden über die Art der Sanktion, die Strafhöhe sowie die Art und Weise der Strafvollstreckung bzw., das Absehen von der Strafverhängung oder der Aufschub der Strafverhängung festgelegt. Die Vereinbarung kann nur abgeschlossen werden, wenn die gesetzlich vorgesehene Strafe eine Freiheitsstrafe bis zu sieben Jahren oder eine Geldstrafe ist (Art. 480 Abs. 1 rStPO). Ausgenommen von der Regelung des Schuldanerkenntnisses sind jedoch jugendliche Angeklagte. In Deutschland ist die Zulässigkeit von Verfahrensabsprachen, sogenannten „Deals" im Jugendstrafrecht zwar nicht grundsätzlich ausgeschlossen, jedoch nur eingeschränkt möglich und Gegenstand kontroverser Diskussionen, vgl. zusammenfassend *Pankiewicz* 2008.

immaterielle Schäden.[780] Die Justizorgane, zu denen die Ermittlungsbeamten sowie die Richter zählen, haben die Pflicht, geschädigte Personen auf die Verhandlung zivilrechtlicher Ansprüche hinzuweisen.

5.8.5 Rechtsmittel

Die Reformierung des Strafprozessrechts brachte eine grundlegende Umstrukturierung der Rechtsmittel mit sich.

Die Strafprozessordnung sieht vor, dass Jugendliche ebenso wie Erwachsene von den ordentlichen Rechtsmitteln der Berufung (*apel*) und der Beschwerde (*contestaţia*) Gebrauch machen können.[781] Die Revision (*recurs*) als ordentliches Rechtsmittel wurde aufgehoben.[782] Die allgemeinen strafprozessualen Regelungen, modifiziert durch die jugendspezifischen Bestimmungen, sind im Rahmen des Berufungsverfahrens anwendbar (Art. 520 rStPO). Zu beachten sind folglich die Besonderheiten des Jugendverfahrens hinsichtlich der Zusammensetzung des Gerichts, der Ladung bestimmter, anwesenheitsberechtigter Personen und des Ablaufs der Verhandlung.

Die Berufung kann gegen erstinstanzliche Urteile eingelegt werden, Art. 408 Abs. 1 rStPO. Die Ausgangsurteile werden nicht nur in rechtlicher, sondern auch in tatsächlicher Hinsicht neu überprüft (Art. 417 Abs. 2 rStPO), so dass neue Tatsachen und Beweise angeführt werden können. Die Berufung muss innerhalb einer Frist von 10 Tagen eingelegt werden. Die Frist beginnt mit dem Zeitpunkt, zu dem den Parteien die Kopie des Protokolls der Hauptverhandlung bekannt gegeben wurde, Art. 410 Abs. 1 rStPO.[783]

Die Beschwerde kann in gesetzlich vorgesehenen Fällen innerhalb von drei Tagen nach Zugang der Maßnahme bzw. Entscheidung entweder bei dem Er-

---

780 Im deutschen Recht kommt das Adhäsionsverfahren in Verfahren gegen Jugendliche nicht zur Anwendung, § 81 JGG. Dahinter steht der Gedanke, den Erziehungsbedürfnissen der jugendlichen Angeklagten im Jugendstrafverfahren Priorität gegenüber den Bedürfnissen der Verletzten einzuräumen, *Streng* 2012, S. 110. Bei Heranwachsenden ist es allerdings zulässig, was sich aus § 109 Abs. 1 JGG ergibt.

781 Die Regelung der Beschwerde in Art. 425[1] rStPO wurde ergänzt durch Eilverordnung Nr. 3/2014, veröffentlicht im Amtsblatt Nr. 98 vom 07.02.2014.

782 Die Revision (Art. 385[1] ff. rStPO a. F.) war statthaft gegen erstinstanzliche Urteile sowie Urteile des Berufungsgerichts, um die Verletzung formellen oder in bestimmten Fällen materiellen Rechts zu prüfen. Zu den Revisionsgründen zählten unter anderem die Nichteinhaltung der Gerichtszuständigkeit, die fehlerhafte Besetzung des Gerichts und die fehlerhafte Gesetzesanwendung.

783 Nach bisheriger Rechtslage war für den Fristbeginn die Verkündung des Urteils maßgeblich, wenn die Angeklagten bei der Urteilsverkündung anwesend waren, Art. 363 Abs. 3 rStPO a. F.

mittlungsrichter, Richter im Zwischenverfahren oder dem Gericht, das das Urteil verkündet hat, eingelegt werden, Art. 425[1] rStPO.

Zu den außerordentlichen Rechtsmitteln im Strafverfahren zählen die Nichtigkeitsbeschwerde (*contestaţia în anulare*), Art. 426 ff., die Revision zum Hohen Kassationsgerichtshof (*recursul în casaţie*), Art. 433-451 rStPO, das Wiederaufnahmeverfahren (*revizuirea*), Art. 452-465 rStPO und die Wiedereröffnung des Verfahrens im Falle der in Abwesenheit der Verurteilten getroffenen Entscheidung, Art. 466-470 rStPO.

Die erstmals eingeführte Revision zum Hohen Kassationsgerichtshof zielt auf die Einheitlichkeit der Rechtsprechung, Art. 433 rStPO. Die Revision kann bei der Verletzung formellen Rechts, beispielsweise bei Fehlern hinsichtlich der Zuständigkeit des Gerichts oder der Einstellung des Strafverfahrens bei dem Hohen Kassationsgerichtshof eingelegt werden, Art. 438 Abs. 1 rStPO. Die Revision ist zulässig gegen Urteile der Berufungsgerichte, Art. 434 Abs. 1 rStPO.[784]

5.8.6   Strafregistereintragungen

Das Strafregistergesetz[785] enthält grundsätzlich Eintragungen zu Strafen und Sicherungs- sowie Erziehungsmaßnahmen, vgl. Art. 9 a). Nach Vollzug der Erziehungsmaßnahmen der Aufsichtsweisung, der Unterbringung in einer Erziehungs- oder Heilerziehungsanstalt sowie nach Ablauf eines Jahres nach Aussprechen der Verwarnung werden die Daten der betreffenden Personen hingegen wieder aus dem Register gelöscht, Art. 15 Abs. 1g), h). Weiterhin legt das Gesetz fest, dass ein Führungszeugnis (*certificatul de cazier judiciar*) keine Eintragungen zu strafrechtlichen Sanktionen, die während der Minderjährigkeit begangen wurden, enthält, Art. 18 a). Dies steht im Einklang mit Regel Nr. 21 der Beijing-Rules, wonach Registereintragungen über jugendliche Täter in einem späteren Verfahren nicht herangezogen werden dürfen.

---

784 In Deutschland steht den Jugendlichen bzw. Heranwachsenden das Wahlrechtsmittel der Berufung oder Revision zu, § 55 Abs. 2 JGG. Hinter der Rechtsmitteleinschränkung steht die erzieherische Zielsetzung des Jugendstrafverfahrens, Verfahren möglichst schnell durchzuführen, damit sich die Maßnahmen besser auf die Jugendlichen bzw. Heranwachsenden auswirken, D/S/S-*Schatz* 2011, zur Kritik an dieser Regelung vgl. u. a. D/S/S-*Schatz* 2011, S. 440 f. m. w. N. Diese Schlechterstellung Jugendlicher und Heranwachsender im Vergleich zum Erwachsenenstrafverfahren verstößt gegen Regel Nr. 13 der ERJOSSM, vgl. dazu *Dünkel* 2011.

785 Gesetz Nr. 290/2004 (*Legea privind cazierul judiciar*). Das Gesetz löste das Strafregistergesetz Nr. 7 vom 21. April 1972 ab, welches ebenfalls vorsah dass Verurteilungen für Straftaten, die während der Minderjährigkeit begangen wurden, nicht in das Register aufzunehmen waren, Art. 18.

5.9 Zusammenfassung und Vergleich mit Deutschland

Während Deutschland durch eine eigene Jugendgerichtsbarkeit geprägt ist, haben sich in Rumänien in den vergangenen Jahren lediglich vereinzelt besondere Abteilungen und Kammern für Jugendsachen durchgesetzt. Landesweit existiert ein einziges Jugend- und Familiengericht in Braşov. Im Zuge der Reform des Justizwesens wurde in Rumänien besonderes Augenmerk auf die Spezialisierung von Richterinnen und Staatsanwältinnen in Verfahren mit Jugendlichen gelegt. Eine Reihe von Weiterbildungen hat dazu beigetragen, den jugendspezifischen Ansatz in die Praxis umzusetzen. Dennoch ist dieser Bereich weiterhin ausbaufähig.

Im Hinblick auf prozessuale Grundsätze des (Jugend-)Strafverfahrens besteht in beiden Ländern weitgehend Übereinstimmung. Die neue Strafprozessordnung in Rumänien beinhaltet Kernprinzipien, die im Einklang mit internationalen Vorgaben stehen.

Wie in Deutschland besteht auch in Rumänien die Möglichkeit der Verfahrenseinstellung durch die Staatsanwaltschaft oder das Gericht. In Anlehnung an deutsches Recht kann nunmehr von der Strafverfolgung abgesehen werden, wenn es am öffentlichen Interesse an der Verfolgung fehlt. Dies erweitert den Rahmen der Einstellungsmöglichkeiten und kann zu einer Entlastung der Gerichte beitragen.

In Deutschland spielt insbesondere im Jugendkriminalrecht die Diversion eine bedeutende Rolle, maßgeblich beeinflusst durch nordamerikanische Reformbewegungen in dem 1960er und 1970er Jahren. Im Jugendstrafrecht besteht nach den Bestimmungen der §§ 45 und 47 JGG die Möglichkeit, durch Entscheidungen der Jugendstaatsanwaltschaft oder des Jugendgerichts ein förmliches Verfahren zu vermeiden. Die Polizei ist in Deutschland – wie in Rumänien –hingegen aufgrund der Bindung an das Legalitätsprinzip nicht befugt, Diversionsmaßnahmen einzuleiten. Auf Grundlage der erlangten Kenntnisse über die Beschuldigten und die Tat im Rahmen der Ermittlungen können jedoch Diversionsmaßnahmen durch die Polizei vorgeschlagen werden.[786]

Gemäß § 45 Abs. 1 JGG können Jugendstaatsanwälte bei Vorliegen der Voraussetzungen des § 153 StPO von der Verfolgung absehen. Dazu muss es sich um ein Vergehen handeln, die Schuld des Täters oder der Täterin als gering anzusehen sein und es darf kein öffentliches Interesse an der Verfolgung bestehen. Dies ist insbesondere der Fall bei jugendtypischem Fehlverhalten mit geringem Schuldgehalt und geringen Auswirkungen, das keine weiteren erzieherischen Maßnahmen erfordert.[787] Eine richterliche Zustimmung ist nicht erforderlich.

---

786 Vgl. *Brunner/Dölling* 2011, S. 287 f.

787 Siehe Richtlinie Nr. 2 zu § 45 JGG.

Darüber hinaus sieht § 45 Abs. 2 JGG vor, dass Jugendstaatsanwälte von der Verfolgung absehen können, wenn eine erzieherische Maßnahme bereits durchgeführt oder eingeleitet ist, und weder eine richterliche Beteiligung nach § 45 Abs. 3 JGG noch eine Anklageerhebung erforderlich erscheint. Erzieherische Maßnahmen sind hierbei weiter gefasst als die Erziehungsmaßregeln gemäß § 9 JGG,[788] darunter fallen auch Maßnahmen der Eltern, der Schule, der Ausbildenden, Bewährungshilfe, Jugendgerichtshilfe, Familiengericht und weiterer naher Bezugspersonen.[789] Einer erzieherischen Maßnahme stellt § 45 Abs. 2 S. 2 JGG das Bemühen des Jugendlichen gleich, einen Ausgleich mit dem Geschädigten zu erlangen. Hierbei ist das ernsthafte Bemühen um einen Täter-Opfer-Ausgleich ausreichend.[790]

Eine Einstellung unter richterlicher Beteiligung kommt in der nächsten Stufe gemäß § 45 Abs. 3 JGG in Betracht, wenn der Jugendliche geständig ist und eine Ahndung durch förmliches Urteil entbehrlich erscheint. In diesen Fällen des sog. formlosen jugendrichterlichen Erziehungsverfahrens regen die Jugendstaatsanwälte die Erteilung von Maßnahmen wie Ermahnungen, bestimmte Weisungen, darunter auch den Täter-Opfer-Ausgleich, und Auflagen durch das Jugendgericht an. Entspricht das Gericht den Anregungen und erfüllt der Jugendliche die Weisungen bzw. Auflagen, so ist das Verfahren einzustellen.

Nach Anklageerhebung kommt eine richterliche Einstellung gemäß § 47 JGG in Betracht, wobei Richter grundsätzlich auf dieselben Möglichkeiten wie Staatsanwälte im Ermittlungsverfahren zurückgreifen können.[791] Möglich sind die folgenlose Einstellung gemäß § 47 Abs. 1 Nr. 1 JGG, die Einstellung nach Einleitung oder Durchführung einer erzieherischen Maßnahme gemäß Art. 47 Abs. 1 Nr. 2 JGG, die Einstellung nach Ermahnung oder Erfüllung von Weisungen oder Auflagen gemäß § 47 Abs. 1 Nr. 3 JGG sowie die Einstellung aufgrund fehlender Reife und damit strafrechtlicher Verantwortlichkeit, § 47 Abs.1 Nr. 4 JGG.

In beiden Ländern werden die verfahrensrechtlichen Garantien Jugendlicher im Strafverfahren durch wichtige Grundprinzipien des Strafprozessrechts sowie durch die Einbeziehung bestimmter Verfahrensbeteiligter gestärkt. Während in Rumänien der Bewährungshilfe und zum Teil der Direktion für Sozialhilfe und Kinderschutz maßgebliche Bedeutung bei der Unterstützung Jugendlicher im Verfahren zukommt, übernimmt diese Aufgabe in Deutschland die Jugendgerichtshilfe.

---

788 Vgl. *Streng* 2012, S. 97.

789 *Brunner/Dölling* 2011, S. 290.

790 In Rumänien kann ein Verfahren sowohl im Vor- als auch im Hauptverfahren bei Abschluss einer Mediationsvereinbarung eingestellt werden, siehe *Kap. 4.2.4.* Das Mediationsgesetz grenzt die Anwendung jedoch auf bestimmte Kategorien von Straftaten ein.

791 *Meier/Rössner/Schöch* 2013, S. 156 f.

Darüber hinaus sind im Jugendstrafverfahren in Rumänien obligatorisch Verteidiger hinzuzuziehen. In Deutschland besteht diese Pflicht grundsätzlich nicht, sondern nur in bestimmten, gesetzlich vorgesehenen Fällen. Allerdings ist trotz der gesetzlichen Regelung in Rumänien nicht gewährleistet, dass erzieherisch geschulte Verteidiger an den Verfahren mitwirken, da diese in der Praxis immer noch eine absolute Rarität darstellen.

Durch die Novellierung des Strafprozessrechts wurde der Grundsatz betont, dass Jugendstrafverfahren prioritär und zügig zu verhandeln sind, ein Grundsatz, der aufgrund erzieherischer Erwägungen auch in Deutschland greift. Durch das zügige Verfahren dürfen Jugendliche jedoch nicht schlechter gestellt werden als Erwachsene. In Rumänien gelten für Jugendliche besondere Regelungen im Jugendverfahren, die sich insbesondere auf die Zusammensetzung der Spruchkörper, den Ablauf des Verfahrens und Verfahrensbeteiligte beziehen.

In beiden Ländern ist das Strafverfahren durch einen dreigliedrigen Aufbau charakterisiert. In Bezug auf das Ermittlungsverfahren waren in den vergangenen Jahren in Rumänien legislative Verbesserungen zu beobachten. Unter anderem sind nunmehr nur noch die Richter zur Anordnung der Untersuchungshaft entscheidungsbefugt, was sich auch auf die Entwicklung der jugendlichen Untersuchungshaftzahlen ausgewirkt hat (vgl. *Kap. 8.6.1*). Bei Anordnung der Untersuchungshaft ist, wie in Deutschland, das Subsidiaritätsprinzip zugrunde zu legen.

Das Zwischenverfahren wurde in Rumänien mit der Neuregelung der Strafprozessordnung eingeführt. Die Richter im Zwischenverfahren überprüfen neben der Rechtmäßigkeit der Anklageerhebung auch die vorläufigen Maßnahmen, die im Vorverfahren angeordnet wurden. Dadurch erfolgt eine weitere Stärkung der Rechte der Angeklagten im Strafverfahren.

Der Gang des Hauptverfahrens vollzieht sich in beiden Staaten ähnlich. Es gilt der Grundsatz der Nichtöffentlichkeit des Verfahrens, in Rumänien allerdings bezogen auf die Hauptverhandlung und nicht auf die Urteilsverkündung. Mit der „Kleinen Rechtsreform" zur Beschleunigung des Strafverfahrens im Jahr 2010 wurde die Anwesenheitspflicht für Jugendliche in der Hauptverhandlung aufgehoben. Bedenken könnten sich dahingehend ergeben, dass die Verfahrensbeschleunigung sich zu Ungunsten der Jugendlichen auswirkt, da der persönliche Eindruck der Angeklagten von maßgeblicher Bedeutung im Rahmen der Verhandlung ist.

In Bezug auf die Rechtsmittel stehen Jugendlichen in Rumänien die gleichen Anfechtungsmöglichkeiten wie nach allgemeinem Recht zu, in Deutschland wird mit dem Ziel der Verfahrensbeschleunigung die Auswahl auf ein Rechtsmittel beschränkt.

6. Gesetzliche Grundlagen des Jugendstrafvollzugs

Im vorliegenden Teil wird zunächst ein Überblick über internationale Instrumente, die für die Jugendstrafvollzugsgestaltung von Bedeutung sind, gegeben. Daran anschließend wird das Hauptaugenmerk darauf gelegt, wie sich die Rechtslage hinsichtlich der Vollstreckung bzw. dem Vollzug freiheitsentziehender Maßnahmen und Sanktionen darstellt. Neben der seit dem 1. Februar 2014 geltenden neuen Gesetzeslage wird die bisherige Rechtslage erläutert. Beleuchtet wird hierbei der Aspekt, inwieweit sich die neuen gesetzlichen Grundlagen von den bisherigen Regelungen unterscheiden. Im Weiteren wird der Frage nachgegangen, inwieweit internationale bzw. europäische Instrumente in den Gesetzen zur Strafvollstreckung bzw. zum Strafvollzug berücksichtigt wurden.

6.1 Bedeutung internationaler Regelungen für die Jugendstrafvollzugsgestaltung in Rumänien

Seit Mitte des 20. Jahrhunderts wurde auf internationaler Ebene eine Reihe von Vorgaben erarbeitet, die zur Verbesserung der rechtlichen Stellung der Gefangenen und zur Humanisierung des Strafvollzugs beigetragen haben. Der Schutz der Rechte von Kindern und Jugendlichen hat dabei eine besondere Aufmerksamkeit erfahren. In Rumänien kommen den von den Vereinten Nationen und dem Europarat entwickelten Grundsätzen sowie Regelwerken eine grundlegende Bedeutung für die Gestaltung der gesetzlichen Grundlagen des (Jugend-) Strafvollzugs zu, insbesondere seit dem Beitritt zur Europäischen Union.

Einige dieser Dokumente entfalten eine rechtliche Verbindlichkeit für die ratifizierenden Staaten, andere sind als völkerrechtlich unverbindlich und als sogenanntes „*soft law*" zu klassifizieren. Darunter fallen eine Vielzahl von Instrumenten wie zum Beispiel Mindestgrundsätze, Empfehlungen und Richtlinien. Dennoch ist auch die Bedeutsamkeit des „*soft law*" nicht zu unterschätzen, weil es eine Überstimmung auf breiter Ebene zeigt, auf deren Basis rechtsverbindliche Vorschriften entwickelt werden.[792] So bezeugt der intensive Prozess der Auseinandersetzung bis hin zur Zustimmung der Staatenvertreter die Anerkennung einer bestimmten Verbindlichkeit.[793] Insbesondere durch die wachsende Einbeziehung universell geltender Standards in Rechtsschutzverfahren internationaler Übereinkommen kann von einer mittelbaren Wirkung gesprochen werden.[794] Die Bedeutung internationaler Standards ist vor allem auch für die neu-

---

792 *Neubacher/Schüler-Springorum* 2001, S. 6.

793 *Pruin* 2011, S. 128.

794 *Neubacher* 2009, S. 285.

eren Gesetzgebungsentwicklungen mittel- und osteuropäischer Länder betont worden.[795]

Im Hinblick auf die von den Vereinten Nationen entwickelten Vorgaben sind folgende Dokumente zu nennen:

Die *Mindeststandards für die Behandlung von Straftätern* (*Standard Minimum Rules for the Treatment of Prisoners*) von 1955 schufen erstmals eine universelle Basis, in denen Minimalgrundsätze hinsichtlich der Menschenrechte Inhaftierter festgeschrieben wurden. Sie dienten als Grundlage für die 1987 und 2006 fortentwickelten *Europäischen Strafvollzugsgrundsätze* (*European Prison Rules*) des Europarats.

Der Internationale Pakt über bürgerliche und politische Rechte von 1966, der seit der Ratifizierung im Jahr 1974 auch für Rumänien verbindlich ist, legt einige bedeutsame Grundsätze im Hinblick auf Gefangene wie die Achtung der Menschenwürde, den Trennungsgrundsatz und die Unschuldsvermutung, das Ziel der Besserung und sozialen Wiedereingliederung (Art. 10) und das Folterverbot (Art. 7) nieder.

In der UNO *Kinderrechtskonvention* (KRK, *Übereinkommen über die Rechte des Kindes, Convention on the Rights of the Child*) von 1989, die Rumänien 1990 ratifiziert[796] hat, stehen das Wohl des Kindes,[797] dessen Schutz und Fürsorge im Mittelpunkt aller Maßnahmen, die Kinder betreffen (Art. 3 Abs. 1 und 3), und sie binden damit auch die Gerichte und Strafvollzugsanstalten. Im Hinblick auf freiheitsentziehende Maßnahmen legt die Konvention in Art. 37 fest, dass weder lebenslange Freiheitsstrafe noch Todesstrafe gegen Kinder verhängt und keine Folter oder unmenschliche Behandlung stattfinden darf (Art. 37a). Des Weiteren regelt die Konvention, dass Festnahmen, Freiheitsentziehung und Freiheitstrafe nur als letzte Möglichkeit sowie für die kürzeste angemessene Zeit verhängt werden sollen (Art. 37b). Kinder sind getrennt von erwachsenen Gefangenen unterzubringen (Art. 37c) und haben das Recht auf einen rechtlichen Beistand (Art. 37d). Darüber hinaus wird die Unschuldsvermutung und die Förderung der gesellschaftlichen Wiedereingliederung festgeschrieben (Art. 40 Abs. 1).

Die *Mindestgrundsätze der Vereinten Nationen für die Jugendgerichtsbarkeit*, auch *Beijing-Grundsätze* genannt (*United Nations Standard Minimum Rules for the Adminstration of Juvenile Justice*)[798] von 1985 beziehen sich in Regeln 26 bis 29 auf einige Prinzipien der stationären Behandlung, anknüpfend an

---

795 *Dünkel/Baechthold/van Zyl Smit* 2007, S. 115.

796 Die Konvention wurde durch Gesetz Nr. 18 vom 28.09.1990 ratifiziert. Damit zählte Rumänien zu den ersten Ländern, die die Konvention annahmen.

797 Als Kind im Sinne der Konvention wird jeder Mensch bis zur Vollendung des 18. Lebensjahrs definiert.

798 Siehe zu den Beijing-Grundsätzen auch *Kap. 4.1.*

die Mindestgrundsätze der Behandlung von Gefangenen, im Zusammenhang mit den Zielen des Strafvollzugs, der Bedeutung von schulischer und beruflicher Bildung, Haftentlassung und Förderung der sozialen Eingliederung der Jugendlichen.

Ausführlichere Vorgaben zur Ausgestaltung des Strafvollzugs enthalten die *Regeln der Vereinten Nationen zum Schutz von Jugendlichen unter Freiheitsentzug, auch bekannt als Havanna-Regeln (United Nations Rules for the Protection of Juveniles Deprived of their Liberty)* von 1990. Das detaillierte Regelwerk geht über einen reinen Empfehlungscharakter hinaus.[799] Die Havanna-Regeln dehnen den Anwendungsbereich aus und beziehen sich auf jede Form des Freiheitsentzuges. Sie stellen eine bedeutsame Basis für die Fortentwicklung der Jugendstrafvollzugsstandards auf europäischer Ebene dar.

Auf europäischer Ebene spielen folgende Instrumente eine Rolle: Der *Konvention zum Schutze der Menschenrechte und Grundfreiheiten*, auch *Europäische Menschenrechtskonvention* (EMRK) von 1950, ist Rumänien im Jahr 1994 beigetreten. Die Konvention legt Grundsätze wie das Folterverbot (Art. 3 EMRK), das Beschwerderecht (Art. 13 EMRK), das Diskriminierungsverbot (Art. 14 EMRK) sowie weitere vollzugsrechtlich relevante Aspekte dar. Im Rahmen des Individualbeschwerdeverfahrens können Verstöße gegen die EMRK vor dem Europäischen Gerichtshof für Menschenrechte (EGMR) geltend gemacht werden.

Weitere Beachtung kommt dem *Europäischen Übereinkommen zur Verhütung von Folter und unmenschlicher oder erniedrigender Behandlung oder Strafe*, auch *Europäische Antifolterkonvention (European Convention for the Prevention of Torture and Inhuman or Degrading Treatment or Punishment)* von 1987, ratifiziert im Jahr 1989,[800] zu. Das Übereinkommen hat den Grundstein für die Gründung des *Ausschusses zur Verhütung von Folter und unmenschlicher oder erniedrigender Behandlung (Committee for the Prevention of Torture and Inhuman or Degrading Treatment or Punishment*, CPT) gelegt und regelt ein jederzeitiges Besuchs- und Kontrollrecht dieser Expertenkommission (Art. 8). Die vom Ausschuss erstellten Berichte enthalten Standards zur Ausgestaltung des Strafvollzugs und berücksichtigen hierbei auch die Lage jugendlicher Inhaftierter (Kapitel VI). Die Relevanz der Berichte spiegelt sich auch darin wieder, dass selbst der Europäische Gerichtshof für Menschenrechte in seinen Entscheidungen Bezug auf sie nimmt und in Wertungen mit einbezieht.[801] Die letzte Fassung der CPT-Standards stammt aus dem Jahr 2011.[802]

---

799   *Ostendorf* 2012, S. 36.

800   Im Jahr 2002 wurden die Zusatzprotokolle Nr. 1 und 2 ratifiziert.

801   *Neubacher* 2009, S. 284.

802   http://www.cpt.coe.int/en/docsstandards.htm (26.07.2013).

Von besonderer Bedeutung ist die Empfehlung des Europarats *Rec (2006)2 on the European Prison Rules (EPR, Europäische Strafvollzugsgrundsätze)*, von 2006. Die Grundsätze basierten auf den Europäischen Strafvollzugsgrundsätzen von 1987 (Rec(87)3 on the European Prison Rules), die wiederum an die Mindestgrundsätze der Vereinten Nationen von 1955 anknüpften. Konzipiert für den Erwachsenenstrafvollzug, deuten die Europäischen Strafvollzugsgrundsätze auf die Notwendigkeit der Erarbeitung jugendspezifischer Regelungen hin.[803] Die Grundsätze betonen, dass alleiniges Vollzugsziel die Resozialisierung ist (Grundsatzregel Nr. 6, Regel Nr. 102.1).[804]

Als eines der wichtigsten Regelwerke für die Behandlung junger Verurteilter ist die *Empfehlung des Europarats Rec (2008)11 zum Vollzug bzw. zur Vollstreckung ambulanter und freiheitsentziehender Sanktionen gegenüber Jugendlichen (Europäische Grundsätze für die von Sanktionen oder Maßnahmen betroffenen jugendlichen Straftäter und Straftäterinnen, European Rules for Juvenile Offenders Subject to Sanctions or Measures*, ERJOSSM) von 2008 zu sehen.

Die vom Europarat eingesetzte Expertengruppe[805] knüpfte bezüglich der Empfehlungen an vorherige Instrumente an, insbesondere an die Europäischen Strafvollzugsgrundsätze von 2006.

Darüber hinausgehend beziehen die Empfehlungen sowohl den Vollzug ambulanter und stationärer Sanktionen sowie auch jede Form der Freiheitsentziehung mit ein.[806] Insgesamt liegt der Schwerpunkt der Empfehlungen auf der Durchsetzung menschenrechtlicher Standards.

In einem Grundsatzkatalog (*Basic Principles*) werden zunächst Kernprinzipien für die Behandlung junger Straftäterinnen und Straftäter aufgeführt. Dazu zählen – exemplarisch – die Achtung der Menschenrechte[807] (Grundsatzregel Nr. 1), die Klarstellung des alleinigen Ziels der Erziehung bzw. Wiedereingliederung (sowie der Rückfallvermeidung) bei der Verhängung und beim Vollzug der Sanktionen (Grundsatzregel Nr. 2), die Verankerung des Verhältnismäßigkeits- und Individualisierungsgrundsatzes (Grundsatzregel Nr. 5) und die Vorgabe, Freiheitsentzug nur als „last resort" zu verhängen (Grundsatzregel Nr. 10). Ebenfalls aufgenommen wurden die Förderung der Mediation und anderer Maßnahmen der Wiedergutmachung (Grundsatzregel Nr. 12) und die prinzipielle

---

803 Vgl. Grundsatzregel Nr. 11 EPR; *Dünkel/Baechthold/van Zyl Smit* 2009, S. 298.

804 Siehe hierzu sowie zu einem umfassenden Überblick und Bewertung der EPR *Dünkel/Morgenstern/Zolondek* 2006.

805 Die Expertengruppe setzte sich aus *Andrea Baechthold* (Bern), *Frieder Dünkel* (Greifswald) und *Dirk van Zyl Smit* (Nottingham) zusammen.

806 Siehe *Dünkel/Baechthold/van Zyl Smit* 2009, S. 296; *Dünkel* 2011.

807 Und damit die Einbeziehung sämtlicher Grundrechte, über die Achtung der Menschenwürde hinausgehend, siehe *Dünkel* 2011, S. 142.

Möglichkeit der Miteinbeziehung Heranwachsender in das Jugendstrafrecht (Grundsatzregel Nr. 17). Der zweite Teil legt Grundsätze über ambulante Maßnahmen dar. Der dritte Teil (Regeln Nr. 49-107/119) beinhaltet detaillierte Empfehlungen für den Jugendstrafvollzug und andere Formen des Freiheitsentzugs gegenüber Jugendlichen. In einem allgemeinen Teil sind Standards unter anderem in Bezug auf das Aufnahmeverfahren, die Unterbringung, Gesundheit, Behandlungsmaßnahmen, Außenkontakte, Glaubens- und Gewissensfreiheit, Ordnung und Sicherheit sowie Disziplinar- und Sicherungsmaßnahmen festgelegt.[808] In dem sich anschließenden Besonderen Teil sind Grundsätze zum Polizeigewahrsam, zur Untersuchungshaft und weiteren vorläufigen Maßnahmen des Freiheitsentzugs sowie zur Unterbringung in Jugendhilfeeinrichtungen und psychiatrischen Krankenhäusern enthalten. Weitere Teile der Empfehlungen legen Regelungen zu Rechtsbeiständen, Beschwerdemöglichkeiten der Jugendlichen, Personal, Evaluation und Forschung sowie dem Umgang mit Medien und Öffentlichkeit dar. Die Kompatibilität der rumänischen Regelungen mit den ER-JOSSM wird an den relevanten Stellen erörtert.

6.2 Rechtliche Grundlagen der Vollstreckung und des Vollzugs freiheitsentziehender Sanktionen

In Rumänien werden Strafvollstreckung und -vollzug seit 1. Februar 2014 durch ein spezielles Strafvollstreckungs- und ein Strafvollzugsgesetz geregelt. Bevor auf die novellierten Bestimmungen eingegangen wird, dient zunächst ein Blick auf die bisherige Gesetzeslage dem Verständnis über den Gesamtzusammenhang sowie über die Strafvollzugspraxis in Rumänien.

6.2.1 Bisherige Rechtslage – Strafvollstreckungsgesetz und Vorschriften zur Ausführung des Strafvollstreckungsgesetzes

Wichtigste Grundlage zur Regelung des Strafvollzugs sowie der Strafvollstreckung stellte bislang das Strafvollstreckungsgesetz (Gesetz Nr. 275/2006)[809]

---

808 Vgl. im Überblick *Dünkel* 2011, S. 147 ff.

809 Gesetz Nr. 275 vom 04.07.2006 (*Legea privind executarea pedeselor şi a măsurilor dispuse de organele judiciare în cursul procesului penal*, wörtlich: Gesetz zur Vollstreckung der Strafen und Maßnahmen, die von den Justizorganen während des Strafverfahrens verhängt wurden), in Kraft seit dem 20.10.2006, veröffentlicht im Amtsblatt Nr. 627 vom 20.07.2006. Das bislang geltende Strafvollstreckungsgesetz ersetzte das Strafvollstreckungsgesetz Nr. 23/1969, wiederveröffentlicht (mit Ergänzungen und Änderungen, mit Ausnahme der Bestimmungen zum Strafvollzug am Arbeitsplatz) im Amtsblatt Nr. 62 vom 02.05.1973, Notverordnung der Regierung Nr. 56/2003 hinsichtlich bestimmter Rechte der zu Freiheitsstrafen verurteilten und im Strafvollzug befindlichen Personen, veröffentlicht im Amtsblatt Nr. 457 vom 27.06.2003.

dar, das im Jahr 2006 in Kraft trat und durch das Änderungsgesetz Nr. 83/2010 ergänzt wurde.[810] Im Gegensatz zur Differenzierung des deutschen Rechts zwischen Strafvollzug und Strafvollstreckung bezog sich das rumänische Strafvollstreckungsgesetz sowohl auf die Vollstreckung von Maßnahmen wie Geldstrafen und alternativen Sanktionen als auch auf den Vollzug von Freiheitsstrafen. Weitere Rechtsgrundlagen fanden sich in den Regelungen zur Ausführung des Strafvollstreckungsgesetzes, dem Strafgesetzbuch, der Strafprozessordnung sowie der Verfassung.

Die Verordnung zur Ausführung des Strafvollstreckungsgesetzes (rAVSt-VollstrG a. F.)[811] mit nachfolgenden Ergänzungen und Änderungen[812] enthielt bedeutende Bestimmungen zur Ausgestaltung des Strafvollzugs und der Strafvollstreckung. Die Verordnung zielte auf die Regelung der konkreten Umsetzung des Strafvollstreckungsgesetzes. Darüber hinaus enthielten Verordnungen des Justizministeriums detaillierte Normen zur Ausgestaltung des Vollzugs, beispielsweise zur Unterbringung, zum Besuchsrecht und zur Gesundheitsfürsorge.

In der Begründung zum Gesetzentwurf des Strafvollstreckungsgesetzes wird Bezug genommen auf den *„Kontext der Harmonisierung der rumänischen Gesetze mit den entsprechenden internationalen Bestimmungen mit dem Ziel, eine grundlegende* (wörtlich *„radikale")* *Reform des Strafvollstreckungssystems"* durchzuführen.[813] Wie auch in anderen Rechtsbereichen ist die Orientierung an internationalen Grundsätzen vor dem Hintergrund des EU-Beitritts Rumäniens im Jahre 2007 zu betrachten, in deren Vorlauf maßgebende Gesetzesreformen erfolgten. Ausdrücklich werden in der Begründung zum Gesetzentwurf die Anlehnung an die rumänische Verfassung und internationale Dokumente wie die Mindeststandards für die Behandlung von Straftätern der Vereinten Nationen (1955), die Europäischen Strafvollzugsgrundsätze des Europarats (R (1987) 3), die Berichte des Antifolterkomitees sowie die Rechtsprechung des Europäischen Gerichtshofs für Menschenrechte (EGMR) erwähnt. Das Strafvollstreckungsgesetz und die Verordnung zur Ausführung des Strafvollstreckungsgesetzes vereinigten europäische und internationale Standards in sich. So fanden sich Leitgrundsätze der Europäischen Regeln zum Strafvollzug (Rec (2006)2) und der

---

810 Gesetz Nr. 83 vom 13.05.2010 zur Änderung und Ergänzung des Gesetzes Nr. 275/2006, veröffentlicht im Amtsblatt Nr. 329 vom 19.05.2010.

811 Verordnung zur Ausführung des Gesetzes Nr. 275/2006, angenommen durch Regierungsbeschluss Nr. 1897 vom 21.12.2006, veröffentlicht im Amtsblatt Nr. 24 vom 16.01.2007.

812 Regierungsbeschluss Nr. 1113 vom 03.11.2010 zur Änderung und Ergänzung der Verordnung zur Ausführung des Gesetzes Nr. 275/2006, angenommen durch Regierungsbeschluss Nr. 1897/2006, veröffentlicht im Amtsblatt Nr. 838 vom 14.12.2010.

813 Begründung zum Gesetzentwurf, Gesetz Nr. 275/2006, S. 1, Website der Abgeordnetenkammer, http://www.cdep.ro/proiecte/2005/500/30/8/em538.pdf (30.10.2012).

„CPT-Standards" des Antifolterkomitees des Europarats[814] in den grundlegenden Prinzipien der Bestimmungen des Strafvollstreckungsgesetzes[815] und der Verordnung zur Ausführung des Gesetzes wieder.

Das bisherige Strafvollstreckungsgesetz regelte die Vollstreckung der Geldstrafe, gerichtlich verhängter Aufsichtsmaßregeln und Weisungen, den Vollzug der Freiheitsstrafe, des Arrestes und der Untersuchungshaft.[816] Erstmals führte das Gesetz die Institution des sogenannten delegierten Richters (*judecătorul delegat*) zur Individualisierung des Vollzugs ein. Die Aufgabe dieser Strafvollzugs- bzw. Haftrichter erstreckte sich auf die Einhaltung der Gesetzmäßigkeit des Vollzugs der Freiheitsstrafe sowie von Arrest und Untersuchungshaft. Sie waren zuständig für bestimmte Beschwerden der Inhaftierten. Ein weiterer Fortschritt des Gesetzes lag in der Einführung der differenzierten und verbesserten Vollzugsbedingungen sowie der Stärkung der Rechte der Gefangenen.

Die Bestimmungen zum Strafvollzug und zur Strafvollstreckung galten sowohl für Jugendliche als auch für Erwachsene. Ausgenommen vom Geltungsbereich des Gesetzes war jedoch die Vollstreckung bestimmter Erziehungsmaßregeln für Jugendliche, die das Strafgesetzbuch regelte. Im Hinblick auf Jugendliche regelte das Strafvollstreckungsgesetz die Unterbringung in einer Erziehungsanstalt oder den Vollzug der Freiheitsstrafe in einer Strafvollzugsanstalt für Jugendliche und Heranwachsende bzw. in besonderen Abteilungen der Strafvollzugsanstalten.

6.2.1.1 Vollzug der Maßnahme der Unterbringung in einer Erziehungsanstalt

Die Vollstreckung der freiheitsentziehenden Maßnahme der Einweisung in eine Erziehungsanstalt wurde in Art. 490 rStPO a. F. geregelt. Die Vollstreckung konnte gleichzeitig mit dem Urteil angeordnet werden. Der Vollzug der Erziehungsmaßnahme erfolgte auf Grundlage des Gesetzesdekretes Nr. 545/1972[817]. Als kritisch zu betrachten war seit den 1990er Jahren das Fehlen einer Reform

---

814 Siehe hierzu http://www.cpt.coe.int/en/docsstandards.htm (26.07.2013).

815 Zu den Kernprinzipien des Strafvollstreckungsrechts zählen unter anderem das Legalitätsprinzip, der Grundsatz der Individualisierung der Strafen und der Achtung der menschlichen Würde, siehe ausführlicher u. a. *Sima* 2010, S. 9 f.

816 Im Hinblick auf die Vollstreckung der Geldstrafe legte Art. 7 Abs. 1 rStVollstrG a. F. fest, dass die Bestimmungen über die Durchsetzung der Haushaltsforderungen sowie deren Verfahrensordnungen anwendbar sind, wenn die Geldstrafe nicht innerhalb der vorgenannten Frist gezahlt wird. Über die Einhaltung des Vollzugs der Weisungen und Aufsichtsmaßregeln verwies Art. 8 rStVollstrG a. F. auf die Zuständigkeiten der Richter am Vollstreckungsgericht, entweder unmittelbar oder unter Einbeziehung der Bewährungshilfe.

817 Dekret Nr. 545 vom 30.12.1972, veröffentlicht im Amtsblatt Nr. 162 vom 30.12.1972.

seit dem Jahr 1972 mit dem Ziel einer Anpassung an die aktuellen gesellschafts-
politischen Entwicklungen. So spiegelte der Wortlaut Charakteristika sozialisti-
scher Ideologien wieder und nannte Organe, die später nicht mehr existierten.
Verschiedene Reformbemühungen zur Novellierung der Rechtsgrundlage in den
vergangenen Jahren konnten nicht umgesetzt werden.

Das Dekret regelte, dass die Jugendlichen, ähnlich wie in den Strafvollzugsanstalten, zunächst in besonderen Zugangsabteilungen untergebracht wurden,
Art. 2 ff. Während eines Zeitraums von höchsten sechs Monaten wurden die Jugendlichen medizinisch sowie psychologisch begutachtet. In dieser Zeit wurde
ein psychologisch-pädagogisches Profil mit Empfehlungen für die Behandlung
der Verurteilten erstellt. Diese beinhalteten Schulunterricht, berufsbildende
Maßnahmen, kulturelle, sportliche und andere Freizeitaktivitäten, vgl. Art. 6 ff.
Die Bildungsmaßnahmen umfassten Grundschulunterricht, Unterricht an berufsbildenden Schulen und Ausbildungsmaßnahmen.[818] Die berufliche Ausbildung
konnte auch außerhalb der Erziehungsanstalten an berufsbildenden Schulen und
Unternehmen organisiert werden, Art. 10. Bei guter Führung und guten schulischen Leistungen war sogar die Möglichkeit gegeben, die Schulbildung an
Gymnasien im Ort aufzunehmen oder fortzuführen, Art. 11.

Im Hinblick auf den Außenkontakt regelte das Dekret in Art. 17, dass Jugendliche Korrespondenz sowie Pakete mit Nahrungsmitteln, Kleidung sowie
weiteren Waren empfangen durften, ebenso Geldsummen. Jugendlichen war
es – mit Genehmigung der Anstaltsleitung – gestattet, Besuche von Familienangehörigen oder anderen Personen zu empfangen.

Zu den Disziplinarmaßnahmen, die je nach Schwere des Verstoßes und Verhalten der Jugendlichen verhängt werden konnten, zählten gemäß Art. 20 die
Verwarnung, die Verlegung in eine Parallelklasse, die Verlegung in eine andere
Erziehungsanstalt oder die Isolation für maximal 10 Tage.[819] Im Fall der Anordnung der Isolation sollten adäquate Maßnahmen für die Jugendlichen angeboten werden. Die Verhängung der Isolation bis zu zehn Tagen stellte einen
Verstoß gegen europäische und internationale Grundsätze dar, insbesondere
gegen Rule 91.4 ERJOSSM, wonach die isolierte Unterbringung nicht länger als
24 Stunden betragen soll.[820]

Ferner regelte Art. 21 des Dekretes, dass Jugendliche, die schwerwiegend
gegen die Ordnung und Sicherheit verstießen, bis zu drei Monate in einem

---

818 Weitere Bestimmungen zu der Ausgestaltung der Bildungsprogramme fanden sich im
Strafvollstreckungsgesetz und der Verordnung zur Ausführung des Strafvollstreckungsgesetzes.

819 In den Jahren von 2010 bis 2012 wurden als Disziplinarmaßnahmen im Durchschnitt
122 Verwarnungen ausgesprochen und in durchschnittlich 110 Fällen die Isolation verhängt, siehe Nationale Strafvollzugsverwaltung 2012, S. 6.

820 Mit Inkrafttreten des neuen Strafvollzugsgesetzes wurde diese Disziplinarmaßnahme
abgeschafft.

strengen Vollzugsregime untergebracht werden konnten. Das bedeutete, dass in dieser Zeit auch das Besuchsrecht, der Empfang von Paketen und das Recht, Waren zu erwerben, ganz oder teilweise eingeschränkt werden konnten, ein Aspekt, der Jugendliche stark in ihren Rechten beschnitt.

Darüber hinaus waren Vollzugslockerungen vorgesehen. Diese konnten Jugendlichen aufgrund guter Führung, „überragender" Schulleistungen, Kontinuität in Arbeit und Ausbildung oder reger Teilnahme an Vollzugsprogrammen gewährt werden. An Vollzugslockerungen sah Art. 22 des Dekretes unter anderem Prämien für besonders gute Schulleistungen, die Teilnahme an Feriencamps oder Exkursionen, Ausgang an Sonn- und Feiertagen sowie für Familienbesuche während der Ferienzeiten und Familienbesuche in gesetzlich bestimmten Härtefällen[821] vor.[822]

Zu den Bediensteten der Erziehungseinrichtung zählten Pädagoginnen, Psychologen, Personal aus dem technischen, Gesundheits- und Verwaltungsbereich sowie Aufsichtspersonal, Art. 25.

6.2.1.2 Vollzug der Freiheitstrafe

Bislang konnten Jugendliche und Heranwachsende[823] im geschlossenen, halboffenen oder offenen Vollzug untergebracht werden. Das Hochsicherheitsregime, das für lebenslange Freiheitsstrafen oder Freiheitsstrafen von mehr als 15 Jahren vorgesehen war, galt nicht für Jugendliche.[824]

Der geschlossene Vollzug kam gemäß Art. 22 Abs. 1 rStVollstrG a. F. bei Freiheitsstrafen zwischen fünf und 15 Jahren zur Anwendung, der halboffene

---

821 Dazu zählten unter anderem schwere Erkrankungen oder Todesfälle von Familienangehörigen.

822 Darüber hinaus zählten zu den Lockerungen das öffentliche Lob und die Übertragung bestimmter Verantwortlichkeiten in der Einrichtung.

823 Neben den Heranwachsenden (18-20 Jahre) bestand für Jungerwachsene (21-24 Jahre) die Möglichkeit, bis zur Beendigung ihrer schulischen oder beruflichen Ausbildung in den besonderen Strafvollzugsanstalten für Jugendliche und Heranwachsende untergebracht zu werden, Art. 132 Abs. 3 AVStVollstrG a. F.

824 Neben Jugendlichen wurden weitere Personengruppen vom Hochsicherheitsvollzug ausgenommen: Männer im Alter von 60 Jahren und mehr, Frauen im Alter von 55 Jahren und mehr, schwangere Frauen oder Mütter mit Kindern, die das erste Lebensjahr noch nicht vollendet haben, Personen mit der Invaliditätsstufe I sowie weitere Personen mit schweren Behinderungen (Art. 21 Abs. 1 rStVollstrG a. F.). Personen, die die vorgenannten Charakteristika aufwiesen, verbüßten stattdessen ihre Strafen im geschlossenen Vollzug (Art. 21 Abs. 2 rStVollstrG a. F.). Im Hochsicherheitsvollzug galt grundsätzlich die Unterbringung in Einzelzellen, oder die gemeinsame Unterbringung in Zellen, wenn der gesundheitliche Zustand oder Programme der Verhaltenstherapie es erforderlich machten. Hierbei war die Anzahl der Insassen auf maximal zehn beschränkt (Art. 95 Abs. 1 und 2 AVStVollstrG a. F.).

Vollzug bei Freiheitsstrafen zwischen einem und fünf Jahren, Art. 23 Abs. 1 rStVollstrG a. F. und der offene Vollzug bei einer Freiheitsstrafe bis zu einem Jahr, Art. 24 rStVollstrG a. F. Die Festlegung der Art des Vollzugsregimes oblag gemäß Art. 25 rStVollstrG a. F. der Kommission zur Individualisierung des Vollzugs von Freiheitsstrafen.[825]

Grundsätzlich war festgelegt, dass Gefangene gemeinsam oder individuell untergebracht werden konnten, Art. 33 Abs. 1 rStVollstrG a. F.

Im Hinblick auf den geschlossenen Vollzug galt, dass jugendliche und erwachsene Verurteilte, die dieser Kategorie unterlagen, ihre Freiheitsstrafe in geschlossenen Strafvollzugseinrichtungen oder in anderen Vollzugsanstalten mit besonderen Abteilungen des geschlossenen Vollzugs zu verbüßen hatten, Art. 106 AVStVollstrG a. F. Es galt die gemeinschaftliche Unterbringung unter Respektierung des Trennungsprinzips, wobei die Zimmer permanent geschlossen und gesichert waren, Art. 107 AVStVollstrG a. F. Die Arbeitstätigkeiten oder Aktivitäten fanden unter konstanter Aufsicht des Personals statt, Art. 108 Abs. 2 AVStVollstrG a. F. Diejenigen Verurteilten, die keinen Aktivitäten nachgingen, hatten das Recht, täglich mindestens vier Stunden außerhalb ihrer Haftzellen zu verbringen, Art. 108 Abs. 3 AVStVollstrG a. F. Ihnen wurden Spaziergänge (Hofgang) von täglich mindestens drei Stunden gestattet, Art. 109 Abs. 1 AVStVollstrG a. F. Diejenigen, die einer Arbeitstätigkeit nachgingen oder an Bildungsprogrammen oder psychosozialen Betreuungsmaßnahmen teilnahmen, hatten das Recht auf mindestens eine Stunde täglichen Hofgang, Art. 109 Abs. 2 AVStVollstrG a. F. Im Hinblick auf Bildungsprogramme und psychosoziale Betreuung war festgelegt, dass diese in Gruppen innerhalb der Anstalt unter bewaffneter Aufsicht stattfinden, Art. 111 AVStVollstrG a. F.

Für jugendliche und erwachsene Personen im halboffenen Vollzug galt, dass sie sich innerhalb der Anstalt frei bewegen konnten und hierbei unter Aufsicht standen. Die Freizeit konnte individuell gestaltet werden, Art. 113 Abs. 1 AVStVollstrG a. F. Die Verurteilten wurden in besonderen halboffenen Strafvollzugsanstalten oder besonderen Räumen innerhalb oder außerhalb der Strafvollzugsanstalten untergebracht, Art. 115 Abs. 1 AVStVollstrG a. F. Neben dem Trennungsprinzip wurden bei der Unterbringung der Gefangenen Kriterien wie das Interesse an der Teilnahme an Resozialisierungsmaßnahmen oder Arbeit berücksichtigt, Art. 115 Abs. 2 AVStVollstrG a. F. Auch im halboffenen Vollzug galt die gemeinsame Unterbringung, Art. 116 Abs. 1 AVStVollstrG a. F., wobei die Zellen tagsüber geöffnet und während der Nachtzeit geschlossen wa-

---

[825] In Ausnahmefällen, auf Grundlage der Beurteilung der Art der Straftat und dem Verhalten des Gefangenen, war der Übergang progressiv von einem Vollzugsregime zum anderen möglich. Die Kommission zur Individualisierung des Vollzugsregimes prüfte nach acht verbüßten Jahren im Falle der zu lebenslanger Freiheitsstrafe Verurteilten, ansonsten nach Vollzug eines Viertels der Freiheitsstrafe, ob ein Regimewechsel in Betracht kam, Art. 26 Abs. 1 rStVollstrG a. F.

ren. Die Teilnahme an Bildungsaktivitäten und psychosozialen Betreuungsprogrammen fand in Gruppen entweder innerhalb oder außerhalb der Anstalt statt, Art. 118 AVStVollstrG a. F.

Die Unterbringung im offenen Vollzug erfolgte in Anstalten des offenen Vollzugs oder in besonderen Einrichtungen oder Abteilungen innerhalb oder außerhalb anderer Anstalten, gleichfalls unter Beachtung des Trennungsprinzips, Art. 122 Abs. 1, 2 AVStVollstrG a. F. Jugendliche im offenen Vollzug wurden gemeinsam untergebracht, Art. 123 Abs. 1 AVStVollstrG a. F., wobei die Zellen ständig geöffnet waren. Die Verurteilten konnten an Vollzugsaktivitäten innerhalb oder außerhalb des Vollzugs ohne Beaufsichtigung teilnehmen, Art. 125 AVStVollstrG a. F. An bestimmten Veranstaltungen durften auch Familienmitglieder und Gemeindevertreter teilnehmen, Art. 126 AVStVollstrG a. F. Die Freizeit und Haushaltstätigkeiten organisierten die Gefangenen selbst.

6.2.2 Das neue Strafvollzugsgesetz hinsichtlich freiheitsentziehender Strafen und Maßnahmen von 2014

Zeitgleich mit der Einführung des neuen Strafgesetzbuches und der neuen Strafprozessordnung traten ein neues Strafvollzugs- und ein Strafvollstreckungsgesetz[826] am 1. Februar 2014 in Kraft. Das Strafvollzugsgesetz regelt den Vollzug freiheitsentziehender Strafen und Maßnahmen,[827] das Strafvollstreckungsgesetz[828] die Vollstreckung nicht freiheitsentziehender Strafen und Maßnahmen.[829]

Das neue Strafvollzugsgesetz sieht eine Reihe von Novellierungen im Hinblick auf den Vollzug freiheitsentziehender Sanktionen vor. Unter anderem regelt es, dass mindestens ein Strafvollzugs- bzw. Haftrichter (*judecătorul de supraveghere a privării de libertate*, wörtlich: Richter zur Aufsicht über die Freiheitsentziehung) in Strafvollzugs-, Untersuchungshaft-, Erziehungs- und Jugendanstalten sowie Einrichtungen des polizeilichen Gewahrsams eingesetzt wird. Die Strafvollzugsrichter werden von den Präsidenten der jeweiligen Beru-

---

826 Wörtlich: „Gesetz zum Vollzug der freiheitsentziehenden Strafen und Maßnahmen, die von den Justizorganen während des Strafverfahrens verhängt wurden" sowie „Gesetz zur Vollstreckung nicht freiheitsentziehender Strafen und Maßnahmen, die von den Justizorganen während des Strafverfahrens verhängt wurden".

827 Gesetz Nr. 254 vom 19.07.2013, veröffentlicht im Amtsblatt Nr. 514 vom 14.08.2013.

828 Gesetz Nr. 253 vom 19.07.2013, veröffentlicht im Amtsblatt Nr. 513 vom 14.08.2013.

829 Die unterschiedliche Benennung der Gesetze gebietet sich deswegen, da das Strafvollzugsgesetz allein den Vollzug der freiheitsentziehenden Strafen und Maßnahmen regelt, das Strafvollstreckungsgesetz im Gegensatz dazu die Vollstreckung der nicht freiheitsentziehenden Strafen und Maßnahmen. Dazu zählen unter anderem die Vollstreckung von Geld-, Neben- und Zusatzstrafen, Erziehungsmaßnahmen, die Aufsicht über gerichtliche Weisungen im Rahmen der Strafaussetzung zur Bewährung.

fungsgerichte, in deren Einzugsbereich sich die Einrichtung befindet, ernannt, Art. 8 rStVollzG. Ihnen kommt gemäß Art. 9 Abs. 2 e) rStVollzG die Beaufsichtigung und Überwachung der Gesetzmäßigkeit des Vollzugs freiheitsentziehender Strafen und Maßnahmen zu. Strafvollzugsrichter sind zugleich Vorsitzende der Kommissionen, die über die bedingte Haftentlassung innerhalb der Einrichtung entscheiden.

Strafvollzugsanstalten für Jugendliche und Heranwachsende werden mit Inkrafttreten des neuen Gesetzes in Strafvollzugsanstalten für Heranwachsende umbenannt, Art. 12 Abs. 2a) rStVollzG. Eine Neuerung liegt ebenfalls darin, dass in den Strafvollzugsanstalten Abteilungen für den Vollzug der Untersuchungshaft sowie für den Vollzug der freiheitsentziehenden Erziehungsmaßnahmen eingerichtet werden, Art. 13 und 14 rStVollzG. Mit Inkrafttreten des neuen Gesetzes werden nunmehr die speziellen Arrest- und Untersuchungshaftanstalten abgeschafft.

Bereits das zweite Kapitel widmet sich der „Sicherheit im Strafvollzug" und regelt diverse Sicherheitsmaßnahmen. Erstmals führt das Gesetz die sogenannte elektronische Fußfessel für Inhaftierte ein, die sich außerhalb des Vollzugs befinden, Art. 27 rStVollzG. Neu ist ebenfalls die Regelung, dass Anhörungen der Gefangenen auch über Videokonferenzen erfolgen können, Art. 29 rStVollzG. Die Gesetzessystematik lässt darauf schließen, dass der Gesetzgeber dem Thema Sicherheit im Strafvollzug eine besondere Bedeutung eingeräumt hat.

Die Verordnung zur Ausführung des Strafvollzugsgesetzes, welche detaillierte Vorgaben zu den einzelnen Maßnahmen beinhaltet, wurde bereits erarbeitet, ist jedoch bislang noch in Kraft getreten.

6.2.3 Gesetzliche Grundlagen hinsichtlich der Organisation und Tätigkeit der Nationalen Strafvollzugsverwaltung

Bis zum Jahr 1991 lag die Zuständigkeit über die Strafvollstreckung bzw. den Strafvollzug freiheitsentziehender Maßnahmen beim Innenministerium. Seitdem fallen Strafvollstreckung und -vollzug in die Zuständigkeit des Justizministeriums, Art. 10 Abs. 1 rStVollzG. Die Grundlage für den Wechsel der Zuständigkeit stellte das Gesetz Nr. 21 vom 15.12.1990 dar.[830] Den gesetzlichen Rahmen im Hinblick auf die Organisation, Arbeitsweise und Befugnisse der Nationalen Strafvollzugsverwaltung (*Administraţia Naţională a Penitenciarelor, ANP*) bil-

---

830 Zuvor war die Zuständigkeit geprägt durch eine wechselhafte Geschichte: 1874 wurde die Zuständigkeit über den Strafvollzug erstmals vom Justizministerium auf das Innenministerium übertragen, im Jahr 1929 erfolgte wiederum ein Wechsel der Nationalen Verwaltung der Strafvollzugsanstalten in das Justizministerium und im Jahr 1945 fiel das Strafvollzugssystem in die Zuständigkeit des Innenministeriums, siehe *Brezeanu* 2007, S. 59, Fn. 25. Siehe zur historischen Entwicklung des Strafvollzugs auch *Rusu* 2007, S. 58 ff.

den der Regierungsbeschluss Nr. 1849 vom 28. Oktober 2004 sowie das Gesetz Nr. 293 vom 28. Juni 2004 hinsichtlich des Status der Bediensteten der Strafvollzugsbehörde. Letzteres Gesetz legte den Grundstein für die Neustrukturierung der Nationalen Strafvollzugsverwaltung und die Entmilitarisierung im Strafvollzug. Bis 2004 war die überwiegende Mehrheit (92%) der Vollzugsbediensteten militärisches Personal, nur 8% waren Zivilbedienstete.[831] Durch den Regierungsbeschluss und das Gesetz wurde ein Prozess eingeleitet, der auf einen Mentalitätswandel des Vollzugspersonals zielte. Darüber hinaus zeigte sich die Tendenz zu einer stärkeren Humanisierung im Strafvollzug, unter anderem durch die Öffnung der Anstalten nach außen, durch Besuche von Repräsentanten internationaler Organisationen und des Europarats, sowie die Erweiterung der Rechte für die Gefangenen.[832]

Die Nationale Strafvollzugsverwaltung ist verantwortlich für die Koordinierung und Kontrolle der Tätigkeiten der Strafvollzugsbehörden, Art. 10 Abs. 1 rStVollzG.[833] An der Spitze der Nationalen Strafvollzugsverwaltung steht ein Generaldirektor, der durch das Justizministerium ernannt wird, Art. 10 Abs. 3 rStVollzG. Die Finanzierung der Nationalen Strafvollzugsverwaltung erfolgt gemäß Art. 10 Abs. 5 rStVollzG durch Mittel aus dem Staatsbudget sowie durch eigene Mittel.

Von besonderer Bedeutung für den Alltag im (Jugend-)Strafvollzug ist die Ausstattung der Anstalten mit erforderlichem und geeignetem Personal. Das Gesetz Nr. 293/2004 enthält Bestimmungen zum rechtlichen Status der Vollzugsbediensteten. Die Vollzugsbediensteten sind im Beamtenverhältnis angestellt. Neben den Vollzugskräften, die für die Beaufsichtigung der Inhaftierten verantwortlich sind, sind Mitarbeitende besonderer Fachdienste für die Betreuung und Behandlung zuständig. Zu diesen zählen unter anderem Pädagogen, Psychologen, Ärzte, Sozialarbeiter und Seelsorger. Grundsätzlich legt das Gesetz Nr. 293/2004 fest, dass das Anstaltspersonal die Grund- und Menschenrechte der Inhaftierten zu respektieren hat. Weiterhin regelt das Gesetz die Eignungsvoraussetzungen, Qualifikationen, Arbeitsbedingungen, Rechte und Verantwortlichkeiten des Personals.

---

831 Siehe *MacDonald u. a.* 2005, S. 63.

832 Vgl. *Rusu* 2007, S. 51 f. sowie S. 65 f. Siehe auch *Chiş* 2009, S. 155 ff. und S. 184 f. zur Reform im Strafvollzugswesen. *Chiş* weist auch auf die schwierigen Bedingungen, unter denen die Beschäftigten im Strafvollzug in der Transformationszeit insbesondere in Folge des Personalmangels arbeiteten, hin.

833 Im Vorgängergesetz war geregelt, dass die Strafvollzugsverwaltung zuständig für den Erhalt der Sicherheit in den Strafvollzugseinrichtungen war, mithin für Maßnahmen der Be- und Überwachung, der Verlegung von Gefangenen und der Aufrechterhaltung der Ordnung und Disziplin unter den Gefangenen, Art. 16 Abs. 1 rStVollstrG a. F.

6.3 Reformstrategien im Strafvollzug

Im Rahmen eines „Aktionsplans zur Umsetzung der Reformstrategie des Justizwesens 2005-2007" wurde der Prozess der Entmilitarisierung und der Erhöhung der Anstaltspersonalstellen vorangetrieben. Weitere Ziele waren die Anpassung der Haftbedingungen an EU-Normen, die gesellschaftliche Wiedereingliederung der Gefangenen sowie die Gesundheitsfürsorge und –Erziehung in den Bereichen HIV/AIDS, TBC und die Bekämpfung des Drogenkonsums.[834] Für den Zeitraum 2007 bis 2010 erarbeitete die Nationale Strafvollzugsbehörde eine Strategie zur Entwicklung des Strafvollzugssystems, in der die Professionalisierung und erhöhte Effizienz des Personalmanagements sowie die „Vertiefung der erzieherischen und psychosozialen Vollzugsprogramme" eine wichtige Rolle spielten.[835]

In den vergangenen Jahren lag ein Schwerpunkt auf der Ausbildung und der Spezialisierung des Anstaltspersonals. Dennoch wurden Reformstrategien nicht immer effizient und nachhaltig umgesetzt, was unter anderem auch einem häufigen Wechsel auf der Leitungsebene der Nationalen Strafvollzugsbehörde geschuldet ist. Die Strategie des Strafvollzugssystems für den Zeitraum 2010 bis 2013 basierte auf dem „Maßnahmenplan zur Effizienzsteigerung des Strafvollzugssystems 2008-2009", der die Umsetzung einer mittel- und langfristigen Handlungsstrategie in diesem Bereich betonte. Zu den strategischen Zielen der Handlungsstrategie 2010-2013 zählte unter anderem die Aufrechterhaltung der Sicherheit des Strafvollzugs.[836] Im Hinblick auf Jugendliche erwähnte das Dokument keinen spezifischen Handlungsbedarf, jedoch führte der jährliche Aktionsplan 2010 aus, dass Jugendliche und Heranwachsende nur noch in den besonderen Vollzugsanstalten untergebracht werden sollen.[837] Damit wurde eine

---

834 Siehe Aktionsplan zur Umsetzung der Reformstrategie des Justizwesens 2005-2007, angenommen durch den Regierungsbeschluss Nr. 232/2005, Website des Hohen Rates der Magistratur, http://www.csm1909.ro/csm/index.php?cmd=0901 (12.12.2012).

835 Strategie zur Entwicklung des Strafvollzugssystems 2007-2010, Website der Nationalen Strafvollzugsverwaltung, http://www.anp-just.ro/Strategie/StratDezvSP_document%20intreg.pdf (12.12.2012). Die Website wurde inzwischen geändert, sodass die Strategie der Vollzugsbehörde im Internet nicht mehr zugänglich ist. Als weitere Prioritäten benennt die Strafvollzugsbehörde in der Strategie die Verbesserung der Haftbedingungen, die Förderung eines positiven Bildes in der Gesellschaft, die Erhöhung der Sicherheit sowie die Verbesserung der Gesundheitsfürsorge.

836 Strategie des Strafvollzugssystems 2010-2013, einzusehen auf der Website des Justizministeriums www.just.ro.

837 Siehe Aktionsplan 2010, Website der Nationalen Strafvollzugsverwaltung www.anp.ro (30.11.2012). Die Website wurde inzwischen geändert. Die Aktionspläne sind nicht mehr einsehbar.

Verlegung der Jugendlichen und Heranwachsenden in die spezifischen Vollzugsanstalten eingeleitet.

Der Aktionsplan 2011 benannte die Notwendigkeit, die erzieherischen Bedürfnisse Heranwachsender, die sich in den Strafvollzugsanstalten für Jugendliche und Heranwachsende befinden, zu untersuchen und dementsprechend Programme daran auszurichten.[838] Weitere Handlungsziele lagen entsprechend des Aktionsplans in der Entwicklung einer landesweiten Strategie zur Wiedereingliederung von Gefangenen in die Gesellschaft und einem internationalen Erfahrungsaustausch zu guten Praxismodellen in diesem Bereich. Im Hinblick auf die Überbelegung wurde geplant, vier neue Vollzugsanstalten in privat-öffentlicher Partnerschaft zu bauen und damit 1.000 neue Haftplätze zu schaffen.[839]

Die Strategie zur Wiedereingliederung in die Gesellschaft 2012-2016 stellt zunächst die Herausforderungen für die Umsetzung der Ziele voran, welche sich unter anderem in fehlendem Personal und unzureichenden materiellen und finanziellen Ressourcen widerspiegeln. So waren von insgesamt 12.208 Bediensteten im Strafvollzug lediglich 639 auf den Bereich der sozialen Reintegration spezialisiert, was eine unzureichende Anzahl von Personal für die notwendige Reform des Strafvollzugswesens bedeutet.[840] Die Strategie visiert drei große Ziele an, die in den folgenden Jahren umgesetzt werden sollen:

1) Die Entwicklung der institutionellen und inter-institutionellen Kapazität im Bereich der gesellschaftlichen Wiedereingliederung in Bezug auf Gefangene und Entlassene,[841]

2) die Entwicklung von Programmen in den Bereichen Bildung, psychologische und soziale Betreuung während der Haftzeit sowie die Kommunikation mit der Öffentlichkeit[842] und

---

838 Siehe Aktionsplan 2011, Website der Nationalen Strafvollzugsverwaltung www.anp.ro (30.11.2012).

839 Nationale Strafvollzugsverwaltung 2011a, S. 18. Das zunächst geplante Strafvollzugsgesetz sah vor, den Bau von Vollzugsanstalten aus öffentlichen Mitteln oder durch öffentlich-private Partnerschaften zu realisieren. Dieser Passus zur Finanzierung ist allerdings wieder aus dem Gesetzesentwurf gestrichen worden.

840 Siehe Strategie zur Wiedereingliederung von Gefangenen in die Gesellschaft 2012-2016, Nationale Strafvollzugsverwaltung, http://www.anp.gov.ro/programe-si-strategii-proprii (23.08.2013), S. 16 f.

841 Mit diesem Ziel sind unter anderem die Professionalisierung des Personals durch Aus- und Fortbildung im Bereich der gesellschaftlichen Wiedereingliederung und die Entwicklung der institutionellen Infrastruktur und inter-institutionellen Kooperation angestrebt.

842 Damit soll die Verbesserung von Angeboten in diesem Bereich wie auch die Sensibilisierung der öffentlichen Meinung in Bezug auf die Wiedereingliederung in die Gesellschaft erreicht werden.

3) die Unterstützung bei der Betreuung von Entlassenen.

Der Aspekt der Nachbetreuung ist erstmals nachdrücklich aufgegriffen worden und beinhaltet die Entwicklung von Partnerschaften mit verschiedenen Akteuren, die die Betreuung nach der Entlassung sicherstellen. Für diese Nachbetreuung sollen ein gesetzlicher Rahmen geschaffen und so genannte „Zentren der gesellschaftlichen Inklusion" eingerichtet werden, unter anderem in Zusammenarbeit mit Unternehmen, die Arbeitsplätze für Haftentlassene anbieten.

Die Strategie zur Entwicklung des Strafvollzugswesens für den Zeitraum von 2013 bis 2016 zielt wie in der Vorgängerstrategie auf die Sicherheit im Strafvollzug ab, des Weiteren auf die einheitliche Art der Anwendung der Vollzugsvorschriften und auf das Angebot von Vollzugsaktivitäten, die auf die gesellschaftliche Wiedereingliederung vorbereiten.[843]

6.4 Kategorien von Strafvollzugseinrichtungen

Die Leitung der Erziehungs- und Jugendanstalten sowie der Strafvollzugseinrichtungen insgesamt obliegt der Nationalen Strafvollzugsverwaltung. Die Anstalten werden auf Grundlage eines Regierungsbeschlusses eingerichtet, Art. 11 Abs. 2 rStVollzG. Organisation und Tätigkeit der Einrichtungen werden durch eine Verordnung geregelt, die durch das Justizministerium genehmigt werden muss, Art. 139 Abs. 2 rStVollzG.[844]

Die freiheitsentziehenden Erziehungsmaßnahmen werden in Erziehungs- und Jugendanstalten vollzogen, Art. 136 rStVollzG. Lediglich bei der Überweisung in eine Erwachsenenstrafvollzugsanstalt kommen die betreffenden Bestimmungen für Erwachsene in Betracht. Erziehungs- und Jugendanstalten werden als „besondere Institutionen der gesellschaftlichen Wiedereingliederung" definiert, in denen die Jugendlichen einer Schul- oder Berufsausbildung nachgehen und an Programmen der Resozialisierung teilnehmen, Art. 141 Abs. 1 und 2 rStVollzG.[845] Charakteristisch für die Jugendanstalten ist ein System der Überwachung und Beaufsichtigung, Art. 141 Abs. 2 rStVollzG.

Im Rahmen der Strafvollzugseinrichtungen für Jugendliche werden durch Entscheidung des Generaldirektors der Strafvollzugsverwaltung besondere Abteilungen für den Vollzug der Untersuchungshaft eingerichtet, Art. 139 Abs. 4 rStVollzG. Erstmals wurde explizit der Grundsatz formuliert, dass die

---

843 Siehe Strategie zur Entwicklung des Strafvollzugssystems 2013-2016, Nationale Strafvollzugsverwaltung, www.anp.gov.ro/programe-si-strategii-proprii (25.08.2013).

844 Die Verordnung sollte innerhalb von 60 Tagen erlassen werden, nachdem das Strafvollzugsgesetz in Kraft getreten ist.

845 Im Rahmen der Strafvollzugseinrichtungen für Jugendliche sind diese angehalten, den Aktivitäten intensiv nachzugehen, Art. 141 Abs. 2 rStVollzG.

Maßnahme in der nächstgelegenen Einrichtung zum Wohnort der Jugendlichen vollzogen wird (Prinzip der heimatnahen Unterbringung), Art. 139 Abs. 5 rStVollzG.[846]

Im Hinblick auf die Strafvollzugsanstalten allgemein umfasst das Strafvollzugsgesetz folgende Kategorien von Einrichtungen:

- Strafvollzugsanstalten,
- besondere Strafvollzugsanstalten,
- besondere Abteilungen in den Strafvollzugsanstalten für die Untersuchungshaft sowie
- besondere Abteilungen zum Vollzug der freiheitsentziehenden Erziehungsmaßnahmen.

Über die Einrichtung der gesonderten Abteilungen für die Untersuchungshaft (Art. 13 rStVollzG) sowie die Festlegung der Strafvollzugsanstalten mit den besonderen Abteilungen für junge Menschen, welche volljährig geworden sind (Art. 14 rStVollzG), entscheidet der Generaldirektor der Strafvollzugsverwaltung. Die Einrichtung der besonderen Abteilungen für den Vollzug der Erziehungsmaßnahmen ist aufgrund des Art. 126 rStPO eingefügt worden, welcher den Transfer in eine Strafvollzugsanstalt für Erwachsene festlegt.

Als besondere Strafvollzugsanstalten für bestimmte Kategorien von Personen, die zur Freiheitsstrafe verurteilt sind, nennt Art. 12 Abs. 2 rStVollzG entsprechend dem Trennungsprinzip:

- Strafvollzugsanstalten für Heranwachsende,[847]
- Strafvollzugsanstalten für Frauen und
- Justizvollzugskrankenhaus.

Grundsätzlich wird nach vier verschiedene Kategorien von Haftregimes in den Strafvollzugsanstalten differenziert, Art. 31 Abs. 1 rStVollzG: Dem Hochsicherheitsvollzug, dem geschlossenen, halboffenen und offenen Vollzug.[848] Die

---

846 Für Erwachsene ist nunmehr ausdrücklich festgelegt, dass Verurteilte in die räumlich am nächsten befindliche Strafvollzugsanstalt von dem Ort der Festnahme oder bisherigen Haftunterbringung unterkommen. Dies gilt unabhängig von der Ausrichtung der Strafvollzugsanstalt, jedoch unter Beachtung des Trennungsprinzips, Art. 43 Abs. 1 S. 2 rStVollzG. Der Grundsatz der heimatnahen Unterbringung bei Jugendlichen galt jedoch auch vor der Neuregelung des Strafvollzugsrechts, vgl. *Rusu* 2007, S. 97.

847 Nach bisheriger Gesetzeslage waren diese Einrichtungen besondere Strafvollzugsanstalten für Jugendliche und Heranwachsende, Art. 12 Abs. 2 rStVollstrG a. F.

848 In Bezug auf Erwachsene kommt der Hochsicherheitsvollzug bei der Verurteilung zu lebenslanger Freiheitsstrafe, Freiheitsstrafe über 13 Jahre sowie – erstmals – für Ver-

Art des Vollzugs in den verschiedenen Kategorien verdeutlicht das Maß an Isolation der Gefangenen von der Gesellschaft und ihren Familien.[849]

Im geschlossenen, halboffenen und offenen Vollzug werden die Verurteilten gemeinsam untergebracht, im offenen und halboffenen Vollzug können sie sich innerhalb der Strafvollzugseinrichtung frei bewegen. Insassen können einer Arbeit und weiteren Aktivitäten nachgehen. Erstmals eingeführt wurde im Jahr 2010, dass die Gefangenen im halboffenen Vollzug den Tätigkeiten und Aktivitäten *auch außerhalb des Strafvollzugs unter Aufsicht* nachgehen können. Insassen des offenen Vollzugs können an Tätigkeiten und Aktivitäten außerhalb der Vollzugsanstalt ohne Aufsicht teilhaben.

Des Weiteren sieht die geplante Verordnung zur Ausführung des Strafvollzugsgesetzesvor, dass in den Strafvollzugseinrichtungen Räumlichkeiten zur Unterbringung schutzbedürftiger Gruppen eingerichtet werden können, beispielsweise zum Schutz sexueller Minderheiten oder Personen mit Behinderungen.[850]

Grundsätzlich ist das Trennungsprinzip zu beachten, das beinhaltet, dass Frauen und Männer, Jugendliche, Heranwachsende und Erwachsene, Erst- und Mehrfachverurteilte, Strafgefangene und Untersuchungsgefangene getrennt unterzubringen sind.

6.5 Vollzug der freiheitsentziehenden Erziehungsmaßnahmen

6.5.1 Vollzugsziel

Im Hinblick auf Jugendliche ist das Vollzugsziel im neuen Gesetz in Art. 135 rStVollzG explizit dargelegt. Der Vollzug der freiheitsentziehenden Erziehungsmaßnahmen zielt auf die gesellschaftliche Wiedereingliederung und Stärkung der Eigenverantwortung der Insassen sowie der Prävention vor erneuter Straftatbegehung. Betont wird somit an erster Stelle der Grundsatz der Resozialisierung. Darüber hinaus ist im Rahmen des Vollzugs das Recht auf Achtung der Privatsphäre zu wahren, in Einklang mit Grundsatz Nr. 16 ERJOSSM.

---

urteilte, die ein Risiko für die Sicherheit der Strafvollzugsanstalt darstellen, in Betracht, Art. 34 rStVollzG. Damit wurde der Anwendungsbereich für dieses Vollzugsregime nach der Neuregelung erweitert. Ausgenommen sind unter anderem Verurteilte über 65 Jahre, schwangere Frauen und Mütter mit Kindern bis zu einem Jahr, Art. 35 rStVollzG. Das geschlossene Vollzugsregime wird auf Verurteilte mit Freiheitsstrafen über drei bis zu 13 Jahren angewandt, Art. 36 rStVollzG, das halboffene Regime bei der Verhängung von Freiheitsstrafen zwischen einem und drei Jahren, Art. 37 rStVollzG.

849 *Rusu* 2007, S. 52.

850 Art. 5 Abs. 6 i. V. m. Art. 33 der geplanten Verordnung zur Ausführung des Strafvollzugsgesetzes.

Art. 135 greift die in Art. 124 Abs. 1 und Art. 125 Abs. 1 rStGB dargelegten Grundsätze auf, welche aussagen, dass Jugendliche in den Erziehungs- und Jugendanstalten ihrer schulischen und beruflichen Ausbildung nachgehen und an Programmen der gesellschaftlichen Wiedereingliederung teilnehmen.[851]

Betrachtet man die Entwicklung des allgemeinen Vollzugsziels, so fällt auf, dass die gesetzgeberischen Zielvorstellungen in den vergangenen Jahren einem Wandel unterlagen.

Das bisherige Strafvollstreckungsgesetz benannte im Gegensatz zu den Strafvollzugsgesetzen mehrerer anderer Länder, die zunächst das Vollzugsziel klarstellen,[852] kein explizites Vollzugsziel. Dieses wurde vielmehr in der Verordnung zur Ausführung des Strafvollstreckungsgesetzes in Art. 6 Abs. 1 erwähnt: *„Strafvollzugsziel ist die Unterstützung der Inhaftierten im Hinblick auf ihre soziale Reintegration und die Prävention vor erneuter Straftatbegehung.".*[853] Unmittelbares Ziel war bislang somit die Unterstützung der zu Freiheitsstrafe Verurteilten. Die gesellschaftliche Reintegration und individuelle Prävention stellten mittelbare Ziele dar. Erfolgt war im Vergleich zur vorangegangenen Gesetzeslage eine Umorientierung hinsichtlich der beiden grundsätzlichen Vollzugsziele Sicherheit und Behandlung zugunsten der Behandlung.[854] Damit legte der Gesetzgeber den Schwerpunkt auf den Resozialisierungsauftrag. Dies stand im Einklang mit Nr. 6 der Grundprinzipien der Europäischen Strafvollzugsgrundsätze (EPR)[855] sowie Rule 50.1 ERJOSSM.[856]

---

851 Vgl. Justizministerium 2013b, Gesetzesentwurf über den Vollzug von Strafen und freiheitsentziehenden Maßnahmen, die von den Justizorganen während des Strafverfahrens verhängt wurden – Hinweise und Erklärungen, S. 94.

852 *Sakalauskas* 2006, S. 96.

853 In der Begründung zum Gesetzentwurf des rumänischen Strafvollstreckungsgesetzes wurde das Resozialisierungsziel explizit betont. So wurde ein „Umdenken der Kriminalpolitik in dem Sinne, dass auf den rein repressiven Charakter der aktuellen Bestimmungen verzichtet wird, und statt dessen Lösungen bevorzugt werden, die auf der gesellschaftlichen Wiedereingliederung der Verurteilten und der Förderung der Umerziehung beruhen", hervorgehoben, vgl. die Begründung zum Gesetzentwurf Gesetz Nr. 275/2006, S. 2, http://www.cdep.ro/proiecte/2005/500/30/8/em538.pdf (31.10.2012).

854 Siehe *Durnescu* 2009, S. 47.

855 Empfehlung des Ministerkomitees des Europarats Rec (2006)2 on the European Prison Rules, Part I, Basic Principles, No. 6: All detention shall be managed so as to facilitate the reintegration into free society of persons who have been deprived of their liberty. https://wcd.coe.int/ViewDoc.jsp?id=955747 (31.10.2012).

856 Die Regelung Nr. 50.1 beinhaltet als alleiniges Vollzugsziel die Wiedereingliederung junger Gefangener, vgl. *Dünkel/Baechthold/van Zyl Smit* 2009, S. 307. In allen deutschen Landesgesetzen ist auch die Ausrichtung des (Jugend-)Strafvollzugs auf das Resozialisierungsziel genannt.

Zwar fand sich im bislang geltenden Strafgesetz eine anders lautende Formulierung des Vollzugsziels. So fasste der Gesetzgeber Straf- und Vollzugsziel in Art. 52 rStGB a. F. wie folgt zusammen: *„Die Strafe ist ein Zwangsmittel und dient der Besserung des Verurteilten. Strafziel ist die Prävention vor erneuter Straftatbegehung. Der Strafvollzug zielt darauf, eine korrekte Einstellung im Hinblick auf die Arbeit, die Rechtsordnung und die Normen des gesellschaftlichen Zusammenlebens zu „formen". Der Strafvollzug darf keine körperlichen Leiden verursachen und keine erniedrigende Behandlung des Verurteilten nach sich ziehen."*

Das im Strafgesetz verankerte Vollzugsziel reflektierte im ersten Teil die sozialistisch geprägte Anschauung, nach der die Arbeitskraft des Menschen als wichtigste Ressource in der Gesellschaft angesehen und der Mensch auf seine Funktion für die Gesellschaft reduziert wurde. In dem neuen Strafgesetzbuch verzichtet der Gesetzgeber auf eine Definition des Strafziels, diese ist vielmehr nur in dem geplanten Strafvollstreckungsgesetz benannt.

Im neuen Strafvollzugsgesetz wird wiederum eine Umkehr hin zur Spezialprävention unternommen und der Aspekt der Resozialisierung nicht mehr an erster Stelle betont. So lautet Art. 3 des rStVollzG: *„Das Ziel des Vollzugs freiheitsentziehender Strafen und Maßnahmen ist die Prävention erneuter Straftatbegehung und die Sicherstellung eines geordneten (wörtlich guten) Strafverfahrensablaufes, die Verhinderung der Entziehung des Verdächtigen oder Angeklagten von der Strafverfolgung oder dem Hauptverfahren (Abs. 1). Der Vollzug der Freiheitsstrafen zielt auf die Bildung einer korrekten Einstellung im Hinblick auf die Rechtsordnung, der Normen gesellschaftlichen Zusammenlebens und der Arbeit (Abs. 2)."* Der Schwerpunkt wird nunmehr insbesondere auf die Achtung der Rechtsordnung und Spezialprävention gelegt, die Erziehung der Verurteilten im Hinblick auf die Wiedereingliederung in die Gesellschaft jedoch auch erwähnt.

6.5.2 Bedingungen des Vollzugs

In Bezug auf Jugendliche sieht das neue Gesetz für den Vollzug freiheitsentziehender Erziehungsmaßnahmen in den besonderen Strafvollzugseinrichtungen für Jugendliche nunmehr zwei Kategorien von Haftregimes vor: Das geschlossene und das offene Regime, Art. 147 Abs. 1 rStVollzG. Hierbei ist der Übergang progressiv oder regressiv von einem Vollzugsregime zum anderen möglich, Art. 144 Abs. 3 rStVollzG. Für Jugendliche in den Erziehungsanstalten gilt dasselbe Vollzugsregime für alle untergebrachten Jugendlichen, das an die individuellen Bedürfnisse angepasst wird, Art. 144 Abs. 2 rStVollzG.

Die genauen Vollzugsbedingungen werden in den Erziehungsanstalten von dem neu eingeführten Bildungsbeirat (*consiliu educativ*) festgelegt, Art. 145 rStVollzG. In den Jugendanstalten ist die „Kommission zur Festlegung, Individualisierung und Änderung des Vollzugsregimes von Erziehungsmaßnahmen in den Jugendanstalten" (im Folgenden: Kommission zur Individualisierung des Vollzugsregimes) für die Konkretisierung zuständig, Art. 146 rStVollzG. Der Aufgabenbereich des Bildungsbeirats umfasst die Individualisierung der Vollzugsbedingungen durch Erstellen der Angebote im Bildungsbereich sowie der psychologischen und sozialen Betreuungsmaßnahmen. Der Beirat setzt sich aus dem Anstaltsleiter als Vorsitzendem, der Leiterin des Bereichs Bildung und psychosoziale Betreuung, der zuständigen Erzieherin, Lehrerin oder Ausbilderin, Psychologin, Sozialarbeiterin und dem Leiter des Bereichs Aufsicht zusammen. Die Kommission zur Individualisierung des Vollzugsregimes setzt sich ähnlich wie der Bildungsbeirat zusammen und bezieht darüber hinaus die leitende Ärztin mit ein.[857] Im Rahmen der Tätigkeit des Beirats und der Kommission können, soweit es sich um Jugendliche handelt, Vertreter der Bewährungshilfe und der Generaldirektion für Sozialarbeit und Kinderschutz hinzugezogen werden.[858]

6.5.2.1 Vollzugsbedingungen in den Erziehungsanstalten

Jugendliche werden in den Erziehungsanstalten gemeinsam untergebracht und können sich innerhalb der Einrichtung in bestimmten Bereichen frei bewegen. Im Hinblick auf die Aktivitäten ist festgelegt, dass sie innerhalb oder außerhalb der Einrichtung prinzipiell ohne Aufsicht an Schulunterricht, Berufsausbildung sowie weiteren Angeboten[859] teilnehmen und einer Beschäftigung nachgehen können, Art. 154 rStVollzG. Die geplante Ausführungsverordnung zum Strafvollzugsgesetz legt fest, unter welchen Bedingungen eine Beaufsichtigung der Jugendlichen vorgesehen ist. Grundsätzlich sind bei der Entscheidung, ob Jugendliche sich frei bewegen können oder zu beaufsichtigen sind, insbesondere die Dauer der Maßnahme, das Verhalten und der Gesundheitszustand der Jugendlichen zu berücksichtigen (Art. 271 Abs. 1). Eine Beaufsichtigung ist konkret in den Fällen vorgesehen, in denen Jugendliche wiederholt schwere Pflichtverstöße begangen haben, ihnen gegenüber Disziplinarmaßnahmen aufgrund sehr schwerer Pflichtverstöße verhängt wurden, sie eine Gefahr für sich selbst, andere Personen in der Anstalt oder die Einrichtung darstellen oder sich nicht an

---

857 Die Kommission besteht aus dem Anstaltsleiter, der den Vorsitz übernimmt, der Leiterin des Bereichs Bildung und psychosoziale Betreuung, dem Leiter des Bereichs Sicherheit, der leitenden Ärztin, der zuständigen Erzieherin, Psychologin und Sozialarbeiterin.

858 Das Gesetz spezifiziert, dass diese „in der Eigenschaft als Eingeladene" mitwirken können, Art. 145 Abs. 3, 146 Abs. 2 rStVollzG. Die Bewährungshilfe spielt im Gegensatz zur ursprünglichen Konzeption dieser Institution, die den Strafvollzugsanstalten angegliedert sein sollte, im Rahmen der Vollzugspraxis nunmehr eine untergeordnete Rolle.

859 Diese umfassen Angebote im Bildungsbereich, kulturelle und ethisch-religiöse Aktivitäten, psychologische und soziale Betreuung.

das Anstaltsleben anpassen können. Des Weiteren sollen Jugendliche beaufsichtigt werden, wenn sie sich nach Aufnahme in der Einrichtung in der Abteilung für Quarantäne und Beobachtung befinden, sie noch nicht verurteilt worden sind oder schutzbedürftigen Gruppen, siehe *Kap. 6.4*, angehören (Art. 282).

6.5.2.2 Vollzugsbedingungen in den Jugendanstalten

Festlegung der Vollzugsbedingungen

Bei der Festlegung der Vollzugsbedingungen in den Jugendanstalten, Art. 152 i. V. m Art. 39 rStVollzG, sind verschiedene Aspekte im Rahmen der Individualisierung zu berücksichtigen. Art. 39 Abs. 2 rStVollzG enthält folgenden Kriterienkatalog zur Individualisierung:

- die Dauer der Maßnahme,
- die Gefährlichkeit der Verurteilten,
- die Vorstrafen der Verurteilten,
- das Alter und der Gesundheitszustand der Verurteilten,
- das Verhalten der Verurteilten, unter Einbeziehung eines vorherigen Vollzugs,
- die Bedürfnisse und Fähigkeiten der Verurteilten, die der Entscheidung über die Teilnahme an Bildungsaktivitäten, psychologischer und sozialer Betreuung zugrunde gelegt werden,
- die Eignung der Verurteilten, einer Arbeit nachzugehen und an kulturellen, therapeutischen, ethisch-religiösen Aktivitäten, Schulunterricht, Berufsausbildung, psychologischer und sozialer Betreuung teilzunehmen.

Darüber hinaus berücksichtigt die Kommission, ob es sich bei der Erziehungsmaßnahme um eine Maßnahme handelt, die eine Unterbringung in einer Erziehungsanstalt ersetzt oder nach der Entlassung angeordnet wurde, Art. 152 Abs. 2 rStVollzG.

Wechsel des Vollzugsregimes

Nach Ablauf von einem Viertel der Dauer der Erziehungsmaßnahme bewertet die Kommission das Verhalten und die Fortschritte der Jugendlichen im Hinblick auf die Resozialisierung, Art. 153 Abs. 1 rStVollzG. Ein Wechsel vom geschlossenen in das offene Vollzugsregime ist möglich, wenn Jugendliche *„eine gute Führung, ein konstantes Interesse an den schulischen und beruflichen sowie weiteren Aktivitäten in der Einrichtung sowie sichtbare Fortschritte hinsichtlich der sozialen Reintegration gezeigt"* haben, Art. 153 Abs. 2 rStVollzG.

Umgekehrt ist der Wechsel von dem offenen zum geschlossenen Vollzugs-regime möglich, wenn Jugendliche sehr schwere Pflichtverstöße oder wiederholt schwere Pflichtverstöße begangen haben und daraufhin Disziplinarmaßnahmen verhängt wurden. Regelmäßig, spätestens innerhalb von sechs Monaten, über-prüft die Kommission die Entscheidung bezüglich des Regimewechsels oder der Beibehaltung der Vollzugsbedingungen.

Geschlossener Vollzug

Jugendliche werden im geschlossenen Vollzug (Art. 149 rStVollzG) unterge-bracht, wenn sie zu einer freiheitsentziehenden Erziehungsmaßnahme von mehr als drei Jahren verurteilt worden sind. In Ausnahmefällen, unter Berücksichti-gung der Art und Weise der Straftatbegehung, der Person sowie dem Verhalten, kann die Unterbringung im offenen Vollzug bewilligt werden.

Merkmale des geschlossenen Vollzugs sind eine prinzipiell gemeinsame Unterbringung der Insassen und die gemeinschaftliche Teilnahme an diversen Tätigkeiten innerhalb der Einrichtung unter Aufsicht. Zu den Betätigungen zäh-len die schulische und berufliche Bildung, Aktivitäten pädagogischer, kulturel-ler, ethisch-religiöser Art, psychologische und sozialpädagogische Betreuung sowie die Verrichtung von Arbeit. Jugendliche können diesen Aktivitäten mit Zustimmung des Anstaltsleitenden unter Bewachung und Aufsicht auch außer-halb der Einrichtung nachgehen.

Offener Vollzug

Die Unterbringung im offenen Vollzug (Art. 150 rStVollzG) ist möglich, wenn Jugendliche eine Erziehungsmaßnahme unter drei Jahren zu verbüßen haben. Ausnahmsweise kommt die Unterbringung im geschlossenen Vollzug in Be-tracht, soweit Art und Weise der Begehung der Tat, Person und Verhalten eine solche notwendig erscheinen lassen.

Die Jugendlichen werden gemeinsam untergebracht und können sich inner-halb der Anstalt frei bewegen. Den oben erwähnten Aktivitäten gehen sie inner-halb oder in Begleitung von Anstaltspersonal und mit Zustimmung der Anstalts-leitenden außerhalb der Einrichtungen nach. Darüber hinaus legt künftig die Verordnung zur Ausführung des Strafvollzugsgesetzes die Bedingungen fest, unter denen Jugendliche ihren Tätigkeiten außerhalb der Anstalt ohne weitere Begleitung nachgehen können.

6.6 Vollzugsablauf in den Einrichtungen

6.6.1 Aufnahme, Verlegung

Die Aufnahme in Erziehungs- und besonderen Strafvollzugseinrichtungen, geregelt in Art. 156 i. V. m 43 rStVollzG, erfolgt auf Grundlage des rechtskräftigen Urteils. Innerhalb von drei Tagen nach Strafantritt sind die gesetzlichen Vertreter der Jugendlichen schriftlich über ihre Möglichkeiten zum Besuch sowie zur Unterstützung des Resozialisierungsprozesses in der Einrichtung zu informieren. Verurteilte, die ihre Erziehungsmaßnahme antreten, werden zunächst in Zugangsabteilungen der Einrichtungen untergebracht. Unverzüglich nach Vollzugsantritt steht ihnen das Recht zu, einen Verwandten bzw. eine andere Person über die Einrichtung zu informieren.[860] Über dieses Recht hat die Vollzugsverwaltung die Jugendlichen zu informieren. Im neuen Gesetz wurden Bestimmungen über medizinische Untersuchungen, körperliche Durchsuchungen, das Erstellen eines Inventars zu den persönlichen Gegenständen etc. eingeführt.[861]

Nach Aufnahme der Jugendlichen in der Einrichtung sind diese in der Abteilung für Quarantäne und Beobachtung für die Dauer von 21 Tagen unterzubringen, Art. 157 i. V. m 44 rStVollzG.[862] In dieser Zeit werden erste Evaluierungen, Interventionen sowie medizinische Untersuchungen[863] durchgeführt.

Erstmals aufgenommen wurde eine Bestimmung über die vorläufige Anwendung des Vollzugsregimes, Art. 148 rStVollzG. Dadurch wird vorläufig festgelegt, ob der Jugendliche im offenen oder im geschlossenen Vollzug unterzubringen ist. Relevant wird dieses in den Fällen, in denen nach Ablauf der

---

860 Dieses Recht können sie erstmals wahlweise persönlich ausüben oder die Anstaltsverwaltung um Benachrichtigung bitten, Art. 43 Abs. rStVollzG. Handelt es sich um Verurteilte, die nicht die rumänische Staatsangehörigkeit besitzen, steht ihnen das Recht zu, die Botschaft ihres Herkunftsstaates oder internationale Organisationen zu benachrichtigen, Art. 43 Abs. 6 rStVollzG. In dem Fall, dass die Verurteilten die rumänische Sprache nicht verstehen, sind die notwendigen Maßnahmen zu ergreifen, um über das Recht der Benachrichtigung anderer Personen zu informieren, Art. 43 Abs. 8 rStVollzG.

861 Die Regelungen zum Haftantritt stehen in Einklang mit den Rules 62.1., 62.2. und 62.4. der ERJOSSM sowie 14.1 EPR, siehe Justizministerium 2013b, Gesetzesentwurf über den Vollzug von Strafen und freiheitsentziehenden Maßnahmen, die von den Justizorganen während des Strafverfahrens verhängt wurden – Hinweise und Erklärungen, S. 106.

862 Hierbei wurden die Rules 62.5 und 62.6 der ERJOSSM berücksichtigt, siehe Justizministerium 2013b, Gesetzesentwurf über den Vollzug von Strafen und freiheitsentziehenden Maßnahmen, die von den Justizorganen während des Strafverfahrens verhängt wurden – Hinweise und Erklärungen, S. 106.

863 Die Untersuchungen erstrecken sich auf die Feststellung des physischen und psychischen Gesundheitszustandes sowie die Fähigkeit zu arbeiten. Alle Verurteilten werden im Hinblick auf TBC und HIV/AIDS untersucht, vgl. *Chiş* 2009, S. 245.

Unterbringung in der Abteilung für Quarantäne und Beobachtung noch nicht definitiv festgelegt wurde, welchem Vollzugsregime der Jugendliche zu unterstellen ist. Die vorläufige Vollzugsregimebestimmung wird unter Berücksichtigung der Dauer der Erziehungsmaßnahme konkretisiert.

Grundsätzlich ist eine Verlegung der Jugendlichen infolge der Festlegung bzw. Änderung des Vollzugsregimes oder anderer dargelegter Gründe auf Vorschlag des Bildungsbeirats, der Kommission zur Individualisierung des Vollzugsregimes oder auf Anfrage der Verurteilten in eine andere Einrichtung möglich. Die Verlegung ist von dem Generaldirektor der Strafvollzugsverwaltung zu genehmigen, Art. 158 Abs. 1 rStVollzG. Die Verlegung von Jugendlichen, die zu freiheitsentziehenden Erziehungsmaßnahmen verurteilt wurden, in eine Strafvollzugsanstalt für Erwachsene ist für höchstens zehn Tage gestattet, Art. 45 Abs.8 rStVollzG.[864]

6.6.2 Unterbringung und Versorgung der Insassen

Das bislang verankerte Trennungsprinzip im Hinblick auf Jugendliche ist im neuen Strafvollzugsgesetz fortgeschrieben worden. Nach Art. 159 Abs. 2 rStVollzG sind Jugendliche getrennt von Heranwachsenden und Erwachsenen unterzubringen.[865] Die grundsätzliche Trennung jugendlicher und erwachsener Inhaftierter verfolgt den Zweck, Jugendliche vor negativen Einflüssen erwachsener Gefangener zu bewahren.[866] Hierbei genügt die Trennung in besonderen Unterkunftsabteilungen oder gesonderten Gebäuden nicht, vielmehr ist eine strikte Trennung in allen Lebensbereichen notwendig, beispielsweise bei Arbeit, Sport, Freizeit und ärztlicher Versorgung.[867]
Jugendliche sind zum Vollzug der Erziehungsmaßnahmen in Jugend- und Erziehungsanstalten unterzubringen, Art. 136 rStVollzG. Das in Rumänien angewandte Trennungsprinzip steht im Einklang mit Rule 59.1 ERJOSSM, die vorrangig die Unterbringung Jugendlicher in besonderen Einrichtungen vorsieht. Darüber hinaus schreibt Rule 59.3 fest, dass auch Heranwachsende, auf welche Jugendstrafrecht angewandt wird, in Jugendanstalten untergebracht werden sol-

---

864 Bislang war die Verlegung von Jugendlichen für höchstens fünf Tage gestattet, Art. 31 Abs. 4 und 5 rStVollzG a. F.

865 Die Bestimmung des Art. 159 Abs. 2 rStVollzG wurde an Nr. 27 der Beijing-Regeln und Rule 18.8. der EPR angelehnt, siehe Justizministerium 2013b, Gesetzesentwurf über den Vollzug von Strafen und freiheitsentziehenden Maßnahmen, die von den Justizorganen während des Strafverfahrens verhängt wurden – Hinweise und Erklärungen, S. 108.

866 Vgl. *Laubenthal* 2015, S. 644.

867 *Laubenthal* 2015, S. 644.

len. In der Regel vollziehen Jugendliche in Rumänien auch nach Eintritt der Volljährigkeit die Erziehungsmaßnahmen in Erziehungs- oder Jugendanstalten. Hinsichtlich Heranwachsender gilt, dass diese getrennt von Erwachsenen oder in besonderen Strafvollzugsanstalten gemäß Art. 47 Abs. 2 rStVollzG unterzubringen sind.

Die Verordnung des Justizministers 433/C/2010[868] bestätigt die CPT-Mindeststandards[869] zur Unterbringung im Strafvollzug. Danach wurde ein Mindestwohnraum von 4 m² pro Insassen bei gemeinsamer Unterbringung festgelegt (siehe CPT/Inf (2008) 41).[870] Demgemäß hält die Verordnung grundsätzlich Wohnraum von mindestens 4 m² pro Inhaftiertem im geschlossenen Vollzug oder Hochsicherheitsvollzug und 6 m³ im halboffenen oder offenen Vollzug fest. Für jugendliche und heranwachsende Inhaftierte sowie Untersuchungshäftlinge gelten generell 4 m² Wohnraum pro Person.[871] Prinzipiell stehen diese Regelungen zur Mindestwohnfläche im Einklang mit den Standards des Europäischen Komitees zur Verhütung von Folter und unmenschlicher oder erniedrigender Behandlung oder Strafe (CPT-Standards). Es ist jedoch zu unterstreichen, dass es sich lediglich um die Minimalbedingungen handelt. Inwieweit diese Bedingungen bislang eingehalten wurden, wird im *Kap. 8.4.1* erörtert.

Im Hinblick auf die Ausstattung der Haftäume hebt Art. 48 rStVollzG hervor, dass die Strafvollzugsverwaltung die notwendigen Maßnahmen zum schrittweisen Ausbau der Einzelunterbringung der Insassen ergreift. Grundsätzlich sind die Insassen einzeln oder gemeinsam unterzubringen. Jede untergebrachte Person hat Anspruch auf ein Bett, ferner müssen die Zimmer natürlich beleuchtet sein und über eine künstliche Beleuchtung verfügen. Darüber hinaus haben Sanierung und Neubau der Haftäumlichkeiten im Einklang mit den CPT-Standards zu erfolgen. Rule 63.2 ERJOSSM legt fest, dass Jugendliche bei Nacht in Einzelräumen unterzubringen sind, es sei denn, die gemeinschaftliche Unterbringung mit anderen wird für sinnvoll gehalten. Dem Anspruch der nächtlichen Einzelunterbringung wird das Strafvollzugsgesetz in Rumänien noch nicht gerecht, allerdings ist ein gesetzgeberisches Bemühen in diese Richtung zu

---

868 Verordnung Nr. 433/2010 zur Bestätigung der obligatorischen Mindeststandards hinsichtlich der Bedingungen zur Unterbringung von Inhaftierten, Amtsblatt Nr. 103 vom 15.02.2010.

869 Standards des Europäischen Komitees zur Verhütung von Folter und unmenschlicher oder erniedrigender Behandlung oder Strafe (European Committee for the Prevention of Torture and Inhuman and Degrading Treatment or Punishment-CPT).

870 www.cpt.coe.int/documents/rom/2008-41-inf-fra.pdf.

871 Annex – Mindeststandards hinsichtlich der Unterbringung von Strafgefangenen, Art. 1 Abs. 3. Abweichend von dieser Regelung erwähnen *Aebi/Delgrande*, dass ab dem 01.09.2010 pro Gefangenen 6 m² Wohnraum im offenen und halboffenen Vollzug sowie den Erziehungsanstalten und 7 m² in den Strafvollzugskrankenhäusern gelten, *Aebi/Delgrande* 2011, S. 49.

erkennen. Im Hinblick auf die Schlaf- und Ruhezeiten der Verurteilten ist gere-
gelt, dass Jugendlichen das Recht auf acht Stunden Schlaf täglich zusteht,
Art. 162 Abs. 3 rStVollstrG.[872]
Art. 49 Abs. 1 rStVollzG regelt, dass die Gefangenen in allen Vollzugsregi-
men Zivilkleidung tragen, im Einklang mit dem Anpassungsgrundsatz in den
Bestimmungen der Vereinten Nationen und des Europarats (Rule 66.1 ER-
JOSSM). Noch bis zum Jahr 2006 war in Rumänien vorgesehen, dass Insassen
eine spezielle Anstaltskleidung zu tragen hatten.

Hinsichtlich der Verpflegung gilt gemäß Art. 50 rStVollzG, dass die einzu-
haltenden Mindeststandards durch eine Verordnung des Justizministeriums festgelegt sind und die Standards in Absprache mit Ernährungsberatern erarbeitet
werden. Die Strafvollzugsverwaltung sichert die geeigneten Bedingungen für
die Vorbereitung und Ausgabe der Nahrung unter Berücksichtigung des Alters,
Gesundheitszustands, der geleisteten Arbeit sowie der religiösen Überzeugun-
gen[873]. Ferner ist erstmals auch der Zugang der Gefangenen zu Trinkwasser gesetzlich garantiert.

6.6.3 Kommunikation mit der Außenwelt

Der Kommunikation mit der Außenwelt kommt im Strafvollzug besondere Bedeutung zu. Insbesondere für junge Menschen die sich in der Entwicklung befinden, kann sich der Abbruch sozialer Beziehungen destabilisierend auswirken.
Die permanente Kommunikation nach Außen kann *„unter günstigen Bedingungen externer sozialer Einbindung ... einer dauerhaften Übernahme eher disso-
zialer Normorientierungen Mitinhaftierter entgegenwirken,...".*[874] Die Aufrechterhaltung sozialer Beziehungen zu Familienangehörigen wie auch anderen
wichtigen Bezugspersonen ist geeignet, sich förderlich auf die soziale Reintegration auszuwirken.[875] Ferner sollen soziale Beziehungen dazu beitragen, die
Unterschiede zwischen dem Leben innerhalb und außerhalb des Strafvollzugs zu
minimieren.[876]

---

872 Für Erwachsene gilt, dass ihnen sieben Stunden Schlaf täglich zustehen, Art. 77
Abs. 1 rStVollzG. Zuvor galt in Bezug auf alle Inhaftierten, dass sie das Recht auf mindestens acht Stunden Schlaf täglich hatten.

873 Dieser Aspekt wurde erstmals aufgrund eines Berichts des rumänischen Ombudsmannes
zu diesem Thema aufgenommen, siehe Justizministerium 2013b, Gesetzesentwurf über
den Vollzug von Strafen und freiheitsentziehenden Maßnahmen, die von den Justizorganen während des Strafverfahrens verhängt wurden – Hinweise und Erklärungen,
S. 37.

874 *Walkenhorst/Roos/Bihs* 2012, S. 381.

875 *Walkenhorst/Roos/Bihs* 2012, S. 381 f.

876 *Chiş* 2009, S. 481.

Internationale Grundsätze wie die *Havanna-Regeln* (Nr. 59, 60) und die ERJOSSM betonen die Bedeutung der Kommunikation mit der Außenwelt und insbesondere das Besuchsrecht. So schreiben die Rules 83 ff. ERJOSSM ein Recht auf regelmäßige Besuche fest. In der Kommentierung der ERJOSSM wird auf den Grundsatz verwiesen, dass das Recht auf Besuche für Jugendliche noch weitreichender als für Erwachsene gelten soll, unter explizitem Verweis auf eine Entscheidung des deutschen Bundesverfassungsgerichts.[877]

Das rumänische Strafvollzugsgesetz betont in Anlehnung an internationale Vorgaben den Grundsatz, dass die Aufrechterhaltung der familiären Beziehungen sowie der Kontakte in die Gemeinde sicherzustellen und zu fördern sind, Art. 137 rStVollzG.

Besonders bedeutsam für die Aufrechterhaltung von Außenkontakten ist das Recht auf Empfang von Besuchen, verbrieft in Art. 162 Abs. 1 i. V. m Art. 68 rStVollzG.[878] Das Besuchsrecht umfasst nicht nur Familienangehörige, sondern schließt auch andere soziale Kontakte wie besondere Bezugspersonen und Vertretende von Organisationen mit ein, die unterstützend auf den Reintegrationsprozess der Jugendlichen einwirken. Besuche finden in eigens vorgesehenen Räumlichkeiten unter Beaufsichtigung statt. Die Dauer und Häufigkeit der Besuche werden in der Verordnung zur Ausführung des Strafvollzugsgesetzes geregelt.[879]

---

877   *Dünkel* 2011, S. 150.

878   Das Recht auf Besuche ist detailliert in der Verordnung zur Ausführung des Strafvollzugsgesetzes (rAVStVollzG) geregelt. Art. 136 Abs. 1 der geplanten rAVStVollzG beschreibt die Zielsetzung – im Einklang mit den ERJOSSM – wie folgt: „Zum Zweck der Aufrechterhaltung familiärer Bindungen und der Aufnahme von Beziehungen zu verschiedenen Personen und Organisationen, hat die Anstaltsleitung Besuche für Insassen zu ermöglichen". Besuche sind während eines täglichen Zeitfensters von 12 Stunden zu ermöglichen, Art. 136 Abs. 5 geplante rAVStVollzG. Für Jugendliche galt seit 2010 in allen Vollzugsregimes, dass Besuche grundsätzlich ohne Trennwand stattfanden. Zuvor bezog sich diese Regelung nur auf Jugendliche, die in Erziehungsanstalten untergebracht waren.

879

  In Art. 137 Abs. 8 der geplanten rAVStVollzG ist für Besuche jugendlicher und erwachsener Gefangener, je nach Anzahl der angefragten Besuche und den vorhandenen Räumlichkeiten, ein Zeitrahmen von 30 Minuten bis zwei Stunden festgelegt. An einem Tag kann nur eine Besucherin empfangen werden. Die Häufigkeit der Besuche bei Jugendlichen und Erwachsenen richtet sich degressiv nach dem Haftregime, Art. 288 und Art. 140 geplante rAVStVollzG. Für Jugendliche gelten großzügigere Regelungen als für erwachsene Gefangene. So können jugendliche Insassen im offenen Vollzug acht Besuche und Erwachsene sieben Besuche pro Monat empfangen. Erwachsene Insassen, die freiheitsentziehende Erziehungsmaßnahmen verbüßen, können im offenen Vollzug sechs Besuche, im geschlossenen Vollzug fünf Besuche pro Monat empfangen. Erwachsene Inhaftierte im halboffenen Vollzug haben das Recht auf sechs Besuche, erwachsene Untersuchungsgefangene auf fünf Besuche und jugendliche Untersuchungs-

Intimbesuche sind ebenfalls gesetzlich geregelt und unter engen Voraussetzungen auch unter Jugendlichen möglich, Art. 162 Abs. 4 i. V. m Art. 69 rStVollzG. Entweder müssen die Jugendlichen verheiratet sein, was selten der Fall ist, oder zumindest konkret ihre Hochzeit planen.[880] Voraussetzung für die Erteilung der Genehmigung von Intimbesuchen ist die aktive Teilnahme des Inhaftierten an Erziehungs- und psychosozialen Behandlungsprogrammen oder produktiven Tätigkeiten.[881]

Besuche des Rechtsbeistands sind zu jeder Zeit zu ermöglichen, Art. 162 Abs. 1 i. V. m. Art. 62, 68 Abs. 4 rStVollzG. Inhaftierten ist es erlaubt, vertrauliche Gespräche mit Rechtsbeiständen in besonderen Räumlichkeiten unter visueller Aufsicht, das heißt außer Hörweite, zu führen. Neben den erwähnten Besuchsmöglichkeiten ist den Verurteilten nach Genehmigung des Anstaltsleitenden auch der Kontakt zu Vertretenden von staatlichen und nichtstaatlichen Organisationen gestattet.

Darüber hinaus steht Gefangenen das Recht auf Schriftwechsel, Tele- und Online-Kommunikation zu.

Den Inhaftierten ist zunächst ein Recht auf – unbegrenztes Versenden und Empfangen[882] – von Korrespondenz garantiert.[883] Der Schriftverkehr ist grundsätzlich vertraulich zu behandeln. Eine Überwachung des Schriftwechsels ist jedoch zulässig, wenn dies aus Gründen der Sicherheit notwendig ist. Die Überwachung und Einbehaltung des Schriftverkehrs ist nur dann gestattet, wenn der

---

gefangene auf acht Besuche pro Monat. Erwachsenen Insassen des geschlossenen Vollzugs sind vier Besuche im Monat und erwachsenen Insassen des Hochsicherheitsvollzugs drei Besuche pro Monat gewährt. Für Jugendliche im geschlossenen Vollzug sind sechs Besuche im Monat möglich. Jugendliche in Erziehungsanstalten können unbeschränkt Besuche empfangen, Art. 288 Abs. 4a) geplante rAVStVollzG. Damit trugen die jugendspezifischen Regelungen der Rule 83 der ERJOSSM Rechnung und boten auch die Möglichkeiten zu häufigeren Besuchen, wie in der Begründung zu Rule 85 vorgeschlagen.

In Deutschland sehen alle Jugendstrafvollzugsgesetze der Länder mindestens vier Stunden monatlich vor, darüber hinaus sind weitere Besuche unter dem Gesichtspunkt der Förderung der Erziehung und Wiedereingliederung zulässig, *Laubenthal* 2015, S. 653 f.

880 Intimbesuche sind grundsätzlich vierteljährlich für die Dauer von zwei Stunden gestattet, Art. 144 geplante rAVStVollzG.

881 Ferner darf in den vorangegangenen sechs Monaten keine Disziplinarmaßnahme verhängt worden sein und in den vorangegangenen drei Monaten darf kein Ausgang bewilligt worden sein.

882 Das unbegrenzte Empfangen und Versenden ist in Art. 128 Abs. 2 i. V. m. Art. 288 Abs. 1 geplante rStVollzG geregelt, in Übereinstimmung mit Rule 83 ERJOSSM. Das Recht auf Korrespondenz ist in Art. 63 rStVollzG festgehalten.

883 Grundsätzlich sind die Kosten für die Korrespondenz durch die Inhaftierten selbst zu tragen. Verfügen diese über keine Geldmittel, übernimmt die Strafvollzugsverwaltung die erforderlichen Kosten für den Schriftverkehr mit den Gerichten, Verteidigern, Nichtregierungsorganisationen und Familien, Art. 64 Abs. 5 rStVollzG.

begründete Verdacht einer Straftatbegehung besteht. In anderen Ausnahmefällen, wie zum Verhindern des Einführens von Drogen, toxischen Substanzen und anderen im Strafvollzug verbotenen Mitteln, dürfen Briefe im Beisein der Inhaftierten geöffnet, jedoch nicht gelesen werden, und unterliegen somit der Sichtkontrolle. Ähnlich wie in Deutschland ist somit die Überwachung der Korrespondenz aus Gründen der Erziehung, Behandlung oder der Aufrechterhaltung der Sicherheit oder Ordnung möglich.

Des Weiteren ist das Recht auf Ferngespräche gesetzlich verankert, Art. 65 rStVollzG.[884] Diesem kommt – insbesondere für Jugendliche – in der Regel weitaus mehr praktische Bedeutung zu als dem Recht auf Schriftwechsel. Aufgrund der gesamtgesellschaftlich gestiegenen Bedeutung der fernmündlichen Kommunikation ist es unter Berücksichtigung des Angleichungsgrundsatzes wichtig, dass im Strafvollzug ausreichend Gelegenheit für diese Form des Austausches besteht.[885] Die Vertraulichkeit der Gespräche soll unter visueller Aufsicht gewahrt werden. Die Kosten für die Telefongespräche sind von den Inhaftierten zu tragen, Ausnahmeregelungen zur Kostenübernahme sind nicht formuliert.

Das Strafvollzugsgesetz legt zum ersten Mal fest, dass es bestimmten Kategorien von Insassen möglich ist, online mit Familienmitgliedern oder anderen Personen zu kommunizieren, Art. 66 rStVollzG. Detaillierte Vorgaben zu den in Betracht kommenden Verurteilten sowie zu Dauer und Häufigkeit der Kommunikation werden in der Verordnung zur Ausführung des Strafvollzugsgesetzes festgelegt.[886] Die geplante Verordnung lässt erkennen, dass der Umgang mit Online-Kommunikation relativ eingeschränkt gehandhabt wird. So ist nur denjenigen Insassen die Möglichkeit der Online-Kommunikation gestattet, die keinen Besuch erhalten von Familienmitgliedern oder anderen Personen, die sie

---

884 Jugendlichen, erwachsenen Insassen im offenen und halboffenen Vollzug sowie Untersuchungsgefangenen ist es gestattet, ein Telefonat täglich, ins In- oder Ausland, zu führen, Art. 131 geplante rAVStVollzG. Die Regelung ist weitergehender als die meisten Bestimmungen der deutschen Ländergesetze, welche das Führen von Telefongesprächen fast ausnahmslos als Kann-Regelungen formulieren, vgl. *Walkenhorst/ Roos/Bihs* 2012, S. 433. Dennoch ist sie nicht so weitgehend wie Rule 83 ERJOSSM, die festhält, Ferngespräche und auch andere Formen der Kommunikation so oft wie möglich zu gewähren. Die Dauer eines Ferngesprächs kann höchstens 30 bis 60 Minuten betragen, unter Berücksichtigung der Anzahl der Anfragen und Telefonapparate. Erwachsene Inhaftierte des geschlossenen Vollzugs und des Hochsicherheitsvollzugs haben grundsätzlich das Recht auf fünf Telefonate wöchentlich.

885 *Walkenhorst/Roos/Bihs* 2012, S. 433.

886 Beim Verfassen dieses Artikels hat der Gesetzgeber die Rules 24.1 ff. der EPR berücksichtigt, siehe Justizministerium 2013b, Gesetzesentwurf über den Vollzug von Strafen und freiheitsentziehenden Maßnahmen, die von den Justizorganen während des Strafverfahrens verhängt wurden – Hinweise und Erklärungen, S. 49.

positiv beeinflussen können, sei es aufgrund der weiten Entfernung zum Heimatort oder aus anderen berechtigten Gründen. Jugendliche, die keinen Besuch erhalten, werden monatlich bis zu acht Online-Kommunikationen von ein bis zwei Stunden gewährt, Art. 288 Abs. 3 geplante rAVStVollzG.[887] Online-Kommunikation ist in einer zunehmend vernetzten Welt zu einem wichtigen Medium der Kommunikation avanciert und daher auch im Strafvollzug für den Kontakt nach Außen bedeutsam.

Grundsätzlich steht es Verurteilten zu, Pakete zu empfangen und Waren einzukaufen, Art. 70 Abs. 1 rStVollzG. Detaillierte Bestimmungen zu den erlaubten Gegenständen, Gewicht und Anzahl der Pakete sowie zu den Kategorien von Waren werden in der Verordnung zur Ausführung des Strafvollzugsgesetzes festgelegt.[888] Geldüberweisungen an Verurteilte sind ebenfalls möglich, Art. 70 Abs. 3 rStVollzG.

6.6.4 Gesundheitsfürsorge

Gefangene werden prinzipiell unter Berücksichtigung ihrer Bedürfnisse in der Strafvollzugsanstalt medizinisch versorgt, Art. 71 rStVollzG.[889] Inhaftierte haben das Recht auf kostenlose medizinische Versorgung und Behandlung. Eine vertrauliche ärztliche Gesundheitsuntersuchung wird sowohl bei Haftantritt als auch in regelmäßigen Abständen während des Strafvollzugs durchgeführt. Liegt

---

887 Damit liegt die Dauer und Häufigkeit der Online-Kommunikation deutlich höher als bei erwachsenen Verurteilten. Diesen ist es erlaubt, bis zu vier Mal monatlich jeweils eine halbe Stunde online zu kommunizieren, Art. 132 Abs. 5 geplante rAVStVollzG.

888 Die geplante Verordnung zur Ausführung des Strafvollzugsgesetzes sieht vor, dass Gefangene jährlich bis zu drei Paketen zu besonderen Anlässen mit Lebensmitteln bis zu 10 kg empfangen können – im Gegensatz zu den meisten deutschen Jugendstrafvollzugsgesetzen, die den Empfang von Paketen mit Nahrungs- und Genussmitteln nicht erlauben. Ergänzend können bis zu 6 kg Obst und Gemüse sowie bis zu 20 Liter Wasser oder Erfrischungsgetränke empfangen werden, Art. 146 Abs. 4 geplante rAVStVollzG. Die Pakete können nur anlässlich von Besuchen in Empfang genommen werden. Weitergehende Rechte sah die bisherige Gesetzeslage vor, wonach es Verurteilten gestattet war, monatlich solche Pakete zu empfangen. Versagt ist der Empfang von Gegenständen oder Mitteln, die geeignet sind, die Sicherheit, das Zusammenleben oder die Gesundheit der Insassen zu gefährden.

889 Die rumänische Strafvollzugsverwaltung verfügt über ein eigenes – dem Strafvollzug zugeordnetes – Gesundheitsnetzwerk, welches allgemeinmedizinische und fachärztliche Praxen, Zahnarztpraxen, Apotheken, Pflegepersonal, Justizvollzugskrankenhäuser und den Krankentransport umfasst (Art. 150 Abs. 4 geplante AVStVollzG). In jeder Strafvollzugsanstalt ist mindestens eine Allgemeinärztin oder eine Fachärztin mit dem Schwerpunkt Familie sowie weiteres Pflegepersonal für die Behandlung zuständig (Art. 151 Abs.1 geplante rAVStVollzG). Darüber hinaus ist die Unterbringung in speziellen Justizvollzugskrankenhäusern geregelt. Siehe ausführlicher zum Aspekt der Gesundheitsfürsorge *Chiş* 2009, S. 252 ff. und S. 478 f.

ein Verdacht auf Gewalteinwirkung vor, hat die behandelnde Ärztin die Anstaltsleitung zu informieren, welche unverzüglich die Staatsanwaltschaft in
Kenntnis setzt. Aufgrund der gesundheitlichen Problematik im rumänischen
Strafvollzug, insbesondere im Hinblick auf Krankheiten wie HIV/AIDS und Tu-
berkulose, die in der Vergangenheit besorgniserregende Ausmaße zeigten,
kommt dem Aspekt der Gesundheitsprävention und der medizinischen Betreuung besondere Bedeutung zu.

6.6.5 *Aktivitäten und Programme der Wiedereingliederung in die Gesellschaft*

Besonderes Augenmerk im Rahmen der Behandlung junger Straftäter ist auf die
schulische und berufliche Bildung zu richten. Ein differenziertes Schulangebot,
das den jeweiligen Kenntnissen der Inhaftierten Rechnung trägt, und auf die
Wiedereingliederung vorbereitet, ist daher bereit zu halten. Hierbei sind die Programme am Alter der jungen Inhaftierten, ihren Bildungsdefiziten sowie den
Lebensverhältnissen vor der Haft zu orientieren.[890] Dem Ziel der Resozialisierung wird insbesondere durch Bildungs-, Ausbildungsmaßnahmen sowie
Arbeitsmöglichkeiten Rechnung getragen, da sie förderlich sind, Inhaftierte
wieder an einen „normalen" Arbeitsrhythmus und Freizeitgestaltung heranzu-
führen.[891] So haben Untersuchungen gezeigt, dass der erfolgreiche Abschluss
von schulischen und beruflichen Behandlungsmaßnahmen die Chancen positiver
Legalbewährung erhöht.[892]

Rule 77 ERJOSSM betont, dass *„Programme bzw. Aktivitäten zum Ziel haben, dass sie der Erziehung, der persönlichen und sozialen Entwicklung, der Berufsausbildung, Resozialisierung und Vorbereitung auf die Entlassung dienen."*
Schulische und berufliche Bildungsmaßnahmen und ggf. Behandlungsprogramme haben gemäß Rule 78.1 ERJOSSM Vorrang vor der Arbeit. Entsprechend
der in Rule 77 aufgeführten Maßnahmen ist ein individueller Vollzugsplan zu
erstellen (Rule 79.1), der auf die Wiedereingliederung (Rule 79.2) und frühest-
mögliche Entlassungsvorbereitung (Rule 79.3) ausgerichtet ist.

In den Beijing Regeln (Rule 26.1) wird gleichfalls dargelegt, dass es *„Ziel der
Aus- und Weiterbildung sowie der Behandlung von Jugendlichen im Anstaltsvoll-
zug ist, ihnen Betreuung und Schutz angedeihen zu lassen und ihnen Möglichkeiten der Schul- und Berufsausbildung zu bieten, womit ihnen geholfen werden soll,
eine konstruktive und produktive Rolle in der Gesellschaft zu spielen".*

---

890 *Willsch/Sandmann* 2012, S. 240.

891 *Laubenthal* 2015, S. 658 f.

892 *Laubenthal* 2015, S. 300.

In Rumänien ist festgelegt, dass Jugendliche während der Zeit ihrer Unterbringung in einer Erziehungs- oder Jugendanstalt in Bildungsaktivitäten und Betreuungsprogrammen einzubeziehen sind. Es gilt der Grundsatz, dass Jugendlichen entsprechend ihren Bedürfnissen und Fähigkeiten die Teilnahme an schulischer und beruflicher Ausbildung sowie an psychologischen und sozialen Aktivitäten zu ermöglichen ist. Die Regelungen stehen damit weitgehend im Einklang mit Rule 76.2 der ERJOSSM.

6.6.5.1 *Erzieherische, psychologische und soziale Betreuung*

Der Resozialisierungsauftrag findet sich auch in Art. 165 Abs. 1 rStVollzG wieder, der festhält, dass die erzieherische, psychologische und soziale Betreuung auf die gesellschaftliche Wiedereingliederung und Stärkung der Verantwortung der Insassen zielt.

Die Betreuung umfasst diverse Programme und Aktivitäten, die es den Jugendlichen ermöglichen sollen, ein konstruktives, selbstbestimmtes und verantwortungsvolles Verhalten innerhalb der Gemeinschaft zu entwickeln. Die Umsetzung der Maßnahmen wird durch entsprechendes Fachpersonal wie Pädagogen, Priester, Psychologen, Sozialarbeiter sowie Fachkräfte aus dem technischen, produktiven und sportlichen Bereich sichergestellt.

Die erzieherische, psychologische und soziale Betreuung umfasst gemäß Art. 165 Abs. 4 rStVollzG folgende Gebiete:

- Schulunterricht,
- berufliche Ausbildung und Orientierung,
- erzieherische Aktivitäten, psychologische und soziale Betreuungsaktivitäten,
- ethisch-religiöse Aktivitäten,
- Einzel- und Gruppenaktivitäten,
- Betätigungen zur Förderung eines aktiven Lebens.

Grundlage für die Aktivitäten der gesellschaftlichen Wiedereingliederung in den Erziehungs- und Jugendanstalten ist ein Bildungsplan (*proiect educaţional*), Art. 142 rStVollzG. Entsprechend den Bedürfnissen der Jugendlichen beinhaltet der Plan die Organisation und Durchführung der vorgenannten Vollzugsaktivitäten. Der Bildungsplan dient insbesondere dazu, ein Klima zu schaffen, das die persönliche Entwicklung der Jugendlichen fördert, die psychologische und soziale Schutzbedürftigkeit Jugendlicher verringert und die Fähigkeiten der Reintegration fördert. Damit steht diese Bestimmung in Einklang mit Rule 50.1 der ERJOSSM, wonach Jugendlichen eine Reihe von Aktivitäten und Interventionen auf der Grundlage eines individuellen Behandlungsplans bereitstehen sollen.

Darüber hinaus ist für Jugendliche gleichzeitig mit der Festlegung des Vollzugsregimes ein individueller Vollzugsplan zu erstellen, Art. 169 rStVollzG, in Einklang mit Rule 79 der ERJOSSM. Den Vollzugsplan erstellt der Bildungsbeirat oder die Kommission zur Individualisierung des Vollzugsregimes auf Grundlage einer interdisziplinären Bestandsaufnahme, in welche die erzieherische, psychologische und soziale Perspektive einfließen. Auch die Sichtweise der Jugendlichen wird hierbei miteinbezogen. Der Vollzugsplan ist regelmäßig zu aktualisieren und beinhaltet unter Berücksichtigung der Entwicklungsbedürfnisse der Jugendlichen die Dauer und das Vollzugsregime, die Teilnahme an Schulunterricht bzw. Berufsausbildung sowie weitere Vollzugsaktivitäten.

Im Hinblick auf die psychologische und soziale Betreuung, Art. 167 rStVollzG, ist festzuhalten, dass diese sowohl innerhalb, als auch außerhalb der Einrichtungen stattfinden. Die Aktivitäten sind auf der Grundlage des Bildungsplans an die erzieherischen Bedürfnisse der Jugendlichen anzupassen und unter Berücksichtigung der Möglichkeiten der Reintegration durchzuführen. Verantwortlich für die Betreuung ist Fachpersonal, welches die Maßnahmen unter Einbeziehung der Familie, der Bewährungshilfe, öffentlicher Institutionen, Vereinigungen und Stiftungen sowie weitere Vertreter der Zivilgesellschaft umsetzt.

Die Einbeziehung von verschiedenen Personen und Organisationen trägt dem in Rule 25 verbrieften Grundsatz der Beijing-Regeln Rechnung, in Kooperation mit Akteuren aus der Gesellschaft einen Beitrag zur Resozialisierung von Jugendlichen zu leisten. Die Bestimmungen stehen auch mit dem „multi-agency approach" der Rule 15 der ERJOSSM in Einklang, der die Grundsätze der interdisziplinären Zusammenarbeit, der Einbeziehung des sozialen Umfelds und der kontinuierlichen Betreuung unterstreicht.

6.6.5.2 Schul- und Hochschulbildung

Die Schulausbildung der Insassen ist in Art. 161, 166 i. V. m. Art. 90-92 rStVollzG geregelt. Grundsätzlich gilt, dass die die Bildungsangebote an den Bedürfnissen und Fähigkeiten der Jugendlichen auszurichten sind. Demnach ist die Schulausbildung in jeder Einrichtung vorzuhalten und wird durch das Ministerium für Forschung, Bildung, Jugend und Sport gemeinsam mit dem Justizministerium organisiert. Das erforderliche Lehrpersonal wird vom Schulinspektorat bereitgestellt und entlohnt.[893] Sicherzustellen sind die Grundschulausbildung (1. bis 4. Klasse), die Mittelstufe (5. bis 9. Klasse) und die gymnasiale Stufe (9. bis 12. Klasse). In den Zeugnissen darf sich, wie in Deutschland, kein Hinweis darauf finden, dass die Schulausbildung im Strafvollzug stattgefunden hat. Dies trägt der Havanna-Regel Nr. 40 Rechnung.

---

[893] Dies wird durch Budgets der jeweiligen Verwaltungseinheiten, in denen sich die Einrichtung befindet, realisiert.

Geregelt ist seit 2010 die obligatorische staatliche Schulausbildung für Verurteilte, Art. 161 Abs. 3 rStVollzG.[894] Dies steht im Einklang mit Rule 78.4 der ERJOSSM, welche betont, dass *„Jugendliche die Möglichkeit haben müssen, ihre schulische oder berufliche Ausbildung während der Unterbringung fortzuführen; diejenigen, die noch der Schulpflicht unterliegen, können hierzu gezwungen werden"*.

In der geplanten Verordnung zur Ausführung des Strafvollzugsgesetzes ist geregelt, dass im Rahmen des Programms „Eine zweite Chance" für Verurteilte mit besonderem Förderbedarf – insbesondere Analphabeten – Vorbereitungskurse der Grundschulstufe organisiert werden, Art. 193 Abs. 4 rAVStVollzG. Dies trägt Havanna-Regel Nr. 38 und EPR Nr. 80 Rechnung. Ferner ist geregelt, dass mit Unterstützung der örtlichen Schulverwaltungen Klassen oder Schulen im Verbund mit Bildungseinrichtungen außerhalb der Haftanstalt organisiert werden, Art. 193 Abs. 5 geplante rAVStVollzG. Diese Bestimmung steht in Einklang mit Regel 78.2 ERJOSSM: *„So weit wie möglich sind Maßnahmen zu treffen, damit die Jugendlichen die örtlichen Schulen und Ausbildungszentren besuchen und auch andere von der Gesellschaft angebotene Aktivitäten annehmen"*.

Der Zugang zu Hochschulbildung ist in Art. 91 rStVollzG garantiert. Danach können sich Verurteilte für Fernstudien oder „Hochschulkurse mit verringerter Präsenz" einschreiben. Bei diesen Kursen werden Präsenzveranstaltungen durch eigenständiges Studium ersetzt, ähnlich den Fernstudien. Die Informationsvermittlung erfolgt über diverse Medien, insbesondere über schriftliche Kommunikation, sowie einzelne Präsenzveranstaltungen.

Die Kosten der Schul- und Berufsausbildung werden vom Ministerium für Forschung, Bildung, Jugend und Sport sowie der Strafvollzugsverwaltung getragen. Kosten für die Teilnahme an Universitätskursen sind jedoch von den Inhaftierten selbst zu tragen oder können von anderen natürlichen oder juristischen Personen übernommen werden

Zum Zwecke der Schul-, Aus- oder Weiterbildung ist es Gefangenen gestattet, Computer zu erwerben oder zu nutzen. Die rechtliche Grundlage stellt eine Verordnung des Justizministers dar.[895]

6.6.5.3   Berufliche Bildung

Grundsätzlich ist das Recht der Jugendlichen auf eine angemessene Berufsausbildung verankert, Art. 161 Abs. 1 rStVollzG. Für Jugendliche und Erwachsene gilt, dass die Berufsausbildung – je nach Möglichkeiten und Fähigkeiten der

---

894   Die Schulpflicht ist mit Ausnahme von Bayern auch in den deutschen Strafvollzugsgesetzen geregelt.

895   Verordnung des Justizministers Nr. 2199/C/2011, veröffentlicht im Amtsblatt Nr. 805 vom 15.11.2011.

Verurteilten – im Rahmen von beruflichen Aus- und Weiterbildungskursen realisiert wird, Art. 166 Abs. 1 i. V. m Art. 92 rStVollzG. Die Kurse werden von
der Strafvollzugsverwaltung in Kooperation mit den regionalen Arbeitsagenturen oder akkreditierten Bildungsinstituten festgelegt. Die berufliche Bildung
wird durch pädagogisches Personal sichergestellt, Art. 161 Abs. 2 rStVollzG.
Im Hinblick auf die Organisation der Ausbildungskurse gilt, dass die Kurse
in den Räumlichkeiten der Strafvollzugseinrichtungen oder der akkreditierten
Anbieter der Aus- und Weiterbildung durchzuführen sind. Damit ist grundsätzlich auch die Möglichkeit der Partizipation an Maßnahmen außerhalb des Vollzugs gegeben.

6.6.5.4 Arbeit der jugendlichen Verurteilten

Bestimmungen hinsichtlich der Arbeit der Verurteilten sind in Art. 163 sowie
83 ff. rStVollzG festgelegt. Prinzipiell ist es den in Erziehungs- und Jugendanstalten untergebrachten Personen gestattet, einer Tätigkeit entsprechend ihrer
körperlichen Entwicklung, den Fähigkeiten und Kenntnissen, dem Gesundheitszustand sowie der schulischen und beruflichen Ausbildung nachzugehen.[896]
Hierzu bedarf es allerdings der Zustimmung der Ärztin der Einrichtung. Von
einer Arbeitspflicht für jugendliche Inhaftierte hat der Gesetzgeber im Gegensatz zu erwachsenen Gefangenen abgesehen.

Im Zusammenhang mit der Tätigkeit der Inhaftierten hat der Gesetzgeber
das Resozialisierungsziel ausdrücklich aufgenommen. Demnach ist die Beschäftigung ausschließlich unter dem Blickwinkel des Resozialisierungsziels zu orga-
nisieren, wonach Insassen sinnvollen Tätigkeiten nachgehen können und befähigt werden sollen, ihre Chancen auf dem Arbeitsmarkt zu erhöhen. So
beschreibt Grundsatz Nr. 26.1 der Beijing-Regeln, *„das Ziel der Behandlung
und des Trainings der in Anstalten untergebrachten Jugendlichen besteht darin,
für Betreuung, Schutz, Bildung und Vermittlung beruflicher Fertigkeiten zu sorgen, um ihnen dabei zu helfen, sozial nützliche und förderliche Rollen in der Gesellschaft zu übernehmen."* Rule 82.1. der ERJOSSM betont, dass *„die Einrichtung den Jugendlichen ausreichend Arbeit anzubieten hat, die ansprechend und
von pädagogischem Wert sein soll."*

Es gilt – in Einklang mit Rule 82.2 der ERJOSSM – der Grundsatz, dass die
Arbeit im Strafvollzug zu vergüten ist, Art. 86 rStVollzG. Die entlohnten Tätigkeiten können innerhalb oder außerhalb des Strafvollzugs entweder als Dienst-

---

896 Nach bisheriger Gesetzeslage war im Hinblick auf Jugendliche geregelt, dass diejenigen
    Verurteilten, die das 15. Lebensjahr vollendet haben, eine Tätigkeit entsprechend ihrer
    körperlichen Entwicklung sowie ihren Fähigkeiten und Kenntnissen nur auf Verlangen
    der Jugendlichen und mit Zustimmung der Eltern aufnehmen können. Mit Vollendung
    des 16. Lebensjahrs können Jugendliche beantragen, eine Arbeit aufzunehmen, Art. 57
    Abs. 3 und 4 rStVollstrG a. F.

leistungen für natürliche oder juristische Personen oder als Selbstbeschäftigung, d. h. als freiberufliche Tätigkeit erbracht werden. Die tägliche Arbeitszeit richtet sich nach dem Arbeitsgesetz. Für unter 18-Jährige beträgt die tägliche Arbeitszeit sechs Stunden und maximal 30 Stunden wöchentlich, vgl. Art. 112 Abs.2 Arbeitsgesetz.[897] Jugendliche sind von der Nachtarbeit in jedem Fall ausgenommen.

Die Regelung, dass die Verurteilten der Tätigkeit zuzustimmen haben, ist 2010 gestrichen worden.[898] Neu eingeführt wurde im Jahr 2010 im bisherigen Strafvollstreckungsgesetz die Möglichkeit der Aufnahme einer freiwilligen Tätigkeit innerhalb oder außerhalb des Gefängnisses. Demnach können Verurteilte auch einer gemeinnützigen Arbeit in der Gemeinde nachgehen.

Hinsichtlich des *Arbeitsentgelts* führt Art. 86 Abs. 2 rStVollzG aus, dass die Gehälter nicht niedriger liegen dürfen als der gesetzlich garantierte Mindestlohn.[899] Darüber hinaus stellt das Gesetz klar, dass die Einkommen der Insassen kein Lohneinkommen darstellen, Art. 86 Abs. 1 rStVollzG.

Den Verurteilten wird nur ein Teil des Arbeitsentgeltes ausgezahlt. Der Anteil des ausgezahlten Arbeitsentgeltes für Jugendliche liegt 10% höher als der Anteil für erwachsene Insassen. So beträgt der Anteil des Lohnes für Jugendliche nunmehr 50%, der nochmals dergestalt aufzuteilen ist, dass 90% davon dem Verurteilten ausgezahlt und während der Haftdauer zur freien Verfügung verbleiben und 10% auf einem Aufbewahrungskonto einbehalten und zum Zeitpunkt der Entlassung verzinst ausbezahlt werden, Art. 163 Abs. 6 rStVollzG.[900] 50% des Arbeitslohnes jugendlicher Verurteilter verbleiben bei der Strafvollzugsbehörde und werden als Eigenmittel verwendet. Die Gesetzeslage bis 2006 sah vor, dass den Verurteilten lediglich 10% des Arbeitsentgeltes ausgezahlt wurden. Die graduelle Erhöhung des Arbeitslohnes, der den Insassen ausbezahlt wird, in den vergangenen Jahren ist als Fortschritt zu sehen, da sie der Anerkennung der Arbeit der Verurteilten Rechnung trägt. Die gestiegene monetäre Anerkennung ist auch geeignet, motivierend auf die in Erziehungs- und Jugendanstalten untergebrachten Personen zu wirken

---

897 Gesetz Nr. 53/2003, wiederveröffentlicht im Amtsblatt Nr. 345 vom 18.05.2011.

898 Das Strafvollzugsgesetz sieht in Abhängigkeit von dem Haftregime eine Arbeitspflicht für erwachsene Verurteilte vor, Art. 78 rStVollzG.

899 Seit dem 01.07.2015 beträgt der gesetzlich garantierte Mindestlohn 1.050 Lei (ca. 238 Euro) brutto monatlich.

900 Zuvor lag der Anteil für alle Verurteilten bei 40%. Die gesetzliche Novellierung im Jahr 2010 brachte es mit sich, dass der Anteil von 30% auf 40% erhöht wurde. Der Anteil, der den Verurteilten zur freien Verfügung stand, lag bei 75%, die übrigen 25% wurden bei Entlassung ausgezahlt, Art. 62 Abs. 1 rStVollstrG a. F., Art. 172 Abs. 1 und 2 rAVStVollstrG a. F.

Darüber hinaus sah das Strafvollstreckungsgesetz bis 2010 die Bezahlung derjenigen Inhaftierten vor, die an einer Schul-, Aus- oder Weiterbildungsmaßnahme teilnahmen, Art. 61 Abs. 3 rStVollstrG a. F. Diese Gleichstellung war konform mit internationalen Bestimmungen, so Rule 28.4 EPR und Rule 82.3 ERJOSSM. Im Hinblick auf die Entlohnung dieser Personengruppen führte das Gesetz aus, dass die Tarife, die dem Mindestlohn entsprechen, zugrunde zu legen waren. Diese Bestimmung wurde jedoch mit der „Kleinen Rechtsreform" (Gesetz Nr. 83/2010) ersatzlos gestrichen. Dies ist als sehr kritisch anzusehen, da die vorherige Regelung geeignet war, einen stärkeren Anreiz für die Gefangenen zu bieten, an Bildungsmaßnahmen teilzunehmen.

Darüber hinaus wird den Jugendlichen auch die Tätigkeit aus anderen Aktivitäten, beispielsweise aus den produktiven oder kreativen Werkstätten vergütet, wobei den Jugendlichen nach Abzug der Materialkosten der gesamte Erlös zugutekommt, Art. 164 rStVollzG.

Im Jahr 2010 wurde eingeführt, dass die Anstaltsleitung die Gefangenen über die Möglichkeit des Abschlusses eines Sozialversicherungsvertrages während der Haftzeit zu informieren hat, Art. 163 Abs. 7 rStVollzG. Diese Regelung trägt Rule 82.3 der ERJOSSM Rechnung.

In den Fällen, in denen Jugendliche zur Zahlung von Schadensersatz verurteilt wurden und diese Zahlungen bis zum Strafantritt nicht getätigt wurden, wird die Hälfte des Arbeitslohnes, den die Insassen erhalten, zur Leistung der Schadensersatzforderung verwendet, Art. 163 Abs. 8 rStVollzG.

6.6.6 Freizeitgestaltung, Information durch Medien

Neben Ruhe- und Arbeitszeiten ist der Alltag im Strafvollzug auch durch Freizeit bestimmt, in welcher Inhaftierte prinzipiell zwischen Alleinsein und Gemeinschaft wählen können.[901]

Freizeitaktivitäten sind so auszurichten, dass Jugendliche zu deren Teilnahme nachhaltig ermutigt werden, vgl. Rule 76.1 der ERJOSSM. Vorrangige Bedeutung kommt der Motivierung und Interessenorientierung junger Insassen zu.[902]

ERJOSSM Rule 80.1 betont, dass Jugendliche möglichst viel Zeit – vorzugsweise mindestens acht Stunden am Tag – außerhalb ihres Schlafraumes verbringen sollten.

Gemäß Art. 67 Abs. 1 rStVollzG ist den Insassen mindestens eine Stunde Spaziergang im Freien innerhalb der Vollzugsanstalt zu gewähren. In der geplanten Ausführungsverordnung zum Strafvollzugsgesetz (Art. 68) ist differenzierter dargelegt, dass diejenigen Verurteilten des geschlossenen Vollzugs, die

---

901 *Fiedler/Vogel* 2012, S. 307.

902 *Laubenthal* 2015, S. 660.

weder einer Arbeit, noch schulischen, beruflichen, therapeutischen oder sozialpädagogischen Vollzugangeboten nachgehen, mindestens drei Stunden täglich
ein Aufenthalt im Freien oder in speziellen Räumlichkeiten zu gestatten ist.
Prinzipiell schlechter gestellt sind diejenigen Insassen, die an solchen Vollzugsaktivitäten teilnehmen, ihnen wird lediglich eine Mindestdauer von einer Stunde
täglich für den sog. Hofgang gewährt. Dies ist nur zum Teil in Einklang mit Rule 81 ERJOSSM, der festlegt, dass Spaziergänge mindestens zwei Stunden täglich, davon eine Stunde im Freien, zu ermöglichen sind.

Allen Verurteilten ist das Recht auf Informationsfreiheit, Art. 59 rStVollzG,
und damit der Zugang zu Informationen der Massenmedien über Radio, TV,
Zeitschriften und Zeitungen, sowie Belletristik und Fachliteratur zu gewährleisten, um sich angemessen informieren zu können. Die Internetnutzung zu Freizeitzwecken ist derzeit noch nicht möglich, lediglich die Online-
Kommunikation ist in der Verordnung zur Ausführung des Strafvollzugsgesetzes geregelt.[903]

Im Hinblick auf Lektüre ist geregelt, dass sich in jeder Anstalt eine Biblio-
thek befindet, wie auch Rule 82 der EPR es im Kapitel Weiterbildung festhält.
Der Erwerb von Büchern wird durch die rumänische Strafvollzugsverwaltung
sichergestellt, entweder durch eigene Mittel, Sponsoren oder Spenden, Art. 168
i. V. m Art 89 Abs. 2 rStVollzG.

Die geplante Verordnung zur Ausführung des Strafvollzugsgesetzes regelt
die Aktivitäten im Freizeitbereich detailliert, so die individuelle Nutzung von
Radio- und TV-Programmen,[904] die Teilnahme an kulturellen Veranstaltungen
wie Theateraufführungen,[905] die Teilnahme an sportlichen Aktivitäten,[906] das
Recht auf Religionsausübung bzw. die Inanspruchnahme religiöser Betreuung.[907]

---

903 Auch die deutschen Jugendstrafvollzugsgesetze haben noch keine expliziten Regelungen zur Kommunikation über das Internet getroffen. Anhaltspunkte lassen sich jedoch
in verschiedenen Landesgesetzen finden, beispielsweise dem Niedersächsischen Jugendstrafvollzugsgesetz, siehe *Fiedler/Vogel* 2012, S. 337, ferner *Kühl* 2012, S. 224 f.
zur Behandlung der neuen Kommunikationsformen in den Landesnormen.

904 Art. 199 rAVStVollstrG.

905 Art. 201 rAVStVollstrG.

906 Art. 202 rAVStVollstrG. Sportlichen Aktivitäten kommt insbesondere im Jugendstrafvollzug gesteigerte Bedeutung zu. So haben Verurteilte grundsätzlich die Möglichkeit,
je nach Gesundheitszustand, Alter, Fähigkeiten und Neigungen, Spielen oder sportlichen Aktivitäten – individuell oder in Gruppen – nachzugehen. Sportliche Veranstaltungen finden unter Aufsicht einer entsprechend geschulten Person statt. Es besteht
auch die Möglichkeit, Sportwettkämpfe mit externen Mannschaften durchzuführen, um
den Außenkontakt zu fördern.

907 Art. 203 rAVStVollzG. Die Regelung trägt Havanna-Regel 48, Rules 46-47 EPR und
Rule 87.2 ERJOSSM Rechnung, die den Grundsatz der Religionsausübung beinhalten.

6.7   Vollzugslockerungen

Jugendlichen können Vollzugslockerungen (*recompense*, wörtlich: Ausgleich) gewährt werden. Lockerungen sind geeignet, soziale Beziehungen aufrechtzuerhalten oder neu einzugehen, die Behandlungsmaßnahmen an die gesellschaftlichen Bedingungen anzupassen und soziale Wiedereingliederung zu fördern.[908] Voraussetzungen für die Gewährung der Lockerungen sind das Interesse im Rahmen des Bildungsprozesses, die aktive Mitwirkung an den Aktivitäten in der Einrichtung sowie ein angemessenes Verhalten gegenüber anderen jugendlichen Verurteilten und dem Anstaltspersonal, Art. 170 Abs. 1 rStVollzG. Zu den Lockerungen in den Erziehungs- und Jugendanstalten zählen:

- die Aufhebung von Disziplinarmaßnahmen,
- die Erweiterung der Online-Kommunikation,
- die Erweiterung der Rechte auf Empfang von Paketen und Besuchen,
- die Teilnahme an Ferienlagern und Ausflügen, welche von der Einrichtung oder in Kooperation mit anderen Institutionen oder Organisationen organisiert werden,
- Ausgang für 24 Stunden in dem Ort, in dem sich die Einrichtung befindet,
- Ausgang für 48 Stunden am Wochenende in dem Wohnort des oder der Jugendlichen,
- Besuch der Familie während der Schulferien für die Dauer von höchstens 15 Tagen, für maximal 45 Tage im Jahr,
- Ausgang aus humanitären Gründen für die Dauer von höchstens zehn Tagen.

Ausgang aus humanitären Gründen wird Jugendlichen bei bestimmten Härtefällen gestattet.[909] Die Lockerungen werden von dem Bildungsbeirat oder der Kommission zur Individualisierung des Vollzugsregimes bewilligt. Vorschlagsberechtigt für Vollzugslockerungen sind die Mitarbeitenden, die die Aktivitäten mit den Jugendlichen durchführen. Lediglich in Bezug auf den Ausgang am Wochenende ist geregelt, dass dieser auf Vorschlag des Bildungsbeirats oder der Kommission von der Generaldirektion der Strafvollzugsverwaltung zu bewilligen ist, Art. 170 Abs. 2 rStVollzG.

---

908   Vgl. *Laubenthal* 2015, S. 382 f.

909   Darunter fallen Ausgang aus Anlass der Beerdigung eines Familienmitglieds oder einer Person, die dem Jugendlichen sehr nahe stand, ferner aus gesundheitlichen Gründen, zur Lösung eines sozialen Problems, zur Unterstützung der Familie oder in Katastrophenfällen, Art. 171 rStVollzG.

6.8 Ordnung in den Einrichtungen

Die Maßnahmen zur Aufrechterhaltung der Ordnung und Sicherheit werden in einer besonderen Verordnung festgelegt, Art. 176 Abs. 1, 177 i. V. m. Art. 15 Abs. 3 rStVollzG.

Grundsätzlich sind Maßnahmen der Gewaltanwendung gegen Jugendliche in den Erziehungs- und Jugendanstalten verboten, Art. 178 rStVollzG. Lediglich in den gesetzlich vorgesehenen Fällen dürfen Maßnahmen wie Handfesseln oder andere Maßnahmen der Gewaltanwendung gegen Jugendliche angeordnet werden: Zur Verhinderung der Flucht, bei Selbstverletzungen, Schadenszufügungen gegenüber anderen Personen, bei Sachbeschädigung, zur Wiederherstellung der Ordnung sowie bei Widerstand gegen Anordnungen, Art. 178 i. V. m. Art 16 Abs. 1 rStVollzG. Sie müssen zeitlich beschränkt sein und dürfen nur dann angewandt werden, wenn andere Maßnahmen zur Aufrechterhaltung der Ordnung nicht ausreichend waren.[910]

Im Hinblick auf Jugendliche in den Jugendanstalten sind Maßnahmen wie Durchsuchungen der Jugendlichen, ihrer Gegenstände bzw. der Räumlichkeiten nur zur Verhinderung besonders gefährlicher Situationen oder zur Erlangung von verbotenen Gegenständen, die sich im Besitz der Verurteilten befinden, erlaubt, Art. 176 Abs. 2 i. V. m. Art. 19 rStVollzG. Die Art der Durchsuchungen und näheren Bedingungen zur Ausführung werden ebenfalls in einer besonderen Verordnung geregelt.

Die getrennte Unterbringung der Jugendlichen ist für die Dauer von maximal 24 Stunden möglich, wenn der begründete Verdacht der Selbstverletzung, des Selbstmordversuchs, der Schadenszufügung gegenüber anderen Personen, Sachbeschädigung oder schwerwiegenden Störung der Ordnung vorliegt, Art. 176 Abs. 2 i. V. m. Art. 23 rStVollzG. Während dieser Zeit werden die Jugendlichen psychologisch zu betreut und über eine Kamera observiert.

Hinsichtlich Jugendlicher in den Erziehungseinrichtungen ist festgelegt, dass die mindestens notwendigen Maßnahmen zur Aufrechterhaltung der Sicherheit, der Beaufsichtigung und Begleitung in der zu erarbeitenden Verordnung geregelt werden, Art. 177 rStVollzG.

6.9 Disziplinarmaßnahmen

Pflichtverstöße, die in Art. 172, 81 und 82 rStVollzG aufgezählt sind, können durch Verhängung von Disziplinarmaßnahmen geahndet werden, Art. 173 i. V. m. Art. 100 rStVollzG. Hierbei wird nach sehr schweren, schweren und leichten Pflichtverstößen differenziert. Leichte Pflichtverstöße stellen unter an-

---

910 Diese Regelungen stehen in Einklang mit den Rules 90.1, 90.2. und 91.1 der ERJOSSM.

derem die Nichteinhaltung der Bedingungen im Rahmen der Aktivitäten, an denen Gefangene teilnehmen, dar. Ferner sind Verstöße gegen die Weisungen, ein gepflegtes, sauberes Äußeres und ein „ehrbares" Verhalten an den Tag zu legen sowie diskriminierendes Verhalten leichte Pflichtverstöße.[911] Zu den schweren Pflichtverstößen zählen beispielsweise Missachtung der festgelegten Zeiten, die Störung des täglichen Programms oder der Ruhezeiten.[912] Zu den sehr schweren Verstößen gehören unter anderem das Fernbleiben Jugendlicher vom Schulunterricht bei Schulpflicht sowie die unterbliebene Teilnahme an Ausbildungskursen und Aktivitäten der gesellschaftlichen Wiedereingliederung. Darüber hinaus zählen gewaltsames Verhalten, die Teilnahme an Revolten, das Einschmuggeln von Alkohol, Drogen oder anderen toxischen Substanzen oder das Einbringen von Waffen in die Strafvollzugseinrichtung zu den sehr schweren Pflichtverstößen.[913]

Disziplinarmaßnahmen, die gegen jugendliche Verurteilte verhängt werden können, sind gemäß Art. 174 rStVollzG die Verwarnung und die Beschränkung diverser Rechte der Verurteilten. Zu den Maßnahmen zählen die – der Schwere nach abgestufte – Einschränkung des Rechtes, an kulturellen, künstlerischen oder sportlichen Veranstaltungen für die Dauer von bis zu einem Monat teilzunehmen; die Aufhebung des Rechtes bis zu einem Monat, eine Arbeit auszuüben;[914] die Aufhebung des Rechtes, Waren zu empfangen oder zu kaufen für maximal zwei Monate, und die Trennung von anderen Jugendlichen für höchstens vier Stunden am Tag, jedoch nicht länger als an fünf aufeinanderfolgenden Tagen.[915] In Bezug auf den letzten Punkt kommt der Ausnahmecharakter nicht deutlich zum Vorschein. Gemäß Rule 95.4. der ERJOSSM sollen Jugendliche lediglich in den Fällen getrennt werden, in denen andere Sanktionen nicht effizient sind. In der Zeit der Trennung ist ihnen angemessener Kontakt zu anderen

---

911 Die leichten Pflichtverstöße stellen die Nichteinhaltung der in den Art. 81g)-l) und Art. 82u)-x) rStVollzG aufgezählten Weisungen und Verbote dar, Art. 100 Abs. 3 rStVollzG.

912 Schwere Pflichtverstöße sind gemäß Art. 100 Abs. 2 rStVollzG die Verletzung der in Art. 81d)-f) und Art. 82q)-ţ) enthaltenen Weisungen und Verbote.

913 Zu den sehr schweren Pflichtverstößen zählen gemäß Art. 100 Abs. 1 rStVollzG Zuwiderhandlungen gegen Weisungen und Verbote gemäß Art. 81a)-c) und Art. 82a)-p) rStVollzG sowie Art. 172 Abs. 2, 173 Abs. 2 rStVollzG.

914 Disziplinarmaßnahmen, die sich auf die Aufhebung dieser Rechte beziehen, werden nur bei Verstößen im Zusammenhang mit den Aktivitäten oder der Arbeit geahndet, Art. 174 Abs. 3 rStVollzG.

915 Im Vergleich zur bisherigen Gesetzeslage ist zu beobachten, dass sich die Dauer der Beschränkung der Rechte hinsichtlich Jugendlicher nach neuem Recht verdoppelt hat. Andererseits ist jedoch die Disziplinarmaßnahme der Einschränkung des Besuchsrechts im Hinblick auf Jugendliche gestrichen worden.

Personen, Zugang zu Lektüre sowie mindestens eine Stunde Aufenthalt im Freien zu ermöglichen.

In Bezug auf erwachsene Verurteilte in den Einrichtungen sind die Beschränkung des Rechtes bis zu zwei Monaten, Besuch zu empfangen, sowie die Isolationshaft bis zu zehn Tagen als eingriffsschwerste Sanktion anwendbar. Die Beschränkung der Rechte, an Aktivitäten teilzunehmen, eine Arbeit auszuüben, Besuche zu empfangen sowie die Isolationshaft werden durch psychologische Beratung oder Psychotherapie begleitet. Für Jugendliche wurde das Besuchsrecht in Übereinstimmung mit Rule 95.6. der ERJOSSM nicht beschränkt.

Disziplinarverstöße sind von dem Strafvollzugspersonal schriftlich festzuhalten und innerhalb von 24 Stunden nach der Feststellung dem Leiter der Abteilung, in der sich der Verurteilte befindet, zur Kenntnis zu bringen, Art. 102 Abs. 1 und 2 rStVollzG.

Das Disziplinarverfahren, geregelt in Art. 103 rStVollzG, wird durch den Abteilungsleitenden in Gang gesetzt, der die Kommission für Disziplinarmaßnahmen benachrichtigt.[916]

Der Anstaltsleiter bestimmt einen oder mehrere Mitarbeitende aus dem Strafvollzug, die innerhalb von zehn Tagen den Disziplinarverstoß recherchieren und der Kommission die Ergebnisse vorstellen. Nach Anhörung der betroffenen Person und weiterer Personen, die Kenntnis von dem Verstoß haben, verhängt die Kommission durch schriftlichen Beschluss eine der Disziplinarmaßnahmen. Hierbei spielt der Individualisierungsgrundsatz eine Rolle, nach dem die Kommission die Schwere des Verstoßes, die Persönlichkeit und den Gesundheitszustand der Verurteilten, vorherige Disziplinarverstöße, das Verhalten des Verurteilten nach dem Verstoß und während des Disziplinarverfahrens berücksichtigt.

6.10 Entlassung und vorzeitige Entlassung aus dem Vollzug

In Übereinstimmung mit Rule 49.2. ERJOSSM ist für alle Jugendlichen in den Erziehungs- und Jugendanstalten die Möglichkeit der vorzeitigen Entlassung vorgesehen, Art. 180 Abs. 1 i. V. m. Art. 124 Abs. 4, Art. 125 Abs. 4 rStVollzG. Voraussetzungen sind, dass die Jugendlichen das 18. Lebensjahr vollendet und mindestens die Hälfte der vorgesehen Zeit der Unterbringung absolviert haben. Darüber hinaus müssen Jugendliche ein kontinuierliches Interesse am Schulunterricht oder an der Berufsausbildung und evidente Fortschritte bei ihrer Wiedereingliederung in die Gesellschaft bewiesen haben. Gleichzeitig mit der vor-

---

916 Diese Kommission setzt sich aus dem Leiter für Sicherheit im Strafvollzug als Vorsitzendem, der Leiterin für Bildung und psychosoziale Betreuung sowie einem Offizier, ernannt von der Anstaltsleitung, zusammen, Art. 103 Abs.2 rStVollzG.

zeitigen Entlassung sind eine oder mehrere Weisungen gemäß Art. 121 rStGB[917] anzuordnen.

Die bedingte Strafaussetzung ist grundsätzlich geeignet, Gefangene zu motivieren, an den Vollzugsprogrammen mitzuwirken. In Rumänien hat die bedingte Entlassung insbesondere nach Einführung der Bewährungshilfe an Bedeutung gewonnen.

Für Jugendliche, die im offenen Vollzug in den besonderen Strafvollzugseinrichtungen untergebracht sind, ist die Vorbereitung auf die Entlassung vorgesehen, Art. 151 rStVollzG. Damit soll die schrittweise Wiedereingliederung in die Gesellschaft, in Übereinstimmung mit Rule 101.1 ERJOSSM, gefördert werden. Die Jugendlichen können, wenn sie die Volljährigkeit erreicht haben, drei Monate vor dem Zeitpunkt der Haftentlassung gemäß Art. 125 Abs. 4 rStVollzG in besonderen Bereichen der Einrichtung untergebracht werden. Unter der Leitung der zuständigen Vollzugsbediensteten sollen sie in ihren sozialen Fähigkeiten gestärkt werden. Die Jugendlichen sollen unter anderem befähigt werden, sich eigenständig zu versorgen.

Der Bildungsbeirat oder die Kommission zur Individualisierung des Vollzugsregimes leitet den Vorschlag zur vorzeitigen Entlassung gemeinsam mit der Strafvollzugsrichterin und dem Bewährungshelfer dem zuständigen Gericht[918] weiter. Das Gremium bewertet, ob die Voraussetzungen für eine vorzeitige Entlassung erfüllt sind, d. h. ob Jugendliche ein konstantes Interesse an der Schul- und Berufsausbildung gezeigt haben und Fortschritte hinsichtlich der gesellschaftlichen Wiedereingliederung ersichtlich sind. Hierbei können sie auch die Beschäftigung Jugendlicher in ihren Vorschlag einbeziehen. Vorherige Zeiten der freiheitsentziehenden Unterbringung in Erziehungs- oder Jugendanstalten sind hierbei zu berücksichtigen. Kommt das Gremium, das über die vorzeitige Entlassung entscheidet, zu dem Ergebnis, dass die Bedingungen nicht erfüllt sind, so hat es innerhalb von sechs Monaten einen erneuten Termin zur Überprüfung festzulegen. Neben dem Gremium steht den Verurteilten selbst das Recht zu, einen Antrag auf vorzeige Entlassung zu stellen.[919]

---

917 Siehe zu den Weisungen im Einzelnen *Kap. 4.3.2.1.2.*

918 Das Verfahren richtet sich nach den auf Jugendliche anwendbare Bestimmungen, Art. 516 Abs. 2, 517 Abs. 2 rStPO. Zuständig ist das Vollstreckungsgericht, in dessen Einzugsbereich sich die Einrichtung befindet, Art. 181 Abs. 1 rStVollzG.

919 In den Jahren 2010 bis 2012 sind annähernd 60% der Gefangenen von der zuständigen Kommission zur vorzeitigen Entlassung vorgeschlagen worden. Die Anzahl der vorzeitig Entlassenen ist von 8.420 im Jahr 2010 auf 10.229 im Jahr 2012 gestiegen, was jeweils einem Anteil von 36% entspricht, Nationale Strafvollzugsverwaltung, Aktivitätsbericht 2012, S. 2, 4.

Die Entlassungsnachbetreuung war im bislang geltenden Strafvollstreckungsgesetz nicht geregelt. Entsprechende Regelungen, die die gesellschaftliche Wiedereingliederung nach dem Vollzug freiheitsentziehender Maßnahmen stärker fördern, finden sich nunmehr ansatzweise in den neuen Gesetzen. Das neue Strafgesetzbuch sieht vor, dass die Erziehungsmaßnahmen der Unterbringung in einer Erziehungs- oder Jugendanstalt mit der Maßnahme der täglichen ambulanten Betreuung ersetzt werden können. Dadurch sollen Jugendliche beim Übergang in ein Leben in Freiheit unterstützt werden.

Im Rahmen der bedingten Haftentlassung wurden Aufsichtsmaßregeln und Weisungen gemäß Art. 121 rStGB eingeführt. Dazu zählt die Pflicht, an schulischen oder beruflichen Maßnahmen bzw. an Programmen der gesellschaftlichen Wiedereingliederung teilzunehmen, die von der Bewährungshilfe oder in Zusammenarbeit mit lokalen Organisationen durchgeführt werden.

6.11 Ersetzen der Maßnahme der Unterbringung in einer Erziehungs- oder Jugendanstalt durch die Betreuungsweisung

Das Strafvollzugsgesetz sieht nunmehr die Möglichkeit vor, die Unterbringung Jugendlicher in einer Erziehungs- oder Jugendanstalt mit der nicht freiheitsentziehenden Maßnahme der täglichen Betreuung zu ersetzen, Art. 179 rStVollzG i. V. m. Art. 124 Abs. 4, 125 Abs. 4 rStGB. Das Ersetzen der Maßnahme ist möglich bis zum Eintritt der Volljährigkeit in den Fällen, in denen Jugendliche ein konstantes Interesse an der schulischen bzw. beruflichen Ausbildung gezeigt und sichtbare Fortschritte hinsichtlich der sozialen Reintegration gezeigt haben.

Den Vorschlag erbringt der Bildungsbeirat oder die Kommission zur Individualisierung des Vollzugsregimes, gemeinsam mit der Strafvollzugsrichterin und dem Bewährungshelfer, unter den zuvor genannten Bedingungen für die vorzeitige Entlassung. Liegen die Voraussetzungen zum Ersetzen der Maßnahme nach Ansicht des Gremiums nicht vor, so hat es innerhalb von vier Monaten das Vorliegen der Voraussetzungen erneut zu überprüfen. Darüber hinaus können die Jugendlichen das Ersetzen der Unterbringung mit der Betreuungsweisung beantragen.

Stellt das Gericht fest, dass die Voraussetzungen für die vorzeitige Entlassung oder das Ersetzen der Unterbringung in einer Erziehungs- oder Jugendstrafvollzugseinrichtung nicht vorliegen, lehnt es diese in seiner Entscheidung ab und setzt einen neuen Termin fest, Art. 181 Abs. 2 rStVollzG. An diesem festgelegten Zeitpunkt werden der Antrag des Verurteilten bzw. der Vorschlag des Gremiums erneut vorgelegt. Im Fall der vorzeitigen Entlassung ist der Zeitpunkt innerhalb von sechs Monaten, im Fall des Ersetzens der Maßnahme innerhalb von vier Monaten zu bestimmen.

6.12 Überweisung in eine Strafvollzugsanstalt für Erwachsene

Das Gesetz sieht die Überweisung Verurteilter, welche im Laufe des Vollzugs die Volljährigkeit erreicht haben, vor, Art. 182 rStVollzG i. V. m. Art. 126 rStGB. Die Überweisung ist auf solche Fälle beschränkt, in denen die jungen Verurteilten andere Insassen negativ beeinflussen oder deren Prozess der Besserung und gesellschaftlichen Wiedereingliederung negativ beeinträchtigen. Ein solches negatives Verhalten spezifiziert Art. 182 Abs. 2 rStVollstrG als eine der folgenden Kategorien:

- Handlungen, welche dazu führen, dass der Verurteilte oder andere Insassen dem Schulunterricht, der Berufsausbildung, Bildungsprogrammen und der psychologischen und sozialen Betreuung fernbleiben oder deren Teilnahme ständig verweigern,
- die Einbringung, den Besitz von oder der Handel mit Gegenständen in der Einrichtung, welche die Sicherheit der Einrichtung oder der Personen gefährden,
- die Begehung von Pflichtverstößen, die in Art. 82a)-c) rStVollzG vorgesehen sind. Zu den Verboten zählen die Anwendung von Gewalt oder die versuchte Gewaltanwendung gegen andere Personen, die Organisation, Unterstützung oder Teilnahme an Aufständen im Vollzug, Ungehorsam oder andere gemeinschaftlich begangene Gewaltanwendungen, die die Ordnung und Sicherheit der Einrichtung gefährden sowie Fluchtversuche.
- die wiederholte Begehung von Pflichtverstößen gemäß Art. 82f)-h) rStVollzG, zu denen folgende Verstöße zählen: die Anstiftung anderer Insassen zur Begehung von Pflichtverstößen, die Verhinderung der Rechtsanwendung sowie die Sachbeschädigung.

Das Verhalten der Verurteilten wird von dem Bildungsbeirat oder der Kommission zur Individualisierung des Vollzugsregimes in Zusammenarbeit mit der Strafvollzugsrichterin und Sozialarbeiterin im Beisein der Verurteilten bewertet. Kommen die Gremien zu dem Schluss, dass ein negatives Verhalten vorliegt, können sie der Anstaltsleitung den Vorschlag zur Überweisung unterbreiten. Diese beantragt in der Folge den Transfer der jungen Inhaftierten in eine Erwachsenenstrafvollzugsanstalt bei dem Gericht, in dessen Zuständigkeitsbereich die Einrichtung fällt. Die jungen Verurteilten sind in besonderen Abteilungen der Strafvollzugsanstalten gemäß Art. 14 rStVollzG unterzubringen.

6.13 Aufschub oder Unterbrechung des Vollzugs der freiheitsentziehenden Erziehungsmaßnahmen

Unter bestimmten Umständen ist es gesetzlich vorgesehen, den Vollzug der Maßnahmen der Unterbringung in einer Erziehungs- oder Jugendanstalt für einen bestimmten Zeitraum aufzuschieben oder zu unterbrechen, Art. 184 rStVollzG. Dies ist zunächst möglich, wenn auf der Grundlage eines rechtsmedizinischen Gutachtens eine Krankheit diagnostiziert wird, welche nicht durch den medizinischen Dienst der Strafvollzugsverwaltung behandelt werden kann und welche den Vollzug der Freiheitsentziehung ausschließt. Gleichzeitig muss allerdings festgestellt werden, dass das Verbleiben der Verurteilten in Freiheit keine Gefahr für die öffentliche Sicherheit darstellt.[920]

6.14 Vollzug der vorläufigen Festnahme und der Untersuchungshaft

Im Rahmen des Ermittlungsverfahrens werden die vorläufige Festnahme und Untersuchungshaft in den Einrichtungen für Polizeigewahrsam und Untersuchungshaft (*centre de reţinere şi arestare preventive*) vollzogen, die in die Zuständigkeit des Innenministeriums fallen, Art. 107, 108 rStVollzG.[921]

Dahingegen wird die Untersuchungshaft, welche während des Hauptverfahrens verhängt wird, grundsätzlich in den Jugendstrafvollzugs- oder in den Untersuchungshaftanstalten (*centre de arestare preventive*) vollzogen, Art. 123 rStVollzG. Diese sind der Nationalen Strafvollzugsverwaltung untergeordnet, Art. 120 Abs. 1 rStVollzG. Werden Jugendliche von den Justizorganen geladen, können sie zu diesem Zweck für eine Höchstdauer von zehn Tagen in den besonderen Untersuchungshaftabteilungen der Strafvollzugsanstalten untergebracht werden. Hierbei sind das Trennungsprinzip zu respektieren und die Besonderheiten des Alters zu berücksichtigen. Darüber hinaus ist den Jugendlichen psychosoziale Betreuung zu garantieren.

Für Jugendliche gelten im Rahmen des Vollzugs der Untersuchungshaft oder der vorläufigen Festnahme besondere Vollzugsbedingungen, Art. 117, 123 rStVollzG.

Sie werden in den Einrichtungen oder besonderen Abteilungen gemeinschaftlich, unter Beachtung des Trennungsprinzips, untergebracht. Die Jugendli-

---

920 Des Weiteren kann die Unterbrechung oder der Aufschub der Maßnahme bei schwangeren Verurteilten oder Verurteilten, welche ein Kind bis zu einem Jahr haben, angewandt werden.

921 Die vorläufige Festnahme kann bis zu einer Dauer von 24 Stunden, die Untersuchungshaft bis zu 30 Tagen mit Verlängerungsmöglichkeit angeordnet werden, siehe *Kap. 5.8.2.1.*

chen werden während der Unterbringung psychologisch betreut, um die negativen Wirkungen des Freiheitsentzuges auf ihre Entwicklung zu vermindern. Des Weiteren wird den Jugendlichen die Aufrechterhaltung sozialer Beziehungen, insbesondere zu ihrer Familie garantiert, und hierzu das Besuchsrecht sowie das Recht auf Telefonate und Online-Kommunikation ausgeweitet.[922] Während der Unterbringung im Rahmen des Vollzugs der Untersuchungshaft oder vorläufigen Festnahme gelten prinzipiell die jugendspezifischen Regelungen mit wenigen Ausnahmen. Diese betreffen die Unterbringung in den Einrichtungen für Polizeigewahrsam und Untersuchungshaft: Hier gilt keine Schulpflicht für Jugendliche sowie keine Pflicht zur Teilnahme an der Berufsausbildung. Das Recht auf Bildung wird durch die mit der Durchführung des Strafverfahrens zusammenhängenden Verpflichtungen eingeschränkt. Ferner gelten in diesen Einrichtungen besondere Regelungen hinsichtlich der Vollzugslockerungen und der Disziplinarmaßnahmen. Im Übrigen werden Aktivitäten angeboten, wie sie auch in den Erziehungs- und Jugendanstalten vorgehalten werden. Dies ist konform mit Rule 113.1 der ERJOSSM. Schließlich können Jugendliche auf ihren Wunsch hin während der vorläufigen Unterbringung einer Arbeit nachgehen.

6.15 Rechtsmittel

Der Rechtsschutz untergliedert sich in vollzugsinterne und -externe Rechtsbehelfe.

Im Rahmen der vollzugsinternen Überprüfung ist das Beschwerderecht gesetzlich garantiert.

Gegen die Art der Festlegung und gegen die Änderung der Vollzugsbedingungen in den Jugendanstalten durch die Kommission zur Individualisierung des Vollzugsregimes können Jugendliche innerhalb von drei Tagen nach Bekanntgabe der Entscheidung Beschwerde beim Strafvollzugsrichter einlegen, Art. 152 Abs. 1 i. V. m. Art. 39 Abs. 3, Art. 153 Abs. 8 i. V. m. Art. 40 rStVollzG. Der Strafvollzugsrichter entscheidet innerhalb von zehn Tagen nach Zugang der Beschwerde. Eine mündliche Anhörung ist möglich, aber nicht zwingend. Ein obligatorischer Rechtsbeistand ist ebenfalls gesetzlich nicht vorgesehen. Im Hinblick auf Maßnahmen der Anstaltsleitung, die die Rechte der Gefangenen betreffen, kann gemäß Art. 162 Abs. 1 i. V. m. Art. 56 Abs. 2 rStVollzG Beschwerde bei dem zuständigen Strafvollzugsrichter innerhalb von zehn Tagen nach Bekanntgabe der angeordneten Maßnahme eingelegt werden.

Gegen die Verhängung von Disziplinarmaßnahmen ist die Beschwerde gemäß Art. 174 Abs. 6 i. V. m. Art. 104 rStVollzG zulässig. Sie ist ebenfalls bei dem zuständigen Strafvollzugsrichter innerhalb von drei Tagen nach Bekanntgabe der Entscheidung einzulegen.

---

922 Weitere Rechte können auf Grundlage der Verordnung zur Ausführung des Strafvollzugsgesetzes erweitert werden, Art. 117 Abs. 7 rStVollzG.

Zu den Kontrollmöglichkeiten außerhalb des Vollzugs zählt das Recht auf Widerspruch gegen die Entscheidung des Gerichts im Fall der Ablehnung der vorzeitigen Entlassung oder Ersetzen der Maßnahme der Unterbringung mit der Betreuungsweisung, Art. 181 Abs. 3 rStVollzG. Der Widerspruch ist innerhalb von drei Tagen nach Zugang der Entscheidung des Vollstreckungsgerichts beim Berufungsgericht einzulegen. Ferner können die Gefangenen gegen die Entscheidung des Strafvollzugsrichters im Hinblick auf die Festlegung oder Änderung der Vollzugsbedingungen innerhalb von drei Tagen nach Zugang der Entscheidung Widerspruch beim zuständigen Vollstreckungsgericht einlegen, Art. 39 Abs. 10 rStVollzG und Art. 40 Abs. 18 rStVollzG.

Daneben haben Verurteilte das Recht auf Petitionen, geregelt in Art. 63 rStVollzG. Darunter fallen im Sinne dieses Gesetzes alle Beschwerden oder Bitten an öffentliche Autoritäten und Institutionen, Rechtsorgane, rumänische oder internationale Gerichte. Petitionen sind vertraulich zu behandeln und unterliegen nur in gesetzlich vorgesehen Fällen der Zensur.

Nach Ausschöpfung des innerstaatlichen Rechtsweges haben Gefangene die Möglichkeit, im Wege der Individualbeschwerde beim Europäischen Gerichtshof für Menschenrechte vorzugehen, Art. 34 EMRK.

6.16 Zusammenfassung und Vergleich mit Deutschland

Bisherige Grundlagen für die Vollstreckung nicht freiheitsentziehender Strafen und Maßnahmen und den Vollzug freiheitsentziehender Strafen und Maßnahmen stellten das Strafvollstreckungsgesetz Nr. 275/2006 sowie das – veraltete – Gesetzesdekret Nr. 545/1972 dar. Diese wurden durch das neue Strafvollstreckungs- sowie das Strafvollzugsgesetz, in Kraft seit dem 1. Februar 2014, ersetzt. Die neuen Gesetze führen zahlreiche Novellierungen, auch im Hinblick auf jugendliche Verurteilte, ein. In einem gesonderten Abschnitt regelt das Strafvollzugsgesetz den Vollzug der neu eingeführten freiheitsentziehenden Erziehungsmaßnahmen, die nach Abschaffung der Jugendstrafen gegenüber Jugendlichen verhängt werden können. Der Vollzug erfolgt entweder in den Erziehungs- oder den neu geschaffenen Vollzugsanstalten für Jugendliche. Die bislang bestehenden Strafvollzugsanstalten für Jugendliche und Heranwachsende hat der Gesetzgeber in Strafvollzugsanstalten für Heranwachsende umfunktioniert.

Die neue Rechtslage betont die differenzierte Behandlung Jugendlicher stärker als bisher und ermöglicht eine verbesserte Individualisierung der Vollzugsbedingungen. Positiv zu erwähnen ist ferner die Stärkung der Rechte der Gefangenen, unter anderem durch Einführung der Strafvollzugs- und Haftrichter und verbesserter Beschwerdemöglichkeiten. Der Grundstein hierfür wurde bereits im bisherigen Strafvollstreckungsgesetz gelegt.

In Deutschland liegt die Gesetzgebungskompetenz im Jugendstrafvollzug seit dem 01.09.2006 aufgrund der Föderalismusreform bei den Ländern. Vollzugsziel ist die Resozialisierung, der Schutz der Allgemeinheit spielt nur eine untergeordnete Rolle und wird durch eine gelingende soziale Integration gewährleistet.[923] Das neue Strafvollzugsgesetz in Rumänien betont in dem jugendspezifischen Abschnitt das Resozialisierungsziel an erster Stelle. Wie in Deutschland, wurde auch in Rumänien in den Vollzugsanstalten für Jugendliche der offene und geschlossene Vollzug unter Beachtung des Trennungsprinzips etabliert. In Deutschland ist der Grundsatz der Einzelunterbringung, in Rumänien der Grundsatz der gemeinschaftlichen Unterbringung festgeschrieben worden. Grundlage für die Vollzugsaktivitäten bildet in beiden Ländern der Vollzugsplan, welcher regelmäßig überprüft und gemeinsam mit den Jugendlichen erörtert wird.

Die neue Gesetzeslage in Rumänien baut auf einer Reihe von Reformen im Strafvollzugswesen in den vergangenen Jahren auf. Die Reformstrategien der Nationalen Strafvollzugsverwaltung legten den Schwerpunkt auf die Professionalisierung des Anstaltspersonals, die Erweiterung des Angebots an Vollzugsaktivitäten, insbesondere erzieherischer und psychosozialer Vollzugsprogramme, sowie Maßnahmen zur Wiedereingliederung in die Gesellschaft. Die Umsetzung der Reformen verzögerte sich zum Teil jedoch infolge der häufigen Fluktuationen im Strafvollzugswesen.

Im Hinblick auf die Frage, inwieweit sich internationale Regelungen wie die ERJOSSM im neuen Strafvollzugsgesetz wiederfinden, ist festzustellen, dass die neue Rechtslage weitgehend mit den ERJOSSM und anderen internationalen Dokumenten in Einklang steht. Nachbesserungsbedarf besteht jedoch beispielsweise hinsichtlich des Grundsatzes der nächtlichen Einzelunterbringung sowie der Betonung von Mediation in Beschwerdeverfahren, wie in den ERJOSSM festgehalten.[924]

Ob auch die *Vollzugspraxis* in Einklang mit den eigenen gesetzlichen Ansprüchen und internationalen Standards steht, wird in den nächsten Jahren zu untersuchen sein.

---

923 D/S/S-*Sonnen* 2011, S. 782 f. Das Vollzugsziel ist unter anderem in § 2 Berliner JStVollzG verankert. *Sonnen* bezieht sich aufgrund des beispielhaften Charakters für 11 Bundesländer auf das Berliner Jugendstrafvollzugsgesetz, siehe D/S/S-*Sonnen* 2011, S. 774. Siehe ausführlich zum Vollzugsziel in den Jugendstrafvollzugsgesetzen der Länder auch *Kühl* 2012, S. 45 ff.

924 Siehe detaillierter zur Kompatibilität des Jugendstrafvollzugs in Deutschland mit den ERJOSSM *Kühl* 2012 und *Faber* 2014.

7. Rechtliche Grundlagen der Vollstreckung nicht freiheitsentziehender Maßnahmen

Grundlage für die Vollstreckung nicht freiheitsentziehender Maßnahmen stellt das Gesetz über die Vollstreckung von Strafen, Erziehungsmaßnahmen und anderen nicht freiheitsentziehenden Maßnahmen, die von den Justizorganen während des Strafverfahrens verhängt wurde[925] dar. Es ist, wie das Strafvollzugsgesetz, zeitgleich mit dem neuen Strafgesetzbuch und der neuen Strafprozessordnung am 1. Februar 2014 in Kraft getreten.

Das Gesetz (rStVollstrG) regelt die Vollstreckung von nicht freiheitsentziehenden Maßnahmen. Dazu zählen die Geldstrafe, Zusatz- und Nebenstrafen, Aufsichtsmaßnahmen und Weisungen, die im Rahmen des Aufschubs der Verhängung der Strafe, der Strafaussetzung zur Bewährung oder der bedingten Haftentlassung verhängt wurden, Sicherheitsmaßnahmen, nicht freiheitsentziehende Erziehungsmaßnahmen gegenüber Jugendlichen, gerichtlich angeordnete Weisungen gegenüber Jugendlichen nach dem Vollzug freiheitsentziehender Erziehungsmaßnahmen, vorläufige nicht freiheitsentziehende Maßnahmen sowie staatsanwaltlich angeordnete Weisungen beim Absehen von der Strafverfolgung, Art. 1 rStVollstrG.

Die Vollstreckung der erwähnten Maßnahmen zielt einerseits auf den Schutz der Gesellschaft (durch die Aufrechterhaltung der Rechtsordnung und der Prävention vor der erneuten Straftatbegehung), andererseits auf den Verbleib der Straftäter in ihrer Gemeinde und ihrem gewohnten Umfeld, Art. 3 Abs. 1 rStVollstrG. Diese Zielsetzung steht in Einklang mit europäischen Empfehlungen wie der Empfehlung des Europarates *R (1992) 16 über die Europäischen Grundsätze für gemeindebezogene Sanktionen und Maßnahmen* und der Empfehlung *R (2010) 1 über die Grundsätze der Bewährungshilfe*[926] sowie der Empfehlung *R (2008) 11 über die Europäischen Grundsätze für die von Sanktionen oder Maßnahmen betroffenen jugendlichen Straftäter und Straftäterinnen* (ERJOSSM).

Der sechste Abschnitt des Gesetzes, Art. 63 bis 76, beinhaltet Regelungen zur Vollstreckung der nicht freiheitsentziehenden (ambulanten) Erziehungsmaßnahmen, die gegenüber Jugendlichen verhängt werden können. Betont wird im Hinblick auf Grundprinzipien und Ziele, dass während der Vollstreckung der Maßnahmen in der Gemeinde die Beziehungen zur Familie, die freie Entfaltung

---

925 Gesetz Nr. 253/2013 (*Legea privind executarea pedepselor, a măsurilor educative şi a altor măsuri neprivative de libertate dispuse de organele judiciare în cursul procesului penal*), veröffentlicht im Amtsblatt Nr. 513 vom 14.08.2013.

926 Siehe Justizministerium 2013a, Gesetzesentwurf über die Vollstreckung von Strafen, Erziehungsmaßnahmen und anderen nicht freiheitsentziehenden Maßnahmen, die von den Justizorganen während des Strafverfahrens verhängt wurden – Hinweise und Erläuterungen, S. 5.

der Persönlichkeit der Minderjährigen und deren Einbeziehung in bestimmte Programme gewährleistet werden sollen. Hierbei ist es Ziel, die Eigenverantwortung der Jugendlichen zu stärken und sie dahingehend zu sensibilisieren, die Rechte anderer Menschen zu respektieren, Art. 63 Abs. 1 rStVollstG.

Unterstrichen wird ferner, dass im Rahmen der Individualisierung der Vollstreckung das Alter, die Persönlichkeit, der Gesundheitszustand, die familiäre und soziale Situation der Jugendlichen zu berücksichtigen sind, Art. 63 Abs. 3 rStVollstG. Diese Kriterien stehen in Einklang mit der Empfehlung *R (2008) 11 über die Europäischen Grundsätze für die von Sanktionen oder Maßnahmen betroffenen jugendlichen Straftäter und Straftäterinnen*, Grundsatzregeln Nr. 5 und 6.[927]

Hinsichtlich der Ausführung der Maßnahmen regelt Art. 64 Abs. 1 rStVollstG, dass die Organisation, Aufsicht und Kontrolle der Maßnahmen in den Händen der Bewährungshilfe liegt. Hierbei ist von besonderer Bedeutung, dass die Bewährungshilfe die Aufsicht über die Vollstreckung der Maßnahmen einer gemeindebasierten Organisation[928] übertragen kann, Art. 64 Abs. 2 rStVollstG. Dies ist insbesondere im Licht der limitierten personellen Ressourcen als wichtig für die Implementierung der Maßnahmen anzusehen.[929]

Nachdem das Urteil rechtskräftig geworden ist, legt das Vollstreckungsgericht einen Termin fest, zu dem Jugendliche, deren gesetzliche Vertreter sowie Vertreter der Bewährungshilfe und weiterer mit der Beaufsichtigung betrauter Personen geladen werden, um über das Ziel und den Inhalt der Sanktion zu informieren.

7.1 Vollstreckung der zivilbürgerlichen Schulung

Die Durchführung dieser Maßnahme ist in Art. 66 rStVollstG geregelt. Die zivilbürgerliche Schulung umfasst Kurse, welche durchgängig oder zeitweise, in einem Zeitrahmen von höchstens vier Monaten, an acht Stunden im Monat angeboten werden. Die Kurse beinhalten theoretische und praktische Module, welche an das Alter und die Persönlichkeit der Jugendlichen angepasst sind, und möglichst auch die Art der begangenen Straftat berücksichtigen sollen.

---

927 Siehe auch Justizministerium 2013a, Gesetzesentwurf über die Vollstreckung von Strafen, Erziehungsmaßnahmen und anderen nicht freiheitsentziehenden Maßnahmen, die von den Justizorganen während des Strafverfahrens verhängt wurden – Hinweise und Erläuterungen, S. 62.

928 Dazu zählen gem. Art. 18 des Gesetzes juristische Personen des öffentlichen oder des privaten Rechts.

929 In diesem Zusammenhang ist auf Grundsatz Nr. 19 der ERJOSSM hinzuweisen, der bestimmt, dass ausreichend Ressourcen und Personal für die Betreuung der Jugendlichen bereitzustellen sind und Mittelknappheit niemals Grundrechtseingriffe rechtfertigen darf.

Die Kurse der zivilbürgerlichen Schulung werden auf der Grundlage eines Rahmenprogramms erarbeitet, welches durch eine Verordnung des Justiz- und Bildungsministers bewilligt worden ist, und mit den Mindeststandards der gemeindebasierten Organisationen für die Tätigkeit in der Bewährungshilfe in Einklang steht.

Der konkrete Inhalt der Maßnahmen wird von der Organisation im Gemeinwesen in Abstimmung mit der Bewährungshilfe erarbeitet, an die Besonderheiten der Jugendlichen angepasst und von den Vertretern der Organisation durchgeführt.[930] Mit der Eingliederung der Jugendlichen in die zivilbürgerliche Schulung ist innerhalb von 60 Tagen nach der Vollstreckungsentscheidung zu beginnen.

7.2 Vollstreckung der Unterstellung unter Aufsicht

Inhalt und Durchführung der Maßnahme der Beaufsichtigung ist in Art. 67 rStVollstG spezifiziert. Die Erziehungsmaßnahme zielt darauf, die Teilnahme Jugendlicher an schulischen oder beruflichen Kursen zu gewährleisten, und darüber hinaus zu verhindern, dass sie mit bestimmten Personen in Kontakt treten oder bestimmten Aktivitäten nachgehen, welche dem Resozialisierungsprozess entgegenstehen.

Verantwortlich für die Beaufsichtigung sind wie bislang entweder die gesetzlichen Vertreter, sollten diese der Aufsicht nicht zufriedenstellend nachkommen, andere Vertrauenspersonen, möglichst Verwandte. Diese tragen dafür Sorge, dass die Jugendlichen ihren täglichen Verpflichtungen nachkommen, und motivieren sowie leiten sie in dieser Hinsicht an.

Den Bewährungshelfern obliegt die Aufsicht über die Vollstreckung der Erziehungsmaßnahme, d. h. der Erfüllung der Verantwortung im Rahmen der Aufsichtsmaßnahme durch die beaufsichtigende Person.[931] Konkret beinhaltet die Maßnahme die Aufsicht über die Art und Weise, in welcher Jugendliche ihren familiären, schulischen oder beruflichen Verpflichtungen nachkommen. Die Maßnahme beginnt spätestens 30 Tage nachdem der Jugendliche und die Aufsichtsperson beim Vollstreckungsrichter vorstellig wurden.

---

930 Siehe zur Koordinierung der Aktivitäten durch die Bewährungshilfe im Rahmen der zivilbürgerlichen Schulung Art. 74-77 Bewährungshilfegesetz.

931 Siehe zum Aufgabenkreis der Bewährungshilfe im Rahmen der Aufsichtsunterstellung Art. 78-82 Bewährungshilfegesetz.

7.3 Vollstreckung der Weisung, die Wohnung am Wochenende nicht zu verlassen

Die Erziehungsmaßnahme, geregelt in Art. 68 rStVollstG, soll Jugendliche davon abhalten, bestimmte Personen zu kontaktieren oder Orte aufzusuchen, welche delinquentes Verhalten Jugendlicher begünstigen.

Grundsätzlich ist diese Maßnahme an mehreren aufeinanderfolgenden Wochenenden zu vollstrecken, jeweils von Samstag 0.00 Uhr bis Sonntag 24.00 Uhr. Die Aufsicht der Weisung obliegt einer erwachsenen Person, die mit dem Jugendlichen zusammen wohnt, in der Regel also den Eltern. Die Bewährungshilfe ist verantwortlich für die Vollstreckung der Maßnahme insgesamt.[932] Hinsichtlich Jugendlicher, die allein wohnen, sollen während des Wochenendes Besuche der Aufsichtspersonen stattfinden. Wurde gerichtlich festgelegt, dass Jugendliche gleichzeitig an schulischen oder beruflichen Ausbildungskursen oder Reintegrationsprogrammen teilnehmen, überwacht die Bewährungshilfe diese Aktivitäten.

Die Weisung, die Wohnung am Wochenende nicht zu verlassen, ist spätestens 15 Tage nach dem Termin mit dem Vollstreckungsgericht zu vollstrecken, um die Maßnahme möglichst schnell umzusetzen.

7.4 Vollstreckung der Betreuungsweisung

Mit der Betreuung, Art. 69 rStVollstG, ist entweder die Bewährungshilfe oder eine Organisation aus der Gemeinde beauftragt.[933] Die Maßnahme besteht darin, ein tägliches Programm in Zusammenarbeit mit der Bewährungshilfe und den gesetzlichen Vertretern zu konzipieren, wobei die Jugendlichen einbezogen werden. Die (bestmögliche) Zusammenarbeit sowie der Austausch mit den Jugendlichen entspricht Rules 25.b und 31.2 der ERJOSSM. Kommen die Beteiligten über das Programm nicht überein, so entscheidet die Vollstreckungsrichterin nach Anhörung der interessierten Personen.[934]

Dem Programm sind die Bedürfnisse der Jugendlichen, die schulische oder berufliche Situation sowie die gerichtlich auferlegten Weisungen zu Grunde zu legen. Im Mittelpunkt steht die bestmögliche Entwicklung der Persönlichkeit der Jugendlichen.

Auch im Rahmen dieser Maßnahme ist die Schul- oder Berufsausbildung sowie Reintegrationsprogramme durch die Bewährungshilfe zu beaufsichtigen.

---

932 Siehe Art. 83-86 Bewährungshilfegesetz zur Koordination dieser Weisung durch die Bewährungshilfe. Die Bewährungshilfe kann auch eine Person einer gemeindebasierten Organisation mit der Aufsicht über die Vollstreckung der Maßnahme beauftragen.

933 Siehe Näheres zur Koordination der Maßnahme in Art. 87-92 Bewährungshilfegesetz.

934 Gegen den Beschluss des Vollstreckungsgerichts ist kein weiteres Rechtsmittel zulässig.

Die Festlegung des Inhalts des Programms erfolgt spätestens 30 Tage nach Vorstellung bei dem Vollstreckungsrichter, die Betreuung an sich spätestens fünf Tage darauf.

7.5 Gemeinsame Bestimmungen

Des Weiteren regeln Art. 70 ff. rStVollstG die Vollstreckung der Weisungen, welche vom Gericht gemäß Art. 121 Abs. 1 rStGB erteilt werden können, sowie das Verfahren hinsichtlich der Änderung, Verlängerung oder Beendigung der Erziehungsmaßnahmen gemäß Art. 123 rStGB, wenn die Weisungen nicht eingehalten werden.

In begründeten Fällen kann die Bewährungshilfe ferner in Ausnahme von den Weisungen nach Art. 121 Abs. 1 rStGB den Jugendlichen eine Erlaubnis erteilen, sich bei bestimmten Veranstaltungen oder an bestimmten Orten aufzuhalten, das Opfer oder andere Personen zu kontaktieren[935] oder einen bestimmten Bereich zu verlassen, Art. 72 rStVollstG. Diese Möglichkeit steht in Einklang mit Regel 71 der Empfehlung *R (1992) 16 über die Europäischen Grundsätze für gemeindebezogene Sanktionen und Maßnahmen*.[936] Bei verheirateten Jugendlichen obliegt der Bewährungshilfe die Aufsicht über die Maßnahmen, wodurch eine bislang bestehende Gesetzeslücke geschlossen wird. Obwohl zivilrechtlich geschäftsfähig, unterliegen die verheirateten Jugendlichen in strafrechtlicher Hinsicht den besonderen Bestimmungen für Jugendliche.[937]

Als weiteren Grundsatz hält Art. 75 Abs. 1 rStVollstG fest, dass die Bewährungshilfe oder die beauftragte Organisation eng mit den gesetzlichen Vertretern der Jugendlichen zusammen arbeitet. Die Einbeziehung der gesetzlichen Vertreter ist im Sinne von Grundsatz Nr. 14 bzw. Rule 25 der ERJOSSM.

---

935 Die Erlaubnis kann jeweils für die Dauer von fünf Tagen erteilt werden, Art. 72 Abs. 2 rStVollstG.

936 Siehe auch Justizministerium 2013a, Gesetzesentwurf über die Vollstreckung von Strafen, Erziehungsmaßnahmen und anderen nicht freiheitsentziehenden Maßnahmen, die von den Justizorganen während des Strafverfahrens verhängt wurden – Hinweise und Erläuterungen, S. 71.

937 Vgl. Gesetzesbegründung zum Gesetz über die Vollstreckung von Strafen, Erziehungsmaßnahmen und anderen nicht freiheitsentziehenden Maßnahmen, die von den Justizorganen während des Strafverfahrens verhängt wurden, S. 9, abrufbar unter http://www.senat.ro/legis/lista.aspx (01.08.2013).

7.6 Zusammenfassung und Übereinstimmung mit den ERJOSSM

Zusammenfassend ist festzuhalten, dass die ambulanten Maßnahmen, insbesondere die zivilbürgerliche Schulung, die Unterstellung unter Aufsicht, die Betreuungsweisung sowie Weisungen bezüglich der Schule oder Berufsausbildung den Grundsätzen der ERJOSSM im Hinblick auf die pädagogische Wirkung Rechnung tragen. Gemäß Rule 31.1 der ERJOSSM soll die Durchführung der ambulanten Maßnahmen Jugendliche in ihrer erzieherischen Entwicklung fördern und ihre sozialen Kompetenzen stärken.[938] Weitgehend unberücksichtigt bleiben jedoch Wiedergutmachungsaspekte im Rahmen der ambulanten Maßnahmen, wie sie in Grundsatz Nr. 12, Rules 23.2. und 44 der ERJOSSM gefordert werden.

Hinsichtlich der Frage, inwieweit Menschenrechtsverletzungen im Bereich der ambulanten Maßnahmen vorgebeugt wird, ist festzuhalten, dass Art. 17 Abs. 4 rStVollstG Beschwerderechte gegen Entscheidungen der Bewährungshilfe vorhält, die auch Jugendlichen zustehen. Über die Beschwerden entscheidet – in Einklang mit Rule 122.3 ERJOSSM – die Vollstreckungsrichterin durch Beschluss, Art. 15 f), 16 Abs. 2 rStVollstG.[939]

Das Strafgesetzbuch legt die Modalitäten der Abänderung oder Beendigung (Art. 122 rStGB) bzw. der Verlängerung oder des Ersetzens der ambulanten Maßnahmen (Art. 123 rStGB) fest.[940] Hält das Gericht Maßnahmen nicht mehr für notwendig, ordnet es deren Aufhebung an. Treten neue Umstände im Rahmen der Vollstreckung auf, die eine Umgestaltung im Hinblick auf die Resozialisierung erfordern, so ordnet das Gericht eine Abänderung der Erziehungsmaßnahmen an. Diese Regelungen stehen in Einklang mit Rule 27 der ERJOSSM.

Bei Verstößen gegen Weisungen verlängert das Gericht die ambulante Maßnahme, oder, falls dies nicht ausreichend ist, ersetzt es die Maßnahme mit einer eingriffsintensiveren nicht freiheitsentziehenden Maßnahme. Wurde zuvor die eingriffsintensivste ambulante Maßnahme verhängt, ordnet das Gericht die Unterbringung in einer Erziehungsanstalt an. Diese Bestimmungen, die das Verhältnismäßigkeitsprinzip zugrunde legen, sind konform mit Rule 26 sowie Rule 30.1 der ERJOSSM, wonach die Nichtbefolgung von Maßnahmen nicht automatisch zu Freiheitsentzug führen darf. Gegen die Entscheidungen des Gerichts können Jugendliche vom Rechtsmittel der Berufung Gebrauch machen, Art. 408 ff. rStPO.

---

938 Darüber hinaus sieht Rule 28 der ERJOSSM u. a. vor, dass die Durchführung der ambulanten Maßnahmen Jugendliche nicht in ihrem Recht auf Schul- und Berufsausbildung beschränken darf.

939 Gegen den Beschluss der Vollstreckungsrichterin sind keine weiteren Rechtsmittel zulässig.

940 Siehe hierzu ausführlicher *Kap. 4.3.2.1.2* und *Kap. 4.3.2.1.6.*

In Deutschland ist die Vollstreckung der ambulanten Maßnahmen vergleichsweise nicht sehr ausführlich geregelt. Lediglich in § 11 JGG sind Ausführungen zur Laufzeit der Weisungen, deren Abänderung oder Verlängerung enthalten.[941] Demnach soll die Dauer von Weisungen zwei Jahre nicht überschreiten.[942] Allerdings kann aus erzieherischen Gründen die Laufzeit bis auf drei Jahre verlängert werden. Die zeitliche Begrenzung der Weisungen entspringt dem rechtsstaatlichen Bestimmtheits- und Verhältnismäßigkeitsprinzip.[943]

---

941 Zu den Weisungen gem. § 10 Abs. 1 S. 3 JGG zählen Anordnungen bezüglich des Aufenthaltsortes, Weisungen bezüglich der Wohnung, Weisungen bezüglich der Arbeits- und Ausbildungsstätte, die Arbeits- sowie die Betreuungsweisung, die Teilnahme an einem sozialen Trainingskurs, das Bemühen um einen Täter-Opfer-Ausgleich, Weisungen bezüglich des Verkehrs mit bestimmten Personen oder des Besuchs von Lokalen sowie die Teilnahme am Verkehrsunterricht, vgl. *Laubenthal/Baier/Nestler* 2015, S. 263 ff.

942 Die Betreuungsweisung soll grundsätzlich auf ein Jahr und die Teilnahme an einem sozialen Trainingskurs auf sechs Monate beschränkt werden, § 11 Abs. 1 S. 2 JGG.

943 Vgl. *Eisenberg* 2014, § 11 Rn. 2.

8. Der Vollzug freiheitsentziehender Strafen und Maßnahmen in der Praxis

8.1 Überblick über die Strafvollzugs- und Erziehungsanstalten

In Rumänien existieren derzeit[944] insgesamt 45 Erziehungs- und Vollzugsanstalten, die wie folgt zu differenzieren sind: 33 Strafvollzugsanstalten für Erwachsene, davon 16 geschlossene sowie 17 offene und halboffene Vollzugsanstalten. In den 16 geschlossenen Vollzugsanstalten befinden sich auch Abteilungen für den Hochsicherheitsvollzug und Abteilungen für den Vollzug der Untersuchungshaft. Daneben bestehen spezielle Vollzugsanstalten für bestimmte Personengruppen, wozu auch die Strafvollzugsanstalt für Heranwachsende gehört. Zu den weiteren besonderen Vollzugseinrichtungen zählten am Stichtag 01.04.2014 sechs Vollzugskrankenhäuser und eine Frauenstrafvollzugsanstalt, welche zu den 16 geschlossenen Anstalten zählt.[945]

Abbildung 1: Übersicht Strafvollzugs- und Erziehungsanstalten

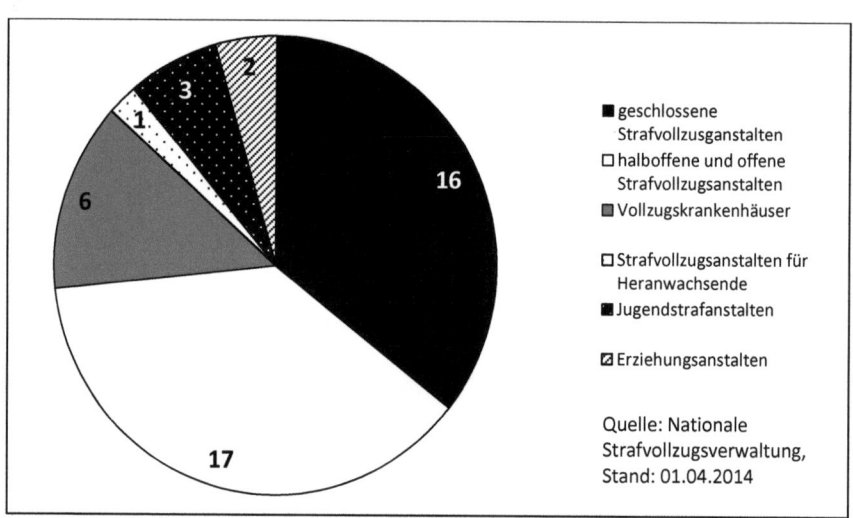

Quelle: Nationale Strafvollzugsverwaltung, Stand: 01.04.2014

---

944 Stand ist der 01.04.2014. Nach dem Inkrafttreten des neuen Strafvollzugsgesetzes über freiheitsentziehende Strafen und Maßnahmen am 1. Februar 2014 wurden die Strafvollzugseinrichtungen für Jugendliche und Heranwachsende und Erziehungsanstalten umstrukturiert, s. o.

945 Darüber hinaus sind sechs Abteilungen für Frauen in anderen Strafvollzugsanstalten eingerichtet.

In Rumänien existierten bis zum 1. Februar 2014 vier Strafvollzugsanstalten für Jugendliche und Heranwachsende in den Städten Craiova, Tichileşti, Târgu Mureş und Bacău. Diese wurden nach Inkrafttreten der Reformen in die Strafvollzugsanstalt für Heranwachsende Bacău sowie die Jugendanstalten Craiova, Tichileşti und Târgu Mureş umfunktioniert.[946] Daneben bestehen derzeit zwei Erziehungsanstalten (*centre educative*) in Târgu Ocna (mit Unterbrechung seit 1956)[947] und Buziaş (seit 2004).[948] Bis Ende 2012 existierten drei Erziehungsanstalten im Westen, Süden und zentral-östlichen Teil des Landes, die Jugendliche aus dem ganzen Land aufnahmen. Die Einrichtung in Găeşti[949] wurde im Dezember 2012 als Erziehungsanstalt geschlossen und stattdessen in eine offene Strafvollzugsanstalt mit einer Kapazität von 500 Haftplätzen umgewandelt.[950]

---

946   Die Strafvollzugsanstalten befinden sich im Südwesten (*Craiova*), Südosten (*Tichileşti*), Mitte-Ost (*Bacău*) und Mitte-Nord (*Târgu Mureş*), somit geographisch relativ ausgewogen.

947   Die Erziehungsanstalt Târgu Ocna funktionierte seit 1956 unter folgenden Bezeichnungen: "Kolonie für Jugendliche" 1956-1966, „Spezielles Institut der Umerziehung Jugendlicher" 1966-1972, „Zentrum für die Umerziehung Jugendlicher" 1972-1977, „Besondere Schule für Arbeit und Umerziehung Jugendlicher" 1977-1992, „Erziehungsanstalt für Jugendliche" (wörtlich „Zentrum für die Umerziehung Jugendlicher") 1992-1997. Von 1997 bis 2001 war die Erziehungsanstalt geschlossen, da die Militärschule für die Aus- und Weiterbildung für Unteroffiziere der Strafvollzugsanstalten Bukarest hierhin verlegt wurde. Seit 2001 funktionierte die Einrichtung wieder als Erziehungsanstalt, zunächst unter der Bezeichnung „Erziehungsanstalt für Jugendliche" (wörtlich „Zentrum für die Umerziehung Jugendlicher") und seit 2003 „Erziehungsanstalt Târgu Ocna" (wörtlich „Zentrum für Umerziehung Târgu Ocna"), siehe http:// anp.gov.ro/web/centrul-de-reeducare-targu-ocna/istoricul-unitatii (20.12.2013).

948   Siehe zu einem Überblick über Strafvollzugs- und Erziehungsanstalten, www. anp.gov-.ro/dinamica-efectivelor (27.08.2013).

949   Gegründet 1966 als "Spezielles Institut der Umerziehung Jugendlicher", 1977 aufgelöst nach Entlassung aller Jugendlichen, 1978 als „Spezielle Schule für Arbeit und Umerziehung" weitergeführt, 1988 temporär geschlossen und im gleichen Jahr wiedereröffnet. 1992 wurde die Anstalt aufgrund des Gesetzes Nr. 104/1992 geschlossen, im gleichen Jahr funktionierte die Anstalt (wieder) als Erziehungsanstalt Găeşti (wörtlich: „Zentrum für Umerziehung Găeşti"), siehe http://anp.gov.ro/web/penitenciarul-gaesti/despre-noi (27.08.2013).

950   Regierungsbeschluss Nr. 1155/06.12.2012. Die in der Einrichtung befindlichen Jugendlichen wurden in die anderen beiden Erziehungsanstalten verlegt. Aus dem CPT-Bericht 2011 geht hervor, dass das Justizministerium ursprünglich plante, auf dem Gelände der Erziehungsanstalt drei Strafvollzugsanstalten mit insgesamt 500-600 Plätzen, darunter eine Untersuchungshaftanstalt für Minderjährige, eine Strafvollzugsanstalt für männliche sowie eine für weibliche Jugendliche und Jungerwachsene, zu errichten. Augenmerk lenkte der Ausschuss darauf, dass Erziehungsmaßnahmen nach dem neuen Strafrecht prioritär angewandt werden sollten und der Bau von Strafvollzugsanstalten damit im Widerspruch zum Wertesystem des Jugendstrafrechts steht, CPT-Bericht 2011,

Grund für die Schließung war die niedrige Anzahl der dort befindlichen jungen Verurteilten.

Aufgrund der geringen Anzahl von Erziehungsanstalten im Land ist es als problematisch anzusehen, dass die Jugendlichen teilweise weit entfernt von ihren Heimatorten untergebracht werden und folglich in ihren Außenkontakten eingeschränkt sind. Damit wird der Grundsatz der heimatnahen Unterbringung gemäß Rules 53.5 und 55 der ERJOSSM, wonach Einrichtungen leicht erreichbar sein sollen und den Kontakt zwischen Jugendlichen und ihren Familien erleichtern sollen, nur eingeschränkt eingehalten. Familienangehörige und weitere Bezugspersonen haben zum Teil weite Wege auf sich zu nehmen, um die Jugendlichen in den Einrichtungen zu besuchen. Lange Transportwege und relativ hohe Reisekosten sind häufig Hindernisse, den Jugendlichen Besuche abzustatten.

Positiv zu sehen ist, dass in den vergangenen Jahren eine Reihe von Umstrukturierungen stattgefunden hat, in deren Folge mehrere Vollzugsanstalten in halboffene und offene Einrichtungen umgewandelt wurden. Damit erhöhte sich die Anzahl der Vollzugsanstalten für Jugendliche und junge Erwachsene. 1992 wurden ergänzend zu den beiden bestehenden Strafvollzugsanstalten für Jugendliche und Heranwachsende zwei weitere Anstalten in Craiova und Tichileşti eingerichtet. Im Jahr 2001 wurde die Erziehungsanstalt in Târgu Ocna wieder eröffnet. In der Zeit von 1992 bis 2011 hat sich die Anzahl der Vollzugsanstalten von 32 auf 46 erhöht.[951] Hochsicherheitsvollzugsanstalten existieren nicht mehr, vielmehr sind die Abteilungen in einigen geschlossenen Vollzugsanstalten aufgegangen.[952]

8.2 Belegung im (Jugend-)Strafvollzug

Im Hinblick auf die Belegung der Strafvollzugsanstalten[953] ist ausweislich der Statistik[954] der Nationalen Strafvollzugsverwaltung am Stichtag des 13.11.2012 festzustellen, dass die Belegungsquote[955] gemessen an 6 m^3 pro Inhaftiertem bezogen auf alle Inhaftierten in den Strafvollzugsanstalten schwankte und besorgniserregende Spitzenquoten bis 193,9%[956] aufwies. Im Durchschnitt lag die

---

S. 55. Nach Schließung der Erziehungsanstalt ist die Einrichtung in Găeşti nunmehr in eine Strafvollzugsanstalt für Erwachsene umfunktioniert worden.

951 Siehe *Nationale Strafvollzugsverwaltung* 2011b, S. 5, www.cpt.coe.int/documents/-rom/2011-32-inf-fra-annexe2.pdf (12.12.2012).

952 Im Vergleich funktionierten im Jahr 2001 43 Vollzugsanstalten im Land, darunter 24 geschlossene Anstalten (mit halboffenem Vollzug), eine Strafvollzugsanstalt für Jugendliche und Heranwachsende (Craiova), eine Frauenstrafvollzugsanstalt, acht Hochsicherheitsvollzugsanstalten (auch mit geschlossenen und halboffenen Abteilungen), eine halboffene Vollzugsanstalt, drei Erziehungsanstalten sowie fünf Vollzugskrankenhäuser, siehe *Walmsley* 2003, S. 425.

Belegungsquote bei 121,3%. Etwas geringer war die Belegungsquote in den Strafvollzugsanstalten für junge Gefangene, die bei 115,8% im Durchschnitt liegt, gemessen an 6 m^3 pro einem Inhaftierten. Deutlich geringer lag die Auslastung in den Erziehungsanstalten mit 44,4%. In den Vollzugskrankenhäusern lag der Belegungsanteil bei 71,8%. Gemessen an 4 m^2 pro Gefangenem lag die Belegungsquote insgesamt bei 177,8%, in den Vollzugsanstalten für Jugendliche und Heranwachsende bei 156,0%.[957]

In dem Zeitraum von 1990 bis 1998 ist ein Anstieg der Belegungsquote (gemessen an 6 m^3 pro Gefangenem) um 67,3% zu verzeichnen, von 1999 bis 2008 hingegen ein Rückgang. Seit 2009 ist erneut eine leichte Erhöhung der Belegungsquote zu beobachten.[958] Der Ausschuss des Antifolterkomitees stellte während seines Besuches im Jahr 2010 fest, dass die Belegungsquote bei 150% (gemessen an 4 m^2 pro Person) im gesamten Land lag.[959]

In den Erziehungsanstalten sind die Unterbringungsbedingungen aufgrund der niedrigeren Belegungsquoten am besten, gefolgt von den Strafvollzugsanstalten für Jugendliche und Heranwachsende und schließlich dem Erwachsenenstrafvollzug.

---

953 Zu den Strafvollzugsanstalten zählen Aiud, Arad, Colibaşi, Craiova, Focşani, Galaţi, Gherla, Giurgiu, Iaşi, Mărgineni, Miercurea Ciuc, Oradea, Rahova, Slobozia, Târgşor, Tulcea (geschlossene Anstalten) sowie Baia Mare, Bistriţa, Botoşani, Brăila, Bucureşti Jilava, Codlea, Deva, Găeşti, Pelendava, Ploieşti, Poarta Albă, Târgu Ocna, Satu Mare, Târgu Jiu, Timişoara, Turnu Severin, Vaslui (halboffene und offene Einrichtungen). Vollzugskrankenhäuser sind Colibaşi, Dej, Jilava, Rahova, Târgu Ocna, Poarta Albă, siehe www.anp.gov.ro/dinamica-efectivelor (27.08.2013).

954 Siehe http://www.anp-just.ro/frame.php?page=dinamica.php (16.11.2012). Am Stichtag des 13.11.2012 waren insgesamt 31.846 Gefangene, davon 436 (1,4%) Jugendliche untergebracht. Davon waren 201 Jugendliche in den Strafvollzugsanstalten für Jugendliche und Heranwachsende, 150 Jugendliche in den Erziehungsanstalten, 80 Jugendliche in den Strafvollzugsanstalten und 5 Jugendliche in den Vollzugskrankenhäusern untergebracht.

955 Entsprechend der Verordnung des Justizministers 433/C/2010 sind mindestens 6 m3 pro Gefangenen im halboffenen und offenen Vollzug sowie 4 m2 im geschlossenen Vollzug oder Hochsicherheitsvollzug festgelegt, vgl. *Kap. 6.6.2.*

956 Diese Belegungsquote bestand in der Strafvollzugsanstalt Miercurea Ciuc.

957 Insgesamt standen stichtagsbezogen in den Strafvollzugsanstalten 33.280 Betten (Auslastung 86,6%) zur Verfügung, in den Anstalten für junge Inhaftierte waren es 2.430 (Auslastung 83,0%), in den Vollzugskrankenhäusern 1.291 (Auslastung 65,9%) und in den Erziehungsanstalten 349 Betten (Auslastung 45,3%). In Deutschland lag bezogen auf den Stichtag 31.03.2010 die Auslastung im geschlossenen Jugendvollzug bei 86,5 und im offenen Jugendvollzug bei 63,6%, *Dünkel/Geng* 2011, S. 139.

958 Siehe *Nationale Strafvollzugsverwaltung* 2011b, S. 6 f.

959 CPT-Bericht vom 24.11.2011, S. 29.

Beim Vergleich der gegenwärtigen Situation mit den Bedingungen zuvor sind erhebliche positive Entwicklungen festzustellen. In den Jahren nach der Revolution bis in die Anfänge dieses Jahrhunderts rückten Berichte über flächendeckende alarmierende Überbelegungen im rumänischen Strafvollzug in den Blickpunkt der Öffentlichkeit, die mit einem Anstieg der Gefangenenzahlen einhergingen. Beispielhaft zu erwähnen ist, dass am 01.01.2000 annähernd 50.000 Verurteilte, darunter auch Jugendliche, ihre Freiheitsstrafen in 34 Strafvollzugsanstalten,[960] zwei Erziehungsanstalten und fünf Vollzugskrankenhäusern verbüßten. 8.000 Inhaftierten – 16% – konnte kein eigenes Bett zugeteilt werden.[961] Eng im Zusammenhang mit der Überbelegung ist auch die Problematik der Gewalteskalation im Strafvollzug zu betrachten.[962]

8.3 Belegung und Vollzugsbedingungen im Polizeigewahrsam

Im Hinblick auf den Polizeigewahrsam existierten 2010 im ganzen Land 52 polizeiliche Gewahrsamseinrichtungen mit einer Kapazität von 2.237 Plätzen, gemessen an 4 m^2 pro Person pro Haftzelle. In den polizeilichen Hafträumen in Bukarest konstatierte das Antifolterkomitee eine Überbelegung, da einige Einrichtungen über unzureichende Bettenplätze verfügten.[963]

Aus dem Bericht des Antifolterausschusses auf Grundlage des Besuches 2006[964] zeigte sich insbesondere Kritik an der häufig überschrittenen Dauer – grundsätzlich bis zu 30 Tagen – der vorläufigen Unterbringung in polizeilichen Einrichtungen. Daher forderte der Ausschuss die Verlegung der Inhaftierten in Strafvollzugseinrichtungen. Ausweislich des CPT-Berichts 2011 ist seit 2006 die Anzahl der in Polizeigewahrsam untergebrachten Personen, insbesondere der Verurteilten, drastisch zurückgegangen. Dennoch war der Zustand nicht zufrie-

---

960 Darunter befanden sich sieben Hochsicherheitsgefängnisse, 24 Anstalten des geschlossenen Vollzugs, die auch über Abteilungen des halboffenen Vollzugs verfügten, eine Anstalt des halboffenen Vollzugs, eine Anstalt für Frauen und eine Strafvollzugsanstalt für Jugendliche und Heranwachsende.

961 Siehe *Brezeanu* 2003, S. 53, Fn. 7.

962 *Chiş* berichtet, dass sich aufgrund der drastischen Überbelegung in einigen Strafvollzugsanstalten und der damit verbundenen eingeschränkten Überwachung der Hafträume Gewalttaten der Gefangenen, darunter auch Selbstverletzungen, zunahmen, *Chiş* 2009, S. 172. Im Februar 1997 kam es zu der bis dato größten Revolte im Strafvollzug, die in der Strafvollzugsanstalt Bukarest ihren Anfang nahm und sich auf einen Großteil der Strafvollzugsanstalten im Land erstreckte, siehe *Chiş* 2009, S. 174 f.

963 CPT-Bericht vom 24.11.2011, S. 24. Festgestellt wurden ferner eingeschränkte Frischluftzufuhr sowie unzureichende künstliche und natürliche Beleuchtung.

964 CPT-Bericht vom 11.12.2008, S. 13 ff.

denstellend, da immerhin noch 15% der Untergebrachten in den 12 Bukarester Polizeieinrichtungen, bei denen es sich um Verurteilte handelte, nicht zügig in Strafvollzugsanstalten verlegt werden konnten.[965] Der Ausschuss stellte ferner fest, dass Haftrichter, die unter anderem über die Rechtmäßigkeit des Ablaufes der Untersuchungshaft und des Arrestes entschieden, ihre Aufgaben sehr unterschiedlich wahrnahmen: In einigen Einrichtungen fanden regelmäßige Besuche statt, wohingegen in anderen überhaupt keine Kontakte bestanden.[966] Mit dem Kontakt zu den Haftrichterinnen hing jedoch die Geltendmachung von Beschwerderechten zusammen, so dass zum Teil Einschränkungen bestanden. Verbesserungsbedarf stellte der Ausschuss hinsichtlich grundlegender Prinzipien im Hinblick auf die Behandlung im Strafvollzug fest. Schlechte Behandlung, mitunter Körperverletzungen waren nach Ansicht des Ausschusses allgemein ein Grund zur Besorgnis im polizeilichem Gewahrsam, ebenso eine zum Teil unzureichende und schlechte Nahrungsmittelversorgung.

8.4 Vollzugsbedingungen in den Strafvollzugs- und Erziehungsanstalten

8.4.1 *Berichterstattung des Antifolterkomitees sowie von NGOs und Urteile des EGMR*

Im Hinblick auf die Vollzugsbedingungen wird vorliegend auf den letzten Bericht des Antifolterkomitees aus dem Jahr 2011 eingegangen, dessen Schwerpunktthemen die Situation der jugendlichen Gefangenen und der Inhaftierten des Hochsicherheitsvollzugs betrafen. Der Bericht geht auf einen Besuch des Ausschusses des Antifolterkomitees im September 2010[967] zurück, in welchem unter anderem mehrere Einrichtungen des Polizeigewahrsams, erstmals der Strafvollzug für junge Inhaftierte in Craiova und die Abteilung für Jugendliche im Strafvollzug Bukarest-Rahova sowie zum zweiten Mal die Erziehungsanstalt Găeşti besucht wurden.[968] Insgesamt positiv eingeschätzt wurde die Verbesse-

---

965 Dies war teilweise auf Schwierigkeiten bei Identitätsfeststellungen zurückzuführen.

966 Ausweislich des CPT-Berichts 2011 fanden Kontrollbesuche von Haftrichterinnen in Craiova dreimal wöchentlich statt, wohingegen in Bukarest-Rahova bis September 2010 noch nie Haftrichter anwesend gewesen waren.

967 Es handelte es sich um den achten Besuch des Ausschusses in Rumänien. Zuvor fanden vier regelmäßige Besuche 1995, 1999, 2002/2003 und 2006 sowie drei „ad-hoc"-Besuche 2001, 2004 und 2009 statt, siehe http://www.cpt.coe.int/en/states/rom.htm (17.11.2012).

968 Darüber hinaus wurden das Vollzugskrankenhaus Poarta Albă und Abteilungen der Strafvollzugsanstalt Poarta Albă besichtigt.

rung der Unterbringungsbedingungen und der Behandlungsprogramme in der zum damaligen Zeitpunkt bestehenden Erziehungsanstalt Găeşti.

Hinsichtlich der Situation von Jugendlichen in der Strafvollzugsanstalt Bukarest-Rahova[969] stellte der Ausschuss im Jahr 2010 besorgniserregende materielle Unterbringungsbedingungen in der Abteilung für Jugendliche im Strafvollzug Bukarest-Rahova fest.[970] Der Ausschuss wertete die Unterbringungsbedingungen als Verstoß gegen Art. 8 Abs. 5 der Antifolterkonvention und setzte sich für die Umsetzung eines unabhängigen Präventionsmechanismus im Land bis zum Jahr 2012 ein. Aufgrund der desolaten Zustände verlangte der Ausschuss die Schließung der Abteilung für Jugendliche zur Renovierung. Tatsächlich wurden im Anschluss an den Besuch die Jugendlichen nach einer Prüfung der Zustände durch die Nationale Strafvollzugsverwaltung in eine – 120 km entfernt gelegene – Strafvollzugsanstalt verlegt und die Abteilung renoviert. Des Weiteren zeigte sich der Ausschuss besorgt über schlechte Behandlungen, auch körperliche Misshandlungen der Jugendlichen durch das Anstaltspersonal in Bukarest-Rahova.[971]

Das Trennungsprinzip wurde laut Bericht eingehalten, so befindet sich die Abteilung für Jugendliche auf einer Stockwerksebene getrennt von den anderen Abteilungen für erwachsene Gefangene. Den Jugendlichen standen ausreichend Räume für Vollzugsaktivitäten[972] sowie Flächen für Spaziergänge im Freien, getrennt von Erwachsenen, zur Verfügung. Als besorgniserregend wurde demgegenüber der Mangel an Bildungsprogrammen und Freizeitaktivitäten beschrieben: Schulische Aktivitäten außer Alphabetisierungskursen fanden nicht statt, so dass die Jugendlichen im Schnitt 20 Stunden pro Tag in den Hafträumen verbrachten.

In der Strafvollzugsanstalt für Jugendliche und Heranwachsende Craiova[973] waren Jugendliche gemeinsam mit Heranwachsenden und Jungerwachsenen (21

969 Die Strafvollzugsanstalt Bukarest-Rahova ist eine der größten Strafvollzugsanstalten des Landes. Sie wurde 1977 errichtet und richtete 2009 eine Abteilung für Jugendliche mit 60 Plätzen ein. Zum Zeitpunkt des Besuches befanden sich alle 24 Jugendlichen in Untersuchungshaft, die Hälfte von ihnen befand sich seit mehreren Monaten – etwa drei bis sieben Monate – in Untersuchungshaft, CPT-Bericht 2011, S. 28.

970 Moniert wurden insbesondere schlechte Zustände in den Sanitäranlagen, alte Matratzen, unzureichendes Geschirr für die Gefangenen und die notdürftige Möblierung der Räume.

971 In Bezug auf den Umgang unter den jugendlichen Inhaftierten gab es Beschwerden über Einschüchterungsversuche und körperliche, auch sexuelle Gewalt gegenüber Minderjährigen.

972 Dazu zählten zwei Räume für Vollzugsprogramme, ein Raum zur Religionsausübung und ein ärztlicher Behandlungsraum.

973 Die Anstalt befindet sich im Süden Rumäniens, wurde im Jahr 1993 als Erziehungsanstalt eingerichtet und ist seit 1998 Strafvollzugsanstalt u. a. für Jugendliche, Heran-

bis 24 Jahre) in den jeweiligen Vollzugsregimes untergebracht, wobei in den Hafträumen eine getrennte Unterbringung von Jugendlichen und Heranwachsenden bzw. Jungerwachsenen erfolgte. Die materiellen Bedingungen in den Hafträumen wurden als zufriedenstellend beschrieben. Die Anstalt verfügte über einen adäquaten Raum für Vollzugsmaßnahmen.[974] Somit war sichergestellt, dass die jungen Gefangenen des halb-offenen und geschlossenen Vollzugs einen angemessenen Zeitraum außerhalb ihrer Hafträume verbringen konnten. Ferner war eine angemessene Betreuung durch das erzieherische Personal gewährleistet, welches werktags 12 Stunden täglich und am Wochenende vormittags für Maßnahmen vor Ort war.

Im Gegensatz dazu bestand für Untersuchungshäftlinge lediglich ein eingeschränktes Angebot an Maßnahmen.[975] Im Hinblick auf Behandlungsprogramme und Personal in beiden Vollzugsanstalten stellte der Ausschuss einen eingeschränkten Zugang zu psychosozialen und psychotherapeutischen Programmen fest. Es fehlte an Spezialisten für Kinder- und Jugendpsychiatrie, an Fachärztinnen für Kinder und Jugendliche sowie an Aufsichtspersonal. Trotz der Bemühungen, mehr Aufsichtspersonal auszubilden, bestanden im September 2010 300 unbesetzte Stellen in diesem Bereich im Land.

Die Erziehungsanstalt Găești wurde zuvor bereits im Jahr 1999 besucht. Im Vergleich zum ersten Besuch waren nach Ansicht des Komitees weitreichende Fortschritte zu verzeichnen. Zum Besuchszeitpunkt 2010 hatte die Erziehungsanstalt mit einer Kapazität von 58 Plätzen 44 männliche und weibliche Jugendliche beherbergt. Alle drei – zu diesem Zeitpunkt bestehenden – Erziehungsanstalten waren kaum über 50% ausgelastet. Als Grund zur Besorgnis gab der Ausschuss an, dass einer Vielzahl von Richtern der Unterschied zwischen dem Vollzug der Erziehungsmaßnahme der Unterbringung in einer Erziehungsanstalt und der Freiheitsstrafe in einer Strafvollzugsanstalt nicht deutlich bewusst zu sein schien und damit der Freiheitsentzug im Rahmen der Erziehungsmaßnahme unterschätzt wurde. Insgesamt konnten gute materielle Unterbringungsbedin-

---

wachsende und Jungerwachsene bis zum vollendeten 24. Lebensjahr. Die Einrichtung verfügt über zwei Gebäude mit je drei Stockwerken. Die Stockwerke sind nach Haftregimes unterteilt (Zugangsabteilung, Untersuchungshaft, geschlossener, halboffener und offener Strafvollzug), siehe CPT-Bericht 2011, S. 35. Bei der Einrichtung handelt es sich nunmehr um eine Jugendanstalt.

974 Darunter befanden sich Räumlichkeiten für Behandlungsmaßnahmen, eine Schule, ein Sport- und Veranstaltungssaal sowie ein Sportplatz.

975 So monierte der Ausschuss, dass keine Schulaktivitäten stattfanden und neben einem Spaziergang nur eine Maßnahme am Tag für die Dauer von bis zu drei Stunden angeboten wurde. Kritisch zu sehen war die Lage der Jugendlichen und Heranwachsenden in den Zugangsabteilungen, welche fast die gesamte Zeit in den Hafträumen verbrachten. Hier war nicht immer sichergestellt, dass sie eine Stunde täglich spazieren gehen konnten, was einen Verstoß gegen Rule 81 der ERJOSSM darstellte.

gungen festgestellt werden. Ebenfalls zufriedenstellend waren Behandlungsangebote und Schulausbildung, jedoch waren Defizite im Bereich der Angebote zur Berufsausbildung zu verzeichnen.

Außerdem erfolgten in den vergangenen Jahren Besuche des Helsinki-Komitees in Bukarest (APADOR-CH), in deren Folge eine Vielzahl von Berichten zu Besuchen in Haftanstalten sowie im Polizeigewahrsam veröffentlicht wurde.[976] Trotz einiger Verbesserungen in den besuchten Vollzugsanstalten waren die Unterbringungsbedingungen nach Ansicht des Helsinki-Komitees insgesamt nicht zufriedenstellend. Im Jahr 2009 besuchte das Komitee die Strafvollzugsanstalt für Jugendliche und Heranwachsende in Tichileşti.[977] Prinzipiell gibt es in der Einrichtung den geschlossenen und halb-offenen Vollzug. Das Komitee stellte jedoch fest, dass sich die Gefangenen des halb-offenen Vollzugs innerhalb der Anstalt nicht frei bewegen, wie gesetzlich vorgeschrieben, sondern sich nur zwei bis drei Stunden täglich außerhalb der Hafträume aufhalten konnten. Hierin lag ein Verstoß gegen die Vollzugsbestimmungen. Darüber hinaus wurden in einigen Räumlichkeiten die Mindeststandards der Wohnfläche nicht eingehalten.[978] Insgesamt war ein Angebot an Schul- und Ausbildungsaktivitäten bereit gestellt, ausgenommen hiervon waren jedoch Jugendliche und Heranwachsende in Untersuchungshaft, wie auch das Antifolterkomitee in anderen Einrichtungen kritisch feststellte. Ferner monierte das Helsinki-Komitee, dass Gefangene des geschlossenen und halb-offenen Vollzugs gemeinsam unterrichtet wurden und Insassen des geschlossenen Vollzugs Ausbildungskurse verwehrt blieben. Beschwerden von Jugendlichen und Heranwachsenden über die Unterbringungsbedingungen in der Untersuchungshaft (Überbelegung, eingeschränkter Zugang zu Duschen, etc.) waren ein weiterer Punkt zur Besorgnis.

Positiv wurde das Verhältnis der Gefangenen zum Anstaltspersonal hervorgehoben. So kamen weniger als zwei Gefangene auf einen Angestellten, was sich auch in zahlreichen Aktivitäten innerhalb und außerhalb der Vollzugsanstalt widerspiegelte. Durch regelmäßige Ausflüge bestand ein enger Kontakt zwischen Insassen und der Gemeinde. Häufig wurden Besuche in Museen und Kir-

---

976 Siehe http://www.apador.org/en/index.htm (12.02.2014). Im Zeitraum von 2002 bis 2013 wurden 82 Berichte zur Lage in Strafvollzugsanstalten einschließlich der Erziehungsanstalten in rumänischer Sprache veröffentlicht. 51 Berichte bezogen auf Besuche von 2003 bis 2013 sind in englischer Version veröffentlicht. Weitere Berichte für den Zeitraum zuvor sind auf der vorherigen Website, www.apador.org/ old/rspece.htm, einsehbar (13.02.2014).

977 Siehe Bericht über den Besuch der Vollzugsanstalt für Jugendliche und Heranwachsende Tichileşti, Bezirk Brăila, 24.06.2009, www.apador.org/en/index.htm (12.12.2012).

978 Im Jahr 2012 konnte ein Gebäude in der Strafvollzugsanstalt Tichileşti mit einer Kapazität von 312 Haftplätzen fertiggestellt werden, so dass sich die Unterbringungsbedingungen verbessert haben. Im ganzen Land wurden im Jahr 2012 insgesamt 783 neue Haftplätze geschaffen, siehe *Nationale Strafvollzugsverwaltung* 2012, S. 7.

chen sowie zu Theater- und Sportveranstaltungen organisiert. In diese sollten nach Ansicht des Komitees jedoch auch Insassen des geschlossenen Vollzugs miteinbezogen werden. Außenkontakte wie Besuche, Korrespondenz, Ferngespräche konnten zufriedenstellend wahrgenommen werden.

Im Jahr 2013 folgten weitere Besuche des Helsinki-Komitees in Erziehungs- und Strafvollzugsanstalten für Jugendliche und Erwachsene, zu denen die Strafvollzugsanstalten für Jugendliche und Heranwachsende Tichileşti, Târgu Mureş und Bacău sowie die Erziehungsanstalt Târgu Ocna zählten.[979] Der auf den Besuch der Einrichtung in Tichileşti im Jahr 2009 folgende Besuch am 28.07.2013 zeigte positive Veränderungen aufgrund baulicher Erweiterungen, in deren Zuge die Belegungssituation verbessert wurde. Ferner wurde der erhöhte Anteil der Grünflächen im Freien positiv vermerkt, die den Gefangenen zur Erholung dienten. Ein Punkt zur Besorgnis blieb jedoch – wie im Rahmen des vorangegangenen Besuches – die Einschränkung der Gefangenen des halb-offenen Vollzugs in ihrer Freiheit, da die Haftträume tagsüber nicht uneingeschränkt offen blieben. Darüber hinaus empfahl das Helsiniki-Komitee Verbesserungen hinsichtlich der medizinischen Betreuung der Gefangenen.

Im Anschluss an den Besuch der Strafvollzugsanstalt für Jugendliche und Heranwachsende Târgu Mureş am 23.09.2013 äußerte sich das Helsinki-Komitee besorgt über die alarmierende Überbelegung in der Einrichtung. Bei einer Belegung von 461 Gefangenen am Stichtag des 23.09.2013 und einer Haftplatzkapazität von 234 (gemessen an gesetzlich vorgesehenen 4 m^2 pro Gefangenem), blieb lediglich eine Fläche von 1,85 m^2 pro Gefangenem. Das Komitee forderte die Nutzung bzw. Schaffung weiterer Räumlichkeiten, um die dramatische Überbelegung der Anstalt zu beenden und die Mindestwohnraumfläche von 4 m^2 zu gewährleisten.

Während des Besuches der Strafvollzugsanstalt für Jugendliche und Heranwachsende Bacău am 03.10.2013 wurde ebenfalls eine Überbelegung der Anstalt festgestellt, so lag die Auslastung bei 125%. Im Durchschnitt stand jedem Gefangenem eine – zu geringe – Fläche von 3 m^2 zur Verfügung. Etwas über die Hälfte der Insassen waren über 21-Jährige (55,7%), trotz der Tatsache, dass es sich um eine Einrichtung für Jugendliche und Heranwachsende handelte. Jugendliche und Heranwachsende wurden unzureichend in Unterricht, Bildungs- und Betreuungsaktivitäten einbezogen. In diesem Zusammenhang empfahl das Helsinki-Komitee die Schaffung weiterer Personalstellen für Psychologen und Pädagogen. Kritisch wurde ferner angesehen, dass die gesetzlichen Bedingungen des halb-offenen und offenen Vollzugs nicht eingehalten wurden und die Haftbedingungen faktisch dem geschlossenen Vollzug ähnelten.

Im Rahmen des Besuches der Erziehungsanstalt Târgu Ocna am 04.10.2013 hob das Komitee die positiven Unterbringungsbedingungen, ein gutes Angebot von Freizeitaktivitäten sowie guten Zugang zum Schulunterricht hervor. Verbes-

---

979 Siehe zu den Berichten im Einzelnen siehe www.apador.org/en/index.htm (07.02.2014).

serungswürdig waren nach Ansicht des Komitees u. a. der Umgang mit den Beschwerden Jugendlicher, die Einhaltung der gesetzlichen Bestimmungen zum
Verbot der Isolationshaft, die Einstellung eines Arztes in der Einrichtung sowie
eine bessere Versorgung der Jugendlichen mit psychischen Problemen. Empfohlen wurde auch eine Anhörung der Jugendlichen im Rahmen der Entscheidung
über eine Entlassung aus der Erziehungsanstalt durch die zuständige Kommission.

In den vergangenen Jahren machten weitere internationale Organisationen
und NGOs auf besorgniserregende Zustände in polizeilichem Gewahrsam und in
den Strafvollzugsanstalten in Rumänien aufmerksam. Berichte des UN-Aus-
schusses für die Beseitigung von Rassendiskriminierung beschrieben polizeiliche Gewaltanwendungen und andere Misshandlungen insbesondere gegenüber
der Roma-Minderheit. Berichten von Amnesty International zufolge ereigneten
sich in den vergangenen Jahren mehrfach Fälle der Misshandlung und Folter
von Minderjährigen in Polizeigewahrsam.[980] Einer Studie zufolge, die von 2007
bis 2012 Strafverfahren und Verteidigungsrechte innerhalb der Europäischen
Union dokumentierte, waren in Rumänien die Länge der Untersuchungshaft und
die Überbelegung besorgniserregend. Ferner konstatierte der Bericht Misshandlungen von Untersuchungsgefangenen mit dem Ziel, Beweismittel zu erlangen.
Kritisiert wurden Regelungen, wonach Personen bei Verstößen gegen die öffentliche Ordnung bis zu 24 Stunden in Polizeigewahrsam festgehalten wurden, wodurch das Recht auf Rechtsbeistand eingeschränkt wurde, da es sich nicht um
eine formelle Inhaftierung handelte.[981]

Des Weiteren meldeten rumänische NGOs Fälle der Folter und anderer
Misshandlungen während der Haft.[982] Insbesondere Folter und Misshandlungen
sowie rassistisch motivierte Einschüchterungsversuche gegenüber Roma durch
Polizeikräfte sind in der Vergangenheit mehrfach dokumentiert worden.[983] In
mehreren Fällen urteilte der Europäische Gerichtshof für Menschenrechte
(EGMR), dass Rumänien gegen das Folterverbot, unter anderem auch im Falle
Minderjähriger, verstoßen habe.[984]

---

980 Siehe Amnesty International 2009, 2003-2007.

981 Siehe Fair Trials International 2012, S. 72.

982 Siehe Amnesty International 2011.

983 Siehe beispielsweise International Helsinki Federation for Human Rights (IHF) 2006,
     S. 321 f.

984 Erwähnt seien beispielhaft folgende Fälle: Fall (des erwachsenen) *Gabriel Carabulea*,
     der 1996 im Polizeigewahrsam zu Tode kann. Der EGMR stellte fest, dass der Tod auf
     gewaltsamer Gewaltanwendung nach der Festnahme beruhte, der Todesfall nicht hinrei-
     chend untersucht und das Recht auf Rechtsbehelf verletzt wurde. Im Juli 2010 erließ der
     EGMR ein Urteil wegen Verstoßes gegen das Folterverbot (Application no. 45661/99),
     siehe Amnesty International 2011. Weitere Fälle: Urteil des EGMR im April 2009 (Ap-

Darüber hinaus stellte der Europäische Gerichtshof für Menschenrechte mehrfach fest, dass der Mindestwohnraum von 4 m² in rumänischen Strafvollzugsanstalten unterschritten sei.[985] Schlechte hygienische Bedingungen, unzureichende Zeit im Freien, eingeschränkter Zugang zu Duschen, schlechte Qualität der Nahrung, unzureichende Belüftung der Zellen und ein Mangel an natürlichem Licht verstärkten nochmals die negativen Auswirkungen der Überbelegung. Dem EGMR zufolge bestätigten rumänische Gerichte in den vergangenen Jahren die systematische Überbelegung in den Strafvollzugsanstalten.

Bis zum Jahr 2010 stieg die Anzahl der Verurteilungen Rumäniens durch den EGMR, insbesondere im Zusammenhang mit unzureichenden Haftbedingungen. Insgesamt ergingen zwischen 1998 und 2007 vier Urteile, zwischen 2008 und 2009 15 Urteile und 2010 sogar 20 Urteile.[986] Im Jahr 2011 wurde Rumänien in 19 Fällen im Zusammenhang mit Unterbringungsbedingungen im Strafvollzug und Rechten der Gefangenen vom EGMR verurteilt, in deren Folge der rumänische Staat zu Entschädigungszahlungen in Höhe von 278.615 Euro verpflichtet wurde.[987] Im Jahr 2012 fiel die Zahl der Verurteilungen deutlich auf 10, mit Verpflichtungen zur Zahlung von Schadensersatz in Höhe von 119.950 Euro.[988] Erstmalig urteilte 2010 ein rumänisches Gericht, dass die Mindeststandards zur Unterbringung Gefangener in der Vollzugsanstalt Bukarest-Jilava nicht eingehalten wurden.[989] Im Jahr 2011 erhielt die Nationale Strafvollzugs-

---

plication no. 71090/01) im Fall (des erwachsenen) *Nicu Olteanu*, der während eines Fluchtversuchs im Polizeigewahrsam in den Fuß geschossen und unzureichend medizinisch versorgt wurde. Eine unparteiische behördliche Untersuchung fand nicht statt, siehe Amnesty International 2010; Urteil des EGMR im März 2008 (Application no. 42722/02) im Fall *Constantin Stoica*, einem 14-jährigen Angehörigen der Roma, der aufgrund polizeilicher Misshandlungen starke Behinderungen davon trug, siehe Amnesty International 2009.

985 Siehe unter anderem die Fälle *Măciucă*, Urteil vom 26.05.2009, rechtskräftig seit 26.08.2009 (Application no. 25763/03); *Micu*, Urteil vom 08.02.2011, rechtskräftig seit 08.05.2011 (Application no. 29883/06); *Todireasa*, Urteil vom 03.05.2011, rechtskräftig seit 03.08.2011 (Application no. 35372/04), und *Fane Ciobanu*, Urteil vom 11.10.2011, rechtskräftig seit 11.01.2012 (Application no. 27240/03), zitiert in Fn. 3, Ministers' Deputies Information Documents CM/Inf/DH(2012)13, 7 May 2012, Group of cases *Bragadireanu against Romania (38 cases against Romania concerning mainly poor detention conditions in prisons and police detention facilities*, Application no. 22088/04), Memorandum prepared by the Department for the Execution of Judgements and Decisions of the European Court of Human Rights, https://wcd.coe.int/ ViewDoc.jsp?id=-1937977&Site=CM&BackColorInternet=C3C3C3&BackColorIntranet=EDB021&Back ColorLogged=F5D383#P94_4964 (22.11.2012).

986 Siehe *Nationale Strafvollzugsverwaltung* 2011a, S. 14.

987 *Nationale Strafvollzugsverwaltung*, 2011a, S. 8.

988 *Nationale Strafvollzugsverwaltung* 2012, S. 8.

989 *Nationale Strafvollzugsverwaltung* 2011a, S. 14.

verwaltung auf Grund von Besuchen von Menschenrechtsorganisationen acht Monitoring-Berichte, die im Vergleich zu den Vorjahren eine Reihe von Verbesserungen hinsichtlich der Vollzugsbedingungen feststellten. Im Hinblick auf Fortbildungen des Personals legte die Strafvollzugsverwaltung einen Handlungsschwerpunkt auf Trainings zur Vermittlung von Arbeitsmethoden im Einklang mit internationalen Menschenrechtsstandards, insbesondere hinsichtlich schutzbedürftiger Gruppen, darunter Jugendliche und Heranwachsende.[990]

Insgesamt ist festzustellen, dass in den vergangenen Jahren eine Reihe von Reformanstrengungen unternommen worden sind, um die Bedingungen in den Strafvollzugs- und Erziehungsanstalten zu verbessern. Mit Inkrafttreten der neuen Gesetze ist ein Rückgang der zu Freiheitsstrafen Verurteilten zu erwarten, da das neue Strafgesetzbuch den Katalog der Erziehungsmaßnahmen und alternativen Maßnahmen zum Freiheitsentzug erweitert.

8.4.2 Drogenkonsum im Strafvollzug

Im Rahmen der Gesundheitsfürsorge spielen spezifische Behandlungsprogramme für Drogenkonsumenten eine wichtige Rolle. Hinsichtlich der Wiedereingliederung kann Drogenabhängigkeit auch einen Risikofaktor zur Rückfälligkeit darstellen.[991]

Angaben der Strafvollzugsverwaltung zufolge ist die Anzahl selbstberichteter Drogenkonsumenten bezogen auf alle Gefangenen im Strafvollzug von 2001 bis 2010 auf etwa das Doppelte gestiegen (von 1.065 auf 2.043). Dagegen ist die Gesamtzahl der zu Freiheitsstrafe Verurteilten in dem genannten Zeitraum um etwa die Hälfte, von 50.035 auf 26.721 gesunken.[992] Somit hat sich der Anteil der Drogenkonsumentinnen von 2,1% im Jahr 2001 auf 7,6% im Jahr 2010 deutlich erhöht. Betrachtet man den Anteil der Jugendlichen und Jungerwachsenen, ist festzuhalten dass Jugendliche im Alter von 15 bis 19 Jahren – relativ gering – mit 3,3% – und Jungerwachsene von 20 bis 24 Jahren immerhin mit 29,2% vertreten waren.[993]

---

990 Nationale Strafvollzugsverwaltung 2011a, S. 8.

991 Siehe Ostendorf 2012, S. 62.

992 Siehe Nationale Antidrogenbehörde 2011, S. 156.

993 Nationale Antidrogenbehörde 2011, unter Bezugnahme auf Daten der Nationalen Strafvollzugsverwaltung, S. 157. Besorgniserregend ist nach dem selbstberichteten Drogenkonsum der hohe Anteil der Abhängigkeit von Heroin, der im Jahr 2010 bei 72,6% lag, Nationale Antidrogenbehörde, S. 157. Im Vergleich ist auch in Deutschland im Strafvollzug eine Tendenz steigenden Drogenkonsums erkennbar. So ergab beispielsweise eine Befragung im niedersächsischen Vollzug im Jahr 2005, dass 51,3% der Jugendlichen Drogen in der Haft konsumierten. Die Befragung erfolgte durch den kriminologischen Dienst im Bildungsinstitut des niedersächsischen Jugendvollzugs, siehe Ostendorf 2012, S. 65, 67.

Insgesamt nahmen im Jahr 2010 in Rumänien 1.006 Inhaftierte (3,8%) an interdisziplinär organisierten psychologisch-sozialen Betreuungsprogrammen für Drogenkonsumenten teil, in die Pädagogen, Psychologen, Sozialarbeiter und Ärzte eingebunden waren.[994]

Ausweislich des Aktivitätsberichtes 2011[995] der Nationalen Strafvollzugsbehörde bestehen drei therapeutische Gemeinschaften zur Betreuung ehemaliger Drogenkonsumentinnen.[996] Diese befinden sich in den Vollzugsanstalten Bukarest-Jilava (mit 66 Verurteilten), Bukarest-Rahova (22 Verurteilte) und im Frauenstrafvollzug Tărgşor (14 Verurteilte). Im Hinblick auf die inter-institutionelle Zusammenarbeit in der Behandlung von drogenabhängigen Inhaftierten, beispielsweise der kontinuierlichen Einbeziehung in Methadon-Programme, wurde Rumänien in einer ländervergleichenden Untersuchung vor einigen Jahren als gutes Praxisbeispiel hervorgehoben.[997] Im Zuge des EU-Beitritts beinhaltete ein im Jahr 2007 initiiertes EU-PHARE-Projekt mit spanischen Expertinnen die Verbesserung der Situation von Drogenkonsumenten, unter anderem durch die Einführung von Substitutionsprogrammen.[998] Festzuhalten ist, dass der Problematik in den Strafvollzugsanstalten Beachtung geschenkt und eine Reihe von Programmen zur Behandlung und Betreuung drogenabhängiger – jugendlicher und erwachsener – Inhaftierter etabliert wurde.

8.4.3 HIV/AIDS und TBC im Strafvollzug

Eng im Zusammenhang mit der Drogenproblematik im Strafvollzug ist auch der Aspekt HIV/AIDS zu sehen. Drogeninjektionen mit unsauberen Nadeln erhöhen die Wahrscheinlichkeit, an HIV/AIDS zu erkranken. Ferner können Faktoren wie mangelhafte hygienische Bedingungen und Überbelegungen im Strafvollzug die Chance erhöhen, sich mit HIV zu infizieren. In Rumänien ist seit Mitte der 1990er Jahre die Anzahl der HIV-Infizierten kontinuierlich gestiegen.[999] Im

---

994 *Nationale Antidrogenbehörde* 2011, S. 165.

995 *Nationale Strafvollzugsverwaltung* 2011a, S. 2.

996 Das Projekt zur Etablierung der drei therapeutischen Gemeinschaften lief von 2009 bis 2012 in Zusammenarbeit mit der Nationalen Strafvollzugsverwaltung, der Bewährungshilfedirektion und der Nationalen Antidrogenbehörde sowie deren Netzwerk. Das Projekt zielte auf die gesellschaftliche Wiedereingliederung der drogenabhängigen Inhaftierten, siehe Nationale Anti-Drogenbehörde 2011, S. 165-166. Im Rahmen des Projektes fand ein intensiver Erfahrungsaustausch mit norwegischen Experten statt, *Nationale Strafvollzugsverwaltung* 2012, S. 19.

997 *MacDonald u. a.* 2008, S. 317 ff.

998 *MacDonald u. a.* 2008, S. 200.

999 Siehe UNODC South Eastern Europe, www.unodc.org/southeasterneurope/en/rom/-j19.html (25.11.2012).

Jahr 2000 war der Anteil der erkannten HIV-Fälle im Strafvollzug im Vergleich zum Vorjahr auf das Dreifache gestiegen.[1000] Laut WHO liegt der Anteil der HIV-Infizierten im rumänischen Strafvollzug bei durchschnittlich 13%.[1001] Die AIDS-Problematik trifft auch für Minderjährige im Strafvollzug zu. Genauere Angaben hinsichtlich Jugendlicher können nicht getroffen werden, da Zahlen hierzu nicht verfügbar sind.

Diverse Programme zur Behandlung und Prävention von HIV/AIDS wurden in den vergangenen Jahren durchgeführt, unter anderem in Zusammenarbeit mit NGOs. So führte die Nationale Strafvollzugsverwaltung HIV-Programme mit peer-Pädagogen ein, die ihr Wissen in den einzelnen Vollzugsanstalten an die Inhaftierten weitergaben. In diesem Rahmen wurden auch Vollzugsbedienstete geschult.[1002] Im Rahmen eines jüngst durchgeführten UNODC-Projektes konnten eine Vielzahl von HIV-Präventions- und Behandlungsprogrammen für Inhaftierte eingerichtet werden.[1003] Auch zukünftig ist es wichtig, die Zusammenarbeit mit lokalen NGOs und Netzwerken zu intensivieren, um das Fachwissen verschiedener Expertinnen einzubinden und eine nachhaltige Kooperation zu verankern.

Hohe Belegungsraten waren nach Ansicht der Bediensteten der Strafvollzugsverwaltung in den vergangenen Jahren auch ein Grund für die Ansteckung mit TBC und sexuell übertragbaren Krankheiten.[1004] Rumänien hatte in den vergangenen Jahren innerhalb der EU eine der höchsten TBC-Raten. Bereits unter dem *Ceaușescu*-Regime stellte TBC ein gravierendes Problem dar, wurde jedoch negiert. So durfte TBC offiziell nicht als Krankheit im Strafvollzug diagnostiziert werden.[1005]

Spezielles Augenmerk wird derzeit auf die Prävention der Krankheit gelegt, so auch im Strafvollzug. In den Vollzugsanstalten wurden spezielle Einheiten zur Umsetzung von TBC-Programmen eingerichtet. Im Rahmen dieser Programme wurden Gefangene und Personal geschult und Überwachungsmaßnahmen durchgeführt.[1006] Im Jahr 2012 nahmen insgesamt 10.833 Verurteilte an

---

1000 Siehe *MacDonald u. a.* 2005, S. 78.

1001 WHO, ohne Jahresangabe, www.euro.who.int/en/what-we-do/health-topics/%20comm-unicable-diseases/hivaids/policy/hivaids-in-prisons (24.11.2012).

1002 Siehe *MacDonald u. a.* 2005, S. 125 f.

1003 UNODC 2010-2011, S. 8. Nach Beendigung des UNODC-finanzierten Programmes wurde ein staatlich finanzierter „Plan zur Entwicklung von HIV-Präventionsstellen" ins Leben gerufen und Projekte in diesem Bereich im Jahr 2012 im Strafvollzug fortgeführt, siehe Nationale Strafvollzugsverwaltung 2012, S. 15.

1004 Siehe *MacDonald u. a.* 2005, S. 70.

1005 *Jordan* 2010.

1006 WHO (o. J.), www.euro.who.int/en/what-we-do/health-topics/communicable-diseases/-hivaids/policy/hivaids-in-prisons (24.11.2012).

TBC-Präventionsprogrammen teil. Als Resultat der Präventionsmaßnahmen ist die TBC-Rate von 2.967 Fällen auf 100.000 Verurteilte im Jahr 2002 deutlich auf 588 Fälle im Jahr 2011 gesunken.[1007]
Positiv einzuschätzen sind die Vielzahl der Vollzugsprogramme in den Erziehungsanstalten und Vollzugsanstalten für Jugendliche und Heranwachsende. So wurde im Jahr 2011 unter Co-Finanzierung des Europäischen Sozialfonds ein umfassendes Handbuch zu guten Praxismodellen für Sozialarbeitende im Vollzug erarbeitet, welches europaweit Beachtung findet.[1008] In der Zeit zwischen 2009 und 2012 nahmen durchschnittlich 58% der jugendlichen Gefangenen am Schulunterricht teil. Im gleichen Zeitraum nahm das Angebot an beruflichen Ausbildungs- und Weiterbildungskursen für alle Inhaftierten deutlich zu.[1009] 2012 nahmen 2.757 Verurteilte, darunter 70 Jugendliche, an Ausbildungskursen teil, die sich auf 27 Berufsbilder erstreckten.[1010] Zu beobachten ist, dass sich die Palette der Berufsausbildungsmöglichkeiten in den vergangenen Jahren im Strafvollzug erweitert hat.
30 Strafvollzugsanstalten organisierten im Jahr 2012 Jobbörsen zur Vermittlung der Inhaftierten in eine Arbeit nach ihrer Entlassung in Kooperation mit den Arbeitsagenturen, NGOs und öffentlichen Institutionen.[1011] Hiermit wurde ein wichtiger Beitrag zur Motivation der Gefangenen und zur Förderung der Wiedereingliederung in die Gesellschaft erbracht.
Im Hinblick auf die Arbeitstätigkeit der Verurteilten insgesamt sind positive Veränderungen in den vergangenen Jahren zu beobachten. Zunächst haben sich die schwierige wirtschaftliche Situation in der Transformationszeit und der damit einhergehende Anstieg der Arbeitslosigkeit auch in der Beschäftigungsquote der Inhaftierten im Strafvollzug widergespiegelt. Nach Einführung der Marktwirtschaft wurden viele Werkstätten der Strafvollzugsanstalten bzw. Werkstätten, mit denen die Strafvollzugsbehörden kooperierten, geschlossen, so dass im Jahr 2001 weniger als die Hälfte der Strafgefangenen einer Arbeitstätigkeit nachgingen.[1012] Des Weiteren hinterließen die Wirtschaftskrise und ihre Folgen Spuren, die die ökonomische Situation im Land beeinträchtigten. In den vergangenen Jahren ist das Thema Beschäftigung im Vollzug zunehmend aufgegriffen worden und verstärkt wurden Angebote bereitgehalten. In der Zeit von 2010 bis

---

1007 *Nationale Strafvollzugsverwaltung* 2012, S. 11, 16.

1008 *Brîncoveanu* 2011.

1009 Die Anzahl der Berufsbildungskurse stieg von 133 im Jahr 2009 auf 335 im Jahr 2012, *Nationale Strafvollzugsverwaltung* 2012, S. 9.

1010 *Nationale Strafvollzugsverwaltung* 2012, S. 10.

1011 Im Rahmen der Jobbörsen nahmen 1.101 Gefangene an Gesprächen mit insgesamt 313 Arbeitgebenden teil, siehe *Nationale Strafvollzugsverwaltung* 2012, S. 9.

1012 *Walmsley* 2005, S. 16. Siehe hierzu auch *Chiş* 2009, S. 170.

2012 ist der Anteil derjenigen Insassen, die einer bezahlten Beschäftigung nachgingen, um annähernd ein Drittel gestiegen. Das Einkommen der Inhaftierten
betrug im Jahr 2012 29,7 Millionen Lei[1013] und damit 15% mehr als im Jahr
2011.[1014]

Vielfältige Vollzugsaktivitäten im Freizeitbereich, darunter auch spezifische
Programme für Jugendliche, wurden im Jahr 2012 weiterentwickelt und umgesetzt.[1015] Im Hinblick auf die interdisziplinäre Zusammenarbeit der Strafvollzugsverwaltung wurden 2012 insgesamt 35 Kooperationsverträge mit externen
Partnern, darunter zwei auf internationaler Ebene,[1016] geschlossen.[1017]

8.5 Begnadigung und Amnestie und ihre Auswirkungen auf die Belegungssituation

In der Vergangenheit spielten Begnadigungen und Amnestien eine immer wiederkehrende Rolle, insbesondere während des *Ceauşescu*-Regimes.[1018] Dies ist
insbesondere vor dem Hintergrund der drastischen Überbelegung der Anstalten
zu sehen. Darüber hinaus, so wird argumentiert, sei durch den häufigen Erlass
von Begnadigungen und Amnestien die Illusion entstanden, das Ausmaß der
Kriminalität auf einem möglichst geringen Niveau halten zu können.[1019]

Im sozialistischen Rumänien wurde ein Teil der Gefangenen begnadigt oder
amnestiert, um auf die hohe Belegung in den Vollzugsanstalten zu reagieren. In
dem Zeitraum von 1969 bis 1976 wurden insgesamt 22 Amnestien und Begna-

---

1013 Das entspricht etwa 6,7 Millionen Euro.

1014 *Nationale Strafvollzugsverwaltung* 2012, S. 8.

1015 *Nationale Strafvollzugsverwaltung* 2012, S. 10. Zu den entwickelten Programmen
      zählten unter anderem die „Sammlung von Programmen, die auf Jugendliche im Straf-
      vollzug anwendbar sind" und das „Programm für jugendliche Inhaftierte zur Entwick-
      lung von Fähigkeiten, ein eigenverantwortliches Leben zu führen".

1016 Die internationalen Partner sind die *International Association for Correctional and
      Forensic Psychology* und die *Universität Salerno, Italien.*

1017 *Nationale Strafvollzugsverwaltung* 2012, S. 11.

1018 Siehe zu den rechtlichen Voraussetzungen *Kap. 4.2.3.* Derzeit wird im Parlament über
      einen Gesetzentwurf hinsichtlich der Amnestie einiger Straftaten und der Begnadigung
      einiger Strafen debattiert, vgl. Gesetzentwurf Nr. 162/2013. In der Gesetzesbegrün-
      dung, eingebracht von zwei Abgeordneten, wird auf die Überbelegung in den Straf-
      vollzugsanstalten und unzureichende Vollzugsbedingungen verwiesen, siehe http://
      www.cdep.ro/proiecte/2013/100/60/2/em310.pdf (16.02.2014). Der Entwurf sieht vor,
      Amnestien bei Straftaten, die Freiheitsstrafen bis zu sieben Jahren vorsehen, und Be-
      gnadigungen bei Freiheitsstrafen bis zu sechs Jahren zu gewähren, mit Ausnahme be-
      stimmter Straftaten.

1019 *Brezeanu* 2007, S. 60.

digungen erlassen, in deren Folge 75.965 Gefangene vorzeitig entlassen wurden. In einigen Fällen betraf dies mindestens die Hälfte der Gefangenenpopulation in den Vollzugsanstalten. Allein im Jahr 1977 wurden drei Begnadigungserlasse verkündet, die sich deutlich auf das Strafvollzugssystem und die Gefangenenbevölkerung auswirkten. So wurden 70% der Insassen, die eine hohe Haftstrafe zu verbüßen hatten[1020] sowie alle Jugendlichen in den gesamten Erziehungsanstalten[1021] in die Freiheit entlassen. Die fünf bestehenden Erziehungsanstalten wurden geschlossen und damit auch auf diesen Bereich qualifiziertes Personal entlassen. Darüber hinaus wurden 50 der 70 Vollzugsanstalten im Land geschlossen,[1022] womit auch eine Reihe spezialisierter Anstalten aufhörte zu existieren, wie beispielsweise ein TBC-Sanatorium oder eine Heilanstalt für psychisch erkrankte Gefangene. 1989 kam es zur Schließung zweier großer Strafvollzugsanstalten in Bukarest, darunter eine Anstalt für Heranwachsende mit 1.000 Haftplätzen. Im Jahr zuvor, 1988, ermöglichte ein kollektiver Begnadigungserlass die Freilassung von beachtlichen 90% aller Gefangenen. In der politischen Umbruchzeit Ende 1989 bis Frühjahr 1990 wurden des Weiteren über 70% der Insassen, darunter auch eine Vielzahl Mehrfachauffälliger, in die Freiheit entlassen.[1023] Schließlich existierten 1990 nur noch 11 Vollzugsanstalten im ganzen Land.[1024] Diese waren in der turbulenten Zeit nach der Revolution schnell überbelegt, so dass eine der Ursachen für die hohen Belegungsraten auch in der verringerten Zahl der Vollzugsanstalten zu sehen ist.

Darüber hinaus sind in der Transformationszeit Amnestien durchgeführt worden, so 1997, als 2.248 Gefangene entlassen wurden.[1025] Nach dem Erlass des Gesetzes Nr. 543/2002[1026] hinsichtlich der Begnadigung einiger Strafen wurden 3.660 Menschen vorzeitig entlassen.[1027] Das Gesetz regelte, dass Freiheitsstrafen bis zu fünf Jahren, Geldstrafen sowie die Erziehungsmaßnahme der Unterbringung in einer Erziehungsanstalt aufzuheben waren, mit Ausnahme bestimmter schwerer Straftaten.

1020   Gesetzesdekret Nr. 115/1977, siehe *Brezeanu* 2007, S. 61.

1021   Gesetzesdekret N. 147/1977, siehe *Brezeanu* 2007, S. 61.

1022   Gesetzesdekret Nr. 225/1977, siehe *Brezeanu* 2007, S. 61.

1023   Gesetzesdekrete Nr. 3/1989 und Nr. 23/1990, siehe *Brezeanu* 2007, S. 61.

1024   Siehe *Brezeanu* 2007, S. 61 f.

1025   *Walmsley* 2003, S. 439.

1026   Gesetz Nr. 543/2002, veröffentlicht im Amtsblatt Nr. 726 vom 04.10.2002.

1027   *Brezeanu* 2007, S. 63.

8.6 Statistische Daten zur Jugendstrafvollzugspopulation

8.6.1 Entwicklung der Gefangenenpopulation

In dem Zeitraum von 1990 bis 1998 ist in Rumänien ein Anstieg der Inhaftiertenzahlen bezogen auf Jugendliche und Erwachsene zu beobachten. Wie *Abbildung 2* und *Tabelle 14* zu entnehmen ist, lag die Anzahl der Gefangenen Ende 1990 bei 26.010 und erhöhte sich 1992 erheblich auf 44.011, somit um 69,2%. Hierbei ist anzumerken, dass das Jahr 1990 in die politische Umbruchzeit fällt, Amnestien vollzogen wurden und es somit eine Ausnahmesituation widerspiegelt. Nach einem weiteren Anstieg mit Schwankungen in den Jahren nach 1992 lag der Höchststand 1998 bei 52.149 Gefangenen und damit doppelt so hoch wie 1990. Nach 1998 sank die Zahl der Gefangenen bis 2008 um die Hälfte und erhöhte sich erneut bis Ende 2012.[1028]

Abbildung 2: **Entwicklung der Gefangenenpopulation in Strafvollzugs- und Erziehungsanstalten, nach Altersgruppen (einschließlich der Untersuchungsgefangenen) 1990-2012, jeweils am Ende des Jahres**

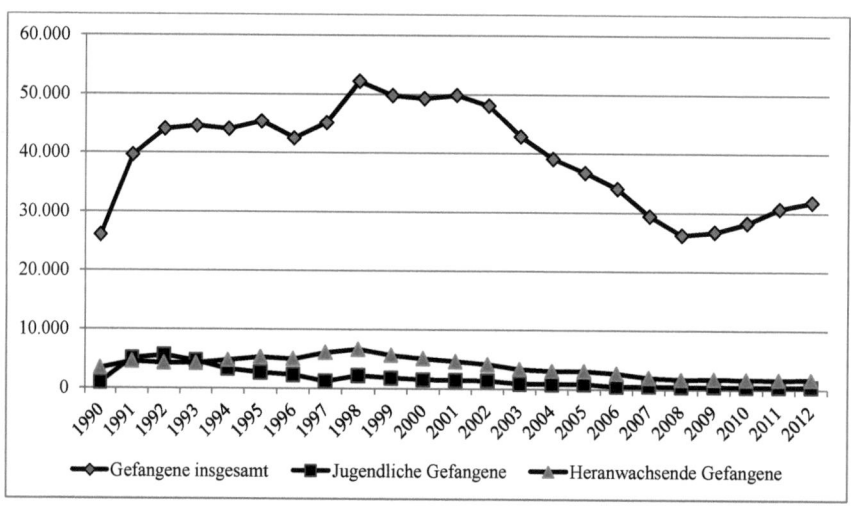

1028   Zum 31.10.2012 ist die Anzahl der Gefangenen deutlich auf 31.768 gestiegen, was seit 2008 einer Erhöhung um 17,5% entspricht.

Tabelle 14: **Entwicklung der Gefangenenpopulation in Strafvollzugs-und Erziehungsanstalten nach Altersgruppen (einschl. der Untersuchungsgefangenen), jeweils am Ende des Jahres**

Jahr	Gefangene insgesamt	Jugendliche Gefangene (14-17 Jahre)		Heranwachsende Gefangene (18-21 Jahre)		Gefangenenrate Jugendliche*
		Abs.	%	Abs.	%	
**1990	26.010	961	3,8	3.415	13,5	63,2
1991	39.606	5.077	10,5	4.554	11,5	329,5
1992	44.011	5.625	12,8	4.276	9,6	348,4
1993	44.521	4.676	10,5	4.256	9,6	293,1
1994	43.990	3.303	7,5	4.764	10,8	210,1
1995	45.309	2.675	5,9	5.291	11,7	172,5
1996	42.445	2.289	5,4	4.987	11,8	151,9
1997	45.121	1.213	5,8	6.085	13,5	84,1
1998	52.149	2.178	4,2	6.655	12,8	160,1
1999	49.790	1.792	3,6	5.642	11,3	137,2
2000	49.267	1.521	3,2	5.111	10,6	118,3
2001	49.840	1.432	2,9	4.659	9,3	108,8
**2002	48.075	1.384	2,9	4.150	8,6	100,7
2003	42.815	895	2,1	3.329	7,8	64,2
2004	39.031	852	2,2	3.053	7,8	70,0
2005	36.700	857	2,3	3.048	8,3	64,3
2006	34.038	479	2,2	2.673	7,9	38,7
2007	29.390	538	1,8	2.006	6,8	47,2
2008	26.212	431	1,6	1.662	6,3	41,7
2009	26.716	470	1,8	1.750	6,6	48,4
2010	28.244	459	1,6	1.684	6,0	49,0
2011	30.694	450	1,5	1.649	5,4	49,8
2012	31.817	444	1,4	1.676	5,3	50,0

Quelle: Nationale Strafvollzugsverwaltung.
* Anzahl der inhaftierten Jugendlichen pro 100.000 der Bevölkerungsgruppe. Eigene Berechnungen der Gefangenraten. Die hierbei zugrunde gelegten Bevölkerungszahlen zu Jugendlichen beziehen sich auf den Beginn des jeweiligen Jahres.
** In diesen Jahren wurden Begnadigungsdekrete bzw. –gesetze hinsichtlich bestimmter Strafen erlassen.

Für den Anstieg der Gefangenenpopulation in der Zeit von 1990 bis 1998 spielen eine Reihe von Faktoren eine Rolle, darunter insbesondere fehlende Rechtsgrundlagen zu alternativen Maßnahmen zum Strafvollzug. Darüber hinaus sind gestiegene Anforderungen an die Gewährung der bedingten Haftentlassung durch das Gesetz 140/1996, welches für einige Straftaten den Strafrahmen erhöhte, sowie der Wegfall kollektiver Gnadenerlässe zu berücksichtigen.[1029] Ferner sind die politischen, gesellschaftlichen und wirtschaftlichen Bedingungen, welche ursächlich für den Anstieg der Kriminalität nach 1990 waren sowie eine verschärfte Sanktionspraxis in der Transformationszeit heranzuziehen.[1030]

Weiterhin maßgeblich waren Gesetzesänderungen, nach denen Tatverdächtige in Untersuchungshaft unterzubringen waren. Darüber hinaus fehlte es an Institutionen und Organisationen zur gesellschaftlichen Wiedereingliederung der Entlassenen.[1031]

Von 1999 bis 2008 ist der rückläufige Trend der Gefangenenpopulation nach Ansicht der Nationalen Strafvollzugsverwaltung auf verschiedene Aspekte zurückzuführen. Dazu zählen insbesondere Änderungen der Strafprozessordnung in den Jahren 2003 bzw. 2006, die zur Verringerung der Anzahl von Untersuchungsgefangenen führte.[1032] Ferner wurden die Anstalten zum Vollzug von Ordnungswidrigkeiten aufgelöst, wodurch sich die Gefangenenzahlen reduzierten. Ein weiterer Grund liegt nach Ansicht der Behörde in einem „Export" der Delinquenz in andere EU-Länder aufgrund der eingeführten Reisefreiheit vor dem EU-Beitritt Rumäniens.[1033] Zu verweisen ist auch auf das Gesetz hinsichtlich der Begnadigung einiger Strafen und Aufhebung von Erziehungsmaßnahmen aus dem Jahr 2002 (siehe oben). Die Einführung des Bewährungshilfesystems in Rumänien im Zuge der Justizreformen vor dem EU-Beitritt und die erhöhte Anwendung alternativer Maßnahmen insbesondere für Jugendliche waren ebenfalls ursächlich für den Rückgang der (Jugend-)Strafgefangenenzahlen.

Die erneute Erhöhung der Gefangenenpopulation nach 2008 ist nach Annahme der Strafvollzugsverwaltung unter anderem auf die Ausweisung oder Rückführung rumänischer Gefangener aus anderen EU-Ländern zum Haftantritt bzw. zur Fortsetzung des Vollzugs der Freiheitsstrafe im Strafvollzug in Rumänien zurückzuführen. So erhöhte sich die Anzahl der ausgewiesenen oder rückgeführten Gefangenen von 2007 bis 2009 um 81% und lag 2009 bei 1.185 Ge-

---

1029 Siehe *Nationale Strafvollzugsverwaltung* 2011b, S. 5.

1030 Siehe hierzu ausführlicher *Kap. 3.3.1 und 3.2.*

1031 *Walmsley* 2005, S. 426 f., unter Berufung auf die *Nationale Strafvollzugsverwaltung* 1998.

1032 Durch die Erweiterung der Möglichkeiten der Gewährung von Kaution.

1033 Siehe *Nationale Strafvollzugsverwaltung* 2011b, S. 5.

fangenen.[1034] Darüber hinaus ist seit 2009 ein Anstieg der Verurteilten zu beobachten, welcher mit ursächlich für erhöhte Inhaftiertenzahlen ist. Insbesondere die Anklagen und Verurteilungen wegen Vermögensstraftaten (Diebstahl, Betrug), Korruptionsstraftaten sowie Verkehrsdelikten sind seit 2009 gestiegen.[1035] Der Anstieg der Korruptionsstraftaten hängt auch zusammen mit den intensivierten Strafverfolgungsaktivitäten der Antikorruptionsbehörden in den vergangenen Jahren. Des Weiteren ist auf die Folgen der Wirtschaftskrise im Jahr 2008 und einer wachsenden Diskrepanz der Einkommensverteilung innerhalb der Bevölkerung zu verweisen (s. auch *Kap. 3.3.1*). In diesem Zusammenhang ist auch die gestiegene Anzahl der Kinder und Jugendlichen zu erwähnen, die von ihren Eltern aufgrund von Arbeitsmigration zurückgelassen wurden.

Bei Betrachtung der absoluten Zahlen bezüglich Minderjähriger ist folgende Entwicklung festzustellen: 1990 bis 1991 gab es einen erheblichen Sprung um mehr als das Fünffache von 961 auf 5.077 jugendlichen Gefangene. Hierbei ist erneut auf den Ausnahmecharakter des Jahres 1990 zu verweisen. Der Rekord lag 1992 bei 5.625 Jugendstrafgefangenen. In der Zeit von 1992 bis 2011 ist eine rückläufige Tendenz der absoluten Gefangenenzahlen Jugendlicher zu verzeichnen. So sank die Anzahl der in Strafvollzugs- und Erziehungsanstalten befindlichen Jugendlichen in dem Zeitraum von 1992 bis 2011 um 92%.

Der Anteil der Jugendlichen an der gesamten Vollzugspopulation stieg ausweislich *Tabelle 14* von 3,8% im Jahr 1990 auf 10,5% im Jahr 1991 und erreichte 1992 mit 12,8% den Höchststand. In den Folgejahren sank der Anteil Jugendlicher fast kontinuierlich, lag im Jahr 2000 bei 3,2% und sank im Jahr 2011 auf die Hälfte (1,5%).

Im Hinblick auf die Heranwachsendenzahlen ergibt sich ebenfalls ein deutlicher Rückgang, von 1991 bis 2011 um 63,8 %. Bei Betrachtung des Anteils Heranwachsender an der Vollzugspopulation ist festzustellen, dass der Anteil von 1991 bis 2000 zwischen 9,6% und 13,5% schwankte. Von 2000 bis 2011 ging der Anteil Heranwachsender an der Gefangenenpopulation etwa um die Hälfte zurück und lag im Jahr 2011 bei 5,4%.

Bei Betrachtung der Gefangenraten jugendlicher Insassen fällt ein alarmierender Anstieg von 1990 bis 1992 auf, siehe *Tabelle 14*. In der Folgezeit ist ein allmählicher Rückgang zu beobachten. Erst im Jahr 2002 fällt die Rate auf 100,7 jugendliche Gefangene pro 100.000 der Bevölkerungsgruppe. Im Folgejahr 2003 ist ein deutlicher Rückgang der Rate auf 64,2 und somit um 36,2% zu verzeichnen. Im Jahr 2011 fiel die Gefangenenrate Jugendlicher mit Schwankungen auf 49,8. In der Zeit von 2002 bis 2011 sank die Gefangenenrate somit um die Hälfte. Die rückläufige Entwicklung ist insbesondere auf die verstärkte Anwendung

---

1034   Siehe *Nationale Strafvollzugsverwaltung* 2011b, S. 5 f., 14 f.

1035   Siehe *Staatsanwaltschaft bei dem Hohen Kassationsgerichtshof* 2013, S. 112, 113, 116.

der Strafaussetzung zur Bewährung und den Anstieg der Verfahrenseinstellungen zurückzuführen.

Hinsichtlich der Gefangenenrate insgesamt in Rumänien ist festzustellen, dass diese in der Zeit von 1992 bis 1998 von 193 auf 232 gestiegen ist.[1036] In den Folgejahren sank die Anzahl der Gefangenen auf 100.000 der Gesamtbevölkerung und erfuhr wiederum einen Anstieg im Jahr 2002 auf 235,8 (siehe *Tabelle 15*). Seither ist ein Rückgang der Gefangenenraten in Rumänien zu beobachten. In dem Zeitraum von 2001 bis 2010 fiel der Anteil um 41,5%.[1037] Im Jahr 2014 ist jedoch wieder ein Anstieg der Gefangenenrate in Rumänien auf 158,6 zu verzeichnen (zwischenzeitlich 2013 sogar auf 165,4). Seit dem Jahr 2010 ist ebenfalls ein Anstieg der Verurteiltenziffern zu beobachten (siehe *Tabelle 5*). Im europäischen Vergleich lag Rumänien in den vergangenen Jahren im unteren Mittelfeld im Hinblick auf die Gefangenenraten. So lag die Inhaftiertenrate im Jahr 2010 bei 131, der europäische Durchschnittswert bei 149.[1038]

1036 Siehe International Centre for Prison Studies, Worldbrief, http://www.prison-studies.org/info/worldbrief/wpb_country.php?country=161 (01.12.2012). Die Gefangenraten weichen hierbei jedoch von denen des Europarats ab, was auf unterschiedliche Stichtage zurückzuführen sein könnte.

1037 *Aebi/Delgrande* 2012, S. 56. Verglichen mit der Situation in Deutschland lag hier die Gefangenenrate im Jahr 2010 niedriger bei 87,6, *Aebi/Delgrande* 2012, S. 55.

1038 *Aebi/Delgrande* 2012, S. 51.

**Tabelle 15: Entwicklung der Gefangenenraten insgesamt
(unter Einbeziehung der Untersuchungshäftlinge)**

Jahr	Gefangenenrate
2000	221,0
2001	224,6
2002	235,8
2003	208,2
2004	184,6
2005	175,1
2006	166,2
2007	145,1
2008	126,6
2009	125,7
2010	131,4
2011	139,3
2012	143,7
2013	165,4
2014	158,6

Quelle: *Aebi/Delgrande* (2015): Space I Reports bezogen auf die Jahre 2000-2014, jeweils zum 01.09. des Jahres.

Im Hinblick auf die Altersstruktur ist für den Stichtag des 01.09.2010 festzuhalten, dass 41 (8,9% der jugendlichen Inhaftierten) 14- und 15-Jährige sowie 422 (91,1% der jugendlichen Inhaftierten) 16- und 17-Jährige in Vollzugseinrichtungen untergebracht waren.[1039]

Im Jahr 2009 lagen die durchschnittlichen Kosten pro Gefangener am Tag bei 3,50 Euro, in den Anstalten für Jugendliche bei 4,00 Euro pro Tag und Jugendlichem.[1040]

1039 *Aebi/Delgrande* 2012, S. 62. Insgesamt waren 28.191 Verurteilte im Strafvollzug untergebracht.

1040 *Aebi/Delgrande* 2012, S. 127. Nach Angaben der Nationalen Strafvollzugsverwaltung betrugen die monatlichen durchschnittlichen Kosten der Inhaftierung je Verurteiltem bei insgesamt 31.999 Gefangenen am 30.06.2012 2.488 Lei (etwa 560 Euro), siehe *Nationale Strafvollzugsverwaltung* (o. J.), Strategie zur Wiedereingliederung von Gefangenen in die Gesellschaft 2012-2016, S. 17. Damit haben sich die durchschnittlichen Kosten mittlerweile deutlich erhöht.

Der Anteil der weiblichen jugendlichen Gefangenen ist vergleichsweise gering und lag im Jahr 2011 bei 4,7%. Dennoch ist der Anteil der weiblichen Gefangenen seit 1990 von 2,5% auf etwa das Doppelte gestiegen.[1041]

Bei einer Differenzierung der Gefangenenpopulation nach der Unterbringung der Jugendlichen und Art der Sanktion ergibt sich ausweislich der *Tabelle 16* folgendes Bild: In den Jahren 1990 bis 1992 wurden etwas mehr als die Hälfte aller jugendlichen Gefangenen in Besonderen Schulen für Arbeit und Erziehung untergebracht, welche bis zum Jahr 1998 existierten. Die Unterbringung in solchen Schulen stellte eine bis dato häufig angewandte Erziehungsmaßnahme dar.

Seit 1992 stieg der Anteil der in Vollzugsanstalten untergebrachten Jugendlichen – bezogen auf Verurteilte in erster Instanz und Untersuchungsgefangene – und lag von 1994 bis 1997 bei etwas mehr als der Hälfte der jugendlichen Inhaftierten. Von 1998 bis 2000 fiel der Anteil und erhöhte sich abermals in den Jahren 2001 und 2002 auf fast die Hälfte. Seither ist ein Rückgang mit Schwankungen zu verzeichnen. Der niedrigste Stand im Vergleichszeitraum 1990 bis 2011 wurde 2011 mit 19,3% erreicht. Im Jahr 2012 erhöhte sich der Anteil auf 28,2%. Die Entwicklung im Vergleichszeitraum von 1990 bis 2012 zeigt, dass der Anteil der in Vollzugsanstalten untergebrachten Jugendlichen um fast die Hälfte gefallen ist. Dies ist insbesondere auf den Rückgang der Untersuchungsgefangenen infolge gesetzlicher Änderungen und einer veränderten Sanktionspraxis gegenüber Jugendlichen zurückzuführen.

Eine gegenläufige Tendenz ist bei Jugendlichen, die rechtskräftig zu Freiheitsstrafen verurteilt wurden, ausweislich *Tabelle 16* zu beobachten. Lag der Anteil 1992 sehr niedrig bei 1,5%, so stieg er in den Folgejahren erheblich an und erreichte im Jahr 1998 38,8%. Von 1999 bis 2010 bewegte sich der Anteil zwischen 30% und 42,3%. Wiederum ist ein Anstieg von 2010 bis 2011 um 14% zu beobachten. Insgesamt ist die Anzahl der Jugendstrafgefangen seit 1991 jedoch rapide gesunken.

Erstmals nach der Revolution wurden Jugendliche 1992 in Erziehungsanstalten untergebracht.[1042] Der Anteil der Jugendlichen, die sich in Erziehungsanstalten befanden, erhöhte sich von 1992 bis 1993 erheblich und stieg in der Folgezeit leicht schwankend an. Der Höchststand lag 2007 bei 38,1% und ist bis

---

1041 Angaben der *Nationalen Strafvollzugsverwaltung*. Im Hinblick auf ethnische Minderheiten ist offensichtlich, dass Roma im Strafvollzug deutlich überrepräsentiert sind. In den Strafvollzugsstatistiken wird das Kriterium der Ethnie nicht ausgewiesen, und auch aktuelle Studien zum Anteil von Roma im Strafvollzug liegen nicht vor. Eine Untersuchung im rumänischen Strafvollzug, deren Ergebnisse erstmals im Jahr 2000 in Rumänien vorgelegt wurden, zeigt allerdings, dass 17,2% der männlichen erwachsenen Inhaftierten und sogar 39,5% der jugendlichen Insassen der Ethnie der Roma angehörten. Insgesamt lag der Anteil der Roma an der Bevölkerung lediglich bei 10%, *Durnescu/Lazăr/Shaw* 2002, S. 238, 240.

1042 Diese existierten bereits zuvor, wurden jedoch 1977 geschlossen und zum Teil in „Besondere Schulen für Arbeit und Erziehung" umfunktioniert.

2011 um 3,6% zurückgegangen. Im Jahr 2012 kam es erneut zu einem Anstieg auf 37,2%. Insgesamt ist die Anzahl der in Erziehungsanstalten untergebrachten Jugendlichen jedoch sehr niedrig und seit den 1990er Jahren deutlich gesunken. Eine zusätzlich rückläufige Tendenz ist voraussichtlich nach Inkrafttreten des neuen Strafgesetzbuches, welches ein breiteres Angebot an ambulanten Erziehungsmaßnahmen bereithält, zu erwarten.

Tabelle 16: Jugendliche in Einrichtungen der Nationalen Strafvollzugsverwaltung, nach Art der Unterbringung, jeweils am Ende des Jahres

Jahr	Jugendliche Inhaftierte	In Untersuchungshaft und verurteilt in erster Instanz	In %	Besondere Schulen für Arbeit und Erziehung	In %	Erziehungsanstalt	In %	Freiheitsstrafe	In %
1990	2.518	1.223	48,6	1.295	51,4	-	-	-	-
1991	5.077	2.196	43,3	2.881	56,7	-	-	-	-
1992	5.625	2.094	37,2	3.402	60,5	46	0,8	83	1,5
1993	4.676	2.124	45,4	1.877	40,1	401	8,6	274	5,9
1994	3.303	1.761	53,3	634	19,2	470	14,2	438	13,3
1995	2.675	1.517	56,7	202	7,6	418	15,6	538	20,1
1996	2.289	1.272	55,6	94	4,1	454	19,8	469	20,5
1997	2.613	1.386	53,0	65	2,5	477	18,3	685	26,2
1998	2.178	805	37,0	11	0,5	518	23,8	844	38,8
1999	1.792	706	39,4	-	-	477	26,6	609	34,0
2000	1.521	584	38,4	-	-	359	23,6	578	38,0

Jahr	Jugendliche Inhaftierte	In Untersuchungshaft und verurteilt in erster Instanz	In %	Besondere Schulen für Arbeit und Erziehung	In %	Erziehungsanstalt	In %	Freiheitsstrafe	In %
2001	1.432	697	48,7	-	-	279	19,5	456	31,8
2002	1.384	641	46,3	-	-	238	17,2	505	36,5
2003	895	240	26,8	-	-	185	32,2	470	41,0
2004	851	283	32,3	-	-	212	24,9	356	41,8
2005	864	276	31,9	-	-	250	28,9	338	39,1
2006	756	190	25,1	-	-	246	32,5	320	42,3
2007	538	109	20,3	-	-	205	38,1	224	41,6
2008	431	133	30,9	-	-	158	36,7	140	32,5
2009	470	173	36,8	-	-	156	33,2	141	30,0
2010	459	145	31,6	-	-	168	36,6	146	31,8
2011	450	87	19,3	-	-	155	34,5	208	46,2
2012	444	125	28,2	-	-	165	37,2	154	34,7

Quelle: Nationale Strafvollzugsverwaltung.

8.6.2 Jugendliche Gefangene nach der Deliktsstruktur

Die Differenzierung der Jugendstrafgefangenen nach der Art der begangenen Straftat zeigt, dass den größten Anteil der in Strafvollzugs- und Erziehungsanstalten befindlichen Jugendlichen in dem Zeitraum von 1990 bis 2012 die zu Diebstahl an Privateigentum Verurteilten bildeten, gefolgt von Verurteilten wegen Raubes, Diebstahl an öffentlichem Eigentum (bis 1998), Vergewaltigung und Tötungsdelikten, siehe *Tabelle 17*.

Hinsichtlich der zu Diebstahl Verurteilten ist festzustellen, dass sich die Anzahl der inhaftierten Jugendlichen im Zeitraum von 1990 bis 1998 verdoppelt, von 1990 bis 1992 sogar fast verdreifacht hat. Seit 1993 ist ein – fast kontinuierlicher – Rückgang der zu Diebstahl verurteilten Insassen zu verzeichnen. Insgesamt ging die Anzahl der Jugendstrafgefangenen im Jahr 2012 im Vergleich zu 1991 drastisch – um 89% – zurück. Der Anteil der wegen Diebstahls verurteilten Jugendlichen lag 1991 bei etwa einem Drittel aller jugendlichen Inhaftierten und stieg 1998 auf zwei Drittel an. In der Folgezeit sank der Anteil der zu Diebstahl Verurteilten. So war in dem Zeitraum von 2001 bis 2012 etwa die Hälfte aller jugendlichen Gefangenen wegen Diebstahls inhaftiert. Zurückzuführen ist der hohe Anteil der wegen Diebstahls Verurteilten auf das hohe Strafmaß des Deliktes, denn der Strafrahmen bei einfachem Diebstahl lag bei Freiheitsstrafe zwischen einem und 12 Jahren (Art. 208 Abs. 1 rStGB a. F.).[1043] Darüber hinaus ist die Problematik auch in Zusammenhang mit einer tendenziell retributiv geprägten Sanktionspraxis in der Vergangenheit zu sehen, bei Diebstahlsdelikten schnell zur Verhängung von Freiheitsstrafen zu greifen.

Ein starker Rückgang der wegen Raubes verurteilten Jugendlichen in absoluten Zahlen ist ebenfalls von 1991 bis 2012 zu beobachten (um 85,2%). Der Anteil der jugendlichen Inhaftierten, die wegen Raubes verurteilt worden waren, schwankte von 1990 bis 2000 zwischen einem Fünftel und einem Viertel und stieg im Jahr 2003 wiederum auf 38,2%. Nach einem leichten Rückgang in den Folgejahren lag der Anteil im Jahr 2012 erneut bei nahezu 38%.

Bei Betrachtung der wegen Vergewaltigung und Totschlags[1044] Verurteilten ist ebenfalls ein deutlicher Rückgang in absoluten Zahlen zu beobachten. Von 1991 bis 2012 fiel die Anzahl der wegen Vergewaltigung inhaftierten Jugendlichen um 96,3%. Der Anteil der wegen Vergewaltigung Inhaftierten sank von 1991 bis 2012 um etwas mehr als die Hälfte. Bezogen auf Totschlag verbüßten

---

1043 Nach dem neuen Strafgesetzbuch ist der Strafrahmen bei einfachem Diebstahl deutlich reduziert und liegt bei einer Freiheitsstrafe zwischen sechs Monaten und drei Jahren oder Geldstrafe, Art. 228 Abs. 1 rStGB.

1044 Die Daten der Strafvollzugsverwaltung weisen lediglich die Straftat „Totschlag" aus. Das rumänische Strafrecht unterschied nach bisheriger Rechtslage zwischen einfachem Totschlag, qualifiziertem Totschlag und besonders schwerem Totschlag. Das neue Strafrecht differenziert zwischen einfachem und qualifiziertem Totschlag.

im Jahr 2012 im Vergleich zu 1991 um 89% weniger Jugendliche Freiheitsstrafen. Im gleichen Zeitraum fiel die Anzahl der wegen Vergewaltigung angeklagten Jugendlichen um 81,5% sowie die Anzahl der wegen Totschlags angeklagten Jugendlichen um 15% (*Tabelle 6*). Im Hinblick auf die Anzahl der Bevölkerungsgruppe der Jugendlichen ist festzustellen, dass diese von 1991 bis 2012 um 42,4% zurückgegangen ist (*Tabelle 4*).

Zu beobachten ist, dass der Anteil der wegen Körperverletzungsdelikten verurteilten Gefangenen sehr gering ist und Jugendliche wegen Körperverletzung i. d. R. zu nicht freiheitsentziehenden Maßnahmen verurteilt werden bzw. die Fälle im Rahmen der Diversion erledigt werden. So taucht der Anteil der Körperverletzungsdelikte in den Statistiken der Nationalen Strafvollzugsverwaltung nicht auf und geht in die Kategorie „andere Delikte" ein.[1045]

1045 Im Vergleich liegen in Deutschland ebenfalls Inhaftierungen wegen Diebstahls und Unterschlagung, gefolgt von Raub und Erpressung an der Spitze im Jugendstrafvollzug, sie machen insgesamt etwa die Hälfte des Anteils aus. So lag der Anteil der wegen Diebstahls und Unterschlagung verurteilten Inhaftierten im Jahr 2008 bei 26,0%, bei Raub und Erpressung bei 25,3%. 22,2% der Jugendstrafgefangenen wurden wegen Körperverletzungsdelikten verurteilt, *Dünkel/Geng* 2008. In Rumänien lag der Anteil der wegen Raubes und Diebstahls Inhaftierten im Vergleichsjahr deutlich höher, und zwar bei 84,7%.

Tabelle 17: Jugendstrafgefangene nach der Deliktsstruktur in Strafvollzugs- und Erziehungsanstalten, jeweils am Ende des Jahres

Jahr	Jugendliche Inhaftierte	Totschlag		Vergewaltigung		Raub		Diebstahl-öffentliches Eigentum		Diebstahl-privates Eigentum		Andere Straftaten	
		Abs.	%	Abs.	%	Abs.	%	Abs.	%	Abs.	%	Abs.	%
1990	2.518	210	8,3	439	17,4	607	24,1	473	18,8	711	28,2	78	3,1
1991	5.077	319	6,3	623	12,3	1.134	22,3	1.069	21,1	1.822	35,9	110	2,2
1992	5.625	270	4,8	565	10,0	1.338	23,8	1.284	22,8	1.991	35,4	177	3,1
1993	4.676	212	4,5	367	7,8	1.082	23,1	968	20,7	1.905	40,7	142	3,0
1994	3.303	183	5,5	211	6,4	721	21,8	346	10,5	1.725	52,2	117	3,5
1995	2.675	132	4,9	172	6,4	527	19,7	198	7,4	1.537	57,5	109	4,1
1996	2.289	83	3,6	186	8,1	473	20,7	56	2,4	1.388	60,6	103	4,5
1997	2.613	79	3,0	125	4,8	544	20,8	61	2,3	1.665	63,7	139	5,3
1998	2.178	87	4,0	99	4,5	480	22,0	10	0,5	1.446	66,4	56	2,6
1999	1.792	59	3,3	83	4,6	462	25,8	-	-	1.132	63,2	56	3,1
2000	1.521	65	4,3	82	5,4	366	24,1	-	-	945	62,1	63	4,1
2001	1.432	58	4,1	83	5,8	422	29,5	-	-	815	56,9	54	3,8
2002	1.384	61	4,4	126	9,1	445	32,2	-	-	723	52,2	29	2,1
2003	895	66	7,4	71	7,9	342	38,2	-	-	388	43,4	28	3,1

Jahr	Jugendliche Inhaftierte	Totschlag		Vergewaltigung		Raub		Diebstahl-öffentliches Eigentum		Diebstahl-privates Eigentum		Andere Straftaten	
		Abs.	%	Abs.	%	Abs.	%	Abs.	%	Abs.	%	Abs.	%
2004	851	49	5,8	60	7,1	298	35,0	-	-	420	49,4	12	1,4
2005	864	44	5,1	64	7,4	304	35,2	-	-	422	48,8	20	2,3
2006	756	54	7,1	61	8,1	273	36,1	-	-	349	46,2	14	1,9
2007	538	34	6,3	36	6,7	169	31,4	-	-	272	50,6	27	5,0
2008	431	25	5,8	30	7,0	126	29,2	-	-	239	55,5	11	2,6
2009	470	32	6,8	23	4,9	170	36,2	-	-	235	50,0	10	2,1
2010	459	41	8,9	41	8,9	148	32,2	-	-	211	46,0	18	3,9
2011	450	32	7,1	27	6,0	150	33,3	-	-	224	49,8	17	3,8
2012	444	35	7,9	23	5,2	168	37,8	-	-	200	45,0	18	4,1

Quelle: Nationale Strafvollzugsverwaltung.

8.6.3 Gefangene insgesamt nach Vorstrafen

Im Beobachtungszeitraum 1990-2011 fällt ausweislich *Tabelle 18* auf, dass der Anteil der Mehrfachauffälligen bezogen auf die Gesamtpopulation der Gefangenen deutlich gestiegen ist. 1991 lag der Anteil bei einem Fünftel (20,3%) und 2011 fast bei der Hälfte der Insassen (45,9%). Den größten Anteil der Inhaftierten machten von 1990 bis 2000 Verurteilte ohne Vorstrafen aus, gefolgt von Wiederholungstätern. Erst seit 2002 liegt der Anteil der Verurteilten ohne Vorstrafen unter dem der Mehrfachauffälligen und macht seit 2006 ein Drittel (33,2%) aus. In Bezug auf Jugendliche waren statistische Daten zu Inhaftierten nach Vorstrafen nicht verfügbar.

Seit 2002 wurden aufgrund legislativer Änderungen keine Freiheitsstrafen wegen Ordnungswidrigkeiten mehr verbüßt.

Tabelle 18: **Gefangene insgesamt nach Vorstrafen,**[1046] **jeweils am Ende des Jahres**

Jahr	Mehrfach-auffällige*		Mit Vorstrafen		Ohne Vorstrafen		Ordnungswid-rigkeiten		Gefangene insgesamt
	Abs.	In %	Abs.	In %	Abs.	In %	Abs.	In %	
1990	3.589	13,8	5.072	19,5	16.617	63,9	732	2,8	26.010
1991	8.032	20,3	6.932	17,5	24.142	61,0	503	1,3	39.606
1992	9.612	21,8	8.360	19,0	25.157	57,2	882	2,0	44.011
1993	11.265	25,3	7.615	17,1	24.651	57,6	990	2,2	44.521
1994	12.255	27,9	8.165	18,6	22.416	51,0	1.154	2,6	43.990
1995	13.580	30,0	9.011	19,9	20.304	44,8	2.414	5,3	45.309
1996	14.001	33,0	8.751	20,6	17.414	41,0	2.279	5,4	42.445
1997	15.530	34,4	8.973	19,9	20.217	44,8	401	0,9	45.121
1998	19.800	38,0	8.157	15,6	22.994	44,1	1.198	2,3	52.149
1999	20.086	40,3	8.498	17,1	21.093	42,4	113	0,2	49.790
2000	18.699	38,7	8.872	18,4	20.245	41,9	451	0,9	48.267
2001	19.601	39,3	9.763	19,6	19.572	39,3	904	1,8	49.840

1046 Daten zu Jugendlichen waren nicht zu erhalten.

Jahr	Mehrfach-auffällige[*]		Mit Vorstrafen		Ohne Vorstrafen		Ordnungswid-rigkeiten		Gefangene insgesamt
	Abs.	In %	Abs.	In %	Abs.	In %	Abs.	In %	
2002	20.514	42,7	9.291	19,3	18.161	37,8	109	0,2	48.075
2003	19.388	45,3	8.063	18,8	15.364	35,9	--	-	42.815
2004	17.710	45,4	7.660	19,6	13.661	35,0	-	-	39.031
2005	16.693	45,5	7.481	20,4	12.526	34,1	-	-	36.700
2006	15.637	45,9	7.010	20,6	11.391	33,5	-	-	34.038
2007	13.763	46,8	5.897	20,1	9.730	33,1	-	-	29.390
2008	12.142	46,3	5.356	20,4	8.714	33,2	-	-	26.212
2009	11.976	44,8	5.700	21,3	9.040	33,8	-	-	26.716
2010	12.690	44,9	6.057	21,5	9.497	33,6	-	-	28.244
2011	14.078	45,9	6.434	21,0	10.182	33,2	-	-	30.694

Quelle: Nationale Strafvollzugsverwaltung.
* Als Mehrfachauffällige wurden nach bisheriger Rechtlage (Art. 37 rStGB a. F.) die-jenigen Personen bezeichnet, die 1) nach rechtskräftiger Verurteilung zu einer Frei-heitsstrafe von mehr als sechs Monaten, 2) nach Vollzug einer Freiheitsstrafe von mehr als sechs Monaten, nach einer Begnadigung oder nach Ablauf der Vollstre-ckungsverjährung einer solchen Strafe oder 3) nach der Verurteilung zu mindestens drei Freiheitsstrafen bis zu sechs Monaten, einer Begnadigung oder nach Ablauf der Vollstreckungsverjährung von wenigstens drei Freiheitsstrafen bis zu sechs Mona-ten erneut vorsätzlich eine Straftat begangen haben, für die das Gesetz eine Frei-heitsstrafe von mehr als einem Jahr vorsieht. Straftaten, die während der Minder-jährigkeit begangen wurden, waren hiervon jedoch ausgenommen, Art. 38 Abs. 1 a) rStGB a. F. Nach der neuen Rechtslage werden diejenigen als Mehrfachauffällige definiert, die nach rechtskräftiger Verurteilung zu einer Frei-heitsstrafe von mehr als einem Jahr erneut vorsätzlich oder grob fahrlässig eine Straftat begehen, für die das Gesetz eine Freiheitsstrafe von mindestens einem Jahr vorsieht, Art. 41 Abs. 1 rStGB. Nunmehr werden auch Straftaten, die als 14- bis 17-Jährige begangen wurden, berücksichtigt.

8.7 Anstaltspersonal

Bei Betrachtung der Entwicklung des Personals im Strafvollzug ist ausweislich *Abbildung 3* bezogen auf den Zeitraum von 1990 bis 2012 eine deutliche Auf-stockung des Anstaltspersonals festzustellen. Von 1990 bis 1993 stieg die An-zahl des Personals in den Erziehungsanstalten und Strafvollzugsanstalten für Jugendliche und Heranwachsende von 400 auf 1.110 auf fast das Dreifache. In dieser Zeit ist auch ein erheblicher Anstieg der Gefangenenzahlen zu verzeichnen. Bis 1997, den Jahren mit den höchsten Inhaftiertenzahlen, blieb die Anzahl des Personals relativ konstant, sank im Jahr 1998 um 27,7% auf 863 und blieb auf einem ähnlichen Stand bis 2010. Von 2010 bis 2011 erhöhte sich der Anteil der Vollzugsbediensteten nochmals um 59,2% auf 1.326. Die Aufstockung des Personals, die nicht einhergeht mit erhöhten Gefangenenzahlen, ist vielmehr im Lichte der Reformbemühungen zu betrachten, Vollzugsprogramme mit ausreichendem Personal anbieten zu können. Im Jahr 2012 fiel die Anzahl der Bediensteten um 10,9% auf 1.182.

Abbildung 3: Anstaltspersonal in den Erziehungs- und Strafvollzugsanstalten für Jugendliche und Heranwachsende, 1990-2012

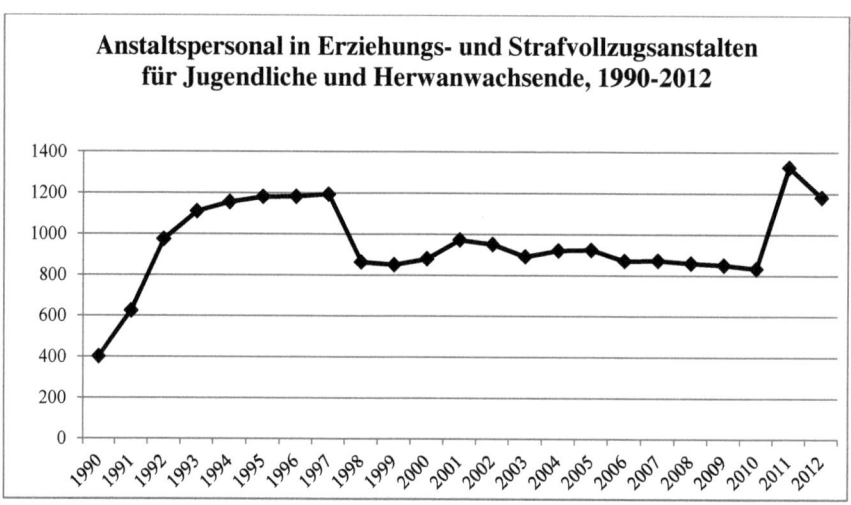

Anstaltspersonal in Erziehungs- und Strafvollzugsanstalten für Jugendliche und Herwanwachsende, 1990-2012

Quelle: Nationale Strafvollzugsverwaltung, Angaben zum Anstaltspersonal jeweils zum Ende des Jahres.

Bei einer Differenzierung nach Tätigkeitsbereichen zeigt sich nach Angaben der Nationalen Strafvollzugsverwaltung zum 31.10.2012 in den Erziehungsanstalten und Strafvollzugsanstalten für Jugendliche und Heranwachsende folgendes Bild: Im Bereich der medizinischen Versorgung waren 53, in den Bereichen Sicherheit/Allgemeiner Vollzugsdienst 680, in den Bereichen Aus- und Weiterbildung sowie psychosoziale Betreuung 199 und in anderen Bereichen 383 Vollzugsbedienstete tätig. Insgesamt lag die Anzahl bei 1.315 Angestellten.[1047] Im gesamten rumänischen Strafvollzugswesen einschließlich der Erziehungsanstalten waren Ende 2012 12.405 Mitarbeitende tätig.[1048] Betrachtet man

---

1047 Angaben der *Nationalen Strafvollzugsverwaltung*. Ausweislich der Berichte des Helsinki-Komitees gestaltete sich die Situation der Bediensteten im sozio-kulturellen bzw. sozio-pädagogischen Bereich während vier Besuchen in Erziehungs- bzw. Strafvollzugsanstalten für Jugendliche und Heranwachsende im Jahr 2013 folgendermaßen: In der Strafvollzugsanstalt für Jugendliche und Heranwachsende Tichileşti wurden am Stichtag des 28.07.2013 289 Gefangene (45 Jugendliche, 226 Heranwachsende und 18 über 21-Jährige) durch einen Psychologen, einen Priester sowie fünf Pädagoginnen (darüber hinaus durch sechs Angestellte im medizinischen Bereich sowie 132 Mitarbeitende des Bereiches Sicherheit/Allgemeiner Vollzugsdienst, AVD) betreut. In der Strafvollzugsanstalt für Jugendliche und Heranwachsende Târgu Mureş waren am Tag des Besuches am 23.09.2013 15 Mitarbeitende im sozio-kulturellen Bereich, davon vier Psychologinnen, neun Pädagogen, ein Priester sowie der Bereichsleiter (eine Mitarbeitende befand sich allerdings in Elternzeit) für 461 Gefangene (58 Jugendliche, 312 Heranwachsende und 91 über 21-Jährige) zuständig. Des Weiteren waren 125 Mitarbeitende im Bereich Sicherheit/AVD und sieben Beschäftigte im medizinischen Bereich angestellt. In der Strafvollzugsanstalt für Jugendliche und Heranwachsende Bacău wurde im Rahmen des Besuches am 03.10.2013 festgestellt, dass 862 Gefangene (darunter 56 Jugendliche, 326 Heranwachsende und 480 über 21-Jährige) von drei Pädagoginnen, einem Psychologen sowie weiteren Vollzugsbediensteten mit pädagogischer Ausbildung (insgesamt 12 Beschäftigte im sozio-pädagogischen Bereich) betreut wurden. Ein Großteil der vorgesehenen Stellen in diesem Bereich war nicht besetzt, so dass sich die Betreuungssituation als ungünstig darstellte. Ferner waren in den Bereichen Sicherheit/AVD 210 Bedienstete sowie medizinische Versorgung 9 Mitarbeitende angestellt. In der Erziehungsanstalt Târgu Ocna stellte sich das Betreuungsverhältnis positiver dar: So waren am 04.10.2013 35 Beschäftigte im sozio-pädagogischen Bereich und sieben Lehrkräfte an der Schule für 73 Jugendliche zuständig. Darüber hinaus waren 32 Mitarbeitende im Bereich Sicherheit/AVD und fünf Bedienstete im Bereich der medizinischen Versorgung tätig. Zu den Berichten im Einzelnen siehe http://www.apador.org/en/index.htm (07.02.2014). In den gesamten Jugendstrafvollzugsanstalten zeigte sich ein Defizit an Beschäftigten im sozio-kulturellen bzw.-pädagogischen Bereich.

1048 *Nationale Strafvollzugsverwaltung* 2012, S. 12. Die einzelnen Berufsgruppen stellten sich wie folgt dar: 36 Mitarbeitende waren in der Anstaltsleitung, 46 in der Vertretenden Anstaltsleitung, 47 im Bereich Justiz, 171 in den Bereichen Sekretariat, Archiv, Registratur, Pressestelle, 38 im Bereich „geheime Informationen", 21 im Bereich Management von Gefahrensituationen, 111 in der Informatik, 83 im Bereich Prävention, 203 in den Bereichen Personalverwaltung und Fortbildung, 15 im Bereich Organisation und Mobilisation, 758 in der Medizinischen Versorgung, 7.808 im Allgemeinen Vollzugsdienst/Sicherheit, 636 in der Aus- und Weiterbildung sowie psychosozialen Betreuung, 2.265 in der Wirtschaftsverwaltung, 18 in den Schulen der Erziehungsanstalten und 149 in sonstigen Bereichen tätig. Lediglich ca. 80% der vorgesehenen 15.555 Stellen waren im Jahr 2012 besetzt, was eine Personalknappheit im Strafvollzugswesen verdeutlicht.

die Entwicklung des Anstaltspersonals insgesamt, so zeigt sich, dass in dem Zeitraum von 2007 bis 2012 die Anzahl der Bediensteten nahezu konstant geblieben ist bei steigenden Gefangenenzahlen von 2008 bis 2012, siehe *Tabelle 19*. Damit hat sich das Betreuungsverhältnis bezogen auf den gesamten Strafvollzug verschlechtert: Kamen im Jahr 2008 noch 47 Bedienstete auf 100 Gefangene, so waren es im Jahr 2012 nur noch 39 Bedienstete auf 100 Gefangene.

Tabelle 19: Anstaltspersonal im gesamten Strafvollzug einschließlich der Erziehungsanstalten, 2007-2012

Jahr	Anzahl Bedienstete	Anzahl Gefangene	Anzahl der Bediensteten auf 100 Gefangene
2007	12.553	29.390	43
2008	12.297	26.212	47
2009	12.437	26.716	46
2010	12.223	28.244	43
2011	12.247	30.694	40
2012	12.405	31.817	39

Bei Betrachtung der Anzahl der Gefangenen pro Bediensteten in den Erziehungs- sowie Strafvollzugsanstalten für Jugendliche und Heranwachsende im Zeitraum von 2004 bis 2012 zeigt sich eine Veränderung der Relation. Im Jahr 2004 lag die Anzahl der Gefangenen unter denen der Mitarbeitenden, während im Jahr 2012 ein Mitarbeiter auf nahezu zwei Gefangene kam. Diese Entwicklung hängt mit der deutlich gestiegenen Anzahl der Gefangenen in den Strafvollzugsanstalten für Jugendliche und Heranwachsende zusammen. Von 2010 bis 2012 stieg die Anzahl auf das 3,7-fache. Der Anstieg ist auf die im Vorgriff auf die Reform von 2014 eingeführte gezielte Strategie des Justizministeriums zurückzuführen, Jugendliche und Heranwachsende in die besonderen Strafvollzugseinrichtungen für diese Altersgruppen zu verlegen und resultiert nicht aus einer gestiegenen Anzahl jugendlicher und heranwachsender Inhaftierter. In der Zeit von 2010 bis 2012 ist die Anzahl der jugendlichen und heranwachsenden Gefangenen sogar leicht zurückgegangen (siehe *Tabelle 14*). Im Hinblick auf die insgesamt hohe Betreuungsdichte ist anzumerken, dass die Gesamtzahl der jugendlichen Gefangenen in den Strafvollzugs- und Erziehungsanstalten seit Anfang der 1990er Jahre deutlich gesunken ist, von 5.625 im Jahr 1992 auf 444 im Jahr 2012 (siehe *Tabelle 16*). Die Anzahl der Jugendlichen, die in Erziehungsan-

stalten bzw. in Besonderen Schulen für Arbeit und Erziehung[1049] untergebracht
waren, ist von 3.448 im Jahr 1992 auf 165 im Jahr 2012 gesunken.

Tabelle 20: Anzahl der Gefangenen pro Bediensteten in den Erziehungs- und Strafvollzugseinrichtungen für Jugendliche und Heranwachsende, 2004-2012

Jahr	Anzahl Anstaltsperso-nal	Anzahl Gefangene			Gefangene pro Be-dienstete
		Erziehungsan-stalt	Strafvollzugsan-stalt für Jugendli-che und Heran-wachsende	Insgesamt	
2004	921	212	541	753	0,8
2005	923	250	498	748	0,8
2006	871	246	672	918	1,1
2007	872	205	517	722	0,8
2008	859	158	442	600	0,7
2009	850	156	557	713	0,8
2010	833	168	558	726	0,9
2011	1.326	155	1.898	2.053	1,5
2012	1.182	165	2.056*	2.221	1,9

Quelle: Nationale Strafvollzugsverwaltung. Angaben zum Anstaltspersonal jeweils zum En-de des jeweiligen Jahres. Eigene Berechnungen Gefangene pro Bedienstete.
* Die Zahl entspricht nicht exakt der Gesamtzahl in *Tabelle 14*, da dort (Gesamtsumme n = 2.120) auch Jugendliche und Heranwachsende enthalten sind, die in Erwachse-nenanstalten untergebracht sind.

8.8 Zusammenfassung und Vergleich mit Deutschland

Im Zuge der Gesetzesreformen im (Jugend-)Strafvollzugsrecht sind ab dem 1. Februar 2014 in Rumänien die bisherigen Strafanstalten für Jugendliche und He-ranwachsende in Jugendanstalten bzw. Strafvollzugsanstalten für Heranwach-sende umgewandelt worden. Die bislang existierenden Erziehungsanstalten blie-ben (mit leicht abgewandelter Namensgebung) bestehen. Bedenken ergeben sich im Hinblick auf die geringe Anzahl der Einrichtungen für Jugendliche, die dem

---

1049 Bis einschließlich 1992 konnten Jugendliche auf Grundlage des Dekretes 218/1977 zur Unterbringung in Besonderen Schulen für Arbeit und Erziehung verurteilt werden. Nach 1992 wurden diese Schulen in Erziehungsanstalten umgewandelt.

in den ERJOSSM festgehaltenen Grundsatz der heimatnahen Unterbringung nur bedingt gerecht werden.

Hinsichtlich der Unterbringungsbedingungen im (Jugend-)Strafvollzug stellten internationale und europäische Organisationen bzw. Institutionen Verbesserungsbedarf fest, wobei positive Veränderungen in den letzten Jahren konstatiert wurden. Ein Punkt der Besorgnis blieb u. a. die Überbelegung in einigen Strafvollzugsanstalten für Jugendliche und Heranwachsende.

Der interdisziplinäre Ansatz gewinnt zunehmend an Bedeutung und wird stärker ausgebaut. Das Gebot der Zusammenarbeit unter Einbeziehung Dritter wird auch in Deutschland besonders betont.[1050] Von Bedeutung ist ein Gesamtkonzept, das im Rahmen des Vollzugs, während der Entlassungsvorbereitung, der Zeit des Übergangs in die Freiheit bis hin zur Nachbetreuung auf Vernetzung ausgerichtet ist.[1051] Die Entlassungsvorbereitung ist in Rumänien im Vergleich zu Deutschland noch unterentwickelt, jedoch jüngst in der Strategie zur gesellschaftlichen Wiedereingliederung von der Strafvollzugsverwaltung aufgegriffen und akzentuiert worden.

Bei Betrachtung der Gefangenenraten im Strafvollzug insgesamt ist festzustellen, dass die Rate in Rumänien im Vergleich zu Deutschland etwa doppelt so hoch und im europäischen Vergleich in der mittleren Ebene liegt. Im Jahr 2013 betrug die Gefangenenrate in Rumänien 156,[1052] in Deutschland hingegen lediglich 79[1053]. In Bezug auf die Gefangenenraten im Jugendstrafvollzug hat sich in Rumänien in der Zeit von 2002 bis 2010 die Gefangenenrate halbiert und lag im Jahr 2010 bei 49. Die Entwicklung in Rumänien ist insbesondere auf die steigende Tendenz der Verfahrenseinstellungen und das erweiterte Spektrum von alternativen Maßnahmen zum Strafvollzug zurückzuführen. Ein direkter Vergleich mit den Gefangenenraten im Jugendstrafvollzug in Deutschland ist jedoch aufgrund unterschiedlicher Altersgruppen nicht möglich. In Deutschland lag die Gefangenenrate bezogen auf die Altersgruppe der 15- bis 25-Jährigen im Jahr 2010 bei 86 Gefangenen pro 100.000 der Altersgruppe.[1054]

Im Hinblick auf die Art der begangenen Delikte überwiegt in Rumänien der Anteil der Jugendstrafgefangenen wegen Eigentums- und Vermögensdelikten. In Deutschland hingegen ist der Anteil der wegen Gewaltdelikten Verurteilten (Körperverletzung, Raub) seit den 1990er Jahren gestiegen. Der Anteil bei ge-

---

1050   Das Gebot der Zusammenarbeit ist u. a. in § 7 Berliner JStVollzG verankert.

1051   D/S/S-*Sonnen* 2011, S. 799.

1052   www.prisonstudies.org/info/worldbrief/wpb_country.php?country=161   (10.09.2013).
         Die der Rate zugrunde gelegten Bevölkerungsdaten beziehen sich auf August 2013.

1053   www.prisonstudies.org/info/worldbrief/wpb_country.php?country=139   (10.09.2013).
         Die Gefangenenrate bezieht sich auf den 31.03.2013.

1054   *Dünkel/Geng* 2011, S. 137 f.

waltlosen Eigentums- und Vermögensdelikten hat dagegen abgenommen und ist auf Änderungen in der Sanktionspraxis zurückzuführen.[1055]

1055 *Dünkel/Geng* 2012, S. 120 f. Der Anteil bei Gewaltdelikten lag in einigen Bundesländern sogar bei über 60%.

9. Zusammenfassung und Ausblick

Rückblickend sind hinsichtlich der gesetzlichen Grundlagen des Jugendstrafrechts in den vergangenen Jahrzehnten wiederkehrende Entwicklungen sichtbar. Kam es zu einer Liberalisierung des Sanktionensystems durch die Abschaffung der Strafen für Jugendliche im Jahr 1977, so wurden diese im Jahr 1992 erneut (in Anlehnung an das Strafgesetzbuch von 1969) eingeführt. Bis zum Jahr 2014 bestanden die strafrechtlichen Reaktionsmöglichkeiten für Jugendliche dann in einem abgestuften Katalog von Erziehungsmaßnahmen und Strafen, der weitgehend die Normen aus dem Jahr 1969 beibehielt und Gegenstand einzelner Novellierungen war.[1056] Mit der Neuregelung des am 1. Februar 2014 in Kraft getretenen Strafgesetzbuches hat der Gesetzgeber nunmehr wiederum vollständig den Akzent auf Erziehungsmaßnahmen gelegt und die Möglichkeit der Verhängung von Strafen gegen Jugendliche gestrichen. Orientiert hat sich der Gesetzgeber hierbei an anderen europäischen Modellen des Jugendstrafrechts.[1057] Das neue Strafgesetzbuch, das nach einem langwierigen Prozess auf den Weg gebracht wurde, eröffnet einen erweiterten Katalog der anwendbaren Erziehungsmaßnahmen in Einklang mit europäischen und internationalen Standards. Differenziert wird nunmehr nach nicht freiheitsentziehenden Erziehungsmaßnahmen, die vorrangig anzuwenden sind, und freiheitsentziehenden Erziehungsmaßnahmen.[1058]

Als treibender Faktor für die Gesetzesnovellierung ist eine Reihe von Justizreformen zu nennen, die auch das Jugendstrafrecht mit einbezogen. Ziel der Reformen - insbesondere im Vorfeld des EU-Beitritts im Jahr 2007 - war die Harmonisierung der Gesetze mit europäischen und internationalen Vorgaben. Neben dem Ausbau von Reaktionsmöglichkeiten als Alternativen zum Freiheitsentzug priorisierten die Justizreformen eine stärkere Spezialisierung von Richterinnen und Staatsanwälten in Jugendsachen.[1059] In der Folge wurde in den vergangenen Jahren eine Reihe von Fortbildungsmaßnahmen durchgeführt, um die Professionalisierung im Jugendstrafrecht weiter voranzutreiben.

Im Rahmen der *Neuorganisation des Gerichtswesens* schuf der Gesetzgeber 2004-2005 die Grundlage für die Einrichtung von besonderen Abteilungen oder Kammern auf Ebene der Amts-, Land- und Berufsgerichte sowie von *Ju-*

1056 Vgl. hierzu *Kap. 2.*

1057 Zu nennen sind insbesondere die jugendstrafrechtlichen Grundlagen in Spanien sowie Frankreich, Deutschland und Österreich, vgl. *Kap. 4.3.2.*

1058 Vgl. hierzu *Kap. 4.3.2.*

1059 Vgl. hierzu *Kap. 2.6.*

gend- und Familiengerichten.[1060] Derzeit besteht ein einziges Jugend- und Familiengericht in Brașov, das im Jahr 2004 seine Tätigkeit aufgenommen hat.[1061] Aufgrund rechtspraktischer Erwägungen liegt der Schwerpunkt auf der Einrichtung von spezialisierten Abteilungen und Kammern in Jugend- und Familiensachen.[1062] Darüber hinaus ist in prozessualer Hinsicht positiv zu erwähnen, dass in Rumänien die obligatorische Verteidigung in Jugendstrafverfahren gesetzlich verankert ist.

Eine besondere Rolle im Hinblick auf die gesellschaftliche Wiedereingliederung der jugendlichen Straftäter kommt seit der Reform von 1996 der *Bewährungshilfe* zu.[1063] Als maßgebliche Institution ist die Bewährungshilfe mit der Koordination und teilweise auch Implementierung der Erziehungsmaßnahmen betraut. Die von der Bewährungshilfe verfassten Sozialberichte stellen eine wichtige Grundlage im Jugendstrafverfahren dar. Sie vermitteln den Gerichten und Ermittlungsbehörden ein umfassendes Bild über die persönlichen Lebensumstände der Jugendlichen und ermöglichen somit, diese täterbezogenen Umstände in die Strafzumessung einfließen zu lassen. Des Weiteren wurden in der neuen Strafprozessordnung die Rechte der Bewährungshilfe durch Vorschlagsrechte zu geeigneten Maßnahmen für Jugendliche im Strafverfahren gestärkt. Neben der Betreuung (jugendlicher) Straftäter ist die Bewährungshilfe auch für die Unterstützung von Opfern von Straftaten verantwortlich.[1064] Für die Zukunft ist vorgesehen, dass die Betreuung von Opfern durch eine andere spezialisierte Institution übernommen wird. Damit wird gewährleistet, dass Opferschutzaspekte besser umgesetzt werden können.

Der Aufbau der Bewährungshilfe vollzog sich schrittweise seit 1996, so dass inzwischen eine Konsolidierung und Professionalisierung erfolgt sind. Dennoch bleibt die Frage des gravierenden Personalmangels innerhalb der Bewährungs-

---

1060 Vgl. hierzu *Kap. 5.2.*

1061 Neben dem Jugend- und Familiengericht existiert eine Staatsanwaltschaft in Jugendsachen. Von Vorteil ist die in der Regel kürzere Verfahrensdauer an dem Gericht sowie die Spezialisierung der Richter und Staatsanwältinnen.

1062 Das Gesetz zur Organisation des Gerichtswesens legt dar, dass Jugend- und Familiengerichte als Landgerichte fungieren. Sie sind somit erstinstanzlich nur für einen eingeschränkten Bereich von Straftaten, grundsätzlich schwere Straftaten, entscheidungsbefugt. Der weitaus größere Anteil von Straftaten im Bereich leichterer und mittlerer Kriminalität geht daher an den Amtsgerichten ein. Darüber hinaus ist die Einrichtung eines Jugend- und Familiengerichts mit deutlich höheren Kosten verbunden.

1063 Vgl. hierzu *Kap. 5.3.*

1064 In der Praxis kommt es infolgedessen zu einem Spannungsfeld – aufgrund oftmals eingeschränkter räumlicher Infrastruktur treffen nicht selten Geschädigte und Straftäter aufeinander.

hilfe bestehen. Insbesondere im Hinblick auf die Erweiterung des Aufgabenbereichs nach Inkrafttreten des neuen Strafgesetzes bedarf es struktureller Lösungen, da die Umsetzung der neuen Maßnahmen ansonsten ins Leere zu laufen droht.

Zur Unterstützung hat die Bewährungshilfe in den vergangenen Jahren die Kooperation zu gemeindebasierten Organisationen und Institutionen schrittweise ausgebaut, die in die Umsetzung der Erziehungsmaßnahmen bzw. der sozialen Reintegration einbezogen sind und in Zukunft stärker einbezogen werden. Dennoch besteht Bedarf, die Betreuungsangebote für straffällige Jugendliche stärker auszubauen. Insbesondere steht und fällt die inter-institutionelle Zusammenarbeit mit dem Engagement der lokalen Organisationen. In der Praxis ist der kontinuierliche Ausbau von Angeboten von Bedeutung, um jungen Menschen umfassende und nachhaltige Maßnahmen im psychosozialen Bereich zu gewähren und sie bei der gesellschaftlichen Wiedereingliederung zu unterstützen.

Neben der Bewährungshilfe spielen die ebenfalls landesweit etablierten Generaldirektionen für Sozialhilfe und Kinderschutz eine wichtige Rolle. In ihren Zuständigkeitsbereich fallen unter anderem delinquente Kinder und Jugendliche, die strafrechtlich nicht verantwortlich sind. Für diese halten diese Behörden adäquate Maßnahmen bereit. Nach der neuen Strafprozessordnung werden die Behörden im Rahmen der Ermittlungsverfahren bei Vernehmungen Jugendlicher einbezogen und stehen ihnen unterstützend zur Seite.[1065] Damit wird die Stärkung der verfahrensrechtlichen Garantien Jugendlicher fortgeschrieben.

Im Rahmen der *Justizreform* wurde ferner das *Mediationsgesetz* im Jahr 2006 auf den Weg gebracht. Bereits zuvor, in den Jahren 2002-2004, erfolgte der Aufbau zweier Restorative Justice-Modellprojekte für Jugendliche, insbesondere zur Mediation in Strafsachen. Die Pilotprojekte wurden weitgehend positiv evaluiert: gezeigt werden konnte unter anderem ein hohes Maß an Zufriedenheit der Beteiligten mit dem Mediationsverfahren.[1066] Mediation in Strafsachen ist allerdings weiterhin ausbaufähig in Rumänien. Von einer flächendeckenden Angebotsstruktur kann bislang nicht gesprochen werden. In der Praxis scheitert es insbesondere an der Informiertheit über Mediationseinrichtungen und das Mediationsverfahren sowie an dem Vertrauen der Beteiligten in die relativ neue Form der Konfliktregelung. Darüber hinaus fehlt es derzeit noch an spezialisierten Vermittlerinnen im Bereich der Mediation in Strafsachen, die den spezifischen Bedürfnisse von (jugendlichen) Straftätern und Geschädigten Rechnung tragen.

1065 Die Einbeziehung ist im Falle unter 16-Jähriger zwingend, im Falle Jugendlicher ab dem vollendeten 16. Lebensjahr fakultativ, Art. 505 Abs. 1 und 2 rStPO.

1066 Siehe *Kap. 4.2.4, Rădulescu/Banciu 2004; Rădulescu/Banciu/Dâmboeanu/Balica 2004.*

Hinsichtlich der *Sanktionspraxis* waren insbesondere Mitte bis Ende der 1990er Jahre repressive Tendenzen gegenüber Jugendlichen beobachtbar, die im Gegensatz sowohl zu internationalen Empfehlungen als auch zur gesetzgeberischen Philosophie standen. Dem Verhältnismäßigkeitsgrundsatz entsprechend sollten vorrangig nicht freiheitsentziehende Maßnahmen angewandt und die Unterbringung in (Jugendstraf-)Vollzugsanstalten als *ultima ratio* genutzt werden. In dem erwähnten Zeitraum nahm die Verhängung von Freiheitsstrafen gegenüber Jugendlichen allerdings alarmierende Ausmaße an. Zum einen ist auf einen Anstieg der registrierten Jugendkriminalität in der Transformationszeit zu verweisen, zum anderen auf unzureichende gesetzliche Grundlagen, die eine häufigere Anwendung von alternativen Maßnahmen zur Freiheitsstrafe verhinderten bzw. erschwerten. Die steigende Tendenz der registrierten Jugendkriminalität hing mit vielschichtigen gesellschaftlichen, politischen und wirtschaftlichen Veränderungen im postkommunistischen Rumänien zusammen.[1067] Der Übergang eines Gesellschaftssystems in ein anderes, gekennzeichnet durch eine Phase der Instabilität, wirkte sich nicht zuletzt auf die besonders schutzbedürftige, in der Entwicklung befindliche Generation der Kinder und Jugendlichen aus.

Ein weiteres Hindernis lag in der defizitären Infrastruktur zur Umsetzung der nicht freiheitsentziehenden Maßnahmen, da es an zuständigen Einrichtungen fehlte. Auch aus diesem Grund sahen Gerichte teilweise von der Verhängung alternativer Maßnahmen ab. Des Weiteren wurden seitens einer zum Teil punitiv geprägten Richterschaft in der Transformationszeit die besonderen Bedürfnisse Jugendlicher nicht immer angemessen in die Entscheidungsfindung einbezogen. Ein Faktor, der mitursächlich für eine undifferenzierte Behandlung jugendlicher Straftäter war, lag in der seit den 1990er Jahren gestiegenen Arbeitsbelastung der Justiz, insbesondere der Gerichte. Problematisch ist des Weiteren die vielfach konstatierte uneinheitliche Rechtspraxis in Rumänien, die sich auch im Jugendstrafrecht niederschlägt.

Insbesondere seit Beginn der 2000er Jahre ist ein *Richtungswechsel* in Bezug auf die *Sanktionsanwendung* erkennbar. Einerseits hat die informelle Erledigungspraxis an Bedeutung gewonnen, was sich an gestiegenen Raten vor allem von staatsanwaltlichen Verfahrenseinstellungen zeigt. Neben der gesteigerten staatsanwaltschaftlichen Diversionspraxis ist die steigende Tendenz der Gerichte beobachtbar, Strafen zur Bewährung auszusetzen.[1068] Bedenklich erscheint in diesem Zusammenhang allerdings, dass die Aussetzung zur Bewährung relativ selten mit erzieherisch ausgerichteten Maßnahmen verknüpft wurde. Erziehungsmaßnahmen wie die beaufsichtigte Freiheit führten gewissermaßen

---

1067 Vgl. hierzu *Kap. 3.3.*

1068 Vgl. zur Sanktionspraxis *Kap. 3.2.*

ein Schattendasein. Dies ist unter anderem auf den Personalmangel innerhalb der Bewährungshilfe, die die Umsetzung der Erziehungsmaßnahmen koordiniert, zurückzuführen. Des Weiteren ist auf die eingeschränkten gesetzlichen Möglichkeiten im Hinblick auf Erziehungsmaßnahmen, bis zum Inkrafttreten des neuen Strafgesetzbuches, zu verweisen.

Als *freiheitsentziehende Erziehungsmaßnahmen* für Jugendliche sind nunmehr die Unterbringung in einer *Erziehungs- und in einer Jugendanstalt* vorgesehen. Damit werden Jugendliche künftig nur noch in den besonderen – auf die Bedürfnisse Jugendlicher zugeschnittener – Einrichtungen untergebracht. Die Unterbringung von Jugendlichen in allgemeinen Strafvollzugsanstalten, die bislang in besonderen Abteilungen möglich war, wurde somit gesetzlich abgeschafft.

Im Hinblick auf die *Jugendstrafvollzugspraxis* ist feststellbar, dass die repressive Sanktionspraxis in den 1990er Jahren auch zu deutlichen Überbelegungen in den (Jugend-)Strafvollzugsanstalten im Land führte. Berichten internationaler Organisationen und des Antifolterkomitees des Europarats zufolge wurden die Vollzugsbedingungen im Jugendstrafvollzug als besorgniserregend beschrieben. Nachhaltige Verbesserungen konnten im Zuge tiefgreifender Reformen im Strafvollzugswesen in den letzten Jahren erreicht werden. In der Praxis wurde der Schwerpunkt auf den Ausbau von Bildungsprogrammen und psychosozialen Angeboten gelegt und Vollzugsaktivitäten für Jugendliche kontinuierlich ausgebaut. Das Anstaltspersonal in den Erziehungs- und Strafvollzugsanstalten für Jugendliche und Heranwachsende wurde in der Transformationszeit, und insbesondere im Jahr 2011, deutlich aufgestockt. Darüber hinaus ist die zunehmende Spezialisierung des Personals im Strafvollzugswesen positiv zu erwähnen. Bedenken ergeben sich jedoch im Hinblick auf die Einhaltung des Grundsatzes der heimatnahen Unterbringung, wie in Rules 53.5 und 55 der ERJOSSM betont, da nur sehr wenige Erziehungs- und Jugendanstalten im Land existieren und die Aufrechterhaltung familiärer Bindungen somit erschwert wird.[1069]

Hinsichtlich der Entwicklung der *Gefangenenraten* Jugendlicher ist beobachtbar, dass diese über einen 20-Jahreszeitraum seit Beginn der 1990er Jahre stark abnahmen.[1070] In der Folge hat sich auch die Belegungssituation in den Vollzugseinrichtungen entspannt. Erfreulich ist ferner, dass der Anteil der in *Untersuchungshaft* befindlichen Jugendlichen, der bis zum Jahr 2002 besorgniserregende Ausmaße annahm, seither rückläufig ist. Dies ist auf legislative Ände-

---

1069 Vgl. hierzu *Kap. 8.*

1070 Vgl. hierzu *Kap. 8.6.1.*

rungen zurückzuführen: aufgrund einer Eilverordnung aus dem Jahr 2003 wurde die alleinige Kompetenz zur Verhängung der Untersuchungshaft auf die Richter übertragen und der Staatsanwaltschaft verblieben lediglich die Vorschlagsrechte hierzu.

Im Hinblick auf die Frage, inwieweit sich *internationale* bzw. *europäische Dokumente* in den gesetzlichen Grundlagen widerspiegeln, ist zu betonen, dass die Gesetze weitegehend mit den internationalen Vorgaben konform sind. Das neue Strafgesetzbuch und die neue Strafprozessordnung orientieren sich an Standards der Vereinten Nationen sowie Vorgaben auf europäischer Ebene, zu denen die *Kinderrechtskonvention, die Beijing-, Riyadh-, Havanna-Grundsätze, die Empfehlung über neue Wege im Umgang mit Jugendkriminalität und die Rolle der Jugendgerichtsbarkeit sowie die Europäischen Grundsätze für die von Sanktionen oder Maßnahmen betroffenen jugendlichen Straftäter und Straftäterinnen* (ERJOSSM) zählen. Das neue Strafvollzugsgesetz über freiheitsentziehende Strafen und Maßnahmen reflektiert ganz überwiegend die ERJOSSM-Grundsätze.

Gleichwohl gibt es auch Defizite, die im weiteren Reformprozess berücksichtigt werden sollten. Dazu gehört z. B. die fehlende Vergütung für die Teilnahme an Bildungsmaßnahmen oder Therapie in den Jugendanstalten, die fehlende Verankerung des Grundsatzes der nächtlichen Einzelunterbringung in den Erziehungs- und Jugendanstalten sowie die fehlende Akzentuierung von Mediation in Beschwerdeverfahren.

In Zukunft ist eine Fortführung der innerhalb der Justizreformen anvisierten Strategien im Bereich des Jugendstrafrechts wichtig. In der konsequenten Umsetzung zeigt sich, dass die Reformen nicht nur unter dem Druck des EU-Beitritts implementiert wurden, sondern innerhalb der Justiz ein nachhaltiges Interesse an der Umsetzung der Ziele besteht. Von besonderer Bedeutung ist die Einbeziehung psychologischer, erziehungswissenschaftlicher und kriminologischer Erkenntnisse in jugendkriminalpolitische Strategien und damit die Betonung multidisziplinärer Ansätze. Zu den Schwerpunkten sollte die kontinuierliche Weiterbildung der Akteure im Bereich des Jugendstrafrechts zählen. Neben der bereits eingeleiteten Spezialisierung von Richterinnen und zum Teil auch Staatsanwälten sollte der Fokus auch auf die Polizei ausgeweitet werden, da diese Behörde am häufigsten in Kontakt mit straffälligen Jugendlichen gerät und eine jugendspezifische Behandlung in diesem Stadium wichtig ist. Sinnvoll wäre sicherlich auch eine Spezialisierung von Verteidigerinnen im Jugendstrafrecht, ein Aspekt der bislang kaum aufgegriffen wurde. Zu weiteren Kernpunkten, die für eine gelungene Umsetzung der erzieherischen Maßnahmen notwendig sind, gehört die Bereithaltung des notwendigen Personals, insbesondere im Bereich der Bewährungshilfe. Auf legislativer Ebene wäre es unter Berücksichtigung

entwicklungspsychologischer und kriminologischer Erkenntnisse empfehlens-
wert, Heranwachsende bis zum Alter von 21 Jahren in die jugendstrafrechtlichen
Normen einzubeziehen.

Darüber hinaus sollten in Zukunft im Rahmen der Rechtspraxis, insbesondere im Rahmen der Diversion, die Möglichkeiten stärker genutzt werden, erzieherisch angemessen auf Jugenddelinquenz zu reagieren. Das neue Strafrecht bietet
insofern eine verbesserte Grundlage für eine differenzierte Behandlung Jugendlicher. Auch eine stärkere Betonung von Restorative Justice-Ansätzen ist wün-
schenswert, um jugendliche Straftäter in ihrer Eigenverantwortung zu stärken
und geschädigte Personen stärker einzubeziehen. In Betracht kommen beispielsweise Maßnahmen der Wiedergutmachung und Mediation in Strafsachen,
auf die die Justizbehörden hinwirken können.

In der Justizpraxis ist ferner zu gewährleisten, dass Jugendstrafverfahren tatsächlich getrennt von den Verfahren Erwachsener durchgeführt werden und der
Grundsatz der Nichtöffentlichkeit beachtet wird, um jugendspezifische Verfahrensgarantien einzuhalten. Von Bedeutung ist darüber hinaus, die Einheitlichkeit
der Rechtspraxis in Zukunft noch stärker zu berücksichtigen.

Im Vergleich zu Deutschland lässt sich feststellen, dass in Deutschland eine
größere Bandbreite an Diversionsmöglichkeiten besteht, die mit erzieherischen
Maßnahmen verknüpft werden können. Darüber hinaus verdeutlicht die Etablierung einer eigenständigen Jugendgerichtsbarkeit in Deutschland, dass die Ge-
samtkonzeption, einschließlich der Verfahren bzw. beteiligten Akteure, stärker
auf die Bedürfnisse junger Menschen zugeschnitten sind. Im Hinblick auf die
interinstitutionelle Zusammenarbeit in Deutschland zeigt sich, dass viele ambulante Maßnahmen auf freie Träger übertragen wurden, die auf die jeweiligen
Maßnahmen spezialisiert sind.

Es bleibt abschließend zu hoffen, dass die Jugendkriminalpolitik in Rumänien auf der Basis evidenzbasierter empirischer Erkenntnisse weiter entwickelt
wird und eine intensive Begleitforschung zur Implementation der 2014 in Kraft
getretenen Gesetze etabliert und nachhaltig institutionell abgesichert wird.

Literaturverzeichnis

Abraham, P. (1999): Politica socială în domeniul prevenirii şi combaterii criminalităţii (Sozialpolitik im Bereich der Prävention und Bekämpfung von Kriminalität). In: Zamfir, C. (Hrsg.): Politici sociale în România: 1990-1998 (Sozialpolitik in Rumänien: 1990-1998). Bukarest: Expert. S. 513-554.

Aebi, M., Delgrande, N. (2012): Space I. Council of Europe Annual Penal Statistics. Survey 2011.

Aebi, M., Delgrande, N. (2015): Space I. Council of Europe Annual Penal Statistics. Survey 2014.

Albrecht, P.-A. (2010): Kriminologie. Eine Grundlegung zum Strafrecht. 4. Aufl., München: C. H. Beck.

Alunaru, C. (2008): Rechtsordnung in Rumänien. In Kahl, T., Metzeltin, M., Ungureanu, M.-R. (Hrsg.): Rumänien: Raum und Bevölkerung – Geschichte und Geschichtsbilder – Kultur – Gesellschaft und Politik heute – Wirtschaft – Recht und Verfassung – Historische Regionen. Teilband 2, 2. Aufl., Wien, Berlin, S. 751-776.

Alvazzi del Frate, A., van Kesteren, J. N. (2004): Criminal Victimisation in Urban Europe. Key findings of the 2000 International Crime Victims Survey. Turin: UNICRI.

Amnesty International (2003-2011): Jahresbericht/Amnesty Report 2003-2011. Rumänien. www.amnesty.de.

Antoniu, G. (1995): Vinovăţia penală (Die strafrechtliche Schuld). Bukarest: Editura Academiei Române.

Antoniu, G. (1998): Contribuţii la studiul esenţei, scopului şi funcţiilor pedepsei (Beiträge zum Studium des Wesens, Zwecks und der Funktionen der Strafe). R.D.P. 5, S. 9-24.

Antoniu, G. (Hrsg.) (2010): Explicaţii preliminare ale noului Cod penal. Articolele 1-52. (Vorbemerkungen zum neuen Strafgesetzbuch. Artikel 1-52). Bd. 1, Bukarest: Universul Juridic (zitiert: Antoniu-*Bearbeiter* 2010).

Antoniu, G. (Hrsg.) (2011): Explicaţii preliminare ale noului Cod penal. Articole 53-187. (Vorbemerkungen zum neuen Strafgesetzbuch. Artikel 53-187). Bd. 2, Bukarest: Universul Juridic (zitiert: Antoniu-*Bearbeiter* 2011).

Antoniu, G. (2011): Noua legislaţie penală. Realizări şi unele controverse (Neue strafrechtliche Gesetzgebung. Umsetzung und Widersprüchlichkeiten). In: Motica, R. I., Bercea, L., Paşca, V. (Hrsg.): Noile Coduri ale României: culegere de studii. Conferinta Naţională a Noilor Coduri ale României, Timişoara, 27-28 mai 2011 (Die Neuen Gesetze Rumäniens: Zusammenstellung von Abhandlungen. Nationale Konferenz zu den neuen

314

Gesetzen Rumäniens. Timişoara, 27.-28. Mai 2011). Bukarest: Universul Juridic, S. 491-501.

Antoniu, G., Bulai, C. (2011): Dicţionar de drept penal şi de procedură penală (Rechtswörterbuch des Strafrechts und Strafprozessrechts). Bukarest: Hamangiu.

Antoniu, G., Volonciu, N., Zaharia, N. (1988): Dicţionar de procedură penală (Rechtswörterbuch des Strafprozessrechts). Bukarest: Editura Ştiinţifică şi Enciclopedică.

Asociaţia Sprijinirea Integrării Sociale, The Consortium For Street Children (2004): Street Children and Juvenile Justice in Romania. Internetpublikation: http://tdh-childprotection.org/documents/street-children-and-juvenile-justice-in-romania.

Avrigeanu, T. (2005): Zum Verbrechensbegriff im rumänischen Strafrecht. In: Eser, A., Arnold, J., Trappe, J. (Hrsg.): Strafrechtsentwicklung in Osteuropa. Zwischen Bewältigung und neuen Herausforderungen. Internationales Symposium 26.-29. Juni 2002 auf Schloss Ringberg. Berlin: Duncker & Humblot, S. 183-199.

Baier, D., Pfeiffer, C., Windzio, M., Rabold, S. (2006): Schülerbefragung 2005: Gewalterfahrungen, Schulabsentismus und Medienkonsum von Kindern und Jugendlichen. Abschlussbericht über eine repräsentative Befragung von Schülerinnen und Schülern der 4. und 9. Jahrgangsstufe. Kriminologisches Forschungsinstitut Niedersachsen e. V. Internetpublikation: http://www.kfn.de/versions/kfn/assets/abschlussbericht_schuelerbefragung2005.pdf.

Baier, D., Pfeiffer, C., Simonson, J., Rabold, S. (2009): Jugendliche in Deutschland als Opfer und Täter von Gewalt. Erster Forschungsbericht zum gemeinsamen Forschungsprojekt des Bundesministeriums des Innern und des KFN. Kriminologisches Forschungsinstitut Niedersachsen e. V. Internetpublikation: http://www.kfn.de/Publikationen/KFN-Forschungsberichte. htm.

Balahur, D. (2007): Restorative Justice: An Evaluative Analysis. In: Balahur, D., Littlechild, B., Smith, R. (Hrsg.): Restorative Justice Developments in Romania and Great Britain. Iaşi: Editura Universităţii „Alexandru Ioan Cuza", S. 21-75.

Balica, E. (2009): Instituţionalizarea probaţiunii în România: Practici şi strategii situaţionale în contextul (post)aderării la Uniunea Europeană (Die Institutionalisierung der Bewährungshilfe in Rumänien: Umsetzung und Strategien im Rahmen des Beitritts zur Europäischen Union und in der Folgezeit). Revista Română de Sociologie 20, S. 299-317.

Banciu, D. (1992): Control social şi sancţiuni sociale (Sozialkontrolle und soziale Sanktionen). Bukarest: Hyperion.

Banciu, D. (2005): Crima și Criminalitatea. Repere și abordări juris-sociologice (Verbrechen und Kriminalität. Rechtssoziologische Bezüge und Ansätze). Bukarest: Lumina Lex.

Banciu, D. (2007): Minorul delincvent și justiția penală din România (Jugenddelinquenz und Strafrecht in Rumänien). Revista Română de Sociologie 18, S. 291-299.

Banciu, D., Rădulescu, S. M. (2002): Evoluții ale delincvenței juvenile în România. Cercetare și prevenire socială (Entwicklung der Jugendkriminalität in Rumänien. Forschung und Sozialprävention). Bukarest: Lumina Lex.

Banciu, D., Teodorescu, V. (2000): Etiologia și prevenirea delictelor de omor comise în România în perioada de tranziție (Ursachen und Prävention von Tötungsdelikten in der Transformationszeit in Rumänien). In: Zamfir, E., Bădescu, I., Zamfir, C. (Hrsg.): Starea societății românești după 10 ani de tranziție (Der gesellschaftliche Zustand nach 10 Jahren der Transformation in Rumänien). Bukarest: Expert, S. 390-407.

Basarab, M. (1988): Drept penal. Partea generală (Strafrecht. Allgemeiner Teil). Cluj-Napoca: Universitatea Babeș Bolyai.

Basarab, M. (1995): Drept penal. Partea generală (Strafrecht. Allgemeiner Teil). Bd. 1, 2. Aufl., Iași: Editura Fundatiei Chemarea.

Basarab, M., Pașca, V., Mateuț, G., Butiuc, C. (2007): Codul penal comentat. Partea generală. Vol. 1 (Strafgesetzbuch mit Kommentierungen. Allgemeiner Teil). Bd. 1, Bukarest: Hamangiu (zitiert: Basarab u. a.-*Bearbeiter*).

Basiliade, G. (1986): Die Entwicklung des Jugendstrafrechts und stationäre Behandlung jugendlicher Straftäter in Rumänien. In: Dünkel, F., Meyer, K. (Hrsg.): Jugendstrafe und Jugendstrafvollzug: Stationäre Maßnahmen der Jugendkriminalrechtspflege im internationalen Vergleich. Süd- und osteuropäische Länder sowie außereuropäische Staaten. Teilband 2, Freiburg: Eigenverlag des Max-Planck-Instituts für ausländisches und internationales Strafrecht, S. 1159-1174.

Basiliade, G. (2006): Criminologie comprehensivă (Die gesamte Kriminologie). Bukarest: Expert.

Basiliade, G., Bulai, C., Cornescu, I. (1972): Unele cauze ale manifestărilor infracționale în rândul minorilor și prevenirea acestora (Zu Ursachen der Erscheinungsformen von Jugendkriminalität und deren Prävention). R.R.D. 28, S. 32-37.

Bormann, A. (2005): Schwerpunkte der Rechtsentwicklung – Rumänien. Jahrbuch für Ostrecht 46, S. 146-153.

Bormann, A. (2010): Schwerpunkte der Rechtsentwicklung – Rumänien. Jahrbuch für Ostrecht 51, S. 165-170.

316

Boroi, A. (2008): Drept penal. Partea generală (Strafrecht. Allgemeiner Teil). 2. Aufl., Bukarest: C. H. Beck.

Boroi, A. (2014): Drept penal. Partea generală. Conform Noului Cod penal (Strafrecht. Allgemeiner Teil unter Berücksichtigung des Neuen Strafgesetzbuches). 2. Aufl., Bukarest: C. H. Beck.

Boroi, A., Gorunescu, M., Popescu, M. (2004): Dicționar de drept penal. Bukarest: All Beck.

Brezeanu, O. (1994): Evoluția Criminalității în România în Perioada 1988-1993 (Entwicklung der Kriminalität in Rumänien in dem Zeitraum 1988-1993). In: Stănoiu, R. M., Brezeanu, O., Dianu, T.: Tranziția și Criminalitatea (Transformation und Kriminalität). Bukarest: Oscar Print, S. 36-180.

Brezeanu, O. (1998): Minorul și legea penală (Jugendliche im Strafrecht). Bukarest: All Beck.

Brezeanu, O. (2003): Justiția pentru minori in context european (Jugendstrafrecht im europäischen Kontext). Revista de Criminologie, Criminalistică și Penologie, S. 52-58.

Brezeanu, O. (2007): Criza din sistemul penitenciar (Die Krise im Strafvollzugswesen). R.D.P. 14, S. 54-69.

Brîncoveanu, I. (Hrsg.) (2011): Good practice guide for the penitenciary social worker. Regional Operational Program for Human Resources Development 2007-2013. Iași. Internetpublikation: http://www.icpa.ca/tools/download/1627/Good_Practice_Guide_for_the_penitentiary_social_worke r.pdf.

Brunner, R., Dölling, D. (2011): Jugendgerichtsgesetz. Kommentar. 12. Aufl., Berlin, Boston: De Gruyter.

Bulai, C. (1982): Drept penal. Partea generală (Strafrecht. Allgemeiner Teil). Bd. 3, Bukarest: Tipografia Universității Bucuresti.

Bulai, C. (1992): Drept penal român. Partea generală (Strafrecht in Rumänien. Allgemeiner Teil). Bukarest: Casa de Editură și Presă „Șansa".

Bulai, C., Bulai, B. N. (2007): Manual de drept penal. Partea generală (Handbuch des Strafrechts. Allgemeiner Teil). Bukarest: Universul Juridic.

Bundeskriminalamt (Hrsg.) (2013): Polizeiliche Kriminalstatistik. Berichtsjahr 2012. Wiesbaden: Bundeskriminalamt.

Cace, S. (2000): Copii străzii – o realitate confuză (Straßenkinder – eine verworrene Realität). In: UNICEF (Hrsg.): Un deceniu de tranziție. Situația copilului și a familiei. (Ein Jahrzehnt der Transformation. Die Situation des Kindes und der Familie). Bukarest: UNICEF, S. 83-90.

Chiș, I. (2009): Drept execuțional penal (Strafvollstreckungsrecht). Bukarest: Wolters Kluwer.

Cioroianu, A. (2007): Pe umerii lui Marx. O introducere în istoria comunismului românesc (Auf Marx' Schultern. Eine Einführung in die Geschichte des rumänischen Kommunismus). 2. Aufl., Bukarest: Curtea Veche.

Coca-Cozma, M., Crăciunescu, C.-M., Lefterache, L. V. (Hrsg.) (2003): Justiţia pentru minori (Jugendrecht). Bukarest: Universul Juridic (zitiert: Coca-Cozma u. a.-*Bearbeiter* 2003).

Crişu, A. (2006): Tratamentul infractorului minor în materie penală. Aspecte de drept comparat (Die strafrechtliche Behandlung Jugendlicher. Rechtsvergleichende Aspekte). Bukarest: C. H. Beck.

Daneş, Ş., Papadopol, V. (1985): Individualizarea judiciară a pedepselor (Gerichtliche Individualisierung der Strafen). Bukarest: Editura Ştiinţifică şi Enciclopedică.

Dâmboeanu, C. (2002): Analiza cazurilor de criminalitate juvenile mediatizate în presa din România (Analyse von Jugendstraftaten, die in der rumänischen Presse mediatisiert wurden). Revista Română de Sociologie 13, S. 545-565.

Derşidan, E. (2007): Codul Penal. Comentat şi adnotat (Strafgesetzbuch mit Kommentierungen und Annotationen). Bukarest: Proteus.

Diemer, H., Schatz, H., Sonnen, B.-R. (2011): Jugendgerichtsgesetz mit Jugendstrafvollzugsgesetzen. Kommentar. 6. Aufl., Heidelberg, München, Landsberg: C. F. Müller Verlag (zitiert: D/S/S-*Bearbeiter*).

Dongoroz, V., Kahane, S., Oancea, I., Fodor, I., Iliescu, N., Bulai, C., Stănoiu, R., Roşca, V. (1969-1972): Explicaţii teoretice ale codului penal român (Theoretische Erläuterungen zum rumänischen Strafgesetzbuch). Bd. 1-4, Bukarest: Editura Academiei (zitiert: Dongoroz u. a.-*Bearbeiter*).

Dongoroz, V., Kahane, S., Oancea, I., Stănoiu, R., Fodor, I., Iliescu, N., Bulai, C., Roşca, V. (2003): Explicaţii teoretice ale codului penal român. Partea generală (Theoretische Erläuterungen zum rumänischen Strafgesetzbuch. Allgemeiner Teil). Bd. 1-3, 2. Aufl., Bukarest: Editura Academiei, All Beck (zitiert: Dongoroz u. a.-*Bearbeiter*).

Dragomirescu, V., Hanganu, O., Prelipceanu, D. (1990): Expertiza medico-legală psihiatrică (Rechtsmedizinische psychiatrische Gutachten). Bukarest: Editura Medicală.

Durnescu, I. (2008a): O istorie a probaţiunii în România (Geschichte der Bewährungshilfe in Rumänien). In: Schiaucu, V., Canton, R. (Hrsg.): Manual de probaţiune (Handbuch der Bewährungshilfe). Bukarest: Euro Standard, S. 8-25.

Durnescu, I. (2008b): Romania. In: van Kalmthout, A. M., Durnescu, I. (Hrsg.): Probation in Europe. Nijmegen: Wolf Legal Publishers, S. 869-903.

Durnescu, I. (2009): Asistenţă socială în penitenciar (Sozialarbeit im Strafvollzug). Iaşi: Polirom.

Durnescu, I., Lazăr, C., Shaw, R. (2002): Incidence and Characteristics of Rroma Men in Romanian Prisons. The Howard Journal of Criminal Justice 41, S. 237-244.

Duvac, C. (2013): Studiu comparativ referitor la legea penală şi limitele ei de aplicare din perspectiva noului Cod penal şi a Codului penal actual (Rechtsvergleichende Untersuchung aus der Perspektive des neuen Strafgesetzbuches und des aktuellen Strafgesetzbuches in Bezug auf das Strafrecht und seinen Anwendungsbereich). Dreptul 24, S. 177-225.

Dünkel, F. (2008): Jugendstrafrecht im europäischen Vergleich im Licht aktueller Empfehlungen des Europarats. Neue Kriminalpolitik 20, S. 102-114.

Dünkel, F. (2011): Die Europäischen Grundsätze für die von Sanktionen oder Maßnahmen betroffenen jugendlichen Straftäter und Straftäterinnen („European Rules for Juvenile Offenders Subject to Sanctions or Measures", ERJOSSM). Zeitschrift für Jugendkriminalrecht und Jugendhilfe 22, S. 140-154.

Dünkel, F. (2013): Youth Justice Policy in Europe – Between Minimum Intervention, Welfare and New Punitiveness. In: Daems, T., van Zyl Smit, D., Snacken, S. (Hrsg.): European Penology? Oxford, Portland/Oregon: Hart Publishing 2013, S. 145-170.

Dünkel, F., Baechthold, A., van Zyl Smit, D. (2007): Europäische Mindeststandards und Empfehlungen als Orientierungspunkte für die Gesetzgebung und Praxis-dargestellt am Beispiel der Empfehlungen für inhaftierte Jugendliche und Jugendliche in ambulanten Maßnahmen (die „Greifswald-Rules"). In: Goerdeler, J., Walkenhorst, P. (Hrsg.): Jugendstrafvollzug in Deutschland – Neue Gesetze, neue Strukturen, neue Praxis? Mönchengladbach: Forum Verlag Godesberg, S. 114-140.

Dünkel, F., Baechthold, A., van Zyl Smit, D. (2009): Die Europäische Empfehlung für inhaftierte und ambulant sanktionierte jugendliche Straftäter („European Rules for Juvenile Offenders Subject to Sanctions and Measures", ERJOSSM). In: Bundesministerium der Justiz (Hrsg.): Das Jugendkriminalrecht vor neuen Herausforderungen? Jenaer Symposium. Mönchengladbach: Forum Verlag Godesberg, S. 297-316.

Dünkel, F., Gebauer, D., Geng, B. (2008): Jugendgewalt und Möglichkeiten der Prävention. Gewalterfahrungen, Risikofaktoren und gesellschaftliche Orientierungen von Jugendlichen in der Hansestadt Greifswald und auf der Insel Usedom. Ergebnisse einer Langzeitstudie 1998 bis 2006. Mönchengladbach: Forum Verlag Godesberg.

Dünkel, F., Geng, B. (2008): Greifswalder Inventar zum Strafvollzug (GIS). Internetpublikation: http://www.rsf.uni-greifswald.de/duenkel/gis/jugendvollzug/insassenstruktur.html.

Dünkel, F., Geng, B. (2011): Neues aus der (Jugend-) Anstalt. Folgen des Urteils des BVerfG zur Verfassungsmäßigkeit des Jugendstrafvollzugs – 5 Jahre danach. Neue Kriminalpolitik 22, S. 137-143.

Dünkel, F., Geng, B. (2012): Die Entwicklung des Jugendstrafvollzugs in Deutschland nach dem Urteil des BVerfG von 2006 – Befunde einer empirischen Erhebung bei den Jugendstrafvollzugsanstalten. BewHi 59, S. 115-133.

Dünkel, F., Grzywa, J., Pruin, I., Šelih, A. 2011: Juvenile Justice in Europe – Legal aspects, policy trends and perspectives in the light of human rights standards. In: Dünkel, F., Grzywa, J., Horsfield, P., Pruin, I. (Hrsg.): Juvenile Justice Systems in Europe. Current Situation and Reform Developments. Bd. 4, 2. Aufl., Mönchengladbach: Forum Verlag Godesberg 2011, S. 1.839-1.898.

Dünkel, F., Morgenstern, C., Zolondek, J. (2006): Europäische Strafvollzugsgrundsätze verabschiedet! Neue Kriminalpolitik 18, S. 86-89.

Dünkel, F., Pruin, I. (2011): Young adult offenders in the criminal justice systems of European countries. In: Dünkel, F., Grzywa, J., Horsfield, P., Pruin, I. (Hrsg.): Juvenile Justice Systems in Europe. Current Situation and Reform Developments. Band 4, 2. Aufl., Mönchengladbach: Forum Verlag Godesberg 2011, S. 1.583-1.606.

Dünkel, F., Pruin, I. (2012): Young adult offenders in juvenile and criminal justice systems in Europe. In: Lösel, F., Bottoms, A., Farrington, D. P. (Hrsg.): Young Adult Offenders. Lost in transition? London, New York: Routledge 2012, S. 11-38.

Dünkel, F., Stańdo-Kawecka, B. (2011): Juvenile Imprisonment and placement in institutions for deprivation of liberty – Comparative aspects. In: Dünkel, F., Grzywa, J., Horsfield, P., Pruin, I. (Hrsg.): Juvenile Justice Systems in Europe – Current Situation and Reform Developments. Bd. 4, 2. Aufl., Mönchengladbach: Forum Verlag Godesberg, S. 1.789-1.838.

Dünkel, F., Walkenhorst, P., Walter, J. (2016): Jugendstrafvollzugsgesetze der Länder. München: C. H. Beck (zitiert: Dünkel u. a.-*Bearbeiter* 2016).

Eisenberg, U. (2014): Jugendgerichtsgesetz. 17. Aufl., München: C. H. Beck.

Europäische Kommission (2007-2013): Berichte der Kommission der Europäischen Gemeinschaft über Rumäniens Fortschritte im Rahmen des Kooperations- und Überprüfungsmechanismus (Cooperation and Verification Mechanism – CVM, zitiert: CVM-Bericht-Datum). Abrufbar unter: http://ec.europa.eu/cvm/progress_reports_en.htm.

Faber, M. (2014): Länderspezifische Unterschiede bezüglich Disziplinarmaßnahmen und der Aufrechterhaltung von Sicherheit und Ordnung im Jugendstrafvollzug. Mönchengladbach: Forum Verlag Godesberg.

320

Fair Trials International (2012): Report. Defence rights in the EU. Internet-publikation: http://www.fairtrials.org/wp-content/uploads/2012/10/ADR-Report_FINAL.pdf.

Fiedler, M., Vogel, S. (2012): § 5 Freizeit, Medien, Sport. In: Ostendorf, H. (Hrsg.): Jugendstrafvollzugsrecht – Handbuch, 2. Aufl., Nomos Verlagsgesellschaft Baden-Baden, S. 299-357.

Forschungszentrum für die Problemlagen der Jugend (1979): Studiu privind starea infracţională în rândul minorilor (14-18 ani) şi tinerilor (18-26 ani) în perioada 1976-1979 (semestrul I) (Studie bezüglich der Straffälligkeit Jugendlicher (14-18 Jahre) und Jungerwachsener (18-26 Jahre) in dem Zeitraum 1976-1979 (1. Halbjahr). Bukarest.

Fotino, G. (1972): Pagini din istoria dreptului românesc (Auszüge aus der Geschichte des rumänischen Rechts). Bukarest: Editura Academiei.

Gabanyi, A. U. (1990): Die unvollendete Revolution. Rumänien zwischen Diktatur und Demokratie. 2. Aufl., München: Piper.

Gabanyi, A. U. (1998): Systemwechsel in Rumänien. Von der Revolution zur Transformation. München: Oldenbourg.

Gallagher, T. (2004): Furtul unei naţiuni. România de la comunism încoace (Der Raub einer Nation. Rumänien seit dem Kommunismus). Bukarest: Humanitas.

Gensing, A. (2011): Jurisdiction and characteristics of juvenile criminal procedure in Europe. In: Dünkel, F., Grzywa, J., Horsfield, P., Pruin, I. (Hrsg.): Juvenile Justice Systems in Europe – Current Situation and Reform Developments. Bd. 4, 2. Aufl., Mönchengladbach: Forum Verlag Godesberg, S. 1.607-1.648.

Giles, G. W. (2002): Turbulent transitions. Delinquency and justice in Romania. Bukarest: Expert.

Grecu, F., Rădulescu, S. M. (2003): Delincvenţa juvenila în societatea contemporană (Jugendkriminaliät in der heutigen Gesellschaft). Bukarest: Lumina Lex.

Groza, D. (2007): Probaţiunea ca ansablu de sancţiuni şi măsuri comunitare. Autoritatea de implementare. Dificultăţi de asimilare a probaţiunii în procedurile penale române (Die Bewährungshilfe als Gesamtheit gemeindebasierter Sanktionen und Maßnahmen. Zuständigkeit. Schwierigkeiten der Einbindung der Bewährungshilfe in Strafverfahren in Rumänien). Caiete de Drept Penal, S. 1-73.

Guiu, M. K. (2007): Discuţii în legătură cu definiţia infracţiunii (Diskussionen über die Definition des Straftatbegriffs). Dreptul 18, S. 123-140.

Haines, A. (2007): Juvenile Crime and Punishment in Bucharest, Romania: A Public Opinion Survey. Internet Journal of Criminology, S. 1-19. http://www.internetjournalofcriminology.com/.

Heinz, W. (2014): Das strafrechtliche Sanktionensystem und die Sanktionierungspraxis in Deutschland 1882-2012. Internetpublikation: http://www.uni-konstanz.de/rtf/kis/Sanktionierungspraxis-in-Deutschland-Stand-2010.pdf, Stand: Berichtsjahr 2012, Version 1/1014.

Hoher Rat der Magistratur (2011-2012): Raport privind starea justiţiei 2010, 2011 (Bericht zum Stand des Justizwesens 2010, 2011). Abrufbar unter: http://www.csm1909.ro/csm/index.php?cmd=24.

Ierunca, V. (2008): Fenomenul Piteşti (Das Phänomen Piteşti). Bukarest: Humanitas.

International Helsinki Federation for Human Rights (IHF) (2006): International Helsinki Federation Annual Report on Human Rights Violations. Romania. Internetpublikation: http://www.refworld.org/docid/469392970.html.

Ionescu-Dolj, I. (1926): Curs de procedură penală română (Kurs des rumänischen Strafprozessrechts). Bukarest: Socec & Co.

Ionescu-Dolj, I. (1937): Curs de procedură penală română (Kurs des Strafprozessrechts). Bukarest: Socec & Co.

Ionescu-Muscel, P. (1931): Istoria dreptului penal român (Geschichte des rumänischen Strafrechts). Bukarest: Editura Revista Positivă Penală şi Penitenciară.

Jordan, M. J. (2010): Romanian prisons fight spread of TB, HIV. Global Post, 24.06.2010. Abrufbar unter http://www.globalpost.com/dispatch/europe/100323/romania-prison-conditions-tuberculosis.

Justizministerium (2009a): Begründung zum Strafgesetzbuch. Abrufbar unter www.just.ro.

Justizministerium (2009b): Begründung zur Strafprozessordnung. Abrufbar unter www.just.ro.

Justizministerium (2010): Begründung zum Ausführungsgesetz zum Strafgesetzbuch. Abrufbar unter http://www.just.ro/Sectiuni/PrimaPagina_Meniu Dreapta/LegeAplicareCP/tabid/1438/Default.aspx.

Justizministerium (2013a): Gesetzesentwurf über die Vollstreckung von Strafen, Erziehungsmaßnahmen und anderen nicht freiheitsentziehenden Maßnahmen, die von den Justizorganen während des Strafverfahrens verhängt wurden – Hinweise und Erläuterungen. Abrufbar unter www.just.ro.

Justizministerium (2013b): Gesetzesentwurf über den Vollzug von Strafen und freiheitsentziehenden Maßnahmen, die von den Justizorganen während des Strafverfahrens verhängt wurden – Hinweise und Erklärungen. Abrufbar unter www.just.ro.

Kaiser, G. (1996): Kriminologie. 3. Aufl., Heidelberg: Müller.

Kaiser, G., Schöch, H., Kinzig, J. (2015): Kriminologie, Jugendstrafrecht, Strafvollzug, 8. Aufl., München: C. H. Beck.

Kunze, T. (2000): Nicolae Ceauşescu. Eine Biographie. 2. Aufl., Berlin: Christoph Links Verlag.

Kühl, J. (2012): Die gesetzliche Reform des Jugendstrafvollzugs in Deutschland im Licht der European Rules for Juvenile Offenders Subject to Sanctions or Measures (ERJOSSM). Mönchengladbach: Forum Verlag Godesberg.

Lackner, K., Kühl, K. (2014): Strafgesetzbuch. Kommentar. 28. Aufl., München: C. H. Beck.

Lascu, I. (2010): Răspunderea penală a minorilor în viziunea noului Cod penal (Die strafrechtliche Verantwortlichkeit Jugendlicher im Angesicht des neuen Strafgesetzbuches). R.D.P. 17, S. 38-44.

Laubenthal, K. (2015): Strafvollzug, 7. Aufl., Berlin, Heidelberg: Springer-Verlag.

Laubenthal, K., Baier, H., Nestler, N. (2015): Jugendstrafrecht. 3. Aufl., Berlin, Heidelberg: Springer-Verlag.

Lefterache, L. V. (2012): Drept penal. Partea generală (Strafrecht. Allgemeiner Teil). 3. Aufl., Bukarest: Universul Juridic.

Leonhardt, P. (1990): Rechtsentwicklung in Osteuropa 1989 – Rumänien. Jahrbuch für Ostrecht 31, S. 146-153.

Leonhardt, P. (1991): Rechtsentwicklung in Osteuropa 1990 – Rumänien. Jahrbuch für Ostrecht 32, S. 132-145.

Leonhardt, P. (1992): Rechtsentwicklung in Osteuropa 1991 – Rumänien. Jahrbuch für Ostrecht 33, S. 126-140.

Leonhardt, P. (1993): Rechtsentwicklung in Osteuropa 1992 – Rumänien. Jahrbuch für Ostrecht 34, S. 116-130.

Leonhardt, P. (2000): Rechtsentwicklung in Osteuropa 1999 – Rumänien. Jahrbuch für Ostrecht 41, S. 141-155.

Longinescu, S. G. (1912): Legi vechi româneşti şi izvoarele lor (Die frühen rumänischen Gesetze und ihre Quellen). Bd. 1, Bukarest: Institutul de Arte Grafice Carol Göbl.

Luca, S. (2008): The Juvenile Court. In: Balahur, D., Padovani, A., Brutto, S. (Hrsg.): Probation and Restorative Justice in Romania and Italy. Iaşi: Editura Universităţii "Alexandru Ioan Cuza", S. 89-113.

Lupaşcu, D. (2001): Minor. Măsura educativă libertăţii supravegheate. Limita de vârsta până la care poate fi aplicată (Der Jugendliche. Die Erziehungsmaßnahme der Unterstellung unter Aufsicht. Altersgrenze der Anwendbarkeit). Dreptul 12, S. 214-217.

MacDonald, M. u. a. (2005): A Study of the Health Care Provision, Existing Drug Services and Strategies Operating in Prisons in Ten Countries in Central and Eastern Europe. HEUNI Report Series No. 45, Helsinki. Internetpublikation: www.heuni.fi.

MacDonald, M. u. a. (2008): Service Provision for Detainees with Problematic Drug and Alcohol Use in Police Detention: A Comparative Study of Selected Countries in the European Union. HEUNI Report Series No. 54, Helsinki. Internetpublikation: www.heuni.fi.

Mateuț, G. (1999): Drept penal special. Sinteze de teorie şi practică judiciară (Besonderer Teil des Strafrechts. Darstellung der Theorie und Rechtsprechung). Bd. 1, Bukarest: Lumina Lex.

Mateuț, G. (2007): Tratat de procedură penală. Partea generală (Strafprozessuale Abhandlung. Allgemeiner Teil). Bd. 1, Bukarest: C. H. Beck.

Meier, B.-D. (2010): Kriminologie. 4. Aufl., München: C. H. Beck.

Meier, B.-D., Rössner, D., Schöch, H. (2013): Jugendstrafrecht, 3. Aufl., München: C. H. Beck.

Mitrache, C-tin. (1994): Drept penal român. Partea generală (Strafrecht in Rumänien. Allgemeiner Teil). Bukarest: Casa de Editură şi Presă „Şansa".

Mitrache, C-tin., Mitrache Cr. (2012): Drept penal român. Partea generală. (Strafrecht in Rumänien. Allgemeiner Teil). 9. Aufl., Bukarest: Universul Juridic.

Murgescu, B. (2008): Die rumänischen Länder in der frühen Neuzeit. In Kahl, T., Metzeltin, M., Ungureanu, M.-R. (Hrsg.): Rumänien: Raum und Bevölkerung – Geschichte und Geschichtsbilder – Kultur – Gesellschaft und Politik heute – Wirtschaft – Recht und Verfassung – Historische Regionen. Teilband 1, 2. Aufl., Wien, Berlin, S. 221-235.

Nationale Antidrogenbehörde (2011): National Report. Romania. New Developments, Trends and In-depth Information on Selected Issues. Bukarest. Internetpublikation: http://www.ana.gov.ro/rapoarte_nationale.php.

Nationale Strafvollzugsverwaltung (2011a): Aktivitätsbericht 2011. Internetpublikation: http://anp.gov.ro/raport-de-activitate-anual.

Nationale Strafvollzugsverwaltung (2011b): *Document de politică publică privind îmbunătățirea condițiilor de detenție* (Allgemeine Grundsätze hinsichtlich der Verbesserung der Vollzugsbedingungen). Annex Nr. 2, Internetpublikation: http://www.cpt.coe.int/documents/rom/2011-32-inf-fra-annexe2.pdf.

Nationale Strafvollzugsverwaltung (2012): Aktivitätsbericht 2012. Internetpublikation: http://www.anp.gov.ro/raport-de-activitate-anual.

Nationale Strafvollzugsverwaltung (o. J.): Strategia Națională de Reintegrare Socială a persoanelor private de libertate 2012-2016 (Strategie zur Wiedereingliederung von Gefangenen in die Gesellschaft 2012-2016). Abrufbar unter http://anp.gov.ro/programe-si-strategii-proprii.

Neagu, I. (2010): Tratat de procedură penală. Partea generală (Strafprozessuale Abhandlung. Allgemeiner Teil). 2. Aufl., Bukarest: Universul Juridic.

324

Neubacher, F. (2009): Internationale Menschenrechtsstandards zum Jugendkriminalrecht – Quellen, Inhalte, Relevanz. In: Bundesministerium der Justiz (Hrsg.): Das Jugendkriminalrecht vor neuen Herausforderungen? Jenaer Symposium. Mönchengladbach: Forum Verlag Godesberg, S. 275-296.

Neubacher, F. (2014): Kriminologie. 2. Aufl., Baden-Baden: Nomos.

Neubacher, F, Schüler-Springorum, H. (2001): Einführung. In: Höynck, T., Neubacher, F., Schüler-Springorum, H.: Internationale Menschenrechtsstandards und das Jugendkriminalrecht. Dokumente der Vereinten Nationen und des Europarates. Mönchengladbach: Forum Verlag Godesberg, S. 1-17.

Nistoreanu, G., Boroi, A. (2002): Drept penal (Strafrecht). 2. Aufl., Bukarest: All Beck.

Oancea, I. (1994a): Probleme de criminologie (Kriminologische Fragestellungen). Bukarest: ALL.

Oancea, I. (1994b): Tratat de drept penal. Partea generală (Abhandlung des Strafrechts. Allgemeiner Teil). Bukarest: ALL.

Ostendorf, H. (2012): Vorbemerkungen. In: Ostendorf, H. (Hrsg.): Jugendstrafvollzugsrecht. Kommentierende Darstellung der einzelnen Jugendstrafvollzugsgesetze. Handbuch. 2. Aufl., Baden-Baden: Nomos Verlagsgesellschaft, S. 29-81.

Ostendorf, H. (2015): Jugendstrafrecht. 8. Aufl., Baden-Baden: Nomos.

Pankiewicz, K. (2008): Absprachen im Jugendstrafrecht. Münster: LIT.

Pascu, I., Uzlău, A. S. (2013): Drept penal. Partea generală (Strafrecht. Allgemeiner Teil). 3. Aufl., Bukarest: Hamangiu.

Pasti, V. (2000): Un deceniu de transformări sociale (Ein Jahrzehnt der sozialen Transformation). UNICEF (Hrsg.): Un deceniu de tranziţie. Situaţia copilului şi a familiei (Ein Jahrzehnt der Transformation. Die Situation des Kindes und der Familie). Bukarest, S. 7-15.

Paşca, V. (2012): Curs de drept penal. Partea generală. (Strafrecht. Allgemeiner Teil gemäß dem neuen Strafgesetzbuch). 2. Aufl., Bukarest: Universul Juridic.

Păncescu, F. G. (2014): Legea medierii. Comentarii şi explicaţii (Mediationsgesetz. Kommentierungen und Erläuterungen). 3. Aufl., Bukarest: C. H. Beck.

Păroşanu, A., Balica, E., Bălan, A. (2013): Mediation in Penal Matters in Romania. Evaluation Study and Perspectives. Bukarest: C. H. Beck.

Penal Reform International Romania (2004): Dezvoltarea muncii în folosul comunităţi (Entwicklung der gemeinnützigen Arbeit). Bukarest.

Pruin, I. (2007): Die Heranwachsendenregelung im deutschen Jugendstrafrecht. Jugendkriminologische, entwicklungspsychologische, jugendsoziologische und rechtsvergleichende Aspekte. Mönchengladbach: Forum Verlag Godesberg.

Pruin, I. (2011): Die Implementierung internationaler Jugendstrafrechtsstandards in die Rechtssysteme Europas. Zeitschrift für Jugendkriminalrecht und Jugendhilfe 22, S. 127-133.

Puşcas, M., Banciu, D. (2006): Minorul în conflict cu legea: delincvent sau victimă? (Jugendliche in Konflikt mit dem Gesetz: Straftäter oder Opfer?). Revista de Criminologie, Criminalistică şi Penologie, S. 1-20.

Rădulescu, S. M. (1999): Sociologia problemelor sociale ale vârstelor (Soziologische Fragestellungen in Bezug auf das Alter). Bukarest: Lumina Lex.

Rădulescu, S. M., Banciu, D. (2004): Studiu evaluativ asupra programului experimental de justiţie restaurativă din România (Evaluationsstudie über die Restorative Justice-Modellprojekte in Rumänien). In: Evaluarea sistemului de justiţie restaurativă din România (Evaluation von Restorative Justice in Rumänien). Bukarest: Oscar Print, S. 9-87.

Rădulescu, S. M., Banciu, D., Dâmboeanu, C. (2006): Justiţia restaurativă. Tendinţe şi perspective în lumea contemporană (Restorative Justice. Aktuelle Tendenzen und Perspektiven). Bukarest: Lumina Lex.

Rădulescu, S. M., Banciu, D., Dâmboeanu, C., Balica, E. (2004): Evaluarea proiectului de justiţie restaurativă derulat in Bucureşti şi Craiova (Evaluation der Restorative Justice-Projekte in Bukarest und Craiova). (unveröffentlicht).

Rădulescu, S. M., Banciu, D., Teodorescu V. (2001): Criminalitatea în România în perioada de tranziţie: teorii, tendinţe, metode de prevenire (Kriminalität in Rumänien in der Transformationszeit: Theorien, Tendenzen, Präventionsmethoden). Piteşti: Lica.

Rinceanu, J. (2009): Auf der Suche nach einem Straftatbegriff in Rumänien. ZStW 121, S. 792-812.

Rinceanu, J. (2011): Die unvollständige Reform des Strafrechts. MschrKrim 94, S. 102-111.

Rumänische Akademie (Hrsg.) (1955): Legiuirea Caragea 1818 (Gesetz des Caragea 1818). Bukarest: Editura Academiei.

Rumänische Akademie (Hrsg.) (1962): Îndreptarea Legii. Erstmals 1652 veröffentlicht durch das Kloster Trisfetitele in Iaşi. Bukarest: Editura Academiei.

Rusu, I. M. (2007): Drept execuţional penal (Strafvollstreckungsrecht). Bukarest: Hamangiu.

Sakalauskas, G. (2006): Strafvollzug in Litauen. Kriminalpolitische Hintergründe, rechtliche Regelungen, Reformen, Praxis und Perspektiven. Mönchengladbach: Forum Verlag Godesberg.

Săucan, D.-S., Liiceanu, A., Micle, M. I. (2009): Încălcarea legii ca stil de viaţă. Vulnerabilitatea adolescenţilor la criminalitate (Gesetzesübertretung als Lebenstil. Die Anfälligkeit Jugendlicher für Kriminalität). Bukarest: Editura Academiei Române.

Schaffstein, F., Beulke, W., Swoboda, S. (2014): Jugendstrafrecht: eine systematische Darstellung. 15. Aufl., Stuttgart: Kohlhammer.

Schaser, P., Volkmer, G. (2008): Rumänien unter kommunistischer Herrschaft. In: Kahl, T., Metzeltin, M., Ungureanu, M.-R. (Hrsg.): Rumänien: Raum und Bevölkerung – Geschichte und Geschichtsbilder – Kultur – Gesellschaft und Politik heute – Wirtschaft – Recht und Verfassung – Historische Regionen. Teilband. 1, 2. Aufl., Wien, Berlin, S. 297-312.

Sessar, K. (1997): Kriminologische Erkenntnisse zur Entwicklung und zum Verlauf von Jugendkriminalität und Folgerungen für die Kriminalpolitik. In: Dünkel, F., van Kalmthout, A., Schüler-Springorum, H. (Hrsg.): Entwicklungstendenzen und Reformstrategien im Jugendstrafrecht im europäischen Vergleich. Mönchengladbach: Forum Verlag, S. 67-85.

Siclodi, S. (1970): Despre cauzele care înlătură răspunderea penală (Gründe, die zum Ausschluss der strafrechtlichen Verantwortlichkeit führen). R.R.D. 26, S. 24-34.

Sima, C. (2000): Codul penal adnotat cu practica judiciară 1969-2000 (Strafgesetzbuch mit Anmerkungen und Rechtspraxis 1969-2000). Bukarest: Lumina Lex.

Sima, C. (2010): Drept execuţional penal (Strafvollstreckungsrecht). Bukarest: Hamangiu.

Solomonescu, G. (1935): Tratamentul infractorului minor în dreptul penal comparat. Partea I (Die Behandlung des jugendlichen Straftäters im Rechtsvergleich. Teil I). Bukarest: Tipografia şi Legătoria Penitenciarului "Văcăreşti".

Spireanu, V. (1934): Codul minorilor (Gesetzbuch bezüglich Minderjähriger). Satu-Mare: Librărie Ferdinand Singer.

Staatsanwaltschaft bei dem Hohen Kassationsgerichtshof (2011, 2013): Aktivitätsbericht 2010, 2012. Internetpublikation: http://www.mpublic.ro/raportari.htm.

Statistisches Bundesamt (2011): Strafverfolgung. Fachserie 10, Reihe 3, Wiesbaden.

Statistisches Bundesamt (2012): Rechtspflege. Ausgewählte Zahlen für die Rechtspflege. Fachserie 10, Reihe 1, Wiesbaden.

Statistisches Jahrbuch (1993-2014): Nationales Institut für Statistik. Bukarest.

Stănişor, E. (2003): Delincvenţa juvenilă (Jugendelinquenz). Bukarest: Oscar Print.

Stănoiu, R. M. (1994): Criminalitatea în România: trecut, prezent, viitor (Kriminalität in Rumänien: Vergangenheit, Gegenwart, Zukunft). In: Stănoiu, R. M., Brezeanu, O., Dianu, T.: Tranziția și Criminalitatea (Transformation und Kriminalität). Bukarest: Oscar Print, S. 5-35.

Streng, F. (2012): Jugendstrafrecht. 3. Aufl., Heidelberg, München, Landsberg, Frechen, Hamburg: Müller.

Stump, B. (2003): „Adult time for adult crime" – Jugendliche zwischen Jugend- und Erwachsenenstrafrecht. Eine rechtshistorische und rechtsvergleichende Untersuchung zur Sanktionierung jugendlicher Straftäter. Mönchengladbach: Forum Verlag Godesberg.

Szabo, A. (2009): Perspective ale dezvoltării instituției probațiunii în România. Raport de cercetare (Entwicklungsperspektiven der Institution der Bewährungshilfe in Rumänien. Forschungsbericht). Bukarest: Editura Universității din București.

Tanoviceanu, I. (1924): Tratat de drept penal și procedură penală (Strafrechtliche und strafprozessuale Abhandlung), Bd. 1, Bukarest: Tipografia Curierul Judiciar.

Teclici, V. (1998): Vina de a fi copil al străzii (Die Schuld, ein Straßenkind zu sein). Bukarest: Oscar Print.

Teodorescu, I. (1928): Minoritatea in fața legii penale. Studiu statistic și de legislație comparată (Die strafrechtliche Behandlung Minderjähriger. Statistische und rechtsvergleichende Untersuchung). 2. Aufl., Bukarest: A.T. Doicescu.

Theodoru, G. (2013): Tratat de drept procesual penal (Strafprozessuale Abhandlung). 3. Aufl., Bukarest: Hamangiu.

Toader, T. (2013): Codul penal și Codul de procedură penală. Hotărâri C.E.D.O., decizii ale Curții Constituționale, recursuri în interesul legii (Strafgesetzbuch und Strafprozessordnung. Entscheidungen des EGMR und des Verfassungsgerichtshofs, Revisionen im Interesse des Gesetzes). Bukarest: Hamangiu.

Toader, T., Michinici, M.-I., Crișu-Ciocîntă, A., Dunea, M., Răducanu, R., Rădulețu, S. (2014): Noul Cod penal. Comentarii pe articole (Das neue Strafgesetzbuch. Kommentar). Bukarest: Hamangiu (zitiert: Toader u. a.-*Bearbeiter* 2014).

TransMonEE 2012 Database, http://www.transmonee.org/index.html.

TransMonEE 2013 Database, http://www.transmonee.org/index.html.

Trappe, J. (2009): Rumäniens Umgang mit der kommunistischen Vergangenheit. Eine Untersuchung aus strafrechtlicher Perspektive. Göttingen: Wallstein.

328

UNDP (2005): Raportul Naţional al Dezvoltării Umane 2003-2005 (Landesbericht zur humanitären Entwicklung 2003-2005). Bukarest.

Ungureanu, A. (1995): Drept penal român. Partea generală (Strafrecht. Allgemeiner Teil). Bukarest: Lumina Lex.

UNICEF (2004): Practices and Standards in the System of Juvenile Justice in Romania. Bucharest.

UNICEF (2005): The Situation of Child Abandonment in Romania. Bucharest.

UNICEF, Alternative Sociale (2008): National analysis of the phenomenon of children left home by their parents who migrate abroad for employment. Internetpublikation: http://singuracasa.ro/_images/img_asistenta_sociala/top_menu/UNICEF&AAS_National_research_HA_2008.pdf.

United Nations Office on Drugs and Crime (UNODC) (2010-2011): Broad Activity Achievement Report. Internetpublikation: http://www.unaids.org/en/media/unaids/contentassets/documents/document/2012/ubw2010-2011/UNODC_2010-2011BAReport.pdf.

United States, Department of State (2012): Trafficking in Persons Report – Romania, 19.06.2012. Internetpublikation: http://www.refworld.org/docid/4fe30c9d37.html.

van Dijk, J. J. M., Manchin, R., van Kesteren, J. N., Hideg, G. (2007): The Burden of Crime in the EU. A Comparative Analysis of the European Survey of Crime and Safety (2005 EU ICS). Gallup Europe, Brussels.

Vasile, F. (2007): Titlul V. Minoritatea (Titel V. Minderjährigkeit). In: Bodoroncea, G., Kuglay, I., Lefterache, L., Matei, I., Nedelcu, I., Vasile F.: Codul penal. Coduri adnotate (Strafgesetzbuch mit Anmerkungen). Bukarest: C. H. Beck, S. 322-379.

Verseck, K. (2007): Rumänien. 3. Aufl., München: Beck.

Vlăduţ, I. (2000): Reforma justiţiei române între deziderat şi realitate (Die Justizreform in Rumänien zwischen Wunsch und Realität). In: Zamfir, E., Bădescu, I., Zamfir, C. (Hrsg.): Starea societăţii româneşti dupa 10 ani de tranziţie (Der gesellschaftliche Zustand nach 10 Jahren der Transformation in Rumänien). Bukarest: Expert, S. 224-245.

Voicu, C. (2012): Istoria statului şi dreptului românesc (Staats- und Rechtsgeschichte in Rumänien). Bukarest: Universul Juridic.

Volonciu, N. (1997): Tratat de procedură penală. Partea generală (Strafprozessuale Abhandlung. Allgemeiner Teil). Bd. 1, Bukarest: Padeia.

Volonciu, N. (2007): Codul de procedură penală comentat. Art. 1-61 (Strafprozessordnung mit Kommentierungen. Art. 1-61). Bd. 1, Bukarest: Hamangiu.

Völkl, E. (1995): Rumänien: Vom 19. Jahrhundert bis in die Gegenwart. Regensburg: Pustet.

Walkenhorst, P., Roos, S., Bihs, A. (2012): § 7 Außenkontakte. In: Ostendorf, H. (Hrsg.): Jugendstrafvollzugsrecht, 2. Aufl., Baden-Baden: Nomos, S. 379-443.

Walmsley, R. (2003): Further Developments in the Prison Systems in Central and Eastern Europe: Achievements, Problems and Objectives. HEUNI, Report Series No. 41, Helsinki. Internetpublikation: www.heuni.fi.

Walmsley, R. (2005): Prisons in Central and Eastern Europe. HEUNI Paper No. 22, Helsinki. Internetpublikation: www.heuni.fi (28.11.2012).

Walter, M., Neubacher, F. (2011): Jugendkriminalität: eine systematische Darstellung. 4. Aufl., Stuttgart: Boorberg.

Willsch, N., Sandmann, J. (2012): § 4 Schule, Ausbildung, Arbeit. In Ostendorf, H. (Hrsg.): Jugendstrafvollzugsrecht, 2. Aufl., Baden-Baden: Nomos, S. 224-298.

Zamfir, C. (1995): Capitolul 1. Considerații introductive (Kapitel 1. Einführende Betrachtungen). In: Zamfir, C. (Hrsg.): Dimenisiuni ale sărăciei (Dimensionen der Armut). Bukarest: Expert, S. 9-14.

Zamfir, C. (2004): O analiza critică a tranziției. Ce va fi "după"? (Eine kritische Analyse der Transformation. Was wird "danach"?). Bukarest: Polirom.

Zamfir, E., Zamfir, C. (1996): Children at risk in Romania. Problems old and new. Innocenti Occasional Papers. Economic Policy Series, Number 56, Special Subseries. Economies in Transition. Florence: UNICEF ICDC.

Zandonella, B. (2009): Pocket Europa. EU-Begriffe und Länderdaten. Bonn: Bundeszentrale für politische Bildung.

Dokumente der Vereinten Nationen und des Europarats:

United Nations (Hrsg.) (1985): Standard Minimum Rules for the Administration of Juvenile Justice (The Beijing Rules), General Assembly Resolution 40/33 of 29 November 1985.

United Nations (Hrsg.) (1989): Convention on the Rights of the Child, General Assembly Resolution 44/25 of 20 November 1989. Rumänien ist der Konvention am 26. Januar 1993 beigetreten.

United Nations (Hrsg.) (1990): Standard Minimum Rules for Non-Custodial Measures (The Tokyo Rules), General Assembly Resolution 45/110 of 14 December 1990.

United Nations (Hrsg.) (1990): Guidelines for the Prevention of Juvenile Delinquency (The Riyadh Guidelines), General Assembly Resolution 45/112 of 14 December 1990.

United Nations (Hrsg.) (1990): Rules for the Protection of Juveniles Deprived of their Liberty (The Havana Rules), General Assembly Resolution 45/113 of 14 December 1990.

Economic and Social Council (Hrsg.) (1966): International Covenant on Civil and Political Rights, adopted and opened for signatures, ratification and accession by General Assembly resolution 2200A (XXI) of 16 December 1966. Rumänien ratifizierte das Abkommen am 9. Dezember 1974.

Economic and Social Council (Hrsg.) (2002): Resolution 2002/12. Basic Principles on the Use of Restorative Justice Programmes in Criminal Matters, adopted by the United Nations Economic and Social Council on 24 July 2002. New York.

First United Nations Congress on the Prevention of Crime and the Treatment of Offenders (Hrsg.) (1955): Standard Minimum Rules for the Treatment of Prisoners, adopted by the Economic and Social Council in its resolution 663 C (XXIV) of 31 July 1957. Geneva.

Committee for the Prevention of Torture and Inhuman or Degrading Treatment or Punishment (CPT) (2008): Rapport au Gouvernement de la Roumanie relatif à la visite effectuée en Roumanie par le Comité européen pour la prévention de la torture et des peines ou traitements inhumains ou dégradants (CPT) du 8 au 19 juin 2006. Strasbourg, CPT/Inf (2008) 41. (Zitiert: CPT-Bericht 2008). Abrufbar unter: http://www.cpt.coe.int/ documents/rom/2008-41-inf-fra.pdf.

Committee for the Prevention of Torture and Inhuman or Degrading Treatment or Punishment (CPT) (2011): Rapport au Gouvernement de la Roumanie relatif à la visite effectuée en Roumanie par le Comité européen pour la prévention de la torture et des peines ou traitements inhumains ou dégradants (CPT) du 5 au 16 septembre 2010. Strasbourg, CPT/Inf (2011) 31. (Zitiert: CPT-Bericht 2011). Abrufbar unter: http://www.cpt.coe.int/ documents/rom/2011-31-inf-fra.pdf.

Council of Europe (Hrsg.) (1950): European Convention on Human Rights, 4 November 1950. Rumänien hat die Konvention am 20. Juni 1994 ratifiziert.

Council of Europe (Hrsg.) (1987): European Convention for the Prevention of Torture and Inhuman or Degrading Treatment or Punishment. Rumänien hat die Konvention am 4. Oktober 1994 ratifiziert.

Council of Europe (Hrsg.) (1987): Recommendation No. R (87) 3 on the European Prison Rules and Explanatory Memorandum, adopted by the Committee of Ministers on 12 February 1987. Strasbourg.

Council of Europe (Hrsg.) (1992): Recommendation No. R (92) 16 on the European Rules on Community Sanctions and Measures, adopted by the Committee of Ministers on 19 October 1992. Strasbourg.

Council of Europe (Hrsg.) (1999): Recommendation No. R (99) 19 concerning Mediation in Penal Matters, adopted by the Committee of Ministers on 15 September 1999. Strasbourg.

Council of Europe (Hrsg.) (2000): Recommendation Rec (2000) 22 of the Committee of Ministers to Member States on Improving the Implementation of the European Rules on Community Sanctions and Measures, adopted by the Committee of Ministers on 29 November 2000. Strasbourg.

Council of Europe (Hrsg.) (2003): Recommendation Rec (2003) 20 of the Committee of Ministers to Member States concerning New Ways of Dealing with Juvenile Delinquency and the Role of Juvenile Justice, adopted by the Committee of Ministers on 24 September 2003. Strasbourg.

Council of Europe (Hrsg.) (2006): Recommendation Rec (2006) 2 on the European Prison Rules, adopted by the Committee of Ministers on 11 January 2006. Strasbourg.

Council of Europe (Hrsg.) (2008): Recommendation Rec (2008) 11 concerning European Rules for Juvenile Offenders Subject to Sanctions or Measures, adopted by the Committee of Ministers on 5 November 2008. Strasbourg.

Council of Europe (Hrsg.) (2009): European Rules for Juvenile Offenders Subject to Sanctions or Measures. Strasbourg (zitiert: ERJOSSM).

Reihenübersicht

Schriften zum Strafvollzug, Jugendstrafrecht und zur Kriminologie

Hrsg. von Prof. Dr. Frieder Dünkel, Lehrstuhl für Kriminologie an der Ernst-Moritz-Arndt-Universität Greifswald

Bisher erschienen:

Band 1
Dünkel, Frieder: Empirische Forschung im Strafvollzug. Bestandsaufnahme und Perspektiven. Bonn 1996. ISBN 978-3-927066-96-0.

Band 2
Dünkel, Frieder; van Kalmthout, Anton; Schüler-Springorum, Horst (Hrsg.): Entwicklungstendenzen und Reformstrategien im Jugendstrafrecht im europäischen Vergleich. Mönchengladbach 1997. ISBN 978-3-930982-20-2.

Band 3
Gescher, Norbert: Boot Camp-Programme in den USA. Ein Fallbeispiel zum Formenwandel in der amerikanischen Kriminalpolitik. Mönchengladbach 1998. ISBN 978-3-930982-30-1.

Band 4
Steffens, Rainer: Wiedergutmachung und Täter-Opfer-Ausgleich im Jugend- und Erwachsenenstrafrecht in den neuen Bundesländern. Mönchengladbach 1999. ISBN 978-3-930982-34-9.

Band 5
Koeppel, Thordis: Kontrolle des Strafvollzuges. Individueller Rechtsschutz und generelle Aufsicht. Ein Rechtsvergleich. Mönchengladbach 1999. ISBN 978-3-930982-35-6.

Band 6
Dünkel, Frieder; Geng, Bernd (Hrsg.): Rechtsextremismus und Fremdenfeindlichkeit. Bestandsaufnahme und Interventionsstrategien. Mönchengladbach 1999. ISBN 978-3-930982-49-3.

Band 7
Tiffer-Sotomayor, Carlos: Jugendstrafrecht in Lateinamerika unter besonderer Berücksichtigung von Costa Rica.
Mönchengladbach 2000. ISBN 978-3-930982-36-3.

Band 8
Skepenat, Marcus: Jugendliche und Heranwachsende als Tatverdächtige und Opfer von Gewalt. Eine vergleichende Analyse jugendlicher Gewaltkriminalität in Mecklenburg-Vorpommern anhand der Polizeilichen Kriminalstatistik unter besonderer Berücksichtigung tatsituativer Aspekte.
Mönchengladbach 2000. ISBN 978-3-930982-56-1.

Band 9
Pergataia, Anna: Jugendstrafrecht in Russland und den baltischen Staaten.
Mönchengladbach 2001. ISBN 978-3-930982-50-1.

Band 10
Kröplin, Mathias: Die Sanktionspraxis im Jugendstrafrecht in Deutschland im Jahr 1997. Ein Bundesländervergleich.
Mönchengladbach 2002. ISBN 978-3-930982-74-5.

Band 11
Morgenstern, Christine: Internationale Mindeststandards für ambulante Strafen und Maßnahmen.
Mönchengladbach 2002. ISBN 978-3-930982-76-9.

Band 12
Kunkat, Angela: Junge Mehrfachauffällige und Mehrfachtäter in Mecklenburg-Vorpommern. Eine empirische Analyse.
Mönchengladbach 2002. ISBN 978-3-930982-79-0.

Band 13
Schwerin-Witkowski, Kathleen: Entwicklung der ambulanten Maßnahmen nach dem JGG in Mecklenburg-Vorpommern.
Mönchengladbach 2003. ISBN 978-3-930982-75-2.

Band 14
Dünkel, Frieder; Geng, Bernd (Hrsg.): Jugendgewalt und Kriminalprävention. Empirische Befunde zu Gewalterfahrungen von Jugendlichen in Greifswald und Usedom/Vorpommern und ihre Auswirkungen für die Kriminalprävention.
Mönchengladbach 2003. ISBN 978-3-930982-95-0.

Band 15
Dünkel, Frieder; Drenkhahn, Kirstin (Hrsg.): Youth violence: new patterns and local responses – Experiences in East and West. Conference of the International Association for Research into Juvenile Criminology. Violence juvénile: nouvelles formes et stratégies locales – Expériences à l'Est et à l'Ouest. Conférence de l'Association Internationale pour la Recherche en Criminologie Juvénile.
Mönchengladbach 2003. ISBN 978-3-930982-81-3.

Band 16
Kunz, Christoph: Auswirkungen von Freiheitsentzug in einer Zeit des Umbruchs. Zugleich eine Bestandsaufnahme des Männererwachsenenvollzugs in Mecklenburg-Vorpommern und in der JVA Brandenburg/Havel in den ersten Jahren nach der Wiedervereinigung.
Mönchengladbach 2003. ISBN 978-3-930982-89-9.

Band 17
Glitsch, Edzard: Alkoholkonsum und Straßenverkehrsdelinquenz. Eine Anwendung der Theorie des geplanten Verhaltens auf das Problem des Fahrens unter Alkohol unter besonderer Berücksichtigung des Einflusses von verminderter Selbstkontrolle.
Mönchengladbach 2003. ISBN 978-3-930982-97-4.

Band 18
Stump, Brigitte: „Adult time for adult crime" – Jugendliche zwischen Jugend- und Erwachsenenstrafrecht. Eine rechtshistorische und rechtsvergleichende Untersuchung zur Sanktionierung junger Straftäter.
Mönchengladbach 2003. ISBN 978-3-930982-98-1.

Band 19
Wenzel, Frank: Die Anrechnung vorläufiger Freiheitsentziehungen auf strafrechtliche Rechtsfolgen.
Mönchengladbach 2004. ISBN 978-3-930982-99-8.

Band 20
Fleck, Volker: Neue Verwaltungssteuerung und gesetzliche Regelung des Jugendstraf-vollzuges.
Mönchengladbach 2004. ISBN 978-3-936999-00-6.

Band 21
Ludwig, Heike; Kräupl, Günther: Viktimisierung, Sanktionen und Strafverfolgung. Jenaer Kriminalitätsbefragung über ein Jahrzehnt gesellschaftlicher Transformation.
Mönchengladbach 2005. ISBN 978-3-936999-08-2.

Band 22
Fritsche, Mareike: Vollzugslockerungen und bedingte Entlassung im deutschen und
französischen Strafvollzug.
Mönchengladbach 2005. ISBN 978-3-936999-11-2.

Band 23
Dünkel, Frieder; Scheel, Jens: Vermeidung von Ersatzfreiheitsstrafen durch gemeinnüt-
zige Arbeit: das Projekt „Ausweg" in Mecklenburg-Vorpommern.
Mönchengladbach 2006. ISBN 978-3-936999-10-5.

Band 24
Sakalauskas, Gintautas: Strafvollzug in Litauen. Kriminalpolitische Hintergründe, recht-
liche Regelungen, Reformen, Praxis und Perspektiven.
Mönchengladbach 2006. ISBN 978-3-936999-19-8.

Band 25
Drenkhahn, Kirstin: Sozialtherapeutischer Strafvollzug in Deutschland.
Mönchengladbach 2007. ISBN 978-3-936999-18-1.

Band 26
Pruin, Ineke Regina: Die Heranwachsendenregelung im deutschen Jugendstrafrecht.
Jugendkriminologische, entwicklungspsychologische, jugendsoziologische und rechts-
vergleichende Aspekte.
Mönchengladbach 2007. ISBN 978-3-936999-31-0.

Band 27
Lang, Sabine: Die Entwicklung des Jugendstrafvollzugs in Mecklenburg-Vorpommern
in den 90er Jahren. Eine Dokumentation der Aufbausituation des Jugendstrafvollzugs
sowie eine Rückfallanalyse nach Entlassung aus dem Jugendstrafvollzug.
Mönchengladbach 2007. ISBN 978-3-936999-34-1.

Band 28
Zolondek, Juliane: Lebens- und Haftbedingungen im deutschen und europäischen
Frauenstrafvollzug.
Mönchengladbach 2007. ISBN 978-3-936999-36-5.

Band 29
Dünkel, Frieder; Gebauer, Dirk; Geng, Bernd; Kestermann, Claudia: Mare-Balticum-
Youth-Survey – Gewalterfahrungen von Jugendlichen im Ostseeraum.
Mönchengladbach 2007. ISBN 978-3-936999-38-9.

Band 30
Kowalzyck, Markus: Untersuchungshaft, Untersuchungshaftvermeidung und geschlossene Unterbringung bei Jugendlichen und Heranwachsenden in Mecklenburg-Vorpommern.
Mönchengladbach 2008. ISBN 978-3-936999-41-9.

Band 31
Dünkel, Frieder; Gebauer, Dirk; Geng, Bernd: Jugendgewalt und Möglichkeiten der Prävention. Gewalterfahrungen, Risikofaktoren und gesellschaftliche Orientierungen von Jugendlichen in der Hansestadt Greifswald und auf der Insel Usedom. Ergebnisse einer Langzeitstudie 1998 bis 2006.
Mönchengladbach 2008. ISBN 978-3-936999-48-8.

Band 32
Rieckhof, Susanne: Strafvollzug in Russland. Vom GULag zum rechtsstaatlichen Resozialisierungsvollzug?
Mönchengladbach 2008. ISBN 978-3-936999-55-6.

Band 33
Dünkel, Frieder; Drenkhahn, Kirstin; Morgenstern, Christine (Hrsg.): Humanisierung des Strafvollzugs – Konzepte und Praxismodelle.
Mönchengladbach 2008. ISBN 978-3-936999-59-4.

Band 34
Hillebrand, Johannes: Organisation und Ausgestaltung der Gefangenenarbeit in Deutschland.
Mönchengladbach 2009. ISBN 978-3-936999-58-7.

Band 35
Hannuschka, Elke: Kommunale Kriminalprävention in Mecklenburg-Vorpommern. Eine empirische Untersuchung der Präventionsgremien.
Mönchengladbach 2009. ISBN 978-3-936999-68-6.

Band 36/1 bis 4 (nur als Gesamtwerk erhältlich)
Dünkel, Frieder; Grzywa, Joanna; Horsfield, Philip; Pruin, Ineke (Eds.): Juvenile Justice Systems in Europe – Current Situation and Reform Developments. Vol. 1-4.
2nd revised edition.
Mönchengladbach 2011. ISBN 978-3-936999-96-9.

Band 37/1 bis 2 (Gesamtwerk)
Dünkel, Frieder; Lappi-Seppälä, Tapio; Morgenstern, Christine; van Zyl Smit, Dirk (Hrsg.):
Kriminalität, Kriminalpolitik, strafrechtliche Sanktionspraxis und Gefangenenraten im
europäischen Vergleich. Bd.1 bis 2.
Mönchengladbach 2010. ISBN 978-3-936999-73-0.

Band 37/1 (Einzelband)
Dünkel, Frieder; Lappi-Seppälä, Tapio; Morgenstern, Christine; van Zyl Smit, Dirk (Hrsg.):
Kriminalität, Kriminalpolitik, strafrechtliche Sanktionspraxis und Gefangenenraten im
europäischen Vergleich. Bd.1.
Mönchengladbach 2010. ISBN 978-3-936999-76-1.

Band 37/2 (Einzelband)
Dünkel, Frieder; Lappi-Seppälä, Tapio; Morgenstern, Christine; van Zyl Smit, Dirk (Hrsg.):
Kriminalität, Kriminalpolitik, strafrechtliche Sanktionspraxis und Gefangenenraten im
europäischen Vergleich. Bd.2.
Mönchengladbach 2010. ISBN 978-3-936999-77-8.

Band 38
Krüger, Maik: Frühprävention dissozialen Verhaltens. Entwicklungen in der Kinder- und
Jugendhilfe.
Mönchengladbach 2010. ISBN 978-3-936999-82-2.

Band 39
Hess, Ariane: Erscheinungsformen und Strafverfolgung von Tötungsdelikten in Meck-
lenburg-Vorpommern.
Mönchengladbach 2010. ISBN 978-3-936999-83-9.

Band 40
Gutbrodt, Tobias: Jugendstrafrecht in Kolumbien. Eine rechtshistorische und rechtsvergleichende Untersuchung zum Jugendstrafrecht in Kolumbien, Bolivien, Costa Rica und
der Bundesrepublik Deutschland unter Berücksichtigung internationaler Menschenrechtsstandards.
Mönchengladbach 2010. ISBN 978-3-936999-86-0.

Band 41
Stelly, Wolfgang; Thomas, Jürgen (Hrsg.): Erziehung und Strafe. Symposium zum 35-jährigen
Bestehen der JVA Adelsheim.
Mönchengladbach 2011. ISBN 978-3-936999-95-2.

Band 42
Yngborn, Annalena: Strafvollzug und Strafvollzugspolitik in Schweden: vom Resozialisierungs- zum Sicherungsvollzug? Eine Bestandsaufnahme der Entwicklung in den letzten 35 Jahren. Mönchengladbach 2011. ISBN 978-3-936999-84-6.

Band 43
Kühl, Johannes: Die gesetzliche Reform des Jugendstrafvollzugs in Deutschland im Licht der European Rules for Juvenile Offenders Subject to Sanctions or Measures (ERJOSSM). Mönchengladbach 2012. ISBN 978-3-942865-06-7.

Band 44
Zaikina, Maryna: Jugendkriminalrechtspflege in der Ukraine. Mönchengladbach 2012. ISBN 978-3-942865-08-1.

Band 45
Schollbach, Stefanie: Personalentwicklung, Arbeitsqualität und betriebliche Gesundheitsför- derung im Justizvollzug in Mecklenburg-Vorpommern. Mönchengladbach 2013. ISBN 978-3-942865-14-2.

Band 46
Harders, Immo: Die elektronische Überwachung von Straffälligen. Entwicklung, Anwendungs- bereiche und Erfahrungen in Deutschland und im europäischen Vergleich. Mönchengladbach 2014. ISBN 978-3-942865-24-1.

Band 47
Faber, Mirko: Länderspezifische Unterschiede bezüglich Disziplinarmaßnahmen und der Auf- rechterhaltung von Sicherheit und Ordnung im Jugendstrafvollzug. Mönchengladbach 2014. ISBN 978-3-942865-25-8.

Band 48
Gensing, Andrea: Jugendgerichtsbarkeit und Jugendstrafverfahren im europäischen Vergleich. Mönchengladbach 2014. ISBN 978-3-942865-34-0.

Band 49
Rohrbach, Moritz Philipp: Die Entwicklung der Führungsaufsicht unter besonderer Berück- sichtigung der Praxis in Mecklenburg-Vorpommern. Mönchengladbach 2014. ISBN 978-3-942865-35-7.

Band 50/1 bis 2 (nur als Gesamtwerk erhältlich)
Dünkel, Frieder; Grzywa-Holten, Joanna; Horsfield, Philip (Eds.): Restorative Justice and Medi- ation in Penal Matters. A stock-taking of legal issues, implementation strategies and outcomes in 36 European countries. Vol. 1 bis 2. Mönchengladbach 2015. ISBN 978-3-942865-31-9.

Band 51
Horsfield, Philip: Jugendkriminalpolitik in England und Wales – Entwicklungsgeschichte, aktuelle Rechtslage und jüngste Reformen. Mönchengladbach 2015. ISBN 978-3-942865-42-5.

Band 52
Grzywa-Holten, Joanna: Strafvollzug in Polen – Historische, rechtliche, rechtstatsächliche, menschenrechtliche und international vergleichende Aspekte. Mönchengladbach 2015. ISBN 978-3-942865-43-2.

Band 53
Khakzad, Dennis: Kriminologische Aspekte völkerrechtlicher Verbrechen. Eine vergleichende Untersuchung der Situationsländer des Internationalen Strafgerichtshofs. Mönchengladbach 2015. ISBN 978-3-942865-50-0.

Band 54
Blanck, Thes Johann: Die Ausbildung von Strafvollzugsbediensteten in Deutschland. Mönchengladbach 2015. ISBN 978-3-942865-51-7.

Band 55
Castro Morales, Álvaro: Jugendstrafvollzug und Jugendstrafrecht in Chile, Peru und Bolivien unter besonderer Berücksichtigung von nationalen und internationalen Kontrollmechanismen. Rechtliche Regelungen, Praxis, Reformen und Perspektiven. Mönchengladbach 2016. ISBN 978-3-942865-57-9.

Band 56
Dünkel, Frieder; Jesse, Jörg; Pruin, Ineke; von der Wense, Moritz (Eds.): European Treament, Transition Management, and Re-Integration of High-Risk Offenders. Results of the Final Conference at Rostock-Warnemünde, 3-5 September 2014, and Final Evaluation Report of the Justice-Cooperation-Network (JCN)-Project "European treatment and transition management of high-risk offenders". Mönchengladbach 2016. ISBN 978-3-942865-58-6.

Band 57
Kratochvil-Hörr, Regine: Der Beschlussarrest: Dogmatische Probleme und Anwendungspraxis im Land Berlin. Mönchengladbach 2016. ISBN 978-3-942865-60-9.

Band 58
Thiele, Christoph Wilhelm: Ehe- und Familienschutz im Strafvollzug. Strafvollzugsrechtliche und -praktische Maßnahmen und Rahmenbedingungen zur Aufrechterhaltung familiärer Beziehungen von Strafgefangenen. Mönchengladbach 2016. ISBN 978-3-942865-61-6.

Band 59

Păroşanu, Andrea: Jugendstrafrecht in Rumänien. Historische, kriminologische, rechtliche und rechtspolitische Aspekte. Mönchengladbach 2016. ISBN 978-3-942865-64-7.